Approaches

to the Criminal Law Reform in China

刑法改革的进路

屈学武　主编

中国政法大学出版社

2012・北京

图书在版编目（CIP）数据

刑法改革的进路/屈学武主编. -- 北京:中国政法大学出版社,2012.12
ISBN 978-7-5620-4548-9

Ⅰ.①刑… Ⅱ.①屈… Ⅲ. ①刑法－研究－中国 Ⅳ. ①D924.04

中国版本图书馆CIP数据核字(2012)第295514号

书　　名	刑法改革的进路 Xingfa Gaige de Jinlu
出版发行	中国政法大学出版社(北京市海淀区西土城路 25 号) 北京 100088 信箱 8034 分箱　邮编 100088 http://www.cuplpress.com (网络实名: 中国政法大学出版社) 010-58908325(发行部) 58908334(邮购部)
编辑统筹	综合编辑部 010-58908524 dh93@sina.com
承　　印	固安华明印刷厂
规　　格	720mm × 960mm　16 开本　32 印张　590 千字
版　　本	2012 年 12 月第 1 版　2012 年 12 月第 1 次印刷
书　　号	ISBN 978-7-5620-4548-9/D・4508
定　　价	68.00 元

前言

中国刑法改革的进路，是指中国刑法改革的前行之路。众所周知，刑法作为政治上层建筑，总是因循经济基础的变化而前行的，而社会的物质经济条件，总体看始终呈上升、发展的趋势，就此意义看，刑法相对于它所运作的物质经济条件而言，其与基础的适应性、稳定性始终是相对的；不适应、不稳定则是绝对的。由是，刑法总是处于滞后、前行、再滞后、再前行的循环往复发展过程之中，这一刑法改革的方向及其历程，正是刑法改革的“进路”。可见，对“刑法改革进路”的探究可谓永恒性的研究课题。不同点仅仅在于：刑法滞后程度的高与低、改革幅度的大与小、改革层面的深与浅而已。

刑法改革的进路，要少走弯路，要做到健康、有序、良性的发展，既少不了司法实践的经验升华、教训总结；更少不了国内外优秀刑事法理论的扬弃与借鉴、争鸣与发展。为此，本书所研讨的刑法进路，不仅仅囿于刑法条文的增补、删除或者修订，还在认真研习国内外优秀法律思想精髓并逐一检视国内司法践行现状的基础上，着力探究刑法规条背后的刑事立法改革的正当性与必要性、刑法的基本价值取向、刑法理念的更新、刑法体系的改革及其刑法修订模式的重塑等多方面问题。有鉴于此，本书并非就事论事地仅仅研讨有关刑法章节、条文的结构、内容、体系及其他立法技术问题，而是先厘正有关价值论的正确择取与民权刑法理念的定位等基本问题，在此基础上，本书根据刑法总则、分则的相关问题，分设了23个专题进行逐一研讨，每个专题约2万字左右。

当然，我们或可毫不夸张地讲，倘若就此23个专题来“小题大做”的话，每一专题实际上都可各出专著一部。但本书的宗旨仅仅在为刑法的革新描绘出基本的框架性线条；加之，也囿于篇幅和时间的限制，本书所述的23个专题，也就“大题小做”、提纲挈领地述论有关问题了。另一方面，鉴于本书作者较多，各自学术背景亦不同：有的曾访学于欧美多年、有的留学过德国、日本等，诸此学术背景及其刑法理念上的差异，导致了各位学者对有关学术问题，往往各持已见。例如本书有论者特别指陈“金钱是一种‘凝固的自由’，许多活动和消费以及自由都是以金钱为前提条件的”，而“拥有一定的合法财产是一个人在社会上有尊严地生活的最低保障，把行为人变成一个彻底的无产者，只能是封建刑罚——‘抄没充公’的目的。我国古典刑法时代的这个制度遗产，从现代刑法的观点来看，不仅是不人道的，而且是违背社会主义法治国家原则的”。据此，在我国“存在无限额罚金制度和规定了追缴措施的条件下，作为附加刑的没收财产，尤其是可以比作行为人财产权利领域‘死刑’的没收全部财产制度，还有什么存在的必要?”；就此问题，本书分论篇的作者却强调我国现行刑法中，有的专章从头到尾全无财产刑设置，导致此类犯罪惩治不力，主张我国立法机关宜在将来的修法中，针对此类犯罪，增设罚金刑和没收财产刑。再如，书中有论者指陈我国《刑法修正案（八）》第1条所规定的“已满75周岁的人故意犯罪的，可以从轻或者减轻处罚”的规定，没有犯罪学意义。这一方面基于老年人犯罪率本来就很低；另一方面也因我国居民的平均年龄仅仅为72周岁。另有作者却坦陈我国“《刑法修正案（八）》增加规定了对审判的时候已满75周岁的人一般不适用死刑，这固然是一大进步，但它一是留了个尾巴，即‘以特别残忍手段致人死亡的除外’，二是把年龄定为75周岁有过高之嫌，因此这方面仍然有视个案通过特别赦免来减刑之必要。”再例如，对贪污贿赂类犯罪，本书不少作者主张废弃其死刑设置，以对接于《公民权利和政治权利国际公约》关于死刑只能适用于“最严重罪行”的规定。但本书也有作者在撰文中赞同我国有学者提出的“就目前的我国社会来看，官商勾结愈演愈烈，引起了民众的极大不满，冲击着社会生活的底线秩序。在此背景下提出废除贪腐犯罪死刑的结论，可能非常危险”的主张。

诸此种种，不一枚举。对此，基于“百家争鸣”的学术原则的确有利于在争议中明辨事理与是非；也为了充分尊重各位作者的基本观点，编者对此因而采取了在相对统一的刑法价值观导向下，尽量地开放各位作者的刑法修改观——只要通过作者自己的“自圆其说”、能够清正并阐明自己所主张或赞同的观点即可入录的原则来统稿。据此，虽经一定努力，这里奉献给读者的完整“成品”仍然难免呈现前后章节之不同论者所主倡或赞同观点上的前后衔接、照应不够之处，对此，敬请各位读者方家见谅并悉心指教、就正。

“中国刑法改革研究”乃中国社会科学院2009年度院级重大科研课题，作为本院法学研究所刑法室时任室主任，本人特地邀请了本室其他几位研究员并携当时在读、在站的本室博士研究生、博士后研究人员共同一起完成了本课题。全书的写作分工情况如下（以姓氏拼音为序）：邓超（北京市海淀区人民检察院检察官、法学博士后）：第一、三、九、十二章；樊文（中国社会科学院法学研究所副研究员、法学博士）：第十七、十八章；黄芳（中国社会科学院法学研究所研究员、法学博士后）：第二十二、二十三章；林俊辉（福建省公安厅警官、博士后）：第二、十四章；刘仁文（中国社会科学院法学研究所研究员、刑法研究室主任，博士生导师）：第二十章；刘召（北京吉利大学督导评估部部长、法学博士后）：第十六章；屈学武（中国社会科学院法学研究所研究员、博士生导师）：第四、六章；张胜英（河南检察官学院副教授、法学博士）：第二十一章；郑齐猛（北京市大兴区委党校副教授、法学博士后）：第七、八章；周振杰（北京师范大学刑事法律科学研究院副教授、外国刑法与比较刑法研究所副所长，法学博士后）：第五、十、十一、十三、十五、十九章。

屈学武

2012年6月27日于北京和平里寓所

目 录

前 言 …… I

第一章 刑法改革的必要性 …… 1

第一节 经济转型时期我国国情特征 / 1

第二节 全球化与风险时代的社会背景 / 9

第三节 相关国际公约的基本要求 / 13

第二章 刑法改革的价值取向 …… 18

第一节 刑法改革的人权保障取向 / 18

第二节 刑法改革的社会防卫取向 / 26

第三章 刑法修改之基本理念择取 …… 36

第一节 法益侵害说与规范违反说的选择 / 36

第二节 主观主义与客观主义的取舍 / 40

第三节 形式合理性与实质合理性的兼顾 / 44

第四节 宽严相济刑事政策的贯彻 / 50

第五节 风险控制与实害控制的衡平 / 55

第四章 中国刑事法体系改革探究 …… 59

第一节 德国刑事法体系述论 / 60

第二节 日本刑法体系概览 / 64

第三节 “一体两支柱”的中国刑事法体系构建 / 68

第五章 刑法的制定与修订模式研讨 …… 81
第一节 我国现行刑法所采取的制定与修订模式 / 81
第二节 国外刑法之制定与修订模式 / 85
第三节 关于刑法制定与修订模式的若干思考 / 91

第六章 中国刑法上的罪量要素存废反思 …… 96
第一节 中国刑法上的罪量要素规定述要 / 96
第二节 中国刑法学界关于罪量要素的存废之争 / 98
第三节 关于罪量要素存废的法理评析 / 101
第四节 中国刑法上的罪量要素立法完善思考 / 110

第七章 刑法改革与其他法律控制手段的协调 …… 115
第一节 刑法改革与宪法精神的契合 / 116
第二节 刑法改革与民事立法的协调 / 121
第三节 刑法改革与行政立法的协调 / 128
第四节 刑法改革与经济立法的协调 / 133
第五节 刑法改革与刑事诉讼立法的协调 / 139

第八章 刑法改革与其他社会控制手段的协调 …… 145
第一节 刑法改革与社会信用体系的构建 / 146
第二节 刑法改革与社会经济制度的完善 / 152
第三节 刑法改革与传统文化的协调 / 157

第九章 刑法调控的应然范围与次序思考 …… 164
第一节 国外有关刑法调控范围——犯罪化与除罪化情况述论 / 164
第二节 法益保护的确立——罪名的增加 / 169
第三节 法益保护的退守——罪名的删除 / 173
第四节 法益保护的次序——章节及其罪名确定 / 179

第十章 刑事立法技术问题检视 …… 184
第一节 法条表述上的用语梳理与规范 / 184
第二节 刑法总则与分则法条的相互照应 / 190
第三节 刑法、单行刑法与附属刑法的协调 / 197

第十一章 犯罪主体的立法检视 …… 205
第一节 单 位 / 205
第二节 国家工作人员 / 213
第三节 其他犯罪主体 / 221

第十二章 犯罪对象的立法完善 …… 224
第一节 一般财物与财产 / 224
第二节 虚拟财产 / 231
第三节 信 息 / 239

第十三章 正当化事由梳理 …… 245
第一节 正当化事由概述 / 245
第二节 现行刑法法定的正当化事由及其立法完善 / 249
第三节 法定正当化事由的增设考量 / 253
第四节 超法规的正当化事由 / 260

第十四章 未完成犯罪的立法完善 …… 264
第一节 英美刑法共谋罪规则概述 / 265
第二节 我国刑法不处罚“共谋罪” / 269
第三节 引入共谋罪的必要性：未完成犯罪立法对风险社会的应然回应 / 275
第四节 共谋罪规则的引入对未完成形态犯罪立法的影响 / 280

第十五章 共同犯罪的立法追问 …… 288
第一节 共犯基础问题 / 288
第二节 共犯的分类 / 295

第三节　共犯的相关问题　/ 308

第十六章　非典型数罪的立法完善 …… 313
第一节　想象竞合犯与结果加重犯　/ 313
第二节　结合犯和惯犯　/ 322
第三节　牵连犯和吸收犯　/ 327

第十七章　刑罚种类的修改和完善 …… 337
第一节　死刑制度的问题和生命刑的限制适用　/ 337
第二节　罚金刑制度存在的问题　/ 341
第三节　刑罚幅度和刑种设计上的突出问题　/ 343
第四节　中、长期自由刑的适用现状及其后果　/ 347
第五节　长期自由刑刑期调整的必要性问题　/ 353
第六节　追缴措施和没收财产刑的功能重叠　/ 357

第十八章　刑罚制度的修订与完善 …… 359
第一节　确立禁止双重评价的量刑原则　/ 359
第二节　对于再犯的“必须从重”处罚问题　/ 360
第三节　数罪并罚规则上的问题　/ 365
第四节　缓刑、减刑、假释法的适用障碍　/ 367
第五节　对老年人犯罪的从宽处理　/ 372
第六节　对未成年人犯罪的从宽处理　/ 375
第七节　坦白从宽的刑事政策与法治国家原则的紧张关系　/ 376
第八节　绝对刑罚理论指导下的刑罚结构　/ 378

第十九章　刑事和解与社区矫正制度 …… 380
第一节　恢复性司法国外实施情况述评　/ 380
第二节　刑事和解的适用现状与应然思考　/ 389
第三节　社区矫正的立法分析与后续跟进　/ 399

第二十章　我国赦免制度的完善 …… 404
第一节　赦免制度的实体完善　/ 405
第二节　赦免制度的程序完善　/ 413
第三节　死刑案件的特别赦免程序　/ 418
第四节　制定《中华人民共和国赦免法》的建议　/ 421

第二十一章　侵犯个人法益犯罪的立法完善 …… 424
第一节　侵犯公民人身权利、民主权利罪的立法完善　/ 424
第二节　侵犯公民财产权利犯罪的立法完善　/ 436
第三节　侵犯公民其他权利犯罪的立法完善　/ 448

第二十二章　侵害社会法益犯罪的立法完善 …… 450
第一节　对危害公共安全类犯罪的立法完善　/ 450
第二节　对网络犯罪的立法完善　/ 455
第三节　对破坏环境犯罪的立法完善　/ 456
第四节　对破坏金融秩序类犯罪的立法完善　/ 458
第五节　对侵犯知识产权犯罪的立法完善　/ 461
第六节　对妨害公司管理秩序罪的立法完善　/ 465
第七节　对涉税、发票类犯罪的立法完善　/ 468

第二十三章　侵害国家法益犯罪的立法完善 …… 472
第一节　对危害国家安全犯罪的立法完善　/ 472
第二节　对贪污贿赂犯罪的立法完善　/ 477
第三节　对渎职犯罪的立法完善　/ 483
第四节　对危害国防利益、军人违反职责罪的立法完善　/ 488

Contents

Foreword I

Chapter 1 Necessity to Reform Criminal Law 1

Section 1 Chinese Characters during Economic Transition / 1

Section 2 Social Background at the time of Globalization and Risk Society / 9

Section 3 Basic Requirements of International Documents / 13

Chapter 2 Value Choices of Criminal Law Reform 18

Section 1 Protection of Human Rights / 18

Section 2 Social Protection / 26

Chapter 3 Basic Rationales of Criminal Law Reform 36

Section 1 Choice between Impairment of Legal Interests and Contravention with Norms / 36

Section 2 Choice between Subjectivism and Objectivism / 40

Section 3 Combination of Formal Rationality with Substantive Rationality / 44

Section 4 Implementation of Combing Severity with Leniency / 50

Section 5 Balance between Risk Control and Substantial Harm Control / 55

Chapter 4 Reform System of Criminal Law ······ 59

Section 1 General Introduction to German Criminal Law System / 60

Section 2 Outline of Japanese Criminal Law System / 64

Section 3 Construction of Chinese "One Body, Two Backbones" Criminal Law System / 68

Chapter 5 Studies on Mode of Formulating and Amending Criminal Law ······ 81

Section 1 Formulation and Amendment Mode of Current Criminal Law / 81

Section 2 Formulation and Amendment Modes Abroad / 85

Section 3 Rethinking Formulation and Amendment Mode in China / 91

Chapter 6 Rethinking Quantity Ingredient in Chinese Criminal Law ······ 96

Section 1 General Introduction to Provisions on Quantity Ingredient in Chinese Criminal Law / 96

Section 2 Debate on Abolition and Retention of Quantity Ingredient / 98

Section 3 Jurisprudential Analysis of Quantity Ingredient / 101

Section 4 Perfection of Legislation on Quantity Ingredient in Chinese Criminal Law / 110

Chapter 7 Coordination of Criminal Law Reform with Other Legal Control Measures ······ 115

Section 1 Adherence of Criminal Law Reform to Constitutional Spirit / 116

Section 2 Coordination of Criminal Law Reform with Civil Laws / 121

Section 3 Coordination of Criminal Law Reform with Administrative Laws / 128

Section 4 Coordination of Criminal Law Reform with Economic Laws / 133

Section 5 Coordination of Criminal Law Reform with Criminal Procedure Law / 139

Chapter 8 Coordination of Criminal Law Reform with Other Social Control Measures ………………………… 145

Section 1 Criminal Law Reform and Construction of Social Credit System / 146

Section 2 Criminal Law Reform and Perfection of Social and Economic Systems / 152

Section 3 Coordination of Criminal Law Reform with Traditional Culture / 157

Chapter 9 Thoughts on Reasonable Scope and Priority of Criminal Regulation ………………………… 164

Section 1 Scope of Criminal Regulation Abroad: General Introduction to Criminalization and Decriminalization / 164

Section 2 Establishment of Legal Interest Protection: Increase of Crimes / 169

Section 3 Retreat of Legal Interest Protection: Deletion of Crimes / 173

Section 4 Priority of Legal Interest Protection: Chapters and Corresponding Crimes / 179

Chapter 10 Review of Legislation Technique of Criminal Law ………… 184

Section 1 Summary of Wording in Articles and Its Promotion / 184

Section 2 Correspondence of Articles in General Part with Those in Special Part / 190

Section 3 Coordination of Criminal Code with Special Criminal Laws and Supplementary Criminal Norms / 197

Chapter 11　Review of Legislation on Actors …… 205

Section 1　Units　/ 205

Section 2　State Functionaries　/ 213

Section 3　Other Criminal Actors　/ 221

Chapter 12　Perfection of Legislation on Criminal Object …… 224

Section 1　Ordinary Valuable Items and Property　/ 224

Section 2　Digital Property　/ 231

Section 3　Information　/ 239

Chapter 13　Justifications …… 245

Section 1　General Introduction to Justifications　/ 245

Section 2　Justifications in Current Criminal Law and Reform　/ 249

Section 3　Adoption of More Justifications　/ 253

Section 4　Justifications beyond Criminal Law　/ 260

Chapter 14　Perfection of Legislation on Inchoate Crimes …… 264

Section 1　Conspiracy in Anglo – American Criminal Law　/ 265

Section 2　No Punishment for Conspiracy in Chinese Criminal Law　/ 269

Section 3　Necessity to Introduce Conspiracy: Unavoidable Response in Risk Society　/ 275

Section 4　Influence of Adoption of Conspiracy Rule on Provisions on Inchoate Crimes　/ 280

Chapter 15　Joint Offences …… 288

Section 1　Basic Issues concerning Joint Offences　/ 288

Section 2　Categories of Joint Offences　/ 295

Section 3　Related Issues　/ 308

Chapter 16 Perfection of Legislation in Plural Offences ······················ 313

Section 1 Imaginative Joinder of Offences and Aggravated Consequential Offence / 313

Section 2 Combinative Offence and Repeated Offence / 322

Section 3 Implicated Offence and Inclusive Offence / 327

Chapter 17 Amendment to and Perfection of Types of Punishment ········ 337

Section 1 the Death Penalty and Restriction on Its Application / 337

Section 2 Problems in Criminal Fine / 341

Section 3 Obvious Problems in Extent and Types of Punishment / 343

Section 4 Current Situation of Application of Mid – long Imprisonment and Its Consequence / 347

Section 5 Necessity of Adjusting Length of Long – term Imprisonment / 353

Section 6 Overlap of Functions of Criminal Confiscation and Recovery Measures / 357

Chapter 18 Promotion and Perfection of Sentencing Systems ················ 359

Section 1 Basic Sentencing Principle of Double Jeopardy / 359

Section 2 the Principle of Giving Heavier Punishment to Re – convicts / 360

Section 3 Problems in the Principle of Punishment for Plural Offences / 365

Section 4 Barrier to Application of Probation, Parole and Mitigation / 367

Section 5 Leniency to Senior Offenders / 372

Section 6 Leniency to Minor Offenders / 375

Section 7 Tension between the Policy of Granting Leniency to Confession and the Principle of Constructing a State of Rule of Law / 376

Section 8 Structure of Punishment under the Theory of Absolute Punishment / 378

Chapter 19 Criminal Reconciliation and Community Corrections ………… 380

Section 1 General Introduction to Restorative Justice Abroad / 380

Section 2 Application of Criminal Reconciliation in China and Rethought / 389

Section 3 Analysis of Provisions on Community Corrections and Follow – up Legislation / 399

Chapter 20 Perfection of Legislation on Pardon System in China ………… 404

Section 1 Perfection of Substantive Law on Pardon System / 405

Section 2 Perfection of Procedural Law on Pardon System / 413

Section 3 Special Pardon Procedure in Capital Case / 418

Section 4 Suggestion on Enactment of Pardon Law of the P. R. C. / 421

Chapter 21 Perfection of Provisions on Crime of Impairing Personal Legal Interest ………… 424

Section 1 Perfection of Provisions on Crime of Impairing Rights of the Person and Democratic Rights / 424

Section 2 Perfection of Provisions on Crime of Impairing Property Rights / 436

Section 3 Perfection of Provisions on Crime of Impairing Other Personal Rights / 448

Chapter 22 Perfection of Provisions on Crime of Impairing Social Legal Interest ………… 450

Section 1 Perfection of Provisions on Crime of Impairing Public Security / 450

Section 2 Perfection of Provisions on Web Crime / 455

Section 3 Perfection of Provisions on Environment Crime / 456
Section 4 Perfection of Provisions on Crime of Impairing Financial Order / 458
Section 5 Perfection of Provisions on Crime of Impairing Intellectual Property / 461
Section 6 Perfection of Provisions on Crime of Impairing Order of Company Regulation / 465
Section 7 Perfection of Provisions on Crimes involving Tax, Invoice, etc / 468

Chapter 23 Perfection of Provisions on Crime of Impairing the State Legal Interest ······ 472
Section 1 Perfection of Provisions on Crime of Endangering National Security / 472
Section 2 Perfection of Provisions on Corruption and Bribery / 477
Section 3 Perfection of Provisions on Dereliction of Duties / 483
Section 4 Perfection of Provisions on Crime of Endangering National Defense and Breaking Military Duties / 488

第一章 刑法改革的必要性

对于社会的急剧变迁而言，刑法既是社会变迁的反应装置，同时又是社会变迁的推动装置。当前，全球化、信息化、风险化的时代背景与我国转型期政治、经济、社会的全方位变迁，导致传统的刑法理念、刑法规范与当下社会现实之间发生断裂，并使刑法深陷于危机之中。这种危机体现为外在危机和内在危机。外在危机外显于刑法规范的错位以及由此所导致的刑法规范体系应对犯罪的无力和刑法体系自身出现的局部混乱。内在危机内化于刑法本质的迷失，并因此使刑法自身深陷在具体案件和具体罪名“见招拆招”的窘境中，无法使刑法从问题本身衍生出的意义脉络中寻求确定的位置和解决的路径。

第一节　经济转型时期我国国情特征

目前我国正处于转型期，经济从传统计划经济向社会主义市场经济转变；政府职能从管理型政府向服务型政府转变；社会从农业社会、工业社会向信息社会转变；文化从封闭性、一元性的同质文化体系向开放性、多元性的异质文化体系转变。在社会发生重大变迁的过程中，犯罪的类型和数量也随之发生相应改变，由此需要刑法加以积极应对，调整打击犯罪的半径和力度，以实现保障人权与维护社会秩序的双重目的。

一、经济转型与刑法改革

（一）社会主义市场经济体制已经建立，但不够完善的经济制度加剧了经济犯罪的滋长，刑法中的经济犯罪规制需要相应调整

自1978年以来，我国开始了从计划经济向市场经济的转型。目前，市场经济体制在我国已经确立，各项资源主要由市场加以配置，采用计划手段对经济加

以调控的方式已渐渐退隐。随着科学技术的发展及经济全球化时代的到来，我国的经济发展日益迈入现代化轨道，各种市场随之不断发展，如资本市场、证券市场、基金市场等；各种金融衍生工具日益发达；我国的公司管理制度也在不断向现代公司管理制度转变。

在向社会主义市场经济体制转型过程中，证券市场、金融市场、公司治理制度等经济制度尚不够完善，在一定程度上加剧了经济犯罪的滋长。目前我国经济犯罪呈现以下突出的特点：一是犯罪总量不断增长，犯罪形式更加多样，并向智能型、科技型方向发展；二是犯罪领域向新兴市场进一步拓展，犯罪种类不断增加，破坏市场经济秩序的走私、金融、税收、知识产权、公司管理秩序、市场秩序等经济犯罪类型不断涌现；三是单位犯罪为主体的多元化犯罪主体格局初步形成；四是犯罪危害性日趋严重，尤其是金融和证券领域的涉众型经济犯罪危害甚烈。〔1〕 转型期经济犯罪的滋长，要求刑法及时给予回应。一方面，刑法有必要不断调整犯罪圈的大小，增加对新型犯罪的刑罚规制，并对传统经济犯罪的构成要件进行必要的调整；另一方面，刑法有必要根据经济社会的发展变化，对一些已无法益侵害性的经济犯罪适时进行非犯罪化处理。

（二）所有制经济格局发生变迁，要求刑法改变对各种所有制经济的差异保护方式

在建立健全社会主义市场经济体制过程中，我国所有制经济的格局逐渐从“以公有制经济发展为主，其他所有制经济为补充”过渡到“多种所有制经济平等竞争、相互促进”，各种所有制经济混同发展，并出现了新型的社会经济和公众经济等经济类型〔2〕。当前我国各种所有制经济的内涵同过去相比已经发生重大变化，无法再用传统的公有、私有划分的观念来看待中国经济。

市场经济要求一切经济主体在法律上地位平等，各种经济主体，不论公有还是私有，权利与义务应当平等地受国家法律的保护和制约。然而，目前我国刑法对国有经济和私有经济的保护仍然存在重大差异，刑法对私有经济的保护远逊于对国有经济的保护。例如，为了保护国有资产免于流失，刑法对其采取了特殊性保护措施，《刑法》第165～168条所规定的非法经营同类营业罪，为亲友非法牟利罪，签订、履行合同失职被骗罪，国有公司、企业人员失职罪和国有公司、企

〔1〕 参见田冰：“转型期我国犯罪控制的困境及出路”，载《河北公安警察职业学院学报》2009年第4期；张凯、房军：“论经济犯罪对社会治安状况的软影响”，载《吉林公安高等专科学校学报》2008年第1期。

〔2〕 参见叶晓楠：“中国所有制发展出现新格局中国所有制发展出现新格局 不适用传统划分观念”，载《人民日报》2008年3月21日。

业人员滥用职权罪5种犯罪的主体仅限于国有公司、企业中的有关人员。但是，对于非国有公司、企业的有关人员实施的同类行为，刑法却未作规定，其结果已经导致现实中大量企业资产的严重流失。[1] 又如，同样是利用职务上的便利将本单位财物非法占为已有，如果是国有公司、企业的相关人员，构成贪污罪；如果是非国有公司、企业的相关人员，则构成职务侵占罪，二者刑期相差悬殊。在国有公司、企业人员的受贿罪与非国有公司企业人员受贿罪、挪用公款罪与挪用资金罪中也存在刑罚规定的不平等。法定刑罚幅度的差异，反映出刑罚功能的不平等，体现了刑法重国有，轻私有的不同保护态度。[2] 为了适应社会主义市场经济体制中各种所有制经济格局的变迁，刑法有必要改变对各种所有制经济的差异保护方式，使我国经济刑法保护范围从单一化转向多元化。例如，根据公私财产在侵犯中的受害法益，结合公私财产的性质，可以确定公私财产的刑法保护所应坚持的平衡保护原则，即在公私财产具有一致性且受害法益也相同的情况下，公私财产应当受到平等性保护，但在公私财产具有不一致性从而使受害法益存在差异时，公私财产应当受到差别性保护。[3]

二、治理转型与刑法改革

（一）政府治理结构发生变迁，政府职能从管理型向服务型转变，腐败方式愈加隐蔽，要求刑法对腐败犯罪予以调整

伴随着社会主义市场经济体制的逐步完善，我国政府治理结构也发生变迁，政府的职能从过去的管理型政府逐渐向服务型政府转变，政府逐渐从无所不包的管理领域退出，更加注重于加强社会管理和提供公共产品与服务。在政府职能转变过程中，仍存在一系列问题，如政府职能转变不到位，对微观经济运行干预仍过多，社会管理和公共服务仍比较薄弱等，同时对行政权力的监督制约机制还不完善，滥用职权、以权谋私、贪污腐败等现象仍然存在，而且存在方式愈加隐蔽。突出表现在：受贿者不直接出面接受贿赂，而是通过亲属或者情人、其他关系密切者接受贿赂；权钱交易的受贿方式发生重大转变，出现许多新型的受贿方式，性贿赂、信息贿赂、业绩贿赂、感情贿赂、期权贿赂等非物质型利益贿赂成

---

[1] 参见姜达政、于晓明、刘庆阳："办理违反公司法罪案遇到的法律问题及对策"，载游伟主编：《华东刑事司法评论》（第8卷），法律出版社2006年版。

[2] 参见储槐植、蒋建峰："经济全球化与犯罪控制对策"，载《山东公安专科学校学报》2002年第2期。

[3] 参见邓超："财产犯罪原理论"，中国政法大学2007年博士学位论文，第211页。

为腐败的新动向；[1] 除了行贿与受贿的单线联系之外，斡旋掮客在其中牵线搭桥甚至进行资源整合的现象也愈演愈烈。腐败方式的隐蔽化，要求刑法给予及时回应，如加大对受贿者的打击半径，加大对财产性利益受贿方式的规制等。

（二）社会管理结构发生变迁，管理权力从政府向社会扩散，渎职犯罪主体范围扩大，要求刑法对渎职犯罪予以调整

伴随着社会主义市场经济的发展，我国的市民社会也逐步兴起，传统的国家和社会合一的一元化社会结构逐步过渡为政治、经济、社会三者分离，呈现三者并立的扁平化社会结构。在此过程中，国家部分地从经济、社会领域中退出，将更多的权力交由社会行使，社会权力的来源愈加扩大，权力的社会化与多样化趋势进一步加强。村民自治组织、社区自治组织、全国总工会、全国妇联等团体组织通过参权、委托、授权和还权几种形式参与行使一定的社会权力，承担了相应的管理职能，由此形成了多元化的社会权力主体，[2]"国家行政"部分地扩展成了"公共行政"。[3]

伴随着社会治理结构的变迁、行政管理的公共化以及治理权力的扩散，渎职罪的主体也在不断发生变化。例如，非国家机关工作人员，包括共青团、妇联、人大代表、国有企业、事业单位中的纪检监察和保卫等部门的人员，也可能出现严重的渎职行为。然而按照 1997 年刑法的规定，除了《刑法》第 398 条所规定的故意泄露国家秘密罪和过失泄露国家秘密罪可以是一般主体以外，其他渎职犯罪都是特殊主体，即必须是国家机关工作人员。对非国家机关工作人员的严重渎职行为进行处罚没有明确的法律依据，但是如果不进行处理则有放纵犯罪之嫌。面对社会治理结构的变迁，刑法有必要给予及时回应，并对渎职犯罪予以调整。《刑法修正案（六）》新增加规定的枉法仲裁罪，犯罪主体为"依法承担仲裁职责的人员"，已非传统的国家机关工作人员，就是刑法对社会治理结构变迁的回应。

三、社会转型与刑法改革

（一）社会结构深刻变动，呈现层级分化、断裂与固化，弱势群体犯罪增多，要求采取宽缓化的刑事政策并在刑法立法中予以体现

随着工业化、城市化的快速推进，我国从传统的城乡二元结构向现代社会结

---

〔1〕 参见靳高风："2010 年中国犯罪形势与刑事政策分析"，载《中国人民公安大学学报（社会科学版）》2011 年第 2 期。

〔2〕 参见石佑启："论公共行政之发展与行政主体多元化"，载《法学评论》2003 年第 4 期。

〔3〕 王丽伟："社会转型、行政主体多元化与滥用职权罪主体的未来"，载 http：//www. studa. net/xingzhengfa/091020/11470912 –2. html.

构转变，[1] 在此过程中，由于转型时期社会权力和资源的重新配置，原有的利益结构被打破，利益结构重组，转型前社会中各阶层的社会地位和社会角色发生了变化，逐步形成新的社会阶层结构。[2] 同时，社会转型过程中出现了社会群体利益分化，利益群体和社会阶层多元化，新的利益群体不断涌现，社会阶层呈现出多元化态势，如私营业主和个体从业人员数量上升幅度明显。随着贫富差距进一步增大，导致社会阶层出现分化、断裂与固化。在社会结构的变动过程中，强势群体与弱势群体相对，弱势群体犯罪增多。弱势群体犯罪具有鲜明的特点，其犯罪类型主要集中在财产犯罪、暴力犯罪和侵害社会管理秩序犯罪等。

在社会结构变动过程中，适应弱势群体犯罪增多且在特定情况下社会危害性相对较小的现状，刑事政策上有必要采取宽缓化政策，在刑法立法中对相关犯罪的刑罚结构进行必要调整。《刑法修正案（七）》对绑架罪的修改就体现了这一点。对于绑架行为，考虑到绑架犯罪新出现的复杂情况，如以前的绑架手段一般都很残忍、单一，而现在的绑架者，尤其是一些弱势群体，其绑架行为都以谋财为目的，有些不“撕票”，也不虐待被绑架人，通常是拿到钱就放人，因此《刑法修正案（七）》增加了一个刑罚层次，起刑点也从10年改成了5年。

（二）社会结构紧张下以群体性事件为代表的社会冲突逐渐增多，需要刑法予以必要调整

在社会转型过程中，我国社会结构分化和整合过程中形成的两极化社会结构所导致的社会结构紧张，体现为社会结构的耦合度不高，社会运行机制并不稳定，社会控制能力弱化，社会整合能力下降，利益主体多元分化，社会群体、成员之间对社会资源的拥有竞争加剧。[3] 在此情况下，社会行为易发生失范，矛盾冲突达到一定程度，便易引发群体性事件。[4] 未来一个时期，与经济形势密切相关的直接利益冲突型群体性事件的数量可能增多。[5] 同一般犯罪相比，群体性事件中引发犯罪的特点是：涉嫌的罪名集中，侵犯的客体是社会公共秩序，所涉及的罪名一般集中在刑法分则第六章妨害社会管理秩序罪之扰乱公共秩序罪中，普遍涉嫌妨害公务罪、扰乱社会秩序罪、聚众冲击国家机关罪；存在打、砸、抢行为的，还涉嫌故意伤害罪、抢劫罪、故意毁坏财物罪等；涉案的人数

---

〔1〕参见刘超：“群体性事件研究”，中国政法大学2009年博士学位论文，第71～72页。

〔2〕参见林默彪：“社会转型与转型社会的基本特征”，载《社会主义研究》2004年第6期。

〔3〕参见林默彪：“社会转型与转型社会的基本特征”，载《社会主义研究》2004年第6期。

〔4〕参见刘超：“群体性事件研究”，中国政法大学2009年博士学位论文，第148页。

〔5〕参见刘超：“群体性事件研究”，中国政法大学2009年博士学位论文，第66页。

多；引发的原因复杂。[1]

对于群体性事件的应对，除了行政、经济等手段之外，还需要积极采取法律手段。从刑法上看，有必要进一步根据群体性事件的新情况、新形势予以积极回应，并从立法上进行必要调整。例如，《刑法》第297条对非法携带武器、管制刀具、爆炸物参加集会、游行、示威作为犯罪进行了规定，但未对《集会游行示威法》第5条中"煽动使用暴力"的行为进行规定。[2] 为此，有必要在《刑法》中增加有关在公众聚集中煽动使用暴力的相关犯罪。

（三）从社会组织结构看，从"单位人"到"社会人"转变过程中，流动人口增多并引发了严重的流动人口犯罪问题，要求刑法给予关注和回应

在现代社会，随着城市对劳动力的大量需求及农村城市化运动中农村大量劳动力剩余并流动到城市，促使城市的流动人口大为增加，由此带来的流动人口犯罪增加也成为突出的社会问题。流动人口犯罪具有报复性、暴力性，趋于有组织化、黑社会化。[3] 在一般情况下，侵犯财产型犯罪在司法实践中具有多发性，但是在流动人口犯罪中侵占财产型犯罪尤其突出、多见，其比例往往超过了常见的幅度。[4] 目前，在我国某些城市中一些农村流动人口往往以同乡、亲属等结为关系，形成不同的"带黑"集团，有组织地进行犯罪，造成流动人口犯罪率的进一步提高[5]。流动人口犯罪的增加，要求刑法关注其发展动向并给予回应。

（四）从社会交往秩序层面看，从"熟人社会"到"陌生人社会"的转变，导致团伙性犯罪、涉黑犯罪、暴力犯罪等增长明显，要求刑法对其加大打击力度

传统社会的交往秩序是以血缘、亲缘为纽带而建立维系的熟人社会，而市场经济的发展则打破了传统交往的纽带，促使社会交往趋向多元化和复杂化，交往秩序发生了重大变动，开始从"熟人社会"向"陌生人社会"转化。[6] 随着社

---

〔1〕 参见原文武："浅谈新形势下群体性事件中涉嫌犯罪案件的审查处理"，载 http：//www. lxxjcy. gov. cn/showart. asp? id = 271.

〔2〕《集会游行示威法》第5条规定："集会、游行、示威应当和平地进行，不得携带武器、管制刀具和爆炸物，不得使用暴力或者煽动使用暴力。"《刑法》第297条规定："违反法律规定，携带武器、管制刀具或者爆炸物参加集会、游行、示威的，处3年以下有期徒刑、拘役、管制或者剥夺政治权利。"

〔3〕 流动人口犯罪趋于有组织化和黑社会化，实际上标志着流动人口犯罪发生了质的变化，犯罪出现了升级。参见程志军："从社会分层角度看流动人口犯罪的生成"，吉林大学2007年硕士学位论文，第28页。

〔4〕 参见程志军："从社会分层角度看流动人口犯罪的生成"，吉林大学2007年硕士学位论文，第32页。

〔5〕 参见程志军："从社会分层角度看流动人口犯罪的生成"，吉林大学2007年硕士学位论文，第36页。

〔6〕 陌生人社会呈现出以下特征：交往主体多元化；交往空间逐渐扩展；交往的功能倾向增强，带有明显的功利化与商品化色彩；交往的独立性和隐私性增强。参见江传宝："转型社会的秩序变动与犯罪变化"，安徽大学2006年硕士学位论文，第15～16页。

会流动的加快以及户籍制度的松动，大量人员在不停地流动，除正式组织之外，出现了一大批非组织的成员，以血缘关系、地缘关系为纽带，以江湖义气为凝聚手段自发地形成各种非正式群体，形成了形形色色的帮派团体，在城市或城市之间流窜犯罪，由此形成团伙犯罪。[1] 同时交往秩序变动的“陌生人化”倾向对暴力犯罪的增长也具有直接影响。[2] 一些已经消失的犯罪又死灰复燃，如组织出卖人体器官、雇佣童工从事犯罪等，惨无人道的犯罪再次兴起。色情犯罪、毒品犯罪、黑社会犯罪、“车匪路霸”、拐卖人口等建国以来早已绝迹的犯罪现象死灰复燃，恶性发展。[3] 在这种情况下，刑法有必要进一步加大打击力度，《刑法修正案（八）》关于黑社会性质组织犯罪等的修改即对此有所体现。

四、价值观念变化与刑法改革

（一）价值观念多元化，社会宽容度增强，部分犯罪除罪化和刑罚轻缓化呼声渐涨

随着市场经济、民主政治和公民观念的发展，人们的生活方式、就业选择、利益诉求、价值取向、思想观念等出现多样化趋势，社会价值系统处于多元价值的交互作用中。价值观念多元化对刑法的影响极为深远。一方面，部分犯罪的除罪化呼声日益高涨，尤其是对刑法中的纯伦理性犯罪，如聚众淫乱罪等，越来越多的人呼吁应予以废除。另一方面，刑罚轻缓化的趋势日渐增强。《刑法修正案（八）》之所以能够顺利减少13种犯罪的死刑规定，在很大程度上就因为我国对犯罪的宽容度在增强。除了已经减少的13种犯罪之外，目前还有很多人在呼吁应当进一步减少死刑的适用，如废除组织卖淫罪、集资诈骗罪、运输毒品罪等犯罪的死刑设置等。

（二）局部文化冲突、文化失序严重，为相关犯罪推波助澜，要求刑法予以慎重对待

社会转型时期，我国社会公众特别是弱势群体面对贫富悬殊、权利状况和生活方式的巨大反差，心理受到极大的冲击和震撼，容易产生强烈的公正失衡感、相对剥夺感和社会不满。[4] 普遍失范的心理与流动人口的犯罪报复性、暴力性特征具有对应性，弱势群体由于受到歧视容易引发报复性犯罪；文化冲突、失范

---

〔1〕 参见刘超：“群体性事件研究”中国政法大学2009年博士学位论文，第97～105页。

〔2〕 参见江传宝：“转型社会的秩序变动与犯罪变化”，安徽大学2006年硕士学位论文，第16页。

〔3〕 参见刘晓梅：“关于社会转型期犯罪问题的若干思考”，载《天津社会科学》2004年第3期。

〔4〕 参见刘超：“群体性事件研究”，中国政法大学2009年博士学位论文，第81页。

心理则促使他们产生暴力性犯罪。[1] 这就要求刑法对暴力性犯罪、报复性犯罪采取更为慎重的刑事政策，一旦处理不当，容易成为引爆社会安全的“炸药桶”。

五、法制建设与刑法改革

（一）社会主义法律体系已经形成，行政犯不断扩张，要求刑法予以回应

经过多年的民主法制建设，目前我国已经形成了以宪法为统率，以宪法相关法、民法商法等多个法律部门的法律为主干，由法律、行政法规、地方性法规等多个层次的法律规范构成的中国特色的社会主义法律体系。在我国目前的法律体系中，行政法律规范的不断膨胀，以及由此所导致的行政犯的不断扩张，已经成为重要特色之一。在此过程中，基于行政法与刑法之间的密切联动关系，刑法有必要加以积极回应。例如，我国目前对行政犯的立法模式是，在刑法典及其修正案或刑法单行法规中规定行政犯的基本罪状和法定刑，行政法规中不设定独立的罪名和法定刑，只是在处罚罚则（或法律责任）中对追究刑事责任做出笼统的宣告式表述，如“构成犯罪的，依法追究刑事责任”，或者“构成犯罪的，依照有关法律规定追究刑事责任”。在这种立法模式下，刑法有必要加大对行政犯的反应速度和强度。尤其是随着行政犯的扩张，刑法中相关犯罪的构成要件也需要进行调整和修改。行政犯已成为历次刑法修改的焦点，清晰地反映出行政法与刑法之间的频繁互动关系。又如，伴随着行政法律规范的修改，行政命令能否成为阻却犯罪构成的正当事由，也需要进一步加以探讨。

（二）作为各部门法的保障法，刑法应同其他法律规范适时同步

作为其他部门法的保障法，除了与行政法关系密切之外，刑法还与经济法、环境资源法等法律之间存在紧密的联系。一方面，这些部门的法律在法律责任中往往将情节严重的违法行为规定为需要依照刑法进行处罚的犯罪行为；另一方面，这些部门的法律在很多情况下也构成刑法的前提法。在前提法已进行修改时，刑法也需进行相应调整，以适应社会生活的变化。如《水法》第72条第1项中规定，侵占、毁坏水工程及堤防、护岸等有关设施，毁坏防汛、水文监测、水文地质监测设施，构成犯罪的，依照刑法的有关规定追究刑事责任。但是在刑法中并未规定破坏水利设施罪。由此出现刑法与部门法调整的错位。

传统社会中刑法乃其他部门法的保障法，但是随着现代社会的发展，有时也要求刑法作为其他部门法的先锋，由此产生了刑法的“倒逼”机制。对于新兴领域或者新型的犯罪，在其他部门法尚未作出回应或反应时，社会期待刑法有所

---

〔1〕 参见程志军：“从社会分层角度看流动人口犯罪的生成”，吉林大学2007年硕士学位论文，第38~40页。

作为。如信息犯罪、社区矫正法等，刑法先进行了相关规定，逼迫其他部门法进行联动反应。

第二节　全球化与风险时代的社会背景

我国之所以需要对刑法进行改革，除了经济、社会、文化转型以及与此相关的治理转型和法制建设的原因之外，还在于目前我国处于风险社会、信息社会和全球化交汇的独特时代背景。换言之，风险社会、信息社会和全球化时代的社会背景，均对刑法产生了重大影响，需要刑法积极应对。

一、风险社会与刑法改革

（一）风险社会及其特点

当今世界，随着科技迅猛发展和经济全球化进程加快，人类社会在创造和享受巨大物质财富的同时，也面临着自然资源短缺、环境恶化、恐怖事件频发、腐败等诸多挑战，把现代社会带进了“风险社会”。德国著名社会学家乌尔里西·贝克指出：当代社会学研究表明，工业社会经由其本身系统制造的危险而身不由己地突变为风险社会。所谓“风险社会”，是指在后工业化时期，随着科学技术的迅猛发展，产生于人类实践活动的各种全球性风险和危机对整个人类生产生活乃至对人类的生存和发展造成严重威胁，而人类对此又失去掌控的一种状态。[1]

风险社会具有以下特点：第一，风险来源的广泛性。现代社会中的风险，首先表现为各种技术性的风险日益扩散，如核辐射、转基因食品等。除了技术风险之外，还存在与人们日常生活息息相关的“社会生活性风险”，比如艾滋病、环境污染、交通事故等以及由于犯罪行为人基于某种动机或者目的而实施的各种犯罪行为，如侵犯公民个人信息犯罪、生产销售有毒有害食品、假冒伪劣药品犯罪、利用电子病毒破坏计算机信息系统犯罪等，这些技术性风险、社会生活性风险以及犯罪威胁风险等均是现代社会风险的内涵概念。第二，与传统社会“天灾人祸”式的风险不同，现代社会的风险往往更具有不可预测性和不可控制性。比如行为人利用电子病毒破坏计算机系统，在没有造成具有影响力的危害后果时一般不会引起世人的关注，但是一旦造成危害后果，就会脱离所有人包括行为人的控制，因为电子病毒在传播扩散的过程中会衍生出诸多变种，危害性极大。第三，风险具有人为化趋势。随着人类活动能力的加强和活动范围的扩大，其正确

---

〔1〕 参见陈晓明：“风险社会之刑法应对”，载《法学研究》2009年第6期。

或者错误的决策与行为必将成为风险的主要来源，人为风险超过自然风险已经成为现代社会风险呈现的趋势。第四，风险影响具有后延性。在空间维度上，风险已经远远超出地理边界和文化边界，逐渐呈现出全球性的特点，如2008年的全球经济危机已经波及世界绝大部分国家和地区；在时间维度上，现代社会风险不但“恶在当今”而且“险及后世”，如核辐射的危害后果足以延续百年。[1]

（二）风险社会中刑法的应对

我国目前的刑法是以传统社会为基础建构起来的，属于传统刑法范畴。从风险社会的应对来看，传统刑法理论与实践的局限性开始显现出来。一方面，风险社会意味着传统刑法观念需要转变。比如传统刑法追求安定性和确定性，而风险社会的风险正越来越避开传统的法律制度，呈现出前所未有的不确定性，由此就出现了以不确定性为核心的风险社会与以确定性为基础的现代法律秩序之间的内在紧张关系。为此，转换视角，以新的眼光来审视新时代的犯罪问题是必由之路。[2] 另一方面，风险社会意味着传统刑法体系和刑法原则需要转变。传统刑法按照法益侵害原理，以法益为基础构建了一整套体系完整、内容翔实、逻辑严谨的规则体系。然而，随着风险社会的到来，以法益实害或具体危险为基础的传统刑法已经难以满足风险社会对刑法的应然保护要求。突出表现在：在诸如环境污染和放射源污染等场合，侵害的对象既不限于特定个人也不限于传统意义上的不特定多数，同时侵害的不仅是现实的法益还包括未来的法益（后代的生存空间）。由于无法认识未来的法益，传统的刑法对此无法回应。此外，以结果为核心的传统刑法强调只有在应受处罚的行为造成客观侵害时才能作出反应，但是这样的反应模式在风险社会中显然过于迟钝。因为某些具有侵害法益的高度风险一旦实现，对共同体的安全破坏将是灾难性的。[3]

为了更严密有效地保卫社会，有必要在传统刑法的基础上引进风险刑法的理念和相关规则。首先，有必要从社会安全的角度出发，关注现实中的风险行为，确立风险犯、行政犯在刑法中的突出地位。正如国内有学者所呼吁的“要正视法定犯时代的到来”。[4] 为了突出风险犯、行政犯的突出地位，刑法立法有必要从结果本位转向行为本位，亦即按照风险控制的原则，只要出现了刑法规定的某种行为，刑法就可对其作出评价；其次，有必要加大对预备犯、未遂犯的处罚范

[1] 参见庄绪龙：“我国刑事法应对风险社会举措初探”，载北大法律信息网。

[2] 参见陈晓明：“风险社会之刑法应对”，载《法学研究》2009年第6期。

[3] 参见王拓：“风险刑法：风险社会下传统刑法的必要补充”，载《检察日报》2010年4月26日。

[4] 李运平：“储槐植：要正视法定犯时代的到来”，载《检察日报》2007年6月1日。

围，将犯罪的预备行为、未遂行为独立出来，单独加以犯罪化处置；最后，扩大抽象危险犯的存在空间。由于抽象危险犯同传统的法益保护原则、责任原则等存在不兼容之处，一直被诟病，但是，由于风险源的广泛化，使得对法益的保护提前，只要行为人实施了法律所拟制的高风险性的行为，即推定行为人构成犯罪。《刑法修正案（八）》所规定的危险驾驶罪就是抽象危险犯立法化的典型体现。

二、信息社会与刑法改革

当今社会正日益迈进信息时代，信息技术全方位、多角度冲击着社会生活各个层面，深刻地影响着全球政治、经济、法律、文化以及人们的生活。[1] 随着21世纪人类社会发展到信息时代和随之而来的信息化进程的不断加速，信息犯罪作为一种独特的犯罪类型开始兴起，它不是对既有犯罪种类的整合、划分，也不是基于现实的物理空间新生的犯罪形式，而是产生于信息空间、发生于信息领域，其主体、客体、犯罪行为都具有信息的“源”特征。[2] 信息犯罪产生于农业社会、成熟和完备于工业社会的刑法理论和刑事立法规则，在信息社会已经呈现出体系性的滞后，法律和法学的时代转型将成为必然。[3]

信息化时代一方面使“信息”成为犯罪对象，扩大了传统犯罪对象的范围，另一方面使得传统的犯罪得以用信息的方式完成，拓展了刑法传统的行为类型。它具体体现为两个方面：一是传统的犯罪类型也可以以信息化的方式得以实行；二是现代的犯罪侵犯的对象就是各种类型的信息。

三、全球化与刑法改革

经济全球化[4]是当今世界发展的重要特征和方向，中国正处于全球化的世界结构之中。经济发展、国际交往以及人员、货物、服务与资金便利的跨国流动所共同构筑的全球市场为高度严密的犯罪网络的滋生提供了新的情境，使犯罪分子借助日益繁多的现代交通、电信手段能够轻易实现其不法目的（跨国/有组织

---

〔1〕 参见徐昕：“信息时代的民事诉讼：国际比较与前景展望”，载 http：//www. lawtime. cn/info/lunwen/mfmsssflw/2006102651264. html.

〔2〕 参见高德胜：“信息犯罪研究”，吉林大学2008年博士学位论文，第3页。

〔3〕 参见于志刚：“信息时代和中国法律、中国法学的转型”，载 http：//news. xinhuanet. com/legal/2011－01/25/c_ 121017054. htm.

〔4〕 什么是全球化，存在不同见解，其争议主要集中在如何对“经济”加以界定，有的关注于“信息”，有的关注于“资源”，有的关注于“生产要素”。国际货币基金组织（IMF）将全球化概括为：全球化是通过贸易、资金流动、技术创新、信息网络和文化交流，使各国经济在世界范围高度融合，各国经济通过不断增长的各类商品和劳务的广泛输送，通过国际资金的流动，通过技术更快更广泛地传播，形成相互依赖的关系。参见张彤玉、丁国杰：“经济全球化的各种理论争论及其评价”，载《当代经济研究》2005年第1期。

犯罪)；另一方面，具有不同文化、传统、意识形态、宗教、生活方式以及价值标准的国家与人群之间的直接交往所衍生的强烈不平等，造成了尖锐的对立和公开的冲突，引发歧视与暴力的蔓延（恐怖主义）。[1] 经济全球化进而带来的犯罪全球化，使得犯罪客体、犯罪对象、犯罪主体、犯罪行为具有了跨国性和流动性特征[2]，要求刑法进行相应调整，从而更有力的打击跨国犯罪、有组织犯罪和各种恐怖犯罪。

具体而言，经济全球化所带来的犯罪全球化体现在以下方面：

1. 经济全球化在给世界各国带来经济发展的同时，也使得跨国犯罪迅速增长。前任联合国秘书长科菲·安南曾指出：经济全球化的发展也使跨国犯罪构成对国家安全、经济发展、民主和主权的新威胁。[3] 跨境犯罪领域不断扩展，并由传统领域不断向其他领域扩展。在我国，以下几类犯罪属常见多发类型：[4] ①一些不法犯罪分子或贩毒集团跨越国、边境大肆走私贩卖毒品，其集团化、职业化趋势日趋明显，并形成了“产、供、销一条龙”的职业性贩毒体系，以牟取暴利；②跨境走私国家禁止或限制出口的珍贵文物及其制品、汽车、成品油、武器弹药、淫秽物品、伪造的货币等其他物品；③贩卖人口，尤其是贩卖妇女、儿童已成为严重的犯罪问题；④经济犯罪，尤其是贷款诈骗、信用卡诈骗等犯罪，以及进行跨境洗钱犯罪、票据欺诈、偷逃税收等经济犯罪也十分严重。

2. 由于通讯方式的便捷，跨国有组织犯罪繁衍速度较快。在信息化时代，有组织犯罪的组织化程度越来越高；犯罪成员之间有了明确的角色分工、更加注重犯罪活动的规划性；有组织犯罪活动的领域和地理上的领域均有所扩大；犯罪手段的现代化、智能化水平更高；犯罪目的的逐利性更加明显。[5]

3. 国家、地区间发展的不平衡，文化、文明的差异与冲突等因素滋生加剧

---

〔1〕 参见吴沈括：“扩张中的犯罪预备及参与形式——围绕第18届国际刑法学大会第一专题的展开”，载《四川警察学院学报》2010年第4期。

〔2〕 参见朱建忠：“试论犯罪全球化”，载《湖州师范学院学报》2002年第4期。

〔3〕 参见曾令良、尹生：“论国际恐怖主义的全球化趋势与国际法律控制”，载《法制与社会发展》2003年第4期。

〔4〕 参见康均心、王文波：“现状·趋势·对策——谈经济全球化与我国的跨境犯罪”，载《贵州警官职业学院学报》2003年第4期；王春梅：“网络信息时代犯罪国际化：动因及特点”，载《黑龙江省政法管理干部学院学报》2010年第10期。

〔5〕 参见王春梅：“网络信息时代犯罪国际化：动因及特点”，载《黑龙江省政法管理干部学院学报》2010年第10期；张宗亮：“全球化与跨国有组织犯罪及法律对策”，载《法学论坛》2004年第5期。

了恐怖犯罪。[1] 恐怖主义活动日益猖獗，恐怖活动犯罪作为人类公害，中国也面临着恐怖活动犯罪的威胁，如国际恐怖主义组织和个人及境内外“东突”恐怖势力的威胁。[2] 近年来，中国刑法也逐渐关注恐怖活动，并不断将有关恐怖行为予以立法化。恐怖主义犯罪活动日益猖獗，其全球化发展趋势更是势不可挡，主要表现在以下几个方面：组织网络及其活动的全球化；战略决策全球化及打击目标全球化；资金网络全球化；各种恐怖组织之间的协调在加强；恐怖袭击的负面影响波及全球。[3]

第三节　相关国际公约的基本要求

基于打击某一类犯罪的需要或者基于“人类的共同良知”的价值共识而制定的国际刑事公约、人权公约，反映了国际刑事法治的需要，体现了人类共同的价值追求。[4] 最近二十余年我国共签署和加入了两百多个国际公约，包括《公民权利和政治权利国际公约》、《联合国打击跨国有组织犯罪公约》、《儿童权利公约》、《联合国反腐败公约》等，这不仅是打击跨国犯罪和国际犯罪的要求，也是我国承担国际义务、提升国际形象，显示大国负责任态度的需要。然而，目前我国刑法与这些国际公约之间还存在不衔接、不协调之处，包括刑法总则和具体犯罪类型在内，都有必要进一步适应相关国际公约的要求，进行相应的调整和修改。

一、相关国际公约规定与我国刑法总则的对接要求

（一）关于生命权利的保护

《公民权利和政治权利国际公约》对生命权进行了详尽而周全的保护，对死刑适用的罪种标准、死刑适用的对象标准、死刑适用的效力标准、死刑适用的救济标准、死刑执行的方式标准以及公开死刑判决和执行的数字标准等内容，都进

〔1〕参见王文华：“论全球化时代的刑法国际协调”，载《深圳大学学报（人文社会科学版）》2007年第4期。

〔2〕参见赵秉志、阴建峰：“论惩治恐怖活动犯罪的国际国内立法”，载《法制与社会发展》2003年第6期。

〔3〕参见曾令良、尹生：“论国际恐怖主义的全球化趋势与国际法律控制”，载《法制与社会发展》2003年第4期。

〔4〕参见刘仁文：“我国刑法转向的再补充”，载《法制日报》2009年8月5日。

行了明确规定。[1] 我国已加入《公民权利和政治权利国际公约》，与该公约相比，目前我国刑法在对生命权的保护方面尚存在以下不足：在死刑的价值标准方面，注重人权保障的价值理念仍有待加强；死刑适用的罪种存在泛化倾向；对死刑适用对象的限制存在不足；赦免制度名存实亡，无法对死刑适用实现充分救济；一直未公开死刑判决和执行数字等。[2] 为此，有必要进一步运用立法和司法手段对死刑制度进行改革，不断地限制和减少死刑的适用，逐步废止死刑，才能使我国的死刑制度既适合国情，又能更好地与国际接轨。

（二）关于有组织犯罪

《联合国打击跨国有组织犯罪公约》首次在国际法律文件中把法人犯罪列为公约管辖的范围，为在世界范围内打击法人犯罪提供了国际法依据。[3] 我国已正式批准该公约。目前我国刑法中虽然规定了单位犯罪，但与公约的规定尚未达成一致，仍有待于进一步按照公约的规定进行调整。具体而言，我国刑法中的“单位犯罪”与公约中的“法人犯罪”的差异主要体现在：犯罪主体的名称不同；应负刑事责任的犯罪范围不同；刑事责任的实现方式不同；法人责任对实施此种犯罪自然人刑事责任的影响不同等。[4]

（三）关于未成年人犯罪

由于未成年人罪犯的可改造性较大，《公民权利和政治权利国际公约》、《儿童权利公约》等一系列国际人权公约中，都针对未成年人犯罪做出更为轻缓、富有人道主义的特殊处罚。我国刑法虽然高度重视未成年人权益的保护，但与这些公约相比，仍存在一定差距，有待于进一步完善未成年人犯罪的处罚措施，从而最终与相关国际公约接轨。具体而言，我国刑法对未成年人的保护尚存在不足，需要加以完善之处包括：在刑罚中严格禁止对未成年人犯罪适用无期徒刑，限制适用长期自由刑；建立形式多样、轻重有序、逐级递进的非刑罚处理方法体系；

---

〔1〕参见卢建平：“国际人权公约视角下的中国刑法改革建议”，载《华东政法学院学报》2006年第5期；赵秉志：“论全球化时代的中国死刑制度改革——面临的挑战与对策”，载《吉林大学社会科学学报》2010年第2期。

〔2〕参见赵秉志：“论全球化时代的中国死刑制度改革——面临的挑战与对策”，载《吉林大学社会科学学报》2010年第2期。

〔3〕参见彭凤莲：“从《联合国打击跨国有组织犯罪公约》看我国单位犯罪的立法趋势”，载《法学杂志》2008年第5期。

〔4〕参见赵永琛：“国际刑法发展新的里程碑——《联合国打击跨国有组织犯罪公约》述评”，载《中国刑事法杂志》2001年第6期。

强化非刑罚处理方法的适用等。[1]

二、相关国际公约规定与我国具体犯罪类型的对接要求

相关国际公约在打击具体犯罪方面达成了共识，为共同打击跨国性犯罪及具有严重社会危害性的犯罪开展国际合作预防和控制犯罪等作出了各种规定，我国刑法尚需与其进一步对接。

（一）关于反腐败犯罪

《联合国反腐败公约》对腐败犯罪进行了具体的规定，我国已批准该公约，但是与该公约相比，我国刑法仍存在不足，尤其是在腐败犯罪的立法、腐败犯罪的范围、腐败犯罪的犯罪构成、打击腐败犯罪的精神等多个方面还需要完善。例如对于贿赂犯罪，《联合国反腐败公约》在贿赂犯罪规定的构成要件上比我国刑法的规定要宽松得多。如公约不以“谋取不正当利益”的目的为行贿罪构成要件，而我国刑法则要求有此要件；在贿赂内容上，我国刑法规定的是“财物”，公约规定的是“不正当好处”；在受贿罪主体上，我国刑法规定的是“国家工作人员”，而公约规定的是“公职人员本人或其他人员或实体”。又如滥用职权罪，公约不以发生严重的客观危害结果为构成要件，我国则有危害结果要求。此外，公约中的影响力交易罪与我国刑法规定的利用影响力受贿罪相比，在犯罪构成的客观方面、主体方面、主观方面等也存在差异。[2]

（二）关于反洗钱犯罪

近年来，国际社会打击洗钱犯罪的合作和力度日益加强，在《联合国禁止非法贩运麻醉药品和精神药物公约》、《联合国禁毒总署关于洗钱和没收与贩毒有关的财产的示范法》、《联合国打击跨国有组织犯罪公约》中对洗钱犯罪进行了一系列规定。我国已加入《联合国打击跨国有组织犯罪公约》等，但同这些公约在打击反洗钱犯罪的规定相比，我国刑法尚存在下列差异，如洗钱罪立法在上游犯罪的范围、洗钱行为方式、犯罪主体范围等，尚有待于根据公约要求进行相应修改。

（三）关于反恐怖主义犯罪

为了防止恐怖主义对公民生命、健康、财产的侵袭和对社会正常管理秩序的破坏，国际社会已经签署了一系列公约，以加强对恐怖主义的打击。它包括《东

---

〔1〕 参见廖明：“联合国公约在刑事法治领域的贯彻——第二届‘当代刑法国际论坛’综述”，载《人民检察》2007年第21期。

〔2〕 参见卢勤忠、陈柏新：“我国刑事司法与有关国际公约的衔接问题研究”，载《河南司法警官职业学院学报》2008年第2期。

京公约》、《海牙公约》和《蒙特利尔公约》等三个反劫机公约，《关于防止和惩处侵害应受国际保护人员包括外交代表的罪行的公约》，《反对劫持人质国际公约》，《制止危害航海安全的非法行为公约》，《制止危害大陆架固定平台安全的非法行为议定书》，《核材料实物保护公约》，《制止恐怖主义爆炸的国际公约》，《制止向恐怖主义提供资助的国际公约》等。迄今为止，我国已经批准并加入了绝大多数与反恐怖主义有关的国际公约。[1] 根据这些公约，我国对刑法进行了相应调整，如在刑法中增加了“组织、领导、参加恐怖组织罪”、“资助恐怖活动罪”等。然而，我国刑法与国际公约还存在一定差距，尚有待于进一步调整和修改，具体包括：立法形式上，未采取独立的立法模式；立法内容上，未采取立休防御型的立法模式；立法取向上，未采取防卫型的立法模式；法律效力上，未采取一般法的立法模式；未在刑法中单独规定恐怖行为罪，以作为恐怖活动犯罪的基本罪名；未遵循国际规约的要求，增设相应恐怖活动具体罪行，如“侵害受国际保护人员罪”、“海盗罪”等。[2]

（四）关于知识产权犯罪

加入世界知识产权组织后，我国先后缔结了《保护工业产权巴黎公约》、《商标国际注册马德里协定》、《保护文学和艺术伯尔尼公约》、《专利合作条约》等一系列国际知识产权公约，并开始逐步完善打击知识产权犯罪的刑事规范，对商标、专利、著作权、商业秘密等知识产权实行全面保护。[3] 然而，目前我国刑法对知识产权犯罪的规定同《与贸易有关的知识产权协议》等相关国际公约的要求还存在不一致之处，尚需进一步调整和修改。具体体现在：我国现行刑法对知识产权的保护范围过于狭窄，未能涵盖知识产权的重要内容，如服务商标、驰名商标、集成电路布图设计等。[4]

（五）关于毒品犯罪

为联合打击毒品犯罪，国际社会分别制定了一系列公约，如《海牙禁止鸦片公约》、《关于熟鸦片的制造、国内贸易及使用的协定》、《国际鸦片公约》、《修正1961年麻醉品单一公约议定书》、《限制制造及调节分配麻醉品公约》、《远东

---

〔1〕参见赵秉志、阴建峰：“论惩治恐怖活动犯罪的国际国内立法”，载《法制与社会发展》2003年第6期。

〔2〕参见赵秉志、阴建峰：“论惩治恐怖活动犯罪的国际国内立法”，载《法制与社会发展》2003年第6期。

〔3〕参见赵祖生：“浅析我国经济犯罪的刑事立法”，载 http://www.studa.net/xingfa/060624/15510186-2.html.

〔4〕参见王文波：“经济全球化与知识产权犯罪”，载《山东公安专科学校学报》2002年第5期。

管制吸食鸦片协定》、《禁止非法买卖麻醉品公约》、《麻醉品单一公约》、《精神药物公约》、《联合国禁止非法贩运麻醉药品和精神药物公约》。为打击日益猖獗的毒品犯罪，我国加入了《麻醉品单一公约》、《精神药物公约》、《联合国禁止非法贩运麻醉药品和精神药物公约》等。然而，同这些公约相比，目前我国刑法还存在一定的差距，需要进一步进行调整和修改。例如，《联合国禁止非法贩运麻醉药品和精神药物公约》规定："各缔约国应采取可能必要的措施将下列故意行为确定为国内法中的刑事犯罪：生产、制造、提炼、配制、提供、兜售、分销、出售，以任何条件交付、经纪、发送、过境发送、运输、进口或出口任何麻醉药品和精神药品。"可以看出，对"提供"、"以任何条件交付"毒品的行为都应当作为犯罪来规定。而我国现行法律规定，以获取金钱和财物为目的而非法交付毒品的行为，应按贩卖毒品罪惩处；依法从事生产、运输、管理、使用国家管制的麻醉药品、精神药品的人员和单位违反国家规定而向吸毒者或走私贩卖毒品的犯罪分子提供毒品的，构成非法提供麻醉药品、精神药品罪。而除了上述人员外其他故意向他人无偿提供毒品者是否构成犯罪，刑法并未规定。因此，在将来完善立法时有必要补充规定一般主体非法提供毒品的刑事责任，明确认定其构成贩卖毒品罪。[1]

---

〔1〕 参见张洪成："禁毒国际公约对我国毒品犯罪法律规制的启示"，载《河北公安警察职业学院学报》2009 年第 3 期。

第二章 刑法改革的价值取向

为了适应变动不居的社会生活的变化，顺应时代潮流，自1997年新刑法施行以来，全国人大常委会已经先后以1个单行刑法和8个刑法修正案的形式对新刑法进行9次修正。短短13年间，全国人大常委会几乎以平均每年一次的频率频繁地对新刑法进行修正。如此之修正频率，在我国刑法史上实属罕见。

我们知道，刑罚是一柄双刃剑。刑罚的“双刃性”总是提醒人们必须慎用刑罚，而犯罪的社会危害性又总是在不断地刺激着人类本性中永远不灭的动用刑罚的神经，使刑罚的扩张和滥用成为一种必然的趋势。因此，刑罚的运用始终需要理性来驾驭，需要不断地克服任性制造的多余之刑和滥用之刑。这就决定了刑法改革是刑法发展的必由之路。刑法的发展是通过改革来实现的，改革则必须理性地进行。只有在对现存刑法制度及其运作中的非理性进行深刻反思的基础上，在与现代法治的发展趋势相适应的刑法理念的支撑下谨慎进行的制度性改造，才能保证刑法向着更加理性的方向发展。理性地对待刑法改革，涉及到如何选择刑法改革的价值取向，并根据确定后的价值取向来确定刑法改革的具体内容。我们认为，我国刑法改革的价值取向应当是以人权保障为核心，兼顾社会防卫，努力实现人权保障与社会防卫的动态平衡。具体而言，在人权保障方面，应当强化刑法的明确性和刑罚的轻缓性，重视刑法的行为评价和引导功能，淡化刑法的威慑功能。在社会防卫方面，应当着眼于风险社会来临对刑法提出的新要求，重视一定程度下刑事法网的严密化和法益保护的早期化。

第一节 刑法改革的人权保障取向

强化人权保障是刑法的内在核心价值诉求。对刑法的改革同样应当追求保障人权的价值诉求。否则刑法改革将丧失出发点和落脚点而误入歧途。1979 年刑法总体上是一部具有浓厚主观主义色彩的刑法。1997 年刑法的基本立场逐渐向客观主义转变。其中一个重要表现是罪刑法定原则的确立，类推制度的废除。其核心是强化刑法对人权的保障，明确规定刑罚权的发动条件和边界。然而，人权保障理念在我国刑法中的贯彻尚不够彻底，罪刑法定原则也没有得到彻底的贯彻。刑法中多处充斥着不明确的刑法规范，极大地损害着人权保障机能的实现。

一、"口袋罪"之检讨

1979 年刑法规定了投机倒把罪、流氓罪和渎职罪这三大"口袋罪"。新刑法在废除投机倒把罪的同时规定了非法经营罪。新刑法将原流氓罪取消，将其分解为强制猥亵侮辱妇女罪、猥亵儿童罪、聚众淫乱罪、聚众斗殴罪、寻衅滋事罪等罪。在修改刑法之时，立法者认为投机倒把罪、流氓罪和渎职罪规定得都比较笼统导致执行时随意性较大。[1] 从罪刑法定原则之刑法明确性角度看，"口袋罪"的存在，损害了刑法明确性原则，不利于人权保障的实现。1997 年刑法取消口袋罪，表明我国刑法在贯彻罪刑法定原则的道路上向前迈出了可喜的步伐。但是，近年来司法实践的残酷现实告诉我们，旧的大的"口袋罪"已成历史，新的小的"口袋罪"正在膨胀适用。以非法经营罪为例，刑法规定的"其他严重扰乱市场秩序的非法经营行为"形成了一个新的"口袋"，因为其具有高度抽象性而在司法实践中产生了无限的扩张趋势，造成了刑法的不安定性。以拆解后的聚众淫乱罪为例，近年来南京马尧海等人换偶等非主流的性活动在触犯聚众淫乱罪的名义下受到刑法的处罚，我国刑法泛道德化的趋势正在加强。新的小的口袋罪正在日益取代旧的大的口袋罪，人权保障理念并没有得到彻底的贯彻。

我们之所以称新的小口袋正日益膨胀放大，这是因为，按照 1997 年刑法的规定，违反国家规定，未经许可经营法律、行政法规规定的专营、专卖物品或者其他限制买卖的物品，或者买卖进出口许可证、进出口原产地证明以及其他法律、法规规定的经营许可证或者批准文件的，或者实施其他严重扰乱市场秩序的非法经营行为，扰乱市场秩序，情节严重，构成非法经营罪。《刑法修正案》和《刑法修正案（七）》分别增设"非法经营证券、期货或者保险业务"和"非法从事资金支付结算业务"行为作为非法经营罪的具体行为。1997 年刑法施行后，

---

〔1〕 王汉斌："关于《中华人民共和国刑法（修订草案）》的说明"，载《人大工作通讯》1997 年第 Z1 期。

最高司法机关先后通过九个司法解释[1]分别将非法买卖外汇、非法经营出版物、非法经营电信业务、在生产、销售的饲料中添加禁止在饲料和动物饮用水中使用的药品，或者销售明知是添加该类药品的饲料、传销或变相传销、非法经营互联网业务以及非法经营彩票的行为解释为其他严重扰乱市场秩序的非法经营行为，按照非法经营罪认定。

首先，"严重扰乱市场秩序的非法经营行为"具有高度的抽象性。从表面上看，"严重扰乱市场秩序"是对行为属性的描述，但这一描述本身是高度抽象的，可以用在刑法分则第三章所有的其他犯罪行为上，本身并不能指明客观行为是什么，不具有区分此行为与彼行为的功能。"非法"一词是对行为性质的法律评价，其本身对于行为特征的具体化、明确化并无意义。"经营行为"是本罪行为特征的关键性描述词语。"经营"，是指"筹划并管理"，[2]可指在市场活动中的以营利为目的筹划与管理行为。所以，任何具体的市场活动都可以纳入经营行为的范围。它是对市场主体行为特征的高度抽象。纵观刑法分则其余简单罪状的描述语句，像《刑法》第225条第4项这样高度抽象的描述性语句是绝无仅有的。从立法技术上看，使用简单罪状一般是因为立法者认为这些犯罪的行为特征本身易于被人理解和把握，无需在法律上作具体的描述，如故意杀人罪、盗窃罪、诈骗罪，等等。然而，这一刑法条文所规定的犯罪行为特征不仅自身不易为人理解和把握，而且还因其高度抽象性而使该条文丧失了明确性。

我们承认，立法者认知的有限性导致刑法的规范对象具有不完整性。刑事立法不可能将所有应予处罚的不法行为毫无遗漏地加以规范，刑法结构的严密性永远都只有相对意义。立法者为保障人权而实行罪刑法定原则。"罪刑法定消灭不了刑法的不完整性，而是以容忍刑法的不完整性的客观存在为其前提"[3]。罪刑法定原则使刑法本身成为一个相对封闭的规则体系，它不允许在刑法规范之外对

---

〔1〕分别是：最高人民法院《关于审理骗购外汇、非法买卖外汇刑事案件具体应用法律若干问题的解释》，最高人民法院《关于审理非法出版物刑事案件具体应用法律若干问题的解释》，最高人民法院《关于审理扰乱电信市场管理秩序案件具体应用法律若干问题的解释》，最高人民法院《关于情节严重的传销或者变相传销行为如何定性问题的批复》，最高人民法院、最高人民检察院《关于办理非法生产、销售、使用禁止在饲料和动物饮用水中使用的药品等刑事案件具体应用法律若干问题的解释》，最高人民检察院《关于办理非法经营食盐刑事案件具体应用法律若干问题的解释》，最高人民法院、最高人民检察院《关于办理妨害预防、控制突发传染病疫情等灾害的刑事案件具体应用法律若干问题的解释》，最高人民法院、最高人民检察院、公安部《关于依法开展打击淫秽色情网站专项行动有关工作的通知》，最高人民法院、最高人民检察院《关于办理赌博刑事案件具体应用法律若干问题的解释》。

〔2〕《现代汉语词典》，商务印书馆1993年版，第559页。

〔3〕梁根林：《刑罚结构论》，北京大学出版社1998年版，第179页。

尚未明确规定的行为加以刑罚处罚，即使这一行为的确存在较大的社会危害性。它限制刑法过分干预社会生活，是立法者价值偏一的选择。然而，具有高度概括性和模糊性的堵截构成要件的存在使非法经营罪成为一个“超级的”概括性罪名，一个新的“口袋罪”所拥有的巨大扩张性在本质上使其同类推制度具有同样的价值取向。

其次，特殊的空白罪状描述方式决定了该条文内容具有最大的概括性。立法技术上使用空白罪状其意图是通过指明需要参照的法律、法规来使某一具体犯罪的构成特征明确化。在《刑法》第225条中，“违反国家规定”是典型的空白罪状描述方式。它无法承担起使该条第4项所规定的行为特征得以明确化和具体化的重任。根据《刑法》第96条的解释，“违反国家规定”是指违反全国人大及其常委会制定的法律和决定、国务院制定的行政法规、规定的行政措施、发布的决定和命令。换言之，国家最高立法机关和最高行政机关所颁布的所有涉及市场管理的规范性文件都可以被包括在内，其内涵的概括性不可谓不高。由于市场活动纷繁复杂，规范性文件层出不穷，这种罪状表述方式使得社会公众无法通过这一空白罪状确知刑法到底意图禁止何种类型的市场行为。“非法经营罪以‘违反国家规定’为前提，反过来，只要违反国家规定的经营行为情节严重，都可能构成非法经营罪。于是，非法经营罪被人们称为‘口袋罪’。”[1]

最后，《刑法》第225条第4项确立的立法例即使在外国刑法有关经济犯罪的条款中也是极其罕见的。无论是英美法系还是大陆法系国家，一般在经济法中规定经济犯罪，采用附属刑法的立法模式来规制经济犯罪。此种立法例具有明确性的优点，不存在犯罪构成不明确的问题。在现行的德、日、韩、瑞士、俄罗斯等国刑法中，也找不到与我国刑法典中这一条文类似的规定。例如在德国，虽然在犯罪构成方面使用空白刑法是其经济刑法的一个典型特征，但是，为了符合德国宪法所要求的法律明确性的规定，德国立法机关采取了多种技术来保证空白刑法的明确性，包括直接引述具体的法律条款或者是把经济法中的一部分禁止性行为改写后，将其规定在惩罚性条款中，同时还引述具体需要参照的法律条款。[2]与我国《刑法》第225条最接近的可能要数《俄罗斯联邦刑法典》第171条的规定。该条文罪名也称为非法经营罪，具体规定为：“未经注册或在必须获得专门许可证（执照）时没有这种许可证，或违反许可证颁发的条件而从事经营活动，如果这种行为对公民、组织或国家造成巨大损失，或同时获得巨额收入的，

---

〔1〕 张明楷：“刑事立法的发展方向”，载《中国法学》2006年第4期。

〔2〕 王世洲：《德国经济犯罪与经济刑法研究》，北京大学出版社1999年版，第155～157页。

处……”[1] 对照后发现，俄罗斯刑法的规定与我国的规定十分相似，但没有兜底性条款的规定。我们知道，我国1979年刑法时期的投机倒把罪就借鉴了苏联刑法中的投机罪。[2]

古罗马的格言告诉我们，有利益的地方就有犯人。[3] 无论是实行计划经济还是市场经济，均有经济犯罪的存在。犯罪是一种自然的社会现象。经济犯罪是经济发展过程中无法避免也无法消灭的社会现象，经济犯罪与经济发展运动相联系而具有利害交织的特点。经济活动的合法与非法、罪与非罪的界限之确定具有很强的宏观经济政策性。因此，抗制经济犯罪的刑事政策应有别于抗制严重暴力犯罪尤其是有组织犯罪的打击政策。对于后者，刑法为保护社会而采取模糊性构成要件以求严密设计罪状和广布法网是十分必要的，如《刑法》第294条对有组织犯罪的罪状设计。而抗制经济犯罪的刑事政策恰恰相反。市场经济的本性要求赋予经济主体更大的自由度，鼓励经济主体进行更多的探索和尝试甚至是试错。特别是我国市场经济体制不完善，正处在计划经济向市场经济转轨、发生巨变的重要时期，国家更应当对经济主体的经济行为营造更宽容的制度环境，对经济生活的刑事干预不是应当扩张而应当有所限制，才能形成一个有利于市场发育的宽松环境。刑法应恪守谦抑主义，应尽量减少对经济关系的干预，尽可能以行政、民事赔偿措施和企业的自我监督来取代刑罚。非法经营罪中的高度概括性条款的价值取向显然与市场经济的要求相左。

高度概括性和模糊性的堵截构成要件的存在，其潜在的危险性，正如美国当代的一位著名法学家所论述的：“从社会学的角度看，把愈来愈多的、模糊的、极为弹性的、过于宽泛和不准确的规定引入法律制度（特别是政治性的刑法领域）之中，无异于对法律的否定和对某种形式的专制统治的肯定。这种状况必定会增加人们的危险感和不安全感。”[4]

二、重刑结构之反思

犯罪圈与刑罚结构之间存在紧密的关系。刑罚结构的轻缓或严厉和犯罪圈划定的大小具有紧密的关系。因为我国刑法将轻微犯罪行为排除在刑法的调整范围之外，所以受到刑法调整的行为都是立法者认为比较严重的犯罪行为。根据罪刑均衡原则，重罪当然应当配以重刑。所以，我国的刑罚结构总体上是一种重刑结

---

〔1〕 黄道秀等译：《俄罗斯联邦刑法典》，中国法制出版社1996年版，第86页。

〔2〕 刘金林：“‘口袋罪’变迁见证法治进程”，载《检察日报》2008年5月9日，第4版。

〔3〕 张明楷：《刑法格言的展开》，法律出版社1999年版，第90页。

〔4〕 苏力：“市场经济需要什么样的法律”，载《北京大学学报（社会科学版）》1993年第4期。

构。“从立法上看，如果刑法只是把危害社会的行为中情节严重的那一部分规定为犯罪，那么，刑法对所有犯罪所规定的刑罚也就都应当是比较重的刑罚，而不可能是较轻的刑罚。”[1] 重刑的刑罚结构最为突出地表现在死刑过多、过重。近年来的刑法改革基本上一如既往地采取重刑化的刑罚策略。虽然《刑法修正案（八）》在改变死刑过重、生刑过轻方面取得了可喜的进步，但是总体上我国的刑罚结构依然是一种重刑结构。

（一）刑罚化之追求、非刑罚化之阙如

1997刑法以来我国的刑法修正在犯罪抗制对策上强调、追求刑罚化。对刑罚以外的非刑罚处罚方法在抗制犯罪中的作用没有给予应有的重视。试举例而言，《刑法修正案》、《刑法修正案（四）》、《刑法修正案（五）》、《刑法修正案（六）》对不少经济犯罪进行了修正和增设，并且规定了严厉的刑罚措施。然而，非刑罚处罚方法在修改后的经济犯罪罚则中毫无体现。立法者一以贯之地沿袭了以往回应经济犯罪的惩治模式，对待经济犯罪与其他犯罪采取了相同的惩治模式，而没有根据经济犯罪的特性设置专门的非刑罚处罚方法。例如，吊销企业营业执照、解散法人、高额罚款、从业资格剥夺、执业禁止等非刑罚处罚方法在新修订的经济犯罪罚则中根本没有出现。而且，对增设和修正的犯罪所配置的刑罚除了死刑外，无一例外地都配有自由刑，仍然体现了“自由刑中心主义”。

实践表明，对待经济犯罪，不能迷信刑罚的威慑力。经济犯罪，仅凭单纯的刑罚处罚方法是不足以有效抗制的。经济犯罪的产生，具有极为深刻和复杂的经济根源和社会根源。特别是在经济转型时期，经济犯罪的发生原因更为复杂，发生形态也更为复杂。因此，在抗制对策上，应当着眼于经济犯罪发生原因的消除。而且，作为法定犯的经济犯罪，是国家不同时期经济政策刑法化的产物。较之于自然犯，其稳定性较差，变动性较大。而且，其与一般民事、行政违法行为的界限原本就颇为模糊，认定上也容易存在诸多盲区，行为人的社会危害性认识也不易判断。在构建社会主义和谐社会，倡导宽容相济刑事政策的今天，对待经济犯罪应当采取更为宽容的态度，才能为市场经济的健康成长创造一个宽松的法治环境。在罚则方面，应当摒弃迷信刑罚以打击经济犯罪的观念和做法。从预防经济犯罪的角度看，应当更多地采用民事、行政等非刑罚处罚方法加以抗制，通过增加经济犯罪的高额成本，从根本上剥夺经济犯罪人再犯罪的条件和资格。

（二）重罚化之有余、轻罚化之不足

在历次刑法修正中，除最近的《刑法修正案（七）》和《刑法修正案

---

〔1〕 张智辉：“刑法改革的价值取向”，载《中国法学》2002年第6期。

(八)》外，立法者在刑罚方面的举措都是提高犯罪的法定刑，始终没有降低犯罪的法定刑；或者为新罪名配置严厉的刑罚。面对日益汹涌的犯罪浪潮，受到以往“乱世用重典”治国方略的影响，我国刑事立法者也习惯于用重刑来惩治各类犯罪，对轻刑的配置似乎兴趣不大。1997年的刑法在配刑上原本就呈现出重罚化的特征，例如，在经济犯罪中大量配置死刑罚则。而刑法之修订依然沿袭了1997年刑法的配刑模式，总是提高法定刑，从来没有降低过法定刑。

1. 重罚化之推进。1997年刑法以来，刑法修正在强化犯罪化的同时也大力推进重罚化。例如:《刑法修正案（六)》将开设赌场行为的法定最高刑从3年提高至10年有期徒刑；对“强令他人违章冒险作业，因而发生重大伤亡事故或者造成其他严重后果”的直接责任人员，其法定最高刑从原来的7年有期徒刑提高到15年。这两种罪行的法定刑幅度提高之大，令人刮目，催人深思。

首先，对赌博罪（开设赌场罪)，在刑事政策上应当坚持轻罚化的对策，而不能一味地提高刑罚力度。立法者单纯大幅度提高开设赌场行为的法定刑，维持聚众赌博和惯赌行为的法定刑。实际上认为开赌是赌博的源头，其社会危害性更大。但是，我们不好认定开设赌场是导致赌博现象严重化的源头，“苍蝇不叮无缝的鸡蛋”。有需求就有供给。有人好赌，自然有人开赌。因此，净化社会风气，倡导良风美俗，不宜用重罚来实现。用重刑来强制推行道德，其有效性往往大打折扣。重刑应当配置给重罪，轻刑应当配置给轻罪。

其次，大幅度提高重大责任事故罪法定刑主要是针对目前矿难事故不断这一情况的刑法回应。重大责任事故罪是一种过失犯罪，[1] 将法定刑提高至15年有期徒刑，明显与过失犯罪的性质不相协调。我国刑法规定的绝大部分过失犯罪，其法定最高刑为7年有期徒刑。例如：刑法第二章“危害公共安全罪”中的过失犯罪，其法定最高刑是7年有期徒刑；刑法第四章“侵犯公民人身权利、民主权利罪”中的过失犯罪，其法定最高刑也是7年有期徒刑。况且，矿难问题是一个非常复杂的经济问题和社会问题，试图通过严刑的途径遏制矿难的高发率，已经被目前的实践证明是失败的。例如：《刑法修正案（六)》颁布以后的2007年，以山西洪洞特大矿难事故为代表的恶性矿难事故依然高发不下。显然，用重刑来预防责任事故类犯罪是一种无效的重刑化举措。既然重刑化无法降低此类犯罪的高发率，倒不如改弦更张启用轻刑同时辅以其他严厉的民事、行政措施。也许张明楷先生的论述可以用来补强我的观点：“轻刑也能服务于预防犯罪的目的，重刑未必是预防犯罪的良方；重刑针对极为严重的犯罪是合适的刑罚方法，而针对

---

〔1〕 屈学武主编:《刑法各论》，社会科学文献出版社2005年版，第69~70页。

其他犯罪时，只能收到与预防犯罪目的相悖的效果。所以，将来的刑事立法应当避免无效的重刑化。”[1]

2. 轻罚化之不足。在推进重罚化的过程中，刑法修正始终没有进行过轻罚化的努力，直到最新的《刑法修正案（七）》特别是《刑法修正案（八）》。新刑法以来，立法者对大量的经济犯罪配置了死刑，对许多并非极为严重的暴力犯罪或者非暴力犯罪也配置了死刑。学界多年来一直呼吁首先废除经济犯罪的死刑设置[2]，刑法修正对此没有任何回应。此外，某些并非极为严重的非暴力犯罪，立法者仍然配置了死刑规定，明显不符合罪责刑相适应原则。例如：修正之前的《刑法》第295条规定的传授犯罪方法罪，其法定最高刑是死刑。我国已经签署的《公民权利和政治权利国际公约》第6条第2款中规定：“在未废除死刑的国家，判处死刑只能是作为对最严重的罪行的惩罚”。联合国经济与社会理事会关于《保护面对死刑的人的权利的保障措施》第1条重申：“在没有废除死刑的国家，只有最严重的罪行可判处死刑”，并进一步规定：“这应理解为最严重的罪行之范围不应超出具有致命的或者其他极其严重之结果的故意犯罪。”诸如传授犯罪方法此种非暴力犯罪，却被配以死刑，这显然与上述公约的要求相距甚远。当然，值得欣喜的是，《刑法修正案（八）》在轻刑化方面迈出了可喜的步伐。《刑法修正案（八）》取消了13种非暴力犯罪（包括传授犯罪方法罪）的死刑配置。但是，尽管如此，我国刑罚结构总体上仍然是重刑结构。刑法中依然充斥了50多个挂死刑的罪名。

（三）监禁化与非监禁化配置失调

刑法修正案在创设新罪名的同时，还创设相应的罚则。但是，在这些罚则中，立法者不区分犯罪轻重，主要辅以监禁刑。管制刑、罚金刑、没收财产刑等非监禁刑成为配刑之例外。1997年刑法以来的历次刑法修正，只有《刑法修正案（三）》在过失投放有毒有害性物质的行为中配置了管制刑，可见主刑中配置非监禁刑的情形微乎其微。其余七次刑法修正案只有在经济犯罪或者其他贪利性犯罪的附加刑中才配置了罚金刑或者没收财产刑。

管制刑配置的罕见性，也许与目前司法实践中管制刑执行落空有很大关系。但是，管制刑本身的合理性与管制刑执行落空不是一个层面的问题。管制刑在避免犯罪人交叉感染、促进犯罪人再社会化、节约司法资源等方面有着其他监禁刑

---

〔1〕张明楷：“刑事立法的发展方向”，载《中国法学》2006年第4期。

〔2〕屈学武：“从个案辩护到废弃经济犯罪死刑设置的法律思考”，载陈兴良主编：《公法》（第5卷），法律出版社2004年版。

不可替代的作用。目前公安机关对管制刑执行监督不力，不能作为否定管制刑本身的合理性之理由。如果立法层面不重视管制刑的配置，管制刑执行机关更会以此认为立法者发出了一个轻视甚至取消管制刑的信号，更会危及到管制刑的执行和完善工作。

对经济犯罪和其他贪利性犯罪设置罚金刑或者没收财产刑，是一直以来通常的做法。“事实上，刑罚是一种剥夺性的痛苦，金钱是任何人都需要的财物，让犯罪人向国家缴纳金钱，对任何犯罪人都是一种痛苦。所以，罚金刑并非只能适用于贪利性动机的犯罪，如同自由刑并非仅适用于非法拘禁罪一样。另一方面，对于极为严重的犯罪，让犯罪人缴纳罚金并不现实；此外，对于犯财产罪的青少年适用罚金刑也不合适。所以，将来的刑事立法应当改变罚金刑的设置观念，对并不严重的犯罪，不管其性质如何，不管行为人是否出于贪利动机，都可以规定单处罚金。反之，对于严重的财产犯罪、经济犯罪，则没有必要规定罚金刑。”〔1〕对此论断，我们表示赞同。

反观我国刑法修正案，新修订的经济犯罪和贪利性犯罪都配有罚金刑，不管经济犯罪和贪利性犯罪的轻重程度。再者，在其他犯罪的配刑中，很难看到罚金刑等非监禁刑。例如：枉法仲裁罪、重大责任事故罪、强令违章冒险作业罪、重大劳动安全事故罪、不报、谎报安全事故罪、大型群众性活动重大安全事故罪等犯罪均没有设置罚金刑等非监禁刑。从这些安全事故犯罪的法定刑配置来看，最高刑一般都是7年有期徒刑。第一档法定刑一般是3年或者5年以下有期徒刑或者拘役。所以，一般可以归入到非严重犯罪行列中。但是，从发生的损害结果看，有时候安全责任事故犯罪比起故意杀人罪等更为严重。因此应当在此类安全责任事故犯罪中大量地再配置高额的罚金刑等非监禁刑，让严重不负责任的工矿主“倾家荡产”，从而在根本上剥夺其再次犯罪的机会。

综上，未来我国刑法在刑罚领域内改革的基本方向应当是努力改变重刑结构，实现刑罚的轻缓化。这是我国刑法强化人权保障应当加以注意的问题。

第二节　刑法改革的社会防卫取向

20世纪五六十年代，受当时司法改革浪潮和个人主义以及法益保护思想的

---

〔1〕张明楷：“刑事立法的发展方向”，载《中国法学》2006年第4期。

影响，欧美国家普遍兴起非犯罪化的思潮。[1] 由于历史原因，30 多年后，该思潮的余波才在我国荡漾，并迅速成为刑事法学界的热门议题，甚至影响了 1997 年刑法的修订。[2] 但是，20 世纪末以来，世界上不少国家出现了新的刑事立法动向：为了应对犯罪的国际化、有组织化和社会风险日益增多等问题，采取了犯罪化、处罚早期化、严罚化等措施。[3] 与非犯罪化相比，这种国际范围内方兴未艾的犯罪化趋势，至今还未在我国产生强烈反响。面临我国刑法再修改的现今状况，需要我们认真思考如何通过犯罪化严密刑事法网的重大问题。

一、刑事法网的严密化

新刑法以来，立法者面对日益汹涌的犯罪浪潮，通过犯罪化严密了刑事法网，加大了对严重犯罪的打击力度。在历次刑法修正中，单行刑法和八个刑法修正案总共增设了 39 个新罪。除了创设新犯罪外，刑法修正案还修改了许多犯罪的犯罪构成，降低了入罪的门槛，从而扩张犯罪适用范围。无论是创设新罪名，还是修改犯罪构成的内容扩张犯罪适用范围，实际上都表明犯罪圈的扩大、犯罪化趋势的明显。相反，在明显犯罪化的同时，非犯罪化在刑法修正中没有体现。毫不夸张地说，1997 年刑法以来的刑法修正史完全就是一部犯罪化史。未来我国经济、社会不断发展，许多新型犯罪将不断涌现。加之我国相继加入了许多国际公约，许多国际犯罪亟需国内法化。此其一。其二，我国刑事法网尚不够严密化，大量值得运用刑罚处罚的行为游离于刑法之外，不仅使人权无法得到应有的保障，还造成放纵犯罪的不利后果。因此，我国刑法的犯罪化工作还应当进一步推进，而且应当作为未来我国刑事立法犯罪圈划定的主导趋势，以防卫社会。当然，未来的犯罪化应当避免过度的或者无效的犯罪化，某些特定犯罪的非犯罪化工作也应当适时同步跟进。

（一）编织严密的刑事法网

根据犯罪的严重程度将所有犯罪划分为不同层次，首先在欧陆国家继而在英美法系国家产生了辐射效应。至 19 世纪末，欧洲主要大陆国家都在其刑法典中明确规定了犯罪分层制度；至 20 世纪末，犯罪分层逐渐成为绝大多数国家刑法

---

〔1〕［德］汉斯·海尔里希·耶施克：“世界性刑法改革运动概要”，载《法学译丛》1981 年第 1 期。

〔2〕《中国法学》曾专门摘引文章指出：“修改刑法要研究‘非犯罪化’思潮”，参见《中国法学》1992 年第 2 期。

〔3〕张明楷：“刑事立法的发展方向”，载《中国法学》2006 年第 4 期；黎宏：“日本近年来的刑事实体立法动向及其评价”，载《中国刑事法杂志》2006 年第 6 期；冯军：“和谐社会与刑事立法”，载《南昌大学学报（人文社会科学版）》2007 年第 2 期。

的通例。[1] 大陆法系和英美法系国家的刑法大多坚持罪分三类的原则，即把犯罪分为重罪、轻罪和违警罪。因此，在这些国家犯罪的范围是较为宽泛的。尤其是除刑法典规定的犯罪以外，还在附属刑法中规定了大量的犯罪。犯罪必须经过司法程序认定，尽管在程序设计上分成普通程序与简易程序等，但只有经过法院审判才能将一个人的行为认定为犯罪，这也是无罪推定原则的必然结论。[2] 我国刑法犯罪圈的大小，相对于世界上多数国家而言是大为狭窄的。这主要体现在以下三个方面：

1. 我国刑法犯罪定义的定量因素，造成大量轻微犯罪被排除在犯罪圈之外。《刑法》第13条的但书规定："情节显著轻微危害不大的，不认为是犯罪。"由此而将大量的轻微违法排除在犯罪范围之外，使犯罪圈大为收缩。为贯彻刑法总则关于限制犯罪圈大小的原则性规定，我国刑法分则极为普遍地运用"数额较大"、"情节严重"、"情节恶劣"、"造成严重后果"等模糊性规定将刑法处罚的对象严格地限定在少数严重犯罪上。

2. 以治安处罚和劳动教养（含少年收容教养）为核心的制度设计构成了对我国刑法的重要补充。用司法实践的术语讲，大量不够追究刑事责任的违法行为，轻微的适用治安管理处罚，稍微严重的适用劳动教养处罚。从性质上说，大量侵害法益的类型化行为被视为治安违法行为。形象地说是"铁路警察，各管一段"。治安处罚、劳动教养和刑罚按照定量的差异分别处罚相同性质的法益侵害行为。在实践中，各种程序可以来回流转。例如，立为刑事案件后发现没有达到追究刑事责任的罪量标准的，可以先撤销刑事案件，以行政案件或者劳动教养案件的程序进行办理。同样的，行政案件在办理过程中也可以变更为刑事案件办理，或者以劳动教养案件办理。之所以同一案件可以在不同的程序之间游走，是因为我国刑法犯罪定义中定量因素的存在，司法实践中程序的适用取决于适用程序所必须的数量。数量大小决定了程序的类型。

3. 我国附属刑法规定本质上没有意义。我国力求建立一部统一的刑法典，附属刑法规定只有提示性规定，没有具体犯罪构成和罚则的规定。相反，西方国家的附属刑法是真正意义上的刑法规范。因此，我国刑法划定的犯罪圈远远小于西方国家刑法划定的犯罪圈。

我国刑法的上述特点并非我国法律文化传统的承继，而是引进苏俄体制的结果。例如犯罪概念的但书规定被我国学者认为是我国刑事立法创新，实际上完全

---

〔1〕 卢建平："犯罪分层及其意义"，载《法学研究》2008年第3期。

〔2〕 陈兴良："犯罪范围的合理定义"，载《法学研究》2008年第3期。

是对苏俄刑法的照搬。例如 1958 年《苏联和各加盟共和国刑事立法纲要》第 7 条第 2 款和 1962 年《苏俄刑法典》第 7 条第 2 款都明文规定："形式上虽然符合本法典分则所规定的某种行为的要件，但是由于显著轻微而对社会并没有危害性的作为或不作为，都不认为是犯罪。"这种"不认为是犯罪"的行为，虽然不受刑罚处罚，但实际上受到治安处罚，在我国甚至受到劳动教养处罚，而在某些情况下劳动教养的处罚比刑罚处罚更为严厉。在刑法典之外，苏俄还有一部罗列详细的行政处罚法典，我国则有治安处罚法以及散在的行政处罚规定。这些治安性与行政性的处罚，相当于西方国家刑法中的违警罚，虽无犯罪之名但实际上受到的处罚却涉及对公民的财产权与人身权的剥夺。[1]因而我国应当废弃现行劳教制度，而代之以类似于西方的保安处分制度，在此基础上，应进一步改革现行刑法的罪量要素规定，以利刑法的人权保障。

此外，我国还应采用真正意义的附属刑法的立法模式，经由一定过滤机制后，实现严重行政违法行为的犯罪化。此外，附属刑法还宜采取双轨制的立法，即：附属刑法中既应规制罪状，又当设置法定刑，这样的附属刑法方才具有司法上的可行性。

（二）避免过度或无效的犯罪化，推进曾经缺失的非犯罪化

1. 避免过度或无效的犯罪化。虽然未来我国刑法还应当继续推进犯罪化工作，但是这并不意味着 1997 年刑法以来的刑法修正案所强调的犯罪化完全是一种合理的犯罪化，其在某些方面的犯罪化显得过度或无效。试以组织残疾人、儿童乞讨罪为例稍作探讨。《刑法修正案（六）》规定以暴力、胁迫手段组织残疾人或者不满 14 周岁的未成年人乞讨的，构成组织残疾人、儿童乞讨罪。那么，组织残疾人或者不满 14 周岁的未成年人乞讨的，其处罚根据何在呢？本罪保护的法益应当是弱势群体的生命、健康、自由等人身权利。那么，对弱势群体人身权利的保护是否一定要通过创设本罪来实现呢？使用暴力或者胁迫手段组织乞讨的，能否用现有其他罪名加以评价呢？例如：使用故意伤害罪、非法拘禁罪、拐骗儿童罪、收买被拐卖儿童罪，等等。除了现有罪名以外，尚有《治安管理处罚法》、收容救助制度等非刑法措施加以配套。"在是否增加新的犯罪问题上，强调用好、用足刑法已有的规定，对于通过民事、行政法律手段可以解决的问题，或者尚未完全研究清楚的问题，不提倡使用刑事手段。"[2] 如果用足现有立法资

---

〔1〕 陈兴良："犯罪范围的合理定义"，载《法学研究》2008 年第 3 期。

〔2〕 雷建斌："1997 年以来我国刑法的新进展——写在刑法修正案（六）通过之际"，载《中国人大》2006 年第 13 期。

源可以解决问题，何必创设新罪？遇见新问题，动辄创设新罪，其立法理念值得质疑。其次，组织乞讨的，需要犯罪化。那么，组织残疾人拾破烂、打工、种田开荒等是否也需要犯罪化呢？显然不太合适。我国刑法中确实存在某些强制性犯罪。例如：强迫职工劳动罪、强迫卖血罪、强迫他人吸毒罪，等等。但是，这些犯罪是强迫他人实施没有义务实施的行为的犯罪，或者说是强迫实施有害于被害人的行为的犯罪。而乞讨、捡破烂、打工、种田开荒等行为不宜认定为有害于被害人，故对此强制行为予以犯罪化，其处罚依据略显不足。

再如，《刑法修正案（七）》第7条（《刑法》第253条之一）规定："国家机关或者金融、电信、交通、教育、医疗等单位的工作人员，违反国家规定，将本单位在履行职责或者提供服务过程中获得的公民个人信息，出售或者非法提供给他人，情节严重的，处3年以下有期徒刑或者拘役，并处或者单处罚金。窃取或者以其他方法非法获取上述信息，情节严重的，依照前款的规定处罚。单位犯前两款罪的，对单位判处罚金，并对其直接负责的主管人员和其他直接责任人员，依照各该款的规定处罚。"这是关于非法泄露公民个人信息行为入罪的规定，该规定就是学者和民众强烈要求保护公民个人信息的结果。但是，在刑法规定这个罪之前，我国并没有一部详细保护公民个人信息的《公民个人信息保护法》，在还没有尝试着用其他法律进行调整的情况下，就贸然将该种行为上升为犯罪，并用刑法大动干戈，这就有点"小题大做"了，不符合刑法具有二次规范性的特征，也违背了刑法的必要性原则和谦抑性的原则。可见，我国的犯罪化在某些方面存在过度的问题。

2. 推进曾经缺失的非犯罪化。在强化犯罪化的同时，近年来的刑法修正案忽视非犯罪化的推进。诚然，我国刑法上的犯罪概念，是一个定性加定量的犯罪概念。较之于西方国家的犯罪概念，其内涵和外延相对较为狭窄。[1] 但是，这不等于我国刑法修正不需要进行非犯罪化。现行刑法依然存在一些应当非犯罪化处理的行为。

首先，为弱化刑法对公民个人私生活的干预，某些无被害人的犯罪应当非犯罪化。例如，不涉及未成年人的淫秽物品犯罪也有必要非犯罪化。另外，组织、引诱、容留卖淫之类行为的犯罪化"也是一种无效的犯罪化。因为这类行为属于'没有被害人的犯罪'，即使公安、司法机关花费再多的人力、物力，也绝不可能减少、更不可能消失这类行为；事实上，将这类行为规定为犯罪，反而引发了一些真正的犯罪（如利用卖淫的非法性质实施诈骗、敲诈勒索、抢劫的案件频繁

〔1〕 屈学武："'轻罪'之法价值取向与人身权利保护"，载《河北法学》2005年第11期。

发生)。倘若对这类行为进行合理化管理，则有利于税收的增加、性病的防止、强奸犯罪的减少，也有利于公安、司法机关集中警力打击有被害人的犯罪。”[1]

其次，某些司法上非犯罪化的行为应当通过立法加以非犯罪化。例如安乐死问题。1986年陕西汉中的安乐死案件是通过司法进行非犯罪化的。但是，这种司法上的非犯罪化缺乏确定性和统一性，亟需立法确认。

最后，为弱化公权力对国民家庭生活的干预，维护家庭人伦亲情关系之稳定，某些涉及亲属关系的犯罪应当适当非犯罪化。例如亲属相盗的行为在许多国家都不作为犯罪处理。在我国依然是具有可罚性的。另外，惩罚亲属之间互相包庇犯罪的行为在我国司法中是一种常态。其实不涉及国家安全犯罪的亲亲相隐的行为也有非犯罪化的必要。

反观其他地区在两极化刑事政策推行中的做法，我们不难发现犯罪化的同时也兼顾非犯罪化。我国台湾地区2005年的“刑法”修正在犯罪化的同时推进了非犯罪化。为贯彻《公民与政治权利国际公约》与《儿童权利公约》的要求，台湾地区修正“刑法”第63条，删除了未满18岁人犯第27条“杀直系血亲尊亲属者，处死刑或无期徒刑”的规定。此外，台湾地区本次“刑法”修正还缩小了公务员的定义，排除了公营事业机构人员的公务员归类，这一规定将本来受“刑法”贪污渎职罪规制的公营事业机构人员排除在“刑法”公务员的适用范围之外，缩小了贪污渎职罪的主体范围。[2]

二、法益保护的早期化

20世纪以来，随着科学技术的快速发展和全球化进程的加速，人类社会正在发生着根本性的变革。在这个变革过程中，产生了各种各样的危险，风险正日益成为现代社会的主要特征。“风险社会”（risk society）是德国著名社会学家乌尔里希·贝克（Ulrich Beck）首次系统提出来的理解现代性社会的核心概念。它是指西方工业国家在经济、社会、技术和医疗结构高速改进过程中，社会肌体对混乱的抵抗力完全丧失的一种社会状况。在现代化进程中，生产力的指数式增长，使危险和潜在威胁的释放达到了一个前所未知的程度。与传统风险相比，现代风险在本质、表现形式和影响范围上有了很大不同，它们更难预测、更难捉摸，并且影响范围更宽广，带来的破坏性也更严重。风险社会的风险具有如下特征：第一，风险的难以感知性。在今天，文明的风险一般是不被感知的，并且只

〔1〕 张明楷：“刑事立法的发展方向”，载《中国法学》2006年第4期。

〔2〕 郭健、周建军：“我国台湾地区宽严并进的刑事政策与刑法修正”，载《云南大学学报（法学版）》2006年第6期。

出现在物理和化学的方程式中（比如食物中的毒素或核威胁）。很多新近出现的风险，如核或者化学污染、食品污染等，完全逃脱了人的直接感知能力，而必须借助于有资格的专家来加以认定。第二，风险的难以计算性。传统的风险计算方法——事故、保险和医疗保障概念等并不适合现代威胁的基本维度。现代社会的风险后果具有不可计算性，它们在高风险工业的全球化进程中散播。在风险社会中，不明的和无法预料的后果成为历史和社会的主宰力量。第三，风险的延展性。风险这个词并非现代性的发明，但现代社会面临的风险往往不是针对个人的风险，而是对整个人类具有威胁性。现代的风险在空间上超越了地理和文化的边界而具有全球性，在时间上则具有延续性，不仅可能影响当代，还可能影响到未来。第四，风险和危害后果之间因果联系的难以把握性。现代化风险形成有害影响的途径具有不稳定性和不可预测性，空间上和时间上分离的东西，只有通过因果关系结合起来，才能形成一种有关责任的社会和法律的语境，因果关系的认定越来越依赖于科学化的知识。风险社会中因果关系的认定变得愈发的困难，大量的危害结果难以找到归责主体，特别是在公害犯罪中。

作为一个处于高速发展和社会转型过程之中的大国，我国面临的风险管理任务更加艰巨。转型时期体制滞后的内在性挑战、环境变化的外在性挑战以及全球化的国际性挑战并存，前现代、现代和后现代的社会结构特征在当下的中国交织存在，由此造成了风险类型的多样、风险主体的多元以及风险关系的复杂。近年来发生的一系列事件，如SARS、假奶粉、雪灾、松花江污染、交通事故、手足口病、地震、煤矿溃坝事件、毒奶粉事件，涵盖了风险的方方面面，无不彰显了风险社会其实离中国并不遥远。

风险社会的来临，必然要求作为社会秩序的最有力的保护者刑法作出适当的回应——刑法体系面临着从罪责刑法到安全刑法的转变。罪责刑法向安全刑法转向的根本原因是传统的罪责刑法不能满足法秩序共同体在风险社会中对安全保证现实的需要。因为罪责刑法只有在应受处罚的行为造成客观侵害的时候做出反应才认为是合理的，这在风险社会中，不能适应减少、限制风险的客观需要。而安全刑法以行为的危险性为前提，只要应受处罚的行为具有威胁法秩序共同体的危险，刑法就应当在该危险变成现实之前提前介入，对具有人身危险性的行为，只要其危险性威胁到法秩序共同体的安全，刑法同样应当对其作出一定的反应，从而降低社会风险的存在。随着风险全球化的到来，作为保障安全的刑法从罪责转向安全刑法。在风险社会中，安全刑法所关注的重点在于行为人所制造的风险，而且通过对这种风险的刑法禁止来降低和避免这种风险的实现，从而保证生活共同体的安全。因而，安全刑法在规范上体现为立法者将刑法的防卫线向前推移。

以风险控制为内容的刑法，在犯罪论层面上要求将犯罪成立标准前移。犯罪成立标准的提前意味着处罚尚未产生实害的行为。古典刑法处罚的是实害犯，以对法益造成现实侵害作为既遂标准。在当代，基于对威胁公众生命与健康危险的预防需要，结果被扩张解释为对法益的侵害或危险。危险犯成为重要的犯罪形式大量地出现在公害犯罪中。“在风险社会里，法秩序共同体所面临的风险主要来源于社会上的人，刑法针对这种威胁共同体安全的风险来源所做出的反应主要是通过对行为人所造成的危险予以前置性地规范、保护，从而实现共同体对安全的追求。风险社会中的刑法所关注的是行为人所造成的危险状态，因此，危险犯成了风险社会中刑法的核心。”[1] 在危险犯中，现实的法益侵害不再是构成犯罪的必备要件。具体危险犯中危险尚需司法者作具体判断，即根据具体案件的特定关系，确定行为对通过相关构成要件加以保护的客体造成现实的结果性危险。抽象危险犯中司法者甚至无需关注个案的特定情形，也无需判断具体的结果性危险存在与否。抽象危险是以一般的社会生活经验为根据，通过类型化技术构建的类型化危险；防止具体的危险与侵害只是立法的动机，并不成为构成要件的前提。通过犯罪成立标准的向前推移，刑法实现了对法益的早期化保护，实现对犯罪的早期化处罚。“随着社会生活的复杂化、科学化、高度技术化，对于个人而言，社会不可能进行主体性的控制。人们的生活主要依赖脆弱的技术手段，与此同时，个人行为所具有的潜在危险也飞跃性地增大，人们不知瞬间会发生何种灾难。由此产生了刑法处罚的早期化。”[2]

面对风险社会来临对刑法提出处罚早期化的新期待和新要求，国际上许多国家普遍对此作出了积极的回应，一般采取两种方式：一是大量设置危险犯；二是大量处罚未完成形态犯罪（本质而言未完成形态犯罪也是危险犯）。具体而言，世界各国刑罚处罚的早期化主要表现为：增加危险犯的规定，未遂犯、预备犯的处罚由例外向非例外发展，增加企行犯的规定（将预备行为、未遂行为作为既遂犯处罚），处罚对预备、未遂的教唆、帮助，增加持有型犯罪，等等。[3] 例如，德国 1998 年 1 月 26 日颁布的《第六次刑法改革法》对刑法分则的条文进行了大量的修改，新规定了很多未遂犯、预备犯和危险犯。[4] 日本近年来的刑事立法增加了未遂犯、危险犯、预备罪的处罚规定，逐渐使例外成为常态。例如，2001

〔1〕 赵书鸿：“风险社会的刑法保护”，载《人民检察》2008 年第 1 期。

〔2〕 张明楷：“日本刑法的发展及其启示”，载《当代法学》2006 年第 1 期。

〔3〕 张明楷：“刑事立法的发展方向”，载《中国法学》2006 年第 4 期。

〔4〕 冯军：“和谐社会与刑事立法”，载《南昌大学学报（人文社会科学版）》2007 年第 2 期。

年增设的分则第18章之二，将为了供相关犯罪行为使用，而获取、提供电磁信息记录行为、保管不正当获取的电磁记录信息的行为、准备器械或者原料的行为规定为犯罪。再如，《关于禁止不正当存取信息行为的法律》、《关于规制纠缠行为等的法律》等，都使例外犯罪形态不再成为例外。[1]

在危险犯的设置方面，从1997年刑法以来的历次刑法修正看，单行刑法和前七个刑法修正案并没有对法益保护早期化进行积极的回应，只有《刑法修正案（八）》对法益保护早期化进行了积极的回应和有益的探索，突出体现在将醉酒驾驶和飙车的危险驾驶行为犯罪化。近年来发生在城市街道上的恶性交通事故增多，其中一个重要原因在于，我国刑法对危险驾驶行为的处罚具有迟滞化的特点。最高人民法院相关司法解释规定：酒后驾驶机动车交通肇事，造成一人以上重伤并负事故主要责任者，可按交通肇事罪定处，醉酒驾车构成交通肇事罪的，也仅仅处以3年以下有期徒刑。而且长期以来交通事故多以交通肇事罪定性。[2]诸如酒后驾驶或醉酒驾驶之类的危险驾驶行为，往往造成极为严重的法益侵害后果。但是，我国刑法对危险驾驶行为的处罚时点过于滞后。只有等到法益侵害结果出现之后才具有可罚性。而且，“现实生活中大量发生的酒后驾车导致恶性事故，以及肇事后高速逃离现场过程中又导致多人死伤的情况，一般情况下多以缓刑结案，肇事者不过是赔钱而已。长此以往，在不少人思想上形成一个极其缺乏人性的观念，即开车撞死人不过赔钱了事。交通肇事被戏称为‘杀人成本最低’的犯罪方式。”[3] 当法益侵害结果没有出现时，危险驾驶行为作为治安案件处理。根据《道路交通安全法》之规定，饮酒后驾驶机动车的，处暂扣1个月以上3个月以下机动车驾驶证，并处200元以上500元以下罚款；醉酒后驾驶机动车的，由公安机关交通管理部门约束到酒醒，处15日以下拘留和暂扣3个月以上6个月以下机动车驾驶证，并处500元以上2000元以下罚款。实践表明，仅仅通过治安处罚并无法遏制因为危险驾驶而造成的日益增加的恶性交通事故。在我国机动车高速发展的现阶段，出于维护公共安全和良好交通秩序的考虑，着眼于对公共安全这种社会法益的早期化保护，《刑法修正案（八）》将醉酒驾驶和飙车这类危险驾驶行为做了犯罪化规定，算是回应了民众的呼声和诉求，是颇为必要

---

〔1〕 张明楷：“日本刑法的发展及其启示”，载《当代法学》2006年第1期；黎宏：“日本近年来的刑事实体立法动向及其评价”，载《中国刑事法杂志》2006年第6期。

〔2〕 周光权：“有必要在我国增设危险驾驶罪”，载 http：//www. cass. net. cn/file/20090818240296. html，2011/1/17.

〔3〕 周光权：“有必要在我国增设危险驾驶罪”，载 http：//www. cass. net. cn/file/20090818240296. html，2011/1/17.

的立法举措。毕竟，“与国民直接要求政府法外处罚行为人、国民以私刑处罚行为人相比，呼吁通过立法制裁危害行为，是国民法治观念增强的体现，是社会进步与社会成熟的表现。”〔1〕

在未完成形态犯罪的处罚方面，自1979年以来我国刑法从立法层面上坚持原则上处罚所有犯罪的预备、中止和未遂形态。但是，从实践层面看，我国极少处罚未完成形态犯罪，这与法益保护早期化的目标还存在较大的差距。“例如，我国现行刑法原则上处罚未遂犯、预备犯。从逻辑上说，所有故意犯罪的未遂、预备都是值得处罚的。但是，由于部分未遂、预备行为不具有可罚的危害性，结果导致未遂犯、预备犯的处罚范围实际上相当窄小。例如，几乎在任何国家，盗窃未遂、诈骗未遂都受到刑罚处罚，但在我国则并非如此。再如，在多数国家都处罚杀人、抢劫的预备行为，但我国处罚杀人、抢劫预备行为的情形也很少见。于是，原则上处罚未遂犯与预备犯的规定反而丧失了有效性。”〔2〕以盗窃罪为例。根据最高人民法院《关于审理盗窃案件具体应用法律若干问题的解释》第1条之规定，盗窃未遂，情节严重，如以数额巨大的财物或者国家珍贵文物等为盗窃目标的，应当定罪处罚。换言之，如果情节不够严重即不是以数额巨大的财物或者国家珍贵文物等为盗窃目标的，即使盗窃行为处于未遂状态，该行为也不会遭致刑罚惩罚。最高审判机关通过上述解释极大地限缩了盗窃罪的处罚范围，甚至可以说在我国盗窃罪几乎不处罚未遂犯。这样一来，我国刑法关于未遂犯的规定反而丧失了存在的意义。从司法实践的情况看，大量的犯罪未遂行为要么不处罚，要么以治安管理处罚结案。这与法益保护早期化的要求不相吻合。从这个角度出发，我国刑法关于原则上处罚未完成形态犯罪的立法规定如何在司法实践中加以有效贯彻执行，是一个值得研究的问题。

综上，随着风险社会的来临，作为社会控制手段之一的刑法必须对此作出积极的回应，以管理不安全性为己任，以法益保护早期化为目标，积极地将不安全性扼杀在萌芽状态中，以周全地保护法益不受犯罪之侵害。未来我国刑法改革应当充分考虑法益保护早期化的问题。

---

〔1〕张明楷：“刑事立法的发展方向”，载《中国法学》2006年第4期。

〔2〕张明楷：“刑事立法的发展方向”，载《中国法学》2006年第4期。

第三章

刑法修改之基本理念择取

刑法的修改选择何种基本理念，关系到刑法修改的基本方向，决定着刑法未来的发展走向。从宏观上看，我国刑法面临的基本价值取向是从国权刑法向民权刑法转变。它要求刑法修改时应坚持的价值序位是：在法益侵害说与规范违反说的选择中，应当以法益侵害说作为犯罪认定实质标准的主导，同时坚持规范违反说的补充性；在客观主义和主观主义的取舍中，应当以客观主义作为刑法修改的理论基底，并将主观主义作为有益补充；在形式合理性与实质合理性的选择中，坚持在形式合理性的基础上兼顾实质合理性；必须贯彻宽严相济的刑事政策，有宽有严，宽严得当；在风险控制与实害控制的取舍中，应当坚持以实害控制为基础，兼顾风险控制的要求，努力实现风险控制与实害控制的衡平。

第一节　法益侵害说与规范违反说的选择

对犯罪本质的认识，理论上历来存在法益侵害说与规范违反说的对立。法益侵害说是从法益损害的角度对刑事不法行为所进行的评价，认为不法的本质是法益侵害；而规范违反说则是从违反法律规范角度对刑事不法行为所进行的评价，认为刑事不法的本质是法律规范的违反。刑法修改过程中，选择法益侵害说还是规范违反说作为认定犯罪的实质标准，决定着我国刑法未来的面貌，因此是刑法修改理念选择中的首要问题。

一、法益侵害说与规范违反说述要

我国刑法理论中本无法益侵害说与规范违反说的争论，但近年来，主张引进法益概念的学者呈增多趋势，主张法益侵害说的学术观点影响力逐步扩大，但也有少数学者提倡规范违反说。考虑到法益侵害说与规范违反说是大陆法系国家刑法理论中的两种学说，有必要追根溯源地了解法益侵害说与规范违反说之间的分歧所在。[1]

综观大陆法系刑法理论中法益侵害说与规范违反说之争，可以发现，争论集中于犯罪理论体系之内的实质犯罪概念和实质违法性。

争论的领域之一：实质的犯罪概念。德国刑法理论一般认为，犯罪可以从两个角度说明：形式的犯罪概念和实质的犯罪概念。前者主要是对犯罪作一种形式上的解说，后者试图寻找一个隐藏在刑事制裁措施背后的，可适用于所有犯罪的“常项”。法益侵害说与规范违反说的争论首先发生在实质的犯罪概念领域，其中，法益侵害说将犯罪解释成对法益的侵害或威胁，规范违反说则认为犯罪是对规范的不服从。由于法益与规范概念的复杂性，对犯罪进行实质性解说在法益侵害说与规范违反说阵营内部也存在不同的观点。

争论的领域之二：实质违法性。在日本刑法理论中很少讨论实质的犯罪概念，法益侵害说与规范违反说的争论主要发生在实质违法性领域。其中，法益侵害说认为违法性的实质是对法益的侵害或威胁；规范违反说则认为违法性的实质是违反了法规范背后的社会伦理规范。二者的对立点在于，国民的具体生活利益没有受侵害的危险却违反伦理秩序的行为“是否是处罚的对象”。

二、刑法修改中法益侵害说与规范违反说的选择

考虑到当前我国主流的犯罪论体系仍然是犯罪构成四要件的体系，其中犯罪主体、犯罪主观方面、犯罪客体和犯罪客观方面四个要件是平行的关系。可见，在当前我国的犯罪论体系中，并没有实质违法性的存在空间。因此，在我国当前犯罪理论体系下，法益侵害说与规范违反说之争只涉及实质的犯罪概念。由于实质的犯罪概念位于刑法典之前，是为立法者提供刑事政策方面的标准，目的在于解决立法者可以惩罚什么和应当让什么不受刑事惩罚的问题，因此，在刑法修改过程中，可以运用法益侵害说和规范违反说讨论刑法修改应当采取的基本理念。我们认为，在我国刑法修改过程中，应当坚持法益侵害说的主导地位，同时应当吸收规范违反说的合理内核，作为法益侵害说的补充。

（一）法益侵害说在刑法修改中的主导性

刑法修改中需要坚持法益侵害说为主导，其理由如下：

1. 以法益侵害说为根据对刑法进行修改，有助于确定刑法的处罚范围与界限，使处罚范围适当、处罚界限明确，尤其是对法益既无侵害又无危险的行为。但行为人表现出主观恶性时，刑法不能单纯以违反社会伦理规范为理由将其规定

---

〔1〕 参见刘孝敏：“论法益侵害说与规范违反说之争”，载《法学论坛》2006 年第 1 期。

为犯罪。可见，以法益侵害说为基本理念，要求刑法修改过程中，包括入罪化和除罪化，均需要考察是否严重侵犯法益，从而有利于处罚范围适当、处罚界限明确。反之，如果单纯以规范违反说作为根据，则容易因为社会伦理规范的边界模糊而造成刑法处罚范围扩散化、弥散化。

2. 以法益侵害说为根据对刑法进行修改，有利于同时发挥刑法的法益保护机能与自由保障机能。一方面，以是否侵害或者严重威胁了法益为标准对刑法进行修改，这本身就是以保护法益为目标；另一方面，正如孟德斯鸠所言，自由是做法律所许可的事情的权利，以法益为标准确定是否构成犯罪，可以使公民准确地预测自己的行为是否侵犯法律所保护的利益，是否触犯刑法规定，从而可以最大限度地保障公民自由。

3. 以法益侵害说为根据对刑法进行修改，符合现行刑法的整体立场。我国目前的刑法整体上坚持了以法益侵害说作为认定犯罪的标准，[1] 在刑法修改过程中有必要对此予以坚持。

在刑法修改中坚持法益侵害说的主导性，需要做到以下几点：一是以严重侵犯法益或对法益造成严重威胁作为新增加犯罪的标准。我国目前尚处于转型时期和经济社会发生急剧变化的时期，各种新型犯罪层出不穷，为了适应打击犯罪和保护人权的要求，有必要适时对刑法进行修改，并增加规定犯罪类型。在此过程中，有必要严格按照是否严重侵犯法益或者对法益造成严重威胁为标准，确保新增加的犯罪确实有利于更好地保护法益。二是对于仅违反社会伦理规范的行为，如果未严重侵犯法益或对法益造成严重威胁，不仅不能作为新增加犯罪的理由，而且应当作为除罪化的理由。

（二）规范违反说在刑法修改中的补充性

刑法修改在坚持法益侵害说的主导性的同时，之所以需要以规范违反说作为法益侵害说的补充，其理由主要是，法益侵害说虽然有其合理性，但是完全排除社会伦理规范的因素，单纯主张法益侵害说难以全面解决刑法修改过程中面临的问题。[2]

1. 法益概念具有模糊性。通说认为法益是法律所保护的利益，但对于什么样的利益能够成为法律所保护的利益，目前则存在争议。事实上，在很多时候，脱离开了社会伦理规范就难以有效界定法益。例如，对于赌博行为，是否应当一律入罪，就与社会伦理道德的宽容性有关。

---

〔1〕 张明楷：“新刑法与法益侵害说”，载《法学研究》2000 年第 1 期。

〔2〕 参见陈家林：“析我国刑法的基本立场”，载《现代法学》2008 年第 3 期。

2. 单纯采取法益侵害说难以适应现代的风险社会。现代社会的一个显著特征就是我们处于风险之中，一些从法益侵害的角度看起来只处在因果链条的非常遥远位置的细微行为，都可能造成非常严重的后果。在这种情况下，社会为了防卫自己，就需要将刑罚的防线提前，不仅要求在侵害或者严重威胁法益之时予以处罚，而且要求积极地预防危险，甚至对于一些仅具有抽象意义上的危险，刑法仍需要介入。风险刑法通过对法益的提前保护，强调以保护法规范为中介，实现刑法未雨绸缪式地提前介入，刑法之机能则在于保证那些被不法行为所轻慢的规范，能够一如既往地发挥效应，并以此来稳固一般人对于法秩序的信赖、保障相互间遵守行为规范的期待。〔1〕 对于这种抽象危险犯进行刑法规制的理由，法益侵害说难以作出合理的解释。"因为抽象的危险是根据一般人的社会经验来加以确定的，并往往是用来保护群体性法益。这种情况下，难以说明刑法所保护的不是规范关系。"〔2〕

3. 单纯采取法益侵害说难以解释刑法具有促进形成新的社会伦理的机能。法益侵害说主张严格区分法律与伦理道德，刑法没有增进国民伦理道德的任务。在社会面临新的危险威胁时，必须发挥刑法作为国民行动规范指南的"规制功能"，通过刑法规范形成国民新的规范意识，以便于形成新的社会伦理规范，这对交通道德、环境道德的形成具有实际意义，即使对那些从来就不是自然犯的犯罪，在适用刑罚进行惩罚的场合，也有助于人们形成新的社会伦理行动准则。〔3〕 我国《刑法修正案（八）》所新增加规定的危险驾驶罪就是其典型。

上述法益侵害说的缺点正是规范违反说的优点。规范违反说的现实意义体现在："承认"社会基本伦理规范的合理性，在此基础上确立确保这些传统社会伦理规范得以通行和有效地、与日俱进地形成新伦理规范；"引导人们达成新的规范意识。"〔4〕 抽象危险犯和过失危险犯均体现出风险刑法的独特性：不是把罪行的中心放在对保护法益的行为者的侵害上，而是放在对禁止规范本身的没有遵守其履行义务的行为者的行为义务侵害上，即行为者的行为即使没有造成特定的法益被侵害或产生被侵害的具体危险，但是只要违反了行为规范，就推定对行为法

---

〔1〕 参见王立志："风险社会中刑法范式之转换——以隐私权刑法保护切入"，载《政法论坛》2010年第2期。

〔2〕 陈家林："论我国刑法学中的几对基础性概念"，载《中南大学学报（社会科学版）》2008年第2期。

〔3〕 参见贾宇："风险刑法理论的启示"，载《光明日报》2009年3月20日。

〔4〕 参见周光权：《法治视野中的刑法客观主义》，清华大学出版社2002年版，第258~259页。

益产生抽象的危险，就应该受刑法上的否定性评价。[1]

当然，由于社会伦理规范外延的广泛性，离开法益保护的纯粹一元的规范违反说也存在明显的问题。例如，规范违反说的学者主张刑法保护的是最低限度的道德，但一方面道德的内涵具有不明确性，不同的人持有不同的道德标准；另一方面，在界定最低限度的道德时也不能不考虑法益的侵害。一种行为即使违反人伦，但只要它没有侵犯到刑法所保护的利益，就不属于犯罪，如兽奸、乱伦等行为即是如此。[2]

因此，在刑法修改过程中，需要以法益侵害说为主导，并兼顾规范违反说的要求。正如大谷实所指出的："以法益保护主义为核心来把握犯罪的本质的见解是正确的。但是，刑法是以社会伦理规范为基础的，所以被称为犯罪的行为，仅仅对法益有侵害或危险还不够，还必须违反了社会伦理规范。因此，离开社会伦理规范来把握犯罪本质的法益保护主义的见解并不妥当，必须根据社会伦理主义来对法益保护主义进行修正。"[3]

第二节　主观主义与客观主义的取舍

刑事古典学派之客观主义（又称为"行为主义"）与刑事近代学派之主观主义（又称为"行为人主义"）原本为德日刑法中的概念，但随着我国对德日刑法的逐渐引进，也开始成为我国刑法在评价对象时所使用的价值标签。我国刑法修改过程中，如何对主观主义和客观主义进行取舍，直接关系到犯罪和刑罚的立法价值取向，在此有必要进行探讨。

一、主观主义和客观主义述要

在犯罪论领域，在客观要素和主观要素之间，究竟应重视何种要素，行为刑法和行为人刑法持有不同的主张，从而形成了客观主义与主观主义的对立。客观主义旨在限制处罚范围，实现罪刑法定，认为刑事责任的基础是表现在外部的犯罪人的行为及其危害，由此又被称为行为主义。主观主义旨在贯彻特殊防卫的目的，实现社会防卫，认为刑事责任的基础是犯罪人的危险性格即反复实施犯罪的

---

〔1〕 参见王拓："风险刑法理论的现代展开"，中国政法大学2009年博士学位论文，第134页。

〔2〕 参见陈家林："论我国刑法学中的几对基础性概念"，载《中南大学学报（社会科学版）》2008年第2期。

〔3〕［日］大谷实：《刑法总论》，黎宏译，法律出版社2003年版，第30页。

危险性，由此又被称为行为人主义。[1]

客观主义的主要观点为：坚持意志自由说，认为人的意志是自由的，犯罪是一个自由意志的决定下所进行的行为选择；行为中心论将犯罪人的行为作为评价中心，同时对其主观方面亦有所关注；道义责任论，一个人应当根据其行为的自由意志，为自己的行为承担相应的责任；报应刑论，主张刑罚是犯罪的报应，坚持刑罚相称和罪刑相适应；一般预防论，主张适用刑罚是为了防范社会上的一般人犯罪；罪刑均衡主义，在罪与刑的关系上，十分重视罪刑相适应，即刑罚的轻重应与犯罪危害的大小相当；个人本位主义，强调人的主体地位，坚持人本身是一种目的而非手段。

主观主义的主要观点为：坚持行为决定论，认为犯罪人的生物特征和社会特征等决定了其天生具有犯罪性；行为人中心论，认为犯罪人个体差别较大，刑法关注重点应放在行为人身上，刑罚的轻重也应与犯罪人的人身危险性相适应，[2]客观外在行为只是行为人内在因素的外在征表；社会责任论，认为人的行为是由遗传基因及外部社会环境所决定，社会必须采取相应的措施，制裁反社会行为以维持社会健康地发展；主张目的刑论，认为刑罚的目的在于预防犯罪，保护社会；坚持特别预防论，注重对犯人再犯进行预防，反对一般预防；坚守刑罚个别化，认为由于犯罪人的性格和心理状态并不相同，因此，应当根据其人身危险性个别地确定刑罚；秉持社会本位主义，认为为了保护国家利益、社会利益，可以将个人作为手段加以使用，反对个人本位主义，同时将刑罚作为一种针对未来的犯罪和防卫社会的手段予以使用。

二、刑法修改中主观主义和客观主义的取舍

我们认为刑法修改过程中，应当以客观主义作为刑法修改的理论基底；同时，考虑到客观主义内在的部分缺陷，而这些缺陷又恰好能够由主观主义所弥补，因此，刑法修改过程中应当同时吸收主观主义的合理内核，作为客观主义的有益补充。

（一）客观主义应当作为刑法修改的理论基底

刑法修改过程中，之所以应当以客观主义作为刑法修改的理论基底，理由在于：

1. 从刑法价值论上看，以客观主义作为刑法修改的理论基底，有利于发挥

---

〔1〕 参见张明楷：《刑法的基本立场》，中国法制出版社2002年版，第38～39页。

〔2〕 参见［日］中山研一："牧野英一的刑法理论——刑法的基础理论"，甘雨沛译，载《国外法学》1980年第4期。

刑法的规制机能。刑法修改中向客观主义倾斜，重视行为及其实害，可以向一般人提供明确的行为规范，从而使公民对自己的行为具有预见性，知其何种行为为犯罪，何种行为不受惩罚，有利于规制人们行为，保护公民的自由。[1]

2. 从犯罪论上看，以客观主义作为刑法修改的理论基底，更容易保持犯罪构成要件的定型性，有利于合理对待犯罪化与非犯罪化，从而限定刑罚的处罚范围。犯罪化是扩大刑法处罚范围的思想在刑法上的反映；非犯罪化则是限制刑法处罚范围的思想在刑法上的表现。由于主观主义更为强调行为人的危险性格，故只要某种行为表现出行为人的危险性格，就具备了处罚的根据，刑法就可以将其规定为犯罪，如自己是被害人的犯罪，没有被害人的犯罪等。而客观主义更为强调行为的法益侵害性，因此仅有主观恶性，或者没有侵害、威胁合法权益的行为表现出行为人的主观恶性时，不得将其规定为犯罪。显然，以客观主义为理论基础，更容易保持犯罪构成要件的定型性，也更符合我国刑法所坚持的罪刑法定原则。[2]

3. 以客观主义为根据对刑法进行修改，符合现行刑法的整体立场。1997 年刑法虽然有主观主义的内容，但总体上偏重于客观主义。我国《刑法》第 3 ~ 5 条分别规定了罪刑法定原则、法律面前人人平等原则以及罪责刑相适应原则，这些原则的确立充分说明了刑法认定犯罪的标准在于具有定型性的行为，由此可见客观主义对我国刑法产生了巨大影响。另外，刑法客观主义强调客观行为作为追究刑事责任的基石，在人权保障、限制刑罚权的滥用等方面做出了不可磨灭的贡献。

（二）主观主义应成为刑法修改的有益补充

尽管在刑法修改过程中，应当突出客观主义的要求，但是这并不意味着刑法修改过程中可以完全抛弃主观主义。尽管从理论上看，主观主义和客观主义是相对立的理论，二者在很多理论观点上大相径庭，难以完全融合，但是，从立法上看，并不意味着二者只能选择其一。李斯特就曾经指出，科学上不能妥协，但立法上必须妥协。[3] 我们认为，主观主义本身就是针对客观主义的内在缺陷而产生，在与客观主义的论争过程中，主观主义也发展出了自己完整的理论体系，其中一些内容不乏合理，可以为刑事立法所采纳。事实上，综观现代各国刑法，其中无不体现出主观主义的重大影响。因此，在刑法修改过程中，除了坚持客观主

---

〔1〕 参见张明楷："新刑法与客观主义"，载《法学研究》1997 年第 6 期。

〔2〕 参见张明楷："新刑法与客观主义"，载《法学研究》1997 年第 6 期。

〔3〕 参见赵秉志主编：《外国刑法原理（大陆法系）》，中国人民大学出版社 2000 年版，第 13 页。

义作为理论基底之外，还应当充分吸收主观主义的合理内核。换言之，主观主义应当成为刑法修改的有益补充。理由在于：

1. 主观主义自身所具有的合理内核，可以作为客观主义的有益补充。主观主义以行为人为中心就犯罪与刑罚展开讨论，它要解决的问题是查找古典学派理论失败的原因以弥补刑罚在预防犯罪上的欠缺。主观主义所倡导的主观因素不同于罪过、目的，而是行为人"反社会的危险人格"或者"可能导致犯罪的人身危险性"，这是能与具体犯罪行为"相互分离"的主观因素。在刑法立法中，重视行为人的人身危险性具有合理性，突出表现在：主观主义将行为人作为刑事责任的基础，通过行为人把握行为之间的联系，发现行为背后的共同原因，根据过去、现在行为所表现出来的人格特征，预测推断将来的行为。主观主义强调刑罚个别预防的出发点无可指责，虽然有些方面夸大了刑罚个别预防的作用和效果，显得过于理想化，但并不能因而否定其中的合理性。事实上，在各国刑法立法中，立法者为了有效地遏止和预防犯罪，根据需要对某些犯罪法定刑的刑种、刑度进行必要的调整；或者根据不同时期的刑事政策，对某些危害严重的犯罪现象采取特别的措施；另外，社会体制的变化和刑法理论的发展，也必然使刑罚制度发生改变，从生命刑、身体刑到自由刑、财产刑的转变，都在一定程度上体现了主观主义的影响。对此日本学者也客观地对刑法主观主义的地位进行了界定，"（刑法主观主义的——引者注）如下的功绩也不能忽视，即由于认为以特别预防为中心、改善犯人是刑罚最重要的使命，如何执行刑罚的问题就成为值得关心的重大事情。在此，不定期刑或累进处遇等新的行刑制度被引进，教育刑思想被展开，进而还可以列举短期自由刑的限制、缓刑执行制度、缓刑宣告制度、少年犯或累犯的特殊处遇、保安制度、缓起诉制度等功绩"。[1]

2. 以主观主义作为客观主义的有益补充，符合我国刑法立法的内在理路。尽管1997年刑法确立了刑法客观主义所认同的罪刑法定以及罪责刑相适应的基本原则，但在一些具体的制度构建上，依然体现了刑法主观主义的思想。例如，我国1997年刑法对于正当防卫的修订，很大程度上放宽了正当防卫的防卫意思的认定，体现了刑法主观主义的合理思想。又如，在犯罪预备问题上，我国1997年刑法关于预备犯的立法和司法实践表明，我国在犯罪预备问题上也较多地借鉴了刑法主观主义思想。再如，在我国刑罚裁量中，虽然没有明确将人身危险性作为量刑的重要因素，但人身危险性实际上占有比较重要的地位。刑法对累犯从重处罚的规定就是考虑了犯罪人的人身危险性较大，难以改造；而对于自首犯、中

---

〔1〕［日］正田满三郎：《刑法体系总论》，良友普及会1979年版，第21页。

止犯而言，他们的人身危险性较小，容易改造，故应处以较轻的刑罚。[1] 值得注意的是，我国刑法修正案中也已经注意吸收主观主义的合理内核。例如，《刑法修正案（八）》对于老年人犯罪的刑罚规定，即“已满75周岁的人故意犯罪的，可以从轻或者减轻处罚；过失犯罪的，应当从轻或者减轻处罚”，就充分考虑到了老年人的人身危险性问题。

3. 在刑法修改过程中吸收主观主义的合理内核，也是适应我国法文化的内在要求。事实上，主观主义作为西方刑法史上的重要思想与我国刑法有着深刻的联系，这种紧密关系甚至可以追溯到中国传统法律文化中。例如，汉代刑事司法中著名的《春秋决狱》，其所实行论心定罪的原则以及在定罪过程中较多地关注行为人本身的情形，与主观主义学派所极力倡导的行为人主义有异曲同工之妙。又如，传统的儒家思想与主观主义中的预防论也有暗合之处。[2]

第三节　形式合理性与实质合理性的兼顾

实质合理性与形式合理性是马克斯·韦伯提出的一对具有方法论意义的重要范畴，韦伯用这一对范畴分析了政治、法律、经济、行政管理等社会制度的合理化发展过程。按照韦伯的解释，实质合理性是指由“伦理的、政治的、功利主义的、享乐主义的、等级的、平均主义的或者某些其他的要求，并以此用价值合乎理性或者在实质上目的合乎理性的观点来衡量”的合理性。形式合理性是指“用技术上尽可能适当的手段，目的合乎理性地计算出来”的合理性。[3] 运用实质合理性和形式合理性的概念对刑法进行分析，可以发现，实质合理性刑法和形式合理性刑法是刑法发展过程中的两种类型，这两种类型在刑法的价值追求、犯罪的认定标准、罪状的设置、刑罚的配置等方面表现出了截然不同的特征。在我国刑法修改过程中，应当以形式合理性追求为基础，兼顾实质合理性追求。[4] 为了更好地把握我国刑法修改过程中应当坚持的价值追求，本部分首先对实质合理性刑法和形式合理性刑法进行解析，进而对我国刑法修改价值追求进行分析。

---

〔1〕 参见郭泽强：“刑法主观主义与中国刑法”，载《中国刑事法杂志》2005年第2期。

〔2〕 参见郭泽强：“刑法主观主义与中国刑法”，载《中国刑事法杂志》2005年第2期。

〔3〕 ［德］马克斯·韦伯：《经济与社会》（上卷），林荣远译，商务印书馆1997年版，第107页。

〔4〕 法律的形式合理性和实质合理性概念，很容易被误解为是分别对法律的形式和内容进行分析的结果，例如，认为法律规定在形式上应当具有形式合理性、在内容上应当具有实质合理性。

一、实质合理性刑法和形式合理性刑法解析

根据刑法制定和实施过程中所表现出来的价值追求不同，可以将刑法区分为实质合理性刑法和形式合理性刑法两种抽象类型。下面对这两种类型分别进行分析。

（一）实质合理性刑法

所谓实质合理性刑法，指的是刑法的制定和实施都以实现某种伦理意义或政治意义上的实质理性为价值依归。因而刑法的正当性根据不在于刑法自身的独立性和自主性，而只能是来源于伦理或政治统治的正当性。换言之，通过对伦理意义或政治意义上的实质理性的追求，刑法在证明伦理或政治统治的正当性的同时，也证明了自己的正当性。实质合理性刑法在犯罪设定与刑罚配置方面具有自己独特的特征：

1. 在刑事立法中确立的犯罪概念大多是模糊的，犯罪标准是混乱的，犯罪的实质特征往往受到特别的偏好。所谓犯罪的实质特征是与犯罪的形式特征相对应的。按照 H. I. 杜尔曼诺夫的观点，犯罪的形式特征就是以违法性——罪过和人的责任能力为条件的应受惩罚性，犯罪的实质特征是行为的社会危害性。[1]在实质合理性刑法的眼中，犯罪在本质上是一种危害国家利益和社会公共利益的行为，而不仅仅是一种法律概念。因此，它要求在刑法的创设与适用中，应把具有社会危害性作为犯罪的实质性判断标准，凡是具有严重社会危害性的行为都应该受到刑法的处罚。这种情形典型地存在于 19 世纪以前的刑法中。正如有的学者指出的，当我们打开 19 世纪以前的刑法或法律书籍，几乎在每一本书里，都可以找到对犯罪进行政治的、社会的、道德的、宗教的等等所谓“实质性”的评价。[2]

2. 由于在刑事立法中把社会危害性看做是犯罪的本质特征和判断一个行为是否是犯罪的标准，因此，实质合理性刑法对具体罪状的设置并不遵守明确性要求，而表现出模糊性或政策性特征。第一，刑事立法往往把政治性犯罪（即直接针对统治阶级的政治意志或统治利益的犯罪，比如古代刑法中的“谋反”以及现代刑法中的“国事罪”）放在最重要的位置上并首先加以规定，而把其他直接侵犯公民的利益而为集体意识所不能容忍的自然性犯罪（比如杀人、放火、抢劫、强奸、盗窃等侵犯公民人身权利和财产权利的犯罪）放在第二位加以考虑。因此政治性犯罪的比重很大，并且排在了自然性犯罪之前。第二，为了最大限度

---

〔1〕 曹子丹等译：《苏联刑法科学史》，法律出版社 1984 年版，第 151 页。

〔2〕 李海东：《刑法原理入门》，法律出版社 1998 年版，第 6 页。

地涵盖现实生活中的各种具有社会危害性的案件，刑事立法往往更偏好于简单罪状。第三，为了能够及时、有效地对具有严重的社会危害性行为加以惩罚，刑事立法直接规定了法官在需要时可以“比附”刑法中的罪状，换言之，类推在实质合理性刑法中是作为合理的制度而存在。

3. 刑罚的正当性根据在于报应。由于把社会危害性作为一个行为是否是犯罪的标准，因此，如果一个行为具有社会危害性，社会就可以因该犯罪的恶行而向其“回索”。这种思路在卢梭那里得到了具体的体现。卢梭认为，“对罪犯处以死刑，也可以用大致同样的观点来观察：正是为了不至于成为凶手的牺牲品，所以人们才同意，假如自己做了凶手的话，自己也得死。”〔1〕不仅如此，卢梭还认为，一个人犯罪就是“在向国家开战”，他对于国家而言与其说是公民，不如说是一个敌人，因此，国家理所当然地可以对敌人采用一切可以采用的措施进行报复，包括刑罚。由此可见，刑罚的正当性根据就在于报应。

4. 为使法官在适用刑法时能够充分追求结果意义上的实质合理性，刑罚的配置具有开放性，赋予法官广泛的自由裁量权。例如，无论是盗窃、诈骗，还是故意杀人、故意伤害等，由于现实生活中的案件千差万别，社会危害性既可能非常微小，也可能非常巨大，因此刑罚的配置往往同时涵盖了财产刑、自由刑、生命刑等。这种情形的极端表现就是纳粹时期 1935 年的德国刑法。该刑法甚至规定了法官享有绝对的自由裁量权，其第 2 条规定：“从事法律上宣言为可罚的行为，或者从事根据刑法法规的基本思想及健全的国民感情应当处罚的行为的人，应科以刑罚。不存在直接适用一行为的刑法之时，得根据具有对该行为最相适合的基本思想的法规处罚之。”

（二）形式合理性刑法

所谓形式合理性刑法，指的是刑法的制定和实施都以追求刑法自身的独立性和自主性为价值依归，进而表现出一种自治性〔2〕的特征。所谓自治，是指法律从原先对政治的依附中相对地独立出来，“法律被抬到政治‘之上’；也就是说，人们认为实在法所体现的准则；是为传统或宪法程序所证实的公众认同，已经消除政治论战的那些准则”。〔3〕对于刑法而言，自治性要求刑法的创设与适用均必须以罪刑法定原则为中心，国家既不能以政治的要求随意扩大犯罪设定的范围，

---

〔1〕［法］卢梭：《社会契约论》，何兆武译，商务印书馆 1980 年版，第 74 页。

〔2〕按照昂格尔的理解，法的自治性表现在实体内容、机构、方法与职业四个方面。参见［美］昂格尔：《现代社会中的法律》，吴玉章等译，中国政法大学出版社 1994 年版，第 46～47 页。

〔3〕［美］P. 诺内特、P. 塞尔兹尼克：《转变中的法律与社会：迈向回应型法》，张志铭译，中国政法大学出版社 1994 年版，第 63～67 页。

也不能肆意地发动刑罚权。形式合理性刑法在犯罪设定与刑罚配置方面的特征具体表现为:

1. 在刑事立法中确立的犯罪概念是清晰的，犯罪的标准是确定的，犯罪的形式特征受到特别的偏好。形式合理性刑法基于保障人权的机能和罪刑法定主义的理念，在刑事立法中确立的是犯罪的形式概念，主张刑法典中的犯罪概念应仅限于对犯罪的法律特征的描述，从形式方面即以刑事违法性界定犯罪。这种情况典型地存在于近代资产阶级的刑事立法中。

2. 由于在刑事立法中把刑事违法性看作是犯罪的本质特征和判断一个行为是否是犯罪的标准，因此，形式合理性刑法对具体罪状的设置就呈现出法律自主性的特征。第一，刑事立法往往把自然性犯罪放在最重要的位置上，并首先加以规定，而把政治性犯罪放在第二位加以考虑，政治性犯罪的比重较小并且排在了自然性犯罪之后。第二，刑法在设置罪状时讲究明确性原则。该原则要求刑法规定的用语应当明了、确定、具体、没有歧义，否则该项规定无效，故又称“不明确即无效”原则。正如彼得·斯坦与约翰·香德所言，“在刑事法庭上，只要对刑法的干涉范围究竟如何存在一些疑问，人们就会要求法庭将个人自由价值观点放在第一位。往往行为只要对社会构成危害，刑法就可以予以禁止。但是刑罚必须对此事实现加以精确的规定。”[1] 第三，严禁立法者规定溯及既往的罪状。这是因为任何人都不能预料到自己的行为是否会触犯尚未公布的法律，因此，如果可以用事后法对人们的行为加以处罚的话，那无疑是对人权的最大侵犯，背离罪刑法定原则。

3. 刑罚的正当性根据主要是预防。正如边沁所指出的，“任何惩罚都是伤害；所有的惩罚都是罪恶。根据功利原理，如果惩罚被认为确有必要，那仅仅是认为它予以起到保证排除更大的罪恶。”[2] 龙勃罗梭也指出，刑罚应以剥夺犯罪能力为必要，因此，针对天生犯罪人，应该根据不同的情形，分别采取如下措施：其一，对尚未犯罪但有犯罪倾向的人实行保安处分，即预先使之与社会相隔离；其二，对于具有犯罪生理特征者予以矫治，即通过医疗措施消除犯罪的动因；其三，将危险性很大的人流放荒岛、终身监禁乃至处死。[3] 李斯特也主张，刑罚应以改造罪犯保护社会为出发点，“矫正可以矫正的罪犯，无法矫正的罪犯

---

〔1〕 参见陈兴良主编:《刑事法评论》(第4卷)，中国政法大学出版社1999年版，第119页。

〔2〕 法学教材编辑部《西方法律史编写组》编:《西方法律思想资料选编》，北京大学出版社1983年版，第493页。

〔3〕 参见［意］龙勃罗梭:《犯罪人论》，黄风译，中国法制出版社2000年版，第321~366页。

不使为害。"[1]总之，刑罚的合理限度应从预防未然之罪中去寻找。

4. 为了使法官能够严格按照刑法的规定进行裁决，刑罚的配置具有收敛性特征，法官的自由裁量权被限缩在极小范围之内。换言之，刑罚的名称、种类、幅度，都必须由法律加以确定，并且刑期必须绝对确定，既不允许规定绝对的不定期刑，也不允许规定相对的不定期刑。

需要说明的是，形式合理性刑法追求的是形式理性，但不能说其完全忽视了对实质理性的追求。正如有的学者在分析罪刑法定时所指出的，"罪刑法定虽然是形式理性的体现，表明了刑法法治所要求的形式主义特征。但在罪刑法定原则中包含着重大的实质内容，这就是对立法权和司法权的限制，在国家刑罚权与个人的自由之间划出了一条明确的界限。因此，罪刑法定原则具有自由的价值取向。"[2] 然而，刑法之所以被称为形式合理性刑法，就在于其极为凸显形式理性的价值。因此，在形式理性与实质理性发生冲突时，可以为了满足形式理性而牺牲实质理性。[3] 其极端结果，就像什坦姆列尔所认为的，"法之为正当的法，并不需要具有一定的内容，只要它形式上合乎标准，不管其内容多么糟糕，仍不失为正当的法。"[4]

二、刑法修改中对实质合理性与形式合理性的兼顾

从对实质合理性刑法和形式合理性刑法的解析中，可以发现，单纯追求实质合理性或单纯追求形式合理性，都可能存在重大缺陷：一方面，单纯追求实质合理性，由于忽视了形式合理性追求，虽然在很多情况下可以实现伦理或政治意义上的实质理性，然而也容易在实施过程中蜕变为一种伦理或政治上的恣意与任性，造成罪刑擅断，从而不断地从外部颠覆刑法的正当性。另一方面，对形式合理性的过分追求，在摆脱了实质合理性刑法所可能存在的伦理或政治上的恣意与任性时，却也容易使刑法蜕变成另一种恣意与任性，即法律的恣意与任性；它在摆脱一种罪刑擅断的时候，却可能又落入另一种罪刑擅断——它高高在上，远离社会，无法也不愿意回应社会的需要。为了避免单纯追求实质合理性或单纯追求形式合理性所可能存在的固有缺陷，我国的刑法修改应当坚持在形式合理性的基

---

〔1〕 参见陈兴良：《刑法的人性基础》，中国方正出版社 1996 年版，第 122 页。

〔2〕 陈兴良："刑事法治的理念建构"，载陈兴良主编：《刑事法评论》（第 6 卷），中国政法大学出版社 2000 年版，第 11 页。

〔3〕 对这方面的批评，参见文海林："回应社会的刑法——暂将目的追问到底"和"刑法：从形式到目的——以法的一般发展为背景"，载陈兴良主编：《刑事法评论》（第 8、9 卷），中国政法大学出版社 2001 年版。

〔4〕 转引自陈兴良主编：《刑事法评论》（第 4 卷），中国政法大学出版社 1999 年版，第 77 页。

础上兼顾实质合理性。

为了实现形式合理性与实质合理性的兼顾，在刑法修改过程中应当努力做到：

1. 犯罪概念上坚持社会危害性和刑事违法性的统一。一方面，坚持社会危害性的犯罪判断标准，只有确实严重侵犯法益因而具有严重社会危害性的行为才能被规定为犯罪。具体地，刑事立法应当以个人法益保护为核心，超个人法益也应当能够还原为个人法益。对于因经济社会发展变化而造成法益侵害性不大的犯罪，则应当予以除罪化，从刑法规定中剔除出去。另一方面，刑事违法性是犯罪的另一个基本特征。行为的社会危害性是刑事违法性的基础，刑事违法性是社会危害性在刑法上的表现。只有当行为不仅具有社会危害性，而且具有刑事违法性时，才能被认定为犯罪。

2. 罪状的设置应当努力实现法律自主性特征，并适当体现概括性：第一，个人法益的保护在刑事立法中具有优先性，在刑法分则的结构设置上，自然性犯罪应当优先于政治性犯罪。第二，刑法在设置罪状时应尽可能符合明确性原则，刑法用语应当明了、确定、具体。同时，为了能够最大限度地适应复杂多变的社会生活，刑法的规定也应当具有一定的概括性。第三，在刑法的溯及力上，允许采用从旧兼从轻原则，作为禁止溯及既往的例外，即新的刑事法律对其颁布施行以前的行为，原则上没有溯及力。但是，当新法不认为是犯罪或处罚较轻时，则可以适用新法。

3. 刑罚的正当性根据主要是预防，但也可以在一定程度上满足报应需求。为此，在刑罚配置上应兼顾行为责任和特别预防的需要。具体地，行为责任与特别预防在刑罚配置中均应当予以考虑，但前者必须是第一位的，因为它决定了刑罚配置的上限；后者则是第二位的，只能用以缓和刑罚配置的下限，亦即特别预防的需要不能作为从重、加重刑罚的根据，而只能作为从轻、减轻刑罚的根据。[1] 之所以应当以行为责任作为刑罚配置的首要根据，不仅是因为刑罚的本质首先在于对犯罪的报应，故以行为责任作为刑罚配置的首要根据，直接体现了刑罚的公正性；还因为刑法所规范的对象，应当首先限定在行为，而非行为人，因此从行为刑法的角度上看也应当首先以行为责任作为刑罚配置的首要根据。之所以应当以特别预防作为刑罚配置的第二位根据，主要是因为刑罚配置不仅须具有刑事政策上的考量，还应当具有目的论上的限制，因此不考虑特别预防的需要而一味考虑行为责任，将背离“不失之对社会的效益”之准则；但由于基于特

〔1〕 参见邱兴隆：“配刑原则统一论”，载《中国社会科学》1999 年第 6 期。

别预防的考量不得逾越行为责任之范围，因此特别预防的需要只能发挥对行为责任的单向性制约功能，不能作为从重、加重刑罚的根据而只能作为从轻、减轻刑罚的根据。

第四节 宽严相济刑事政策的贯彻

刑事政策是一个国家在一定时期内制定的，对一切犯罪及其他有关危害行为作斗争从而具有普遍指导意义的方针和策略。刑事政策是制定刑法的灵魂，也是制定刑法的根据。刑事政策的演进要求刑法立法作出相应调整。新中国成立以来，我国的刑事政策经过多次演进，已经从1997年刑法制定时的“严打”政策，转变为宽严相济的刑事政策。刑事政策的演进，要求刑法立法进行相应调整。

一、宽严相济刑事政策的内涵解析

（一）宽严相济刑事政策的确立过程

长期以来，我国的基本刑事政策是惩办与宽大相结合，我国1979年《刑法》第1条更是直接将惩办与宽大相结合的刑事政策确认为刑法的制定根据。然而，从1983年以来，为了应付社会转型时期出现的大规模犯罪浪潮，我国开始实行“严打”的刑事政策，并在此后的20年时间里发动了3次全国性的“严打”战役。进入21世纪以后，出于构建社会主义和谐社会的需要，同时也出于对“严打”刑事政策的理性反思，我国逐步实行宽严相济的刑事政策。2005年12月，中央政法委员会书记罗干在全国政法工作会议上要求更加注重贯彻宽严相济的刑事政策，并明确指出宽严相济是“指对刑事犯罪区别对待，做到既要有力打击和震慑犯罪，维护法制的严肃性，又要尽可能减少社会对抗，化消极因素为积极因素，实现法律效果与社会效果的统一。”2006年10月11日，中国共产党第十六届中央委员会第六次全体会议通过的《中共中央关于构建社会主义和谐社会若干重大问题的决定》中明确指出要“实施宽严相济的刑事政策”。由此可见，宽严相济已经成为当前我国基本的刑事政策。

（二）宽严相济刑事政策的具体内容

对于宽严相济刑事政策的具体内容，通常从“宽”、“严”、“济”三个关键词进行理解。[1]

---

〔1〕参见陈兴良：“宽严相济：构建和谐社会的刑事法律回应”，载《检察日报》2007年4月25日；马克昌：“论宽严相济刑事政策的定位”，载《中国法学》2007年第4期。

1. 宽严相济的“宽”是指宽大、宽缓和宽容。宽严相济的“宽”具有以下两层含义：一是该轻而轻，二是该重而轻。前者是罪刑均衡原则的题中之义，指对于那些较为轻微的犯罪，原本就应当处以较为轻缓的刑罚；后者则是指所犯罪行较重，但被告人具有坦白、自首或者立功等法定和酌定情节的，法律上应当予以宽宥，在本应判处较重之刑的情况下判处较轻之刑。在刑事立法中，宽严相济的“宽”，主要表现为以下三种情形：一是非犯罪化，即本来作为犯罪处理的行为，基于某种刑事政策的要求，不作为犯罪处理，并在必要时通过立法方式将其从犯罪范围中去除；二是轻刑化，即对于犯罪行为，在刑罚配置、刑罚适用及刑罚执行中予以轻缓化处理，如废除或减少死刑、降低自由刑、对轻微刑事犯罪用罚金刑取代自由刑等；三是非监禁化，即某一行为虽然构成犯罪，但根据犯罪情节和悔罪表现，判处非监禁刑或者采取缓刑、假释等非监禁化的刑事处遇措施。我国刑法中的非监禁刑包括管制、罚金和剥夺政治权利等，这种非监禁刑相对于监禁刑而言，由于其对犯罪分子不予关押，因而是刑罚轻缓化的体现。[1]

2. 宽严相济的“严”是指严格、严厉和严肃。这里的严格是指法网严密，有罪必罚。严厉是指刑罚苛厉，从重惩处；严肃是指司法活动循法而治，不徇私情。在上述三种“严”的含义中，尤其应当注意的是严格与严厉。储槐植教授曾经指出四种刑罚模式：严而不厉、厉而不严、不严不厉、又严又厉。严而不厉是指法网严密，刑罚却并不苛厉。厉而不严则是指刑罚苛厉，法网却并不严密。显然，严而不厉应当成为追求的目标，厉而不严应当予以摒弃。在此，存在着严与厉之间的负相关性：严可以降低厉，不严则必然以厉为补偿。当然，对于严重犯罪仍然应当坚持“严打”，也就是该重而重，发挥刑罚的威慑力。[2]

3. 宽严相济的“济”，具有以下三层含义：一是救济，即所谓以宽济严、以严济宽。刑罚的宽与严是相对而言的，例如死缓相对于死刑立即执行而言是一种宽缓的处理；但死缓相对于无期徒刑而言又是一种严厉的处理。正因为宽严具有相对性，没有宽则没有严，没有严也就没有宽，因此应以宽济严，也就是通过宽以体现严；以严济宽，也就是通过严以体现宽。二是协调，即所谓宽严有度、宽严审势。宽严有度是指保持宽严之间的平衡：宽，不能宽大无边；严，不能严厉无比。宽严审势是指宽严的比例、比重不是一成不变，而应当根据一定的形势及

---

〔1〕参见陈兴良：“宽严相济：构建和谐社会的刑事法律回应”，载《检察日报》2007年4月25日；马克昌：“论宽严相济刑事政策的定位”，载《中国法学》2007年第4期。

〔2〕参见陈兴良：“宽严相济：构建和谐社会的刑事法律回应”，载《检察日报》2007年4月25日；马克昌：“论宽严相济刑事政策的定位”，载《中国法学》2007年第4期。

时地进行调整，做到因时而宜、因地而宜、因罪而宜。三是结合，即所谓宽中有严、严中有宽。宽和严虽然有所区别，并且不同时期、不同犯罪和不同犯罪人，应当分别采取宽严不同的刑罚，该宽则宽，该严则严。但这并不意味着宽而无严或者严而无宽。实际上，既无绝对的宽又无绝对的严，应当宽严并用。[1]

二、宽严相济刑事政策视野中的现行刑法立法检讨

按照宽严相济的刑事政策检讨我国目前的刑法，可以发现我国的刑法与宽严相济政策存在一定程度的背离。突出表现在：

（一）现行刑法从总体上看刑罚趋重

总体上看，现行刑法的刑罚偏重，尤其是死刑罪名过多。尽管《刑法修正案（八）》减少了13个罪名的死刑，但我国现行刑法典中存在死刑的罪名仍多达55个，约占全部罪名的1/8左右，无论是死刑罪名的绝对数量、比例还是具体适用，在世界范围内都是较多的，与人道化、轻缓化的世界刑罚发展趋势不尽吻合。

（二）现行刑法“厉而不严”

所谓“严”是指刑事法网严密，刑事责任严格；所谓“厉”主要是指刑罚苛厉，刑罚过重。所谓我国刑法结构之“厉”，除了表现在死刑罪名仍然过多之外，还表现在刑罚整体位阶过高，所有的罪都被挂上了徒刑，除了《刑法修正案（八）》增设的危险驾驶罪外，没有一个罪的法定最高刑只限于拘役或者罚金。所谓我国刑法结构之“不严”，一是指整体刑事法网（整体犯罪圈）不严密，二是个罪法网（罪状）不严密。就整体法网来说，一些比较严重的具有法益侵害的行为，比如见死不救、恐吓、背信等，即一些所谓的轻罪，刑法之中并没有规定成犯罪行为，而此类行为仅依靠所谓的“第一次法”在救济力度上又明显有所欠缺。就“个罪”的法网来说，一些已经在刑法中有所规定的危害行为之犯罪构成设计也不够严密，形成了法网的漏洞，典型的个罪立法比如受贿罪，其犯罪对象仅限于财物，而对财产性利益及非财产性利益、对所谓的单纯受贿（“只拿钱不办事”）、事前受贿以及事后受贿等，在很多情况下还很难用现行受贿罪来加以遏制并惩处；又比如不少犯罪的罪状设计都附加了相应的目的要件，“立法者的目的是缩小打击面，诚有可取，但查证作为主观因素的目的则徒增公诉机关的证明难度从而导致作恶者逃脱法网概率上升的局面。”对于这两方面的行为，

---

〔1〕 参见陈兴良：“宽严相济：构建和谐社会的刑事法律回应”，载《检察日报》2007年4月25日；马克昌：“论宽严相济刑事政策的定位”，载《中国法学》2007年第4期。

都存在着法网不严的问题。[1]

三、刑法修改中对宽严相济刑事政策的贯彻

人们通常将宽严相济刑事政策作为司法政策对策。然而，我们认为，宽严相济刑事政策是刑事立法政策和刑事司法政策的统一，但首先是一项刑事立法政策。这是因为，刑事司法在贯彻宽严相济的刑事政策时仍应当严格依据刑法，不能超越刑法的规定，既不能对刑法未规定为犯罪或刑法规定处罚较轻的行为以严为名作为犯罪处理或判处法律没有规定的较重之刑，也不能对刑法规定为犯罪或刑法规定处罚较重的行为以宽为借口予以非犯罪化处理或判处过轻的刑罚。可见，要真正贯彻落实宽严相济的刑事政策，首先需要从刑法立法着眼，在刑事立法中按照宽严相济刑事政策的要求规定犯罪和刑罚，从而为司法机关贯彻宽严相济刑事政策提供法律根据。

为了贯彻宽严相济的刑事政策，有必要对我国刑法作进一步改革。从刑事立法角度上看，贯彻落实宽严相济的刑事政策，关键问题有二：一是如何找到一条实现非犯罪化、轻刑化、非监禁化的刑事法路径；二是如何找到一条入罪化、重刑化的刑事法路径，以回应各种新型犯罪和热点问题。

（一）合理调整刑罚结构，推动刑罚由重刑化向总体趋轻方向转变

宽严相济刑事政策首先意味着应当形成一种合理的刑罚结构，这是实现宽严相济刑事政策的基础。面对“死刑过重、生刑过轻”的结构性缺陷，对刑罚进行结构性的调整，根据宽严相济的刑事政策精神，重新配置刑罚资源。

1. 严格限制死刑。严格限制死刑，是当前我国刑罚结构调整的当务之急。从目前情况看，在立法层面上控制死刑，就必须着手直接废除部分死刑的条款。一是修改绝对确定的死刑条款。目前刑法分则上的绝对确定的死刑条款，包括绑架罪、劫持航空器罪及拐卖妇女、儿童罪等，完全剥夺了法官的自由裁量权，也忽略了个案的差异性，有必要予以修改。二是废除虚置的死刑条款。对某些司法实践中已停止适用的死刑罪种设置，有必要在刑法修改过程中逐步删除。三是删除没有必要的死刑条款，尤其是破坏社会主义市场经济秩序的犯罪，其发生与转型期市场经济体制的不够完善以及经济秩序的混乱有极大的关系，主要应当通过加强社会经济管理、填补制度漏洞的方法去防止这类犯罪的发生，而不能简单地施以重刑，甚至以适用死刑作为管理不善的补偿。

2. 重者更重。所谓重者更重，是指在严格限制死刑之后，有必要对严重的

---

〔1〕 参见付立庆：“‘刑法危机’的症结何在——就犯罪圈、刑罚量问题的些许感想”，载《云南大学学报（法学版）》2007 年第 5 期。

犯罪加重刑罚。例如，目前我国刑法典中“从轻、减轻、从重、免除处罚”四种法定量刑情节中，仅有“从重”一种属于对严厉刑事政策的贯彻。为了适应宽严相济刑事政策的需要，有必要在刑法中设立加重处罚制度。根据宽严相济刑事政策的精神，加重处罚情节是严厉政策的体现，主要针对累犯适用。同时，根据案件的特殊情况，加重处罚情节的适用范围也有必要扩展至暴力犯罪、有组织犯罪及严重危害公共安全的犯罪。[1]

3. 轻者更轻。所谓轻者更轻，是指对较轻的犯罪，通常是指应处5年以下有期徒刑的犯罪，尽量减少关押，实行非监禁化。这就是要对轻罪从广泛适用监禁刑转变为尽量适用非监禁刑。从我国的实际情况上看，轻者更轻主要应体现在以下几方面：一是扩大罚金型的适用范围，可以考虑在刑法分则的“个罪”中增加罚金刑规定，并改变传统的并科罚金制，而规定选科甚至单科罚金制。二是完善假释制度。我国《刑法》第81条第2款规定：对累犯以及因故意杀人、强奸、抢劫、绑架、放火、爆炸、投放危险物质或者有组织的暴力性犯罪被判处10年以上有期徒刑、无期徒刑的犯罪分子，不得假释。此规定在理论上和立法逻辑上都存在疏漏，也不符合宽严相济刑事政策的要求。事实上，并非所有的暴力性犯罪都具有较大的人身危险性，比如激情犯罪或因民事矛盾激化引发的暴力性犯罪，这类行为人的人身危险性和再犯可能性并不大，因此，有必要修改该规定。三是扩大缓刑的适用对象，可考虑由3年以下有期徒刑改为5年以下有期徒刑，扩大缓刑适用范围。尤其是对于偶犯、初犯、青少年犯罪，凡是符合条件的原则上都应当适用缓刑。

（二）回应新型犯罪和热点问题，及时予以入罪化和重刑化

对待严重犯罪，必须严密刑事法网，始终坚持犯罪化，并配置严厉的刑罚。刑事法网日趋严密，刑罚也应日趋严厉。主要体现为：

1. 增设新罪名，扩大犯罪化规模。即扩大刑法的调整范围，增加刑法涉足社会生活的广度和深度。在我国，随着经济的迅速发展和各项改革的深入进行，以经济关系为主的社会关系日益复杂化，刑法立法对处于转型时期的多变的犯罪情势显得应接不暇。新型的、需要运用刑法进行抗制的危害社会行为不断出现；一些过去并不突出的危害社会行为亦日益突出且危害严重，需要运用刑法进行抗制。[2]

---

〔1〕 参见付立庆：“‘刑法危机’的症结何在——就犯罪圈、刑罚量问题的些许感想”，载《云南大学学报（法学版）》2007年第5期。

〔2〕 赵秉志：“中国刑法总论主要争议问题述评”，载京师刑事法治网，http：//www. criminallawbnu. cn/criminal/Info/showpage. asp？ pkID =9294.

对于这些新型的危害社会行为，有必要通过增设新罪名对其进行犯罪化。

2. 通过改变已有犯罪构成要件之途径来实现犯罪化。具体改变方式包括：①扩大犯罪对象的范围；②增加犯罪行为的方式；③降低构成犯罪的标准；④扩大犯罪主体的范围；⑤删除部分条文的目的犯规定，增加客观因素；⑥增加行为犯、情节犯和情节加重犯的法律规定，增强刑法适用的灵活性；等等。

3. 提高某些犯罪的法定刑，增强刑法的威慑力。例如，对于职务犯罪、黑恶势力犯罪、危害公共安全犯罪等，有必要坚持从严从快打击，并在刑法中进一步提高法定刑。

第五节　风险控制与实害控制的衡平

我国刑法主要基于实害控制理念构建起犯罪体系，它具有处罚对象明确化、处罚范围具体化、处罚程度稳定化等特点，对于法益保护和维护公民个人自由发挥了极大作用。在刑法修改过程中，实害控制理念仍应当予以坚持。然而，伴随着我国进入风险社会，原有的实害控制理念也逐渐凸显其不足。为此，有必要在刑法修改中引入风险控制理念，并通过刑法理念变革和犯罪设置的变革加以实现。当然，按照基于风险控制理念本身存在的问题，有必要努力实现风险控制与实害控制的衡平。

一、风险控制理念引入刑法的必要性

传统刑法以规制实害为核心，要求对法益造成实害或者具体危害时刑法才能将其规定为犯罪并进行处罚。然而，这在风险社会不断产生的危险行为的冲击下开始显露其不足。为了弥补这种不足，有必要在刑法中引入风险控制理念。

具体而言，在风险社会中，以实害控制为核心的刑法具有以下局限性：①法益类型欠缺包容性。实害控制为核心的刑法注重法益的具体化、实在化。但是随着风险社会的到来，其法益类型逐渐向精神化、抽象化发展，已无法被传统刑法所包容。如对交通安全法益的保护，已演变为对秩序条件的维护，远远超越了传统刑法对法益保护的半径。②法益保护具有滞后性。在风险社会中，一些法益如环境风险、经济风险、科技风险等对社会生活秩序具有极为重要的意义，一旦出现法益损害的后果，将使人类生活面临极大的困境。刑法无法坐视危害后果的发生，而是一旦发现危及重要法益的预备行为开始，就对其进行规制，以实现对法益更为周全而严密的保护。③危害后果具有不确定性。在风险社会中，危害后果发生时间的长短、波及范围的广度、对人类生活影响的程度远远超越了人类对事

物的认识能力。如日本的核泄露事件对人类生活的影响，目前仍很难充分估量。④因果关系具有多重性。在风险社会中，危害后果的发生往往很难追寻到一个具体明确应当归责的行为人。在通往因果链条上的人，对损害结果的发生可能均负有深深浅浅的责任，此时，因果关系具有匿名性。⑤危险源主体具有非个体性。危险源的主体超出个人范围，大部分是组织或法人。[1]

二、风险控制理念下的刑法变革

以实害控制为基础的传统刑法，一旦引入风险控制理念，就意味着需要进行相应的变革。这种变革体现在刑法理念和犯罪的具体设置两方面。

（一）刑法理念变革

1. 法益抽象化。在以实害控制为核心的传统刑法中，法益应当是具体的、可辨识的。按照此种理念，传统刑法将法益区分为个人法益和超个人法益，其中个人法益必须是具体的生命、身体、自由、名誉、财产等。而超个人法益，尽管其包括国家法益和社会法益，但要求其应当是可以还原为个人利益的法益，[2] 因为"'超个人法益'和'个人法益'概念并不是质的不同，而仅是数量的差别；'国家'和'公众'，不可能脱离与'个人'的关系，而单独为法益的持有者。"[3] 然而，按照风险控制理念，刑法为了有效控制风险，不能等到法益具体被侵害的时候才介入，在法益实害尚未发生、但行为已经制造了不被容许的风险时刑法就应当介入。由此就使法益概念从具体转变为抽象。换言之，此时的刑法"以防范风险发生为目的，不在意何种具体法益受到损害，因而不再预设法益的特定内容，不再以具体客体对象存在为前提，仅仅以一般危险性和预防必要性作为划定可罚性的界限，并以义务违反取代法益侵害作为处罚的基础"。[4]

2. 行为拟制化。在以实害控制为核心的传统刑法中，一个行为之所以能够被刑法评价为犯罪，原因在于该行为对法益造成了侵害或具体危险。然而，按照风险控制理念，一个行为只要已被公认为存在重大风险，就被视为一种当然可能会造成实害的行为，而为了预防实害的发生，就有必要将其作为被禁止的行为而直接入罪，也就是通过事前的判断直接将该类行为拟制为犯罪行为。[5]

3. 刑罚前置化。在以实害控制为核心的传统刑法中，要求刑罚具有谦抑性。

---

〔1〕 参见王立志："风险社会中刑法范式之转换——以隐私权刑法保护切入"，载《政法论坛》2010年第2期。

〔2〕 张明楷：《法益初论》，中国政法大学出版社2000年版，第166页。

〔3〕 陈志龙：《法益与刑事立法》，台湾大学丛书编辑委员会1992年版，第62页。

〔4〕 参见陈晓明："风险社会之刑法应对"，载《法学研究》2009年第6期。

〔5〕 参见陈晓明："风险社会之刑法应对"，载《法学研究》2009年第6期。

"刑罚谦抑性要求对于确定为犯罪的行为在进行处罚时，对于没有必要判处刑罚的行为，就不应动用刑罚；对于需要刑罚处罚的，刑罚处罚的范围要缩小，刑罚的严厉程度要减弱。"[1] 可见，刑罚的发动必须考虑到行为所造成的具体实害结果。然而，按照风险控制理念，只要行为制造了不被容许的风险，即可入罪并施以刑罚。因此，从法益保护的角度观察，刑罚的防线向前移了、前置化了。[2]

（二）犯罪设置的变革

在刑法将法益抽象化、行为拟制化、刑罚前置化的过程中，需要通过一系列具体的技术手段使风险控制得以实现。在此过程中，将预备行为、未遂行为单独加以处罚，并设置抽象危险犯和过失危险犯，成为最主要的方式。

1. 预备行为、未遂行为之处罚。在传统刑法中，由于刑法关注的重点在于对法益产生的实害，由于预备行为尚未对法益造成直接的现实的侵害，因此原则上不处罚犯罪预备行为。同时，对于未遂行为，由于其对法益侵害的危险明显大于预备行为，但又小于既遂行为，因此我国刑法采取了选择可罚原则。然而，按照风险控制理念，一方面，对于一些重大法益的侵害实施预备行为时，即可以认定其行为具有危险性，基于对社会安全的考量，而将这些行为进行入罪化处理；另一方面，为了预防犯罪的需要，需要将具有未遂性质的行为规定为独立的犯罪。

2. 抽象危险犯的确立。抽象危险犯是指由于其本身所包含的对该当法益的严重侵害可能性而被具体构成要件禁止的行为，其中的危险是指一种以一般的社会经验为根据拟制出来的类型化的危险，原则上无需证明即推定存在，但在例外情形下允许个别地适用反证予以排除。[3] 抽象危险犯以纯粹的行为危险性作为负担刑事责任的基础，实际上是透过对特定行为的控制以达到分配风险的任务，抽象危险的状态属于拟制，故其立法主旨实际上根本不是侧重于法益侵害，而是以规范侵害取而代之，因此在此种场合下，即使行为人的侵害行为永远都不能达到侵害法益的结果，行为人也应当因其行为侵害"不得实施某种危害行为"的规范而承担罪责。[4]

3. 过失危险犯的确立。过失危险犯是指行为人严重违反注意义务，过失引起多数人的生命、健康和重大公私财产损失的严重危险，但并未发生严重的实害

---

〔1〕 杨燮蛟："论刑罚谦抑性的建构途径选择——以司法运用为视角"，载《学理论》2010年第11期。

〔2〕 参见［德］乌尔里希·贝克：《风险社会》，何博闻译，译林出版社2004年版，第13页。

〔3〕 参见王拓："风险刑法理论的现代展开"，中国政法大学2009年博士学位论文，第97页。

〔4〕 参见王立志："风险社会中刑法范式之转换——以隐私权刑法保护切入"，载《政法论坛》2010年第2期。

结果的犯罪。[1]“在风险社会中，随着全球性的信息技术和工业产业革命深刻地变革，作为被风险化的行为主体的个体，承担着计算风险注意的义务，并且被国家或所在企业的制度所规范，他们与不承担着风险计算的人们有着巨大的差别，从能力到职责，所以必须要有从政策到法律的包摄。”[2] 由于风险社会中承担风险责任主体的多元性和广泛性，特别是从事一定的业务的风险主体在日常管理或事务中有其特殊性，根据其注意义务特殊性的要求，因此，其类型化的功能则由构成要件的相对抽象性的设置来完成。[3]

三、风险控制与实害控制的衡平

在将风险控制理念引入刑法时，也应当看到以风险控制为基础的刑法也存在其自身难以克服的问题。表现在：一是不要求法益侵害为前提，难以划定明确的处罚界限；二是将刑罚的防线提前，尽管是为了防范风险，但终究与刑法谦抑的价值取向不相符；三是由于缺乏罪刑关系的明确化，在一定程度上与罪刑法定原则和罪刑均衡原则存在冲突。[4] 可见，在刑法中尽管有必要引入风险控制理念，但并不能、也无法以风险控制理念完全取代传统的实害控制理念，否则将可能使刑罚出现弥散化倾向，并最终使刑罚效果适得其反。因此，风险控制并不能取代实害控制成为刑法关注的中心，而只能成为有益的补充。刑法仍然应当将保障人权作为自己的首要立足点，在此过程中，注意对公民权利的保护，尽量避免对公民权利的侵犯。

具体而言，在引入风险控制理念并设置危险犯时，必须坚持适度原则，并符合将某类行为犯罪化所必须遵循的一般准则，如目的正当性原则、手段必要性原则、比例性原则等。[5]同时对危险犯的设置还应当受到下列原则的约束：第一，增加的危险犯应当具有公共危险性，并且该公共危险性需要达到一定的程度。第二，增加的危险犯必须建立在相应的实害犯基础之上，该实害后果既包括有形的物质性损害后果，也包括无形的精神性损害后果。第三，增加的危险犯应当与已有危险犯相近似，或者与现有法律规定的危险犯具有同质性。[6]

---

〔1〕 参见俞利平、王良华：“论过失危险犯”，载《法律科学》1999 年第 3 期。

〔2〕 参见刘崇亮：“风险社会视野下过失犯构成设置模式之思考”，载《中国人民公安大学学报（社会科学版）》2010 年第 4 期。

〔3〕 参见刘崇亮：“风险社会视野下过失犯构成设置模式之思考”，载《中国人民公安大学学报（社会科学版）》2010 年第 4 期。

〔4〕 参见陈晓明：“风险社会之刑法应对”，载《法学研究》2009 年第 6 期。

〔5〕 参见贾宇：“风险刑法理论的启示”，载《光明日报》2009 年 2 月 28 日。

〔6〕 参见华关根、王媛媛等：“论危险犯在我国刑事立法中的适度扩展”，载《法学》2009 年第 5 期。

第四章

中国刑事法体系改革探究

著名哲学家康德曾经指出，体系是一个“根据各种原则组织起来的知识整体”。就“中国刑事法体系”概念本身而言，该概念虽然具有很强的实践性、针对性，但就其所蕴含的内涵与外延看，所谓“中国刑事法体系”仍属理论刑法学探究的内容。毕竟，没有任何一部刑事法律会在字表层面去规范“中国刑事法体系”的确定涵义。因而严格意义看，所谓“中国刑事法体系”并非法律概念，而是刑事法学界潜心探究的法学概念或学理概念而已。

基于上述理由，针对“中国刑事法体系”的概念解读，各类研究人员完全可以根据自己的研究视域、对象、目的的不同，做出不同的释读。至少就该“体系”的外延层面上看，学者们就可根据自己的研究角度和目的的不同，做出有关广义、狭义甚至泛义、广义、狭义的不同解释。这当中，遑论刑事程序法若何，仅就刑事实体法看，也有其泛义、广义、狭义之分。例如，在有的刑法学者那里，泛义的刑法体系，不但包括刑法典、单行刑法、附属刑法，还可囊括中国的劳动教养法、治安管理处罚法，监狱法，等等。

基于上述考量，本章所言的中国刑事法体系，在刑法层面拟取其广义。即除了刑法典、单行刑法、附属刑法外，还包括本章行将论及的类似于保安处分的《违法行为矫治处分法》。但本章既然并不着眼于泛义的刑法视野，则劳动教养法、治安管理处罚法、监狱法等理当剔除于本章定义的刑法体系之外。

值得特别强调的是，论及中国的刑事法体系，理所当然地还应包摄刑事程序法等诸多与“刑”字相关的其他基本法律在内。然而，本书既然名为《刑法改革的进路》，本章所谓的中国刑事法体系改革的探究重点，也就顺理成章地、主要驻足于刑事实体法方面，仅在刑事程序法与实体法有其特别意义或者比较意义的场合，我们方才梳理并述论到有关刑事程序法方面的特别问题。

第一节　德国刑事法体系述论

论及刑法体系，时至今日，最具代表性的国家仍属德国、日本刑法。有鉴于此，本章拟分两节特别梳理德国、日本的刑事法体系概况。

与中国的刑事法体系相类似，德国的刑事法体系也包括德国刑法典、德国经济刑法、德国军事刑法、德国少年法院法、德国刑事诉讼法典、《刑法典实施法》、《刑罚执行法》，等等。

但与中国刑法不同的是：其一，德国是联邦制国家，有的州有自己的特别刑法；其二，德国是以制定法为主的大陆法系的代表国，但其并不一概而论地排斥习惯法。

然而本章所以专节讨论德国刑事法体系，要旨仍在如何借鉴其立法精髓，所以，本章仍将主要视点驻足于刑事实体法之立场，以研讨有关德国刑法体系问题。

就“中义”的刑法体系看，德国的刑法体系由法典化的刑法即《联邦德国刑法典》、非法典化的联邦刑法、州刑法、习惯法及该国业已批准的国际刑法规范构成。

一、联邦德国刑法典

对《联邦德国刑法典》，汉斯·海因里希·耶赛克教授指出：“现行德国刑法典渊源于1871年5月15日的《德意志帝国刑法典》，为了适应变化了的情况和需要，该法典经过多次修订”。[1]到1953年颁行的新版本，该法典已经剔除了“德意志”字样，因为德意志已经不复存在。根据1990年8月31日的两德统一条约，1987年版的德国刑法典开始适用于统一后的德国，包括东柏林等地。其后，联邦德国刑法典再度多次修订，最后一次修订版为1998年11月13日版本，2002年8月22日，德国立法机构还对其做过若干修改，但根据《联邦法律公报I》第3390页的规定，经2002年修改后的联邦德国刑法典，仍然名之为1998年11月13日版本的《德国刑法典》。

从形式上看，《联邦德国刑法典》的主要特征是：该法典不仅仅是对“犯罪行为”的规范，同时规范了需要课以“矫正和保安处分”的行为。进而，其第三章关于“行为的法律后果”之中，也将“刑罚”、“矫正与保安处分”、“追缴和没收”各设一节，并分别做了相应的规定。

---

〔1〕 参见徐久生、庄敬华译：《德国刑法典》（2002年修订），中国方正出版社2004年版，第1页。

在德国，其"保安处分可追溯到1794年的《普鲁士州法》，经过立法者的不懈努力，很久以来就在刑法草案中制定了保安处分制度。"[1]德国刑法之所以如此规定，除了其习惯法因素以外，按照德国学者的观点，这也是由刑罚与保安处分的双轨制原则所确定的，"因为罪责报应和危险预防是两种不同的东西，但两者又都属于刑法的合法任务。"[2]

综上可见，双轨制即刑罚与保安处分并置于刑法典之中，可谓德国刑法典的主要特征之一；也可谓德国刑法典在形式上迥异于中国刑法典的重大区别所在。

二、非法典化的德国刑法

德国刑法中的非法典化的刑法，指没有为立法者编纂于其德国刑法典之中的、其他属于刑法规范的制定法。可由刑法典以外的其他单行刑法、特别刑法、附属刑法规范构成。

1. 其他单行刑法。单行刑法是指就其一般意义看，仅限于就犯罪与刑罚事项做出法律规范的专门性法律。据此，刑法典理所当然地应当划归于单行刑法范畴。就德国刑法体系看，德国1975年6月3日版的《联邦德国经济刑法》，也可谓被规制于刑法典之外的、相当典型的德国单行刑法。

2. 特别刑法，指通常"只能由特定的行为人实施或特定的生活领域实施的"犯罪。[3]一般认为，特别刑法可分类为特别人法、特别地法与特别时法。当然，无可讳言，对于究竟何谓"特别刑法"，无论是德国学者还是中国学者都免不了根据自己的研究视域，得出不同的结论。例如，同样是德国学者，冈特·施特拉腾韦特教授就界定了自己的、多少有别于上述概念内涵外延的特别刑法定义。按照冈特·施特拉腾韦特教授的观点，"特别刑法指的是，只适用于联邦德国境内部分地区的法律，根据统一协定仅存在于前东德的极少数地区，此外主要是以州刑法的形式出现。"[4]可见，后者的视角更为独特，因而后者所定义的特别刑法可谓特别刑法中的"特别"刑法。

鉴于上述两种观点的差异，这里需特别声明的是：本章所指特别刑法是针对

---

〔1〕［德］汉斯·海因里希·耶赛克、托马斯·魏根特：《德国刑法教科书》，徐久生译，中国法制出版社2001年版，第104页。

〔2〕［德］汉斯·海因里希·耶赛克、托马斯·魏根特：《德国刑法教科书》，徐久生译，中国法制出版社2001年版，第104页。

〔3〕［德］汉斯·海因里希·耶赛克、托马斯·魏根特：《德国刑法教科书》，徐久生译，中国法制出版社2001年版，第135页。

〔4〕［德］冈特·施特拉腾韦特、洛塔尔·库伦：《刑法总论I——犯罪论》，杨萌译，法律出版社2006年版，第61页。

上述前一定义而言。而之所以采纳前者，是因为相对于后一定义，前者可谓后者的上位概念，即前者定义的"特别刑法"的概念外延更大——不仅针对前东德地区，还可囊括针对其他特别人、特别地或特别时的特别刑法。

基于上述特别刑法的概念解读，德国1974年12月11日的德意志联邦共和国《少年法院法》、1974年5月21日版的德意志联邦共和国《军事刑法》等，应属分别适用于涉嫌犯罪的少年及未成年青年、[1]联邦的国防军士兵及其军事长官的特别刑法，实为典型意义的特别人法。当然，与《军事刑法》相比，《少年法院法》在法律属性上不仅仅是单行刑法，因为它同时规制了针对少年、未成年青年犯罪嫌疑人、被告人、犯罪人的少年法院组织法、刑事程序法、刑罚执行法等多方面的内容，因而，后者可谓典型的特别刑事法。此外，德国的《对外经济法》第34条，也可谓针对特定的、外贸领域的犯罪规定；而其《外国人法》第92条，则是针对外国人在德国违反了外国法律规定的有关犯罪条款，等等。

显而易见地是，上述刑法规范，均属非法典化的德国刑法体系的构成内容之一。

3. 附属刑法。指附带地被规制于其他非刑事法律中的刑法规范。例如：德国《基本法》第102条关于废除死刑的规定、第103条关于罪刑法定原则的规定、1976年3月16日的《税收条例》所规定的税务刑法、1994年3月1日的《麻醉品法》中规定的关于严重麻醉品犯罪的刑法规定、1952年12月19日的《道路交通法》、《道路交通准许法》中所包括的交通犯罪规定，等等。[2]此外，德国的《社会法典》、《执行条例》、《企业组织法》、《青少年劳动保护法》、《化学药品法》、《劳动岗位保护法》、《严重残疾人法》、《母亲保护法》、《解约保护法》、《辐射保护法》、《联邦大气污染法》、《在职孕妇、产妇保护法》、《基因技术法》、《劳动安全保障法》等等，也规制了不少被一些学者归纳为德国劳动刑法的附属刑法规范。[3]例如，德国《执业条例》第148条第2款就规定"违反主管机关关于劳动保护条件和设施的，威胁他人生命、健康或者他人重大财产安全的，处1年以下监禁或者罚金"。

综上可见，德国的附属刑法，有以下两点明显有别于中国的附属刑法规定之处：其一，德国的附属刑法并不限于对某类或某一"个罪"的构成要件规范，

---

〔1〕 按照德意志联邦共和国《少年法院法》第1条的规定，"少年是指行为时已满14岁、不满18岁者；未成年青年是指行为时已满18岁不满21岁者。"

〔2〕 参见［德］汉斯·海因里希·耶赛克、托马斯·魏根特：《德国刑法教科书》，徐久生译，中国法制出版社2001年版，第136~138页。

〔3〕 参见姜涛："德国劳动刑法的当代发展述评"，载《德国研究》2011年第4期。

它还为其特设了专门的法定刑；其二，德国的附属刑法也不仅限于对刑法分则的刑法规范，还包括在实质意义上等效于刑法总则的关于整个刑法体系的一般性规定。例如，上文谈及的关于废除死刑的规定、罪刑法定原则的规定等，其条文虽然并未纳入德国刑法典之“总则”，实质却属于关于德国刑法的“总”的原则性规定之一。

三、州刑法

根据德国《基本法》第 72 条、第 74 条第 1 款的规定，只有当联邦没有行使立法权时，各州才有权进行刑事立法。另一方面，“联邦刑法优于州刑法”的宪法原则，也为德国《基本法》第 31 条所确认。在此基础上，德国《刑法典施行法》第 1 条第 2 款及第 4 条第 2 ~ 5 款，均对州刑法的立法原则及其范围等，做了进一步的限制性规定，要求各州根据需要进行刑事立法时，除非联邦法律明确授权许可，否则各州刑法必须受制于《联邦德国刑法典》总则的原则性规定，而分则的内容则由联邦刑法独断规制，只在极少数情况下，各州方才可以根据自己地方的习惯，设定其州刑法。[1]然而，根据德国通说观点，“刑法原则上应当属于联邦法”，不少学者质疑，与联邦刑法相冲突的州刑法的施行，会有损于“法律面前人人平等原则”的一体遵循，[2]州刑法的立法空间因而愈来愈趋于萎缩。就连根据《统一协定》允许保留或者存在的、前东德部分地区的不少州刑法规范，也随着两德统一时日的推进、融合程度的加深而被大部分的废除了。保留下来者，只与取消某些犯罪的追诉时效及危及法官独立性的条款有关。[3]

四、习惯法

众所周知，在英美法系，习惯法是其法制“正式”的且重要的组成部分。而作为大陆法系代表国家的德国习惯法却不然，尽管它可谓德国法律秩序的组成部分，却不是德国刑事法制的“正式”部分，而是“表达了一般法律信念的非正式的不成文法，大多时候被称为习惯法”，但“某一规则需要满足何种条件才能被视为习惯法，至少在目前领域，它得依赖法官的确认”。[4]德国通说观点认

---

〔1〕 参见［德］冈特·施特拉腾韦特、洛塔尔·库伦：《刑法总论 I——犯罪论》，杨萌译，法律出版社 2006 年版，第 51 页。

〔2〕 参见［德］汉斯·海因里希·耶赛克、托马斯·魏根特：《德国刑法教科书》，徐久生译，中国法制出版社 2001 年版，第 141 ~ 142 页。

〔3〕 参见［德］冈特·施特拉腾韦特、洛塔尔·库伦：《刑法总论 I——犯罪论》，杨萌译，法律出版社 2006 年版，第 61 页。

〔4〕 参见［德］冈特·施特拉腾韦特、洛塔尔·库伦：《刑法总论 I——犯罪论》，杨萌译，法律出版社 2006 年版，第 51 页。

为，惟有在有利于行为人或者被告人的场合，德国的刑事习惯法方才可能得以适用。因而，习惯法往往启动于排除或者减轻行为的可罚性的场合。此外，对刑法规范的特定解释也可能成立为刑事习惯法。[1]

综上可见，从构成内容上看，德国刑法体系与中国刑法体系至少有以下多项不同点：①德国刑法典不仅仅规制了刑罚，同时增设了保安处分；②为了确保德国刑法典的正确理解与实施，德国立法机关还为该法典设置了专门的《德国刑法典实施法》；③德国之刑法并不仅仅限于单一的全国一体适用的联邦刑法，还包括州刑法；④德国之附属刑法不仅设置分则规范，也设置了总则规范。此外，德国的附属刑法既可设罪、也可为其配置相应的法定刑；⑤就刑事立法看，德国虽是典型的制定法国家，可它并非一概而论地排除习惯法。在符合最有利于行为人/被告人的前提下，德国法官可根据有关刑事习惯法准则判案。

第二节 日本刑法体系概览

日本的刑法体系由日本现行刑法典、单行刑法与附属刑法构成。

一、《日本刑法典》

1907 年 4 月 24 日，《日本刑法典》以第 45 号法律的形式公诸于世，1908 年 10 月 1 日起该法典开始正式施行。但自 1921 年以来，日本立法机构便开始了全面修订其刑法典的酝酿工作。1926 年日本临时法制审议会通过了《日本刑法改正纲领》，1927 年日本刑法及监狱法改正委员会草拟了《刑法改正预备草案》。1940 年，日本进一步发布了《刑法总则与各则未定稿》。然而，随着日本对外侵略战争的扩大及其《治安维持法》的颁行，其刑法改革工作中途夭折。

战后，1956 年，日本法务省重启了全面改正刑法的工作，成立了刑法改正委员会，并于 1974 年推出了《改正刑法草案》。草案颁布后，虽然不乏学者对其持基本首肯的态度，[2] 但是，日本刑法学界基于人权保护、民主主义以及罪刑法定的立场，对其中所体现出来的国家主义、严罚主义与权威主义思想进行了全面的批判。例如，佐伯千仞教授就指出，应该反对这一草案的基本理由在于：①其陷入了过度的重刑主义与刑罚扩大主义的樊笼，例如规定对于从保安设施或者少

---

〔1〕 参见［德］冈特·施特拉腾韦特、洛塔尔·库伦：《刑法总论 I——犯罪论》，杨萌译，法律出版社 2006 年版，第 52 页。

〔2〕［日］高窪贞人："刑法改正的当否与问题点"，载《法律时报》第 46 卷第 6 期。

年设施逃走的行为处以5年以下惩役，而保安设施或者少年设施只是针对收容对象的保护设施；②对于言论自由、表现自由体现出了过度的压制，例如新设了骚动预备罪、不解散罪等新的直接损害言论、结社自由的罪名；③规定了在理论上与实证上尚无定论的剥夺自由刑，例如不定期刑。[1]

结果是：由于日本刑法研究会、日本律师协会及其他社会各界的坚决抵制，时至今日，该刑法改正草案依然未获立法通过。有鉴于此，从理论上说，迄今为止的日本现行刑法典仍为1907年版刑法典。

然而，从实践层面看，关于1907年版的刑法典的全面修订工作虽然迟迟难产，但其局部修订的工作却在不断推进之中。据统计，自1907年刑法典正式颁布以来，在此将近一个世纪的岁月中，日本立法机关对其刑法典的局部增删修订已达21次之多。例如：

（1）1947年，日本废除了外患援助罪等战争期间针对盟国的犯罪规定。

（2）1921年，提高了业务上侵占罪的法定刑。

（3）1941年，增设了以强化治安体制为目的的、针对安宁秩序的犯罪以及间谍罪等；与此同时，被视作违反了宪法法定的男女平等原则规定的通奸罪、大逆罪、对皇室的不敬犯罪等被废除。同时，为了保护表现自由，在名誉毁损罪中新设了事实证明的规定。

（4）1953年，修改并增设了再度执行犹豫（缓刑）与保护观察制度。

（5）1954年，在其刑法条款中增设了关于日本航空器内的管辖规定，新设了保护观察的"暂时解除"规定。

（6）1958年，增设了胁迫证人罪、凶器准备集合罪、斡旋赠收贿罪等新型犯罪；同时将轮奸行为做了"非亲告罪"的特别规制。

（7）1960年，增设了不动产侵夺罪与境界毁损罪。

（8）1964年，增设了以赎金为目的的绑架罪。

（9）1968年，将业务上的过失致死罪、重过失致死罪的法定刑从3年以下的禁锢提高到5年以下的惩役、禁锢。

（10）1980年，提高了单纯受贿、事前受贿、第三者行贿、事后受贿、斡旋受贿等犯罪的法定刑。

（11）1987年，新设了与计算机相关的犯罪以及公、私文书类犯罪。

（12）1991年，全面提高了罚金刑的数额。

（13）1992年，将刑法典用语全面现代化，并剔除了关于尊亲属杀人罪、伤

---

〔1〕［日］佐伯千仭：《刑法改正的总体批判》，日本评论社1975年版，第211页。

害致死罪等违反宪法平等原则的规定。

（14）2001年，新设了关于支付卡电磁记录的犯罪、危险驾驶致死伤罪。

（15）2004年，将有期惩役、禁锢的上限提高到20年，在加重的场合或者从死刑或者无期刑减轻的场合，上限提高到30年，新增了集团强奸罪，提高了危险驾驶死伤罪的处罚，并且修改了公诉时效期间。

（16）2005年，将假出狱改为假释，将监狱改为刑事设施。

（17）2005年，将逮捕监禁罪、拐骗未成年人罪刑罚的上限从5年提高到7年，修改了人身买卖罪，在收受被拐骗者的行为中增加了运送、送交行为。

（18）2006年，在盗窃罪、妨害公务执行罪、职务强要罪中增加了罚金刑，提高了业务上致死伤罪、重过失致死伤罪的罚金刑的数额。[1]

（19）2010年4月，日本又通过了刑法与刑诉法的部分修正案，对行刑与追诉时效进行了修改，等等。

综上可见，多年来，日本对刑法的局部修订呈现出下述特点：其一，其修订的重点虽在刑法分则，但对总则条文仍有若干修改。例如对缓刑制度、保护观察制度、假释制度的修改与增设、对行刑时效、追诉时效的修改，等等；其二，修订的内容既包括罪名的增删，也包括针对刑罚制度的修改，还包括对某些“个罪”告诉方式的修改。如对罚金刑数额的全面提高、将轮奸罪由“亲告罪”改为“非亲告罪”等；其三，在出入犯罪的设置上，总体看，日本刑法之局部修订，还是以新设的“入罪”条款多于“出罪”条款的设置。

总之，由于《日本刑法典》是以1871年的《德国刑法典》为制作样本的，因而二者在制作体例上可谓大同小异。例如二者都分设了刑法总则、分则篇；每一“个罪”罪状之后，均设置了相对不定期的法定刑。不同的是：其一，日本刑法总则没有明文规定作为可罚性之基础的犯罪“行为”的主客观特征，惟对什么样的行为“不成立犯罪”并“减免刑罚”做了特别规定；其二，日本刑法典中没有保安处分的专门规定；其三，在法典体例上，日本刑法典除总则、分则篇外，还特设了“附则”规定；其四，德国立法机关为了便于其德国刑法典的规范实施，还专门为其配置了《德国刑法典施行法》，日本却无类似的规定。

二、单行刑法

单行刑法是刑法典之外的、对于特定领域或特定事项所制作的专门性刑事立法。从数量上看，日本的单行刑法显然远超中国。目前仍运作于全日本的单行刑法主要有：①《爆炸物管理罚则》；②《暴力行为等处罚法》；③《盗犯等防止

〔1〕参见［日］浅田和茂：《刑法总论》（补正版），成文堂2007年版，第36～38页。

与处分法》；④《轻犯罪法》；⑤《兴奋剂管理法》；⑥《公害犯罪处罚法》；⑦《对有组织犯罪的处罚及犯罪所得收益规制法》；⑧《对劫持航空器等的处罚法》；⑨《对人质进行强要行为的处罚法》；⑩《未成年人饮酒禁止法》；⑪《防止暴力团员的不当行为法》；⑫《禁止不正当存取信息行为法》；⑬《对心神丧失等状态下实施他害行为人的医疗及观察处分法》；⑭《防止配偶的暴力及保护被害人法》；⑮《防止虐待儿童法》；⑯《器官移植法》；等等。

应当说，日本的单行刑法是对近一个世纪未做全面修订的日本现行刑法典的有力补充甚至修改，尽管日本的单行刑法并不是以刑法（典）修正案的方式颁行的。例如，针对环境资源的犯罪，《日本刑法典》中并非没有相应罪名规定，如第142条所规定的净水污染罪、第143条规定的污染水道罪、第144条规定的净水毒物混入罪、第146条规定的水道毒物混入罪以及将毒物混入水道致死罪等，均属日本刑法关于环境资源的犯罪规定，但随着时日的推移，日本各界深感有必要进一步加大针对环境资源保护的力度。由是，1970年日本颁行了《公害犯罪处罚法》，在该法第2、[1] 3条中，又分别增设了故意、过失排出有害物质罪及各自的结果加重犯，并在第4条中规定了对法人的处罚、第5条还规定了有害物质与损害后果之间的因果关系推定原则等。此外，《轻犯罪法》中也有类似规定，如该法第1条第14款的“无视行政制止，制造影响邻里的噪音”与第27款所规定的“违反公共利益，丢弃鸟兽等尸体或者其他污物”等，也属于针对环境污染的、相对其刑法典而言更加符合时势要求的“新型”犯罪规定。

三、附属刑法

与德国、中国一样，日本的刑法体系也包括附属刑法。据日本学者统计，到2008年为止，除日本刑法典之外，还含有刑事罚则的日本刑事立法超过700部。[2] 当然，从性质上讲，这700部含有刑事罚则的立法，还包括日本的单行刑法。但即便这样，人们也不难发现，日本的附属刑法规范的确可谓庞杂繁多。这些附属刑法主要规制于日本的某些行政法、劳动法、经济法律规范之中。含有此类附属刑法的其他非刑事法律主要有：《国家公务员法》、《道路交通法》、《公职选举法》、《不动产登记法》、《商品交易所法》、《出资法》、《所得税法》、《法人税法》、《会社法》、《大气污染防治法》、《噪音规制法》、《恶臭防治法》、《建筑

---

〔1〕《公害犯罪处罚法》第2条第1款规定：工厂或事业场所在开展业务活动之际，排出有害于人体健康的物质（含在人体内蓄积对人体健康有害的物质），对公众的生命或者健康造成危险的，处3年以下惩役或者300万日元以下罚金；第2款规定，犯前款规定之罪，致人死伤的，处7年以下惩役或者500万日元以下罚金。

〔2〕参见［日］山中敬一：《刑法总论》（第2版），成文堂2008年版，第11页。

物用地下水采取规制法》、《飞机噪音障害防治法》、《水道水源水域水质保全特别措施法》等，不一枚举。

与德国的附属刑法一样，日本的附属刑法也是既含罪状（即便是空白罪状），也含法定刑规定的、可予直接操作的附属“刑法”。此外，日本的附属刑法还附加了罪名规定。例如：

日本的《会社法》共有八编内容：总则、株式会社设立、持分会社设立、社债、组织变更合并分割交换及转移、外国会社、杂则、罚则。第八编罚则分别规定了取缔役等的特别背任罪、虚伪文书行使罪、虚伪出资罪、取缔役等的赠收贿罪、违反业务停止命令罪等，判处的刑罚主要有惩役和罚金。《不动产登记法》中也规定了泄露秘密罪、妨害检查罪、不正当取得登记识别情报罪等罪名与法定刑。

又如，2002年制定的《土壤污染对策法》第29条明文规定：“环境大臣或者都道府县的知事，在执行本法的必要限度之内，可以要求土壤污染状况调查所涉及的土地或者指定区域的土地的所有者，或者即将或已经在指定区域之内采取污染消除措施或者改变土地形质者，就相关土地的情况、污染消除措施以及土地形质的改变状况提出报告，并指派专人进行检查。”对于拒不提交报告，或者提交虚假报告者，根据该法第39条的规定，可“处以3个月以下惩役或者30万日元以下罚金”。

第三节 “一体两支柱”的中国刑事法体系构建

一、“一体两支柱”的刑事法体系概述

本章所谓“一体两支柱”的刑事法体系，是相对于刑罚与类似于保安处分的特殊司法处分在刑法体系中的地位而言。简言之，这里的“一体”是指整个刑事法体系；“两支柱”则是指统一于整个刑事法体系之下的“刑罚”与类似于保安处分的“特殊司法处分”。

关于保安处分制度，一般认为，它是指国家刑事法律所规定的、对实施了危害社会的违法行为的无责任能力人、限制责任能力人以及法律上特定的有相当社会危险性的有责任能力人等所施以的刑罚以外的医疗施治、[1]保护观察等特定措

〔1〕所谓“刑罚”以外，是相对于旧派和中介论者而言。在新派那里，刑罚与保安处分并无实质上的差别，主张二者间最终融合。

施，以预防和控制犯罪、确保社会平安和矫治行为者本人的不良人格或病理身心的各类刑事制裁制度的总和。[1]对保安处分与刑罚的关系，大陆法系刑法史上的刑事古典学派与社会学派所代表的旧派与新派间一直存在二元论与一元论之争。主要争论在于：

第一，在保安处分的法律性质上，刑事古典学派认为，刑罚与保安处分不同：刑罚是司法处分、保安处分属行政处分，只是因为保安处分和刑罚在社会防卫上有共同之处，二者才统一规制在刑法典之中（不排除一些保安处分可以规制在特别刑事法之中）。新派学者却认为，刑罚与保安处分只有处罚量上的不同，并无实质上的差异，二者都属司法处分。例如保安处分的奠基人之一意大利刑法学家菲利（Ferri）就主倡把刑罚和保安处分统一于一个社会政策、统一于一个防卫社会的目的，并将二者统称为“刑事制裁”或“社会保卫处分”。因此，新派的诸此理论，又被称为一元化理论；与此相对立的旧派理论则被人称作二元化理论。

第二，在责任原则上，旧派学者基于客观主义的刑法观，主张道义责任论，又称行为责任论，即行为人基于自己的自由意思，实施了悖逆社会道德的、危害社会的行为，因而将受到国家法律的非难。其中之有责任能力者，自应接受刑罚的制裁；无责任能力人，因不发生“悖德”的道义责任，没有刑事责任可言。但因其悖常人格对社会构成威胁，因而应当受到保安处分的制裁，以防其社会危险性的“扩散”、危及社会安全。

新派学者持论相反：认为社会人没有真正的意志自由，主倡行为人责任论或社会责任论。新派认为：人类行为，无论是诚实的还是不诚实的，是社会性的还是反社会性的，都不是自己自由意志的结果，而是一个人的自然心理机制和生理状况及其周围环境交互作用的结果，因而任何行为都不是行为人主观“悖德”的结果，而是身不由已的、不由自主的；既而国家法律应当非难的不当是旧派“虚拟”的“违背道义的行为”，而是行为人偏常的“性格”、“人格”以及未对其成员恪尽正常人伦濡染教育之责的“社会”。既然如此，这种情况下，如对行为人还施以刑罚或保安处分，本为有损于行为人个人权益的不当之举，但国家为确保社会平安之计，不得不趋大利而损小害。

---

〔1〕 在理论上，保安处分的适用对象还可包括未曾犯罪，但恶性重大、很可能再犯罪者。但在法律规定上，多数国家刑法（除西班牙对流浪者的保安处分、意大利对幻觉犯、不能犯的保安处分外）所规定的保安处分仅仅适用于上述三种人。此外，由于新旧两派观点不一，对保安处分的概念也各一。因而这里概定的保安处分的概念，乃是掺有我们个人倾向性的相对“中介”观点的抽象。

第三，在刑罚与保安处分的目的上，旧派强调特殊预防，认为刑罚的目的就是“报应”，是国家法律对危害了社会的犯罪人的“恶害”处罚，因而刑罚必以使受刑人感受到足以冲抵其犯罪所得到的“快乐”的“痛苦”的办法，预防其再犯；而保安处分的目的不在报应，仅在事前预防。为此适用刑罚，应当严守罪刑法定原则：罪多大、刑多重，且不得采不定期刑或以保安处分代科；而适用保安处分则可根据行为人主观危险性的大小酌定执行时间的长短或应否撤销处分。

对此报应刑论，新派主张：刑罚与保安处分的目的，都是为了社会防卫和对行为人本身的人格矫治，因而，无论是适用刑罚还是保安处分，都不必斤斤计较罪刑等价，而应着眼于个体人身危险性的大小。故此适用刑罚或保安处分时，应慎密推求行为人对刑罚（痛苦）或保安处分的感应程度以及个体接受矫治、悛悔归正的难易程度，从而量定刑罚或保安处分的种类或时间长短。为达此目的，适用刑罚与保安处分时也不必拘泥于僵化的法律规条而应根据刑事制裁个别化原则，采用不定期刑制。特别对那些没有或很少有刑罚（痛苦）感应度的限制责任能力人、性格或人格悖常的犯罪人，在刑罚机能对其作用力甚微的场合，与其徒耗人力物力地施以刑罚，不如以更加注重矫治、感化和人伦道义教育的保安处分矫正感化之。[1]

对此，我们赞同的立场乃为：折衷其间的二元制立法。即：一方面我们难以认同旧派的绝对罪刑法定主义思想，而赞同相对罪刑法定主义，认为刑罚的目的不仅仅在于嗣后的报应，也在事前、事中、事后的预防及其对犯罪人的矫治等；同时认为保安处分在性质上应为有别于刑罚的特殊司法处分而非行政处分。另一方面，又认为新派过于强调社会防卫的立论，也偏废了法律的规范性及其法律对社会成员的正当私权利的合理保护。这是因为，法律的公正性不仅表现在司法、执法公平上，更表现在立法特别是国家对公权力、公权利和私权利的合理配置上。特别是，从“民权主义”的刑法观出发，无论是刑法还是刑罚，其根本目的还在于确保社会每一成员的最大限度的权利、自由及其人生价值的实现。因而，以“权力”来主导“权利”的“国权主义”刑法观，终究会为“以人为本”的新型法治观所取代。此外，刑事人类学派和刑事社会学派所主张的一元制的刑法观，还从法律性质上泯灭了刑罚和保安处分的界限，全盘否定了个人意思的相对自由，从而否定了当个人意志与法律规范冲突时选择了“犯罪”的行为人的个人责任，因而也殊不可取。

总之，大约正是源于上述种种缘由，才使得保安处分问世以来的一百多年

〔1〕 参见屈学武：“保安处分与中国刑法改革”，载《法学研究》1996年第5期。

间，始终未能形成一元制或者二元制之“一家独霸天下”的格局。恰恰相反，当今设置了保安处分的国家，其立法例多是二元之中有统一；统一之中有二致的。[1] 例如德国学者汉斯·海因里希·耶赛克和托马斯·魏根特就在其著名的《德国刑法教科书》中特别指出：“在现今的德国，通说均赞同刑罚的双轨制，但不是十分强调从理论上区分刑罚和处分，而是强调两者的互补性，现行法律正是体现了这一点。”[2]

基于上述立论，我们所主张的“一体两支柱”的刑事法体系，乃指从刑事法理及广义的刑事诉讼程序上，将刑罚与类似于保安处分的特殊司法处分，一并纳入整个刑事法体系之中的、折衷于一元与二元之间、但偏重于二元制立法的刑事法体系。从而，既便于国家和社会能在充分保障每一公民（包括犯罪嫌疑人、被告人、犯罪人）基本人权的基础上，更加卓有成效地惩治、预防犯罪（及其相关违法行为），与此同时，还能达致从身心、生理等多角度矫治（或医治）受刑人（或受处分人）的病理人格或身心等多重刑罚或者处分效果。

在立法体例上，“一体两支柱”的刑事法体系可按如下两种立法形式加以设置：

（1）将刑罚与保安处分都规制于刑法典之中的立法例。如现行《德国刑法典》、《意大利刑法典》、中国《澳门刑法典》即是如此设置的。但是，在制订刑法典的过程中，无论是德国、意大利还是中国澳门刑法典，都是将“保安处分”专节（或专章）规制于“刑罚”专章或者专节之外的。据此可见，此类国家基本上是秉持着更偏向于二元论的“一体两支柱”的刑罚与保安处分设置立场。但我们也注意到，《德国刑法典》是将“刑罚”与“保安处分”分别作为该法典第三章之第一节、第六节而“并列”规制于该章的。而第三章题为“行为的法律后果”。这就意味着——“保安处分”在德国刑法中、是作为违法犯罪行为的法律后果之一加以规制的。可见，德国的二元论确为二元之中有一统的二元论。惟其如此，有德国学者才称现今的德国，通说赞同“刑法的双轨制”，认为保安

---

〔1〕 所谓一元之中有二元，二元之中有统一，是指二者的立论原本有区别也有交叉面。单纯地一元或绝对的二元均是不可行的。例如，二元论者一面主张刑罚与保安处分性质有别：后者不是刑罚而是行政处分；另一方面又力倡应将保安处分纳入刑法典并只能由法官来宣告该“行政处分”，岂不自我矛盾？而一元论者一面认为二者应当融合，另一方面，也承认对有些刑罚感应性强的本应处以保安处分者，适用刑罚可能更有利于社会防卫及其本人的矫治。因而，一元并非完全的一元。

〔2〕［德］汉斯·海因里希·耶赛克、托马斯·魏根特：《德国刑法教科书》，徐久生译，中国法制出版社 2001 年版，第 104 页。

处分是置于刑法之中的、有别于刑罚但又可与刑罚功效互补的“刑事制裁”。[1]

（2）将保安处分置于刑法典之外的“一体两支柱”形式。如1929年荷兰的《常习犯人法》、1930年比利时的《社会防卫法》。显然，如此立法法，至少从外观上看，保安处分仅是特别的、广义的刑法。因而分设于刑法典之外的保安立法，其不同于“刑罚”的二元色彩也就更加浓厚。

二、中国现行劳教制度弊象梳理及对策反思

综上分析可见，要在中国构建“一体两支柱”的刑事法体系，有必要在刑法典或者刑法典之外设置类似于国外保安处分性质的新型刑事法规范。实际上，关于保安处分与刑法的关系、意义等，国际社会早在1926年的布鲁塞尔“国际刑法协会会议”就已清楚阐明，当时的大会还通过了“将来的刑法典中须有保安处分的实体规定”的希望性条款。继后，保安处分不仅为越来越多的大陆法系国家刑法之普遍纳入，也为东亚不少国家之刑法诸如韩国、泰国等借鉴和沿用，并在相当程度上成为刑法规范化、现代化的标志。

然而，80多年过去了，而今的中国刑法中虽然的确含有不少类似于保安措施的惩处规定，例如中国现行《刑法》第17条第4款关于“因不满16周岁不予刑事处罚的，责令他的家长或者监护人加以管教；在必要的时候，也可以由政府收容教养”的规定、《刑法》第18条关于“精神病人在不能辨认或者不能控制自己行为的时候造成危害结果，经法定程序鉴定确认的，不负刑事责任，但是应当责令他的家属或者监护人严加看管和医疗；在必要的时候，由政府强制医疗”的规定、全国人大常委会《关于禁毒的决定》中含有的“强制戒毒处分”规定、《关于严禁卖淫嫖娼的决定》中含有的“强制教育处分”规定、对明知自己有性病仍然卖淫嫖娼者的“强制治疗处分”规定等，都可谓类同于保安处分的规定。然而这当中：其一，中国现行《刑法》总则中并未对保安处分做出明确的设置，因而上述规定并非真正的保安处分规定；其二，按照中国刑法上述规定，裁决该保安措施者是“政府”而非人民法院，因而就其程序看，它也不合于保安处分须经法庭裁决的规定。

此外，《刑法》第17条还提到了针对刑事未成年人的“收容教养”问题，而中国刑法上的“收容教养”与中国现行“劳动教养”制度一样，都是存在诸多程序性、实质性弊病的，有悖于《公民权利和政治权利国际公约》第9条规定

---

〔1〕 参见［德］汉斯·海因里希·耶赛克、托马斯·魏根特：《德国刑法教科书》，徐久生译，中国法制出版社2001年版，第103～104页。

的不伦不类的行为规范，应予全盘革新或者废除。[1]其主要问题表现在：

（一）程序正义问题

众所周知，程序正义是实质正义的前提和保证。尽管就个案意义看，程序不正义者实质上未必不正义；但就一般意义看，没有程序正义就没有实质上的正义。特别是牵涉到限制或剥夺人身自由的禁止性规范的设置，更需程序严谨而合法。

就中国现行劳教制度的执行处遇看，各类在教人员不是被限制了人身自由、就是被剥夺了人身自由，而众所周知，现行劳教制度的依据却多为“准法律”或“准行政法规性质”（刑法典中的个别依据除外）。[2]由此可见，严格意义看，上述“依据”还待进一步法律化。特别是现行《行政处罚法》、《立法法》以及中国已经签署的《公民权利和政治权利国际公约》都已明文规定，惟有依照法律确定的根据和程序，才能限制和剥夺公民的人身自由。这里的“法律”，应为严格意义的法律而非广义之法。据此，严格意义看，《国务院关于劳动教养问题的决定》、《国务院劳动教养的补充规定》、《劳动教养试行办法》等，均无权设置限制或剥夺人身自由的行政罚或警察罚。虽然从实质正义角度看，限制或剥夺其中一些人的一定人身自由也许符合实质正义的蕴涵，但程序正义既然是实现和确保一般意义的实质正义的前提和保障，二者之间的关系即当“程序正义原则上优于实质正义”。有鉴于此，拟具一部定性合规而又适法的专门法律来规范此类处分的性质、对象、种类、范围、期限、裁决机关、宣告程序、执行处遇、执行机构等事宜，势在必行。

所谓定性“合规”，在此指符合有关国际公约的规定，例如符合我国已经签署、理当践行的《公民权利和政治权利国际公约》第9条的明文规定。该条第1款明确规定：“……，除非依照法律所确定的根据和程序，任何人不得被剥夺自由。”据此，中国多数学者主张应将劳教案的裁决机关改为人民法院而非公安机关或劳教委员会，这才能谓之审理和裁决的程序正当。

---

〔1〕近年来，关于废弃还是改革现行劳教制度的呼声颇高。在“废除论”与“改革论”之争中，我们赞同下述观点，即废弃与改革现行劳教制度，实际上并不是一对迥然矛盾的命题——二者其实都是既要从形式、又要从实质上改革现行劳教制度的程序与实质不正义问题。因为，多数改革论者所持改革观，绝非仅仅针对现行劳教制度的“立法化”而已，而包括对其处分性质、适用对象、处遇方式的全方位的革故鼎新，加之对其“处分的任务与目的”的革新，这样，改革论与废除论之间也就没有多少本质区别了。参见屈学武：“‘轻罪’之法价值取向与人身权利保护”，载《河北法学》2005年第11期。

〔2〕中国现行劳教制度的主要依据是：全国人大常委会批发的《国务院关于劳动教养问题的决定》、《国务院关于劳动教养的补充规定》等，此外，国务院1982年批发的《劳动教养试行办法》等也可谓国内实行劳教的主要依据。

所谓定性“适法”，在此指该劳教法在法性质上应为全国人民代表大会通过的法律而非广义上的法。目前在中国学术界，有学者主张在保留现有劳教法规的基础上，对其加以改革；有学者主张另行设定专门的劳教法律，以规范劳教依据、程序及其实质内容，并认为“如此操作，与国外的保安处分的做法比较接近，在理论基础方面，也有许多值得借鉴和参考的地方”；[1]还有学者主张设定一部专门的类似于国外的保安处分的《社会防治法》，并将改造后的现行劳教处分及其他含有保安性措施的处分纳入其中。对此，我们比较赞成这最后一种意见。至于“赞成”的主要理由，可从保安处分有别于一般行政处分及其刑罚的特点谈起：

（1）就保安处分的性质看，国内外刑法学者虽对此见仁见智——有称其为行政罚的，有视其为刑罚的，但通说意见还是认可保安处分应为介乎于行政罚与刑罚之间的刑事制裁——属一种特殊的司法处分，与刑罚既有区别又有联系。因此，现今各国关于保安处分的规定，虽然多置于刑法典之中，但又都置于“刑罚”章节之外，大多特设专门的“保安处分”章。此外，对保安处分的裁决，各国几乎均经由法庭审决而非行政机关裁决，足见其绝非一般的行政处分。惟其如此，如将我国各类治安的、戒毒的、卖淫嫖娼的、轻微刑事犯罪的在教人员均纳入专门的法律规定，并通过法庭审决送诸有关场所教养，就不会发生所谓“未经法律审判而限制或剥夺公民人身自由”的违背公约规定并遭受国际人权非议的问题。

（2）适用保安处分的前提与适用刑罚前提不同。刑罚的前提是行为人须具有罪责；保安处分则不以罪责为前提。因而在责任非难未被认可的场合，社会为了避免行为人实行犯罪的危险性，可对其科以保安处分。例如对精神病人的医疗监护处分即如此。

（3）保安处分的适用对象是：①尚未犯罪、但很可能危及社会公共秩序的违法人员；②已经犯罪、有较大人身危险性但不可归责者；③虽已经犯罪且可归责、再犯罪倾向明显的犯罪人。此三者的共同点是：被处分的对象均具有很可能危及社会秩序的“公共危险性”。须知，这一共同点，实际上也是现今我国对许多已经违法、尚未犯罪但有犯罪倾向者适用“劳教”的要件。

---

〔1〕中国个别学者主张将改革后的劳动教养处分定性为非行政处分的、类似保安处分性质的“治安处分”。我们认为此种观点值得商榷。因为中国有专门的《治安管理处罚法》，该法属治安行政法规范，其中规定了多项对违反治安管理行为的处分方式，而该类“治安处分”均属行政罚性质。因而我们认为，一方面，将改革后的劳教定性为非行政处罚是正确的；另一方面，将其名为“治安处分”，很容易致人曲解其罚则性质，因而此类称谓不可取。

(4) 保安处分的适用目的有二：①危险性预防。对此，当代著名德国刑法学者汉斯·海因里希·耶赛克曾明确指出，德国现行刑法典中的保安处分与刑罚一起构成了“刑法的双轨制”，其中，刑罚的目的在于“罪责报应”；保安处分的目的则在“危险预防”。②对被处分人的特殊矫治：即通过社会矫治机构或医疗机构，来达到其对违法者的偏常人格、性格、嗜好或异常心理、生理疾患的教育、医学治疗目的。如此看来，在我国适用特殊司法处分的目的也无外乎此两点：即矫治违法犯罪人员和确保社会治安。

(5) 在处分期限上，保安处分具有更大的弹性。由于保安处分的目的不在“报应”而在危险性预防与个人矫治，因而一些国家将某些特殊的保安处分的期限设定为：根据被处分人的公共危险性的消除及个人矫治成效状况酌定。例如，将受处分人安置于社会矫治机构、戒毒场所、精神病院等，其期限不必固定，而是依其矫治情况酌定。我们认为，这种不定期性，对特殊人员是必要的。例如，对于须行强制戒毒的人员，须行强制治疗性病、精神病的人员即如此。尽管在此问题上，还应从法律规定及其道义角度设定其期限长短把握的基本原则及限制自由时间的最高上限等。[1]

(6) 相对于犯罪后果而言，刑罚是“事后罚”；保安处分则不一定是事后罚，因为除犯罪人员外，保安处分还可适用于严重违法但尚未达致犯罪程度者，因而保安处分也可能是“事前罚”。[2]从犯罪学意义看，一般而言，“事后罚”主要是杀一儆百的消极预防；“事前罚”则属事前积极预防。特别对那些心理严重畸形的违法人员、饮酒驾车人员而言，这种“事前罚”，不仅能够确保社会平安，也有利于有效防范行为人自己最终走向那既毁灭他人、又毁灭自己的罪恶深渊。

(7) 在处罚基础上，刑罚可谓“行为罚”，非难的主要基础是行为人的“犯罪行为”；保安处分的非难基础主要不是行为人的违法犯罪行为，而是其异常的“人格”或是畸形的心理、生理因素。因而与“刑罚”相比，“保安处分”更加讲究因人而异的处分“个别化”。

综上可见，保安处分确以其事前积极预防的保安措施与因人施治的刑事政策

---

〔1〕 例如国外学者提出的必要性原则、相当性原则等，值得考虑。必要性原则是指接受处分与否及其期限的长短均取决于社会防卫及其矫治的有效性。如没有防范必要或其根本不可能矫治，则毋需科以有关处分；如矫治仅须半年，则无须收容一年；相当性原则，是指处分的种类、期限须与受处分人行为的危险性及其社会保安的必要性相当。

〔2〕 所谓“事前罚”，在此仅仅相对于“犯罪”后果而言；相对于“违法”仍属“事后罚”，因而并非罚之无据；也非单纯地处罚“思想”或“倾向”。

弥补了刑罚事后补救的、对社会安全和个人矫治的局限。基于此，此类保安立法，无论是形式上还是内容上，均有相当可资我国立法借鉴的因素。具体而言，我们主张：

废除现有的劳教法规形式，保留其合理的惩处种类内核，如将现有的对轻微违法犯罪人员的劳教处分、戒毒处分、性病治疗处分、无责任年龄人的收容处分及其刑法中的医疗监护处分等，统统纳入专门的保安性立法之中，从形式，即法律依据和程序上赋予其合法性、正当性。但考虑到中国刑法典刚刚全面修改不久，再行大幅度修改，恐有悖于刑法典的稳定性原则；同时虑及立法程序上的便捷与成本投入上的效益性，因而我们认为与其大幅度修改刑法典，不如对其实行专门的单行立法更具现实性和可行性。[1]有鉴于此，我们设想，将来的保安立法中，可将原来的劳教法规及现行刑法典中的强制戒毒处分、强制教育处分、强制治疗处分、收容教养处分、医疗监护处分等悉数包容进去。然而，鉴于《公民权利和政治权利国际公约》第8条第3款所规定的除特定的刑罚以外的“任何人不得被要求从事强迫或强制劳动”的规定，作为原来的非刑罚的“强制劳动教养”处分应当革新——例如改为“强制收容矫治处分”。此外，对被收容者，除强制教育外，可采取给付一定报酬、自愿（而非强制）劳动教养的办法来矫治此类人等。

（二）实质正义问题

这里所谓“实质正义”，核心在于对被处罚人应否处罚及其处罚度的公平把握问题。这当中既存在一个对“分配的正义（Distributive justice）”的权限掌握问题，也存在一个权力与权利之配置“量度”乃至孰为“本位”的问题。与私法上的“平均正义（Corrective justice）”不同的是，分配的正义一般认为是所有公法包括刑事法、保安法的指导原则。基于此，分配的正义往往倍加关注公法的社会防卫机能、同时相对轻忽公法的个人权利保护机能。一定程度看，中国现行劳动教养制度的实体规定就表现出这种公权力与私权利配置上的严重失衡甚至国家权力与个人权利的倒置。

---

〔1〕关于该类单行立法的称谓，中国国内也有多种主张。多数学者主张废弃原来的“劳动教养处分”的提法，特别是《公民权利和政治权利国际公约》第8条已明文规定“任何人不得被要求从事强迫或强制劳动”，多数学者因而不同意《劳动教养法》的定名方案；个别学者主张将其定名为《治安处分法》；另有学者主张名为《社会保安法》或《社会防卫法》；还有人主张名之为《教育矫治法》、《矫治处分法》、《教养处遇法》、《教导处分法》、《收容教养法》等，本人比较赞同《司法矫治处分法》的主张。认为这一名称，既突出了此一处分法的性质在于特殊的司法处分；又强调了对行为人本人的矫治目的“优位”的法治立场。

我们知道，中国建国以来相当长的历史时期中，劳教制度主要适用于那些实施了违法行为但还不足以科处刑罚的人。为了教育改造他们，中国政府本意是要通过对这些人采取较刑罚相对更轻的处分——劳动教养来矫治他们。然而，由于立法指导思想上的失误以及执行中的错误，实践中反而出现了不少问题。例如，从遭受劳动教养的人被限制其人身自由的期限及严厉程度可看出，这种惩罚实际上比之被判处两年管制刑罚或被判拘役刑罚者更加严厉。中国的管制刑上限为2年，下限仅3个月；拘役刑上限6个月，下限仅1个月。而劳动教养的期限可达1~3年；必要时，还可以再增加1年。

由此可见，这种不合理的规定不仅仅在于其倒置了作为非刑事处罚的劳教处分与刑罚的严厉程度；还在其公权力与私权利孰为“本位”关系上的“倒置”。所谓“以人为本”就是要以公民权利为根本而非“国家本位”、“社会本位”。有鉴于此，从社会防卫角度讲，对一个犯罪情节虽然轻微、但人身危险性较大的人施以较长时期的社会隔绝，固然可能有利于社会防卫，例如对一个屡屡卖淫的人限制其较长时期的人身自由，也许比之短期自由限制更有利于社会防卫，但此举显然倒置了国家与个人的权力与权利关系。更何况，对于一个行为尚不足以科处刑罚的人科以高于最低刑罚之自由限制期好多倍的处罚法，不免显失法律的公平与正义。因而，当其“分配的正义”面临国家权力与个人权利的二难选择时，我们认为，正义的价值取向之砝码应当基于“人本位”的原则去考量有关处分之轻重配置，即：在不损及国家和社会的根本利益的前提下，国家应最大限度地保护公民个人的权利和自由。

三、构建“一体两支柱”的中国刑事法体系思考

如上所述，就当前立法环境条件看，我们所主张的中国的“一体两支柱”的刑事法体系，是指在刑法典之外，另行设置可归属于广义刑法的特殊司法处分法。具体而言，我国立法机关可先行设置一部《司法矫治处分法》，以初步确立起上述“一体两支柱”的刑事法体系框架，[1] 俟条件成熟时，宜专门针对此类《司法矫治处分法》的操作程序，配套设置《刑事制裁程序法》等。针对《司法矫治处分法》的拟具与出台，我们的基本思路如下：

首先宜当废除现行劳教制度，仅仅保留其在处遇对象上的某些合理因素，并在此基础上创设类似于西方保安处分性质的《司法矫治处分法》。总体而言，在处遇方法上，我们既不主张用纯刑罚方法来调控现行劳教在教人员涉案的诸种行

---

〔1〕 今后俟条件成熟时，我们仍主张将此特殊的司法处分移诸刑法典之中，以便在进一步规范保安处分制度的同时，强化其一体性；同时便于司法操作和广大民众知晓有关刑事法律体系的基本内容。

为，例如小偷小摸、小额诈骗、深度吸毒、卖淫、长期赌博等；也不赞成以纯行政处罚的方法来处置此类行为；同时不赞成将此类行为分流为一半犯罪、一半行政违法，抑或一半犯罪、一半保安措施来处理。而是主张全面设计、推陈出一种特殊的司法处分来调控现存的某些由劳教体制处理的国家、社会与公民个人间的冲突关系。

据此，该一特殊司法处分的特殊点在于：①中国现行的法律处分无外乎民事处分、刑事处分或行政处分三大类。而此类处分既不是民事处分、也非（严格意义的）刑事处分，更非行政处分，因而，它很特殊。②其适用对象主要是有轻微刑事违法、又够不上严格意义的“犯罪”之人、抑或实施了较为严重的治安违法行为者以及其他需要强制施以心理矫治、人格矫治、戒毒治疗、戒赌治疗、性病治疗、精神病治疗等人员。③在处分期限上，对一些特殊的适用对象可在一定期限内有其弹性。例如，对深度吸毒者、被强制治疗的精神病人、性病病人，可视其戒毒和治疗的需要来酌定限制其人身自由的长短。但之所以须同时拟具一部《刑事制裁程序法》，是因为“作为纯行为调查程序”的“刑事诉讼法还未被按照行为人个性研究的任务来处理。一旦可能科处剥夺自由的保安处分，就有必要聘请专家……”，因而，“还应当考虑将刑事诉讼划分为判决程序和制裁程序”，前者乃针对刑罚适用而言；后者则针对适用此类特殊的司法处分而言。[1]

如此一来，所谓“劳动教养”的概念就会随着《司法矫治处分法》的出台而在现行法治运作中消失。这样，就其表象或就其名称上看，既然这一部分人员已经不复存在，似乎就不再发生解决“劳动教养”的法律依据以及程序的问题。但就其实质看，由于某些违法行为包括嗜赌成癖、深度吸毒、长期卖淫嫖娼等行为与国家既定的法治规范的冲突关系依然存在；相应地，对此类人等的人格矫治乃至生理、心理施治的任务，依然存在。由是，我们可以说，如此立法实际上正好解决了调控此类冲突关系的法律依据及其程序问题，这是因为：①此类冲突关系将划属全国人大（或其常委会）通过的“法律”来调控，从而致使此类处分有其法律上的依据；②限制人身自由必须通过人民法院的法庭裁决，因而从程序上看，它也是经由了司法裁决程序而非行政程序决定的；③从法律性质上讲，特殊的司法处分法，既不是严格意义的刑法、也非民法、行政法。而是特殊的司法处分，因而其限制人身自由的期限可以超过行政处罚期限，但被处分人等又并没有被标签为刑事犯罪人，从而有利于对此类人等的矫治改造。此外对某些特殊人

---

〔1〕 参见［德］汉斯·海因里希·耶赛克、托马斯·魏根特：《德国刑法教科书》，徐久生译，中国法制出版社 2001 年版，第 108 页。

等在一定期限内的弹性期限设定，也有利于对其本人的矫治和社会防卫。同时，该一弹性期限也是有其上限规定的（例如，最长不得超过1年，精神病治疗者可例外，等等），以免有关处分执行人等滥用职权；④此一立法，符合国际惯例，因而它绝不会发生悖逆我国已经加入或签署的国际公约中的人权规范的问题。

总之，我们认为，在中国现行刑法体系中，增设特殊的司法矫治处分的立法法，不但可以解决当前劳动教养处分有违国际公约规范的难题，还可将当前散置于刑法或其他法中的、适用于轻微刑事违法人员的非刑罚处分集中统一起来，便于通过人民法院的简易裁决，确保其从实体内容到程序上的正当。

综上可见，这里所主张的特殊司法矫治处分法，既有其借鉴西方包括中国澳门特别行政区保安处分规定的本质成分，也有其自身特色。其中类似于国外保安处分之处主要表现在：在法律性质上，其都属独立于民事、行政处分之外的司法处分；在法律体系上，其均可划属广义的刑法体系；在处分程序上，都需要启动司法程序来完成。而且，我们也可将此类法官为适用《司法矫治处分法》而启动的司法程序统称为刑事裁决程序，以区别于法院审决罪犯时所启用的刑事审判程序；在适用对象上，还可部分地适用于轻度触犯刑律者。与此相对应，法官启动刑事审判程序时，在程序法上都适用《刑事诉讼法》；而在启动刑事制裁程序时，程序法上适用《刑事制裁程序法》、实体法上则适用《司法矫治处分法》。

二者的主要区别表现在：

（1）西方社会的保安处分大多适用于下述三等人：①无刑事责任年龄人和无责任能力人。通常指实施了重大犯罪情节（如杀人、放火）的不满14周岁或实施了一般犯罪情节而不满16周岁的人以及作案时精神不正常的精神病人；②限制责任能力人。指又聋又哑的人、盲人或智力痴愚的人；③有特种危险性的有责任能力人。通常指本该刑满释放但尚未改其恶习的人、被宣告缓刑或假释的人，等等。我们所主张的司法矫治处分者，却不包括上述“本该刑满释放但尚未改其恶习的人”。同时它应另行包括深度吸毒、卖淫嫖娼、参赌、小偷小摸者以及屡屡实施治安违法、多处小偷小摸、小敲小骗者，等等。

（2）在处遇方式上，在身体条件许可的情况下，我们主张以更多的社区矫治来替代而今通行的隔离矫治甚至强制劳动改造等。而对被集中于特定的隔离区者，根据上述公约规定精神，也应逐步实行自愿参加劳动，并酌量发给一定报酬，以确保其依法行使他（她）们自愿参加或不参加隔离区劳动的权利。

（3）在法律后果上，由于被实行司法矫治处分的人，不属于刑事犯罪分子，因而当其再犯时，不属有前科者。

（4）在处分的目的、任务上，西方社会的保安处分往往以被处分人有其

“人身危险性”为实行处遇的前提条件，因而“社会防卫”乃其启动该一处分的主旨和目标，而我们主倡的司法矫治处分，乃以矫治本人为其第一任，“社会防卫”则只是伴随受处分人“新生”之同时俱生的目标而已。

结语：“一体两支柱”的中国刑事法体系的构成

一般而言，所谓“刑事法”理所当然地包括刑事实体法与刑事程序法两大部分。基于此，虽然基于重点分析现行劳教制度之弊害的角度，本节之议论重心本在刑事实体法。但是，作为“一体两支柱”的中国刑事法体系，还不能或缺或偏废了对诉讼法之支柱作用的充分评价与高度重视。

据此，概括起来看，我们所企望的“一体两支柱”的中国刑事法体系，至少应包括：①中国现行刑法典；②国内其他单行刑事立法；③附属刑法；④《刑事诉讼法》；⑤本书设想的《司法矫治处分法》；⑥本书构想的《刑事制裁程序法》；等等。

继后，在条件更成熟时，国家宜进一步配套出台《刑罚执行法》、《司法处分执行法》，等等。如此，“一体两支柱”的中国刑事法体系将基本告成。而刑罚与保安处分这两大支柱的“台柱”作用也才能在既定的刑事法治框架下依法得以充分发挥。进而，我国之刑事法才能在全面落实《公民权利与政治权利国际公约》相关规定的基础上，在有效维系国家、社会秩序的同时，进一步推促与保障“以人为本”的法治终极目标的实现。

第五章 刑法的制定与修订模式研讨

"社会不是以法律为基础，那是法学家的幻想。相反的，法律应该以社会为基础。法律应该是社会共同的，由一定物质生产方式所产生的利益和需要的表现，而不是单个的个人的恣意横行"。[1] 所以，社会形势的变化，必然会带来刑法理念与内容的变化，这在各国都是共通的。但是，因为法律传统、司法模式的不同，各国制定与修订刑法模式也不尽相同。本章的目的，就在于讨论中国需要什么样的刑法制定与修订模式。为此，本章第一节回顾了1997年以后我国刑法的修订历程，并探讨了现在以修正案为主的修订模式；第二节介绍了德日等国的刑法制定与修订模式；第三节在上述研究的基础上，从刑法修订的目的与原则出发，研讨了我国刑法较为理想的制定与修订模式。

第一节　我国现行刑法所采取的制定与修订模式

一、现行刑法的制定与修订历程

我国第一部刑法典制定于1979年。在1979年至1997年间，因为改革开放等重大政策的实施，社会形势发生了重大而且快速的变化。为此，立法机关随之通过单行刑法、附属刑法的形式制定了大量新的刑法规范。1997年，立法机关将此前的单行刑法、附属刑法的内容融入1979年的刑法典，制定了现行刑法典。

1997年刑法颁布后，迄今为止，全国人大常委会共颁布了一个单行刑法，即1998年12月全国人大常委会通过的《关于惩治骗购外汇、逃汇和非法买卖外汇犯罪的决定》。至于全国人大常委会1999年10月通过的《关于取缔邪教组织、

---

〔1〕《马克思恩克斯全集》（第6卷），人民出版社1961年版，第291～292页。

防范和惩治邪教活动的决定》、2000 年 12 月通过的《关于维护互联网安全的决定》，由于这两个《决定》并没有刑法的具体规范内容，只是说“依法追究刑事责任”，因而本书不将其视为单行刑法。

八个刑法修正案，即：1999 年 12 月全国人大常委会通过的《刑法修正案》；2001 年 8 月全国人大常委会通过的《刑法修正案（二）》；2001 年 12 月全国人大常委会通过的《刑法修正案（三）》；2002 年 12 月全国人大常委会通过的《刑法修正案（四）》；2005 年 2 月全国人大常委会通过的《刑法修正案（五）》；2006 年 6 月全国人大常委会通过的《刑法修正案（六）》；2009 年 2 月全国人大常委会通过的《刑法修正案（七）》；2011 年 2 月全国人大常委会通过的《刑法修正案（八）》。

此外，全国人大常委会还通过了九个刑法立法解释，分别是：2000 年 4 月全国人大常委会通过的《关于〈中华人民共和国刑法〉第九十三条第二款的解释》；2001 年 8 月全国人大常委会通过的《关于〈中华人民共和国刑法〉第二百二十八条、第三百四十二条、第四百一十条的解释》；2002 年 4 月全国人大常委会通过的《关于〈中华人民共和国刑法〉第二百九十四条第一款的解释》；前述解释同日，全国人大常委会还通过了《关于〈中华人民共和国刑法〉第三百八十四条第一款的解释》；2002 年 8 月全国人大常委会通过的《关于〈中华人民共和国刑法〉第三百一十三条的解释》；2002 年 12 月全国人大常委会通过的《关于〈中华人民共和国刑法〉第九章渎职罪主体适用问题的解释》；2004 年 12 月全国人大常委会通过的《关于〈中华人民共和国刑法〉有关信用卡规定的解释》；2005 年 12 月全国人大常委会通过的《关于〈中华人民共和国刑法〉有关出口退税、抵扣税款的其他发票规定的解释》；前述解释同日，全国人大常委会还通过了《关于〈中华人民共和国刑法〉有关文物的规定适用于具有科学价值的古脊椎动物化石、古人类化石的解释》。

上述单行刑法与刑法修正案的主要内容可以概括如下：

第一，增加新的犯罪。例如，《关于惩治骗购外汇、逃汇和非法买卖外汇犯罪的决定》增设了“骗购外汇罪”；《刑法修正案》增加了“隐匿、故意销毁会计凭证、会计账簿、财务会计报告罪”；《刑法修正案（三）》增加了“投放虚假危险物质罪”，“编造、故意传播虚假恐怖信息罪”；《刑法修正案（六）》增设了“大型群众性活动重大安全事故罪”，“不报、谎报安全事故罪”，“虚假破产罪”，“骗取贷款、票据承兑、金融票证罪”，“背信运用受托财产罪”，“违法运用资金罪”等。

第二，扩大了处罚范围。如《刑法修正案》将《刑法》第 185 条的犯罪主体由原来的“银行或者其他金融机构的工作人员”扩大到包括证券交易所、期货交易所、证券公司、期货经纪公司、保险公司的工作人员等，《刑法修正案（二）》将《刑法》第342条的“非法占用耕地罪”改为“非法占用农用地罪”，《刑法修正案（四）》将《刑法》第163、164条规定的商业贿赂犯罪的主体从原来的“公司、企业工作人员”扩大到包括“其他单位的工作人员”。

第三，提高法定刑。如《刑法修正案（六）》将《刑法》第134条第2款规定的强令违章冒险作业罪的法定刑从“发生重大伤亡事故或者造成其他严重后果的，处3年以下有期徒刑或者拘役；情节特别恶劣的，处3年以上7年以下有期徒刑”提高至“发生重大伤亡事故或者造成其他严重后果的，处5年以下的有期徒刑或者拘役；情节特别恶劣的，处5年以上有期徒刑”。

第四，就总则的相关部分，《刑法修正案（八）》与时俱进地进行了修改。《刑法修正案》至《刑法修正案（七）》都仅仅致力于对分则的修订，这种状况到《刑法修正案（八）》才有所改观。《刑法修正案（八）》第1~19条，对当前理论与实践中已经比较成熟的问题，进行了立法确认。例如，规定已满75周岁的人故意犯罪的，可以从轻或者减轻处罚；过失犯罪的，应当从轻或者减轻处罚；将社区矫正写入了刑法总则；免除了犯罪的时候不满18周岁被判处5年有期徒刑以下刑罚的人的前科报告义务，等等。

二、现行刑法制定、修订模式与问题

从1997年新刑法颁布之后至今，只有一次修订是沿用过去采用的单行刑法的形式，其余皆为修正案的形式，对此，立法部门的解释是：“考虑到一部统一的刑法典不仅便于学习、掌握，而且便于司法机关执行和适用，除1998年全国人大常委会制定的《关于惩治骗购外汇、逃汇和非法买卖外汇犯罪的决定》外，其他修改补充刑法都采取了中华人民共和国刑法修正案的方式，即在立法中如果需要修改某条，就直接修改某条，如果需要增加条文就列在内容相近的刑法条文之后，作为某条之一、之二。这样不改变刑法的现有体例、结构，有利于维护刑法典的完整性和稳定性。对于刑法的规定需要进一步明确具体含义或者对出现的新情况需要明确适用法律依据的，全国人大常委会采取了对刑法条文做立法解释的方式。”〔1〕所以，可以说，目前立法机关已经确立起了以刑法修正案为主的刑法制定与修订模式。但应该指出的是，立法机关在通过第一个刑法修正案之时，并没有使用“《刑法修正案（一）》”的形式，直到下一个才使用《刑法修正案

---

〔1〕参见全国人大常委会法制工作委员会刑法室编著：《走向完善的刑法——正解刑法修改的决定、刑法修正案、刑法法律解释》，中国民主法制出版社2006年版，前言第2页。

(二)》的编排顺序，可见立法机关在这个问题上确实有点摸着石头过河的味道，事先并无周到的计划。从历次刑法修正案的内容来看，迄今为止的刑法修改固然体现出了诸多值得称赞之处，但纵观1997年之后的七个刑法修正案以及一部单行刑法，可以发现还存在如下问题：

首先，上述修正案与决定基本上都是致力于扩大犯罪圈与加大刑罚力度，体现出了决策机关过于依赖刑罚的思维。例如，前六个修正案都是增加罪名、扩充罪状或者提高法定刑，这种状况直到《刑法修正案（七）》才有所改观，如其规定关于偷税罪在特定条件下可免于处罚、并降低了绑架罪的起刑点。而即使《刑法修正案（七）》，也仍然存在迷信刑罚之虞，如将巨额财产来源不明罪的最高刑由5年有期徒刑提高至10年，以期遏制巨额财产来源不明日益严重的现实，但从事前预防与强化监督的角度出发，一部规定完备、执行得力的《财产申报法》无疑会发挥更大的作用。

其次，我国立法上往往将罪名的确立交付司法机关，结果常常要等到相当长一段时间后，最高人民法院、最高人民检察院才能出台统一罪名的司法解释。例如，《刑法修正案（六）》于2006年6月29日颁布，而最高人民法院、最高人民检察院《关于执行〈中华人民共和国刑法〉确定罪名的补充规定（三）》于2007年10月25日才公布，罪状与罪名脱节近1年零4个月。但是，由于刑法修正案自公布之日起即施行，罪名与罪状适用并不存在缓冲期，在罪名补充规定出台前，对于《刑法修正案（六）》中的新设罪状与做了重大修改的罪状，司法实践中普遍存在罪名确定不统一的问题。例如，《刑法》原第312条窝藏、转移、收购、销售赃物罪属于常用罪名，《刑法修正案（六）》第19条就对象要件与行为要件做了重要修改之后，在公安机关移送审查起诉、检察机关提起公诉、审判机关定罪量刑等环节出现罪名适用上较为混乱的现象，在较长时间无法得以有效解决。[1] 为了避免上述混乱现象，建议立法机关在今后修改刑法时，一并公布相应的罪名。

最后，在实践中，存在“无先而后”的情况，即将在行政法规、民事法规中尚未做出违法规制的行为，刑法上先行将其规定为刑事犯罪。例如，有的学者已经指出，“根据《刑法修正案（五）》第1条的规定，‘窃取、收买或者非法提供他人信用卡信息资料的’构成‘窃取、收买、非法提供信用卡信息罪’。这意味着单纯的窃取、收买、非法提供信用卡信息的行为就构成该罪。这里且不论这些行为引发的社会危害性是什么、有多大、是否具有应受刑罚惩罚性，仅就

〔1〕 参见陈庆彬、胡敏佳：“罪状与罪名应当同时施行”，载《检察日报》2008年4月21日。

'立罪至后'的逻辑规则而言，对其立罪也是欠妥的。在立法当时（2005 年 2 月），对于窃取、收买、非法提供信用卡信息的行为，作为我国信用卡管理的主要规范性文件《信用卡业务管理办法》（1996 年中国人民银行制定）和其他非刑事法律并没有对其设定民事或行政法律责任。至多根据《民法通则》，可追究其'私法'上的民事法律责任，但无从追究其'公法'上的行政法律责任。"〔1〕这样的入罪模式与刑法的谦抑性原则和补充性原则是不相符合的。

虽然立法机关以刑法修正案为刑法制定与修订模式的原因在于，"一部统一的刑法典不仅便于学习、掌握，而且便于司法机关执行和适用"，而且"这样不改变刑法的现有体例、结构，有利于维护刑法典的完整性和稳定性"。但是，仅仅采纳刑法修正案的模式，是否能够达到上述目的？从上述刑法修正案中存在的问题出发，我们认为，有关刑法的制定与修订模式，还需要进一步探究。在此之前，不妨先看看国外是如何制定、修订刑法的。

第二节 国外刑法之制定与修订模式

一、英美法系刑法制定与修订模式

英美国家传统上以判例法为主要渊源，但是 20 世纪以后，成文法呈快速增加的趋势，并且出现了综合性立法。因此，可以说，英美法系国家现在的刑法制定与修订模式是判例法与成文法并重，而且成文法的重要性在日益增加。当然，这里的成文法主要指单行法规，而非综合性的法典。因为，英美法系国家的成文立法多是以解决相对具体问题，如某一领域的相关问题、某一具体犯罪或事项为主。这里以英国的企业犯罪（Corporate Crime）立法的发展为例，以做说明。

在 19 世纪以前，英国的判例对企业刑事责任持否定态度。但是到了 18 世纪末，随着企业数量的快速增加，社会影响的不断扩大，英国法院关于企业犯罪的立场发生了转变。在 1842 年的女王诉伯明翰与格罗斯特铁道公司案（The Queen v. Birmingham & Gloucester Ry.）中，英国通过判例首次确认可以对违反法定义务的企业进行刑事处罚，此后在 1846 年的女王诉北方铁路公司案（Queen v. Great N. of Eng. Ry.）中，判例引用侵权法中的代理责任，以被告企业没有履行

〔1〕胡启忠："金融刑法立罪逻辑论——以金融刑法修正为例"，载《中国法学》2009 年第 6 期。

法定义务为由，追究其刑事责任。[1] 1944 年，英国通过总检察长诉肯特苏克塞斯公司案（DPP v. Kent Sussex Contractors Ltd.）等三个判例确立了英国追究企业刑事责任的主要原则，即等同原则（Identification Principle），通过该原则，扩大了企业刑事责任的适用范围。[2]

继后，为了适应现实的惩罚需要，英国议会通过了《2007 年企业过失致人死亡罪法》（Corporate Manslaughter and Corporate Homicide Act 2007），创造了一个新的成文法罪名，即“企业过失致人死亡罪”。该法第 1 条规定，如果某一企业的业务活动的组织、管理方式导致了死亡结果，而且严重违反了该企业对被害人所承担的相关义务，则可以追究该企业过失致人死亡罪的刑事责任。就如何判断企业是否严重违反了相关义务，该法第 8 条规定，陪审团在判断是否存在重大义务违反及其程度之际，应当以企业是否违反了卫生安全法规、企业内部是否存在滋生违法行为的政策、制度以及惯例。[3] 2010 年，英国议会通过了《2010 年贿赂罪法》（Bribery Act 2010）。该法第 7 条详细规定了成文法上的企业贿赂罪的犯罪构成与相关术语的解释。[4]

从英国《2007 年企业过失致人死亡罪法》与《2010 年贿赂罪法》内容，我们可以看出英国刑法修订的两个重要特征。第一，是立法与废止同步。上述两项立法，都规定了新的犯罪。与此同时，也都对与各自内容相关的此前立法进行了清理。例如前者在第 20 条明确规定，在该法生效之际，普通法上的企业过失致人死亡同时废止。而且二者在附录中，都明确列明了哪一部法律或者哪一部法律的哪个部分同时废止，以避免在实践中存在冲突规定的情形。第二，是实体与程序结合，即在规定犯罪构成、辩护理由等实体性事项的同时，对于程序法中需要修改的事项一并规定，如《2007 年企业过失致人死亡罪法》第 17 条明确规定，以企业过失致人死亡罪起诉被告企业，应经总检察长同意，第 18 条则规定，不得根据该法起诉个人。

---

〔1〕 Kathleen F. Brickey, “Corporate Criminal Accountability: A Brief History and An Observation”, 60 (2) *Washington University Law Journal* 1982, pp. 402 ~ 403.

〔2〕 See Michael J. Allen, *Textbook on Criminal Law*, 9th Edition, New York: University of Oxford Press, 2007, p. 251.

〔3〕 关于该法的原文与其他详细情况，参见英国司法部官方网站，http: //www. justice. gov. uk/publications/ corporatemanslaughter2007. htm.

〔4〕 关于该法的原文与其他详细情况，参见英国司法部官方网站，http: //www. justice. gov. uk/publications/ bribery – bill. htm.

二、大陆法系刑法制定与修订模式

与英美法系的刑法制定与修订模式不同，大陆法系国家体现出了明显的体系化、原则化与综合化的特征，这里以德国与日本的刑法制定、修订情况为例，以做说明。

德国现行刑法典可以追溯至1851年的普鲁士刑法典，其后历经多次修改。但是，在纳粹德国时期，德国的刑事立法与刑法思想经历了一次大的倒退。这从当时大行其道的法西斯刑法思想中就可以看得出来。法西斯的法思想，通常批判法律实证主义、形式主义以及自由主义，提倡自然法思想、实质主义与民主共同体思想。在法西斯刑法思想之中，也体现出了反自由主义、民主共同体思想等法西斯法思想的一般特征。法西斯刑法思想的要义在于，以全体主义、国家主义的刑法思想取代个人主义、自由主义的刑法思想，在刑罚论中，对于报应刑、教育刑的争论本身，提出了都具有自由主义、个人主义的侧面，因此限制了国家刑罚权的实施。所以，法西斯刑法理论选择的是加强国家权力的刑罚理论。虽然法西斯刑法理论也强调“赎罪思想”，但是其所谓的“赎罪”刑，并非赎罪报应，而是通过威慑性的目的刑，即将刑法本身视为维持体制的彻底的目的刑法，因而该刑法实质上乃属主张将所有反对体制者都予以消灭的“灭绝刑法”。在犯罪论中，法西斯刑法思想通过全体考察的方法论，排斥分析思考，将法西斯的世界观浸透至刑法解释的具体秩序思想并引入到刑法之中。通过全体的考察方法，法西斯刑法理论将行为人的思想类型化，即将类型化的民族共同体的具体行为人作为刑法上的犯罪人，并与提倡犯罪并非法益侵害而是义务违反的义务违反说一起，作为犯罪的本质。法西斯刑法理论的犯罪论的典型表述，就是“犯罪的本质就是可能犯罪的主观意思”（意思刑法）。[1]

第二次世界大战结束后，为了消除法西斯刑法与刑法思想的影响，德国很快开始了新的修法工作。经过充分的讨论与准备，德国分别于1969年6月与7月通过了两部刑法改革法。这两部改革法主要致力于刑法总则的改革，使之适应科学、文化的迅速发展，以便符合客观形势及其对法制与社会国家的要求。此后，德国立法机关又展开了对刑法分则的修改工作：1971年，通过两部刑法修改法，增加了危害航空安全罪、绑架罪与扣留人质罪；1974年，通过刑法改革法对堕胎罪进行了修正；1976年，通过刑法修改法对恐怖主义犯罪的范围进行了扩大；1976年，在第一部反经济犯罪法中增加了援助金诈骗罪与信用诈骗罪；1980年，在刑法修改法中统一了保护水源和大气，禁止有害的噪音和放射性辐射的规定；

〔1〕参见［日］山中敬一：《刑法总论》，成文堂2008年版，第31～32页。

1986 年的第二部反经济犯罪法规定了滥用欧洲支票、投资诈骗以及与计算机相关的犯罪。

在上述规定的基础上，德国于 1987 年公布了新版本的刑法典。其后，适应社会发展的要求，德国立法机关再度展开了对刑法分则的修改：1989 年，加重了掠人勒索与绑架人质罪的处罚；1990 年，将刑法典 316 条对航空器的保护扩展至民用航海船只；1992 年，通过《刑法修改法》加重了对某些拐卖人口罪的处罚；1992 年，通过《防治非法毒品交易和其他形式的有组织犯罪法》新增加了团伙犯罪、团伙窝赃，修改了洗钱罪的犯罪构成；1993 年，通过刑法修改法，加重了性虐待，尤其是儿童性虐待的处罚；1997 年，通过反腐败法扩大了德国刑法典中的犯罪构成，增加危害竞争的犯罪一章，并相对提高了贿赂犯罪的刑罚幅度。1998 年，德国立法机关通过了第 6 部刑法改革法，在总体上对量刑的范围与幅度进行了协调，加强特定领域的刑法保护，并废除已经不再适应的刑法规定。[1]

1998 年，德国立法机关再度公布了新版本的刑法典。其后，2002 年，德国立法机关公布了国际刑法典（Code of International Criminal Law of 2002）和制裁与量刑法（Law of Sanction and Sentencing）。2004 年，公布了 2004 年定罪后的人身剥夺令法（Law of 2004 on Subsequent Imposition of Incapacitation after a Previous Conviction）。[2]

日本的现行刑法公布于 1907 年。自 1921 年开始，日本政府就开始酝酿对该刑法进行改正，并于 1926 年完成了《刑法改正纲领》。1927 年，日本政府公布了《刑法改正纲领》。此后，日本政府于 1940 年发表了《刑法总则与各则未定稿》。但随着对外侵略战争的扩大，治安维持法的颁布，刑法改正工作因而中断。1956 年，日本法务省重启刑法全面改正工作，成立了“刑法改正准备会”，并聘任在二战后因在战争期间鼓吹皇道主义被解职，后又被任命为法务省特别顾问的小野清一郎教授为该准备会议长。该准备会在上述《刑法改正纲领》等文件的基础上几经周折，于 1974 年推出了《改正刑法草案》。

该草案颁布后，虽然也有学者对之持基本赞成的态度，[3] 但是，日本刑法学界从人权保护、民主主义以及罪刑法定的立场，对其中所体现出来的国家主

---

〔1〕 参见张旭：“社会演进与刑法修改——以德国为视角的研究”，载《法制与社会发展》2003 年第 2 期。

〔2〕 Michael Bohlander, *the German Criminal Code*, Portland: Hart Publishing, 2008, pp. 8 ~ 9.

〔3〕 ［日］高窪贞人：“刑法改正的当否与问题点”，载《法律时报》第 46 卷第 6 期。

义、严罚主义与权威主义思想进行了全面的批判。例如佐伯千仞教授指出，应该反对这一草案的理由在于：第一，其陷入了过度的重刑主义与刑罚扩大主义的樊笼，例如规定对于从保安设施或者少年设施逃走的行为处以5年以下惩役，而保安设施或者少年设施都是对于收容对象的保护设施；第二，对于言论自由、表现自由体现出了过大的压制，例如新设了骚动预备罪、不解散罪等新的直接损害言论、结社自由的罪名；第三，规定了在理论上与实证上尚未有定论的自由剥夺制度，例如不定期刑。[1] 由于遭到了社会各界，尤其是刑法学界与日本律师协会的坚强抵制，该刑法草案迄今都没有成为立法。

虽然综合性的修改没有取得进展，但是日本国会一直在对刑法典进行局部性修订。1947年，废除了以下法规：外患援助罪等战争期间针对盟国的规定、1941年通过刑法修正新设的以强化治安体制为目的的针对安宁秩序的犯罪以及间谍罪、被认为违反宪法规定的男女平等原则的通奸罪、大逆罪、对皇室的不敬犯罪等，同时，为了保护表现自由，在名誉毁损罪中新设了事实证明的规定等；1953年，增加了再度执行犹豫与关于保护观察制度的规定；1954年，在国内犯罪中追加了日本航空器内的管辖规定，新设了保护观察的暂时解除规定；1958年，新设了证人胁迫罪、凶器准备集合罪、斡旋赠收贿罪，将轮奸行为非亲告罪化；1960年，新设了不动产侵夺罪与境界毁损罪；1964年，新设了赎金目的的绑架罪；1968年，将业务上过失致死罪、重过失致死罪的法定刑从3年以下的禁锢提高至5年以下的惩役、禁锢；1980年，提高了单纯受贿、事前受贿、第三者行贿、事后受贿、斡旋受贿等犯罪的法定刑；1987年，新设了与计算机相关的犯罪以及关于公、私文书的犯罪；1991年，全面提高罚金刑的数额；1992年，将刑法典用语全面现代化，并消除了尊亲属杀人罪、伤害致死罪等违反宪法中平等原则的规定；2001年，新设了关于支付卡电磁记录的犯罪、危险驾驶致死伤罪；2004年，将有期惩役、禁锢的上限提高至20年，在加重的场合或者从死刑或者无期刑减轻的场合，上限提高至30年，新增了集团强奸罪，提高了危险驾驶死伤罪的处罚，并且改正了公诉实效期间；2005年，将假出狱改为假释，监狱改为刑事设施；2005年，将逮捕监禁罪、拐骗未成年人罪刑罚的上限从5年提高至7年，修改了人身买卖罪，在收受被拐骗者的行为中增加了运送、送交行为；2006年，在盗窃罪、妨害公务执行罪、职务强要罪中增加了罚金刑，提高了业务上致死伤罪、重过失致死伤罪的罚金刑的数额，[2] 2010年4月，日本又

---

〔1〕［日］佐伯千仭：《刑法改正的总体批判》，日本评论社1975年版，第211页以下。

〔2〕参见［日］浅田和茂：《刑法总论》（补正版），成文堂2007年版，第36～38页。

通过了刑法与刑诉法部分修正案，对行刑时效与追诉时效进行了修改。[1] 在改革、补充刑法典相关规定的同时，日本立法机关也制定了数部单行刑法，如1948年的《轻犯罪法》与1970年的《公害犯罪处罚法》。

在刑法典与单行刑法之外，在日本还存在着大量的附属刑法。立法机关基于现实需要对附属刑法的修改，更为频繁。以日本的《反垄断法》（独占禁止法）为例，进入21世纪以来，已经历经数次大的修改：2002年，立法机关调整了该法的罚则，针对法人的罚金刑限额从1亿日元提高至5亿日元，[2] 2005年，立法机关调整了行政罚金的规定，将支配型的私人垄断纳入了行政处罚的范围，并且提高了行政罚金的算定基准，与加重、从轻处罚的规定，并且就如何协调行政罚金与刑事罚金进行了规定，[3] 2009年，立法机关再度对行政罚金的规定进行了改正，将排他型的私人垄断与某些不公正的交易方法纳入了行政罚金的处罚范围，并对不当交易罪的法定刑进行了修改，将之从3年以下的惩役或者500万日元以下的罚金，提高至5年以下的惩役或者500万日元以下的罚金。[4]

从德国与日本的刑法制定、修订过程与内容可以看出：第一，适应客观要求，对刑法典分则规定进行适时的修订虽然重要，但是对于总则部分的规定，同样不能忽略；第二，在修订刑法之际，不但要考虑国内的社会现实，还要照应国际文件中的刑事法规范，进行对应性修订；第三，对于经济犯罪等行政犯而言，有时候可能单行刑法或者附属刑法更符合立法灵活性、及时性、对应性的要求；第四，在进行一段时间的立法修订之后，对于新法进行整理、旧法进行清理，消除重复、冲突的规定非常必要；第五，如日本在修订附属刑法时所示，在对行政犯进行修订之际，需要同时考虑行政罚则、民事罚则的规定，以便民事、行政、刑事罚则能够相互协调并衔接起来，避免出现以上所述的“无先而后”的情形，以保持刑法的谦抑性。

同时，需要指出的是，无论是英国的刑法制定与修订，还是德国与日本的刑法修订与制定，都体现出了严罚化的倾向。正如德国学者所言，与20世纪后半叶的改革不同，“刑法改革主要是基于现在的政策事项，并且经常在缺乏咨询的情况下匆匆出台。总体而言，其趋势是制定更多更严厉的法律。就此而言，德国

---

〔1〕 参见［日］藤本哲也：“关于公诉时效、行刑时效的废除、延长的思考”，载《罪与罚》2010年第47卷第3期。

〔2〕 2002年第47号法律《禁止私人垄断与确保公正交易法部分修正案》。

〔3〕 2005年第35号法律《禁止私人垄断与确保公正交易法部分修正案》。

〔4〕 2009年第51号法律《禁止私人垄断与确保公正交易法部分修正案》。

的刑法政策在很大程度上与英国相同。”[1] 就此一点，我们必须保持警惕。

第三节 关于刑法制定与修订模式的若干思考

一、制定与修订刑法的目的

关于修订刑法的理念、原则等，近年来我国学者已经提出了许多观点，[2] 这些观点大致已经概括了需要论述的内容，所以此处不再重复。但是，就制定与修订刑法的目的，这里拟略作展开。我们认为，立法机关制定、修订刑法，应该有三层目的：

1. 是反映社会现实，将需要通过刑法规制的事项，及时纳入刑法调整的范围。“一定的生产方式以及从这种生产方式中产生的社会关系，简言之，社会的经济结构，是所有法律的政治的上层建筑竖立其上的现实基础，物质生活的生产方式普遍支配着整个社会生活、政治生活和精神生活的发展”。[3] 所以，反映、回应社会现实之中的变化，不言而喻地应该成为制定、修订刑法的目的之一。

但是，反映、回应社会现实，并不是说要在现实面前裹足不前，而是要求立法机关立足于现实，同时从现实中发现规律，进行适当地前瞻立法。我们认为，从迄今为止的刑法修订来看，在前瞻立法方面，我们还需要进一步地加大力度，这里以单位犯罪问题为例，以做说明。

自 1997 年在刑法总则与分则中系统的规定了单位犯罪的处罚原则及其范围之后，立法机关在此后的立法中，一直没有停止扩大单位犯罪范围的步伐（详见表一）。尽管如此，仍然不能满足实践需要。例如，2005 年修订后的《公司法》在第 58 条第 2 款规定了一人有限责任公司，即只有一个自然人股东或者一个法人股东的有限责任公司，由于现行刑法单位犯罪的范围有限，而且许多单位犯罪的自由刑明显轻于自然人犯罪的法定刑，因此在实践中出现了通过成立公司，在

---

〔1〕 Michael Bohlander, *The German Criminal Code*, Portland: Hart Publishing, 2008, p. 9.

〔2〕 例如，参见胡启忠：“金融刑法立罪逻辑论——以金融刑法修正为例”，载《中国法学》2009 年第 6 期；黄伟明：“刑法修正向何方？——兼评《中华人民共和国刑法修正案（七）（草案）》”，载《山东警察学院学报》2008 年第 6 期；刘仁文：“刑法修正后应及时确定罪名”，载《人民检察》2009 年第 10 期；李永和：“宽严相济刑事政策与刑法修改”，载《中共山西省委党校学报》2009 年第 5 期；黄明儒：“论刑法的修改及其原则”，载《山东警察学院学报》2009 年第 5 期；冯军：“刑法再修改的理念与规则——以现今的议论为根据”，载《河北大学学报（哲学社会科学版）》2007 年第 6 期。

〔3〕 转引自胡为雄：“马克思、列宁的上层建筑观比较”，载《中共浙江省委党校学报》2005 年第 5 期。

开展公司法业务的过程中，实施某些单位不能成为犯罪主体的犯罪的情形。为了有效地控制此类案件，防止个人规避法律，有的论者提出可以考虑将“公司法人人格否认论”适用于一人公司犯罪，即通过否认一人公司的法人人格，将一人公司犯罪作为个人犯罪处罚。[1]

表一　1997 年之后新增单位犯罪罪名

<table>
<tr><th>法案名</th><th>法案条文</th><th>刑法典条文</th><th>新增罪名</th></tr>
<tr><td rowspan="2">《关于惩治骗购外汇、逃汇和非法买卖外汇犯罪的决定》(1998.12.29)</td><td>第1条</td><td></td><td>骗购外汇罪</td></tr>
<tr><td>第4条</td><td>第225条</td><td>非法经营罪</td></tr>
<tr><td>《刑法修正案》(1999.12.25)</td><td>第1条</td><td>第162条之一</td><td>隐匿、故意销毁会计凭证、会计账簿、财务会计报告罪</td></tr>
<tr><td rowspan="2">《刑法修正案(四)》(2002.12.28)</td><td>第2条</td><td>第152条第2款</td><td>走私废物罪</td></tr>
<tr><td>第4条</td><td>第244条之一</td><td>雇佣童工从事危重劳动罪</td></tr>
<tr><td rowspan="5">《刑法修正案(六)》(2006.6.29)</td><td>第3条</td><td>第135条之一</td><td>大型群众性活动重大安全事故罪</td></tr>
<tr><td>第6条</td><td>第162条之二</td><td>虚假破产罪</td></tr>
<tr><td>第9条</td><td>第169条之一</td><td>背信损害上市公司利益罪</td></tr>
<tr><td>第10条</td><td>第175条之一</td><td>骗取贷款、票据承兑、金融凭证罪</td></tr>
<tr><td>第12条</td><td>第185条之一</td><td>背信运用受托财产罪</td></tr>
</table>

[1] 所谓公司法人人格否认，指为阻止公司法人人格的滥用和保护公司债权人利益以及社会公共利益，就具体法律关系中的特定事实，否认公司与其背后的股东各自的人格及股东的有限责任。责令公司的股东（包括自然人股东与法人股东）对公司债权人或公共利益直接负责。应当指出的是，公司人格否认并不是对公司独立人格的彻底否认，而只是在特定的情形下无视公司的独立人格。如可参见王剑波、郭慧：“公司法人人格否认视野下的一人公司犯罪分析”，载《云南大学学报（法学版）》2007 年第 6 期；谢杰、吕继东：“一人公司犯罪主体论”，载《上海公安高等专科学校学报》2006 年第 6 期。

（续表）

法案名	法案条文	刑法典条文	新增罪名
《刑法修正案（七）》（2009. 2. 28）	第 7 条	第 253 条之一	出售、非法提供公民个人信息罪、非法获取公民个人信息罪
	第 10 条	第 312 条第 2 款	掩饰、隐瞒犯罪所得、犯罪所得收益罪
	第 12 条	第 375 条第 3 款	伪造、盗窃、买卖或者非法提供、适用武装部队专用标志罪
《刑法修正案（八）》（2011. 2. 25）	第 33 条	第 205 条之一	虚开发票罪
	第 35 条	第 210 条之一	持有伪造的发票罪
	第 41 条	第 276 条之一	拒不支付劳动报酬罪

在这种情况下，寻找一个适当的标准，尽可能地将单位犯罪的范围一次性的扩大，突破现在“头痛医头，脚痛医脚”的立法思路，就单位犯罪的范围进行前瞻性立法是必然的选择。虽然立法机关与司法机关迄今为止都没有明确表明立法机关是基于什么标准来确定单位犯罪的范围的，但是从立法机关的说明文件中可见端倪。例如，将《刑法》第 312 条规定的掩饰、隐瞒犯罪所得、犯罪所得收益罪纳入单位犯罪的范围时，立法机关《关于〈中华人民共和国刑法修正案（七）（草案）〉的说明》中指出，原因在于“中国人民银行提出，这类犯罪有些是单位实施的，建议增加单位犯本罪的规定，以进一步完善刑法的反洗钱措施。经同有关部门研究，建议在刑法这一条中增加单位犯罪的规定。”[1]

那么，有什么犯罪是单位不能实施的？是否可以考虑将这一部分犯罪排除在外，然后统一将其他犯罪纳入到单位犯罪的范围？

2. 反映国民诉求，使国民充分理解法律。刑法的目的，或者说国家制定并实施刑法的目的，并不仅仅是制裁，而是要通过制裁实现正义、人权、秩序等价值目标。因此，在刑事立法的过程中，我们必须考虑实效问题。“一个法律制度之实效的首要保障必须是能为社会接受”，“强制性制裁只能是辅助性的保障。

---

〔1〕 赵秉志主编：《刑法修正案最新理解适用》，中国法制出版社 2009 年版，第 316 页。

而当一套规则的实效因公众内心的抵制而受到威胁时，它的有效性就有可能变成一个毫无意义的外壳。"[1] 而"一切社会制度若要得到民众最大的支持，必须拥有为全社会所接受的、行使社会权威的道德正当性"[2]。所以，刑法的制定、修改的第二个目的，就是反映国民的诉求。同时，因为"法律作为一种行动指南，如果不为人知而且也无法为人所知，那么就会成为一纸空话"[3]，所以，在制定、修改刑法之际，还必须为国民能够充分地理解法律创造条件，这也是日本在1992年将刑法典用语全面现代化的原因所在。

要使立法准确、全面的反映国民诉求，使国民能够充分理解立法，立法机关需要更好地倾听、回应民意。从现在的情况来看，虽然我国权力机关、行政机关甚至司法机关，都开始迈入"关注民意、善待民意"的人民之轨，其中甚至不乏相对先进的区域甚至样板机关。然而，总体看，迄今为止，民意所具有的积极价值与潜在功能在我国刑事法治领域并没有得到充分的利用与发挥，其可能产生的负面作用反而不时成为反对民意介入、批判民意监督的理由。所以，如欲实现制定、修订刑法的第二个目的，我们需要采取适当的措施，更好地让民意介入到刑事立法的过程之中。

3. 方便法律实施。就上文立法机关所言的"统一的刑法典更方便执法机关执法"的理由，我们表示赞同。但是，对于文本中的法成为现实中的法而言，执法机关的执法固然重要，律师、社区等其他主体的参与同样重要。所以，我们可以将制定、修订刑法的第三个目的概括为方便法律实施，这就要求立法机关在制定、修订刑法时，不仅要考虑执法机关的需要，也要考虑其他主体，尤其律师的需要。例如《刑法》第306条规定所谓律师伪证罪久受批判，其弊端早已在法学界、律师界达成共识，被认为极大地阻碍了刑事辩护的发展，[4] 却尚未见立法机关有修改该条文的迹象。

二、制定与修订刑法的模式

从国外制定、修订刑法的模式与上述制定、修订刑法的目的出发，我们建议立法机关基于修正现有的犯罪或增加新的犯罪的需要，分别采用刑法修正案与单行刑法同时并用的双轨立法模式。

---

〔1〕［美］博登海默：《法理学——法律哲学与法律方法》，邓正来译，中国政法大学出版社1999年版，第326页。

〔2〕［美］丹尼尔·贝尔：《资本主义文化矛盾》，赵一凡等译，三联书店1989年版，第125页。

〔3〕［美］博登海默：《法理学——法律哲学与法律方法》，邓正来译，中国政法大学出版社1999年版，第326页。

〔4〕"律师犯罪八成因伪证，法学界吁废除宪法相关条例"，载《时代周报》2009年12月24日。

1. 如果是修正刑法中现有的犯罪，则采用刑法修正案的模式。因为修正现有的犯罪，无论是扩大犯罪对象，如《刑法修正案（三）》在第127条的盗窃、抢夺、抢劫枪支、弹药、爆炸物罪之后又增加了一个危险物质作为犯罪对象，即毒害性、放射性、传染病病原体等物质，还是修改犯罪形态，如《刑法修正案（四）》将《刑法》第145条规定的“生产不符合保障人体健康的国家标准、行业标准的医疗器械、医用卫生材料，或者销售明知是不符合保障人体健康的国家标准、行业标准的医疗器械、医用卫生材料罪”从“结果犯”修改为“危险犯”，都是在原有规定的基础上进行修改，采取修正案的方式是恰如其分的。

2. 如果是设立新的犯罪，则采用单行刑法模式。这样，一方面具有明显的提示作用，点明新增加了犯罪，方便公众理解；另一方面，从现在的情况看，新增加的犯罪，往往是行政犯，而行政犯不仅仅涉及刑法规定，往往同时涉及行政立法、民事立法的规定，采纳单行刑法的规定，可以一并对所涉及的其他立法进行修正。此外，为了保持刑法形式上的协调，可以回避某些法条内容上的不协调。例如，《刑法修正案（七）》将“出售、非法提供公民个人信息罪”规定为分则第253条之一，但是第253条规定的是邮政工作人员私自开拆、隐匿、毁弃邮件、电报罪，可见无论从犯罪主体到犯罪对象，第253条与第253条之一都存在较大差别，将二者规定在同一法条是否恰当，应该还有探讨的余地。

第六章

中国刑法上的罪量要素存废反思

中国刑法应否学习西方的立法定性、司法定量即零门槛入罪的构罪模式，多年来学界虽有所争鸣，但并无共识。鉴于学术问题惟有通过百家争鸣方能获得相对意义的清正或共识；也鉴于《刑法修正案（八）》在“个罪”之罪量要素规定之上形成事实上的突破，本章逐一梳理并评析了中国刑法学界关于罪量要素存废问题的主要观点，并在此基础上提出了关于罪量要素立法完善的基本构想。

我们认为，西方的定性不定量的构罪模式能否移植中国的关键，不在于简单的效益与公平的衡定，而在于何种立法更适合本国的政治经济发展现状。法权关系的变革取决于一定的物质经济关系的跃迁；政治上层建筑的发展有赖于相应的观念上层建筑的重塑，因而一国的法治只要相对于本国物质经济关系而言并不滞后即可。何况，相对于行政处罚系统而言，二元制的制裁体系其实并存于世界各国，且貌似“公平”的立法若无法普遍适用于何时何地之任何犯罪，则会导致更大的不公甚至刑罚功能的衰减。有鉴于此，我们主张，中国刑法宜在全面废弃现行劳教制度的基础之上，重构相当于国外保安处分制的《违法行为矫治法》，在此基础上，刑法原则上应保留现行的既定性又定量的构罪模式，但对某些事关社会公众生命、健康安全的抽象危险犯设置可予例外。

第一节　中国刑法上的罪量要素规定述要

一、中国刑法上的罪量要素概念及特性

中国刑法上的罪量要素，其实就是学人们时常论及的关于中国刑法上的犯罪既定性又定量的“定量因素”。但“罪量要素”概念的首次提出者，却是北京大学的陈兴良教授。陈教授建构了一个“罪体——罪责——罪量三位一体的犯罪构

成体系。在这一构成体系中，给予犯罪成立的数量因素以独立的构成要件的地位”。[1]因而在陈教授那里，中国刑法上的罪量要素，又可谓之为独立于犯罪主客观要件之外的、作为犯罪构成的“罪量要件”。

按照陈教授的观点，罪量具有法定性、综合性和程度性的特征。法定性是指罪量是由刑法明文规定的。包括刑法总则第13条的“但书规定”[2]以及刑法分则中具体“个罪”的数额较大或者情节严重等“罪量要素”规定。综合性是因为罪量既不同于罪体的客观性，也不同于罪责的主观性，就其内容而言是既含客观因素又含主观因素，因此是主客观的统一，具有综合性。程度性是因为罪量所反映的是行为对法益的侵害程度。[3]

应当说，上述关于罪量要素特征的概定相当精准。惜以为憾的是，论者没有对“罪量要素”下一定义。

但另有学者从“犯罪构成的定量因素”的角度，剖释了名为“定量因素”，实为本章所讨论的“罪量因素”的概念。有学者认为，“犯罪构成中的定量因素是指犯罪构成中决定犯罪的基本性质以外的、单纯反映行为对法益的侵害程度、影响犯罪成立的因素。”[4]

还有学者将其建构为犯罪成立条件中的消极因素。认为“我国《刑法》第13条但书部分规定‘情节显著轻微危害不大的，不认为是犯罪’，在刑法分则的许多罪状表述中，也把数额较大、情节严重、后果严重等作为成立该种犯罪的条件之一。这就是犯罪成立的定量因素。”[5]

我们认为，概括地说，中国刑法上的罪量要素，就是指行为对刑法所保护的法益所致的侵害或威胁的程度。这里的“侵害”相对于刑法上的实害犯而言；“威胁”则相对于刑法上的具体危险犯、行为犯而言。然而，无论是侵害还是威胁，都不仅仅是客观不法要素，还包括主观不法要素。因为行为人基于不同犯罪心理、动机、目的等所表露出的主观恶性的大小，与其基于不同的作案手段及其危及层面、范围等所酿就的客观恶害程度一样，二者都是衡定行为对法益侵害或

---

〔1〕 陈兴良：“作为犯罪构成要件的罪量要素——立足于中国刑法的探讨”，载《环球法律评论》2003年第3期。

〔2〕 即《刑法》第13条在界定完什么是犯罪之后所做的“但是情节显著轻微危害不大的，不认为是犯罪”的规定。

〔3〕 参见陈兴良：“作为犯罪构成要件的罪量要素——立足于中国刑法的探讨”，载《环球法律评论》2003年第3期。

〔4〕 王志祥：“犯罪构成的定量因素论纲”，载《河北法学》2007年第4期。

〔5〕 王政勋：“定量因素在犯罪成立条件中的地位——兼论犯罪构成理论的完善”，载《政法论坛》2007年第4期。

威胁的“程度”轻重的标尺之一。不同点仅仅在于：在有其明确的罪量规定的分则条文之中，“罪量”可因刑法分则“个罪”规定对罪量要求的不同，而分别显现出其或客观、或主观、或混合型的罪量特性来。例如，我国现行刑法分则中既有数额犯、又有数量犯规定。[1]而这些罪量要素即可归诸于客观不法要素蕴涵的内容。如刑法分则第345条第1、2款所分别规定的盗伐林木罪、滥伐林木罪，两款都有盗伐、滥伐林木“数量较大”的明文规定，而此类数量犯，实可划归于客观恶害程度方面的罪量规定。再如刑法分则第260条、261条所分别规定的虐待罪、遗弃罪，在罪量要素上，此二者都采用了“情节恶劣”的字眼。显然，“情节恶劣”既可能基于其卑劣的犯罪动机、目的，也可能基于其作案手段或者犯罪影响的深重等。可见分则第260、261条的罪量要素规定，有其主客观层面的混合型特征。因而“罪量”与作为客观不法要素的“罪体”、与作为主观不法要素的“罪责”，实则难以泾渭分明地分割开来。换言之，罪量与罪体、罪量与罪责既不是白与黑那样的相互排斥的矛盾关系，也非白与蓝那样的互不兼容的反对关系，而是类似于红与黄那样的包容关系。即罪量对罪体或罪责其实都有着不可分割的依存加表征作用。质言之，根据中国刑法的一般规定，没有一定的罪量，罪体或罪责均难以获得相应的、行为得以成立犯罪的基本“表征”。

二、罪量要素在我国刑法中的地位

根据现行刑法的一般规定，罪量要素实为我国刑法分则中每一“个罪”的必备要件，尽管从应然性上讲，《刑法修正案（八）》通过醉酒驾车罪的规定已经在特别的“个罪”规制上有其罪量规定上的事实上的突破，但就实然规定看，中国现行刑法还是以下述方式将一定罪量设定成了特定行为得以成立犯罪的必备要件之一：①作为定罪情节的刑法分则中的数额犯、数量犯、情节犯或其他实害犯、具体危险犯规定；②作为兜底性条款的刑法总则第13条关于“但是情节显著轻微危害不大的，不认为是犯罪”的出罪规定。这进一步地确证了我国立法上所采用的确属既定性又定量的设罪模式。

第二节　中国刑法学界关于罪量要素的存废之争

关于罪量要素，有学者明确主张保留，有的明确主张废弃；还有学者虽未明

---

〔1〕这里的数额犯、数量犯，不是指量刑情节而是指定罪情节。即按照刑法分则的规定，行为务必侵害特定法益至一定数额或数量者，方才成立犯罪（既遂）的刑法规定。

确其保留或废弃的主张，但通过其著述，仍可看出其事实上的或保留或废弃罪量设置的态度。

一、保留说

对中国刑法上的罪量要素规定，自从北大的储槐植教授第一次撰文提及以始，刑法学界便开始了针对该罪量要素的存废之争。按储教授的观点，英美等西方国家的刑事法网是严而不厉的结构，而我国是厉而不严的法网结构。储教授指出，“严而不厉和厉而不严都是刑法结构的模式。‘严’是指严密刑事法网，严格刑事责任；‘厉’主要指刑罚苛厉，刑罚过重。”[1]储教授认为，我国现有的刑罚——劳动教养——治安处罚的结构，可以降低犯罪率，有益于稳定社会心理；也可使相对一部分公民免除“犯罪人”的污名。但他同时认为：应当严格限制定量性立法。因为定性又定量的立法，一会导致刑法理论的困惑和学理尴尬；二会导致最高司法解释权力的膨胀，地方司法机关的自由裁量权因而会相应萎缩；三会导致我国的刑事法网过于粗疏，不利于防控犯罪。因而储教授的结论是：“传统的法文化与现实的冲突决定了在我国刑法典中，定量的犯罪概念应该有一席之地，但其范围应该受到严格的限制。”[2]

张明楷教授指出：我国刑法上的但书“明确指出，但是情节显著轻微危害不大的，不认为是犯罪。反过来讲的话，就是要求危害‘大’即严重才认为是犯罪，不仅如此，刑法还将这一思想贯彻始终，刑法典以及其他特别刑法都只将危害严重的行为规定为犯罪。”[3]由是，在论及中国刑法上作为定罪情节的情节犯设置时，张教授进一步指出，“于是刑法作出一个概括性规定，‘情节严重’便认定为犯罪，否则不以犯罪论处。这种要件虽然显得缺乏具体标准，但有利于顾及个别（案）正义，有利于在认定犯罪时进行刑事政策的考量，而不至于定罪的僵化，还能有效地限制刑法的处罚范围”。[4]

梁根林教授认为：当前我国所采取的“定性 + 定量”的入罪立法虽然有利也有弊，但总体看仍然是利大于弊。所以，当前仍应当坚持并进一步完善这种入罪模式。他指出，“刑法与民法、行政法的职能分工决定了刑法干预的犯罪只能是有定量要求的犯罪行为。定量的抽象标准就是民法、行政法功能作用的临界点。民法、行政法功能不能正常发挥的临界点（最高限）就是刑法干预的逻辑

---

〔1〕 储槐植、汪永乐：“再论我国刑法中犯罪概念的定量因素”，载《法学研究》2000年第2期。

〔2〕 储槐植、汪永乐：“再论我国刑法中犯罪概念的定量因素”，载《法学研究》2000年第2期。

〔3〕 张明楷：“论刑法的谦抑性”，载《法商研究》1995年第4期。

〔4〕 张明楷：《刑法学》（第3版），法律出版社2007年版，第109页。

起点（最低限）。”[1]

西北政法大学的王政勋教授也持保留论的基本立场，他的基本观点是：对反社会行为，各国可以分类为一元制的制裁体系与二元制的制裁体系。前者即这里所谓的只定性不定量的刑事立法体系，但凡反社会行为，均启动刑罚机制应对，例如，英、美、法即持此种立场；二元制的制裁体系则不然，国家同时动用刑法与行政法来分别处罚较重或者相对较轻的反社会行为。王教授还指出：“如果以正规的刑事诉讼处理轻微反社会行为，投入过多而产出过少，无法满足效率的要求；如果以刑事诉讼以外的其他手段对付严重危害社会的行为，固然可能有效地打击犯罪，维持秩序，但却可能使公正的价值丧失殆尽。”[2] 据此，王教授主张“刑法所规定的犯罪和刑罚只能用来对付较为严重的、用其他方式已经不足以制裁和遏制的反社会行为，只有这样才能实现效率和公平的兼容。这就是刑法的最后手段性”。[3]

二、废弃说

北京大学的陈兴良教授虽然专门撰文论证了罪量要素在我国犯罪构成中的地位，但这只是他针对我国既存的实然规范的无奈解读。因为从应然的立场看，陈教授似乎并不认可我国现行的“定性 + 定量”的入罪规定。他的主要理由是：按照我国上述学者的观点，我国刑法上的“但书规定是对因犯罪情节显著轻微、不认为是犯罪的公民的有利之举。如果因犯罪情节显著轻微、不认为是犯罪而根本不受任何处罚，但书规定对于这些公民当然是一种宽宥举措。但事实并非如此，那些因但书规定出罪的人往往会受到劳动教养或者治安管理处罚。”进而，陈教授主张，“将劳动教养司法化，使之成为轻微犯罪的制裁方式。在刑法的改革中，可以考虑建立统一的犯罪概念（包括一般犯罪与轻微犯罪），提升对被处罚者的人权保障程度。在这种情况下，犯罪概念的但书规定也就丧失了其存在的必要性。不仅从立法上来说，犯罪概念的但书规定存在重大弊端，而且在司法上适用率低，并会造成标准失衡。”[4]

另有学者认为，“犯罪的本质是反对统治关系的斗争”；认为“有些行为虽然危害了个人、单位或团体，但由于它对社会即现行统治关系不构成威胁，因此

〔1〕 梁根林：《刑事法典：扩张与限缩》，法律出版社2005年版，第65页。

〔2〕 王政勋：“定量因素在犯罪成立条件中的地位——兼论犯罪构成理论的完善”，载《政法论坛》2007年第4期。

〔3〕 王政勋：“定量因素在犯罪成立条件中的地位——兼论犯罪构成理论的完善”，载《政法论坛》2007年第4期。

〔4〕 陈兴良：“社会危害性理论：进一步的批判性清理”，载《中国法学》2006年第4期。

不具有社会危害性”，据此“对个人、单位或团体的危害和对社会的危害，并不存在量的差异，而是质的区别”。论者还认为“刑法学界普遍认为民事违法等一般违法行为与犯罪的主要差别在于社会危害性程度不同，其实这种观点没有看到问题的实质”，认为“民事责任都是针对损害结果而承担的，因此民事侵权只是结果无价值判断，而不是行为无价值判断”，因而，按照此类学者的观点，无论民事损害的后果多么严重，从其构成要素的内在联系看，它仍是民事侵权。因而，“不是民事违法行为的社会危害性达到一定的程度就构成犯罪”。有鉴于此，论者主张废弃而今我国刑法上的入罪门槛限制，即摈弃犯罪的“定量”，否则，按照论者观点，我国现行刑法所体现出的定量因素，实际上是“行政集立法和司法于一身的法制模式”，是中国“法制发展滞后的表现”。[1]

第三节 关于罪量要素存废的法理评析

针对罪量要素的存废问题，本书的基本立场是保留。主要理由如下：

一、我国现行体制下的劳动教养制度的不合理并不必然地证成罪量因素的不合理

中国现行体制下的劳教制度，确有其不合理、不合法性，应予废止。但对现行劳教制度下可予劳教处分的某些行为，例如，深度吸毒行为、明知自己有性病而卖淫嫖娼行为以及精神病人所实施的危害行为，等等，国家立法机关完全可以另行设置类似于德国、中国澳门刑法上的保安处分的他法——例如《违法行为矫治法》的方式来解决。此一类似于保安处分的《违法行为矫治法》可纳入广义的刑法之中，但处分性质不是刑罚而是特殊的司法处分，其适用机关只能是人民法院，适用对象主要是有轻微刑事违法、又够不上严格意义的“犯罪”之人、抑或实施了较为严重的治安违法行为者以及其他需要强制施以心理矫治、人格矫治、戒毒治疗、性病治疗、精神病治疗等人员。

总之，就此问题可另文专门研讨，这里想要强调的仅仅是：上述关于劳教制度的废止，并代之以类似于保安处分的《违法行为矫治法》的举措，既符合国际惯例、也能通过处罚的中立机关——人民法院来解决劳教制度在适用该处分的法律、机关、程序以及剥夺自由的期限长短方面的种种不合理之处。因而我国现

---

〔1〕 李居全：“也论我国刑法中犯罪概念的定量因素——与储槐植教授和汪永乐博士商榷”，载《法律科学》2001 年第 1 期。

行体制下的劳动教养制度的不合理并不必然地证成罪量因素的不合理。更何况，就是课以违法行为矫治处分，也不是“零门槛”的论处。例如被课以戒毒处分者，也须是“深度”瘾君子，等等。

二、一元制与二元制的制裁方式即便分别对接于公正与效率，在同一国度中也还存在刑法适用上的“公平”问题

王政勋教授认为“刑事制裁的发起要投入相当大的成本，包括时间上的旷日持久，人力上的前赴后继，程序上的繁琐复杂等，因而不利于实现效率的价值，但由于在刑事诉讼中遵守罪刑法定等原则，由于被告人享有辩护权等广泛的诉讼权利，由于有法院这一中立的司法机关的居中审判，所以有利于实现公正的价值。”对此观点，我们认为不无正确，至少从一般意义看，零门槛的入罪，的确存在保全了公正却牺牲了效率的问题，这当然也是论者包括笔者主张保留罪量要素的主要理由之一。

然而，事物总有其辩证的一面。记得著名政论家埃德蒙·伯克有这样一句名言：“法律的基础有两个，而且只有两个……公平和实用。”这里，“法律的基础”毋宁被解读为“法律之适用基础”。换言之，刑法虽以伸张正义为其“己任”、并以“公平”为其基本禀赋，但是，倘若该制定法不能得以公平的适用或欠缺实效性，则该不公平的适法，本身仍会带来新的不公。例如，关于贪污罪，国内现行刑法本有2000元以上的起刑点规定，即便如此，关于贪污腐败的惩治黑洞，保守一点估计也高达80%以上，意即每年遭致刑罚惩治的贪官仅占百分之十几。如果再将贪污类行为改为零门槛入罪——也就是说贪污10元、100元均可入罪的话，我们看到的结局会进一步恶化为：要么司法机关的精力不得不终日消耗在那数不胜数的小贪、中贪身上，致使更多的巨贪、大贪成为漏网之鱼；要么司法机关用其主要精力抓办了大案、要案，但对无计其数的中贪、小贪，却无暇“关顾”。这样一来，刑事立法的出发点固然在于确保刑法的公正，结果却是：立意公正的刑法难以“公平”地适用于所有（或者绝大多数）犯罪嫌疑人。这样的法律欠缺时效性、实用性，零门槛入罪的立法因而形同虚设，刑罚的令行禁止性、威权性将荡然无存。试想，在同一国度、同一法域如此欠缺公平的法律适用，岂不是顾及了公正又丢了公平？可这不公平的适法，还有真正的公正性可言吗？

三、相对于行政违法行为而言，二元制的制裁体系其实并存于世界各国

德国当代刑法学家罗克辛教授曾指出：“法益保护并不会仅仅通过刑法得到实现，而必须通过全部法律制度的手段才能发挥作用。在全部手段中，刑法甚至只是应当最后予以考虑的保护手段，也就是说，只有在其他解决社会问题的手段——例如民事起诉、警察或者工商管理规定、非刑事惩罚，等等——不起作用的情况下，它才能允许被使用”。[1]日本学者平野龙一也曾指出：“即使刑法侵害或威胁了他人的生活利益，也不是必须直接动用刑法。可能的话，采取其他社会统治手段才是最理想的，可以说，只有在其他社会统治手段不充分时，或者其他社会统治手段（如私刑）过于强烈、有代之以刑罚的必要时，才可以动用刑罚”。[2]也正是在此意义上，法国启蒙思想家卢梭早就指出“刑法在根本上与其说是一种特别法，还不如说是其他一切法律的制裁力量”。[3]

惟其如此，各国宪法几乎都有其“法律手段与目的务须相对平衡”的比例原则规定，与此同时，刑法的谦抑性原则成为比例原则的下位法原则。谦抑性原则要求，刑罚作为国家的最高强制力手段，惟有在启动其他法律手段无效时，才能作为最后的、补充性的法律手段加以动用。否则，在启动其他法律手段足以抑制有关违法行为时，国家刑罚权的砝码稍加一码，民众的自由权利就会后退十码百码。毕竟，在强大而集中的国家刑罚机器面前，卑微而孤立的个人之力实在微不足道。有鉴于此，从民权主义的刑法观出发，每一国民让渡一部分自由给国家和社会，令国家和社会组成一定国家刑罚权，并非越大越好，而只能以“必要”为限。因为国家刑罚权的取得，是以人人让渡相当程度的“自由”、“权利”给国家为代价的，所以，这个“必要”还应有个一般意义的、抽象的限度标准。就刑法领域而言，国家刑罚权应以便于人们借此权力去“维护”不同利益主体之间的、最“基本”的物质与精神生活的平衡、协调与安全为限，否则难免导致秩序“过剩”。但是上述“必要”的标准何在？对此，我们比较赞同上文论及的“民法、行政法功能不能正常发挥的临界点（最高限）就是刑法干预的逻辑起点（最低限）”的主张，[4]这按刑法的谦抑性原则表述就是：当其刑法与民法、行政法等效或无效时，就不启用刑法。

鉴于这一缘由，至少相对于行政犯而言，各国实际上均采用二元制的制裁体系。例如无论是被称之为典型的一元制的英美还是法国，其实都有本国的含有罚则规定的行政法。对轻微的违反行政法规范的行为，均是课以行政处罚即可。例如英国《1959 年淫秽物出版法》、德国《秩序违反法》等。总体看，英美虽然都是普通法国家，但仍有不少属于制定法规范的行政法。如英美的保密法、原子能

---

〔1〕［德］罗克辛：《德国刑法学总论》（第 1 卷），王世洲译，法律出版社 2005 年版，第 23 页。

〔2〕［日］平野龙一：《刑法总论》，有斐阁 1972 年版，第 47 页。

〔3〕［法］卢梭：《社会契约论》，商务印书馆 1962 年版，第 63 页。

〔4〕梁根林：《刑事法网：扩张与限缩》，法律出版社 2005 版，第 65 页。

法、移民法等。这些行政法规范中，均含罚则。特别是英美、欧盟国家的移民法中，都含有限制“非法移民”者人身自由的罚则规定，且其中不少国家之移民局对所谓非法移民所课的限制其人身自由的处罚期，远远超过我国治安行政拘留处分的15天上限规定。因而，就反社会的控制体系而言，实际上各国均采用二元制的制裁体系。只是在自然犯场合，英美等国家才存在真正的零门槛入罪问题。

但有学者认为，“我国刑法中犯罪概念的定量因素不是创新而是滞后”。文章特别指出，“2000年3月15日的《立法法》已正式明确地将国务院等行政机关，在无须立法机关授权情况下制定行政法规的行为纳入立法行为之中”，因而“如果说行政机关对行政法规的适用还算不上是司法的话，那么行政机关对我国立法机关全国人大所制定的法律即《行政处罚法》的适用总算是司法吧。行政机关所行使的处罚权从本质上看属于司法权，这部分权力应由司法机关行使，但由于我国立法、司法与行政在分离时没有最终将这部分权力从行政机关划分出来，致使这部分权力仍留由行政机关行使。这种行政集立法和司法于一身的法制模式显然不是什么创新，恰恰相反，是法制发展滞后的表现。”〔1〕

综上可见，上述论者指斥我国犯罪概念的定量因素是“滞后”的主要理由在于：“我国行政机关既享有立法权，又享有司法权”。此一观点实在论之无据。主要理由是：

第一，我国行政机关并不享有立法权。对此，《立法法》第7条已经规定得非常明确：“全国人民代表大会和全国人民代表大会常务委员会行使国家立法权。”因而所谓我国行政机关享有立法权的说法言之无据。

第二，我国《立法法》第9条仅仅规定“本法第八条规定的事项尚未制定法律的，全国人民代表大会及其常务委员会有权作出决定，授权国务院可以根据实际需要，对其中的部分事项先制定行政法规”；此外《立法法》第56条第1款也强调“国务院根据宪法和法律，制定行政法规。”与此同时，《立法法》第89条第1项还特别规定国务院制定的“行政法规”，需“报全国人民代表大会常务委员会备案”。综上，很清楚，国务院仅仅有权制定行政“法规”而非行政“法律”。所有的行政法律，必须由全国人民代表大会或其常务委员会制定。而任何国家所谓的立法权，均是相对于“法律”而言。显然，国务院并各部委如果连行政规章都不能制定，如何行政？换言之，哪个国家的内阁不为自己之施政内

---

〔1〕 李居全：“也论我国刑法中犯罪概念的定量因素——与储槐植教授和汪永乐博士商榷”，载《法律科学》2001年第1期。

容、程式制定有关行政章程？除非封建专制国家，但凡法治国家，都必须有自己的法律与行政规章制度。

第三，行政机关实施人大常委员会或者国务院颁行的行政法律、法规，那只是行政执法行为而非“司法”行为。国家司法权，是依宪法赋予特定国家司法机关，根据法定程序并适用法定根据处理有关诉讼案件和非讼案件的权利。鉴于我国《宪法》仅仅规定我国的人民检察院和人民法院为法定司法机关，因而严格意义看，我国的国家司法权仅限于人民检察院和人民法院审理特定案件之际才享有。[1]也正因为如此，《行政处罚法》第三章才名为“行政处罚的实施机关”，而非“行政处罚的适用机关”或者“司法机关”。

四、法权关系取决于一定的物质经济关系，盲目移植西方法治只会导致水土不服

就当前我国物质经济发展现状而言，尽管近年来国家经济发展迅速，但中国毕竟幅员辽阔、人口众多；此外中国各地物质经济发展还高度不平衡，可就刑事立法看，中国实行的单一制政体，决定了一个国家一个法域，因而无论是边远山区还是高度发达的特大城市，无论是盗窃、诈骗、抢劫还是其他任何犯罪，中国均适用一部大一统的刑法。而以美国为例，美国国土面积与中国大致相当，其有效土地面积则是中国的 3 倍；人口仅与 13 亿中国人的零头相当，各州的物质经济发展还相对平衡，在此物质经济条件下，美国却有 50 个司法区——每一州即为一个司法区，且每一司法区均享有独立的刑事立法权与司法权。换言之，美国各州均有自己的州刑法，而中国却是大一统的一部刑法，可见，单从立法能力看，中国刑法很难与资源众多、人口稀少、政治经济发展相对平衡且有多个司法区的欧美国家相比。

再从司法与执法层面看，与西方国家相比，我国一名法官要承办数十、百倍于欧美国家法官的案件，加之其司法独立性有限，法官的自由裁量权也不够。司法资源因而更成问题。在执法方面，我国的执法资源（看守所、监狱等都人满为患，无期徒刑大多关押十多年就被减刑或假释出狱）也很不足。由是，我国当今稀缺的司法、执法资源状况，使得我国许多犯罪在有罪量规定的情况下，都有很大未予或未及破案、立案的犯罪黑洞，如网络犯罪、金融犯罪、证券犯罪、公司犯罪，贪污犯罪、诈骗犯罪包括合同诈骗罪，等等。

再者，根据我国的司法解释，诈骗 3000 元以上本可入罪。但现在，人们被

---

〔1〕 参见中国社会科学院法学研究所法律辞典编委会编：《法律辞典》，法律出版社 2003 年版，第 1330 页。

诈骗3万、5万的，被害人到公安机关去报案，结果往往是立案都困难。因为现实中，诈骗十几万、几十万的案件都办不过来。再看看，而今我国的贪污贿赂犯罪的黑洞之大，令许多贪官都因为从案发到被判刑的几率很低而敢于以身试法。在此情况下，无论是立法定性、司法定量，[1]还是只定性、不定量即零门槛的入罪都没有可行性。

综上分析可见，如果不顾及当前我国的法治资源包括司法人才极度稀缺，国家正处于经济转型时期，各类个人与国家、个人与社会、社会与社会之间的冲突关系因名目繁多、复杂乃至整个国家都还在摸着石头过河的现状，非要引入西方的零门槛入罪，结果只能因本国国情的不同而导致引入“植被”的水土不服。如此一来，其结局可能诚如当代法理学家福勒所指出的那样，一位明师可以向学生提出明显超出其能力所及之范围的要求，以便逼出学生的潜力，但立法者却不能要求公民为不可能之事。因为老师可以在学生未能达到要求的情况下仍然因为他实际做到的程度而表扬他，立法者却不能出尔反尔、在公民未达到法律要求的情况下不施以处罚。这样会使法律形同儿戏。[2]同理，刑法做了零门槛入罪的规定，司法上不逐一审决的话，刑罚的威权性将会全然无存。如此尽管人们可能出于良好的初衷引入此类“先进”的立法例，但如其不能正常地运作于本土，其结果不但不是法治的进步而是倒退，因为脱离本国物质经济基础的政治上层建筑只能是中看不中用的“壁上观”。有鉴于此，一国的法治只要相对于本国物质经济关系而言并不“滞后”即可。

基于上述思想，我们颇为赞同有学人提出的关于“刑法入罪之过滤机制”的主张，即在经过“道德──→第一次法（行政法）──→第二次法（刑法）”的犯罪化作业过滤机制之小心论证之后，方才有必要最终确立刑法针对某些性质严重的行政违法行为的“保障法”地位，亦即方才有必要针对诸此行为做出必要的犯罪化规制。[3]

五、新型政治上层建筑的构建有赖于相应的观念上层建筑的重塑

众所周知，作为观念上层建筑的意识形态历来有其相对独立性，即使社会形态发生了巨大变迁。就我国现状看，中国传统文化对犯罪人普遍歧视的“观念上层建筑”也对中国刑法设置罪量要素有其深刻影响。由于中国刑法历来仅惩罚较

---

〔1〕 有一种说法是：立法定性、司法定量，即可分流好多案件。但问题是：司法定量仍然需要启动司法资源，来确定行为人是否可以出罪，这仍然存在严重的司法不足的问题。因为此类司法定量，仍然建立在“零门槛”的可入罪的基础之上。

〔2〕 参见 Lon Fuller, *The Morality of Law*, revised edition, Yale University Press, 1969, p. 71.

〔3〕 参见梁根林：《刑事法网：扩张与限缩》，法律出版社 2005 年版，第 33 页。

为严重的法益侵害行为，故在国人的传统观念中，犯点法问题不大，但犯罪人却近乎“坏人”的代称。再加之建国以来，我国一直适用的针对犯罪人的前科建档制度、前科报告义务等。所有这些，都导致了就业单位、学校、社会乃至一般居民等对有前科者的零容忍态度。

迄今为止，我国《刑法》第100条仍规定：“依法受过刑事处罚的人，在入伍、就业的时候，应当如实向有关单位报告自己曾受过刑事处罚，不得隐瞒。”而在德国刑法中，曾将“公示判决”设定为特定的刑种，惟对那些实施了侮辱他人人格的犯罪人方才适用。因为曾经遭致刑事处分，乃公民个人隐私，不存在报告义务。但就此问题，我国根据《儿童权利公约》所规定的最有利于儿童身心发展的原则，[1]已于2011年5月1日施行的《刑法修正案（八）》第19条有所修改，改为“犯罪的时候不满18周岁被判处5年有期徒刑以下刑罚的人，免除前款规定的报告义务。”可见，就是对未成年人，我国刑法上的报告义务也只是部分取消，即实施犯罪行为时尚未成年者，必须所犯罪行较轻——被法院宣告的刑罚在5年以下有期徒刑者，方才能够豁免前科报告义务。针对成年人、未成年人的犯罪前科档案制度的消灭，就更不用提了。

另观国外，不少西方国家的教授可以面不改色地告诉你，他曾经有过3次犯罪记录。再如当年刺杀里根总统的杀人犯约翰·欣克利曾经因“人格异常”被美国法院判决无罪，并送交美国圣伊丽莎白精神病院强制治疗。虽然当年美国各界对此判决怒不可遏，且美国不少州因而通过修改刑法严格限制了精神病的适用范围。但遇刺的被害人——时任美国总统里根自己还是原谅了欣克利。他在自己的日记中写道：“我认为这个孩子（22岁）精神失常，我已原谅了他，他为精神疾病所困扰。”这在一定程度上表明，西方人与国人在对“犯罪人”的人格标签上有很大差异。在国人眼中，甭说杀人越货者，就是一般的刑满释放人员，都被贴上“坏人”或“准坏人”标签了，而我国《刑法》第100条的上述规定，更是在国家制度层面上“脚注”了这一点。

有鉴于此，在中国，人的一生中一旦失足犯罪一次，哪怕所犯者仅仅是过失犯罪，他/她也会面临终身的就业选择、结婚成家或者就学上的困难，当然更甭说入伍当兵了。从这一角度讲，我们也不宜于把更多的小偷小摸、小额诈骗、小额倒卖光盘等行为尽皆纳入犯罪圈，以免导致更多、更大的社会歧视和人权保障问题。

观念上层建筑对我国罪量要素设置的另一重大影响在于：国人守法意识相对

〔1〕根据《儿童权利公约》的规定，所谓儿童，乃指不满18周岁的未成年人。

较差。我们不得不承认的事实是：当前，虽然我国之国民生产总值已经号称世界第二，但人均国民收入仍排名世界尾端。特别是，就整个中国看，国内政治经济发展的不平衡，也导致不少偏远地区、经济不发达甚至次发达地区，不少人家远未达到温饱水平。这种种的政治经济发展上的不平衡、贫富悬殊差距的加大，也是不少国人守法意识确实相对较差的缘由之一。

此外，就一般意义看，中国广大城乡、社区还普遍缺乏一个个对遵纪守法抱有“热烈而深切信念”的笃信宗教的广大教徒与教民。美国学者伯尔曼曾经指出，“真正能阻止犯罪的乃是守法的传统，这种传统又根植于一种深切而热烈的信念之中，那就是，法律不仅是世俗政策的工具，而还是生活终极目的和意义的一部分。”〔1〕显然，由于国内笃信宗教者甚少，没有传统教义的自觉与自律，人们很难将“法律”视作自己“生活的终极目的与意义”。相反，在不少人心目中，遵守法纪只是碍于违法将遭致法律制裁。这样一来，只要有法律漏洞可钻，不少人便敢于以身试法、铤而走险。于是，国内销售盗版光盘的、乘车逃票的、买卖发票逃税的、小额敲诈、巨额诈骗、绑架勒索等违法犯罪，比比皆是。

当然，论及犯罪原因，无论是宏观、中观还是微观原因都是多样化的，贫穷与不信教都不是犯罪的理由。但贫穷，特别是贫富悬殊，的确是引发犯罪的社会原因之一。就此意义看，我国国民的守法意识相对较差，国家和政府也是难辞其咎、难脱其责的。起码改革开放以来，不但没有很好地缩短贫富差距，反而加大了贫富差距、发达地区与不发达地区（偏僻山区）的差距，等等。有鉴于此，国家不宜将所有的责任都加诸在守法意识相对较差的公民头上，不宜将所有实施了小偷小摸、无照摆摊、销售盗版光盘等行径的人一网打尽地包摄到刑事法网之中，而当分门别类地处理。何况，“罚不责众”的说法也不是全无道理，试想，轻微地反社会行为者既然如此众多，国家法律若将如此众多的违法者统统打成犯罪人，也会大幅度地牺牲法律的效率与效益并反过来导致新的不公。

六、中国的治安行政处分，并不违背有关人权公约的规定

有学人认为，之所以应当摈弃定量因素——“零门槛”的入罪，是因为我国现行《治安管理处罚法》上法定的治安行政拘留处分，违反了《公民权利和政治权利国际公约》（以下简称《公约》）第9条的规定。认为根据该《公约》，我国应取消现行《治安管理处罚法》中的治安行政拘留处分，并将其纳入刑法。

我们认为：持这种观点的学者是对《公约》第9条的误读。为此，有必要先行审视并正确解读一下《公约》第9条的规定。《公约》第9条规定如下：

---

〔1〕［美］伯尔曼：《法律与宗教》，梁治平译，北京三联书店1991年版，第43页。

（1）人人有权享有人身自由和安全。任何人不得加以任意逮捕或拘禁。除非依照法律所确定的根据和程序，任何人不得被剥夺自由。

（2）任何被逮捕的人，在被逮捕时应被告知逮捕他的理由，并应被迅速告知对他提出的任何指控。

（3）任何因刑事指控被逮捕或拘禁的人，应被迅速带见审判官或其他经法律授权行使司法权力的官员，并有权在合理的时间内受审判或被释放。等候审判的人受监禁不应作为一般规则，但可规定释放时应保证在司法程序的任何其他阶段出席审判，并在必要时报到听候执行判决。

（4）任何因逮捕或拘禁被剥夺自由的人，有资格向法庭提起诉讼，以便法庭能不拖延地决定拘禁他是否合法以及如果拘禁不合法时命令予以释放。

（5）任何遭受非法逮捕或拘禁的受害者，有得到赔偿的权利。

诟病我国治安拘留处分的学者，主要是以上述《公约》第9条的第1、3、4款为据，认为我国的治安拘留处分，一没有如《公约》第9条第1款所规定的那样"依照法律所确定的根据和程序"，而被剥夺了自由；二没有如《公约》第9条第3款所规定的那样"被迅速带见审判官或其他经法律授权行使司法权力的官员，并有权在合理的时间内受审判或被释放"；三没有如《公约》第9条第4款所规定的那样，被课以治安处罚的人，应"有资格向法庭提起诉讼，以便法庭能不拖延地决定拘禁他是否合法以及如果拘禁不合法时命令予以释放。"

针对上述质疑，要澄清上述诟病是否误读了《公约》相关规定，关键在于如何解读《公约》上述规定。而众所周知，联合国人权事务委员会关于《公约》相关条文的一般性意见是经联合国授权的官方有权解释文件。具体而言，联合国人权事务委员会通过的一般性意见中的《第8号一般性意见》(以下简称《意见》)，乃是专门针对《公约》第9条的法律解读。

根据该《意见》，《公约》第9条"第1段适用于剥夺自由的一切情况，不论它涉及刑事案件或涉及诸如精神病、游荡、吸毒成瘾、为教育目的、管制移民等其他情况"。由此可见，"剥夺自由"的处分，不仅囿于"刑事案件"，还涉及"诸如精神病、游荡、吸毒成瘾、为教育目的、管制移民等其他情况"。可见《公约》第9条第1款所谓的"除非依照法律所确定的根据和程序，任何人不得被剥夺自由"中的法律、根据、程序等，并不必然地仅限于刑事法律、刑事根据或刑事程序，这应当是一目了然的了。否则，上述《意见》不会特地声明"第1段适用于剥夺自由的一切情况，不论它涉及刑事案件或涉及诸如……管制移民等其他情况"。也正因为如此，欧美移民局也时常根据其《移民法》，对非法移民者课以剥夺自由的行政处分，人们却不能因而谓之其违背《公约》第 9 条规定。[1]《治安管理处罚法》也一样，作为法律，适用特定的治安拘留处分时，也须经由一定的行政处罚程序。据此，它并不违背《公约》第 9 条第 1 款的规定。

至于《公约》第 9 条第 3、4 款的规定，上述《意见》也解释的非常清楚，该《意见》称“第 9 条的某些规定（第 2 款的一部分和第 3 款全部）仅适用于对之提出刑事控诉的人”。而在中国，仅仅违反《治安管理处罚法》的人，不会遭致“刑事控诉”，所以，对被施以治安行政拘留处分的人，并不发生需要“被迅速带见审判官或其他经法律授权行使司法权力的官员，并有权在合理的时间内受审判或被释放”的问题。至于《公约》第 9 条第 4 款的规定，《意见》特别指出，《公约》第 9 条之“第 4 款阐明的重要保证，即有权由法庭决定拘禁是否合法，适用于因逮捕或拘禁而被剥夺自由的任何人”。这个“任何人”无疑适用于我国被课以治安行政拘留的人。这是因为《行政处罚法》第 35 条早已明文规定：“当事人对当场作出的行政处罚决定不服的，可以依法申请行政复议或者提起行政诉讼。”也就是说，在我国，遭致治安拘留行政处分的每一个体，都“有资格”向法庭提起“民告官”之诉讼，最后须由法庭来“决定拘禁是否合法”，凡法官裁决某行政拘留不合法者，公安机关务必即行撤销其处罚决定，并恢复被处分者的人身自由。

综上可见，我国的《治安管理处罚法》中的治安行政拘留处分，并不违背《公民权利和政治权利国际公约》的相关规定，进而不发生因而违约侵犯人权的问题。

第四节　中国刑法上的罪量要素立法完善思考

一、学界的不同意见

关于罪量要素的完善问题，就是在持保留论的学者当中，也有多种不同意见。大致包括：其一，除分则第 3 章中某些经济犯罪以外的其他罪，包括盗窃罪、诈骗罪和抢夺罪等传统的财产犯罪在内，均采用“立法定性、司法定量”

---

[1]《公约》第 9 条第 1 款的原文为：“人人有权享有人身自由和安全。任何人不得加以任意逮捕或拘禁。除非依照法律所确定的根据和程序，任何人不得被剥夺自由。”可见《公约》第 9 条保护的对象乃“任何人”而不限于本国公民。据此，设如某国移民局非法羁押外国人，仍属触犯《公约》第 9 条规定的行为。

的模式[1]；其二，原则上，行政犯都既定性又定量。对盗窃、诈骗、抢夺等悖德的自然犯则只定性不定量，相应的治安管理处罚法中的盗窃行为等也予以删除并将其并入现行刑法之中。对过失犯罪，仍然保留现有的立法模式，即有特定的危害结果才构成犯罪；[2]其三，主张刑法总则不应定量，认为“犯罪概念中的‘但书’规定已经没有继续存在的必要，随着我国法律逐渐完善的需要，也应该是其‘功成身退’时候了。”[3]

二、本章立场：赞同“以定量为原则、零门槛入罪为例外”的罪量设置模式

我们主张我国刑法宜采用“以定量为原则、零门槛入罪为例外”的罪量设置方式。其基本含义为：中国刑法上的各项犯罪构造，原则上应有其罪量要求，刑法分则有特别规定者例外。此类立法模式与“定性为原则、定量为例外”的某些西方国家之立法例的本质区别在于：零门槛入罪为例外的场合，整个刑事法网相对粗疏，犯罪圈相对较小，刑罚之处罚面也相应较小。这样一来，一些法益侵害性较小的行为就被分流到行政处罚甚至民事侵权行为中去了。例如，在我国，一般的殴打行为仅属治安行政违法并民事侵权，轻伤害以上的故意伤害方才构成刑事犯罪；又如，一般的侮辱、诽谤行为仅属民事侵权，惟有情节严重的侮辱、诽谤行为方才构成刑事犯罪，等等。这样的犯罪圈设计，既符合当前我国政治经济发展态势，也因应了我国司法资源供给现状，同时契合了相对独立的社会意识形态关于较为严重的不法行为方才成立“犯罪”的国民在此问题上的观念定型。

具体到条文设计上，立法上或可采取如下立法例：在保留现行《刑法》第13条并其“但书规定”的基础之上，在第13条之后增设1款，其条文表述为“分则有特别规定的依照分则规定”。此款实为“但书之例外”条款。与此相呼应，刑法分则则须对一些特别犯罪，特地叙明“本条不受刑法第13条‘情节显著轻微危害不大的，不认为是犯罪’规定的限制。”此类犯罪即属“例外”的毋须定量因素的零门槛入罪模式。

接下来的问题是：何以要例外？例外的标准是什么？论及何以要例外，根本缘由还是由风险社会下的、关乎到超个人法益侵害的风险犯罪日益增多所决定的。众所周知，风险社会之风险并非一般自然灾害或传统自然犯罪所导致的危

---

〔1〕储槐植、汪永乐：“再论我国刑法中犯罪概念的定量因素”，载《法学研究》2000年第2期。

〔2〕邓定远：“中国刑法中的罪量要件研究”，中国政法大学2012年博士学位论文，第156页。

〔3〕参见张磊、刘慧：“浅议我国犯罪概念中‘但书’之‘退位’”，载《法制与社会》2008年第4期（下）。

害。电子技术、生态技术、克隆技术、核磁技术等高科技的飞速发展，导致如今的社会风险愈来愈具有人为性、后果和影响上的扩张性、延展性、风险指向时间、地点上的不确定性、大面积性等特征，有鉴于此，刑法不得不采取提前发动国家刑罚权的办法，以尽可能地防控或化解种种人为风险，从而全面而有效地维系全社会不特定他人的生命安全、健康安全、财产安全等。就此意义看，相对于其可能导致的危害后果而言，刑罚不再是事后罚、报应刑，而是事前罚、预防刑。从刑事法理看，此类犯罪设置被统称为危险犯。其中，刑法根据一般社会经验抽象出特定的类型化行为并将其拟制为一俟行为实施，就会引发某种特定或不特定超个人法益侵害的危险犯设置，乃刑法学理上的抽象危险犯；此外，对另类风险程度相对较低的类型化行为，刑法要求该行为务需“足以”导致某种特定危险发生，方才成立犯罪。此类犯罪乃为刑法学理上的具体危险犯。总体看，危险犯特别是抽象危险犯具有如下特征：①行为本身未必具有法益侵害性；②行为本身还未必具有传统犯罪的悖德性，例如醉驾行为；③就一般统计数据及实证研究结果看，行为一经实施，会高概率地危及社会公共安全甚至引发大面积的人祸，包括不特定人或者多数人的生命、健康安全。例如，据调查，《刑法修正案(八)》颁行之前5年，国内因车祸导致的无辜他人的死亡率，已经大大超过汶川地震导致的死亡人口总数。面对诸此高概率且高风险并类型化的行为，刑法的制度回应只能是法益保护的适度早期化，即该罪的成立标准需适度前移，否则等到醉驾司机肇致重大车祸国家刑罚权方才有权启动的话，那对无辜逢凶的路人、车祸身亡或重伤的司机、乘客包括醉驾司机本人而言，都为时太晚了；④由于行为本身未必具有刑法意义的社会危害性甚至悖德性，刑法规制此类犯罪的主旨，也就不在报应而在预防。即刑法的报应功能在此情况下普遍为刑法的威慑、儆戒、宣示、指引功能所取代。由是，为了达到全面威慑、儆戒、宣示并指引社会行为的效果，以最大限度地禁绝上述高概率高风险行为，抽象危险犯的场合，刑法不必评价个案行为是否真的足以导致特定的社会风险，而是一俟行为实施，刑法便拟制其法定风险成立，行为因而构成犯罪。有鉴于此，无论就行为本身的性质看还是就刑事立法之本旨看，诸此犯罪已毋需设定任何入罪门槛，有行为便有风险，从而成立犯罪既遂。

再结合实例看，《刑法修正案(八)》第22条所增设的醉酒驾车罪，即属典型的事实上已无罪量要求的“例外”规定。这是因为：其一，《刑法修正案(八)》醉酒驾车罪的罪状乃为简单罪状，其中并无任何情节恶劣、情节严重、抑或血液内酒精浓度超高等罪量要素规定。其二，醉酒驾车罪本身可谓现行刑法中典型的“微犯罪”设置。《刑法》第13条的“但书”规定本身碍难再适用之。

称其为微犯罪，这是因为：首先，醉酒驾车罪本身乃属典型的风险社会下的风险刑事立法。其次，《刑法修正案（八）》对醉酒驾车罪所设定的法定刑仅为“拘役，并处罚金”。亦即本罪的最高法定刑仅为6个月的拘役——这在整个中国刑法所设置的400多种犯罪中是绝无仅有的。在此之前，分则其他所有犯罪之中，法定刑最轻的犯罪（如重婚罪），最高法定刑也是2年有期徒刑。可见，醉酒驾车罪的法定刑可谓前所未有的“轻上加轻”，这也是我们谓之为事实上的“微犯罪”的原由之一。这样一来，试想对诸此本身就属于“情节显著轻微危害不大”的行为，刑法还有必要对其适用“但是情节显著轻微危害不大的，不认为是犯罪”的规定吗？如果对此微犯罪还动辄“出罪”，则为了防止诸此危害发生概率极高、风险极大的犯罪而“刻意”提前启动国家刑罚权的立法举措，还有何实际意义？

当然，对此立法也有学者持论相反，认为醉驾入刑的执法、司法成本太高，其支出大于产出，有悖刑法的谦抑性原则，因而主张取消。[1]我们认为：生命是最为至高无上的权利，其他任何权利都无法与生命权利相提并论。简言之，生命无价！由是，在生命权利面前，无论是执法、司法消耗的人力、经济资源，还是醉驾司机被处以拘役或罚金刑所付出的自由或财产权利上的代价，都微不足道。从这个意义讲，此类产出大于支出，并不发生有悖刑法谦抑性原则的问题。何况，以我国国民的经济实力，我国也无法以巨额行政罚款来儆戒此类高风险行为。例如，据报载，俄罗斯杜马正拟议对醉驾司机一次课以可购买一辆中级轿车额度的行政罚款并吊销驾照3年，只对其累犯者追究刑事责任。[2]如此立法所消耗的司法资源的确更小，儆戒效应也颇大，但在我国却完全不具备施行可行性。

接下来的另一问题是：“例外”的标准是什么？综上分析，我们对此问题的基本考量是：①“例外”必须定位于其犯罪性质关涉到社会公共安全，特别是公众生命、健康安全的犯罪类型；②在犯罪成立模式上，其刑法设置应属抽象危险犯。因为无论如何，具体危险犯的场合，刑法仍有一定“足以”威胁到特定法益的“程度”要求即最低罪量规制；③分则罪状上需无“罪量要素”的明文规定。

现行刑法中，大致符合上述条件的抽象危险犯的立法例有：《刑法》第133条之一所规定的醉酒驾车罪；经《刑法修正案（八）》修订后的《刑法》第141

---

〔1〕参见李小华：“从刑法的谦抑性和效益、公正价值看罪驾入罪”，载《哈尔滨学院学报》2011年第10期。

〔2〕参见“一次罚金可买一辆中级轿车”，载《参考消息》2012年10月7日，第6版。

条所规定的生产、销售假药罪；《刑法》第144条所规定的生产、销售有毒有害食品罪；《刑法》第369条所规定的破坏武器装备、军事设施军事通信罪等。当然，要想将我们的构想例外地、可予零门槛入罪的“应然”转变为“实然”，还得如上所述地分别对《刑法》第13条并以上分则条款做出前后照应的立法规制。

最后，值得强调的是，即便立法上将上述犯罪“例外”地设置为无罪量要求的犯罪，按照中国刑法总则的规定，它也与有罪量要求的犯罪一样，都存在确定的出罪空间。即在阻却违法、阻却责任的场合，依法应予出罪。与此同时，行为符合《刑法》第37条“对于犯罪情节轻微不需要判处刑罚的，可以免予刑事处罚”的规定时，也可做出有罪免罚的宣告。例如因送危重病人就医不得已醉驾者，可适用紧急避险阻却违法，此类醉驾行为可予出罪；又如醉驾发生于精神疾患发作期间，因其欠缺认识或控制能力可阻却责任，对行为人也可出罪。[1]此外，对深夜醉驾于空旷原野地带且行车里程较短者，也可适用《刑法》第37条有罪免罚，以便在儆戒社会不得效尤的同时，力求罪责刑相适应。

〔1〕在德日等大陆法系国家，不具有可责性仍然构成犯罪，只是免罚，可对其适用保安处分。但根据我国现行《刑法》第18条第1款的规定，无刑事责任能力则“不负刑事责任”，应予出罪。

第七章 刑法改革与其他法律控制手段的协调

法律作为社会控制的主要手段之一，通过其规范和强制作用来控制社会、规制社会行为。法律的实施是依靠国家政权控制力量来推行的，是最严厉、最权威、最有效的社会控制手段。因此，“法律是进行社会控制的强有力手段，也是最高层次的社会控制手段。”〔1〕最早提出社会控制论的是美国著名社会学家罗斯，罗斯在其《社会控制》一书中提出，法律作为“社会使用的最特别和高度精致完美（finished）的控制机器”居于最高地位。〔2〕而美国著名法学家罗斯科·庞德发展了罗斯的理论，社会控制论成为庞德法律思想的核心内容。庞德认为：法律是社会控制的最高手段，主张把法律作为社会控制的主要工具，通过法律实现社会控制。〔3〕在各种法律控制手段中，刑法以其性质的严厉性、保障性，在各种法律控制中处于特殊地位，但各种法律控制手段应当成为协调统一的整体，才能达到法律控制效果。陈泽宪教授在论及市场经济的刑法调控时就指出：刑法只是市场经济法律调控机制中的一环，刑法对市场经济的调控不是一种孤立的立法和司法活动，而应当重视刑法与其他法律调控机制整体运作的内在协调，否则会大大削弱刑法调控的预期效果。〔4〕因此，中国刑法改革不可能是一种单纯、孤立的行为，作为社会关系最后一道保护屏障的刑法，其改革必须与其他法律控制手段相协调，方能达到法律控制的目的。这里的其他法律控制手段主要是我国法律体系所列的除了刑法外的各种法律控制手段，主要包括宪法、民事法

〔1〕蒋传光：“构建和谐社会与当代中国社会控制模式选择”，载《上海师范大学学报（哲学社会科学）》2006年第2期。

〔2〕［美］E. A. 罗斯：《社会控制》，秦志勇等译，华夏出版社1989年版，第81页。

〔3〕［美］罗·庞德：《通过法律的社会控制·法律的任务》，沈宗灵、董世忠译，商务印书馆1984年版，第23、69～70页。

〔4〕陈泽宪：“论市场经济的刑法调控原则”，载《法学》1994年第3期。

律、行政法等。刑法改革必须关注最新的宪法修正案，贯彻宪法理念和价值和最新的宪法规范，并与之相协调；刑法改革必须与民事立法、行政立法、刑事程序法相协调。只有这样，刑法改革才能达到预期效果。

第一节　刑法改革与宪法精神的契合

宪法与其他部门法一样都是法律控制手段的一部分，只不过因为宪法的“母法”、“根本大法”地位，决定了宪法在各种法律控制手段中处于核心地位。刑法改革必须与宪法相照应，贯彻宪法的基本精神和价值、贯彻宪法规定的各种制度。同时，刑法改革必须与我国宪法的精神相契合，这就有必要对我国宪政的发展进行必要的前瞻性研究。

众所周知，在宪政社会中，宪法与刑法的关系是根本大法与部门法的关系。宪法是制定刑法的根据和基础，同时对刑法的立法起到指导作用。刑法贯彻落实宪法各种原则和制度，是宪法内容和精神的具体化。无论刑法总则，还是刑法分则，都要实现某些宪法规范的具体化。宪法规定了国家的具体刑罚权的范围，并且规定了国家机关行使刑罚权的权力分配问题，刑法落实宪法的相关规定，用刑罚手段维护宪法规定的基本人权，为了防止国家刑罚权的滥用，宪法规定了行使刑罚权所要遵守的基本原则和制度，并限制了刑罚权的实现程序，将犯罪行为的侦查、起诉、审判与执行等权力，分别由不同的国家机关来行使，以免单一国家机关滥用职权。

制宪、行宪的根本宗旨，即是规范、限制国家、政府的权力或者说公共权力，以保障公民权利。“宪法是写满人民权利的纸”。作为“子法”、下位法的刑法，在宪政体制下的作用毋庸置疑，同样以规范国家刑罚权的行使、保障公民权利为己任，正如德国刑法学家冯·李斯特所说，“刑法既是善良人的大宪章，也是犯罪人的大宪章。”刑事法制的理念与制度应与宪法保持高度一致，尤其是价值的选择与衡量上，应在宪法中追本溯源，因此，刑法改革，应当使刑法与宪法理念、价值和制度保持原则、理念上的一致；刑法改革应当关注宪法理论的发展和最新的宪法修正案。随着人权、私有财产保护等写入宪法，刑法应与宪法保持高度一致，并贯彻执行宪法的这些规定。

一、中国宪法制度的最新发展

现行宪法颁布后，先后经过了1988年、1993年、1999年和2004年的4次修改，通过了31条宪法修正案。从扩大人民民主、对公民的自由和权利作了充分、切实和明确的规定，到确立依法治国、建设社会主义法治国家的基本方略。现行宪法和4个宪法修正案奠定了几乎当前所有制度的基础，为发展社会主义民主政治提供了有力的法律保障。

当前，中国宪法制度的最新发展主要体现在两个方面，一是依法治国入宪，二是私产入宪与人权入宪。依法治国入宪，"法治"成为国家意志，是中国共产党在民主法治建设史上树起的一座新的里程碑，此举具有划时代的意义。2004年的《宪法修正案》中，私产入宪与人权保障入宪。修改后的宪法规定"公民的合法的私有财产不受侵犯"，公民的私有财产权由民事权利上升为宪法权利，从一般权利上升为基本权利，并得到充分的尊重和保护。明确地将"国家尊重和保障人权"写入了宪法，并在许多条款中直接或者间接地与保障人权有着联系。尊重和保障人权，这是法治的核心价值，是实行法治的出发点和基本归宿。中国首次将"人权"由一个政治概念提升为法律概念，从而使尊重和保障人权由党和政府的主张上升为人民和国家的意志，由党和政府执政、行政的政治理念和价值上升为国家建设发展的政治理念和价值，由党和政府文件的政策性规定上升为国家根本大法的一项原则。这是中国人权发展的一个重要里程碑。

二、刑法宪法化问题

随着人权、私有财产权利保护等写入宪法，刑法应与宪法保持高度一致，并贯彻执行宪法的相关规定。学术界有学者开始探讨刑法宪法化的问题，认为刑法宪法化有两种内涵：第一种内涵是指把刑法中的重要内容载入宪法，使这些内容能够通过宪法体现和保障。卢建平教授对于刑法宪法化原则的理解就仅仅限于这种内涵，〔1〕认为刑法宪法化是指把有关犯罪与刑罚的基本原则写入宪法，以彰显刑法人权保障功能的一种趋势。持相同观点的学者认为：刑法宪法化就是指在宪政背景下，将刑法的一些保护人权的基本理念和原则写入宪法，用宪法条款来指导和限制刑事立法和司法，在刑事立法和司法领域建立起违宪审查制度以限制国家刑罚权。〔2〕第二种内涵是指刑法在实质上必须与宪法所承载的法治精神和内容相一致。这是宪法与刑法的关系所决定的。多数学者持这种观点。

研究和倡导刑法的宪法化无疑是有意义的，无论对刑法宪法化的内涵如何理解，刑法宪法化的最终目的都是着眼于权利保障、保障人权，这一点上，正如高

〔1〕卢建平："刑法宪法化简论"，载《云南大学学报（法学版）》2005年第4期。

〔2〕储槐植、李莎莎："中美刑法宪法化比较研究"，载《刑法论丛》2010年第3期。

铭暄教授所言："权利保护，乃是宪法与刑法的最大交集"。[1] 刑法宪法化的研究，会进一步明确刑法与宪法的密切关系，宪法有必要把有关犯罪与刑罚的基本原则写入宪法，以彰显刑法人权保障功能，刑法更应当与宪法所承载的法治精神和内容相一致。

三、刑法改革应与我国宪法原则、理念与内容相契合

刑法应与宪法保持高度一致，并贯彻执行宪法的相关规定。刑法制定、修改以及改革当然应当与现行宪法的价值、理念相一致，并且贯彻上位法的价值和理念。有关宪法的价值、理念的具体含义和范围，在学界存在较多争议，但是人权保障、法治成为宪法的价值和理念无疑已经得到公认。我们认为，当前刑法改革应当与宪法相协调，刑法改革应当着眼于尊重和保障人权、尊重和保护私有财产、改革刑法中的赦免制度。

（一）刑法改革与"人权入宪"

刑法改革应当着眼于尊重和保障人权。2004 年 3 月，第十届全国人大第二次会议通过了第四个《宪法修正案》，明确地将"国家尊重和保障人权"写入了宪法。尊重和保障人权，这是法治的核心价值，是实行法治的根本出发点和基本归宿。中国"人权入宪"是顺应世界人权进步事业发展的重大举措，中国的刑法改革必须加强人权保障。这正如赵秉志教授所指出的：强化对人权的保障是全球化时代中国刑法改革的鲜明主题，以人为本、尊重和保障人权是全球化时代刑法立法的必然要求。[2]

人权入宪，刑法改革必须着眼于人权保障，必须改变以往的刑法立法与刑事司法实践中，由于过度强调刑法的国家、社会保护功能，而忽视了公民人权保障功能的现象。在人权保障中，刑法应当发挥其重要作用。宪法通过规定各国家机关的权力及其界线，避免其对公民权利的侵犯；刑法通过规定罪刑法定原则、个罪的构成要件等规制刑罚权，避免公民的权益被司法机关恣意限制或剥夺，进而保障公民权益。宪法和刑法具有保障人权的相同价值诉求。[3] 在刑法领域，我们必须消除"工具刑法"、"刑法万能"的传统观念，加大对宪法权利的保护力度。宪法只有真正走进刑事法的视野，才会出现真正的刑事法治。[4]

---

〔1〕 高铭暄、张杰："宪法权利的刑法保护——以言论自由为例的解读"，载《湘潭大学学报（哲学社会科学版）》2006 年第 6 期。

〔2〕 赵秉志："全球化时代中国刑法改革中的人权保障"，载《吉林大学社会科学学报》2006 年第 1 期。

〔3〕 卢建平："刑法宪法化简论"，载《云南大学学报（法学版）》2005 年第 4 期。

〔4〕 王文华："宪法只有走进刑事法视野，才会出现真正的刑事法治"，载《光明日报》2008 年 9 月 8 日理论版。

近年有学者提出“民权刑法”的概念。学者李海东博士在他的《刑法原理入门》一书中，从国家与公民在刑法中地位的角度，可把历史上的刑法按国家与公民在刑法中所处的地位划分为国权主义刑法和民权主义刑法两类。[1] 认为民权刑法是指以保护国民的利益为出发点、而限制国家行为的刑法。陈兴良教授也曾有类似的观点，即所谓的政治刑法和市民刑法。应当说，约束公权力、保障私权利，这代表了未来中国刑法发展的一个方向。许道敏博士的《民权刑法论》认为民权刑法是指依照主权在民的宪法原则，要求国家刑事活动以保障人民权利为出发点和归宿的应然刑法。[2] 民权主义刑法观都是强调刑法的人权保障功能，是有现实意义的。刑法改革应当贯彻民权主义刑法观，着眼于尊重和保障人权，加强对公民权利的保障。

（二）刑法改革与“私有财产入宪”

2004 年 3 月 15 日第十届全国人大第二次会议通过宪法修正案将保护“私有财产”写进宪法。我国现行《宪法》第 13 条规定：“公民的合法的私有财产不受侵犯。”这一宪法规定使民法、刑法等基本法对私有财产的保护拥有了宪法保证。民法、刑法对私有财产的保护在宪法的庇护下将更完整、更全面、更彻底，私有财产受到侵犯时，也能寻求法律的救济，国家财产、集体财产、私有财产在法律地位和法律保护上将获得平等的基础。公民的私有财产权由民事权利上升为宪法权利，从一般权利上升为基本权利，并得到充分的尊重和保护。

“私有财产入宪”意味着公民的私有财产拥有了宪法地位，私有财产与公共财产一样，应当受到刑法的平等保护。现行刑法对私有财产所有权保护方面存在一定缺陷，应当完善我国刑法对私有财产的保护。与公共财产相比，私有财产所有权没有受到刑法的平等保护。刑法对公有财产的保护力度较大，较好地实现了公有财产法律关系的特定化、稳定化。相比之下，刑法对私有财产的保护缺乏力度，显得相形见绌。[3] 现行刑法对私有财产所有权保护方面的存在一定缺陷，应当加强、完善我国刑法对私有财产的保护。

在刑法理论上，我国应树立平等的刑法保护观，刑法应当平等保护公私财产权益。刑法的改革应当改变过去重视公有财产的保护，忽视私有财产保护的现象。没有公私财产的平等保护，就没有经济的共同发展。保护公民的私有财产，既是现行宪法的规定和党的主张，也是人民群众的普遍愿望和迫切要求。应当加

---

〔1〕 李海东：《刑法原理入门》，法律出版社 1998 年版，第 3～4 页。

〔2〕 许道敏：《民权刑法论》，中国法制出版社 2003 年版，第 4 页。

〔3〕 孙昌军、刘期湘：“应建立保护私有财产的刑法保护观”，载《检察日报》2003 年 11 月 21 日。

大对侵犯私有财产犯罪行为惩罚的力度，确立公有、私有财产权利平等保护的原则，以实现国家公共财产权与公民私有财产权在资源保护上的相对平衡。我国刑法对公有财产和私有财产实行不同等的刑法保护与当今世界上许多国家刑法的规定不相一致。很多学者和企业家认为此种制度有不平等对待之嫌，不符合宪法确立的国家经济体制改革的发展方向。[1] 这种状况一方面违背宪法的规定；另一方面，从世界各国刑法看，多数国家的刑法对贪污型或侵占型犯罪的对象不作所有权区分，既可以是公共财产也可以是私有财产。

（三）刑法改革与赦免制度

赦免制度是指宣告对犯罪分子免予追诉，或免除执行刑罚的全部或者部分的法律制度。理论上分为大赦和特赦两类，这种区分得到了宪法与实践的认可。我国1954年《宪法》对大赦和特赦都作了规定，1975年《宪法》、1978年《宪法》，以及现行的1982年《宪法》只规定了特赦，没有规定大赦。很多学者呼吁国家适时运用特赦制度，特赦罪犯，[2] 甚至有学者提出应当规定死刑犯的“赦免权、减刑权”，这样可以更大限度地减少死刑的适用。

宪法所规定的赦免制度应当在我国刑法典中得到落实，但现行《刑法》第65、66条虽提及了“赦免”二字，但刑法条文却无具体规定。宪法的规定难以在刑法中落实，我国实践中已经三十多年没有实行过赦免。有观点提出刑法条文规定的赦免制度违宪。主要理由是，现行宪法只规定有特赦，没有规定大赦，而《刑法》第65、66条规定的赦免制度从刑法理论上理解却包含了大赦和特赦，其中的大赦内容没有宪法依据，系部分内容违宪。根据法理，违宪的法律内容自然没有法律效力，应该及时进行修改。[3] 我们认为这种观点有一定道理，刑法改革应当落实宪法规定的赦免制度。

综上所述，宪法的要旨是规范国家、政府权力，保障人权。作为下位法的刑法，在宪政体制下的作用毋庸置疑，同样以规范、限制刑罚权、保障人权为己任。刑法的理念与制度应与宪法保持高度一致，尤其是法价值的选择与衡量上，应在宪法中追根溯源。因此，刑法改革，应当贯彻宪法的理念和价值，与宪法规范保持高度一致。

---

〔1〕 吴巧森：“企业财产权刑法保护存在问题及完善——宪政体制下现行刑法修改完善建议”，载京师刑事法治网，http：//www. criminallawbnu. cn/crimina/info/showpage. osp？PKID = 19015.

〔2〕 刘仁文：“建议明年特赦部分确已悔改罪犯”，载《检察日报》2007年12月17日。

〔3〕 喻建立：“刑法中‘赦免’应改为‘特赦’”，载《检察日报》2008年1月28日。

第二节 刑法改革与民事立法的协调

刑法与民法、民事诉讼法是有明显界限的不同部门法，必须合理厘清民事责任与刑事责任的界线，但它们在维护社会关系稳定、保护当事人合法权益方面有着共同的追求。刑法改革应当与民事立法相协调，关注最新的民事立法和民事立法动向。一方面，贯彻刑法的谦抑性原则，刑法不应当介入民事法律领域；另一方面，面对风险社会，应当发挥刑法的规制功能，对于民事法律难以规制的侵害行为规定为犯罪。

一、刑法改革与民法立法的协调

（一）刑法与民法的动态关系

刑法与民法都是最为重要的部门法之一，它们之间存在着严格界限。民法、刑法属于不同的法律部门，分别属于传统意义上的“私法”和“公法”。私法强调对民事主体合法权利的保护，充分尊重民事主体在法定范围内所享有的行为自由，尊重民事主体依法对自己的民事权利和利益所做出的处分；而公法则更注重对民事关系的干预和对社会经济生活的管理。两者之间在调整内容、调整方法上都有着巨大的差异。

刑法与民法之间的界限又具有相对性，民事责任与刑事责任有时往往仅仅是程度不同而已。我国古代法律“刑民不分、以刑为主”，传统刑法文化颇为发达，常常视刑法为工具，迷信重刑主义，往往错误地认为每一社会现象都需要刑法的介入，其结果是刑法过分地扩张，过多地侵蚀许多原本属于民法调整的领域。在民主社会，刑法调整的领域应该越来越小，让位于民法以及其他法律部门。[1] 改革开放以来，大量的民事法律得以颁行，它们起到了塑造社会基础制度的作用，逐步把刑法推回到防卫社会的最后一道防线。民法地盘的扩大，相应地，刑法地盘的缩小，是我们这个社会健康发展的标志之一。[2] 一个社会在发展过程中，的确存在民法与刑法等部门法之间此消彼涨的关系，正是这种此消彼涨反映了一个社会的法制发展进程，标志着一个社会的文明程度。

刑法与民法之间的划分根据在于法律调整手段的不同，而不是根据调整范

---

〔1〕 陈兴良教授在其“刑法谦抑的价值蕴含”一文中表达了类似的观点。参见陈兴良：“刑法谦抑的价值蕴含”，载《现代法学》1996年第3期。

〔2〕 刘仁文：“改革开放以来中国刑法的发展”，载《学习时报》2009年6月15日，第5版。

围，刑法与侵权行为法调整的范围并没有什么大的区别，同样一种法益，常常由多个法律部门来保护，只不过刑法是最后的、最严厉的保障手段。刑事责任与民事责任在性质、责任根据及实现方式等方面存在很大差别，但越来越多的学者否定刑事责任与民事责任不可转换的观点。刑事责任与民事责任在一定前提下可以相互转换。它并未背离刑事责任与民事责任两立的立法宗旨，反而会更好地实现法律调和社会关系的目的。例如"恶意欠薪"问题。"恶意欠薪"是否构成犯罪的争议，反映了刑法与民法的关系。"恶意欠薪"写入《刑法修正案（八)》,〔1〕试图发挥刑法优势，保护劳动者的权益，也证明了刑事责任与民事责任在一定前提下可以相互转换。《刑法修正案（八)》将"以转移财产、逃匿等方法逃避支付劳动者的劳动报酬或者有能力支付而不支付劳动者的劳动报酬，数额较大，经政府有关部门责令支付仍不支付的"行为规定为犯罪，并明确"尚未造成严重后果，在提起公诉前支付劳动者的劳动报酬，并依法承担相应赔偿责任的，可以减轻或者免除处罚。"是否支付劳动报酬，本质上是民事行为，但这种民事责任可以转化为刑事责任，构成犯罪。

（二）刑法民法化的合理选择

因为民法与刑法之间的动态关系，就有了民法与刑法之间的相互转化问题，即民法的刑法化问题和刑法的民法化问题。当民事法律不足以保护某一社会关系或者法益，需要动用刑事手段时，立法机关会通过立法，规定某种行为为犯罪，实现某种行为的犯罪化，即民法的刑法化；当刑法退出某些原本应当由民事法律调整的领域，规定某种行为为非犯罪化，即为刑法的民法化。近年来，有不少学者研究刑法的民法化问题，刘仁文教授认为民法的刑法化转向刑法的民法化，成为改革开放以来刑法的一个发展方向。〔2〕我们认为，刑法改革的方向应当继续坚持刑法的民法化，贯彻刑法的谦抑性原则。

何谓"刑法的民法化"，学界并没有给出一个确切的概念。但学界的共识之一是刑法应当归位为社会最后一道保护屏障，最后的保障的地位。社会越是发展，民主制度越发达，刑法干预社会的范围和程度应当越少。学者姚建龙系统论述过刑法的民法化问题，但其在"市民社会"的语境中研究刑法的民法化问题，认为市民刑法基本精神与民法基本精神的趋同、刑法从侵蚀的市民社会领域逐渐

---

〔1〕 严格从刑法谦抑原则出发，"恶意欠薪"入罪是违背刑法谦抑原则的。但在社会转型期，社会矛盾多发，发挥刑法的规制功能，这是一种政治权衡的结果，也无可厚非。

〔2〕 刘仁文："改革开放以来中国刑法的发展"，载《学习时报》2009年6月15日，第5版。

退出，民法恢复被刑法侵占的失地、民法反过来侵蚀刑法的领域。[1]

刑法的民法化应当是民主社会法制建设中的一个必然现象。刑法的权利保障等基本精神与民法的意思自治等基本理念趋同，这是刑法民法化的前提条件。在我国社会主义民主法制建设过程中，应当以人为本，突出人权保障，强调对社会关系主体——人的尊重，对其权利的充分保障，故刑法应当从民事法律调整的领域逐渐退出，会更有利于社会矛盾的解决。

我国刑事自诉案件范围的扩大，特别是轻微刑事案件刑事和解制度的推行，正是较为典型的刑法民法化现象。有学者呼吁理论创新，改变刑法属纯粹公法的思维，而更多地接纳一些私法的内容。[2]我们认为有一定道理。刑法民法化现象是公私法融合的表现之一，其终极关怀也是人，其终极目的是为了更好地保障人民的私权，这也正是刑法民法化的内在驱动力之所在。[3] 刑法“不强人所难”，刑法改革应当走刑法民法化道路，这完全符合刑法谦抑性原则。从中西法律的历史演变过程来看，有一个共同的趋势，就是刑法在整个法律体系中所占比重逐渐降低，表现为刑法的紧缩性。[4] 这种刑法的紧缩性是刑法谦抑性原则的内容之一。刑法从原本属于民事法律规范的领域退出，符合刑法本身的属性。对于那些民事法律允许的行为，刑法上不宜规定为犯罪。例如，民法允许民间借贷，但我国刑法却设定了“非法吸收公众存款罪”，这项罪名完全是计划经济时代的遗留，应予废除。

(三) 刑法改革与物权法的协调

刑法改革应当关注最新民事立法。近年来，最具影响的民事立法是2007年10月1日起施行的《物权法》。物权法作为民法的组成部分，其性质应当为私法。物权法是规范财产关系的民事基本法律，主要规定物权的基本原则和基本制度。物权法的制定实施，对刑法改革的影响主要在以下几方面：

1. 物权法与刑法的关系。物权法与刑法的关系，其实还是民法与刑法的关系。对于有形财产关系，构不成犯罪的，主要由物权法来调整；构成犯罪的，要依据刑法来调整。民事权利有多种，唯具有“排他性”的权利才受刑法的保护。例如，进入他人房子偷东西的，则构成盗窃罪；当街抢夺财物的，则构成抢夺罪。这是因为他人的物权具有“排他性”。作为某些不具有“排除他人干涉”效

---

〔1〕 姚建龙：“论刑法的民法化”，载《华东政法学院学报》2001年第4期。

〔2〕 刘仁文：“社会转型与刑法的发展”，载中国法学网，http://www.iolaw.org.cn/showarticle.asp?id=2489.

〔3〕 姚建龙：“论刑法的民法化”，载《华东政法学院学报》2001年第4期。

〔4〕 陈兴良：“刑法谦抑的价值蕴含”，载《现代法学》1996年第3期。

力的权利，例如，合同上的权利只能受违约责任的保护。司法实践中，经常涉及“罪与非罪”的界限，而“罪与非罪”的界限，很重要的一方面就在于受侵害的权利是否具有“排他性”，侵犯具有“排他性”的权利，较重的构成犯罪行为，是为“罪”（轻的也要构成侵权责任）；侵害不具有“排他性”的权利，只能追究违约等民事责任，是为“非罪”。

2. 财产权的平等保护问题。物权法强调平等保护国家、集体和私人的物权原则。民法是调整平等主体之间的财产关系和人身关系的法律，作为民法重要组成部分的物权法，是调整平等主体之间因物的归属和利用而产生的财产关系的法律。物权法平等保护各个民事主体的物权是由民法调整的社会关系的性质所决定的。对于民法的平等原则，民法通则已有明确规定：民法调整平等主体的公民之间、法人之间、公民和法人之间的财产关系和人身关系。当事人在民事活动中的地位平等。民事活动应当遵循自愿、公平、等价有偿、诚实信用的原则。因此，物权法作为民法的组织部分，应体现对国家、集体和私人的物权平等保护的精神。刑法、民法对所有权制度（广义的）维护是统一的。在刑法的实践中，对国家所有权与私人所有权保护出现了差别待遇的情况，而这样的观念有违市场经济和法治的基本要求，因此有必要从观念上加以检讨，并在立法与司法实践中考虑进行修改。现行刑法将贪污罪与职务侵占罪、挪用公款罪与挪用资金罪分开，而且配置了差异较大的法定刑，这一点仍有计划经济的烙印。刑法改革应着力改变这一现状。

3. 虚拟财产是否应当受到刑法保护。虚拟财产不是物权法上所讲的“物”。物权法属于财产法，但仅规定有形财产的归属和利用的关系。物权法所称的“物”，包括不动产和动产，也包括法律规定作为物权客体的权利。依法律规定的理解，物权法上所说的“物”，主要是指“有形财产”，即看得见、摸得着的财产，如土地、房屋、汽车等。而无形财产，如专利技术、商业秘密、商标、著作权等，则由其他相应的法律调整。虚拟财产也不是其他民事法律上所讲的“财产”。在其他民事立法中，都没有关于网络虚拟“财产”的相关规定，更没有保护性的规定。在虚拟财产是否是“法律意义上的财产”仍然存在很大争议的情况下，刑法介入“虚拟财产”的保护是极为不合适的。即使“虚拟财产”是民事法律上的财产，也只有在民事等法律不足以保护时，刑法才能介入。司法实践中，有法院判决，盗窃“虚拟财产”以盗窃罪定罪处罚。[1] 我们认为颇为不妥，在民事法律尚未把“虚拟财产”认定为“法律意义上的财产”之际，刑法不宜把它作为盗窃罪的保护对象。

（四）刑法改革与侵权责任法的协调

近年来我国民法又一重要立法是《侵权责任法》，自2010年7月1日起施行。侵权责任法是有关侵权行为的定义、种类、对侵权行为制裁以及对侵权损害后果予以补救的民事法律规范的总称。该法第1条明文规定其制定目的是“为保护民事主体的合法权益，明确侵权责任，预防并制裁侵权行为，促进社会和谐稳定”。侵权责任法作为民法的权利保护法，在民法的理论体系中居于重要地位。刑法与侵权责任法关系极为密切，在英美法系，侵权责任法与刑法有明显重叠的部分。例如，在英国法中，人身伤害既受刑法规范也受侵权行为法规范。[2] 刑法只有在侵权法的配合下才能有效地调整社会关系。[3] 刑法改革当然应当关注侵权行为法的规定，与侵权行为法协调彼此调整范围。

侵权责任法和刑法一样都属于制裁法，但侵权责任法在更大程度与范围内，替代刑法而发挥其特有的抗制犯罪的作用。而刑法则成为防范犯罪之最后手段，只有在侵权行为法与行政处罚法不足以抗衡犯罪的情况下，才动用刑法加以抗制。正是在这个意义上，刑法表现出其谦抑性，这就是其补充性。[4] 具体来讲，刑法规范只能适用于那些具有严重社会危害性的危害行为；而侵权责任法则主要适用于那些侵害公民人身和财产权利，其危害性又没有达到犯罪的严重程度，不需要用刑罚制裁的行为，通过赔偿损失足以弥补受害人因侵权行为而遭受的物质上与精神上的损失。应该说，犯罪行为与侵权行为之间并没有不可逾越的鸿沟，而只存在社会危害性程度上的区别。[5] 刑法只是在侵权责任法不足以保障公民权利的情况下，才能够运用刑法，刑法起到的只是补充保护的作用，成为社会关系的最后一道保护屏障。

二、刑法改革与民事诉讼法立法的协调

我国民事诉讼法有三个条文涉及刑事责任问题，分别是第110、111、117

---

〔1〕 2008年7月，山东临淄公安分局刑侦大队二中队接报案称：一网易公司《梦幻西游》游戏玩家游戏装备被盗，受害者称该被盗虚拟财产价值人民币2000余元。后在当事人的帮助下，案件顺利告破，山东淄博法院以“盗窃罪”做出判决，被告人被判处拘役6个月，并处罚金人民币3000元。

〔2〕 王灏：“普通法系侵权行为法导读”，载《河北法学》2009年第8期。

〔3〕 王利明：《侵权行为法归责研究》，中国政法大学出版社1992年版，第7～8页。

〔4〕 陈兴良：“刑法谦抑的价值蕴含”，载《现代法学》1996年第3期。

〔5〕 陈兴良：“刑法谦抑的价值蕴含”，载《现代法学》1996年第3期。

条。现行的刑法与《民事诉讼法》第110条[1]得到了很好的协调，规定了“扰乱法庭秩序罪”，但现行的刑法与另外两个条文并不协调。《民事诉讼法》第111条规定“构成犯罪的，依法追究刑事责任”，而刑法中并没有相应规定；或者虽然有相应罪名，罪状设置的不尽合理，无法很好地适用该刑法条款。《民事诉讼法》第117条规定了“非法私自扣押他人财产追索债务的，应当依法追究刑事责任”，但刑法中也没有设置相应的罪名。试述如下：

（一）刑法改革与民事诉讼法第111条的协调

1. 民事诉讼中的伪证行为。我国《民事诉讼法》第111条规定：[2] 诉讼参与人或者其他人有“伪造、毁灭重要证据，妨碍人民法院审理案件的”，人民法院可以根据情节轻重予以罚款、拘留；构成犯罪的，依法追究刑事责任。虽然民事诉讼法明确规定，诉讼参与人（包括当事人）在民事诉讼中伪造证据构成犯罪的依法追究刑事责任，但由于刑法未作相应的明确规定，民事诉讼法的上述规定与刑法不衔接，无法实现。《刑法》第307条规定：“以暴力、威胁、贿买等方法阻止证人作证或者指使他人作伪证的，处3年以下有期徒刑或者拘役；情节严重的，处3年以上7年以下有期徒刑。帮助当事人毁灭、伪造证据，情节严重的，处3年以下有期徒刑或者拘役。司法工作人员犯前两罪的，从重处罚。”这是对民事、行政诉讼中伪证行为的刑事制裁条款，包括两个罪名，妨害作证罪和帮助毁灭、伪造证据罪。帮助者尚且受到刑事追究，而负有直接责任的当事人却不追究刑事责任，有失公正。

2. 拒不执行判决、裁定罪。对民事案件的判决裁定执行难是实践中一个突出问题，为此《刑法》第313条规定了拒不执行判决、裁定罪，即对人民法院的

---

〔1〕《民事诉讼法》第110条：诉讼参与人和其他人应当遵守法庭规则。

人民法院对违反法庭规则的人，可以予以训诫，责令退出法庭或者予以罚款、拘留。

人民法院对哄闹、冲击法庭，侮辱、诽谤、威胁、殴打审判人员，严重扰乱法庭秩序的人，依法追究刑事责任；情节较轻的，予以罚款、拘留。

〔2〕《民事诉讼法》第111条：诉讼参与人或者其他人有下列行为之一的，人民法院可以根据情节轻重予以罚款、拘留；构成犯罪的，依法追究刑事责任：①伪造、毁灭重要证据，妨碍人民法院审理案件的；②以暴力、威胁、贿买方法阻止证人作证或者指使、贿买、胁迫他人作伪证的；③隐藏、转移、变卖、毁损已被查封、扣押的财产，或者已被清点并责令其保管的财产，转移已被冻结的财产的；④对司法工作人员、诉讼参加人、证人、翻译人员、鉴定人、勘验人、协助执行的人，进行侮辱、诽谤、诬陷、殴打或者打击报复的；⑤以暴力、威胁或者其他方法阻碍司法工作人员执行职务的；⑥拒不履行人民法院已经发生法律效力的判决、裁定的。

人民法院对有前款规定的行为之一的单位，可以对其主要负责人或者直接责任人员予以罚款、拘留；构成犯罪的，依法追究刑事责任。

判决、裁定有能力执行而拒不执行，情节严重的行为。为正确适用《刑法》第313条的规定，依法打击拒不执行判决、裁定的行为，依法惩处拒不执行判决、裁定的犯罪行为，最高人民法院发布了《关于审理拒不执行判决、裁定案件具体应用法律若干问题的解释》；全国人大常委会发布了《关于〈中华人民共和国刑法〉第三百一十三条的解释》。由于该罪的设置脱离了《民事诉讼法》第111条的规定，对“情节严重”的解释模糊，使“执行难”问题难以得到有效解决。

“拒不履行”的认定。在《民事诉讼法》第111条规定，拒不履行人民法院已经发生法律效力的判决、裁定的，人民法院可以根据情节轻重予以罚款、拘留；构成犯罪的，依法追究刑事责任。要构成拒不执行判决、裁定罪，首先在行为上符合《民事诉讼法》第111条的规定，然后情节严重，方能构成。

“情节严重”的规定模糊。全国人大的立法解释认为“情节严重”是指：①被执行人隐藏、转移、故意毁损财产或者无偿转让财产、以明显不合理的低价转让财产，致使判决、裁定无法执行的；②担保人或者被执行人隐藏、转移、故意毁损或者转让已向人民法院提供担保的财产，致使判决、裁定无法执行的；③协助执行义务人接到人民法院协助执行通知书后，拒不协助执行，致使判决、裁定无法执行的；④被执行人、担保人、协助执行义务人与国家机关工作人员通谋，利用国家机关工作人员的职权妨害执行，致使判决、裁定无法执行的；⑤其他有能力执行而拒不执行，情节严重的情形。对于单纯的采取“逃匿”的形式拒不履行判决、裁定，法院和当事人都找不到被执行人，这种行为首先符合《民事诉讼法》第111条的规定，最高人民法院《关于适用〈中华人民共和国民事诉讼法〉若干问题的意见》第123条规定：“当事人有下列情形之一的，可以依照《民事诉讼法》第111条第1款第⑥项的规定处理：①在法律文书发生法律效力后隐藏、转移、变卖、毁损财产，造成人民法院无法执行的；②以暴力、威胁或其他方法妨碍或抗拒人民法院执行的；③有履行能力而拒不执行人民法院发生法律效力的判决书、裁定书、调解书和支付令的。”

上述规定已明确三种行为均属拒不执行的行为。显然，当事人以“逃匿”等不作为的方式拒绝履行法律文书所确定的行为义务，也是属于拒不执行的行为。但立法解释中却没有将其列为“情节严重”的行为。另外，当事人无法启动追究犯罪的程序，因为本罪是公诉案件，由公安机关侦查，人民检察院公诉。结果造成了刑法虽然设置了拒不履行判决、裁定罪，但实践中难以施行的问题。总之，刑法改革应当关注实践中采取“逃匿”等不作为形式的拒不执行法院判决裁定行为，对此种行为予以明确具体且便于司法操作的刑法规制。

（二）刑法改革与《民事诉讼法》第117条的协调

《民事诉讼法》第117条规定："采取对妨害民事诉讼的强制措施必须由人民法院决定。任何单位和个人采取非法拘禁他人或者非法私自扣押他人财产追索债务的，应当依法追究刑事责任，或者予以拘留、罚款。"对于非法拘禁他人追索债务的，刑法设置了非法拘禁罪，但非法私自扣押他人财产追索债务的，刑法并没有设置相应的罪名，刑法与民事诉讼法之间就存在不协调的现象。既然民事诉讼法明文规定"非法私自扣押他人财产追索债务的"，首选是"应当依法追究刑事责任"，但刑法并没有相应的规定，是刑法的疏漏，还是民事诉讼法规定的不尽合理，详述如下：

债权人扣押债务人的财产追索债务的行为，民法理论上称之为自力行为，又称自助行为或自力救助，是指民事权利主体对其享有和行使的民事权利在受到非法损害或妨害时，以其力量（民事行为）加以自我保护的民事行为。但非法私自扣押他人财产追索债务不仅侵犯他人的财产权利，同时由于行为人采用的非法扣押手段也扰乱了社会经济秩序。《民事诉讼法》第117条规定了非法私自扣押他人财产追索债务应当依法追究刑事责任，或者予以罚款、拘留，但刑法中没有相应的罪名规定，因此对非法私自扣押他人财产追索债务情节严重的也往往是以妨害民事诉讼予以拘留、罚款了之。在诉讼过程中，当事人非法扣押他人财产追索债务的情况极为少见，而大量非法私自扣押他人财产追索债务的行为是发生在诉讼之外，对这种情况人民法院不能按妨害民事诉讼处理，而公安机关往往又以双方存在债务纠纷为由主张法院解决，致使这类违法犯罪行为得不到及时有效地打击，在一定程度上放纵了此类危害行为。如果追究行为人的刑事责任，不仅可以规范债权人的行为，保障良好的社会经济秩序，防止公民、法人和其他组织的合法权益受到损害，违法行为也能得到有效制止。对于非法私自扣押他人财产追索债务，造成非人身伤害等其他严重后果的，如扣押财产数额巨大，超过债权款项而造成债务人重大财产损失，或扣押行为造成生产、经营停止的，如果不从刑罚角度予以惩罚，就不能有效地保护他人的财产权利，也会危害社会正常的经济秩序。在此种情况下，刑法应当设置相应的罪名，依法追究行为人的刑事责任。

第三节　刑法改革与行政立法的协调

行政法是我国重要的法律部门之一，规范行政机关对社会公共事务的管理活动，也可以规范一切企业、事业单位的行政事务管理工作。随着社会的发展，行政管理的对象日益广泛，包括经济建设、文化教育、市政建设、社会秩序、公共卫生、环境保护等各个方面。刑法改革应当注意与行政法的协调，这是刑法保障法角色决定的。

一、行政违法与行政犯罪、行政刑法

行政违法是指行政主体、行政相对人的违法，是违反行政法律规范尚未构成犯罪的行为。行政违法行为违反了行政法律法规，侵害了受行政法保护的行政关系，因而具有一定的社会危害性；行政违法在性质上属于一般违法，其社会危害性较小，尚未达到犯罪的程度。行政违法行为由行政法规进行规制，当行政违法行为社会危害性严重，行政处罚不足以惩治，需要由刑法进行规制时，立法者就规定其为犯罪，也就有了行政犯罪的概念。行政犯罪具有行政违法性与刑事违法性的双重违法性质。有了行政犯罪就有了行政刑法。中国的行政刑法是国家为了维护正常的行政管理活动，实现行政管理目的，规定行政犯罪及其刑事责任的法律规范和劳动教养法律规范的总称。[1] 行政犯罪作为一种犯罪行为，违反行政法规，侵犯行政秩序，侵害行政利益。行政违法同样违反行政法规，侵犯行政秩序，侵害行政利益，对社会造成一定程度的危害但尚未构成犯罪，依法应当承担行政责任。由此看来，行政违法与行政犯罪常常是违法的程度、危害的程度不同而已。所以刑法改革应当关注行政立法，与行政立法相协调，行政法规不足以规制的行为，宜由刑法规定为犯罪；行政法足以规制的违法行为，不宜犯罪化。

二、刑法改革与行政立法的协调

我国刑事立法对行政法关注不够，常常出现规制行政违法与刑事犯罪的条文之间缺乏衔接，不该犯罪化的刑法规定为犯罪，该犯罪化，应当作为犯罪处理的危害行为，刑法并未规制为犯罪。刑法改革与行政立法的协调，应当从以下几方面着手：

（一）行政违法行为的犯罪化问题

行政犯罪与行政违法并没有必然的界线，随着社会的发展，他们之间会出现互易的情况。如果有的行政违法行为，逐渐具有严重的社会危害性，行政处罚达不到遏制的目的时，往往会通过刑事立法转化为犯罪行为。凡是行政法规规定为违法的，只要其危害性达到犯罪的严重程度，原则上都应当规定为犯罪。例如，《刑法修正案（八）》将“醉酒驾车、飙车”等危险行为入刑定罪，赞同者的理由一般为：尽管“醉酒驾车、飙车”违反道路交通法规，是行政违法行为，但行政处罚一般处罚过轻，而刑法中无论交通肇事罪还是危害公共安全罪，都不能

---

〔1〕 赵秉志、郑延谱：“中国行政刑法的立法缺憾与改进”，载《河北法学》2006年第8期。

准确反映出以醉驾方式危害公共安全行为的罪质特征，且处罚过重。这就出现了处罚上的“断档”，而对“醉驾”采取刑罚上的拘役，填补了这一空白。刑罚的重要功能就是预防犯罪，行政处罚对醉驾的威慑性不足，如果总是等到醉驾造成严重后果时才想起适用刑罚，那么刑法的预防功能则无法体现。《刑法修正案（八）》将“醉酒驾车、飙车”等危险行为入刑定罪，本身就是在行政处罚难以达到遏制“醉酒驾车、飙车”的情况下，作出犯罪化的立法活动。对于实践中哪些行政违法行为应当进行犯罪化，需要立法者对各种行政违法行为进行详细的考量，同时关注行政立法。

（二）行政违法行为的非犯罪化

行政违法行为的非犯罪化是一个常态，毕竟行政违法行为从社会危害性上与犯罪的社会危害性不同。实践中，不宜把应当由行政法调控的行为规定为犯罪，然而，这种现象在实践中却广泛存在。这种状况对当事人来说很不公平，也混淆了行政法与刑法的界线。例如，非法行医罪主体的认定，本罪具有卫生行政刑法性，具体是指根据刑法条文规定，其刑事可罚性取决于卫生行政法或基于该法发布的行政处分。也就是说行政违法是构成本罪的前提条件，只有造成严重后果，行政法不足以惩戒时，才由刑法出面调控。因此，本罪是典型的行政犯，只有借助于《执业医师法》等卫生行政法的有关规定，才能准确认识非法行医罪的主体范围；只有正确理解执业医师法等卫生行政法与刑法之间的衔接关系，才能正确处理非法行医行为之行政处罚与刑罚之间的关系，做到不枉不纵。[1] 有观点认为“一切不符合法律规定的行医行为都应当在刑法的防控范围之内”，[2] 这种观点值得商榷。刑法规制不是包治百病的“良药”，而是不得已而为之，是法益的最后一道保护屏障。不能把所有的非法行医行为都纳入刑法规范，只有那些用卫生行政法规难以达到惩戒目的、效果时，才能启动刑法手段。从卫生行政法角度看，医生执业资格主要包括医师执业资格、中医师执业资格、助理医师执业资格、乡村医生资格等。医生执业资格应当包括卫生行政部门对自然人（医生）从事医疗活动所颁发的各种资质证书，而不应当包括医疗机构的资质证书。实践中，卫生行政处罚缺位，卫生执法检查不力，非法诊所一旦出了人命，往往寄望于直接追究刑事责任来解决非法行医问题。这种现状无论对患者，还是非法行医者都是不公平的，也根本无法根治非法行医问题。

---

〔1〕 石磊：“论非法行医罪在刑法学理论上的定位”，载《中国刑事法杂志》2002 年第 5 期。

〔2〕 刘长秋：“非法行医罪主体论纲——兼论我国非法行医罪的立法完善”，载《四川警官高等专科学校学报》2006 年第 3 期。

（三）行政违法行为的犯罪化不应当以“多次”为条件

立法实践中，有一种错误认识，多次行政违法行为往往被认定为犯罪。第三次行政违法使行为性质发生改变，过去我们有过这样的立法例，比如偷税罪，但《刑法修正案（七）》作了修改。《刑法修正案（七）》用逃税罪，取代了偷税罪，也取消了“偷税”两次受到行政处罚，再偷税构成偷税罪的规定。对于因逃税受到两次行政处罚，再逃税也需要结合前款规定达到一定数额、逃税比例的条件，才能认定为逃税罪。刑法规定的盗窃罪中“多次盗窃”应当认定为盗窃罪，按照最高人民法院1997年的司法解释：“对于1年内入户盗窃或者在公共场所扒窃3次以上的，应当认定为‘多次盗窃’，以盗窃罪定罪处罚。”但张明楷教授认为此类解释有形式化、绝对化之嫌，他认为首先应考虑行为人是否可能盗窃数额较大的财物，行为人是否具有犯盗窃罪的故意，其次要综合考虑行为的时间、对象、方式，以及已经窃取的财物数额等。[1] 我们认为，如果立法中没有规定行政违法达到一定的次数后构成犯罪，司法解释就不宜作出这样的规定。非法行医被两次行政处罚以后，再次非法行医的定性根据2008年最高人民法院《关于审理非法行医刑事案件具体应用法律若干问题的解释》（以下简称《解释》）第2条第4项的规定，“非法行医被卫生行政部门行政处罚两次以后，再次非法行医的”，应认定为《刑法》第336条第1款规定的“情节严重”，构成非法行医罪。也就是说，假如行为人两次非法行医被行政处罚后，再次非法行医，就构成非法行医罪。据此，多次行政违法就可以改变行为的性质，构成犯罪。该解释所采用的定性的方法值得商榷。从非法行医罪侵犯的客体来看，假如有医生执业资格的人，未获得执业许可证而行医，如果行为人只侵犯国家对医疗机构、医务从业人员的管理秩序，而没有侵犯就诊人员的身体健康、生命安全，就只能认定为行政违法而不能认定为犯罪。警告、罚款、没收违法所得、取缔无证行医场所、暂扣或者吊销医师执业证书、执业许可证等都是非法行医的行政处罚措施。如果只有轻微的两次行政处罚，如警告，再次非法行医不问情节是否严重都成立非法行医罪，明显存在问题。行政违法与犯罪是有明确界线的，“行政法意义上的非法行医”与“刑法意义上的非法行医”也应当有明确的界线。刑法具有谦抑性，只有具有严重社会危害性的行为，才能认定为犯罪。我们认为，如果非法行医没有达到犯罪的程度，不能仅凭行政处罚的次数，就使行政违法的性质发生变化。情节是否严重，涉及非法行医是否构成犯罪，2008年的《解释》把第三次行政违法规定为“情节严重”，涉及非法行医罪与非罪的认定，特别是规

〔1〕 参见张明楷：《刑法学》，北京大学出版社2006年版，第385页。

定非法行医两次行政处罚后，性质转化为非法行医罪，这种解释属于超越司法权的解释，侵犯了立法权。如果此种情形确实需要作为犯罪来处理，也应通过修订刑法来规定，而不是通过司法解释来解决。

（四）降低行政犯的法定刑

我国刑法对行政犯罪，规定了较重的法定刑，主要原因是受传统重刑主义的影响。由于行政犯罪较传统犯罪有着较弱的伦理性、较强的易变性等特征，对其适用重刑并不能像惩罚自然犯罪那样满足人们的报复观念；而从预防犯罪的角度来看，更应当从社会管理、行政管理上寻找原因，事后的重罚并不一定能起到有效预防行政犯罪的效果。[1] 有学者提出对于行政犯罪，应当取消死刑。[2] 这种观点非常正确。行政犯罪只是违反了行政法规，造成了严重后果，一般不具有明显的反伦理性、残酷性等暴力犯罪的特征，与传统的严重的犯罪有很大差别。

（五）增加对行政犯罪资格刑的运用

资格刑是剥夺犯罪人行使一定权利的资格的刑罚方法。行政犯罪是以行政违法为前提，具有行政附属性。这当中就存在刑事处罚和行政处罚的协调问题，刑法的资格刑与行政处罚的资格罚应当予以协调。例如，我国证券期货法律法规中规定有“禁止从业”等资格罚的行政处罚，在违反证券期货法律规范构成犯罪时，在惩治证券期货的诸种犯罪中却缺乏资格刑的刑事罚则规定。在资格刑与资格罚的关系问题上，首先需要明确两者是不同性质的处罚措施，资格罚不能取代资格刑，其次要使完善行政犯刑事处罚方式科学化，应把刑罚处罚与行政处罚结合起来，以改变在司法实践中存在的只适用刑罚而不适用行政罚的现象，在刑法中应增设相应的资格刑。对行政犯可处以相应的资格刑，如禁驾、禁止从事某种商业、营业、行业活动，禁止从事某种职业以及禁止从事其他行为等资格刑处分。

（六）刑法改革与保安处分

保安处分作为近代刑罚是由报应刑论向教育刑论转型的结果，是刑罚理念革故鼎新的理论结晶。[3] 中国的刑法改革，应当关注保安处分，应当把保安处分制度纳入刑法典当中。保安处分的类型，可以细分为收容教养处分、强制禁戒处分、妇女辅导处分、强制治疗处分、医疗监护处分、劳作教养处分、监督观护处分、驱逐出境处分和对物的没收等。

---

〔1〕 赵秉志、郑延谱：“中国行政刑法的立法缺憾与改进”，载《河北法学》2006 年第 8 期。

〔2〕 赵秉志、郑延谱：“中国行政刑法的立法缺憾与改进”，载《河北法学》2006 年第 8 期。

〔3〕 屈学武：“保安处分与中国刑法改革”，载《法学研究》1996 年第 5 期。

当前，应当重点解决劳动教养司法化问题。对现行劳动教养制，是存、废还是纳入刑法中的保安处分，刑法理论界、实务界争论较大。我们认为，应当废弃现行劳教制度，将其调控的某些冲突关系纳入刑法中的保安处分制度。[1]我们以为，我国的劳教，应予在实体权利义务、调控对象、宣告机关和执行程序方面全盘调整的基础上，纳入我国刑法典中的保安处分制，才不至民权保护范围的缩小或弱化。[2]

强制戒毒是否应当纳入刑法，需要进行深入探讨。如果把保安处分纳入刑法，强制戒毒自然应当统一纳入刑法当中。实践中强制戒毒有两种方式：公安机关设置的戒毒所、司法行政部门设置的劳教戒毒所。2008 年生效的《禁毒法》只规定了“强制隔离戒毒场所的设置、管理体制和经费保障，由国务院规定”。强制戒毒的适用对象、决定权等实体内容应当通过保安处分中的戒毒处分规定加以解决。

第四节 刑法改革与经济立法的协调

刑法改革应当服务于社会主义市场经济，打击经济犯罪，为市场经济保驾护航，对平等的市场经济主体给予平等刑法保护。自改革开放以来，我国非常重视经济立法活动，制定了大量经济法规，这些经济法规一般由全国人民代表大会常务委员会法制委员会直接负责起草、拟定或由各部、委负责起草、拟定，提交全国人民代表大会常务委员会法制委员会审查，分别由各级政府颁布。市场经济是法治经济，法治是市场的内在要求，市场经济的健康发展需要稳定的秩序。就此而言，在维护市场经济秩序的法律体系中，经济刑法不失为维护市场经济秩序的利器。在市场经济的法律调控机制中，刑法是不可或缺的重要一环。市场经济越发达的国家，其经济刑法也越详备。这种二者相衍共生的世界性现象足以表明，在市场经济条件下，刑法的调控功能不可削弱，而应相应转变和加强。[3] 但经济领域的违法行为，州法又不能过早地介入，因为当前我国仍然处在经济转轨时期，而且经济领域的犯罪存在一定特殊性，用经济处罚能够解决的问题，就不应当用刑罚来控制。控制社会、调节经济，不能单纯地依靠打击犯罪来维持，对于

---

〔1〕 屈学武：“保安处分与中国刑法改革”，载《法学研究》1996 年第 5 期。

〔2〕 屈学武：“保安处分与中国刑法改革”，载《法学研究》1996 年第 5 期。

〔3〕 陈泽宪：“论市场经济的刑法调控原则”，载《法学》1994 年第 3 期。

应当处罚的要定罪处罚，不应该处罚的就不要用刑法介入。学者陈泽宪比较早地提出把“适度原则”作为市场经济的刑法调控原则之一。[1] 刑事罚则要与民事罚则、经济罚则或行政罚则衔接配套；不同层次的相关罚则应是同类违法行为之不同危害性程度的相对反映。刑罚只能是对经济违法行为多层次制裁中的最后手段，而不应当作为初始的、唯一的制裁手段。这乃是“慎刑”和注重发挥各种不同法律手段的综合调控功能的必然要求，[2] 也符合刑法谦抑性原则的要求。刑法学界从上世纪 80 年代开始研究经济刑法学，取得了很多研究成果。现在刑法界（包括实务和理论界）主张刑法轻刑化的呼声比较高，并主张轻刑化应当从经济犯罪做起。在经济领域，刑法改革应当关注如何有效打击经济犯罪、关注经济立法活动，并须不断吸收经济刑法学的研究成果。

一、经济犯罪立法与经济法规

国家干预经济的发展，进行必要的经济立法。经济立法如果不能有效地遏制经济违法行为，或者经济违法的后果非常严重，就需要刑法进行规制。运用刑法介入经济生活，则是经济犯罪产生的法律上的原因。经济犯罪的本质是对市场秩序的破坏，其真正含义是市场经济犯罪。经济刑法则是从刑法角度对破坏市场秩序的经济犯罪进行规范，是以经济犯罪为内容的刑事法律规范的总称。经济刑法的产生和发展是随着社会市场经济的发展而发展的。

1997 年刑法修订以后，至今已有 8 个修正案，刑法条文变动频繁，其中刑法条文中有关经济方面的条文变动较大，主要原因是经济违法犯罪的刑事立法往往在前，而经济法规立法在后，这种立法是倒置的，违背了经济犯罪刑事立法的正当程序。经济犯罪具有双重违法性，应当是违反了相关经济行政法的规定、危害比较严重达到了犯罪的程度时才被认定为犯罪。倒置性立法将造成严重的后果：要么刑法被架空，要么刑法需要经常变动。这种倒置性立法实际上反映了一个刑法观念问题，刑法被视为统治工具甚至成为唯一的工具，刑法的地位被不适当地提高了。

二、刑法改革与商业间谍的立法规范

《反不正当竞争法》第 10、25 条和《刑法》第 219 条的规定已经难以规制商业间谍行为，特别是跨国商业间谍行为，我国刑法的现有规定存在一定缺陷，惩处商业间谍非常不力。

在经济全球化的背景下，国家之间的竞争主要表现为经济实力的竞争，国家

---

〔1〕 陈泽宪：“论市场经济的刑法调控原则”，载《法学》1994 年第 3 期。

〔2〕 陈泽宪：“论市场经济的刑法调控原则”，载《法学》1994 年第 3 期。

安全已经不仅仅局限于政治安全、军事安全等方面，经济方面的秘密信息直接影响着整个国家的发展、进步和强大。经济安全已经被视为一个国家最重要的安全因素之一，受到世界各国的重视和保护；窃取国家重要经济秘密、情报的行为应该定性为危害国家安全的行为。相对而言，商业间谍比军事、政治间谍活动的范围更加广泛，发挥的作用也越来越大。为了规制商业间谍，美国于1996年针对工商业间谍产生的争议而制定了《经济间谍法》。面对经济间谍案件，我国并没有专门的法律规定，只是在《反不正当竞争法》第10、25条有侵犯商业秘密的行政处罚规定以及《刑法》第219条中规定了侵犯商业秘密罪，而刑法所规定的侵犯商业秘密罪的罪状完全移植了1993年《反不正当竞争法》第10条的规定，只是增加了"给商业秘密的权利人造成重大损失"这一表述。可见我国刑法规定的侵犯商业秘密罪存在一定缺陷，惩处商业间谍非常不力。

侵犯商业秘密罪应当规定为"行为犯"。根据《刑法》第219条第1款[1]的规定，侵犯商业秘密罪构成要件客观方面的要素之一是犯罪行为给商业秘密的权利人造成重大损失。所以，我国刑法上的侵犯商业秘密罪是结果犯，特定的损害结果不具备，犯罪客观方面的要件不齐备，犯罪自然就不成立。[2] 损失结果如何计算就成为一个疑难问题，司法机关先后出台了两个司法解释：2001年4月18日最高人民检察院、公安部颁布并实施的《关于经济犯罪案件追诉标准的规定》，其第65条规定："侵犯商业秘密，涉嫌下列情形之一的，应予追诉：①给商业秘密权利人造成直接经济损失数额在50万元以上的；②致使权利人破产或者造成其他严重后果的。"2004年12月8日最高人民法院、最高人民检察院联合发布了《关于办理侵犯知识产权刑事案件具体应用法律若干问题的解释》，该解释第7条规定，实施《刑法》第219条行为，给商业秘密的权利人造成损失数额在50万元以上的，属于"给商业秘密权利人造成重大损失"。司法解释解决了"给商业秘密权利人造成重大损失"的认定问题，但对于跨国商业间谍行为，或者侵犯商业秘密，严重后果不易显露或者不会很快显露的行为，刑法却无从惩处。从严密商业秘密的保护出发，要严惩商业间谍行为，特别是严惩跨国商业间

---

〔1〕《刑法》第219条规定：有下列侵犯商业秘密行为之一，给商业秘密的权利人造成重大损失的，处3年以下有期徒刑或者拘役，并处或者单处罚金；造成特别严重后果的，处3年以上7年以下有期徒刑，并处罚金：①以盗窃、利诱、胁迫或者其他不正当手段获取权利人的商业秘密的；②披露、使用或者允许他人使用以前项手段获取的权利人的商业秘密的；③违反约定或者违反权利人有关保守商业秘密的要求，披露、使用或者允许他人使用其所掌握的商业秘密的。

〔2〕周光权："侵犯商业秘密罪疑难问题研究"，载《清华大学学报（哲学社会科学版）》2003年第5期。

谍行为，应当把侵犯商业秘密罪规定为行为犯，即：只要实施了侵犯商业秘密的行为，即可构成侵犯商业秘密罪，给商业秘密权利人造成重大损失可以作为结果加重犯加以规制。

三、经济犯罪的刑罚改革

随着市场经济的培育和发展，经济犯罪是难以避免的法律现象，新的经济犯罪现象也会应运而生。国家在制定经济行政法规遏制经济领域的违法行为的同时，刑法也应当增订相应的经济刑法规范，以预防和遏制这些达到犯罪程度的经济犯罪，这是刑法改革的一项重要任务。我国现行刑法对经济犯罪较多地适用死刑和无期徒刑，较少适用财产刑和资格刑，而在市场经济条件下，对十分活跃的社会经济活动中出现的一些经济犯罪，又不适宜采用极为严厉的死刑和无期徒刑，应更多地适用财产刑和资格刑，这也是当代世界经济刑事立法及司法活动中的普遍趋势。[1] 新旧设立的经济犯罪应当协调，刑罚的协调既是重点，也是难点。一般而言，如果新规定的某一经济犯罪之性质与某一既有经济犯罪的行为性质相类似，或其社会危害性程度相当，则对二者所适用的刑罚轻重应注意保持均衡；倘若认为对原有犯罪所规定的刑罚现在看来确属偏重或偏轻，因而需要在新的经济刑法规范中规定较轻或较重的刑罚时，则应及时对既有罚则作相应的修改，以保证刑罚尺度的统一。[2]

（一）经济犯罪死刑废除论

学者屈学武教授是经济犯罪死刑废除论的坚定主张者，主张对所有经济犯罪中的死刑设置，应一体废除。[3] 其主要理由和根据在于：一是国际法上的根据。众所周知，我国已经签署《公民权利和政治权利国际公约》，该公约第6条第1、2款明文规定："人人有固有的生命权。这个权利应受法律保护。不得任意剥夺任何人的生命"；"在未废除死刑的国家，判处死刑只能是作为对最严重的罪行的惩罚。"在研究有关缔约国提供的国家报告过程中，人权事务委员们在其报告评论中也特别指出：最严重的犯罪意味着"在任何情况下，都不能对财产犯罪、经济犯罪、政治犯罪以及其他不涉及使用暴力的犯罪规定死刑。"鉴于联合国人权事务委员会的"一般性意见"对于公约条文释义的权威性，无疑，这里的"最严重的罪行"至少不得包括任何经济犯罪；二是国家宪法根据。宪法所蕴涵

---

〔1〕 陈泽宪："论市场经济的刑法调控原则"，载《法学》1994年第3期。

〔2〕 陈泽宪："论市场经济的刑法调控原则"，载《法学》1994年第3期。

〔3〕 屈学武："从个案辩护到废弃经济犯罪死刑的法律思考"，载陈兴良编：《公法》（第5卷），法律出版社2004年版。

的"以人为本"、"为了一切人"、"一切为了人"的人本主义的宪德精义，理当被贯穿于整个中国刑事立法特别是经济刑事立法活动的全过程。就此宪德精义看，在经济犯罪中设置死刑，确实有违"人本主义"的宪德精神，宜于逐步纠正；三是法理根据。从生命权利的本位性看，生命权利理当优位于国家刑罚权。此外，经济犯罪的死刑设置有违刑罚的正义性，经济犯罪分子导致了一定经济损害而剥夺其生命的刑罚，仅从刑法基本原则看，也是有违刑法的罪责刑相适应原则以及罪刑等价原则的。而这种罪责刑的"失衡"、罪与刑的"不等价"，势必反过来倾斜刑罚"正义性"天平。惟其如此，我们才主张，中国的死刑废弃运动，首当从废除经济刑罚中的死刑设置作起。从经济犯罪的死刑设置有碍刑罚的效益性看，我们认为，无论从罪刑等价意义看还是就单纯的功利角度看，经济犯罪分子既然肇致了对国家经济法律秩序乃至国家经济建设的危害，就应较多地或者主要地以经济惩罚的手段来"等价"惩罚之，否则就不能有力地遏制其实施经济犯罪的决意。屈学武教授还认为，废除经济犯罪的死刑设置，如今已在中国刑法学界达致相当广泛甚而一致性的共识，想必不久的将来，此观念必将进一步侵润泛化到中国广大公众的潜意识形态之中，从而，为推促全面废除经济犯罪的死刑设置提供更加广泛的社会心理文化认同及其法律设置的可行性基础。[1]

学者屈学武教授在论述有关金融诈骗罪法治问题时同样提出了应当取消金融诈骗罪中的死刑设置。根据中国《刑法》原第199条的规定，我国刑法中的集资诈骗罪、票据诈骗罪、金融凭证诈骗罪和信用证诈骗罪的最高法定刑为死刑。而此类金融诈骗罪，归根结底仍属经济犯罪。对此，国家宜即行废止所有经济犯罪的死刑，包括金融诈骗罪中的死刑。[2]

《刑法修正案（八）》取消了近年来较少适用或基本未适用过的13种经济性非暴力犯罪的死刑。[3] 学者们的主张、呼吁得到了立法者的回应，这是一个良好的信号。

---

〔1〕 屈学武："从个案辩护到废弃经济犯罪死刑的法律思考"，载陈兴良编：《公法》（第5卷），法律出版社2004年版。

〔2〕 屈学武："金融诈骗罪法治问题聚焦及其法理思考"，载顾肖荣主编：《经济刑法》（4），上海人民出版社2006年版。

〔3〕 具体为：走私文物罪，走私贵重金属罪，走私珍贵动物、珍贵动物制品罪，走私普通货物、物品罪，票据诈骗罪，金融凭证诈骗罪，信用证诈骗罪，虚开增值税专用发票、用于骗取出口退税、抵扣税款发票罪，伪造、出售伪造的增值税专用发票罪，盗窃罪，传授犯罪方法罪，盗掘古文化遗址、古墓葬罪，盗掘古人类化石、古脊椎动物化石罪。

（二）经济犯罪的资格刑

对经济犯罪应当更多地适用财产刑和资格刑，这是当代世界经济刑事立法中的一个普遍趋势。[1] 我国现行刑法对经济犯罪基本都规定适用财产刑，但没有规定适用资格刑，刑法改革应当着力改变这一现状。

资格刑是指剥夺犯罪人享有或行使一定权利的资格的刑罚。[2] 资格刑所谓资格一般包括：政治权利、公职权利、职业权利、亲权。我国现行刑法所设置的资格刑（即剥夺政治权利）主要针对的对象是实施危害国家安全、危及人身安全、危害国防利益的犯罪人。虽然对于极其严重的被判处无期徒刑、死刑的犯罪人也必须附加适用剥夺政治权利，但对于经济犯罪，剥夺政治权利这种剥夺公权利的资格刑不可能有多大的作用。这是因为，除了严重的足以被判处无期徒刑、死刑的经济犯罪人以外，剥夺政治权利这种刑罚方式很难对其他实施经济犯罪的犯罪人适用。

现代意义上的资格刑的适用对象包括自然人犯罪和法人犯罪，其中应当主要适用于经济犯罪。我们认为，经济犯罪应当规定资格刑。众所周知，经济犯罪是一种贪利型犯罪，犯罪人在自私自利、唯利是图的心理支配下，铤而走险实施经济犯罪行为的。经济犯罪的犯罪主体大都具有从事某种经营活动的资格，具有某一合法的职业，甚至担任某种公职，这类人之所以能够实施经济犯罪，是其主观的贪利性与业务的熟练性相结合的结果，同时其具有的某种资格也为其实施经济犯罪提供了方便条件。如果对经济犯罪只是适用罚金刑和自由刑，而不剥夺其从事与其犯罪行为有关的职业或职务的资格，那么当行为人的主观意志再次与丰富的业务能力相结合且具有某种资格时，就会再次产生犯罪动力，实施新的经济犯罪；反之，如果对经济犯罪适用旨在剥夺犯罪人从事某种职业或担任某种职务权利的资格刑，就可以减少犯罪人再次犯罪的可能性。由此可见，对经济犯罪也需要适用资格刑。如果对经济犯罪只是判处自由刑而不剥夺其从事某种职业或者担任某种公职的权利，经济犯罪的再犯情况会越来越严重，手段也越来越高明。

四、刑法改革与完善经济犯罪的空白罪状

由于经济犯罪本身的变动性以及我国刑事立法的单一模式，空白罪状在我国刑法特别是经济刑法中的广泛存在具有一定的必然性。而空白罪状是一种开放性的犯罪构成，这就面临一个空白罪状具体内容的填补问题。立法机关应当通过修正案、立法解释去加以填补，司法解释没有权力对空白罪状进行解释，而行政立

---

〔1〕 陈泽宪："论市场经济的刑法调控原则"，载《法学》1994 年第 3 期。

〔2〕 赵秉志："当代中国刑罚制度改革论纲"，载《中国法学》2008 年第 3 期。

法是一种授权性立法，行政机关也不具有规定刑事责任的权力。例如，非法经营罪是一个典型的空白罪状，“违反国家规定”、“其他严重扰乱市场秩序的非法经营行为”的开放式表述，使得非法经营罪成为1997年刑法修订后变动最多的一个罪名，立法、司法解释接连不断，成为一个典型的“口袋罪”。在以往的司法实践和法院的判例中，非法经营出版物、非法组织买卖人体器官（《刑法修正案(八)》已经单独定罪）、群发垃圾短信等都是以非法经营罪论处。空白罪状高度的包容性和开放性，带来了很大的扩罪的可能性，与罪刑法定原则、刑法谦抑性等有着明显的冲突，存在着很大的缺陷和不合理性，应当在刑法中尽量予以限制使用。[1] 因此，刑法在修改时，应当完善经济刑法的罪状表述，尽可能减少并且消除经济刑法的空白罪状。

第五节 刑法改革与刑事诉讼立法的协调

刑事诉讼法属于刑事程序法，解决的是刑事诉讼的程序问题，即如何进行立案、侦查、起诉、审判，如何收集和运用证据来证明是否存在犯罪事实、犯罪是重是轻，以及对生效的判决、裁定如何交付执行，等等问题。对于国家追究和惩罚犯罪的活动来说，刑法与刑事诉讼法具有内容与形式、目的与方法的辩证统一的关系。如果不通过刑事诉讼程序揭露犯罪、证实犯罪、查获犯罪人，刑法规定的定罪量刑的内容就无从实现。反之，如果没有刑法对定罪量刑的规定作为根据，刑事诉讼法就失去存在的目标，成为无内容的空洞形式。[2] 有人认为，刑法改革好像与刑事程序法无关，不存在相协调问题，其实不然。打击犯罪、保障人权是刑法和刑事诉讼法的共同追求，刑法立法的科学与否直接决定了刑事诉讼能否顺利进行，刑法立法应当关注诉讼法的发展方向和潮流，为刑事诉讼实现实体公正、程序公正打下坚实基础。刑法改革需要贯彻无罪推定原则，消除刑事实体法与程序法的不和谐现象，应当通过刑法立法，减轻控方的举证责任，更好地实现刑罚功能和诉讼效率。

一、刑法改革与无罪推定

无罪推定原则（presumption of innocence），意指“未经审判证明有罪确定

---

〔1〕 陆焕强、沈琳梅：“从非法经营罪的设置评析空白罪状的缺陷”，载《法治论丛》2006年第6期。

〔2〕 高铭暄：“我国刑法和刑事诉讼制度”，载《法学家》1999年第5期。

前，推定被控告者无罪”。无罪推定原则是现代法治国家刑事司法通行的一项重要原则，是国际公约确认和保护的一项基本人权，也是联合国在刑事司法领域制定和推行的最低限度标准之一。我国 1996 年修订的《刑事诉讼法》第 12 条规定，“未经人民法院依法判决，对任何人都不得确定有罪”。我国的刑事诉讼法由此确立了无罪推定原则的合理内核或曰合理因素，那么刑法也应当贯彻无罪推定原则，但刑法条文用语广泛存在“有罪推定”的色彩。“犯罪分子”在刑法条文大量存在，其间有些“犯罪分子”是指未决犯，而不是已决犯，不是真正的犯罪分子，应当予以修改。

二、刑法改革与特殊犯罪的举证责任倒置

在我国刑事诉讼中，公诉方承担基本的举证责任，被告人不负有证明自己有罪或无罪的义务。但在某些情况下，从诉讼经济的角度，应当通过刑法改革减轻控方责任。立法上通过刑法对举证责任的转移、倒置、减轻等例外规定，减轻了控方的举证责任、说服责任，符合司法规律，具有合理性，促进了刑法和刑事诉讼法和司法运作的有效衔接，有利于实现刑罚功能，提高诉讼效率并推促诉讼〔1〕。在刑事诉讼中，举证责任倒置具有合理性，应当通过刑法立法，确立特殊犯罪的举证责任倒置，更好地实现刑罚功能。

在学界较早的论述刑事案件举证责任倒置的是学者翁晓斌和龙宗智，他们在“罪错推定与举证责任倒置”〔2〕一文中论述了根据罪错推定，建立刑事案件举证责任倒置的合理性；何家弘教授主张在生产、销售假药和生产、销售有毒、有害食品等类犯罪案件的审判中，可以借鉴英美国家关于严格责任犯罪的规定，适用举证责任倒置的规则。〔3〕有观点主张在污染环境犯罪中设立举证责任倒置的原则；〔4〕有观点主张刑讯逼供罪举证责任倒置；〔5〕有观点主张“酷刑罪”的举证责任倒置。〔6〕周光权教授主张通过刑法立法对举证责任的转移、倒置、减轻等做出例外规定，以减轻控方的举证责任、说服责任，他还全面论述了举证责任倒置问题。〔7〕现在，越来越多的学者关注和研究刑事案件举证责任倒置的问题。

---

〔1〕周光权：“论通过刑法减轻控方责任——兼及刑法与刑事诉讼法的协调”，载《河南省政法管理干部学院学报》2007 年第 5 期。

〔2〕翁晓斌、龙宗智：“罪错推定与举证责任倒置”，载《人民检察》1999 年第 4 期。

〔3〕何家弘：“严格责任犯罪与举证责任倒置”，载《检察日报》2001 年 11 月 9 日。

〔4〕王懿：“试论在污染环境犯罪中设立举证责任倒置的原则”，载《犯罪研究》2004 年第 6 期。

〔5〕张冰：“浅析刑讯逼供罪举证责任倒置的可行性和必要性”，载《检察实践》2001 年第 4 期。

〔6〕文姬：“酷刑罪的举证责任倒置”，载《甘肃警察职业学院学报》2009 年第 3 期。

〔7〕周光权：“论通过刑法减轻控方责任——兼及刑法与刑事诉讼法的协调”，载《河南省政法管理干部学院学报》2007 年第 5 期。

我们认为，刑法改革过程中，通过刑法立法对特殊犯罪的举证责任进行重新分配非常必要。

（一）什么是刑事诉讼举证责任倒置

刑事诉讼举证责任倒置是指控方不负举证责任，而应当由被告一方就某种事实的存在或不存在负举证责任，如果其不能就此举证证明则要承担不利的后果。在刑事诉讼中，根据无罪推定原则，举证责任由控诉方承担，即对于被告人有罪的举证责任，由提出这一事实主张的控诉方来承担，这是刑事诉讼中举证责任分配的一般原则。但是由于案件情况的纷繁复杂，特别是对专业性非常强的案件事实和情节由被告一方举证更加便捷、高效，更容易查清楚案情。如果所有案件都千篇一律地按照此项原则来分配举证责任，就可能导致诉讼中的不公正，有碍诉讼的正常进行，不利于查明案件的真实情况，有悖诉讼的价值。所以在举证责任分配时，就产生了举证责任的例外——举证责任倒置。这种例外，在我国刑法中也是存在的，例如巨额财产来源不明罪，被告一方要承担证明自己的财产是合法的证明责任，否则以非法论。在民事和行政规范中都存在举证责任倒置的特别规定。

（二）刑事诉讼举证责任倒置的合理性

对特殊犯罪设置举证责任倒置具有合理性，具体表现在：一方面有利于打击特殊犯罪，尤其是某些较为普遍、性质严重，同时又难以证实的犯罪，需要设置一种举证责任转移机制，实现既不冤枉无辜又不放纵犯罪的司法目的。从世界各国的法律规定看，刑事诉讼中的举证责任倒置与罪错推定息息相关，主要针对某些难以证实的犯罪或犯罪中某些难以证实的情节。在肯定无罪推定这一普遍原则的情况下，通过有限制的罪错推定赋予被告人某些方面、某种程度的举证责任。

另一方面有利于节约国家司法资源。设置举证责任倒置也出于对举证责任难易程度的考虑，有利于在司法实践中实现司法证明，查明案件真相，被告人举证比控方举证更有利于查明事实真相，实现实体真实。法律规定举证责任的转移，主要是考虑诉讼活动中证明的需要和举证的便利，即由哪一方先行举证更有利于诉讼证明的推进。从这个意义上讲，举证责任的转移是以举证便利和诉讼效率为前提的。[1] 虽然国家司法机关本身担负着证明并追究犯罪以维护法律秩序的责任，但在任何时候国家的司法资源都是有限的，资源的配置必须有利于实现司法的最大效益。为此，需要节省和适当分配司法资源。而对某些难以证实的问题，投入较大的司法力量也会因条件的限制而难起效用，实行适当的举证责任倒置，

〔1〕 何家弘："刑事诉讼中举证责任分配之我见"，载《政治与法律》2002 年第 3 期。

有利于资源的节省和合理配置。[1] 举证责任由举证较易的一方承担，有利于减少司法证明中的人力、物力、财力的消耗，节省司法资源，实现诉讼的经济与快捷。

总之，在肯定“无罪推定”这一重要原则的情况下，通过有限制的罪错推定赋予刑事被告人某些方面、一定程度的举证责任，具有合理性。

（三）举证责任倒置宜由刑法特别规定

举证责任倒置是在肯定无罪推定这一普遍原则的基础上，通过有限制的罪错推定赋予刑事被告人某些方面、一定程度的举证责任。但这种举证责任倒置必须严格把握。因为毕竟无罪推定是刑事诉讼中的一项基本原则，罪错推定和举证责任倒置只是例外规定、特殊规定，从世界各国的法律规定看，刑事诉讼中的举证责任倒置，主要针对某些难以证实的犯罪或犯罪中某些难以证实的情节，只有在实体法有特殊规定的情况下才能使用。举证责任倒置不仅是一个证据法上的证明责任分配的问题，而且与当事人在实体法上的权利义务密切相关。[2] 纵观各国的司法实践及立法经验，正如一些证据法专家所说，对于举证责任倒置的规定多见之于实体法，只有少数国家将之规定在程序法中。[3] 从国外的立法经验来看，西方国家关于民事诉讼的证明责任分配模式大致有两种：一种是主要由实体法规定举证责任分配；一种是由实体法与诉讼法共同规定举证责任分配。但各国关于举证责任倒置的制度一般都是由法律确定的。[4] 举证责任倒置绝不是一个程序性问题，而应当是实体问题，应当由实体法具体规定。所以，应当在刑法分则立法上，明确某些个罪的证明责任，实现证明责任倒置的法定化。

（四）我国刑法关于举证责任倒置的立法构想

通过刑法立法和刑法解释减轻控方证明责任，实际上是充分考虑了刑法学中的“例外规律”。刑法分则所规定的四百多个罪名，绝大多数都要求控方承担举证责任和说服责任，这是原则；但是，有极个别罪名要求被告人举证，或者举证责任从控方转移到被告人身上，这就是刑法上的例外规定。[5] 我国有学者从严格责任的角度研究举证责任倒置问题，往往把持有型犯罪、环境犯罪都归结为严格责任犯罪。刑法中的严格责任，是指在行为人主观罪过的具体形式不明确时，

---

〔1〕 翁晓斌、龙宗智：“罪错推定与举证责任倒置”，载《人民检察》1999 第 4 期。

〔2〕 王利明：“举证责任倒置必须法定化”，载《人民法院报》2002 年 12 月 20 日。

〔3〕 汪琳：“举证责任倒置立法完善的构想”，载《江西社会科学》2002 年第 9 期。

〔4〕 王利明：“举证责任倒置必须法定化”，载《人民法院报》2002 年 12 月 20 日。

〔5〕 周光权：“论通过刑法减轻控方责任——兼及刑法与刑事诉讼法的协调”，载《河南省政法管理干部学院学报》2007 年第 5 期。

仍然对其危害社会并触犯刑律的行为追究刑事责任的制度。虽然行为人主观上的具体罪过形式不明确，但其在主观罪过支配下的行为都必须具有危害社会的性质。绝对的严格责任（意即绝对责任）在我国没有存在余地，但相对的严格责任却不仅能为我国刑法所包容，而且也能为我国刑事诉讼法所允许，在个别情况下也确有必要。在一些特殊情况下，行为人的心理状态很难判明，而根据常理，行为人又往往存有过错，此时若拘泥于传统的举证责任原则，由起诉方来负责证明被告人的主观过错，确实很难，若将这种证明责任转移给被告人，则可提高诉讼效率，减少诉讼成本，有效地打击这类犯罪，还能使潜在犯罪人减少侥幸心理，促使这些人更好地去预防犯罪。例如：丢失枪支不报、交通肇事后逃逸、非法出具票证，等等，这些都是危害公共利益，涉及多人的生命、健康、财产的犯罪。这些犯罪在刑法上对其主观罪过的形式，是故意还是过失规定不明确，具有一定的模糊性，由控诉方来证明其主观罪过具有一定的难度，而行为的社会危害性又十分明显，有处罚之必要，所以，应当采取举证责任倒置的举证法，由行为人负举证责任，以利于对这些犯罪的有效惩罚。[1] 我们认为刑法改革，应当着力实现以下犯罪的举证责任倒置。

1. 持有型犯罪。持有型犯罪，是指行为人违反刑法规定故意支配或控制（包括持有、拥有、私藏、携带等）特定物品或财产的不法状态的行为。巨额财产来源不明罪就是持有型犯罪，刑法规定为举证责任倒置，但其他持有型犯罪在刑法中并没有规定为举证责任倒置。持有型犯罪案件中，举证责任的分配也应当处于倒置状态，这也是考虑到证明的方便和对此类行为的有效处罚。

2. 环境犯罪。对环境犯罪实行举证责任倒置，并非客观归罪，而是对这类特殊的犯罪实施特殊预防与一般预防的需要，更好地维护公共利益。因此，可以借鉴国外做法，对我国一些性质十分严重的环境犯罪实行举证责任倒置，如《刑法》第338、339条和第343条所规定的犯罪。[2] 环境犯罪多属于抽象危险犯，诉讼中证明上存在很大的困难。如关于空气污染，往往难以找到证明行为人造成损害的证据。抽象危险是一种拟制的危险，一般不需要进行具体的危险判断。抽象危险犯的构成要件设置是一种保护法益前置的措施，在风险社会下，具有合理性。

3. 刑讯逼供罪。关于刑讯逼供的问题，一些国家的立法或司法判例规定，在犯罪侦查过程中如警察有刑讯逼供行为，适用举证责任倒置，即由警方承担举

---

〔1〕 刘仁文：“刑法中的严格责任研究”，载《比较法研究》2001年第1期。

〔2〕 梅宏：“刑法生态化的立法原则”，载《华东政法学院学报》2004年第2期。

证责任，而不是由提出刑讯逼供“指控”的被告人承担举证责任。我国法律明令禁止刑讯逼供，而且规定刑讯逼供者要承担刑事责任。但是在司法实践中，刑讯逼供案件多因取证难而处理难，致使一些警察更加有恃无恐。刑讯逼供的受害人一般都是刑事案件的嫌疑人或被告人，在刑讯期间处于失去自由和孤立无援的境地，而且往往在相当长的一段时间内既无法取证也无法举证。为了强化法律对刑讯逼供行为的约束机制，在此类案件的审理中适用举证责任倒置是很有裨益的。

第八章　刑法改革与其他社会控制手段的协调

社会控制手段是指保证人们遵守社会规范的各种社会力量的总称[1]。法律也是社会控制手段中的重要组成部分，法必须和其他社会控制手段有机地结合起来，才能达到社会的善治。[2] 社会控制的主要手段有法律、行政、纪律、各种社会制度、风俗习惯、道德、艺术、社会舆论、宗教等。在加强刑法等法律控制手段的同时，也应当加强刑法与其他社会控制手段的结合。刑法改革应当与其他社会控制手段相协调，当前应当着力加强社会信用体系的建设，以形成良好有序的市场经济秩序；完善经济制度，提高人民生活水平，保持社会稳定；进行社会文化制度建设，形成良好的社会舆论和群体意识，构建社会主义和谐社会。

“徒法不足以自行”，刑法改革也应当与其他社会控制手段相协调，正如德国著名刑法学家李斯特所言：“最好的社会政策即最好的刑事政策”。社会秩序的稳定、预防和减少犯罪得益于各种社会控制手段。作为最重要的法律控制手段的刑法，应当与社会信用体系、经济制度、社会文化制度等社会控制手段相协调，这样才能实现社会控制的最终目的。社会信用体系的构建以及经济制度、国家刑事政策、社会文化制度的完善等社会控制手段对构建和谐社会至关重要。刑法改革也应当服务于社会信用体系的建立与完善、服务于社会经济制度、促进并完善以人为本等社会文化制度建设。

---

〔1〕 蒋传光：“论社会控制与和谐社会的构建——法社会学的研究”，载《江海学刊》2006 年第 4 期。

〔2〕 刘仁文：“‘依法治国’不能简单化理解”，载《新京报》2010 年 4 月 24 日。

第一节 刑法改革与社会信用体系的构建

市场经济是信用经济、法治经济，社会主义市场经济也不例外。社会信用体系是市场经济体制中的重要制度安排。[1] 党中央、国务院高度重视社会信用体系建设工作，2007 年召开的全国金融工作会议进一步提出，以信贷征信体系建设为重点，全面推进社会信用体系建设，加快建立与我国经济社会发展水平相适应的社会信用体系基本框架和运行机制。

要维护社会主义市场经济秩序，必须建立社会诚信制度。在探索建立社会诚信体系过程中，要注意营造诚实守信的社会舆论氛围。这不仅对社会诚信体系建设，而且对整个社会和谐稳定，都将发挥基础性、长远性作用。[2] 信用是建立和规范市场经济秩序的重要保证。社会主义市场经济依赖于社会信用，信用支持市场经济发展、完善。由此，信用入法而受到法律的特别保护。在我国的市场经济活动中，由于缺乏信用，以致造成经济和社会秩序长期混乱。刑法应当在社会信用体系的构建中起基础性保障作用，刑法改革应当服务于社会信用体系的建立与完善，为社会信用体系的构建提供刑法保障。

一、社会信用体系

社会信用体系也称国家信用管理体系或国家信用体系。它是一种社会机制，具体作用于一国的市场规范，它旨在建立一个适合信用交易发展的市场环境，保证一国的市场经济向信用经济方向转变，[3] 即从以原始支付手段为主流的市场交易方式向以信用交易为主流的市场交易方式的健康转变。这种机制会建立一种新的市场规则，使社会资本得以形成，直接地保证一国的市场经济走向成熟，扩大一国的市场规模。社会信用体系包括公共信用体系、企业信用体系和个人信用体系。三者共同作用，构成了完整的社会信用体系。

没有信用，就没有秩序，市场经济就不能健康发展。当前，信用状况差是我国社会主义市场经济发展的一个薄弱环节，已成为影响和制约经济发展的突出因素。由于缺乏足够的信用，直接导致不少企业陷入危机。面对这种情况，建立和

---

〔1〕《国务院办公厅关于社会信用体系建设的若干意见》（国办发〔2007〕17 号）。

〔2〕周永康：“加强和创新社会管理 建立健全中国特色社会主义社会管理体系”，载《求是》2011 年第 9 期。

〔3〕黄铁凡：“市场条件下的社会信用体系”，上海社会科学院 2006 年硕士学位论文。

健全国民经济的信用体系就成为一项当务之急。建设社会信用体系，是完善我国社会主义市场经济体制的客观需要，是整顿和规范市场经济秩序的治本之策[1]。当前，恶意拖欠和逃废银行债务、逃骗偷税、商业欺诈、制假售假、非法集资等现象屡禁不止，加快建设社会信用体系，对于打击失信行为，防范和化解金融风险，促进金融稳定和发展，维护正常的社会经济秩序，保护群众权益，推进政府更好地履行经济调节、市场监管、社会管理和公共服务的职能，具有重要的现实意义。同时，建立社会信用体系是一个比较庞大的、复杂的社会系统工程，它实际上起到一个社会联防和社会监督的作用，通过社会治理和社会控制达到良好的社会秩序和社会经济环境，在减少犯罪、预防犯罪方面起着重要作用。

二、社会信用体系与犯罪生成

只有重信守诺，社会才能和谐发展。[2] 社会信用体系的构建与社会稳定、社会秩序密切相关，社会不稳定因素增加，意味着刑事案件、治安案件的上升。信用缺失是影响社会秩序和社会稳定的重要因素，使我们的社会隐含了许多风险，给我国社会的稳定和正常的社会秩序带来了严重的威胁，也给我国的社会安全问题带来了严峻的挑战。因此信用缺失与犯罪生成有着密切关系。信用缺失是社会转型时期促使犯罪生成的一个重要社会因素。[3] 目前，我国信任缺失已经渗透到社会生活的各个领域，引起了相关违法犯罪的发生：在经济领域，假冒伪劣盛行，商业诈骗不断、合同违约严重，等等。在政治领域，公职人员腐败严重、政绩形象工程大行其道，官僚作风、空头许诺等现象更是屡见不鲜。在日常生活领域，见死不救、遇难不济现象也是层出不穷。[4] 有学者指出，一国社会信用体系的缺失与黑社会之间存在着密切关系。在一些地方，黑社会犯罪的泛滥，是与社会中信任结构的缺失密切联系在一起的。由于人们不相信用常规的、法律的方式来解决问题，就会转而求助于黑社会组织，而这恰恰是黑社会能够滋生的基础。[5] 因此，构建社会信用体系，也是预防犯罪的重要举措。

---

〔1〕《国务院办公厅关于社会信用体系建设的若干意见》（国办发〔2007〕17号）。

〔2〕周永康："加强和创新社会管理 建立健全中国特色社会主义社会管理体系"，载《求是》2011年第9期。

〔3〕汪明亮："基于社会资本解释范式的刑事政策研究"，载《中国法学》2009年第1期。

〔4〕参见王绍光、刘欣："信任的基础：一种理性的解释"，载《社会学研究》2002年第3期。

〔5〕孙立平：《断裂：20世纪90年代以来的中国社会》，社会科学文献出版社2003年版，第139～140页。

三、社会信用体系构建与刑法改革

(一) 社会信用体系构建需要法律保障

党的十六届三中全会《决定》[1] 指出:"建立健全社会信用体系,形成以道德为支撑、产权为基础、法律为保障的社会信用制度,是建设现代市场体系的必要条件,也是规范市场经济秩序的治本之策。"这一论断告诉我们,建立健全社会信用体系,一个重要方面就是建立健全信用监督和失信惩罚的市场监管法律体系。[2] 法律缺失是我国社会信用体系进一步完善的制约瓶颈。社会信用体系的立法是社会信用体系健康发展的基石,我国应该加快有关社会信用体系方面的法律法规建设。完备的法律法规和国家标准体系,是信用行业健康发展的保障。要按照信息共享、公平竞争、有利于公共服务和监管、维护国家信息安全的要求,制定有关法律法规。要坚持规范与发展并重的原则,促进信用服务行业健康发展。要严格区分公共信息和企业、个人的信用信息,妥善处理好信息公开与依法保护个人隐私、商业秘密和国家信息安全的关系,切实保护当事人合法权益。要加快信用服务行业国家标准化建设,形成完整、科学的信用标准体系[3]。

以法律作为保障手段的社会信用体系的建立,应当至少包括以下两个方面的内容:

1. 用法律规范市场主体经营者的商事信用行为。从法律角度看,信用的一个最基本问题,就是市场主体必须诚实无欺地履行自己的义务,否则就要承担相应的法律责任。这些法律责任包括民事赔偿责任、行政责任,甚至是刑事责任。当前应当重点建立健全惩戒欺诈行为的法律法规。欺诈是市场经济中发生频率最高、最为严重的破坏社会信用的行为。

2. 用法律规范政府的信用。作为市场经济的调控主体的政府,其信用是社会信用的重要组成部分,是保证市场经济正常运行的关键。政府信用状况如何,对社会整体信用具有显著的示范作用。加强政府信用建设,特别是遏制消极腐败现象以及违约拖欠行为,对于提升社会整体信用水平具有重大意义。[4] 加强政府信用建设,应加快制定规范市场主体和政府行为的法律法规,强化政府及其工作人员的法律意识,建设高素质的公务员队伍。[5] 政府及其工作人员能否依法行政,自觉维护社会信用,当好市场经济的裁判员,对市场主体的诚实守信具有

---

〔1〕《中共中央关于完善社会主义市场经济体制若干问题的决定》。

〔2〕 涂水珍:"社会信用体系的法律保障",载《人民日报》2004年3月22日,第9版。

〔3〕《国务院办公厅关于社会信用体系建设的若干意见》(国办发〔2007〕17号)。

〔4〕 李晓安、阮俊杰:"信用综合治理的四大杠杆",载《人民日报》2008年9月19日。

〔5〕 涂水珍:"社会信用体系的法律保障",载《人民日报》2004年3月22日,第9版。

重要的示范作用。因此，良好的政府信用是社会经济持续快速协调健康发展的基础。

只有将上述两者统一起来，以法律作为保障手段的社会信用体系的建立，才能有力促进社会信用体系的建设，才能促进社会主义市场经济的健康发展。因此，社会信用体系的建立不能仅仅停留在道德的层面，严重违反道德不讲社会信用的行为，应当在法律的范围内予以惩戒，包括用刑法进行规制。总之，以法律为保障的社会信用体系，是建设现代市场体系的必要条件，也是规范市场经济秩序的治本之策。

（二）刑法改革与社会信用体系构建

1. 社会信用体系的构建是否需要刑法保护？如上所述，建立健全以法律为保障的社会信用制度，是建设现代市场体系的必要条件之一。这里法律保障是否包括刑法保护，在学界存在一些争议。多数观点认为，在我国现行的法律体系中，虽然民法、行政法、经济法中都有对社会信用保护方面的内容，包括一定的原则和规则，但对于日益泛滥的社会失信行为，上述法律的规定都显得过于笼统和缺乏力度。将诚信引入刑法的领域，加大刑法保护社会信用的力度，实属必要。

总体看，鉴于民法等法律法规中有诚实守信的法律原则但仍不足以对社会的各种失信行为形成强有力的法律约束，有法不依和执法不严的问题相当严重。目前合规守信者的良好行为未能得到应有的尊重和鼓励而失信行为未能得到相应的惩罚，或者惩罚力度不足以震慑失信者，使侵犯社会信用的机会成本过低，急需为社会信用体系的构建提供刑法保护。当民事、经济、行政等手段已经无法抵御失信危害行为对现有社会信用架构的冲击之时，刑法作为社会秩序和社会价值保护的底线，应当发挥其应有的作用。在一定程度上可以说，对有关社会信用犯罪处理的稳妥与否，是关系到我国社会主义市场经济秩序建立和完善的全局性、战略性、前瞻性的重大理论问题和现实问题。[1]

2. 社会信用体系的刑法保护制度设计。目前刑法学界对社会信用体系刑法保护问题的研究，仍然是刑法研究的薄弱环节，很多仍属刑法学研究的空白。有学者提出借鉴发达国家立法的经验，建议在我国刑法中增设信用条款总设置的同时，在刑法分则中也有必要增设或修订相关涉及信用的具体犯罪。[2] 我们认为，在刑法总则中规定信用条款不妥，我国在《民法通则》的总则部分明文规定了

〔1〕 黄京平、李翔："社会信用刑法保护的研究视角"，载《人民法院报》2004年7月28日。

〔2〕 王昌学："论市场经济、社会信用与我国刑法"，载《甘肃政法学院学报》2003年第6期。

"诚实信用"原则，刑法作为其他法律的保障法，不宜再做出重复规定。在刑法分则条文中增设危害信用犯罪条款是合适的。研究社会信用的刑法保护问题应当紧密结合当代我国的社会现状及刑事立法、司法实践，为立法、司法实践服务，关注司法实践的具体问题，着眼于司法实践的需要，为司法实践提供切实可行的解决问题的方法，推动我国刑事司法实践进一步向公正、科学、合理方向发展，并深入我国刑法学相关问题的理论，完善理论体系。[1] 立足我国信用缺位的现实，着眼于市场经济发展的需要，借鉴发达国家立法的经验，建议在刑法分则中有必要增设或修订有关涉及信用的具体犯罪（危害信用罪、违背信任罪等）。具体设计如下：

（1）专章或者专节设定侵犯社会信用类犯罪。可以把现行刑法中的有关侵犯社会信用类犯罪进行必要的分类，如分为诈骗类、欺诈类、制假售假类、恶意拖欠类。

诈骗类的侵犯社会信用类犯罪。如诈骗罪、各种金融诈骗罪（集资诈骗罪、贷款诈骗罪、票据诈骗罪、金融凭证诈骗罪、信用证诈骗罪、信用卡诈骗罪、有价证券诈骗罪、保险诈骗罪）、合同诈骗罪、骗取出口退税罪等。此类犯罪直接以非法占有为目的，用虚构事实或者隐瞒真相的方法，骗取数额较大的公私财物。

欺诈类主要指欺诈消费罪、商业欺诈（虚假广告罪、假冒注册商标罪、侵犯商业秘密罪）、非法经营同类营业罪、提供虚假证明文件罪、出具证明文件重大失实罪，以及诉讼欺诈行为（行政伪证罪、民事伪证罪、伪造证据罪、虚假诉讼行为等）等犯罪。

制假售假类主要指生产、销售伪劣商品罪（销售假冒注册商标的商品罪、假冒专利罪），伪造各种证件、印章、票证（伪造武装部队专用标志罪、伪造、变造、买卖武装部队公文、证件、印章罪、提供伪造、变造的出入境证件罪伪造、变造居民身份证罪、伪造公司、企业、事业单位、人民团体印章罪、伪造、变造、买卖国家机关公文、证件、印章罪、伪造、倒卖伪造的有价票证罪、伪造货币罪、伪造、变造、转让金融机构经营许可证、批准文件罪、伪造、变造金融票证罪、伪造、变造国家有价证券罪、伪造、变造股票、公司、企业债券罪、伪造、出售伪造的增值税专用发票罪），以及虚假手机短信、虚假破产罪等。

恶意拖欠类主要包括信用卡恶意透支（把此类行为从信用卡诈骗罪中分离出来）、恶意欠薪、恶意拖欠和逃避银行等金融机构债务的行为。

---

〔1〕黄京平、李翔："社会信用刑法保护的研究视角"，载《人民法院报》2004 年 7 月 28 日。

（2）专门增设专门侵犯信用的犯罪。为构建社会主义市场经济中的信用体系，对于那些严重的背信行为，应当运用刑法手段加以规制。为此，建议刑法改革时，专门增设危害信用罪、违背信任罪、对国家不实报告罪等多种具体信用犯罪。

危害信用罪是指散布虚假或重大不实之事实，或者使用其他骗术和诡计，损害他人信用，情节严重的行为。[1] 很多国家刑法典都设定了该犯罪，如韩国、日本等。我国台湾地区“刑法”第313条规定：“散布流言或以诈术损害他人之信用者，处2年以下有期徒刑，拘役或科或并科1000元以下罚金”等。这些立法规范及其经验值得我们借鉴。

违背信任罪是指管理国家、社会和他人事务，违背信任关系及其义务，损害其财产或其他利益，或有其他不法图谋的行为。[2] 违背信任罪，我国现行刑法中，没有出现“违背信任”概念，但实际上规定了多种特殊的背信犯罪。如非法经营同类营业罪、为亲友非法牟利罪、徇私舞弊造成破产、亏损罪、徇私舞弊低价折股、出售国有资产罪、掏空上市公司罪等。这些犯罪都具备了背信罪的构成要件，只不过在犯罪主体、侵害对象或者行为方式等方面有一定的特殊性，因而是特殊类型的背信犯罪。《刑法修正案（六）》修改了《刑法》第161条，将公司、企业对依法应当披露的重要信息不按规定披露的行为规定为犯罪；在第169条后增加1条作为第169条之一，将上市公司的董事、监事、高级管理人员违背对公司的忠实义务，利用职务便利，操纵上市公司从事下列行为之一，致使上市公司利益遭受重大损失的，上市公司的董事、监事、高级管理人员、控股股东和实际控制人与关联公司进行不正当关联交易、掏空上市公司的行为，规定为犯罪，[3] 这两个罪名都是特殊类型的背信犯罪。现行刑法中特殊类型的背信犯罪罪名并不能涵盖所有的背信犯罪，所以增设专门的违背信任罪是必要的。

对国家不实报告罪。此罪是指公民或法人（含非法人）就国家管辖事项，向国家作职务或业务上的事实情况及其成绩的说明、陈述、报告，或提供统计、报表、计划、方案等中有虚构、掺假、设置骗局，或明知而不纠错，或有重大不实的行为。[4] 设立对国家不实报告罪是非常必要的。如果公司向股东和社会公众提供虚假的或者隐瞒重要事实的财务会计报告，严重损害股东或者其他人利益

---

〔1〕王昌学：“论市场经济、社会信用与我国刑法”，载《甘肃政法学院学报》2003年第6期。
〔2〕王昌学：“论市场经济、社会信用与我国刑法”，载《甘肃政法学院学报》2003年第6期。
〔3〕黄太云：“刑法修正案（六）解读之三”，载《人民法院报》2006年8月28日。
〔4〕王昌学：“论市场经济、社会信用与我国刑法”，载《甘肃政法学院学报》2003年第6期。

的行为，构成刑法上的提供虚假财会报告罪，那么如果向国家报告重要信息不实，其危害性不会比提供虚假财会报告罪轻，因此，设置此罪是非常必要的。

上述三种侵犯社会信用类犯罪，在刑法条文罪状的表述上尽可能用叙明罪状，因为这些罪状应当注意民事违法责任、行政违法责任与刑事责任的衔接，侵犯社会信用行为的犯罪化与除罪化等问题。

第二节　刑法改革与社会经济制度的完善

社会经济制度，也称社会经济结构，是社会发展一定阶段中占主导地位的社会生产关系的总和。一定的社会经济制度构成该社会的经济基础，并决定其政治法律制度和意识形态。社会经济制度是划分不同社会形态的主要标准。马克思主义哲学告诉我们，刑法属于上层建筑的范畴，决定于经济基础，并为经济基础服务。刑法应当维护有利于统治阶级的社会关系和社会秩序，维护统治阶级的经济制度，是统治阶级实现其统治的一项重要工具。社会经济制度属于经济基础的范畴，决定了刑法等法律的产生、发展，同时，由于经济基础的历史延续性、继承性，决定了刑法的内容也应当具有一定的历史延续性。刑法改革不能脱离本国的经济发展状况，要为社会经济制度的完善保驾护航。我国社会经济制度的完善也会促进刑法等上层建筑的改革和完善。当前，我国刑法改革应当维护社会经济制度，服务于社会主义市场经济的改革，对公有经济、私有经济给予同样的刑法保护，同时保护多种所有制分配方式。

一、刑法应当维护我国的社会经济制度

我国社会经济制度的主要内容是以生产资料公有制为主体，多种经济成分共同发展的所有制结构。我国的所有制结构决定了分配制度的内容，即以按劳分配为主体、多种分配方式并存的分配制度。

刑法应当维护我国的基本经济制度。公有制为主体、多种所有制经济共同发展，是我国社会主义初级阶段的一项基本经济制度。公有制的实现形式可以是多样化的，一切反映社会化生产规律的经营方式和组织形式都可以利用。公有制实现形式的多样化，不仅有利于公有制经济的发展壮大，也有力地推动了整个国民经济的迅速发展。目前我国公有制的实现形式：股份制、股份合作制、承包、租赁等，这些都是我国刑法应当保护的。非公有制经济作为社会主义市场经济的重要组成部分，在社会主义市场经济中公有制经济与非公有制经济市场地位平等，都是市场竞争的主体，它们在公平竞争中共同发展，既要继续鼓励和引导各种非

公有制经济的健康发展，依法保护公平竞争，又要用法律保护其合法权益，这里包括很重要的刑法保护。

无论是什么经济制度和经济关系，还是分配制度，都会最终落到财产关系上。刑法对经济制度的保护，往往直接表现为对财产关系保护和经济秩序的维护。例如我国《刑法》第2条规定："中华人民共和国刑法的任务，是用刑罚同一切犯罪行为作斗争，以保卫国家安全，保卫人民民主专政的政权和社会主义制度，保护国有财产和劳动群众集体所有的财产，保护公民私人所有的财产，保护公民的人身权利、民主权利和其他权利，维护社会秩序、经济秩序，保障社会主义建设事业的顺利进行。"由此，我国刑法维护经济秩序，保障社会主义事业的顺利进行。刑法保护国有财产和劳动群众集体所有的财产，保护公民私人所有的财产。国家所有的财产和劳动群众集体所有的财产，是社会主义的公共财产，是社会主义的物质基础，是进行现代化建设的物质保证。根据宪法关于公共财产神圣不可侵犯的规定，刑法保护国有财产和劳动群众集体所有的财产，具有特别重要的意义。公民私人所有的财产，是公民生产、工作、生活所必需的物质条件，是私营经济的基础，同样受国家法律保护。

刑法维护经济秩序。我国进行改革开放和社会主义现代化建设，需要稳定的经济秩序，尤其是建立社会主义市场经济，更需要一个良好的经济秩序。因此，维护经济秩序成为刑法的一项重要任务，对于侵犯经济秩序的犯罪，必须依照刑法予以打击。

二、刑法改革是社会经济制度完善的必然要求

经济基础决定上层建筑。刑法属于上层建筑的范畴，决定于经济基础，并为经济基础服务。随着生产力的发展，社会经济基础不断地从低级向高级形态发展，相应地，作为上层建筑组成部分的刑法也应当跟着变化。在我国，从1979年第一部刑法典颁布实施起，对刑法修改相当频繁。1979年刑法实施之后至1997年刑法修订之前，立法机关一共颁布过24个单行刑法。1997年刑法修订之后到现在，全国人大常委会又通过了8个刑法修正案、1个单行刑法（即《关于惩治骗购外汇、逃汇和非法买卖外汇犯罪的决定》）、9个刑法立法解释。刑法内容修改是我国经济体制改革必然要求。随着经济转轨、社会转型，社会主义市场经济体制的逐步建立、完善，社会经济制度日趋完善，必然要求法律与之相适应。总之，我国经济社会的发展推动了刑法的修改、补充，[1] 也同样推动着我国刑法改革。

---

〔1〕 刘仁文："论我国刑法的修订"，载《暨南学报（哲学社会科学版）》2010年第6期。

社会主义经济制度是社会主义生产关系即经济关系的总和，社会主义公有制是社会主义经济制度的基础。我国宪法明文对社会经济制度进行了规定，宪法规定："中华人民共和国的社会主义经济制度的基础是生产资料的社会主义公有制，即全民所有制和劳动群众集体所有制。"强调公有制是社会主义经济制度的基础，表示在这一基础上还存在社会主义的其他经济关系或制度，如按劳分配，劳动者成为生产和社会的主人，消灭剥削和消除两极分化，实现共同富裕等。宪法明文规定：在社会主义初级阶段，坚持公有制为主体、多种所有制经济共同发展的基本经济制度。经济制度作为基础性制度，对其他制度起决定性作用。

目前我国正处于全面建设社会主义市场经济的历史时期，原有的经济体制、经济关系尚未完全打破，各种新型的经济关系不断涌现。社会主义市场经济体制初步建立，各种经济制度正处在不断完善过程中，各种经济关系、不同利益格局、伦理道德观念正在不断地发生嬗变，影响经济体制改革、发展的不稳定因素和各种社会矛盾不可避免地增多，诱发各种犯罪的隐患激增，犯罪率上升的趋势短期内难遏制，尤其是经济犯罪不断增加的态势不可避免。在这种形势下，刑法介入经济领域的范围有不断扩大的趋势，对一些严重危害社会主义市场经济健康良性发展的犯罪行为动用刑罚进行惩处，并不违反刑法的谦抑性原则，是完全必要的。此时需要修改、改革刑法也是完全必要的，让刑法为社会经济制度的完善保驾护航，为社会主义市场经济的建立和完善保驾护航。

另外，在社会主义市场经济制度下，目前出现的各种经济关系与经济矛盾，毕竟是平等的市场主体之间的利益矛盾，应当主要通过市场机制的自发调整得以解决。在这种情况下，过分严厉的刑罚与市场经济的内在逻辑本身是存在矛盾的，也就是说动用刑罚，尤其是使用重刑调整经济关系，与刑法的谦抑原则和市场经济本身的属性存在一定的矛盾。所以，刑罚对社会经济生活的干预应当自我克制，坚持刑罚的最后手段性原则，刑罚尽量轻缓，为社会主义市场经济的发展提供宽松的法治环境。

刑法介入经济关系的方式和强度，做到既能为经济发展保驾护航，又不阻碍经济的快速发展，这就需要立法者综合考虑各方面的因素，平衡两者之间的关系。总之，社会主义市场经济的建立和完善，必然要求刑法改革，刑法改革是社会经济制度完善的必然要求。

三、刑法改革应当服务于社会主义市场经济建设

社会主义市场经济是法治经济，建立和完善社会主义市场经济需要法治，当然需要刑事法治。国家需要适时制定社会主义市场经济法规，维护正常的经济活动和保护公平竞争，着重防止各种破坏社会主义市场经济秩序的行为。我们认

为，当前刑法改革应当着力解决以下两个问题：

（一）公有经济、私有经济的平等保护

我国自改革开放以来对私营经济的态度发生了很大变化。1988 年《宪法修正案》，非公经济首次被认为是公有经济的“补充”；1993 年的《宪法修正案》，“社会主义市场经济”首次写入宪法；1999 年《宪法修正案》，非公经济被提升为社会主义市场经济的“重要组成部分”；2001 年底中国正式加入了 WTO 后，根据非歧视规则，要求立法、司法机关公正、公平和平等保护市场主体的合法权益。2004 年《宪法修正案》完整地确定了国家对发展非公有制经济的方针政策，明确规定：“国家保护个体经济、私营经济等非公有制经济的合法的权利和利益。国家鼓励、支持和引导非公有制经济的发展，并对非公有制经济依法实行监督和管理。”对于非公有制经济，现行宪法先后 3 次修改，由承认到重视再到鼓励。但我国刑法典上却没有“非公有制经济”应有地位，我国刑法典所规定刑法的任务中没有提及对非公有制经济的保护。现行刑法对不同性质所有权差别保护的规定已经滞后于社会经济发展大势，亟待完善。[1] 与对公有制经济保护相比，刑法分则中对非公有制经济的保护条款相对较少。刑法典先后经过 8 次修正，但对非公有制经济保护的修正内容，除了 1999 年《刑法修正案》第 1 条（隐匿、故意销毁会计凭证、会计账簿、财务会计报告罪）涉及到非公有制企业外，其他刑法条文基本没有涉及。刑法对“非公有制经济”的保护存在缺位现象。刑法平等保护公有制经济和非公有制经济，应为刑法改革应当解决的一个重要问题。社会主义市场经济强调市场主体的平等，要求对各种市场主体的合法权益予以平等保护。而在现实社会经济生活中，那些破坏私营企业正常生产经营等严重危害行为，无法适用刑法中“破坏集体生产罪”、“贪污罪”的规定，难以对私营经济的合法权益予以必要和有效的刑法保护。[2]

在以往的刑法立法理念上，往往侧重对公有制经济的保护，而忽视对非公有制经济的保护。体现在罪名的设立上，相同的侵害行为，犯罪对象是国有公司、企业，构成犯罪，而如果犯罪对象是非公有公司、企业则不构成犯罪，例如刑法中规定的竞业犯罪，发生在国有公司、企业就会规定为犯罪，而发生在非公有制公司、企业，就不是犯罪。现行刑法中还规定了为亲友非法牟利罪，签订、履行合同失职被骗罪，国有公司、企业人员失职罪、滥用职权罪等犯罪。这些犯罪的

---

〔1〕 吴巧森：“企业财产权刑法保护存在问题及完善——宪政体制下现行刑法修改完善建议”，载京师刑事法治网，http：//www. crimina/lawbru. cn/crimina/info/showpage. asp？PKID = 19015.

〔2〕 陈泽宪：“论市场经济的刑法调控原则”，载《法学》1994 年第 3 期。

主体是国有公司、企业人员，其保护的对象也是国有资产或国有公司、企业的经济利益。而对于针对非公有制的公司、企业的同样危害行为，刑法却没有将其规定为犯罪。侵犯公有制经济和非公有制经济，即使都构成犯罪，后者刑法规定的法定刑也较低。如挪用公款罪与挪用资金罪相比，前者法定最高刑是10年以上有期徒刑、无期徒刑；后者法定刑最高刑为3年以上10年以下有期徒刑。与之相类似的还有商业受贿罪与受贿罪、公司企业人员行贿罪与行贿罪等。贪污罪与职务侵占罪、挪用公款罪和挪用资金罪等，都存在“罪”与“刑”的不平等。这种片面强调对公共财产的突出保护，显示了公有制经济和非公有制经济的不平等地位。这种现象与宪法所规定内容相悖。有学者提出：对国有与非国有性质的公司、企业人员的相关行为统一定为挪用资金罪、职务侵占罪与商业受贿罪。而将贪污罪、挪用公款罪、受贿罪的主体限制为国家机关工作人员，排除国有公司、企业人员。我们认为是有道理的。

（二）保护多种所有制分配方式

我国宪法明文规定：国家在社会主义初级阶段，坚持按劳分配为主体、多种分配方式并存的分配制度。当前，分配不公已成为中国经济社会向前发展的一大障碍，“分好蛋糕促和谐”势在必行，缩小贫富差距和收入分配改革的话题成了中国社会的聚焦领域。刑法改革应当关注当前收入分配改革，保护按劳分配制度，保护各种合法的经济收入，维护分配公平，这些不仅仅是单纯的经济利益调节问题，还是关系社会和谐稳定的重大全局性问题，更是中国能否继续稳健前行的战略基石。当前，中国居民收入在国民收入分配中的比重呈逐年下降趋势，劳动报酬占国内生产总值的比重亦是如此，政府和企业收入却呈上升趋势。垄断行业收入畸高，隐性收入未能有效规范，一些地方最低工资标准调整不及时，部分企业随意压低克扣工人工资，特别是农民工工资拖欠问题久治不绝。[1] 为了保护劳动者获得劳动报酬的权利，全国人大常委会2011年2月25日表决通过《刑法修正案（八）》，其中规定“恶意欠薪”入罪[2]。恶意拖欠劳动者工资的行为

---

〔1〕 宗欣：“中国收入分配制度改革提速 或迎来实质性突破”，载中国新闻网2010年10月4日。

〔2〕《刑法修正案（八）》第41条规定：在《刑法》第276条后增加1条，作为第276条之一：“以转移财产、逃匿等方法逃避支付劳动者的劳动报酬或者有能力支付而不支付劳动者的劳动报酬，数额较大，经政府有关部门责令支付仍不支付的，处3年以下有期徒刑或者拘役，并处或者单处罚金；造成严重后果的，处3年以上7年以下有期徒刑，并处罚金。

“单位犯前款罪的，对单位判处罚金，并对其直接负责的主管人员和其他直接责任人员，依照前款的规定处罚。

“有前两款行为，尚未造成严重后果，在提起公诉前支付劳动者的劳动报酬，并依法承担相应赔偿责任的，可以减轻或者免除处罚。”

是对劳动者合法权益的严重侵犯，严重破坏了诚实信用的市场经济原则，也是造成社会不稳定因素之一。如果这种行为得不到有效的惩罚，那么法律的权威和社会的稳定将会受到巨大影响。因此，在刑法中增设“恶意欠薪罪”，对规范劳资关系、稳定社会公共秩序和增强社会公众的安全感无疑将起到举足轻重的作用。恶意欠薪行为写入刑法，预示着刑法可以在收入分配改革中承担重要角色。

第三节 刑法改革与传统文化〔1〕的协调

刑法作为重要的部门法之一，其制定、实施决不能脱离社会实际、不能脱离历史传统等因素。这些历史传统常常表现为一个国家的伦理道德、风俗习惯、信仰信念以及社会舆论等，这些因素都是传统文化的重要载体。文化也是重要的社会控制手段之一，通过弘扬优秀的传统文化，形成共同的价值观念与伦理道德、风俗习惯、信仰信念以及社会舆论，以实现有效的社会控制。社会文化与刑法具有极为密切的关系，对刑法的产生和演变起着一定程度的制约作用，而刑法对社会文化的发展与变迁也起着一定程度的反作用。〔2〕刑法改革应当吸收传统文化，对传统文化中的民本思想（以人为本的思想）应当予以关注；对趋向文明的社会文化的发展状况，刑法改革应当予以关注。

一、文化控制

传统文化也是社会控制手段之一，即文化控制，文化控制是一种非正式的、内生的自我控制。文化的重要性可以从“文化决定论”与“文化控制论”两种学说观点中得出结论。文化决定论（Cultural Determinism）是西方人类学家提出的观点，代表人物是美国著名人类学家玛格丽特·米德，玛格丽特·米德特别强调文化对人格的决定作用，其代表作《萨摩亚人的成年》〔3〕是人类学界第一部研究文化与人格关系的作品。文化决定论是一种认为个体完全由他所属文化来决定的观点，认为人类文化是影响人类社会发展的决定性因素的理论。文化是一个民族的生活方式，它由思想和行为的习惯模式所组成，包括价值、信仰、行为规范、政治组织、经济活动等。文化决定论者认为：人类行为完全或至少在相当程

---

〔1〕 社会文化是与基层广大群众生产和生活实际紧密相连，由基层群众创造，具有地域、民族或群体特征，并对社会群体施加广泛影响的各种文化现象和文化活动的总称。广义上的文化指人类社会历史实践过程中人类所创造的物质财富和精神财富的总和。

〔2〕 许发民：《刑法的社会文化分析》，武汉大学出版社2004年版，第2页。

〔3〕［美］玛格丽特·米德：《萨摩亚人的成年》，周晓虹等译，商务印书馆2008年版。

度上是文化和环境的产物。也有学者在自己著作里专门论及文化决定论。[1]

文化控制最早是管理学提出的观点。文化控制论是王洋所著的《伦理结构、尊卑与社会生产》一书中首先提出的。首先人的社会性是人的本质属性，不可否认是社会影响人，也就是社会文化能够控制人；然后个体在成长过程中，有一些有影响力的个体逐渐引导社会文化做适当改变，日久社会文化进步，进而影响下一代，人与社会文化相互促进，相互进步，所以社会逐步走向文明。文化控制手段是指人类在长期的共同生活中创造的、为人类共同遵守的行为准则和价值标准对社会成员进行控制的方式。文化控制是利用人的共同愿望、共同的价值观和行为规范实施控制的。文化控制通过在社会中形成共同的价值观念，从而发挥管理和控制作用，弥补正式的官僚行政控制手段的不足，实施文化控制的最终日的是实现社会协同、社会和谐。

尽管学界对“文化决定论”多持批判的观点，对文化控制的实际作用多有质疑，但不可否认的是文化的确在一个社会中起着很重要的作用，文化可以成为广义的社会控制手段之一。作为文化的重要载体的伦理道德、风俗习惯、信仰信念以及社会舆论等尽管是一种非正式的、内生的自我控制，但实践证明，这种社会控制手段往往是最有效的。

二、刑法改革与社会文化的协调

从宏观上讲，法律是一种文化现象，刑法也不例外。刑法在内容上需要反映文化传统，刑法作为一种社会现象，从产生之日起就是一定社会文化下的刑法，它不能超乎于社会文化之外，也不是单纯由外界强加于社会的一种异己力量。刑法来自社会文化，没有社会文化提供的基础和条件，刑法的产生和存在是不可能的，也是不可思议的。[2] 中国传统文化源远流长、博大精深。刑法改革应当反映和吸收传统文化，对传统文化中的民本思想（以人为本的思想）应当予以关注。

（一）刑法改革与对“民本思想”的吸收

“民本思想”是中国传统文化的重要内容，是传统文化的精髓所在。新时期以来，“以人为本”、“执政为民”成为不断被强调的执政理念，“以人为本”成为社会主义科学发展观的核心；“情为民所系，权为民所用，利为民所谋”成为一再被重申的施政方针；“问政于民、问计于民、问需于民”的民意调查日益司空见惯。这里，既可看到对西方民主政治文明的借鉴，也可看到对中国传统文化

---

〔1〕［英］凯·米尔顿：《环境决定论与文化理论》，袁同凯、周建新译，民族出版社 2007 年版。

〔2〕许发民：《刑法的社会文化分析》，武汉大学出版社 2004 年版，第 25 页。

中“民本思想”的继承和发展。“民本思想”最早源自《尚书·虞夏书》：“皇祖有训：民可近，不可下；民惟邦本，本固邦宁。”夏朝的始祖是大禹。大禹曾留下遗训：人民只可亲近，不可轻视；只有人民才是国家的根基，根基牢固了，国家才安宁。可见，“民本”的完整说法是“民惟邦本”，它是作为一种政治理念提出来的。民本是人本，不是天本、神本。“民本思想”也是孟子哲学中的核心思想。孟子主张“民为贵，社稷次之，君为轻。”（《孟子·尽心下》）提倡“王道”政治，目的是劝告统治者重视人民，君与民同忧、同乐。以人为本是中国传统文化的核心，从古到今，我们都在讲以人为本，以人为本其实就是以人为中心，以满足人们的全面需要、要求为根本，为最高标准。

中国刑法人性基础的薄弱乃至于人性宽容精神的缺位，引发了中国刑法的道德化危机。刑法制度的设计和司法实务的运行，不仅应当充分尊重和考虑人性的要求“对症下药”，而且应该时刻牢记：刑法既无必要也不可能彻底根除人性的弱点。〔1〕因此，刑法改革应当贯彻“民本思想”，以人为本，强调人权保障，无论是对善良人，还是对犯罪人。陈兴良教授认为人文关怀应为法治国刑法文化应该具有的品格，人文关怀是法治国刑法文化的基本蕴含。〔2〕无论是民本思想、以人为本、还是人文关怀，其含义应当是统一的，都是传统文化的重要内容。总之，刑法作为重要的部门法，应当体现社会文化中的人性基础和人道主义关怀。

（二）刑法改革与传统伦理道德的协调

刑法在内容上必然反映伦理道德的基本价值，体现伦理道德的基本原则，因此刑法具有道德性或者伦理性。刑法与道德伦理作为社会调整的两种不同手段，均具有其存在的重要价值。在某种意义上，文化是刑法生存发展的土壤，而伦理道德则是刑法的道义底线〔3〕。近年来，有学者专门研究刑法的道德性〔4〕、伦理性，甚至提出了“刑法伦理学”的构想。〔5〕刑法伦理性，主要是指刑法应当体现和满足一般社会伦理的要求，与一般社会伦理保持高度的一致。〔6〕任何社会秩序的基础都是道德秩序，任何维护和促进社会秩序的刑法都应该是以道德为基

---

〔1〕田宏杰：“宽容与平衡：中国刑法现代化的伦理思考”，载《政法论坛》2006年第2期。

〔2〕陈兴良：“法治国的刑法文化——21世纪刑法学研究展望”，载《人民检察》1999年第11期。

〔3〕曾粤兴：“刑法伦理性研究”，载《河南省政法管理干部学院学报》2010年第4期。

〔4〕高巍：“论刑法的道德性”，载《贵州社会科学》2007年第3期。

〔5〕谢青松：“刑法与伦理学‘相遇’何以可能？——‘刑法伦理学’提出之初步构想”，载《吉林师范大学学报（人文社会科学版）》2005年第6期。

〔6〕曾粤兴：“刑法伦理性研究”，载《河南省政法管理干部学院学报》2010年第4期。

础。[1] 因此，刑法具有道德性。刑法与道德之间应当具有融合性，刑法具有伦理道德内涵和基础，其伦理性、道德性不仅可以保证刑法的正当性，还可以排除肆意的刑罚权。

我国现行刑法与传统伦理道德存在一定的不和谐现象。一方面，我国刑法所倡导的道德过高，常常违背人性。正如田宏杰教授所提出的："当今中国刑法的道德本质是舍己的道德，中国刑法人性基础的薄弱乃至于人性宽容精神的缺位，引发了中国刑法的道德化危机，并导致了中国刑法在立法制度安排、司法实务适用和刑法理论研究中的一系列误区。"[2] 另一方面，我国刑法在继承传统文化，特别是传统伦理道德方面又存在缺陷，例如我国刑法并没有很好体现"矜老恤幼"原则[3]，没有体现"亲亲相隐"等家庭伦理道德规范。孔子曰"父为子隐，子为父隐，直在其中矣"。家庭是社会的细胞，亲情是维系家庭的纽带，维护社会稳定，首先要维护家庭稳定。继承"亲亲相隐"所反映的核心观念——"重视亲情，维护人伦"，"亲亲相隐"制度合乎人伦亲情，能够鼓励民众善待亲属，培养良好的家庭观念，形成良好的社会道德风尚，从而有利于家庭的和睦乃至社会的长治久安。"亲亲相隐"制度能够有效降低社会管理成本，符合效益原则。此外，它还能够有效维护社会秩序与安全，因为其中所饱含的脉脉温情，能增进家庭的和睦与稳定，而家庭的和睦与稳定则意味着国家的安全和稳定。[4] 刑法应当传承道德上的"亲亲相隐"的合理因素，在窝藏、包庇等犯罪中，对一般的亲属之间"相为隐"不应当处罚。

三、《刑法修正案（八）》对传统文化的吸收

《刑法修正案（八）》完善对未成年人和老年人犯罪从宽处理的规定，体现了传统法文化中"矜老恤幼"原则。我国古代刑法早在西周时期就形成了"矜老恤幼"原则，该原则是指在法律上给予犯罪的老、幼、妇孺、残疾者以一定优待的刑罚原则。"矜老恤幼"原则在我国历代刑法中都有所体现，甚至我国台湾地区刑法中都体现了这一刑事法律传统。根据近年来的"宽严相济"刑事政策，完善从宽处理的法律制度很有必要。从刑法的具体规定来看，对未成年人的"从宽"，刑法规定相对完善；对老年人犯罪的"从宽"规定，我国刑法尚存在不足，《刑法修正案（八）》弥补了这一不足，并且进一步完善了对未成年人和老

〔1〕 刘远："刑法的道德性与政治性"，载《华东政法大学学报》2007 年第 5 期。

〔2〕 田宏杰："宽容与平衡：中国刑法现代化的伦理思考"，载《政法论坛》2006 年第 2 期。

〔3〕《刑法修正案（八）》在某些内容上体现了"矜老恤幼"原则，是可喜的进步，但还不够。

〔4〕 李春华："再探和谐社会背景下刑法的伦理性"，载《西南法学评论》2007 年第 1 卷。

年人犯罪从宽处理的规定，充分体现了“矜老恤幼”原则，反映了传统刑法文化。

（一）恤幼

对未成年人犯罪予以从宽处理，刑法中已有规定，体现了“恤幼”原则。但《刑法修正案（八）》对此又做出了进一步完善规定：一是对犯罪时不满 18 周岁的人不作为累犯；二是对不满 18 周岁的人犯罪，只要符合缓刑条件的，应当予以缓刑，而一般人只是“可以”宣告缓刑；三是对未满 18 周岁的人犯罪被判处 5 年有期徒刑以下刑罚的，免除其前科报告义务。

（二）矜老

孝亲敬老，是中华民族的传统美德和中华文化的重要精华，也是现代文明的重要内容和社会发展的迫切需要，是构建和谐社会重要的道德支撑。对老年人犯罪予以从宽处理，刑法虽未明确规定，但在司法实践中一般也有体现。根据有关方面意见，《刑法修正案（八）》对刑法作出补充：

1. 修正案的具体规定。《刑法修正案（八）》增加了对老年人犯罪从宽的处理规定，具体表述为：一是已满 75 周岁的人故意犯罪的，可以从轻或者减轻处罚，过失犯罪的，应当从轻或者减轻处罚（修正案第 1 条）；二是对已满 75 周岁的人犯罪，只要符合缓刑条件的，应当予以缓刑（修正案第 11 条）；三是对已满 75 周岁的人，不适用死刑（但以特别残忍手段致人死亡的除外）（修正案第 3 条）。

2. 修正案规定合理性分析。刑法修正案第一次明确了对老年人犯罪从宽处理，其意义重大，一方面体现了中国传统法文化中的“矜老”原则；另一方面也使我国刑法的归责更加科学，又体现刑罚的人道化。我们认为，该刑法修正案规定老年人犯罪从宽处理，有其科学性、积极意义的一面，具体阐述如下：

（1）老年人犯罪从宽处理的原因分析。对老年人犯罪从宽处理，屈学武教授认为“这不是一种照顾，而是一种实事求是的刑法规制”[1]，她的观点是非常正确的。老年人犯罪从宽处罚古已有之，早在西周时期，统治阶级就认识到老年人判断能力、应变能力、控制能力不可逆转地衰退而形成了“矜老恤幼”原则。从人的发展上看，认识能力和控制能力从无到有，又随着人体的衰老而逐渐降低并最终丧失，这是基本规律。老年人的刑事责任能力降低了，辨认能力、控制能力退化、衰退了，就不能按照正常人的标准苛求老年人。另外，从刑罚的目的上

---

〔1〕 屈学武：“谈刑法修正案（八）草案热议问题”，载人民网强国论坛，http：//www. people. com. cn/GB/32306/143124/147550/12555449. html.

讲，惩罚犯罪的最终目的是预防犯罪，而老年人因为年老体衰，经过岁月的磨砺，到了老年其主观恶性不可能增加，其再犯可能性相当有限，人身危险性也小。从宽处理自然也在法理、情理之中。

（2）以“75周岁”为界线的合理性。《刑法修正案（八）》以75岁作为老年人犯罪从宽处理的年龄界线具有合理性，不是随意而为的。什么岁数算是老年人，很多人并不十分清楚。俗话说“人到70古来稀”，但现在看来，这句话已经过时了。2000年全国第五次人口普查时，我国人口平均寿命男性已达70岁、女性达73岁。另外，根据联合国世界卫生组织的定义，45岁前是青年人，65岁以前是中年人，65至74岁是年轻的老年人，75岁至89岁才是真正老年人，90岁以上是长寿老人。[1] 年龄达到75周岁才是真正的老年人，尽管是世界卫生组织的界定，但这个界定也符合我国当前实际，我国人口的平均寿命已超过70岁，年龄达到75周岁才是真正的老年人，这样的老人犯罪从宽处理也是人们能够接受的。

（三）《刑法修正案（八）》有关老年人从宽处罚的规定尚需完善

1. 故意犯罪，“可以”还是“应当”从轻或者减轻处罚。《刑法修正案（八）》第1条规定“已满75周岁的人故意犯罪的，可以从轻或者减轻处罚”。我们认为这一规定欠妥，应该是“应当”从轻或者减轻处罚，而不是“可以”。

既然老年人犯罪从宽处罚的原因是其刑事责任能力降低了，辨认能力、控制能力相对降低，特别是对年龄满75周岁的老人来说，“应当”从轻或者减轻处罚是与其刑事责任能力相适应的。这样规定也可以避免与本修正案第3条相矛盾。本修正案第3条规定对已满75周岁的人，不适用死刑。如果用“可以”的话，还存在对已满75周岁的人故意犯罪不从轻或者减轻处罚情况，不从宽又规定免死，存在矛盾。

另外，“可以”一词本身容易引起很多不必要的争议，因为刑法中“可以”的含义较为复杂，[2] 有时是“必须”的意思，有时是“一般应当（原则上要）”的意思。

2. 过失犯罪的，“应当从轻或者减轻处罚”还是“应当减轻或者免除处罚”。修正案第1条规定“已满75周岁的人过失犯罪的，应当从轻或者减轻处罚”。我们认为这一规定欠妥，“应当从轻或者减轻处罚”应修改为“应当减轻或者免除处罚”。

---

〔1〕 蒋松柏：“‘人体衰老’寻因”，载《科学时报》2007年9月7日。

〔2〕 张波：“论刑法总则中的‘可以’的不同含义”，载《中共云南省委党校学报》2008年第1期。

对于75周岁以上的老年人来说，辨认能力、控制能力退化、衰退甚至丧失，这是非常正常的人体生理现象。因此，老年人的刑事责任能力也会相应降低甚至全无。承认有些老年人不具备刑事责任能力，这是符合客观事实的。75周岁以上的老年人因为辨认能力、控制能力相对较差而过失犯罪，这对于老年人来说其实是在所难免，惩罚这样的过失犯罪，实际意义不大。《刑法修正案（八）》的这一规定与尊老、敬老传统以及中国传统法文化中的“矜老恤幼”原则不相符合。因此，建议对75周岁以上老年人的过失犯罪改为“应当减轻或者免除处罚”。综上所述，《刑法修正案（八）》增加了对老年人犯罪从宽的处理规定，符合我国传统伦理道德，吸收了我国传统文化的“矜老恤幼”原则，也符合刑罚人道主义，具有积极的现实意义。但在具体规定上，“宽”的尺度尚显不足，对75周岁以上老年人的故意犯罪应当从轻或者减轻处罚；过失犯罪应当减轻或者免除处罚。

第九章 刑法调控的应然范围与次序思考

刑法并非万能，而是有一定的调控范围，由此决定了刑罚权运作的空间，进而决定了刑法划定犯罪圈的大小和介入社会生活的强度及广度。同时，刑法中的犯罪也并非杂乱无章的排列，而是具有内在的秩序，根据一定的标准划分成一定的类群，在类群中也遵循一定的规则从而井然有序地排列。在坚持法益侵害说的前提下，刑法调控的范围与次序均围绕法益展开。

第一节 国外有关刑法调控范围——犯罪化与除罪化情况述论

所谓“犯罪化”又称“入罪化”，是指因时代与环境的影响，某种行为过去不认为是犯罪，或者过去无法判断，或者因科学技术发展，而现在认为有必要给予刑罚处罚的行为。[1] 所谓“非犯罪化”，是指将一些对社会危害不大，没有必要予以刑事惩罚，但又被目前法律规定为犯罪的行为，通过立法或司法不再认定为犯罪的出罪化过程。作为世界性的刑法改革思潮的一环，在20世纪50~60年代兴起的“非犯罪化”运动，以难以阻挡之势渗透到了各国刑法领域。西方国家的“非犯罪化”产生于特殊的时代背景及特定的思想观念，在相应的领域付诸实践。但是，西方国家面对新一轮的犯罪浪潮时，又开始了“犯罪化”的历程。虽然我国国情、立法体例、司法传统、刑法观念均体现出本土化风貌，但是其他国家的刑事政策理念及刑法变革及对我国刑法无疑具有重要的借鉴意义。

---

〔1〕 参见游伟、谢锡美：“非犯罪化思想的现实背景和理论基础”，载《犯罪研究》2002年第3期。

一、西方国家非犯罪化运动述论

(一) 西方非犯罪化运动概况

1957年，英国沃尔芬登委员会（即有关同性恋和卖淫问题的特别调查委员会）提出报告，建议改革有关同性恋和卖淫的法律，不应再把同性恋作为犯罪。由此拉开了西方国家非犯罪化的序幕。1967年英国通过了《性犯罪法》，规定男性成年人之间互相同意的同性恋不再是犯罪行为。同年，英国还通过了《堕胎罪法》，根据该法，如果妊娠是由一个已经注册的开业医生予以终止，并由这样的开业医生提出意见，则不构成堕胎罪，这实际上是使堕胎自由化。[1]

除英国以外，其他国家也以各种形式开始了非犯罪化的进程。联邦德国曾颁布新刑法典，取消了决斗、堕胎、通奸、男子间单纯的猥亵等罪名。瑞典等北欧国家通过修改《性犯罪法》，缩小了卖淫和亲属相奸等罪的范围。美国在其“重重轻轻、以重为主”的刑事立法改革中，为节省有限的刑事司法资源，对轻微犯罪的处理比以往更轻，非犯罪化是其中一个重要的表现方式。非刑事化主要涉及两类行为，其中之一是“无受害人犯罪”，美国通过颁布成文刑法，取消了醉酒、色情书画、卖淫、通奸、自杀等一些传统的罪名。[2]

(二) 西方非犯罪化运动的背景

西方国家的非犯罪化运动有其特定的社会背景：伴随着现代化的进程，生活方式及新技术的不断出现，犯罪手段和方式越来越多样化。同时，二战的浩劫深刻地影响了人们原先对理想的信仰和追求，极端化的个人主义和自由主义迅速蔓延，除了杀人、抢劫、强奸等传统恶性犯罪之外，各种新型犯罪大量涌现。为了应对这种局面，西方各国一开始时沿用传统做法，纷纷修改刑法，增设罪名。

然而，主要依靠法律尤其是刑事法律的规制，却造成了司法的过度膨胀和案件的大量积压。特别是国家为惩治大量危害轻微（更多是那些“无直接被害人”）的犯罪付出了巨大代价，而现实效果却不如人意，甚至出现了许多负面影响：首先，这类犯罪数量众多，而且往往无被害人。因此，为了发现这些犯罪，迫使警察采取一些非法手段进行侦查和获取证据，如雇佣密探、安装窃听器及对人身、住处、娱乐场所随意搜查。这些侵犯公民自由、人身权利的行为，大大伤害了人们对法律的感情，法律在人们面前逐渐失去威严。其次，这些犯罪危害虽小，但数量大、侦破难，为了应付它们，必然投入大量的人力、物力和财力，造

---

〔1〕参见游伟、谢锡美：“非犯罪化思想及其借鉴”，载《江苏警官学院学报》2003年第2期。

〔2〕参见蒋建峰：“西方非犯罪化对我国刑事立法的影响”，载《江苏警官学院学报》2004年第3期。

成了有限司法资源的浪费，两相比较，得不偿失。再次，对这些犯罪人的惩罚，妨碍了对弱者的保护。比如，法律禁止堕胎，必然使堕胎者因害怕暴露罪行而寻找“江湖郎中”，这促成某些疾病的发展和蔓延。最后，各种新罪名和新情节的增补，导致了“刑法膨胀”，刑法膨胀又造成了监狱暴满，影响改造效果，难以实现刑法的目的。[1]

在这种情况下，战后兴起的民主化、自由化思想对刑法改革产生了巨大影响，“社会对个人自由的干预只能以防止伤害他人为限”的观点引起了人们的共鸣。人们对道德与法律的界限、自由与限制的范围以及刑罚本身进行了深刻反思。这样，被划归刑事司法部门管辖的那部分轻微犯罪行为重新退还给行政当局处理，“司法管辖化”进程转而变成了“非犯罪化”进程，“无被害人犯罪”概念的提出，正是非犯罪化进程中最重要的理论成果之一。[2]

非犯罪化也有其特定的刑法理念作为支撑，主要体现在：①刑法的谦抑思想。它是指刑法应基于谦让抑制的立场，在必须及合理的最小限度范围内适用。[3] 它要求刑法具有补充性，只有在其他法律调整方式不奏效时，才启用刑法作为补充；刑法具有不完整性，只有一小部分社会危害性达到相当严重程度的违法行为，才需要动用刑法加以规制；刑法具有宽容性，对于传统的观点和行为不能动辄就使用刑法予以否定。②法益保护思想。在社会的调整机制中，除了正式法律之外，还存在着活生生的非正式法律，可以“软化”法律规则的僵硬，补充法律规则的不足，使某些领域从法律形态向非法律化的形态发展。[4] ③犯罪相对性的观念。由于时空因素的不同，自然会有不同的价值判断和伦理道德标准，这足以影响到社会危害性或应受惩罚性的判断，不法行为的社会危害性或应受惩罚性随着时空因素的不同而相对变动。[5]

（三）西方国家非犯罪化的主要类型

综观西方国家刑法的非犯罪化运动，可以发现非犯罪化并非针对刑法中的所有犯罪而言，而是强调对于刑法中不符合法益保护主义和刑法谦抑主义的犯罪进

---

〔1〕 游伟、谢锡美：“非犯罪化思想及其借鉴”，载《江苏警官学院学报》2003 年第 2 期。

〔2〕 参见陈雄飞、张军：“非犯罪化思潮及其对我国刑事政策的意义”，载《广西政法管理干部学院学报》2006 年第 2 期。

〔3〕 参见杨黎君：“无被害人犯罪非犯罪化研究”，吉林大学 2007 年硕士学位论文，第 8 页。

〔4〕 参见游伟、谢锡美：“非犯罪化思想的现实背景和理论基础”，载《犯罪研究》2002 年第 3 期。

〔5〕 参见黎宏、王龙：“论非犯罪化”，载《中南政法学院学报》1991 年第 2 期。

行非犯罪化。[1] 具体而言，“非犯罪化”的对象主要集中在以下几种犯罪中：[2]

1. 社会政治、经济结构转型和变迁引起的非犯罪化，如日本刑法中第 73 条至 76 条对皇室犯罪的废除。

2. 社会和法律的世俗化而引起的非犯罪化，如对诸如亵渎神灵、亵渎圣物、辱骂宗教等宗教犯罪的非犯罪化。

3. 道德和社会价值体系多元化、自由化引起的非犯罪化，如卖淫、同性恋等犯罪的非犯罪化。美国的《模范刑法典》和联邦德国的刑法都废除了通奸罪，对成人间的同性恋行为也不作为犯罪处罚；日本刑法中也未将近亲相奸、同性恋和婚外性行为规定为犯罪；瑞典和丹麦等国通过修改《性犯罪法》缩小了卖淫和亲属相奸等罪的范畴；西德刑法将过去认为是犯罪的行为排除于犯罪的范畴之外，如废除了决斗罪、通奸罪、堕胎罪等等；[3] 1967 年的英国《性犯罪法》废除了 20 岁以上男子的自愿且秘密的同性恋行为的处罚规定，1959 年的《淫秽物出版法》使淫秽物品犯罪的处罚得以缓和。[4]

4. 社会控制体系分工转换引起的非犯罪化，将轻微犯罪实行非犯罪化或轻缓化。如德国对违警罪行政违法化；意大利 1981 年第 689 号法律对一些轻微犯罪实行了非犯罪化；德国在 1952 年 3 月公布的《违反秩序法》对轻微犯罪实行了非犯罪化，1968 年 5 月 24 日公布的《违反秩序法》进一步对一些轻微犯罪实行了非犯罪化；[5] 瑞典废除了轻微财产盗窃罪的刑罚规定。[6]

5. 刑法干预无效导致的非犯罪化，如对部分涉毒犯罪（如吸食毒副作用较小的毒品）的非犯罪化。如 1970 年美国制定的《联邦综合性药物滥用防止及管制法》缓和了相关大麻药物犯罪刑罚。[7]

6. 有关人性方面的各种犯罪，如对亲属之间的隐匿、包庇等犯罪行为，由于人性本身的脆弱性及法律不强人所难，应当体恤亲情，对其采取“非犯罪化”方式处理。

---

〔1〕 参见贾学胜：“非犯罪化与中国刑法”，载《刑事法评论》第 2 期。

〔2〕 参见梁根林：《刑事法网：扩张与限缩》，法律出版社 2005 年版，第 244 ~246 页。

〔3〕 参见何鹏、宣林泉：“评西德新刑法的特点”，载《现代法学》1982 年第 4 期。

〔4〕 参见李伟：“刑法之除罪化思想探讨”，中国政法大学 2004 年硕士学位论文，第 4 页。

〔5〕 参见［德］汉斯·海因里希·耶赛克、托马斯·魏根特：《德国刑法教科书》，徐久生译，中国法制出版社 2001 年版，第 125 页。

〔6〕 参见蔡道通：“刑事政策中的‘放小’：借鉴与结论”，载《法学》2001 年第 1 期。

〔7〕 参见李伟：“刑法之除罪化思想探讨”，中国政法大学 2004 年硕士学位论文，第 5 页。

二、西方国家犯罪化变革述论

非犯罪化运动代表了现代社会宽容轻微犯罪和鼓励行为人悔过自新的愿望，但是非犯罪化并未因此成为现代各国刑事政策的主导方面。事实上，西方国家在强调对轻微犯罪甚至一般犯罪予以轻缓化处理的同时，为了应对犯罪的国际化、有组织化和社会风险日益增多等问题，更加注重集中有限的刑罚资源严厉惩罚严重犯罪。为此，许多国家扩大犯罪的惩罚范围，提前对行为的惩罚时点，体现在以下几个方面：

1. 增加对信息犯罪的惩罚。如2006年6月30日法国两院通过的“在信息社会中的著作权及邻接权”法案对信息网络的刑事保护作了明确具体的规定。[1]

2. 增加对网络犯罪的惩处，如日本在第151次国会会议讨论是否增设“信用卡电磁记录犯罪”时，众议院和参议院一致讨论通过；[2] 法国等国家也增设了网络犯罪的惩处。

3. 增加对恐怖主义的惩处。美国9·11恐怖事件后，许多国家和国际组织纷纷出台反恐怖法律法规，加强反恐怖机构的权力，构筑并修补反恐怖法网。如2001年9月30日，英国制订了严厉打击恐怖主义的新法律；2001年10月8日，澳大利亚公布了《反恐怖规定2001》；美国、意大利、德国、日本、俄罗斯等国也先后颁布了一系列反恐怖主义的新法规。[3]

4. 增加对环境等公害犯罪的惩处，发达国家在上个世纪70年代，普遍采用各种立法方式，比较系统地规定了危害环境的犯罪。日本于1970年制定了《关于处罚危害人体健康的公害犯罪的法律》；奥地利于1974年修改刑法典，增设了对公害犯罪的处罚；联邦德国于1979年在刑法典中增设了“针对环境的犯罪”一章；英国也于上个世纪70年代开始运用刑罚手段保护环境。[4]

5. 增加对经济犯罪的惩处，如德国于1986年的《经济犯罪法》的修改中增设了信用卡犯罪的规定，主要体现在《德国刑法》第152条a中有关欧元支票卡的伪造处罚，以及第266条关于信用卡和金融卡滥用的处罚规定。1998年德国的第六次刑法修正又将第152条a中的“欧元支票卡”修正为“支付用卡”，将本

---

〔1〕 参见任军民：“法国信息网络刑事保护对我国有关立法的启示”，载《知识产权》2006年第5期。

〔2〕 参见姜涛：“风险社会之下经济刑法的基本转型”，载《现代法学》2010年第4期。

〔3〕 参见陈敏、范利明：“构筑修补反恐怖新法网　刑法修正案（三）登台亮相”，载《人民公安》2002年第6期。

〔4〕 参见张明楷：“刑事立法的发展方向”，载《中国法学》2006年第4期。

罪伪造的对象扩大成为“支付卡”。[1]

三、西方国家犯罪化与非犯罪化交织浪潮对我国刑法的借鉴意义

西方国家犯罪化与非犯罪化的交织，反映了当今世界刑法变革的基本趋势，对我国刑法改革也具有重要的借鉴意义。刑法的改革主要体现为犯罪化和非犯罪化两大方面的消长，但无论是犯罪化，还是非犯罪化，都需要结合各国国情进行综合考虑。对我国而言，我国刑法与世界其他国家刑法既有相通的一面，面临许多共同的新兴犯罪问题，如信息犯罪、经济犯罪、恐怖主义犯罪等，需要中国刑法不断的借鉴吸收外国刑法的经验，加强对相关犯罪的打击力度。因此，犯罪化仍然是当前刑法改革的重点。

与此同时，非犯罪化浪潮体现了当今刑法发展轻缓化的趋势，我国有必要对非犯罪化浪潮予以跟踪和关注，并结合我国实际情况进行非犯罪化。总体上看，我国的刑法已经较好地体现了非犯罪化，如通奸、同性恋等西方国家刑法规定的很多道德类犯罪在我国刑法中并无犯罪规定，另外我国通过数量要素较好地划清了犯罪与违法的界限。可见，我国的非犯罪化空间总体上较小，因此不能盲目地进行非犯罪化。尽管如此，目前我国刑法仍存在一些无被害人的犯罪，对阻却刑事责任的正当化事由规定较少，犯罪与行政违法的界限也还存在不清晰之处，因此我国也有必要立足我国国情、社情、民情，进行适度的非犯罪化处理。

第二节　法益保护的确立
——罪名的增加

所谓法益保护的确立是指针对刑法中存在的法益种类保护不足和法益保护程度欠缺问题，通过增设罪名、增设行为类型、扩张犯罪构成要件适用范围、提前法益保护时点等方式，实现对法益保护的周延性和及时性。

一、法益保护现状及不足

日前，我国刑法对法益的保护相对比较周延、齐全，在我国刑法总则和刑法分则中均有所体现。在我国刑法总则第2条中明确规定，我国刑法的任务是保卫国家安全，保卫人民民主专政的政权和社会主义制度，保护国有财产和劳动群众集体所有的财产，保护公民私人所有的财产，保护公民的人身权利、民主权利和其他权利，维护社会秩序、经济秩序，保障社会主义建设事业的顺利进行。在我

---

〔1〕 参见姜涛：“风险社会之下经济刑法的基本转型”，载《现代法学》2010年第4期。

国刑法分则中按照同类客体归类保护的原则将具体犯罪划分了十章加以规定，这十章均是围绕有关对应性法益而设立的。由此可以看出，我国目前对法益的保护已经相对比较全面，涵盖的范围较为广泛。

但是，我国刑法目前对法益的保护仍存在不足，这种不足主要体现在两个方面：

1. 法益种类保护不足。对一些严重侵害个人利益、社会利益、甚至是国家利益的行为，已经达到具有刑罚可罚性程度，但我国刑法尚未将其规定为犯罪，从而使这些利益难以上升为刑法法益加以保护。它具体又包括两种类型：

（1）从前瞻角度考虑，对一些新兴的利益种类，例如因信息工具（技术）的发展而产生的虚拟财产、手机信息系统、数据库等，内含着持有人的财产利益和其他利益。实践中，对于侵害这些利益情节严重的，应当采用刑罚加以抗制，但由于其属于全新领域，目前尚无刑法对其系统加以回应。

（2）从回顾角度考虑，对一些我国刑法过去有所规定，但是由于社会条件的变迁，刑法予以废除，现在又重新出现的犯罪，刑法保护仍处于空白。例如，1979 年《刑法》规定了拐卖人口罪，1997 年《刑法》将其修改为拐卖妇女、儿童罪，但是随着社会的发展，拐卖男性的行为再次出现，因此，需要刑法对人身自由权的保护范围加以调整，以实现对不同性别的所有人的全面保护。

2. 现有法益保护的程度不够。目前，我国刑法对一些法益虽然进行了保护，但是在保护的范围、时点、类型等方面还存在着不足之处。主要体现在：

（1）保护的范围有待扩大。它体现在两个方面：一方面，我国刑法总体上以实害控制为核心，过于注重目的要件与结果要件，入罪门槛过高。这虽然有缩小“犯罪圈”的作用，但有时也会导致打击犯罪不力，从而致使法益保护范围过窄。尤其是对于恐怖犯罪等，如果要求有完备的目的要件与结果要件，将造成打击上的困难。另一方面，我国刑法在一些犯罪的设置仍立足于传统的农业社会或者市场经济不够发达的阶段，导致相关法益保护的范围偏窄。以财产犯罪为例，我国刑法对财产法益的保护主要立足于传统社会中的财产所有权，因此主要局限于动产，而对于不动产和财产性利益等的保护则不够周延。如侵占他人房屋并进而收取租金的行为，实质上侵害了财产法益中的财产利用权，但根据现行刑法却很难入罪。

（2）保护的时点滞后。随着风险社会的发展，一些对人类具有重大价值的法益，要求刑法对其及时加以保护，在法益尚未遭到破坏之前，往往就要求刑法进行干预，否则，一旦出现法益损害，后果将不堪设想。尤其是与环境风险、经济风险、科技风险等紧密相关的环境法益、经济法益和公民个人法益，均要求刑法将保护时点提前，以实现对法益保护的周延性。

(3)保护的类型过于粗疏。我国刑法对行为类型的规制采取了疏而不密的方式，对一些常见多发犯罪行为类型的规制过于粗疏，并进而导致法益保护的“疏而不密”。例如，我国刑法分则的惯犯条款之少为当代世界各国刑法所罕见。

二、法益保护的刑法修改趋向

(一) 从无到有——增加法益保护种类，增设罪名

对于尚未被刑法所保护、但对于人类社会具有重大意义的生活利益，需要由刑法加以保护，从而上升为刑法法益。这些利益主要是指伴随着经济社会发展而新出现的利益类型。如信息法益，在传统社会中并不存在，但是在现代社会中，随着信息工具（技术）的进步，以及信息对公民财产、人身和隐私等的重要性，信息法益成为刑法加以保护的一种新型法益。再如环境法益，在传统社会中，由于未存在广泛的环境污染，人们也未将其作为一种独立的法益加以保护。但是随着现代社会的发展，由于经济的快速发展和科学技术带来的副作用，导致环境污染日益严重，人们逐渐意识到环境法益对人类及后代生存的重要性，将环境法益作为一种独立的法益加以保护，并将其置于刑法中的重要位置。除了这些新出现的法益类型之外，还包括过去曾经存在但其后予以废止，随着社会的发展，又重新泛滥的犯罪，建议刑法也应重新增设相关罪名，加大对法益的保护力度。

(二) 从有到多——增设行为类型，扩张犯罪构成要件适用范围

对于刑法已经予以保护、但因行为类型较少而导致法益保护范围过于狭窄，可以考虑通过扩张犯罪构成要件适用范围的方式，对保护法益的方式加以改进，从而相应增加法益保护的密度，使得法益保护范围更加周延。扩张犯罪构成要件适用范围，可以采取以下方式：

1. 通过增设行为类型的方式，对现有的犯罪构成要件做“加法”。例如，针对我国刑法对不动产和财产性利益等的保护范围偏窄的现象，可以考虑在现有盗窃、侵占等侵犯财产的犯罪中增加有关侵害不动产和财产性利益的行为类型。又如针对我国刑法中缺乏常习犯、惯犯规定的情况，可以考虑加大对行为人人格的考量，并将其作为构成犯罪的重要因素予以规定。《刑法修正案（八）》中规定多次敲诈勒索的也构成犯罪，即反映了这一立法倾向。

2. 通过删除部分要件的方式，对现有的犯罪构成要件做“减法”。例如，我国刑法在多数经济犯罪、财产犯罪和贪污贿赂犯罪中都规制了目的要件，这在客观上增加了控方的证明责任，有时并不利于打击犯罪。如果对部分犯罪删除“非法占有目的”要件，则无疑简化了犯罪成立的条件，使得追究行为人的刑事责任更为容易。

3. 将原来的单一罪刑模式修改为多元罪刑模式，从而客观上达到扩张犯罪构成要件适用范围的目的。所谓单一罪刑模式，是指刑事立法在犯罪构成要件的设置上只采用一种罪刑标准，如单一的结果犯、情节犯、行为犯或者数额犯；所谓多元罪刑模式，则是指刑事立法在犯罪构成要件的设置上采用选择性的罪刑标准，如数额或结果任一要件均可作为入罪或量刑的标准。[1] 关于单一罪刑模式与多元罪刑模式的利弊，学者们持有不同的观点。有学者认为，单一罪刑模式严格刑法的介入范围，表明刑法处于一种收缩状态，有利于人权保障，但不利于社会秩序保护；多元罪刑模式则放宽刑法的介入范围，显示刑法呈现一种扩张状态，有利于社会秩序维护，但有可能侵犯公民的私权。[2] 目前我国刑法规定了大量的"数额"、"情节"等要素，而且很多情况下是将"数额较大"或"情节严重"作为入罪的唯一门槛。此种立法方式固然可以缩小犯罪圈，然而，在很多情况下，仅以数额较大作为判断行为是否具有严重侵犯法益的标准，不免显得过于僵化，甚至可能造成放纵犯罪的恶果。因此，在刑法修改过程中，可以考虑将部分犯罪中的"数额较大"、"情节严重"等单一要件，修改为"数额较大"与"造成较大损失"、"情节严重"等多个选择性要件并存，从而扩展犯罪构成的适用范围。

（三）从后到前——提前法益保护时点，严格法益保护防线

我国刑法以实害控制为核心构建了相对严密的犯罪体系，然而，这对于风险社会中的风险控制而言，存在着保护时点滞后问题。为了有效防范环境风险、经济风险和科技风险，更好地应对风险社会的到来，有必要通过在刑法分则中明确将特定的犯罪预备行为规定为犯罪、增加抽象危险犯和过失危险犯等方式，提前法益保护时点，从而使法益保护防线更为前置化、严格化。这在我国近年来的刑法修正案中也有所体现。例如《刑法修正案（八）》所规定的危险驾驶罪，就是考虑到醉驾、飙车等危险驾驶行为对公共安全存在着重大风险，而且这种风险不被社会所容许，因此把法益保护时点提前。

---

〔1〕 参见张明楷："罪过形式的确定——刑法第15条第2款'法律有规定'的含义"，载《法学研究》2006第3期。

〔2〕 参见卢勤忠："《刑法修正案（六）》与我国金融犯罪立法的思考"，载《暨南学报（哲学社会科学版）》2007年第1期。

第三节 法益保护的退守
——罪名的删除

所谓法益保护的退守，是指基于刑法的谦抑性，对原本予以保护的法益，包括刑法总则中规定的犯罪事由以及刑法分则中规定的特定罪名予以非犯罪化处理，从而体现出刑法保护法益的减少或刑法保护防线的退守。我们认为，从当前我国刑法现状上看，有必要进行法益保护退守的情形主要包括：无被害人犯罪的非犯罪化、轻微罪行的非犯罪化、容隐制度的非犯罪化及其他非犯罪化情形。下面对这些情形分别探讨。

一、法益保护的退守之一——无被害人犯罪的非犯罪化

所谓无被害人犯罪，是指没有直接被害人或者被害人不明显的犯罪。[1] 我国目前的刑法中，属于无被害人犯罪范畴的犯罪主要包括：《刑法》第258条规定的重婚罪，第301条第1款规定的聚众淫乱罪，第303条第1款规定的赌博罪等。尽管无被害人犯罪可能违背伦理道德或者引发其他相关的违法犯罪行为，但从本质上看，无被害人犯罪没有对法益造成直接的现实侵害或危险，因而根据无法益侵害就无犯罪的基本原理，无被害人犯罪不构成犯罪，应作非犯罪化处理。

（一）重婚罪之非犯罪化

重婚罪是对一夫一妻婚姻制度的严重破坏，它践踏了法律基本制度，破坏了善良的风俗习惯和伦理道德。基于以下原因，我们认为，重婚罪应当予以非犯罪化：

1. 从法益侵害的角度看，重婚罪侵害的法益不足以上升为刑法保护的法益。我国目前对结婚采取登记主义，未经合法登记的婚姻不受法律保护，因此行为人在已登记结婚之后，再次取得结婚登记的可能性微乎其微，而且一旦婚姻登记管理实现了全国联网，这种重婚方式更是难以得逞。可见，在重婚案件中，重婚者与合法配偶仍然是一夫一妻关系，一夫一妻制并未真正受到损害。真正受到伤害的是重婚者的合法配偶，但合法配偶因为重婚而受到的伤害，通过《婚姻法》和一般民事方法就可以得到救济。事实上，从配偶权受到伤害的角度看，“包二奶”、养情妇、卖淫嫖娼等行为同样会伤害到配偶权，但这些行为并未被规定为

---

〔1〕 参见彭勃：“‘无被害人犯罪’研究——以刑法谦抑性为视角”，载《法商研究》2006年第1期。

犯罪。

2. 从刑罚功能上看，对重婚罪进行刑罚处罚并不能实现刑罚的应有功能。婚姻关系具有对向性，婚姻关系的维持需要夫妻双方共同努力。重婚行为的出现就像出轨、嫖娼等行为一样，其背后存在复杂的因素，试图通过刑罚对重婚者进行处罚，并不能真正解救原本已难以维持的婚姻关系。现实生活中，一部分受侵犯的配偶往往容忍重婚行为，婚姻关系也得以维系；而如果公权力介入，追究重婚者的刑事责任，则往往意味着一个家庭的最终解体。可见，无论是对于配偶权，还是一夫一妻制的婚姻关系，刑罚的介入并不能真正实现其应有功能。

3. 从司法角度上看，尽管重婚纳妾、包二奶等问题已成为妇女投诉的热点，并呈增多之势，但重婚罪的司法适用率一直偏低。司法实践中一些基层法院甚至已连续多年未审理重婚案件。刑法规定的重婚罪在很多地方已名存实亡、形同虚设。[1]

（二）聚众淫乱罪之非犯罪化

聚众淫乱罪侵害的法益为社会善良风俗。当事人基于自愿而进行的聚众淫乱，并未对其他人产生实质性的危害，仅仅违反了社会道德，因此聚众淫乱罪有必要予以非犯罪化。具体理由为：

1. 本罪所涉及的范围主要是公民个人的私人生活，行为人所行使的权利主要是性自主权，本罪并无明确的被害人，行为人的行为属于公民隐私范畴的琐碎事务。成年人自愿参与秘密的聚众淫乱是行为人行使性权利的行为，不具有可罚性。成年人有权决定自己性行为的方式，他人不应对此加以干涉。在私法领域内，性的自由是人身自由的组成部分，性权是人权的构成部分，个人有处分自己身体的权利。

2. 成年人自愿进行秘密的聚众淫乱活动，是参加者自由选择的结果，是参加者行使性权利的方式，所以在参加者之间不存在被害人。成年人自愿进行的秘密的聚众淫乱活动不为外界所知晓，该行为不会侵犯其他人正常的生活秩序，所以也不可能侵犯其他人的法益。

3. 从宽容性原则来看，对于聚众淫乱罪这种属于道德领域、无具体被害人、未伤害他人且涉及公民自由权利的犯罪，刑法应予以充分的尊重和宽容。现代社会道德具有多元性，将维持社会伦理作为刑法的任务，实际上是在法的名义下强迫他人接受统一的价值观。因此道德领域的无被害人犯罪虽是反伦理的行为，但不能以此作为其犯罪化的依据。

---

〔1〕 参见张光君："重婚罪的司法衰微及理论回应"，载《中国刑事法杂志》2010年第11期。

4. 聚众淫乱行为确实与社会通行的性道德观念不符合，但是这种行为属于个人的生活作风问题，只能由道德规范加以调整，而不应当由刑法加以约束。

5. 自愿的聚众淫乱行为属于个人隐私。注重保护公民个人隐私是世界发展的潮流，性行为是公民隐私的最重要的组成部分之一，应当加以尊重。〔1〕

（三）赌博罪之非犯罪化

赌博罪侵犯的客体是善良的社会风尚和社会管理秩序；设立赌博罪的原因在于赌博作为旧社会遗留下的恶习，腐蚀人们思想、败坏社会风尚，而且会引起打架、斗殴、盗窃、抢劫甚至行凶、杀人等其他犯罪。〔2〕我们认为，赌博罪属于无被害人的犯罪，需要予以非犯罪化。原因主要是：

1. 从法益上看，赌博罪侵害的法益并不明确。赌博罪的法益不能既是社会管理秩序，又是社会公共秩序，因为二者属于同类客体和次同类客体的关系。赌博罪的法益也难以确认为社会善良风俗，因为以善良风俗作为保护法益有以国家公权力推行特定道德观之嫌；在价值观多元的社会里，以勤奋或健全的国民生活方式作为保护法益也不合时宜。可见，赌博罪侵害的法益具有含混性，并不清晰。

2. 赌博所涉及的财产利益问题是双方当事人的自愿交易，当事人具有自愿处分财产的自由，未损害到其他人的利益。在无害他人的前提下，自己有权支配自己的行为，包括有权支配和处分自己的财产。被处分财产的所有权属于行为人自己，赌博行为中用“行为人自己的财产”进行赌博的行为，是对个人财产的处分，这种处分虽然违反了高尚的道德准则，但是只要这种行为既未扰乱社会，也未侵犯其他法益，刑法不应当对这部分赌博行为加以禁止。〔3〕

3. 赌博行为和其他犯罪之间并不存在必然的因果关系，赌博是将胜败系于偶然的游戏。从主观上看，人们赌博的目的不是为了输钱，更不是为了输钱后去犯罪；从客观上看，人们赌博并不一定就会失败，即使失败了也不一定就会实施其他犯罪。因此，不宜将赌博行为犯罪化。〔4〕

---

〔1〕 参见黄京平、陈鹏展：“无被害人犯罪非犯罪化研究”，载《江海学刊》2006 年第 4 期。

〔2〕 参见高铭暄主编：《新编中国刑法学》（下册），中国人民大学出版社 1998 年版，第 848 页。

〔3〕 参见王贺培：“论我国刑法中的无被害人犯罪”，载《郑州航空工业管理学院学报（社会科学版）》2008 年第 4 期。

〔4〕 参见黄京平、陈鹏展：“无被害人犯罪非犯罪化研究”，载《江海学刊》2006 年第 4 期。

二、法益保护的退守之二——轻微犯罪的非犯罪化

在一些轻微犯罪中，行为人虽然对法益造成侵害或危险，但由于犯罪情节轻微，[1] 也有必要予以非犯罪化。从我国刑法上看，属于轻微犯罪有必要予以非犯罪化的情形主要有以下几种：

（一）预备犯的部分非犯罪化

预备犯包括以其预备实行的犯罪的形式预备犯和具有独立构成要件并设置独立罚则的实质预备犯两种。我国《刑法》第 22 条一般性地赋予了形式预备犯的刑事可罚性，原则上对所有刑事预备犯均应当科处刑罚。然而，对预备犯进行普遍处罚的原则，存在正当性、必要性、操作性及实效性等方面的诸多问题。从正当性上看，预备行为不可能具有以法益侵害结果或法益侵害危险为内涵的不法，从不法论上看缺乏刑事可罚性；从必要性上看，普遍处罚预备犯不具有刑事政策上的必要性，也不符合我国宽严相济刑事政策的基本要求；从操作性上看，普遍处罚预备犯存在诸多技术上的难题，如预备行为的起点难以准确界定，犯意形成、犯意表示与预备行为之间的界限难以区分，预备行为的终点难以界定，预备行为的主观不罚要素难以证明等；从实效性上看，我国司法实践中只是例外地、选择性地处罚极少数企图侵害重要法益的重大犯罪的预备犯，并没有也不可能普遍性地处罚预备犯。但是，这种司法实践理性却造成了《刑法》第 22 条的规定事实上处于长时间、大范围、普遍性地被虚置的状态，客观上又违反了《刑法》第 3 条的罪刑法定的要求，损害了刑法规范应有的权威性与实效性。[2] 基于此，有必要对预备犯实行立法上的部分非犯罪化。具体可以考虑采取以下两种方法：一种是参考 1997 年《俄罗斯联邦刑法典》第 30 条的规定，取消预备犯普遍处罚原则，仅规定“只有对预备严重犯罪和特别严重的犯罪，才追究刑事责任”；另一种是将预备犯的规定从刑法总则中删除，并在刑法分则中对需要处罚的犯罪预备行为，根据预备行为的具体性质、特点以及预备实施的犯罪可能侵犯的法益的重要性予以特别明文规定。[3]

（二）未遂犯的部分非犯罪化

按照我国《刑法》第 23 条的规定，犯罪未遂均具有可罚性。尽管犯罪未遂

---

〔1〕 这里是犯罪情节“轻微”而不是“显著轻微，危害不大”，后者按照《刑法》第 13 条的规定，不认为是犯罪。

〔2〕 参见梁根林：“预备犯普遍处罚原则的困境与突围——《刑法》第 22 条的解读与重构”，载《中国法学》2011 年第 2 期。

〔3〕 参见梁根林：“预备犯普遍处罚原则的困境与突围——《刑法》第 22 条的解读与重构”，载《中国法学》2011 年第 2 期。

距离犯罪完成较近，对法益已经造成了一定侵害或危险，因此在一般情况下具有刑罚可罚性，但是，未遂犯仍有非犯罪化的余地。例如，不能犯作为一种未遂类型，对法益根本不可能构成侵害或者威胁，不应当作为犯罪处理，因此，对不能犯应予以非犯罪化。[1]

（三）法定最高刑为3年以下有期徒刑的轻微犯罪的部分非犯罪化

我国刑法中广泛存在法定最高刑为3年以下有期徒刑的轻微犯罪。这些轻微犯罪由于社会危害性相对轻微，相对应的刑罚一般是短期自由刑。短期自由刑又存在预防功能弱、容易发生交叉感染、刑罚执行之后在就业、家庭等方面的“后遗症”多等弊端。为了贯彻刑罚谦抑主义和宽严相济的刑事政策，除了更多适用非监禁刑（如社区矫正）之外，可以对部分轻微犯罪予以非犯罪化。如《刑法》第221条规定的损害商业信誉、商品声誉罪，其法定最高刑仅为2年有期徒刑，第252条规定的侵犯通信自由罪法定最高刑仅为1年有期徒刑，而这些行为用民事赔偿手段或者行政处罚手段亦可较为有效地惩罚行为人和对被害人进行补救，可以对其进行立法上的非犯罪化处置。

三、法益保护的退守之三——容隐制度的合法化

所谓容隐制度，就是对于人们为亲属利益而为知犯不举告，掩盖犯罪事实，通报消息及帮助逃捕，藏匿人犯及帮助脱拘，帮助窝赃销赃，伪证或诬告，变造或湮灭证据，顶替自首及受刑，资助犯罪人衣食住行等一系列妨害国家司法行为中的一项或多项，予以免除或减轻处罚，又称为“亲亲相为隐”或“亲属相为容隐”（简称“容隐”）。按照我国《刑法》第310、312条等的规定，现行刑法并不存在容隐制度的余地。我们认为，我国刑法目前的规定存在不合理之处，在刑法修改过程中有必要对容隐制度予以确认。具体而言，容隐制度合法化的必要性在于：

1. 容隐制度的合法化与我国自古就有的亲亲相隐传统相契合。孔子说过：“子为父隐，父为子隐，直在其中”，这为容隐制度的确立提供了伦理上的正当性。在这样的观念指导下，古代法律确立了一定范围内亲属间对彼此的犯罪给予隐瞒的“容隐原则”，例如，汉朝时确立的“亲亲得相首匿”的法律原则，唐朝时确立的“同居有罪相为隐”的法律原则等。在近代法制变革中，容隐制度得以保留，如1935年《中华民国刑法》第167条规定，为亲属利益而藏匿人犯及湮灭证据的人免除其刑或减轻其刑；第351条规定为亲属匿赃销赃的人免刑。这

---

〔1〕 参见贾学胜：“非犯罪化与中国刑法”，载陈兴良主编：《刑事法评论》（第21卷），北京大学出版社2007年版，第517页。

些规定，至今大多仍在我国台湾地区沿用。

2. 容隐制度合法化反映了法律应当尊重人性的客观要求。“法律必须被信仰，否则它将形同虚设。它不仅包含有人的理性和意志，而且还包含他的感情、他的直觉和献身，以及他的信仰。”美国著名法学家伯尔曼的名言反映出法律如欲得到良好遵守，就需要尊重人性，进而才能被人们所信仰。讲人伦，重亲情，不仅是人性的自然体现，而且是社会得以维系的重要道德基础。“法律不强人所难”的格言告诉我们：法律不强求不可能的事项或法律不强求任何人履行不可能履行的事项。在法律中确立容隐制度，正好体现了法律对人性的尊重，将使法律更合乎人之常情，也更具有正义的基础。

3. 容隐制度的合法化符合刑法谦抑性的价值要求。刑法的谦抑性不仅包括“罪”的谦抑性，也包括“刑”的谦抑性。前者要求立法者在建构罪状时只能将确实严重危害法益或对法益有重大危险的行为确定为犯罪，后者要求只有在刑罚具有不可避免时才可启用。亲属间的容隐行为，尽管对司法秩序可能造成一定的损害，但对于司法秩序背后所保护的法益而言，通常不会对法益造成新的危害或严重危险；而且亲亲相隐发自人类本性，试图用刑罚对亲属间的相隐行为进行阻吓，并不能起到应有的预防作用。可见，允许容隐制度存在符合刑法谦抑性要求。

4. 容隐制度的合法化是当今世界各国的普遍做法。目前许多国家和地区关于窝藏、包庇的立法中都体现了容隐的原则和精神。以大陆法系具有代表性的《日本刑法典》和《德国刑法典》为例。《日本刑法典》第 103、104 条分别规定了“藏匿犯人罪”和“隐灭证据罪”，第 105 条“有关亲属犯罪的特例”规定：“犯人或者脱逃人的亲属，为了犯人或者脱逃人的利益而犯前两条之罪的，可以免除刑罚。”《德国刑法典》第 258 条“阻扰刑罚”和第 259 条“窝藏罪”都规定了“为使家属免于刑罚处罚而为上述行为的不处罚”。法国、意大利、瑞士和我国台湾地区的刑法典都有类似的规定。

四、法益保护的退守之四——其他非犯罪化事由

除了上述几类行为可以通过非犯罪化实现法益保护的退守之外，还存在其他一些可以进行非犯罪化的事由。例如，某些司法上非犯罪化的行为，如安乐死，可以考虑通过立法非犯罪化。目前我国将安乐死行为作为故意杀人罪的一种行为类型加以处罚。但是，对于特定情况下的安乐死行为，如濒临死亡的病患者，如果符合特殊条件的，有必要通过立法进行非犯罪化处置。其原因在于：一方面，为了避免病人遭受身体的巨大痛苦，经过病人的请求而对其实施安乐死，其社会危害性和主观恶性，同普通的故意杀人罪相比，均存在较大区别；另一方面，安乐死是病人对自己生命权的放弃，行为人对病人实施安乐死行为，并未侵害其他法益，因此不具有严重的社会危害性。

第四节 法益保护的次序
——章节及其罪名确定

法益作为刑法分则对犯罪类型体系化之“决定标准”，通过刑法分则的章节规定，按照其所保护法益的性质，而在刑法典上作类群安排。[1] 由此可见，法益保护次序实际上对引领法益保护具有“纲举目张”的作用。法益保护的次序主要涉及三个问题：章节的前后次序、罪名的章节归属及二者背后隐藏的问题——法益结构的确立。

一、法益保护次序现状及不足

（一）法益保护的次序现状

我国刑法分则共设置了十章，其中第三章“破坏社会主义市场经济秩序罪”和第六章“妨害社会管理秩序罪”分别设置了八节和九节。这十个章节主要依照侵害的同类客体（这里称为类法益）进行划分，总体上可以划分为三种：一是侵害国家法益，包括危害国家安全罪、危害国防利益罪、贪污贿赂罪、渎职罪和军人违反职责罪；二是侵害社会法益犯罪，包括危害公共安全罪、破坏社会主义市场经济秩序罪和妨害社会管理秩序罪；三是侵害公民个人法益，包括侵犯公民人身权利、民主权利罪和侵犯财产罪。可以看出，我国刑法主要是按照“国家法益－社会法益－个人法益”的顺序进行排列的。

各类犯罪的排列顺序，原则上是按照各类犯罪同类客体的重要程度（这里称为亚类法益），由重到轻的顺序排列，反映出立法者对各类犯罪危害性质的认识和态度。在每一类犯罪中，具体罪名的排列，原则上也是按照个罪的社会危害性以及个罪之间的关系，由重到轻地进行价值排列的。当有关罪名侵害到两种法益，在确定具体罪名时，刑法上多根据其所侵害的主要法益作为归类的标准，另一种法益则作为反射性保护法益，如抢劫罪，既侵害公民人身权利，又侵害公民财产权利，将其置于财产犯罪中，则更强调对公民财产法益的保护。

（二）法益保护次序存在的不足

从整体上看，我国刑法对法益的保护呈现出多层次、立体化的图景。但是，

---

〔1〕 参见陈志龙：《法益与刑事立法》，台湾大学丛书编辑委员会1992年版，第2页。

目前法益保护的次序也存在一定的不足，具体体现在：

1. 在法益保护种类上存在缺损，尤其是对环境法益的保护存在较大缺陷。目前我国刑法仅在“妨害社会管理秩序罪”中以亚类罪的形式规定了“破坏环境资源保护罪”，包括十余个罪名，数量不多，种类也较少，仅涉及环境、野生动物及其制品、植物和资源，立法的内容滞后于生态环境犯罪的现实，不利于对环境法益的保护。

2. 法益的类别划分存在凌乱之处。突出表现在：我国刑法将“危害国防利益罪”和“军人违反职责罪”分别成章，其中“危害国防利益罪”一章是按照同类客体进行归类，而“军人违反职责罪”一章则是按照犯罪主体进行归类，这不仅与我国刑法分则的整体分类标准不符，而且容易造成两章内容上的交叉、重复。“贪污贿赂罪”和“渎职罪”两章也存在类似问题。

3. 法益保护体系结构不够清晰。例如，同样是针对国家法益的严重犯罪，危害国家安全罪在刑法分则中设为第一章，而危害国防利益罪和军人违反职责罪则分别安排在第七章和第十章，中间间隔了危害社会法益的犯罪和危害个人法益的犯罪。又如，同样是针对社会法益的犯罪，破坏社会主义市场经济秩序罪和妨害社会管理秩序罪却分别安排在第三章和第六章，中间间隔了两章针对个人法益的犯罪。章节排列上的混乱，反映了刑法法益保护次序背后的价值混乱。[1]

4. 在罪名的归属上存在一定混乱，个别罪名的归属存在争议。以破坏生产经营罪为例，1979 年刑法规定了“破坏集体生产罪”，并纳入破坏社会主义经济秩序罪一章中，1997 年刑法将该罪修改为破坏生产经营罪，并移入财产犯罪一章中。然而，对于破坏生产经营罪，始终有观点认为不应纳入财产犯罪，而应纳入破坏社会主义市场经济秩序罪一章中。

二、法益保护次序之完善

（一）扩充法益保护种类，确立环境法益的独立地位

在我国刑法保护法益体系中，环境法益属于社会法益的一种，不具有独立性。然而，将环境法益归属于社会法益之下并不恰当，与环境犯罪实际侵害的法益不相符合。这是因为，尽管在许多情况下环境犯罪也会侵犯环境管理的秩序，但环境犯罪首要侵犯的是由公众共同享有的、针对自然环境整体的公众环境利益。这种公众环境利益又可细分为经济利益、资源利益、生态利益、精神利益四

---

〔1〕 在此问题上，我们不同意部分学者所认同的我国刑法按照“国家法益－社会法益－个人法益”的法益保护次序在进行排列的观点。这是因为，从刑法分则各章排列顺序来看，我国刑法的法益保护次序存在着混乱之处。

类，分别对应着自然环境的经济价值、资源价值、生态价值和审美价值。[1] 可见，环境法益本身具有独特的法益质，而不必寄于社会管理秩序篱下。

在刑法修改过程中，有必要扩充法益保护种类，确立环境法益的独立地位。其理由除了环境法益本身属于相对独立于国家、社会、个人的第四种法益之外，还在于：第一，环境法益受侵犯的严重性。我国目前面临环境资源问题的多样性，诸如环境污染、资源短缺、能源危机、水土流失、森林锐减、耕地丧失、生物多样性损害、海洋污染与生态破坏等，已经在很大程度上影响了我国经济社会的可持续发展。第二，在刑法中将环境法益增加为一种新的法益，符合刑法变迁过程中所呈现出法益结构变动的动态性。法益是法律所保护的利益，当利益结构发生变化进而导致法益结构发生变化时，刑法也必然要进行相应的调整。这清晰地体现在刑法变迁的历史之中。在古代社会强调国家利益高于一切的一元利益格局下，刑法的主要任务是保护国家利益，国家法益几乎成了刑法的唯一法益；近代社会，伴随着“从身份到契约”的运动，个人利益逐渐得到确认，国家利益唯一论被“国家利益－个人利益”的二元利益结构所取代；近现代社会，伴随着法人运动的产生和深入发展，社会利益（团体利益）被提至与国家利益和个人利益同等乃至更高的地位，以往的二元利益结构被“国家利益－个人利益－社会利益”的三元利益结构所取代。在现代社会，生态环境利益越来越重要，利益结构呈现出“国家利益－个人利益－社会利益－环境法益”的四元利益结构。因此，在我国刑法中确立环境法益的独立地位，正是使刑法的法益结构与现代的利益结构保持协调一致的需要。[2] 第三，确立环境法益在刑法中的独立地位，可以与刑法的保障性相协调。目前环境资源法已经越来越重要，并成为与公法、私法、社会法相独立的一个法律部门。在这种情况下，有必要确立环境法益的独立地位，从而全面体现刑法的保障功能。

在将环境法益确立为刑法的一种独立法益之后，有必要对目前的刑法进行相应的修改。首先，应当在刑法分则中以“章”的形式规定“破坏环境资源保护罪”，以提升生态法益的地位，实现生态法益的独立性。其次，应当在“破坏环境资源保护罪”下依据犯罪的行为客体和行为方式设节，以利于对这一类罪的进一步分类，并分别设立破坏大气罪、破坏水资源罪、破坏土地资源罪、破坏森林资源罪、破坏动物资源罪、破坏植物资源罪、核犯罪、噪声污染罪等。这一做法

〔1〕 关于环境价值的多样性，参见［美］霍尔姆斯·罗尔斯顿：《环境伦理学》，杨通进译，中国社会科学出版社2000年版，第3～35页。

〔2〕 参见简基松：“论生态法益在刑法法益中的独立地位”，载《中国刑事法杂志》2006年第5期。

不仅有利于细化“破坏环境资源保护罪”，而且对完善“破坏环境资源保护罪”的分类具有积极意义。最后，在完善现有侵犯生态法益的犯罪的基础上，应当增加规定一些犯罪，如增加破坏海洋罪、破坏内水罪、核污染罪等。[1]

（二）对现有章节进行合理归并，统一法益类别划分标准

1. 考虑到危害国防利益罪和军人违反职责罪危害的都是国家军事利益，且均为长期存在的犯罪类型。因此，可以考虑将“危害国防利益罪”和“军人违反职责罪”合并为“危害国家军事利益罪”一章。[2]

2. 可以考虑将“贪污贿赂罪”和“渎职罪”合并为“公务犯罪”一章。为适应反腐败斗争的需要，强化对贪污贿赂罪的打击，我国现行刑法典将1979年刑法典中有关贪污贿赂犯罪的条款合并并进行适当充实，独立成章。但是，从类型上看，贪污贿赂罪与渎职罪均属于公务犯罪且均具有亵渎公务的共性，因此从体系完善的角度，在采取章节制的前提下，应当将贪污贿赂罪与渎职罪合并为“公务犯罪”一章，同时为了突出对贪污贿赂犯罪的惩治，可以将贪污贿赂罪与渎职罪在公务犯罪的章下分别设节。[3]

（三）调整刑法分则体系结构，明晰刑法法益保护的价值立场

针对目前刑法分则体系较为混乱的现状，我们认为，有必要对刑法分则体系结构进行调整，以进一步明晰刑法法益保护的价值立场。

1. 应当将侵犯个人法益放在优先保护的位置。理由在于：首先，从个人法益与社会法益、国家法益的关系上看，社会法益和国家法益作为超个人法益，最终都需要还原为个人法益。因此有必要将侵害个人法益的犯罪排列在分则罪序中的首位。[4] 其次，从我国法律价值取向上看，1982年修改宪法时，将第三章公民的基本权利和义务调整到第二章，放在国家机构之前，从而突出了公民基本权利和义务的重要地位，也表明保护公民权利的地位重于国家机构，反映了立法的价值取向[5]。最后，从刑法修改潮流上看，20世纪90年代以来，围绕如何更好的保障人权，大规模的刑法改革在全世界范围展开，这反映了以人权保障为主题

---

[1] 简基松：“论生态法益在刑法法益中的独立地位”，载《中国刑事法杂志》2006年第5期。

[2] 参见赵秉志：“当代中国刑法体系的形成与完善”，载《河南大学学报（社会科学版）》2010年第6期。

[3] 参见赵秉志：“当代中国刑法体系的形成与完善”，载《河南大学学报（社会科学版）》2010年第6期。

[4] 参见杨春洗、苗生明：“论刑法法益”，载《北京大学学报（哲学社会科学版）》1996年第6期。

[5] 参见陈长均：“刑法分则第三章和第四章的顺序应当调整”，载《人民检察》2008年第17期。

的刑法改革潮流。1992 年法国刑法典、1996 年俄罗斯刑法典均有一个共同的特点，就是在分则中都把侵犯公民人身权利方面的犯罪放在首要位置。强化和突出对公民权利的保护，体现以人为本的立法理念，也契合当代刑法改革的人权保障主题。[1]

2. 改变目前章节次序，按照法益类别进行恰当归类，减少章节排列上的混乱。我国刑法分则中，针对国家法益的犯罪应当包括危害国家安全罪、危害国家军事利益罪、公务犯罪三章，针对社会法益的犯罪应当包括危害公共安全罪、破坏社会主义市场经济秩序罪、妨害社会管理秩序罪三章，针对个人法益的犯罪应当包括侵犯公民人身权利、民主权利罪和侵犯财产罪两章，针对环境法益的犯罪为破坏环境资源保护罪一章。对刑法分则体系进行调整时，有必要将侵犯相同种类法益的犯罪较为集中地排列在一起。

（四）调整相关罪名，做到罪名归属适当

1. 对侵害单一法益的，按照侵害法益确定归属。如盗窃罪，侵害的法益为财产法益，因此，将其确定在侵害财产犯罪中，诈骗罪、侵占罪等也均属于此种情形。但是，随着社会的发展，也需要对法益的归属进行适时调整。如破坏生产经营罪，作为对经济秩序的侵害，损害了生产的连续性，破坏了经济发展，将其放置于破坏社会主义市场经济秩序罪一章中更为适宜。

2. 对侵害多重法益的，应当将主要法益作为确定归属的标准，次要法益作为反射性利益加以保护。如抢劫罪，既侵害了公民的人身权利，也侵害了公民的财产权利，但是刑法将其规定在财产犯罪一章中，是更加强调对财产的保护，因此将公民的人身安全作为反射性利益加以保护。

3. 侵害同类法益的，应当进行统筹确定。如挪用类型犯罪中挪用公款罪和挪用特定款物罪，均属于挪用型犯罪，但却规定在不同章节中，缺乏合理性，应当将其重新排列，因二罪均侵害了公共财产的使用权，应将其统一规定到贪污贿赂犯罪一章中。

---

〔1〕参见陈长均：“刑法分则第三章和第四章的顺序应当调整”，载《人民检察》2008 年第 17 期。

第十章 刑事立法技术问题检视

刑事立法技术，指在刑事立法活动中为保证立法的科学性、系统性与协调性而使用的方法和技巧的总称。在广义上，刑事立法技术指与刑事立法活动有关的一切方法与规则，如立法程序、法的结构和形式、法的修正与废止、法的文体和法的系统化等方面的技术规则。在狭义，刑事立法技术专指关于法律内部结构和外部结构的形式、法律的修改和废止的方法、法律的系统化以及法律条文的修辞、逻辑结构和文字表达的规则等。本章选取法条表述上的用语、总则与分则条文的协调与对应以及刑法、单行刑法与附属刑法的协调三个方面对现行刑法的立法技术问题进行探讨。

第一节 法条表述上的用语梳理与规范

在社会生活各个领域中，对语言文字规范化程度要求最高的莫过于法律领域。无论是立法领域还是司法领域，语言都在其中起着至关重要的作用。立法关系到公民的权利义务，立法语言文字应该是所有语言文字中最为严谨、规范的一种，因为无论立法语言的风格是专门化还是通俗化，最终都将牵涉到法律条文中的语言能否准确表达立法意图的问题。规定剥夺公民的自由、财产甚至生命的刑事立法语言更应如此。我国现行刑法是在 1979 年制定的第一部刑法的基础上，融合了 1979 年至 1997 年之间的单行刑法、附属刑法的内容而形成的。由于立法技术尚不成熟、程序也不规范等原因，在语言表述、用语逻辑等许多方面都存在着缺陷。本节试将现行刑法法条表述上存在的主要问题总结如下：

一、逻辑关系矛盾

例如，《刑法》第 20 条第 1 款规定了正当防卫及其构成要件，即为了使国家、公共利益、本人或者他人的人身、财产和其他权利免受正在进行的不法侵害，而采取的制止不法侵害的行为，对不法侵害人造成损害的，属于正当防卫，不负刑事责任。根据该款规定，在一定的限度之内是成立正当防卫的必备要件，就如有的观点所言，“具备了一般正当防卫的起因条件、时间条件、对象条件以及主观条件，就可以实施正当防卫。但是具备这四个条件的行为还不一定是正当防卫。正当防卫行为只有在一定的量的范围内，才是合法的行为。”〔1〕

同条第2款继而规定，正当防卫明显超过必要限度造成重大损害的，应当负刑事责任，但是应当减轻或者免除处罚。如上所述，正当防卫是以一定的限度为条件的，如果明显超出必要限度，就不再是正当防卫而应为防卫过当了。所以，该款中“正当防卫”与“明显超过必要限度”两个用语放在一起显然矛盾。该款规定的本意显然在于解释防卫过当，但不该使用“正当”二字，诚如有观点所言，正确的表述应为“防卫行为明显超过必要的限度造成重大损害的，应当负刑事责任。”〔2〕

与上述规定相类似的还有《刑法》第15条第2款。该款规定，“过失犯罪，法律有规定的才负刑事责任”。我们知道，根据《刑法》第13条之规定，所谓“犯罪”是具有“社会危害性”、“刑事违法性”和“刑罚当罚性”的行为。某一过失行为既然已属过失犯罪，就应该具有刑事违法性。而该款的规定似乎暗示着过失犯罪分为两种，即“法律有规定应负刑事责任的”过失犯罪和“法律无规定不应负刑事责任的”过失犯罪。根据刑法总则第3条关于罪刑法定原则的规定，法律没有规定且又不负刑事责任的行为，就不是犯罪行为。因此很明显，该款也存在逻辑矛盾，准确地说，该款表达的意思应该是：“过失行为，法律规定为犯罪的才负刑事责任。”

二、词语搭配不当

现行刑法条文中，词语搭配不当的情况很多，较多地表现为动宾搭配不当。例如，《刑法》第1条规定：“为了惩罚犯罪，保护人民，根据宪法，结合我国同犯罪作斗争的具体经验及实际情况，制定本法。”严格而言，此处“犯罪”是动词性词组，不能作动词“惩罚”和介词“同”的宾语，应将“犯罪”改为“犯罪行为”。第2条关于刑法的任务的规定就明确使用了“犯罪行为”这一表述，即“中华人民共和国刑法的任务，是用刑罚同一切犯罪行为作斗争……。”

还有的条文存在隐含主语冲突的现象。例如，《刑法》第14条规定，“明知

〔1〕 赵秉志等：《刑法学》，北京师范大学出版社2010年版，第182页。

〔2〕 参见娄开阳、陆俭明：“论立法语言规范中的技术问题”，载《修辞学习》2009年第3期。

自己的行为会发生危害社会的结果，并且希望或者放任这种结果发生，因而构成犯罪的，是故意犯罪。”就本条规定的语言表述，法学界一直有争议，至今未达成共识。[1] 仅就隐含主语而言，本条的矛盾也是非常明显。“明知”与“希望”、“放任”的隐含主语都应该是“行为人”，而“是故意犯罪”的隐含主语毫无疑问应该是在明知支配下的“行为”，而该条并没有区分开来。本条的目的是对“故意”下定义，如下表述也许更为适宜：“明知自己的行为会发生危害社会的结果，并且希望或者放任这种结果发生，因而触犯本法的，其行为构成故意犯罪。”

三、用语含义不清

例如，《刑法》第294条第2款规定：“境外的黑社会组织的人员到中华人民共和国境内发展组织成员的，处3年以上10年以下有期徒刑。”这里的“境外”在语义上十分模糊，如果是指外国，就应当使用“国外”而不应当使用“境外”；如果是指港澳台地区，就应当说“中国大陆境外到中国大陆境内”而不能说“境外到中华人民共和国境内”，否则就有诱导分裂国家之嫌。因为港澳台地区在国际法上属于“中华人民共和国境内”，而不属于“中华人民共和国境外”。因此，这里的“境外”究竟是什么意思，任何人都无法解释。

再如，关于特殊防卫，《刑法》第20条第3款规定：“对正在进行行凶、杀人、抢劫、强奸、绑架以及其他严重危及人身安全的暴力犯罪，采取防卫行为，造成不法侵害人伤亡的，不属防卫过当，不负刑事责任”，该条中“杀人”、“抢劫”、“强奸”等行为都是含义明确的法律概念，并且在分则中都有与之相对应的具体罪名，而“行凶”本身就是一个模糊的字眼，不是一个严格的法律概念，在分则中根本没有一个具体犯罪与之相对应，那么，究竟什么样的行为是“行凶”？这在学理上与在司法实务当中，都引起了较大的争议。

此外，在《刑法修正案（八）》之后尚余的55个死刑罪名中，除了抢劫枪支、弹药、爆炸物罪和为境外窃取、刺探、收买、非法提供军事秘密罪之外，其余条款中均有诸如“情节严重”、“情节特别严重”、“情节特别恶劣”、“重大损失”、“数额特别巨大”、“特别残忍手段”等模糊性用语，这与严格限制死刑裁量标准的要求极不协调，潜藏着因执法的随意性而导致死刑滥用的危险。因此对这些模糊用语还有待进一步明确。

---

〔1〕 参见高先德：“立法语言探微——关于刑法第十四条之我见”，载《西南民族学院学报（哲学社会科学版）》2001年第52期。

四、累赘表述

无论在总则还是在分则中，现行刑法条文中都存在大量累赘重复表述的情况。在总则条文中，例如，《刑法》第13条规定："一切危害国家主权、领土完整和安全，分裂国家、颠覆人民民主专政的政权和推翻社会主义制度，破坏社会秩序和经济秩序，侵犯国有财产或者劳动群众集体所有的财产，侵犯公民私人所有的财产，侵犯公民的人身权利、民主权利和其他权利，以及其他危害社会的行为，依照法律应当受刑罚处罚的，都是犯罪，但是情节显著轻微危害不大的，不认为是犯罪。"从句子结构来分析，"但书"之前是一个简单句，"一切危害国家主权……以及其他危害社会的行为"整个是一个偏正结构，被用作句子的主语。这正如有观点所言，该条所列举的"危害国家主权、领土完整和安全、侵犯公民的人身权利、民主权利和其他权利"等都当然地包括在危害社会的行为之内，如此一一列举，不但显得累赘、繁琐，不够简洁凝练，而且，带来理解上的不便和困难。这种列举，看似具体清晰，实则重复多余，画蛇添足。所以，将该句表述为："一切危害社会的行为，依照法律应当受刑罚处罚的，都是犯罪，但是情节显著轻微危害不大的，不认为是犯罪"即可。[1]

再如，第24条规定，"对于中止犯，没有造成损害的，应当免除处罚"。此条由于多了"对于"二字，易造成歧义。免除处罚谁？是"中止犯"还是"没有对中止犯造成损害的人"？如果依据立法本意和对法条语境的逻辑分析，应是前者。所以应把造成逻辑歧义的赘词"对于"删除，修改为："中止犯，没有造成损害的，应当免除处罚"。

在刑法分则的条文中，例如，第114条规定："放火、决水、爆炸、投毒或者以其他危险方法破坏工厂、矿场、油田、港口、河流、水源、仓库、住宅、森林、农场、谷场、牧场、重要管道、公共建筑物或者其他公私财产，危害公共安全，尚未造成严重后果的，处3年以上10年以下有期徒刑。"第115条规定："放火、决水、爆炸、投毒或者以其他危险方法致人重伤、死亡或者使公私财产遭受重大损失的，处……。过失犯前款罪的，处……。"上述两条法律中规定的客观方面完全相同，只是结果和主观方面有差异才导致了法定刑的不同，从语言逻辑的角度而言，将二者规定于同一法条完全可以概括无余。因此将二者合一，规定如下似乎更符合语言逻辑："放火、决水、爆炸、投毒或者以其他危险方法破坏工厂、……危害公共安全，尚未造成严重后果的，处……；以上述危险方法致人重伤、死亡或者使公私财产遭受重大损失的，处……。因过失以上述危险方

---

〔1〕 参见张建军："刑法立法语言的明确化"，载《时代法学》2010年第3期。

法致人重伤、死亡或者使公私财产遭受重大损失的，处……。”

再如，第112条规定，“战时供给敌人武器装备、军用物资资敌的，处10年以上有期徒刑或者无期徒刑；情节较轻的，处3年以上10年以下有期徒刑。”从语言逻辑角度看，“供给敌人……”和“资敌”放在一起，显得太累赘，明显是错误地重复使用。因此，将多余的赘词去掉，修改为“战时以武器装备、军用物资资敌的”或者“战时供给敌人武器装备、军用物资的”，或者“战时以供给敌人武器装备、军用物资的方式资敌的”即可。[1]

五、用语不规范

在刑法条文表述中，存在大量口语化的不规范现象。例如，分则第191条规定：“明知是毒品犯罪、黑社会性质的组织、走私犯罪的违法所得及其产生的效益，为掩饰、隐瞒其来源和性质，有下列行为之一的，没收实施以上犯罪的违法所得及其产生的收益，处5年以下有期徒刑或者拘役，并处或者单处洗钱数额5%以上20%以下罚金；……。”针对本条规定，有学者指出，“洗钱”一词既非法律术语，又非通用词语，而是某些国家和地区黑社会及犯罪团伙所使用的隐语，用于规范性法律条款中显然不妥。另外“收益”一词，属中性词，一般指正常的生产上或商业上的收入，用来说明违法所得孳生的财物，也不妥。再如，第294条规定：“组织、领导和积极参加以暴力、威胁或者其他手段，有组织地进行违法犯罪活动，称霸一方，为非作恶，欺压、残害群众，严重破坏经济、社会生活秩序的黑社会性质的组织的，处……。”此条中的“以……秩序”一段文字是对黑社会性组织的界定性文字，但有的行为内容用词过于模糊，执行中难于把握，如“为非作恶”一词，明显是口语化的笼统表述，在实践中极易产生理解和适用上的偏差。[2]

六、代词等使用不当

例如，“其他”一词在刑法条文中被频繁使用。据统计，我国现行刑法条文中使用了总计319个“其他”，涉及到177个刑法条文和1998年12月29日通过的全国人大常委会《关于惩治骗购外汇、逃汇和非法买卖外汇犯罪的决定》。其中，总则条文中出现了22个“其他”，分则条文中一共出现297个“其他”；涉及自然人犯罪的共计237个，涉及单位犯罪的共计82个。在319个“其他”用语中有一半之多（164个）分散在刑法分则第三章破坏社会主义市场经济秩序罪

---

〔1〕 参见李包庚：“立法语言逻辑技术略论——兼评97《刑法》”，载《开封教育学院学报》1999年第4期。

〔2〕 参见宁致远：“立法语言更应符合语言规范”，载《语言文字应用》1999年第3期。

的条文中。总则条文中出现的22个“其他”，涉及到权利、行为、犯罪、人员、法律、案件、财产、结果、贡献等。[1] 而且，“其他”一词还频频与“或者”同时出现，据统计，在刑法的452个条文中，出现“或者其他”、“或者……其他”的共有181处，涉及108个条文，占条文总数的23.9%，使用总数与条文数之比，其使用频率达到40%。在刑法总则101个条文中，出现“或者其他”的有2处，占条文总数的2%，使用频率为2%；而在刑法分则350个条文中，出现“或者其他”、“或者……其他”的共有179处，涉及106个条文，占条文总数的30.3%，使用频率达到了51.1%。[2] 而在“其他”、“或者其他”等使用之中，存在下述问题，有待改进：

1. 在没有必要使用的情况下使用了“或者其他”，有多此一举之嫌。例如，刑法分则第416条规定：“对被拐卖、绑架的妇女、儿童负有解救职责的国家机关工作人员，接到被拐卖、绑架的妇女、儿童及其家属的解救要求或者接到其他人的举报，而对被拐卖、绑架的妇女、儿童不进行解救，造成严重后果的，处5年以下有期徒刑或者拘役。”由于不解救被拐卖、绑架妇女、儿童罪是纯正不作为犯，只要负有解救义务和职责的国家机关工作人员能够履行而不履行救助义务而造成严重后果的即构成此罪，被害人及其家属的求救和其他人的举报并非必备的客观处罚条件。如果将其作为前提，那就表明只有在有求救要求和举报时行为人仍不作为的才构成本罪，这应该与我们设置本罪的初衷相违背。

而且，就如有观点所言，如果立法机关想侧重于打击在有求救和举报后仍不作为的行为，则职责部门自行发现的和其他人报案的就被排除在外了，这不利于有关人员积极行使职责，也不利于鼓励公民同犯罪作斗争。即使退一步讲，若一定要求在有求救和举报时仍不作为才构成本罪，那么不管是解救要求还是举报，都只是个前提或者诱因，旨在使负有职责的人员得知被害人被拐卖、绑架的事实。既然如此，有必要分列解救要求和举报吗？难道对此二者的最终目的有不同要求或者要区别对待吗？如果有人认为解救和举报有不同，我们认为那也只是刑事诉讼法这一程序法意义上的区别，而程序上的操作自当由程序法规定和司法人员自己去把握，作为实体法的刑法就没有必要如此行事了。[3]

2. 有的地方使用不慎重。例如，《刑法》第117条规定：“破坏轨道、桥梁、隧道、公路、机场、航道、灯塔、标志或者进行其他破坏活动，……。”此处的

---

〔1〕 参见王耀忠：“我国刑法中‘其他’用语之探究”，载《法律科学》2009年第3期。

〔2〕 参见刘林玲：“刑法中‘或者其他’探微”，载《湖南公安高等专科学校学报》2008年第3期。

〔3〕 参见刘林玲：“刑法中‘或者其他’探微”，载《湖南公安高等专科学校学报》2008年第3期。

“轨道、桥梁、隧道、公路、机场、航道、灯塔、标志”等交通设施都是犯罪对象，是名词，而“或者……其他”所联结的“进行破坏活动”却是一种动宾结构，明显不是关于犯罪对象的表述，也不可能成为破坏的宾语。

3. 有的地方术语使用不明确、不统一，有相互矛盾之嫌。例如，《刑法》第118条：“破坏电力、燃气或者其他易燃易爆设备，危害公共安全，尚未造成严重后果的，处3年以上10年以下有期徒刑。”第119条继而规定：“破坏交通工具、交通设施、电力设备、燃气设备、易燃易爆设备，造成严重后果的，处10年以上有期徒刑、无期徒刑或者死刑。”这两个条文都是关于破坏电力设备罪和破坏易燃易爆设备罪的规定，但是两个条文的表述含混且存在矛盾。电力和电力设备、燃气和燃气设备是不同的指称，第118条中“或者其他”所连接的到底是“电力、燃气以及相同的物品”还是“电力设备、燃气设备，以及其他易燃易爆设备”？若是前者，那么将第118条确定为“破坏电力设备罪”是否合适？若是后者，则与第119条的表述只有危险程度的不同，即根据是否造成严重后果而设置了不同的法定刑，并且第119条并没有使用“或者其他”，而代之以顿点和肯定性描述。〔1〕

总之，语言文字是一切成文法中最基本的要件，立法语言文字技术也因此在成文法等种种立法技术尤其是微观立法技术中居于重要地位。〔2〕一部成功法律的制定固然与立法者的思想水平、知识水平直接相关，但毋庸置疑也与立法者的语言文字水平密不可分。不少国家为了提高立法质量，经常邀语言学家与法学家一起参与法律的起草，对草案中的语言进行推敲、研究并提出修改建议。我国刑法条文中存在的上述问题表明，为了使我们的刑法术语表达更加严谨，形式逻辑更加周延，条文搭配结构更加协调，在立法之际，我们同样需要邀请语言、修辞、逻辑等相关领域的专家参与进来。

第二节　刑法总则与分则法条的相互照应

一、总则与分则的相互照应

“犯罪、刑事责任与刑罚，构成刑法规范的基本内容。刑法总则规范设定关于犯罪、刑事责任和刑罚的一般原则和各种具有共性的制度；刑法分则规范则设

---

〔1〕 参见刘林玲：“刑法中‘或者其他’探微”，载《湖南公安高等专科学校学报》2008年第3期。

〔2〕 参见娄开阳、陆俭明：“论立法语言规范中的技术问题”，载《修辞学习》2009年第2期。

定各类各种具体犯罪的罪刑问题。刑法总则规范对刑法分则规范的制定与运用起指导与制约作用；刑法分则规范则对刑法总则规范具有体现和丰富的作用。"[1]所以，刑法总则与分则的规定之间应该协调一致，相互照应。但是，由于现行刑法是在吸收1979年至1997年之间众多单行刑法与附属刑法内容的基础上仓促而成，所以在刑法总则与分则规定之间的协调性与照应性方面，还有许多需要改进之处，此处试举以下数例说明。

（一）明知

《刑法》第14条规定，"明知自己的行为会发生危害社会的结果，并且希望或者放任这种结果发生，因而构成犯罪的，是故意犯罪。"与总则的规定相对应，刑法分则中也有将近30个条文包含了"明知"这一词语，例如，第144～148条销售有毒、有害食品罪，销售不符合标准的医用器材罪，销售不符合安全标准的产品罪，销售伪劣农药、兽药、化肥、种子罪和销售不符合卫生标准的化妆品罪，构成要件要求行为人"明知"是特定的伪劣产品而予以销售；第172条持有、使用假币罪，要求行为人"明知"是伪造的货币而持有、使用；第191条规定的洗钱罪，要求行为人"明知"是毒品犯罪、黑社会性质的组织犯罪、恐怖活动犯罪、走私犯罪、贪污贿赂罪、破坏金融管理秩序犯罪、金融诈骗犯罪的所得及其产生的收益而对其来源和性质予以掩饰、隐瞒；第259条破坏军婚罪、第310条窝藏、包庇罪、第312条掩饰、隐瞒犯罪所得、犯罪所得收益罪等都要求行为人对犯罪对象有"明知"。

但是，仔细分析我们可以发现，刑法总则条文中的"明知"与分则各条中的"明知"的内容是大相径庭的。从第14条中的"行为"与"危害社会"二个词可以看出，此处的"明知"包含两方面的内容：其一，是事实性内容，即对自己的行为本身与行为结果有着明确的认识；其二，是违法性内容，即对自己行为的价值评价与社会评价有着明确的认识，即有悖于社会秩序，能够产生"危害社会的后果"。而刑法分则各条中的"明知"则仅限于对犯罪对象的认识。同样的词，在刑法总则与刑法分则中的涵义大相径庭，容易误导他人。从上述第14条的规定来看，把其中的"明知"改成"相信"似乎尤为合适，一方面可以消除误导；另一方面，与"明知"相比较，"相信"一词更能体现出行为人的主观态度，因为"相信"是建立在对事实"明知"的基础上的，而强调行为人的主观态度，正是上述第14条的重点所在，这正如有观点所言，"明知的内容是'自己的行为会发生危害社会的结果'，也就是说是对危害结果的认识，且对危害结

[1] 赵秉志等：《刑法学》，北京师范大学出版社2010年版，第405页。

果的认识要求达到‘确知’的程度。总则‘明知’在强调认识因素的同时，与‘希望或者放任’的意志因素相结合组成犯罪故意的内容。”[1]

（二）“减轻处罚”

刑法总则第 63 条第 1 款规定，“犯罪分子具有本法规定的减轻处罚情节的，应当在法定刑以下判处刑罚。”与该条的规定相对应，刑法分则中有 5 个条文规定了减轻处罚情节，即：①第 164 条第 4 款规定，行贿人在被追诉前主动交待行贿行为的，可以减轻处罚或者免除处罚；②第 276 条之一第 3 款规定，有前两款行为，尚未造成严重后果，在提起公诉前支付劳动者的劳动报酬，并依法承担相应赔偿责任的，可以减轻或者免除处罚；③第 383 条第 1 款第 3 项规定，个人贪污数额在 5000 元以上不满 10 000 元，犯罪后有悔改表现、积极退赃的，可以减轻处罚或者免予刑事处罚；④第 390 条第 2 款规定，行贿人在被追诉前主动交待行贿行为的，可以减轻处罚或者免除处罚；⑤第 392 条第 2 款规定，介绍贿赂人在被追诉前主动交待介绍贿赂行为的，可以减轻处罚或者免除处罚。

从上述“减轻处罚”的规定来看，刑法分则的规定显然没有平等的贯彻总则第 63 条规定的精神，因为规定“减轻处罚”的条文都是与贪污、行贿犯罪相关，即使与之具有竞合关系的条文，也无一包含“减轻处罚”规定的。例如，根据刑法分则第 382 条之规定，贪污罪指国家工作人员利用职务上的便利，侵吞、窃取、骗取或者以其他手段非法占有公共财物的行为，受国家机关、国有公司、企业、事业单位、人民团体委托管理、经营国有财产的人员，利用职务上的便利，侵吞、窃取、骗取或者以其他手段非法占有国有财物的，以贪污论。也即，盗窃行为也是贪污罪的一种客观行为方式。但是，在盗窃罪中却并无诸如“个人盗窃数额在 5000 元以上不满 10 000 元，犯罪后有悔改表现、积极退赃的，可以减轻处罚或者免予刑事处罚”之类的规定。从侵犯的客体来看，贪污罪既侵犯了廉洁制度，又侵犯了财产权益，而盗窃罪仅侵犯了他人的财产权益，在犯罪数额相同的情况下，比如 8000 元，前者的恶性显然重于后者，但在前者的场合，行为人积极退赃的，可以对其减轻或者免予刑事处罚，而在后者的场合，行为人即使积极退赃，对其也只能从轻处罚，刑法分则的规定有违总则第 4 条“对任何人犯罪，在适用法律上一律平等”规定之嫌。因此，我们建议在以后的刑法修订中，对此问题予以关注，对于与特定犯罪具有竞合关系的犯罪也一并适用“可以减轻处罚”的规定，或者将其删除。

---

[1] 范莉：“刑法用语多义性探析”，载《江南论坛》2005 年第 4 期。

（三）累犯与“毒品累犯”

根据《刑法》第65条的规定，被判处有期徒刑以上刑罚的犯罪分子，刑罚执行完毕或者赦免以后，在5年以内再犯应当判处有期徒刑以上刑罚之罪的，是累犯，应当从重处罚，但是过失犯罪和不满18周岁的人犯罪的除外。《刑法》第356条对关于毒品犯罪的再犯情况特别规定，因走私、贩卖、运输、制造、非法持有毒品罪被判过刑，又犯本节规定之罪的，从重处罚。通常认为，该两法条的适用是有所区别地遵循下列原则：如果某种毒品犯罪行为符合《刑法》第356条的规定，先因实施走私、贩卖、运输、制造、非法持有毒品这五种情形被判过刑之后，又犯这五种情形的犯罪行为，就应适用该条的从重处罚。除此之外的其他毒品犯罪或非毒品犯罪再犯只要构成《刑法》第65条关于一般累犯的规定，即被判处有期徒刑以上刑罚的犯罪分子，在刑罚执行完毕或赦免以后，在5年以内再犯应当判处有期徒刑以上刑罚之罪的，就适用该条款的法定从重情节加以判处。

但是，由于上述第65条与第356条累犯与毒品累犯的不同规定，刑法适用中难免会产生一些矛盾。例如，假定行为人因走私、贩卖、运输、制造毒品罪与非法持有毒品罪二罪而被判处有期徒刑以上刑罚，在刑罚执行完毕或赦免以后的5年以内再犯应判处有期徒刑以上刑罚的毒品罪时，这种情形即属于累犯与毒品累犯的竞合。对此竞合，是适用《刑法》第65条累犯规定，还是适用《刑法》第356条规定，就成为刑法学界争论不休的问题。再如，关于累犯能否适用缓刑、假释的矛盾问题。刑法及其司法解释都没有明确规定毒品累犯，而按照《全国法院审理毒品犯罪案件工作座谈会纪要》的规定，对同时构成毒品再犯和累犯的犯罪人，不再引用关于累犯的条款，也即，对此类犯罪人可以适用缓刑。根据《刑法》第74、81条的规定，对累犯不得适用缓刑和假释，如果对同时符合一般累犯和特别再犯条件的毒品犯罪人仅以特别再犯论处，则意味着完全可以适用缓刑、假释的规定。

由于上述矛盾主要源自刑法总则与分则规定的冲突，因此，如有的观点所言，解决问题的最根本的方式就是对《刑法》第356条做出修订，将其设置为毒品犯罪关于特别累犯的规定更为合适，例如，将该条修改为：对于犯本节规定之罪的犯罪分子，在刑罚执行完毕或赦免以后，在任何时候又犯本节规定之罪的，都以累犯论处。如此，既与《刑法》第65条普通累犯规定相互照应，也可以避免上述行为竞合时如何适用法律与毒品累犯能否适用缓刑、假释规定的矛盾。[1]

(四) 自首与“贿赂罪自首”

我国刑法对于自首制度在总则和分则中做出了双重规定。刑法总则第 67 条第 1 款规定了一般自首，即“犯罪以后自动投案，如实供述自己的罪行的，是自首。”同条第 2 款规定了准自首，即“被采取强制措施的犯罪嫌疑人、被告人和正在服刑的罪犯，如实供述司法机关还未掌握的本人其他罪行的，以自首论。”同时，《刑法》第 164 条第 4 款、第 390 条第 2 款、第 392 条第 2 款又特别规定了“对公司、企业人员行贿人”、“行贿人”、“介绍贿赂人”三类行为人在被追诉前主动交代其犯罪行为的，可以构成行贿罪或者介绍贿赂罪的自首。

上述刑法总则与刑法分则的规定，带来了一系列的矛盾。在成立条件上，刑法分则自首的成立须以“在被追诉前主动交代其所犯罪行”为条件，这与刑法总则自首的成立须同时具备自动投案和如实供述自己的罪行两个条件显然是不同的；处罚原则上，对于刑法总则自首的犯罪人，刑法规定可以从轻或者减轻处罚，其中罪行较轻的，可以免除处罚，而对于刑法分则行贿罪或者介绍贿赂罪自首的犯罪人，刑法规定可以减轻处罚或者免除处罚。刑法分则规定的特别自首从宽处罚的程度要大于刑法总则规定的一般自首。例如，《刑法》第 390 第 1 款规定的情节特别严重的行贿罪，法定刑为 10 年以上有期徒刑或者无期徒刑，当属重大犯罪或较重的犯罪。对于犯了情节特别严重的行贿罪的人来说，如果犯罪后自动投案、如实供述自己的罪行，按照《刑法》第 67 条第 1 款的规定属于自首，可以从轻或者减轻处罚。但是根据《刑法》第 390 条第 2 款的规定，行贿人如果在被追诉前主动交代行贿行为的，是可以减轻处罚或者免除处罚的。

就上述矛盾，有学者提出了下述两种解决方式，即仅在刑法总则做自首规定，在刑法分则中不做特别自首规定，即将刑法总则的自首适用于所有刑法分则罪名，或者仍采现行刑法总则与分则同时规定自首的立法模式，只是令分则自首规定与总则自首规定相互照应，例如分则的自首条款可以规定为：“行贿人在被追诉前主动交代行贿行为的，依照刑法总则规定的自首处罚，”论者认为第二种观点不仅避免了刑法总则与分则同时规定自首所产生的处罚不一致的矛盾，而且使刑法总则与刑法分则条款内容得到相互对应、相互协调。[2]

---

[1] 参见孟庆华：“刑法总则与分则规定的矛盾及其协调问题探讨”，载《河南省政法管理干部学院学报》2007 年第 5 期。

[2] 参见孟庆华：“刑法总则与分则规定的矛盾及其协调问题探讨”，载《河南省政法管理干部学院学报》2007 年第 5 期。

我们认为，第二种观点也存在一些问题。例如，向谁“主动交代行贿行为”可以构成自首？向本单位的纪委、纪委领导，还是必须向检察机关等司法机关主动交代？如果是后者的话，行贿行为本身也是犯罪行为，“主动交代行贿行为”与“犯罪以后自动投案”二者之间的实质区别到底在什么地方？有将前者独立出来加以规定的必要吗？而且，对行贿行为的自首做出独立规定，未免给人以“特权规定”之嫌。因此，我们同意第一种观点，建议消除上述分则中的“贿赂罪自首”，统一使用刑法总则的规定。

（五）缓刑与“战时缓刑”

《刑法》第72条第1款就一般缓刑进行了规定，即对于被判处拘役、3年以下有期徒刑的犯罪分子，同时符合下列条件的，可以宣告缓刑，对其中不满18周岁的人、怀孕的妇女和已满75周岁的人，应当宣告缓刑：①犯罪情节较轻；②有悔罪表现；③没有再犯罪的危险；④宣告缓刑对所居住社区没有重大不良影响。同时，《刑法》第449条对战时缓刑进行了特别规定，即在战时，被判处3年以下有期徒刑，没有现实危险宣告缓刑的军人，允许其戴罪立功，确有立功表现时，可以撤销原判刑罚，不以犯罪论。战时缓刑制度在规定一般缓刑的基础上，对战时犯罪的军人再规定一种特殊的战时缓刑制度，它有利于犯罪军人主动接受教育改造，化消极因素为积极因素，但是，在该制度中尚存在一些需要改善的地方。例如，一般缓刑的适用对象包括被判处拘役的犯罪分子，但战时缓刑则不包括。这是明显的立法疏忽，因为对罪行较重被判处3年以下有期徒刑的犯罪军人可以适用该制度，而对罪行较轻被判处拘役者不能适用的话，显然有违立法本意。况且，军人违反职责罪的一些条文规定了军人违反职责，危害国家军事利益时，有可能被处拘役，既然存在拘役刑种，在理论上，当军人犯罪被判处拘役时，理应适用战时缓刑制度，对此，立法机关在修法之际理应对之予以明确规定。

再如，战时缓刑与一般缓刑制度缺乏关联性。按照《刑法》第449条规定，如果战时被判处3年以下有期徒刑没有现实危险宣告缓刑的军人，允许其戴罪立功，确有立功表现时，可以撤销原判刑罚，不以犯罪论；但如果战时被判处3年以下有期徒刑没有现实危险宣告缓刑的军人，允许其戴罪立功而没有立功，此时能否适用一般缓刑，这在法条中没有做出明确规定。就如何解决上述矛盾，有的观点认为，在如下两种协调方式中，即直接规定按照《刑法》第72条规定的一般缓刑制度处理，或者参照《刑法》第72条规定的一般缓刑制度做出规定：“如果战时被判处3年以下有期徒刑没有现实危险宣告缓刑的军人，允许其戴罪立功而没有立功，应当确定适当的缓刑考验期。考验期满后，没有发现有漏罪、新的犯罪或者违法行为的，可以认为原判刑罚已执行完毕，" 比较而言，前种方式更简便易行，也体现出两种缓刑制度的协调性，[1] 我们同意这种观点。

二、分则内部的相互照应

如上所述，现行刑法是在 1997 年融合了之前的附属刑法与单行刑法的规定而形成的产物，因此不仅在总则与分则之间存在冲突，在分则内部，在用语与法定刑等方面也存在诸多冲突之处。在用语方面，例如，1991 年 9 月 4 日全国人大常委会《关于严禁卖淫嫖娼的决定》第 8 条规定："旅馆业、饮食服务业、文化娱乐业、出租汽车业等单位的负责人和职工，在公安机关查处卖淫、嫖娼活动时，隐瞒情况或者为违法犯罪分子通风报信的，依照《刑法》第 162 条的规定处罚。" 在移入《刑法》第 362 条时被修改为："旅馆业、饮食服务业、文化娱乐业、出租汽车业等单位的人员，在公安机关查处卖淫、嫖娼活动时，为违法犯罪分子通风报信，情节严重的，依照本法第 310 条的规定定罪处罚。" 但是，该罪状中的"违法犯罪分子"一词显然不能与第 310 条之规定相协调。《刑法》第 310 条第 1 款规定："明知是犯罪的人而为其提供隐藏处所、财物，帮助其逃匿或者作假证明包庇的，处 3 年以下有期徒刑、拘役或者管制。" 显然，《刑法》第 310 条"包庇罪"的犯罪对象必须是"犯罪的人"，而 362 条中的"违法犯罪分子"存在两种解释的可能性：在狭义上，可指"犯罪分子"，在广义上，可指违法分子和犯罪分子。第一种解释难以与《刑法》第 362 条罪状中的"情节严重"的综合要件相协调，而第二种解释难以与《刑法》第 310 条的"犯罪的人"相协调。立法机关对于类似的地方，应该对相关用语以及表述进行统一，以便适用。

在法定刑方面，例如，《刑法》第 279 条第 1 款规定，冒充国家机关工作人员招摇撞骗的，处 3 年以下有期徒刑、拘役、管制或者剥夺政治权利；情节严重的，处 3 年以上 10 年以下有期徒刑；第 266 条规定，诈骗公私财物，数额较大的，处 3 年以下有期徒刑、拘役或者管制，并处或者单处罚金；数额巨大或者有其他严重情节的，处 3 年以上 10 年以下有期徒刑，并处罚金；数额特别巨大或者有其他特别严重情节的，处 10 年以上有期徒刑或者无期徒刑，并处罚金或者没收财产。本法另有规定的，依照规定。

我们认为，冒充国家机关工作人员进行诈骗行为的社会危害性要大于普通的诈骗行为，且相对于诈骗罪的规定而言，上述第 279 条是特别法条，在适用时具

---

〔1〕 参见孟庆华："刑法总则与分则规定的矛盾及其协调问题探讨"，载《河南省政法管理干部学院学报》2007 年第 5 期。

有优先性。但是，招摇撞骗罪的最高法定刑是10年有期徒刑，而诈骗罪的最高刑是无期徒刑。这就是说，同样是1000万元，如果是招摇撞骗而来，犯罪人最多被判处10年有期徒刑，如果是普通诈骗，犯罪人却可能被判处无期徒刑，这有悖于罪责刑相适应原则。因此，建议立法机关就相关犯罪的法定刑进行调整。

第三节　刑法、单行刑法与附属刑法的协调

1997年，全国人大将此前的单行刑法、附属刑法的内容融入1979年刑法典，制定了现行刑法典。1997年新刑法颁布后，迄今为止，全国人大常委会共颁布了一个单行刑法，即1998年12月通过的《关于惩治骗购外汇、逃汇和非法买卖外汇犯罪的决定》，与八个刑法修正案，此外，在其他立法中，还存在许多附属刑法规范。在刑法与单行刑法、附属刑法之间，尚存在若干有待改进的问题。

一、规定的照应性

（一）刑法与单行刑法

照应性规定的问题首先存在于单行刑法与刑法典之间。例如，《关于惩治骗购外汇、逃汇和非法买卖外汇犯罪的决定》第7条规定，金融机构、从事对外贸易经营活动的公司、企业的工作人员严重不负责任，造成大量外汇被骗购或者逃汇，致使国家利益遭受重大损失的，依照《刑法》第167条的规定定罪处罚。而《刑法》第167条规定，国有公司、企业、事业单位直接负责的主管人员，在签订、履行合同过程中，因严重不负责任被诈骗，致使国家利益遭受重大损失的，处3年以下有期徒刑或者拘役；致使国家利益遭受特别重大损失的，处3年以上7年以下有期徒刑。

这里存在两个问题。第一，《刑法》第167条的犯罪主体是特殊主体，即“国有公司、企业、事业单位直接负责的主管人员”，与上述决定第7条的犯罪主体，即“金融机构、从事对外贸易经营活动的公司、企业的工作人员”，明显不同，这两条能够适用同一个罪名吗？第二，上述决定第7条与《刑法》第167条都有自己的罪状规定，如果在实践中出现了竞合，依据哪一条认定？因为二者的法定刑相同，无法适用“从一重处罚”原则来选择。所以应将上述第7条的“定罪”两字删除，将之修改为“……依照刑法第167条的规定处罚。”也即，只借用该条规定的法定刑。

（二）刑法与附属刑法

我国的附属刑法主要采取两种立法模式，其一是概括式，即在附属刑法规范

中仅概括地规定对某一种或某几种犯罪行为“依法处罚”或“依法追究刑事责任”，至于如何追究刑事责任，要依附刑法典或单行刑法的有关规定。这种方式在我国附属刑法规范中最为常见，例如，《价格法》第46条就价格工作人员的刑事责任，仅简单地规定：“价格工作人员泄露国家秘密、商业秘密以及滥用职权、徇私舞弊、玩忽职守、索贿受贿，构成犯罪的，依法追究刑事责任……”。其二是明示式，即在附属刑法规范中指出或者标出该条款所要依附的是哪一具体法律或者哪一法律中的哪一条款或者哪一罪名。例如，《国境卫生检疫法》第22条规定：“违反本法规定，引起检疫传染病传播或者有引起检疫传染病传播严重危险的，依照《中华人民共和国刑法》第178条的规定追究刑事责任。”

在概括式的立法模式中，由于附属刑法并不规定法定刑，所以如果刑法典中找不到与其行为相对应的罪名，就会造成对某些行为无法处罚的情况。由于我国现阶段立法节奏比较快，修法比较频繁，而且在立法技术上还存在缺陷，所以上述情况并不罕见。例如，《档案法》第24条规定，有下列行为之一的，根据情节轻重，给予行政处分；造成损失的，责令赔偿损失；构成犯罪的，依法追究刑事责任：①损毁、丢失属于国家所有的档案的；②擅自提供、抄录、公布、销毁属于国家所有的档案；③涂改、伪造档案的；④违反本法第16条、第17条规定，擅自出卖或者转让档案的；⑤倒卖档案牟利或者将档案卖给、赠送给外国人的；⑥违反本法第10条、第11条规定，不按规定归档或者不按期移交档案的；⑦明知所保存的档案面临危险而不采取措施，造成档案损失的；⑧档案工作人员玩忽职守，造成档案损失的。第25条规定，携运禁止出境的档案或者其复制件出境的，由海关予以没收，可以并处罚款；并将没收的档案或者其复制件移交档案行政管理部门；构成犯罪的，依法追究刑事责任。

对于第24条的规定，刑法分则中的照应性规定只有《刑法》第329条、第397条，根据第329条第1款的规定，抢夺、窃取国家所有的档案的，处5年以下有期徒刑或者拘役；根据该条第2款，违反档案法的规定，擅自出卖、转让国家所有的档案，情节严重的，处3年以下有期徒刑或者拘役。也即，上述《档案法》第24条规定的几种行为方式，根据刑法分则可以处刑的，仅有三种，即擅自出卖、转让国家所有档案与档案工作人员玩忽职守造成档案损失的行为，对于其他几种行为方式，分则中并无照应性规定。即使如有的观点所言，刑法中的许多罪名，都可用来保护某种档案信息，如隐匿、故意销毁会计凭证、会计账簿、财务会计报告罪，窃取、收买、非法提供信用卡信息资料罪，非法提供个人信息罪和非法获取个人信息罪等。[1] 但是，诸如擅自抄录国有档案，自己保存的行为还是无法处罚。

《档案法》第25条虽然规定了明确的罪状，即“携运禁止出境的档案或者其复制件出境”，但是并没有规定独立的法定刑，所以，对特定行为的处罚还是要依靠刑法分则的规定。那么，根据哪一条来处罚呢？显而易见，根据走私罪的相关规定是不行的，因为《刑法》第151条之下规定的走私犯罪都以特定的物品为犯罪对象，档案与档案复制件显然不在其范围内。根据《刑法》第398条的规定也行不通，因为该条在罪状中明确规定，“国家机关工作人员违反保守国家秘密法的规定”才适用该条。可以说，《档案法》第25条也是徒有罪状，而无法定刑，处于无法适用的状态。

再如，《证券法》第231条规定，“违反本法规定，构成犯罪的，依法追究刑事责任。”在该法第11章“法律责任”中，第188～229条规定了近40余种违法行为，而刑法分则进行了照应性规定的，仅有数种，例如，《证券法》第200条规定，证券交易所、证券公司、证券登记结算机构、证券服务机构的从业人员或者证券业协会的工作人员，故意提供虚假资料，隐匿、伪造、篡改或者毁损交易记录，诱骗投资者买卖证券的，撤销证券从业资格，并处以3万元以上10万元以下的罚款。《刑法》第181条第2款则进而对该种行为的刑事责任做了规定，即：证券交易所、证券公司的从业人员，证券业协会或者证券管理部门的工作人员，故意提供虚假信息或者伪造、变造、销毁交易记录，诱骗投资者买卖证券，造成严重后果的，处5年以下有期徒刑或者拘役，并处或者单处1万元以上10万元以下罚金；情节特别恶劣的，处5年以上10年以下有期徒刑，并处2万元以上20万元以下罚金。但是，对于更多地证券法中的违法行为，刑法分则并没有照应性规定，例如《证券法》第198条规定的聘任不具有任职资格、证券从业资格的人员的行为；第199条规定的法律、行政法规规定禁止参与股票交易的人员，直接或者以化名、借他人名义持有、买卖股票的行为，等等。

此外，我国刑事立法上还存在未及时修改附属刑法规范的问题。例如，自1987年5月1日开始施行的《国境卫生检疫法》第22条规定，“违反本法规定，引起检疫传染病传播或者有引起检疫传染病传播严重危险的，依照《中华人民共和国刑法》第178条的规定追究刑事责任。”这里的《中华人民共和国刑法》无疑是指1979年刑法，因为现行《刑法》第178条是关于伪造、编造有价证券的罚则。因为1997年刑法生效后，1979年刑法已经退出了历史舞台，上述第22条

---

〔1〕 参见黄丽勤：“论档案犯罪的对象”，载《档案与建设》2010年第8期。

的规定实际上已经失去意义，而立法机关并没有及时进行修法。

二、施行的时间

由于刑法典、刑法修正案、单行刑法与附属刑法颁布的时间不同，有时候还会产生生效时间的衔接问题。

关于法律生效的时间，刑法修正案与单行刑法通常采用如下两种方式：第一种方式为自公布之日起生效。例如全国人大常委会先后通过的前 7 个刑法修正案，在每次刑法修改和补充的法律文本的最后一条，立法机关都规定“本修正案自公布之日起施行”。第二种方式为明确规定法律生效的时间。例如 2011 年 2 月 25 日通过的《刑法修正案（八）》第 50 条规定，“本修正案自 2011 年 5 月 1 日起施行”。但是，包含附属刑法规范在内的经济立法、行政立法基本上都是采取第二种方式，例如，《价格法》公布于 1997 年 12 月 29 日，自 1998 年 5 月 1 日开始施行；《国境卫生检疫法》公布于 1986 年 12 月 2 日，自 1987 年 5 月 1 日开始施行；《证券法》修订于 2005 年 10 月 27 日，根据该法第 240 条之规定，自 2006 年 1 月 1 日起施行。

立法者对于一些比较重要的法律，在通过之后经过一段时间才生效，能够给公民留下熟悉和掌握法律的时间，从而有利于贯彻罪刑法定主义之法律不溯及既往的原则。当然，上述两种生效情形均符合罪刑法定原则，但相比之下，后一种情形更为合适。上述第一种立法表达存在着一些瑕疵，那就是立法机关在公布该修正案法律文件的时候，往往是在白天。由此导致的问题是，修正案对于公布之前，同一天所发生的事件和行为是否适用？如果按照现在许多法律规定的生效时间来看，公布那一天的事件和行为也应该适用该法律。但是，那一天由于法律的公布而被分成两部分：一部分是公布之前，一部分是公布之后。修正案对于公布之后的事件和行为当然可以适用。但是对于公布之前的事件和行为如果也可以适用的话，就违背了“法律不溯及既往”的精神，显然是不适宜的。[1]

在涉及到分则中违反“某某法”规定之际也会产生问题。例如，《刑法》第 398 条规定，“国家机关工作人员违反保守国家秘密法的规定，故意或者过失泄露国家秘密，情节严重的，处 3 年以下有期徒刑或者拘役；情节特别严重的，处 3 年以上 7 年以下有期徒刑。”如果刑法修正案或者单行刑法对本条予以修正，而且立即生效的话，普通公民可能一时难以适应，因为如果要正确理解这一条，不但要学习刑法分则的条文，还要翻阅保密法的规定，需要一定的时间与精力。如果保密法同时进行修改的话，则问题就会更加突出。因此，我们认为，为了更

---

〔1〕 郭泽强：“从立法技术层面看刑法修正案”，载《法学》2011 年第 4 期。

好地协调刑法典与附属刑法的实施，采纳第二种公布一段时间再生效的做法比较稳妥。

三、其他相关问题

（一）刑法与治安管理处罚法的协调

我国的《治安管理处罚法》虽然被视为行政立法，但从其性质上而言，该法其实类似于广义上的日本刑法中的《轻犯罪法》。既然刑法与《治安管理处罚法》性质不同，而且都具有处罚性质，当然会产生协调与衔接的问题。总体看，二者的协调性还比较好。但真如有学者所言，刑法规定了420余种犯罪行为，《治安管理处罚法》规定了238种违反治安管理的行为，所以两者在具体行为规定上并不是一一对应的关系。但是两法在扰乱公共秩序的行为，妨害公共安全的行为，侵犯人身权利、财产权利的行为，妨害社会管理的行为等方面实现了调整范围的有机衔接。即上述四大类行为尚未构成犯罪的，在《治安管理处罚法》中予以了规定，构成犯罪的在刑法中予以了规定。再如，在人身罚的处罚程度上两法实现了轻重衔接，使治安处罚更趋科学。根据《刑法》第42条，拘役的期限为1个月以上、6个月以下；根据《治安管理处罚法》第16条，行政拘留合并执行的期限最长不超过20日。如此，在行政处罚与刑事处罚之间拉开了合理区间，更趋科学。[1]

但不可讳言，刑法与《治安管理处罚法》的某些规定也存在冲突。比较刑法与《治安管理处罚法》的规定我们就会发现，后者所规定的大部分违法行为与犯罪行为非常类似，唯一的差异就在于违法的“质”的不同。所以，在司法实践中，经常出现一些刑法规定的犯罪行为与《治安管理处罚法》规定的违法行为相竞合的现象，如我国《刑法》第359条第1款规定：“引诱、容留、介绍他人卖淫的，处5年以下有期徒刑、拘役或者管制，并处罚金；情节严重的，处5年以上有期徒刑，并处罚金。”《刑法》第353条第1款规定：“引诱、教唆、欺骗他人吸食、注射毒品的，处3年以下有期徒刑、拘役或者管制，并处罚金；情节严重的，处3年以上7年以下有期徒刑，并处罚金。”根据上述规定，“引诱、容留、介绍卖淫罪”和“引诱、教唆、欺骗他人吸毒罪”都是行为犯，只要行为人完成了特定行为即构成犯罪既遂，也即上述行为一经完成，就具有了刑事违法性，换言之，不存在一般违法性的问题。但是，《治安管理处罚法》第67条却规定：“引诱、容留、介绍他人卖淫的，处10日以上15日以下拘留，可以

---

〔1〕参见彭凤莲、高雪梅：“《刑法》与《治安管理处罚法》的协调研究”，载《法学杂志》2009年第8期。

并处5000元以下罚款；情节较轻的，处5日以下拘留或者500元以下罚款。”第73条规定：“教唆、引诱、欺骗他人吸食、注射毒品的，处10日以上15日以下拘留，并处500元以上2000元以下罚款。”从另一方面而言，即是《治安管理处罚法》承认了“引诱、容留、介绍他人卖淫”和“引诱、教唆、欺骗他人吸食、注射毒品”行为的一般违法性，两者是矛盾的。对于类似的客观外在完全一致，而又同时出现在性质不同的立法中的行为如何定性的问题，尚需要立法机关完善立法技术，提高语言运用技巧，从根本上予以解决。当然，从一般意义讲，我们或可通过《刑法》第13条的犯罪定义及其“但书规定”，来界分上述类似行为在性质上究属触犯了刑律还是治安违法。但如此区分不免过于原则和抽象，有时难以解决问题，真正的解决之道，还在刑法与治安管理处罚法在相关条文表述上的区别性、明确性立法。

（二）刑法与其他法律的协调

鉴于刑法的二次法、补充法与保障法的性质，刑法的用语、入罪选择还应该与其他法律相协调。就此，刑事立法在许多方面还有待于改进。例如，《刑法》第313条规定：“对人民法院的判决、裁定有能力执行而拒不执行，情节严重的，处3年以下有期徒刑、拘役或者罚金。”最高人民法院《关于执行〈中华人民共和国刑法〉确定罪名的规定》将刑法第313条的罪名确定为“拒不执行法院判决、裁定罪”。就如有的观点所指出的，上述第313条的规定和最高人民法院司法解释的这一规定，与《民事诉讼法》、《行政诉讼法》的规定不一致，存在立法语言不统一、用词不准确的问题，应将“拒不执行法院判决、裁定罪”修改为“拒不履行法院判决、裁定罪”。首先，从现行《民事诉讼法》和《行政诉讼法》的规定看，适用的均是“履行”一词，而非“执行”一词。如《民事诉讼法》第111条规定，“拒不履行人民法院已经发生法律效力的判决、裁定的”，“可以对其主要负责人或者直接责任人予以罚款、拘留；构成犯罪的，依法追究刑事责任”；第236条规定：“发生法律效力的民事判决、裁定，当事人必须履行。一方面拒绝履行的，对方当事人可以向人民法院申请执行，也可以由审判员移送执行员执行。”《行政诉讼法》第65条第1款规定：“当事人必须履行人民法院发生法律效力的判决、裁定”。其次，现行《民事诉讼法》和《行政诉讼法》中“执行”一词的主体均为人民法院，“执行”一词的概念内涵体现为人民法院的司法活动，而不指当事人的行为，也不指其他个人的行为。如《民事诉讼法》第224条第1款规定：“发生法律效力的民事判决、裁定以及刑事判决、裁定中的财产部分，由第一审人民法院或者与第一审人民法院同级的被执行的财产所在地人民法院执行。”《行政诉讼法》第65条第2款规定，“公民、法人或其他组织拒绝履行法院判决、裁定的，行政机关可以向第一审人民法院申请强制执行”。从《刑法》第313条的规定看，该案中“执行”一词的主体不是指人民法院，而是指当事人或其他有协助履行义务的人。最后，《刑法》第313条所指的判决、裁定主要就是民事诉讼和行政诉讼中的人民法院作出的判决裁定，为确保相关联的不同部门法律之间的协调性和立法语言的统一性、严谨性，《刑法》第313条的立法语言应与《民事诉讼法》和《行政诉讼法》同一问题的立法语言相一致。[1]

刑法与其他立法不协调的情况，还体现在实践中，存在“无先而后”的入罪情况，即将在行政法规、民事法规中尚不存在的行为，刑法先行将其规定为刑事犯罪。例如有的学者已经指出，“根据《刑法修正案（五）》第1条之规定，‘窃取、收买或者非法提供他人信用卡信息资料的’构成‘窃取、收买、非法提供信用卡信息罪’。这意味着单纯的窃取、收买、非法提供信用卡信息的行为就构成该罪。这里且不论这些行为现实的和引发的社会危害性是什么和有多大，是否具有应受刑罚惩罚性，仅就‘立罪至后’的逻辑规则而言，对其立罪是欠妥的。因为2005年2月刑法对其入罪，但对于窃取、收买、非法提供信用卡信息的行为，作为我国信用卡管理的主要规范性文件《信用卡业务管理办法》（1996年中国人民银行制定）和其他非刑事法律中，均未设定其民事或行政法律责任。至多根据《民法通则》追究其‘私法’上的民事法律责任，但无从追究其‘公法’上的行政法律责任。”[2]这样的入罪模式与刑法的谦抑性原则与补充性原则不相符合。

（三）立法与罪名

虽然早在1997年刑法修订以前，有不少学者基于对罪名—罪状式、罪名—定义式、混合式以及潜在式4种罪名立法模式的分析，认为具体犯罪条文应标明罪名，建议刑法修订时在条文中明定罪名。[3] 但目前，我国立法上仍然将罪名的确立交予司法机关，结果常常要等到相当长一段时间后，最高人民法院、最高人民检察院才能出台统一罪名的司法解释。例如，《刑法修正案（六）》于2006年6月29日颁布，而最高人民法院、最高人民检察院《关于执行〈中华人民共和国刑法〉确定罪名的补充规定（三）》于2007年10月25日才公布，罪状与罪

---

〔1〕 参见王长江：“论立法语言的统一性——兼论《刑法》第313条的修改”，载《商丘师范学院学报》2009年第7期。

〔2〕 胡启忠：“金融刑法立罪逻辑论——以金融刑法修正为例”，载《中国法学》2009年第6期。

〔3〕 参见郭泽强：“从立法技术层面看刑法修正案”，载《法学》2011年第4期。

名脱节近1年零4个月。但是，由于刑法修正案自公布之日起即施行，罪名与罪状适用并不存在缓冲期，在罪名补充规定出台前，对于《刑法修正案（六）》中的新设罪状与重大修改罪状，司法实践中普遍存在罪名确定不统一的问题。例如，《刑法》原第312条窝藏、转移、收购、销售赃物罪属于常用罪名，《刑法修正案（六）》第19条就对象要件与行为要件进行重要修改之后，在公安机关移送审查起诉、检察机关提起公诉、审判机关定罪量刑等环节就出现了罪名适用上的混乱，在较长时间未能得到有效解决。[1]

---

〔1〕 陈庆彬、胡敏佳："罪状与罪名应同时施行"，载《检察日报》2008年4月21日。

第十一章

犯罪主体的立法检视

根据目前占通说地位的犯罪客体、客观方面、主观方面与犯罪主体的四要件犯罪构成理论，犯罪主体是某一行为构成犯罪的必备要件。现行刑法规定的犯罪主体，包括单位主体与自然人主体。由于我国正处于社会转型时期，政治体制改革尚未展开，经济体制改革也不彻底，而且企业所有制比较复杂，所以与国外立法中的犯罪主体相比较，我国刑法中的犯罪主体比较复杂。本章的目的，就在于对现行立法中的单位主体与自然人主体的构成进行分析，并提出合理化建议。

第一节 单 位

在20世纪50至70年代，因为如下两个原因，我国的刑事立法并没有将单位规定为犯罪主体，刑法理论对单位犯罪也是持否定态度。其一，当时我国实行的是严格的计划体制，在这一体制之下，单位既没有实施犯罪的客观环境，也没有追求经济利益的犯罪动机；其二，当时的中国刑法理论，几乎是全盘照搬了以个人责任与道义责任为基础的前苏联刑法理论，[1] 单位犯罪没有存在的余地。但是自20世纪80年代初开始，在改革开放政策的影响下，中国开始从计划经济体制向市场经济体制转变，国有企业、集体企业通过以“权力下放，利益下放”为中心的体制改革，成为了可以追求自身利润的独立经济实体。与此同时，在公有企业之外，合资企业、合伙企业等各种形式的经济组织走上了历史舞台。在利益的驱动下，单位违法行为开始出现，并很快呈蔓延之势。为了发挥刑罚在惩罚、预防企业违法行为方面的作用，支持单位刑事责任的学者逐渐增多，并最终

〔1〕 张文、何慧新：“中国刑法学二十世纪的回顾、反思与展望”，载《当代法学》1999年第1期。

促使单位犯罪进入了立法。目前，关于单位能否构成犯罪主体这一问题，反对的声音几不可闻。[1] 但是，关于单位犯罪主体的范围与单位刑事责任的范围仍然存在较大的争议。

一、单位犯罪主体的范围

根据现行《刑法》第30条“公司、企业、事业单位、机关、团体实施的危害社会的行为，法律规定为单位犯罪的，应当负刑事责任”之规定，单位包括“公司、企业、事业单位、机关、团体，”对于公司、企业、事业单位以及团体能够构成犯罪主体，学术界与实务界都没有争议，但是就国家机关是否能够构成犯罪主体，[2] 存在否定论与肯定论两种对立的观点。

（一）否定论的论据

否定论的论据可以概括如下：

1. 追究国家机关的刑事责任缺少理论依据，因为“西方学者论述的法人的本质，都是就公司、企业而言的，所以西方国家刑法规定法人犯罪，仅限于公司、企业犯罪，而不包括国家机关。我国规定国家机关为单位犯罪的主体，既无西方国家的理论可以借鉴，事前在学理上也未很好地进行研究，因而可以说我国刑法的这一规定缺乏理论根据。”[3]

2. 关于国家机关刑事责任的规定在实务中并没有得到执行，“司法实践中常常否定国家机关的刑事责任：不仅前些年丹东、烟台、海南汽车走私案未追究国家机关的刑事责任，2006年7月新疆乌鲁木齐铁路运输中级人民法院（简称乌铁中院）受贿案也未追究法院的刑事责任。……国家机关可以构成单位犯罪的规定一直未予实际执行的事实，说明它的妥当性值得认真考虑。”[4]

3. 国家机关不能承受刑事制裁的结果。因为“国家机关则不同，机关的任务是使国家机器正常运转，维护人民的根本利益，对机关进行经济处罚，只能损害机关行使职能的能力，最终损害国家和人民自身的利益，因此，必然迫使国家

---

〔1〕 当然，也有学者从宪政等新的角度对单位犯罪提出了新的质疑。参见朱建华：“单位犯罪主体之质疑”，载《现代法学》2008年第1期。

〔2〕 应该指出的是，有的观点认为，此处的“机关”广义上包括国家的行政机关、立法机关、司法机关、军队、政党等，但中央国家立法、司法等机关不可能成为单位犯罪主体，所以“机关”应作狭义理解，仅应指地方国家行政机关。我们认为，在立法没有明确限定的情况下，此处的国家机关应根据宪法第三章的规定理解，指以国家预算拨款作为独立活动经费，从事国家管理和行使权力等公共事务管理活动的中央和地方的各级组织。包括国家政权机关，还有如国家权力机关、国家行政机关、国家审判机关、国家检察机关、国家军事机关等。

〔3〕 马克昌：“‘机关’不宜规定为单位犯罪的主体”，载《人民检察》2007年第21期。

〔4〕 马克昌：“‘机关’不宜规定为单位犯罪的主体”，载《人民检察》2007年第21期。

追加对机关的经费支出，这无异于国家把金钱从这个口袋装入另一个口袋，没有实际意义，也达不到惩罚教育的目的，而且有损于国家机关的威信。”〔1〕

4. 国外的立法也没有相似规定。“从国外的立法来看，英、美无国家机关犯罪的规定；德国不承认法人犯罪；法国虽然承认法人犯罪，但是明确规定国家机关不可能构成犯罪；日本在行政刑法中规定了法人犯罪，但也没有国家机关犯罪的规定。从法理上讲，国家行政权平行于司法权，两权不能互相干预。司法机关宣布行政机关构成犯罪，实际上就是干预行政权的表现。”〔2〕

5. 将国家机关规定为犯罪主体，可能引起宪政上的难题。“根据宪法和相关法律的规定，相应的最高国家机关对外代表国家，对内行使最高国家权力，管理国家事务，行使国家司法权等。让他们成为犯罪主体并承担刑事责任，与其所承担的角色完全不相符，也会使相应的国家机关和人民群众都处于极其尴尬的境地。即使是地方国家机关成为犯罪主体，也是极其荒谬的，某个地方的人民可以处于被自己的国家所认定为犯罪的人的行政管理、司法管制之下吗？犯罪人可以管理普通公民吗？犯罪人如何以及应否行使国家权力？这是否会产生严重的宪政悖谬？这一系列问题，必将使单位特别是国家机关作为犯罪主体的刑法规定产生逻辑上、宪政上的难题。”〔3〕

（二）肯定论的论据

针对上述否定论的论据，肯定论者根据以下论据进行了反驳。

1. 国家机关具备单位犯罪主体的所有特征。“作为犯罪主体的单位必须具有以下四个基本特征：①合法性，即单位必须是依照法律、法规设立，取得法律主体资格的社会组织；②组织性，即单位作为一种社会组织，必须由相当数量的基本固定的工作人员组成，具有一定的组织机构；③有一定的经费和财产，这不仅是单位开展社会活动的物质基础，也是单位履行法定义务的物质保证；④有一定的独立性，即在一定的范围内能够以自己组织的名义独立地进行社会活动，并独立地享有权利、承担义务。……按照我国民法通则的规定，我国国家机关具有法人地位，具有以下特征：①依法设立，即依照有关法律、法规的规定或者行政命令，经过合法的程序设立；②根据国家编制，有本机关的工作人员；③拥有国家拨款作为独立的经费；④根据法律规定，行使国家权力和从事实现国家职能的活

〔1〕 左振杰：“论国家机关不能成为犯罪主体”，载《西安社会科学（哲学社会科学版）》2008 年第 4 期。

〔2〕 贾凌、曾粤兴：“国家机关不应成为单位犯罪的主体”，载《法学》2002 年第 11 期。

〔3〕 朱建华：“单位犯罪主体之质疑”，载《现代法学》2008 年第 1 期。

动。由此可以看出，我国国家机关具备单位犯罪主体所必须具备的特征——合法性、组织性、独立性和具有一定的经费和财产，能够成为单位犯罪的主体。”[1]

2. 在理论上，“一方面，机关并不总是能正确行使国家职能，当地方主义、本位主义作祟时，机关活动就可能脱离其正常轨道而违法犯罪；另一方面，市场经济大潮下，机关一旦抵制不住诱惑而难守清贫时，其所掌握的权力更为其非法牟利提供直接便利，从而构成违法犯罪。”[2]

3. 在实践中，“总体而言，虽然机关实施单位犯罪的可能性不高，但是客观上仍然存在着实施单位犯罪的可能性。即便司法实务中只出现少量的机关犯罪，法律规定机关作为单位犯罪的主体也是有必要的。而且，惩罚少量的机关犯罪有利于警醒机关、促进机关自律。”[3]

（三）本书立场

我们认为，国家机关能够构成单位犯罪的主体。在上述肯定论论据的基础上，我们还认为，首先，将国家机关规定为犯罪主体，也是大多数国外立法的选择。在英美国家，虽然在普通法上，只有法人才能构成犯罪主体，但是在制定法上，许多立法都明确规定国家机关、各类协会等构成犯罪主体。例如英国2007年开始实施的《企业过失致人死亡罪法》（Corporate Manslaughter and Corporate Homicide Act 2007），明确规定公司、协会、行政机构，甚至皇家组织都可以实施该法规定的犯罪。[4] 法国在1994年开始实施的新刑法典第121-2条规定，除了国家以外，法人可以实施犯罪。这里的“法人”，既包括公司、协会等私法法人，也包括公法法人，即国家以外的地方共同团体。而且，在1997年出现过市政府因为管理河流不善，导致郊游儿童溺亡而被追究刑事责任的判例。[5] 日本行政刑法中的法人处罚，也并没有将公共法人排除在外。

其次，关于有观点提出的宪政难题，我们认为，的确，根据宪法的规定，国家机关必须依法行使职能，从事管理工作。但一方面，宪法并没有明确规定不得将国家机关规定为犯罪主体。另一方面，宪法也对国有企业（第16条）、学校（第19条）等做了规定，无疑这些机构也必须依法办事。如果将国家机关规定为犯罪主体会带来宪政上的难题，那么将国有企业、学校等规定为犯罪主体，同样

〔1〕郭建华：“国家机关应该成为犯罪主体”，载《宜宾学院学报》2008年第2期。

〔2〕张目：“单位犯罪的理论与实务”，载《中国刑事法杂志》1998年第2期。

〔3〕王良顺：《单位犯罪论》，中国人民公安大学出版社2008年版，第14页。

〔4〕参见英国司法部官方网站，http：//www.justice.gov.uk/publications/corporatemanslaughter2007.htm.

〔5〕参见冈上雅美译：“法国法人刑事责任的展开”，载《企业与法创造》2007年第4期。

会带来宪政上的难题。如果我们不能接受一个犯罪人管理我们的事实，难道就能接受一个犯罪人管理我们的财产、给我们提供教育的事实吗？此外，我国的工会、妇联、行业协会等团体，在实质上也承担了部分管理职能，如果认为否定国家机关的犯罪主体资格，也就应该否定这些团体的犯罪主体资格。而关于国有企业、学校、社会团体等单位能够构成单位犯罪的主体，目前几乎没有争议。

所以，“既然刑法规定了单位可以成为犯罪的行为主体，事实上国家机关也完全可以实施部分犯罪，故没有理由将国家机关排除在单位犯罪的行为主体之外。”〔1〕但是应当指出的是，根据现行宪法与刑法规定，代表国家最高权力机关的全国人大、代表国家的国家主席以及作为中央政府的国务院当然可以构成单位犯罪的主体，但是追究全国人大、国家主席或者国务院的刑事责任，就等于追究国家的刑事责任。而国家刑事责任，在国际法以及外国立法中都是不存在的，如上述法国的立法明确否定了国家的刑事责任，在英美国家也没有追究国家刑事责任的制定法。而且，追究可以代表国家的机关的刑事责任，会带来许多国际法上的问题，例如，国家可以对内承担刑事责任，对外是不是也可以承担刑事责任？所以，我们建议，立法机关应该在《刑法》第 30 条中增加 1 款，明确规定代表国家的各类机构不能成立为单位犯罪的主体。

二、单位刑事责任的范围

（一）立法现状

现行刑法对单位犯罪的规定采用的是总则—分则式，即在总则中规定单位犯罪与处罚的一般原则，在分则中详细列举单位犯罪罪名。仔细分析可以发现，我国单位犯罪的罪名范围，大致上采纳了将之限定于行政犯的立场。据统计，虽然 1997 刑法的分则部分在除第十章军人违反职责罪之外的九章都规定了单位犯罪，共计 140 余个罪名，〔2〕但是绝大部分都集中在破坏经济秩序、妨害社会管理以及危害公共安全的犯罪中，其中第三章破坏社会主义市场经济秩序罪共有 80 多个单位犯罪罪名，约占总数的 59%，第六章妨害社会管理秩序罪共 30 多个单位

〔1〕张明楷：《刑法学》（第 3 版），法律出版社 2007 年版，第 133 页。

〔2〕因为就某些罪名是否是单位犯罪存在争议，如有的学者认为，《刑法》第 135、137、138 条与第 139 条，以及第 244、250 条规定的罪名不是单位犯罪，所以就 1997 年刑法中单位犯罪的罪名数量存在争议。参见冯军：“新刑法中的单位犯罪”，载高铭暄、赵秉志主编：《中日经济犯罪比较研究》，法律出版社 2005 年版，第 22 页。但是，从《刑法》第 31 条“单位犯罪的，对单位判处罚金，并对其直接负责的主管人员和其他直接责任人员判处刑罚”的文本出发，可以得出凡是出现“直接负责的主管人员和其他直接责任人员”用语的条文，其规定的都是单位犯罪的合理结论，当然有的条文采取了仅处罚个人的单罚制。因此，本书将有的学者不认为是单位犯罪的罪名，例如第 137 条等规定过失犯罪也纳入了统计之中。

犯罪罪名，约占26%，第二章危害公共安全罪中的单位犯罪罪名，约占6%，上述三章共有120多个罪名，约占总数的90%多，剩余六章仅有10余个单位犯罪罪名，仅占约9%。

但是，立法机关与司法机关都没有明确划分单位犯罪与非单位犯罪的标准，或者可以说，在修定刑法之际就如何划分单位犯罪与非单位犯罪并不存在任何标准。例如，根据1997年《刑法》第200条的规定，[1] 单位可以实施第192条规定的非法集资罪、第194条规定的票据诈骗罪与金融凭证诈骗罪以及第195条规定的信用证诈骗罪，那么，为什么单位不能实施贷款诈骗罪（第193条）与有价证券诈骗罪（第197条），这两个罪名与上述三个单位犯罪的罪名同样规定在第三章第五节“金融诈骗罪”中，侵犯的客体相同，主观方面都是故意，客观方面也都是采取欺诈的方法骗取金融机构，为什么立法机关没有将其纳入单位犯罪的范围?

此外，回顾1997年之后的特别刑法与刑法修正案，我们就会发现，立法机关一直根据现实的规制需要，逐步扩大单位犯罪的范围，在已经通过的1部单行刑法与8部刑法修正案中，除《刑法修正案（二）》与《刑法修正案（五）》外，其余6部法案都增加了新的单位犯罪的罪名，但是新增加的单位犯罪罪名表明，立法机关仍然是将单位犯罪主要限制在破坏经济秩序、妨害社会管理以及危害公共安全的犯罪范围内，而且仍然没有明确划分单位犯罪与非单位犯罪的标准。

虽然立法机关在不断的扩大单位犯罪的范围，但是仍然不能满足实践需要。例如，2005年修定后的《公司法》在第58条第2款规定了一人有限责任公司，即只有一个自然人股东或者一个法人股东的有限责任公司，由于现行刑法单位犯罪的范围有限，而且许多单位犯罪中的个人法定刑明显要轻于自然人犯罪的法定刑，因此在实践中出现了通过成立公司，在开展公司业务的过程中，实施某些单位不能成为主体的犯罪的情形。为了有效地控制此类案件，防止个人规避法律，有的论者提出可以考虑将“公司法人人格否认论”适用于一人公司犯罪，即通

---

〔1〕 根据《刑法修正案（八）》第31条的规定，单位犯第192、194、195条规定之罪的，对单位判处罚金，并对其直接负责的主管人员和其他直接责任人员，处5年以下有期徒刑或者拘役，可以并处罚金；数额巨大或者有其他严重情节的，处5年以上10年以下有期徒刑，并处罚金；数额特别巨大或者有其他特别严重情节的，处10年以上有期徒刑或者无期徒刑，并处罚金。

过否认一人公司的法人人格，将一人公司犯罪作为个人犯罪处罚。[1]针对实践中的困境与问题，突破现在"头痛医头，脚痛医脚"的立法思路，就单位犯罪的范围进行前瞻性立法是必然的选择。那么，如何突破目前立法的立法思路，合理扩大单位犯罪的范围？

（二）限制论与无限论

就此问题，在理论界目前存在限制论与非限制论两种对立的主张。所谓限制论，指在承认扩大现行刑法规定的单位犯罪的范围的同时，主张对其进行一定的限制。在限制论的内部，根据扩张范围的不同，大致又可以区分出两种观点。第一种观点认为，应该扩大现有的单位犯罪的范围，但应该排除核心的自然犯与过失犯。如将《刑法》第286条规定的破坏计算机信息系统罪、第193条规定的贷款诈骗罪增补为单位犯罪。但是，应该将单位犯罪限定在生产、流通和行政、社会管理领域。因为单位犯罪的特性在于，单位犯罪总是单位代表人在形式上强加给单位的犯罪，只有可能在形式上强加给单位的犯罪才应该作为单位犯罪来对待。从单位犯罪的这一特性出发，有两类犯罪不应该作为单位犯罪处理：其一是具有自我明证性的犯罪，即已经明显表现出它们只能由自然人实施的犯罪，例如杀人、强奸、抢劫以及盗窃；其二是过失犯罪，因为过失犯罪不可能是为单位谋利而实施的，1997年刑法中没有规定单位过失犯罪，在未来的刑法修正案中也不应该规定单位过失犯罪。[2]

第二种观点认为，在确定单位犯罪范围之际应该考虑两个基本因素，一个是单位犯罪能力的范围，因为单位虽然具有犯罪能力，但是其毕竟不同于自然人犯罪主体，只具有部分犯罪能力；另一个是保护法益的需要，当只有将某种犯罪规定为单位犯罪，才能有效地保护法律上的利益时，才有必要将某种犯罪规定为单位犯罪，否则，某种犯罪就没有列入单位犯罪成立范围的需要。基于以上两点，现行立法规定的单位犯罪的范围应该在以下犯罪上予以扩展：①将单位犯罪拓宽到大部分的侵犯财产罪上，盗窃罪、诈骗罪、侵占罪都应当纳入到单位犯罪的成

---

〔1〕 所谓公司法人人格否认，指为阻止公司法人人格的滥用和保护公司债权人利益以及社会公共利益，就具体法律关系中的特定事实，否认公司与其背后的股东各自的人格及股东的有限责任。责令公司的股东（包括自然人股东与法人股东）对公司债权人或公共利益直接负责。应当指出的是，公司人格否认并不是对公司独立人格的彻底否认，而只是在特定的情形下无视公司的独立人格。可参见王剑波、郭慧："公司法人人格否认视野下的一人公司犯罪分析"，载《云南大学学报（法学版）》2007年第6期；谢杰、吕继东："一人公司犯罪主体论"，载《上海公安高等专科学校学报》2006年第6期。

〔2〕 参见冯军："新刑法中的单位犯罪"，载高铭暄、赵秉志主编：《中日经济犯罪比较研究》，法律出版社2005年版，第108～109页。

立范围内；②扩大破坏社会主义市场经济秩序罪、妨害社会管理秩序罪中的单位犯罪的成立范围，将伪造货币罪、持有、使用假币罪以及贷款诈骗罪等增补规定为可由单位构成犯罪；③在妨害社会管理秩序罪中，除了第一节和第二节，其余七节的大部分都应当列入单位犯罪的范围。[1] 可以看出，第二种观点并没有明确否认单位过失犯罪，而且认为可以将盗窃、诈骗等传统上视为自然犯的罪名纳入单位犯罪的范围。

与上述两种限制论的观点不同的是，非限制论观点主张无限扩大单位犯罪的范围，即凡是自然人能够实施的犯罪，单位都有可能实施。[2] 因为既然立法将单位规定为与自然人并列的犯罪的主体，就表明单位与自然人具有相同的犯罪能力，除了身份犯等特殊情况下，应该认为单位能够实施刑法规定的所有犯罪。

（三）本书立场

从当前国外立法机关的立场看，在理论上，无论是否定法人犯罪（如德国）还是肯定法人犯罪（如法国），都有充分的理由。所以，应该基于现行立法与司法实务来确定单位犯罪的范围。我们认为，上述无限论是妥当的。首先，在立法上，上述《刑法》第30条“公司、企业、事业单位、机关、团体实施的危害社会的行为……”的用语表明，立法是承认单位的犯罪能力的，而且并没有为这一能力规定其他限制，同条中的“法律规定为单位犯罪的”的部分，是对处罚范围的限制，即从单位能够实施的危害社会行为中，选择出一部分进行处罚。就上述“单位虽然具有犯罪能力，但是其毕竟不同于自然人犯罪主体，只具有部分犯罪能力”的主张，我们认为，该主张一方面，并没有回答单位犯罪主体与自然犯罪主体的犯罪能力有什么不同的问题，另一方面，也没有指出确定这种不同的标准。

其次，在司法实务中，司法机关从20世纪90年代中期就已经开始根据盗窃罪这一传统上被认为是自然犯的罪名处罚单位。根据最高人民检察院1996年1月公布的《关于单位盗窃行为如何处理问题的批复》：“单位组织实施盗窃，获取财物归单位所有，数额巨大、影响恶劣的，应对其直接负责的主管人员和其他主要的直接责任人员按盗窃罪依法批捕、起诉。”在1997年之后，鉴于上述司法解释被废止，最高人民检察院于2002年7月公布了《关于单位有关人员组织实施盗窃行为如何适用法律问题的批复》，重申了上述司法解释的主旨，即“单位有关人员为谋取单位利益组织实施盗窃行为，情节严重的，应当依照刑法第264

---

〔1〕 参见王良顺：《单位犯罪论》，中国人民公安大学出版社2008年版，第257页。

〔2〕 参见黎宏：《单位刑事责任论》，清华大学出版社2001年版，第226页。

条的规定以盗窃罪追究直接责任人员的刑事责任。”从这两个司法解释来看，司法机关无疑是认为单位是可以实施盗窃罪自然犯的，只是因为刑法并没有将盗窃罪规定为单位犯罪，所以仅处罚参与犯罪行为的直接负责的主管人员与直接责任人员。在实践中，检察机关对于具体案件也是如此处理的。[1]

基于以上论述，我们建议：第一，在刑法总则部分，删除第30条中的“法律规定为单位犯罪的”这一特别原则限制，将第30条修改为：“公司、企业、事业单位、机关、团体实施的危害社会的行为，应当负刑事责任。”第31条是单位犯罪的处罚原则，可不做改动。第二，在分则部分，鉴于在大多数场合，“单位犯前款罪的，……”是“法律规定为单位犯罪的”这一特别原则在分则中的相应体现，所以我们建议删除分则中的此类规定。对于分则中的其他特殊规定，无需进行改动。例如，第9章渎职罪中的罪名，立法明确规定只有具备特殊身份才能实施，当然不能认为可以实施上述罪名。但是，从共犯理论而言，单位可以构成这些罪名的共犯。

第二节　国家工作人员

自然人犯罪主体，指达到刑事责任年龄（相对或者绝对年龄），具有刑事责任能力的自然人。刑法分则规定某些犯罪，以自然人是否具备特殊身份为构成要件（如分则第382条中的国家工作人员，第247条中的司法工作人员）或加重、减轻处罚（如分则第243条中的国家机关工作人员），前者被称为构成的身份犯或者真正的身份犯，后者被称为加减的身份犯或者不真正的身份犯。

这里所谓的特殊身份，包括可能终身具有的身份，也包括在特定时期内或者临时具有的身份，包括因为出生等自然原因形成的身份，如男性女性，亲属关系，也包括因为事实关系或者法律关系形成的身份，如证人、犯罪人等。因为我国特殊的“一党执政、多党参政”的政党制度、不完备的公务员制度以及从计划经济体制向市场经济体制的转变过程中的许多遗留问题仍然存在，所以在特殊身份之中，最为复杂的就是国家工作人员这一身份的认定，也即，如何划定国家工作人员的范围的问题。

---

〔1〕 参见徐汉明等：“以单位名义、为单位利益实施盗窃是否构成犯罪”，载《人民检察》2006年第7期。

一、国家工作人员的认定标准

（一）理论争议

目前，就如何确定国家工作人员，在理论界存在如下几种学说的争议。

1. 财产说。该说认为，在经济和渎职犯罪的认定中，区分行为人的行为是渎职犯罪还是普通刑事犯罪，主要看行为人侵犯的是国有财产还是非国有财产。[1]

2. 单位性质说。该说认为，如果所在单位是国有单位，该工作人员显然就是国家工作人员，否则就不是国家工作人员。[2]

3. 身份说。认为国家工作人员的犯罪是一种职务犯罪，所以，国家工作人员应当具有国家工作人员或以国家工作人员论的资格身份。这是其从事公务的前提。[3]

4. 公务说。该说主张，一个人无论具有何种身份，只要他被聘任从事管理工作，他就是在从事公务，从事公务是国家工作人员的本质特征，在实践中应当从这个本质特征出发来界定国家工作人员的范围。该说也被称为“职能论”或者“职责说”。[4]

5. 折衷说。该说认为，认为界定国家工作人员的标准应是身份和公务的有机统一。即首先，刑法中的国家工作人员具有一定的资格身份，如果行为人不具有国家工作人员或以国家工作人员论的“身份”，从事公务便无从说起。其次，必须是依法从事公务。所谓依法从事公务，包括两方面的含义：一是国家工作人员的职务身份是依法取得的；二是从事公务应依法进行。[5]

（二）本书立场

我们认为，在当前经济体制与企业所有制改革不彻底，机关、事业单位、企业之间的关系说不清理还乱的情况下，财产说或者单位性质说，在特定的范围内可能是可行的，但是无法作为一个普遍的认定国家工作人员的标准发挥作用，因为它们可能会不当地限制刑法的处罚范围，无法发挥刑罚的惩罚与预防功能。身份说曾经一度获得学界与实务界的支持，例如最高人民检察院在1995年的《关

〔1〕参见刘良、王明辉：“论国家工作人员范围认定中的‘依法从事公务’”，载高铭暄、马克昌主编：《刑法热点疑难问题探讨》（下册），中国人民公安大学出版社2002年版，第866页。

〔2〕参见孙裕芳：“浅评立法、司法对国家工作人员的界定”，载《上海检察调研》2000年第7期。

〔3〕参见赵秉志等：“论国家工作人员范围的界定”，载《法律科学》1999年第5期。

〔4〕参见敬大力：《刑法修订要论》，法律出版社1997年版，第142页。

〔5〕参见胡云鹏：“刑法中‘国家工作人员’的范围界定”，载《山东行政学院山东省经济管理干部学院学报》2009年第3期。

于办理公司、企业人员受贿、侵占和挪用公司、企业资金犯罪案件适用法律的几个问题的通知》中规定，根据全国人大常委会《关于惩治违反公司法的犯罪的决定》第 12 条的规定，国家工作人员犯《决定》第 9～11 条规定之罪的，依照《全国人大常委会关于惩治贪污罪贿赂罪的补充规定》以及最高人民法院、最高人民检察院《关于执行〈关于惩治贪污罪贿赂罪的补充规定〉若干问题的解答》的有关规定追究刑事责任。所谓“国家工作人员”是指：①国家机关工作人员，即在国家各级权力机关、各级行政机关、各级司法机关和军队工作的人员；②在国家各类事业机构中工作的人员；③国有企业中的管理工作人员；④公司、企业中由政府主管部门任命或者委派的管理人员；⑤国有企业委派到参股、合营公司、企业中行使管理职能的人员；⑥其他依法从事公务的人员。这一解释可以说基本上是采纳了身份说的立场。

但是，在 1997 年修订刑法之后，立法机关与司法机关显然是转向了公务说的立场。首先，《刑法》第 93 条规定，“本法所称国家工作人员，是指国家机关中从事公务的人员。国有公司、企业、事业单位、人民团体中从事公务的人员和国家机关、国有公司、企业、事业单位委派到非国有公司、企业、事业单位、社会团体从事公务的人员，以及其他依照法律从事公务的人员，以国家工作人员论。”指明了应当根据是否从事公务，来确定国家工作人员的身份。

其次，全国人大常委会在 2002 年公布的《关于〈中华人民共和国刑法〉第九章渎职罪主体适用问题的解释》明确规定，“在依照法律、法规规定行使国家行政管理职权的组织中从事公务的人员，或者在受国家机关委托代表国家机关行使职权的组织中从事公务的人员，或者虽未列入国家机关人员编制但在国家机关中从事公务的人员，在代表国家机关行使职权时，有渎职行为，构成犯罪的，依照刑法关于渎职罪的规定追究刑事责任，”这明显是立足于公务说的立场。

再次，最高人民检察院在 2002 年 2 月 25 日颁布的《关于废止部分司法解释和规范性文件的决定》中废止了《关于办理公司、企业人员受贿、侵占和挪用公司、企业资金犯罪案件适用法律的几个问题的通知》，同时在《关于企业事业单位的公安机构在机构改革过程中其工作人员能否构成渎职侵权犯罪主体问题的批复》中明确指出，“企业事业单位的公安机构在机构改革过程中虽尚未列入公安机关建制，其工作人员在行使侦查职责时，实施渎职侵权行为的，可以成为渎职侵权犯罪的主体，”这显然是采纳了职责说或者公务说的观点。

最后，上述立法机关与检察机关的立场也得到了最高人民法院的确认，例如最高人民法院在 2003 年 11 月 13 日《全国法院审理经济犯罪案件工作座谈会纪要》第 1 条第 4 项中指出，“从事公务，是指代表国家机关、国有公司、企业、事业单位、人民团体等履行组织、领导、监督、管理等职责。公务主要表现为与职权相联系的公共事务以及监督、管理国有财产的职务活动。”

所以，本书认为在当前的情况下，根据公务说认定国家工作人员的范围是妥当的，即所谓国家工作人员，指依据法律从事公务者。这里的法律，指广义的法律，而不限于狭义的法律，依照法律实质上就是依法的含义；它是指行为人的任用、地位、职务、公务行为等具有法律上的根据。“从事公务”指从事国家机关、公共机构或者其他法定的公共团体的事务。公务关系到多数人或者不特定人的利益，所以，仅与特定个人或者少数人相关的事务，不叫公务；公务是由国家机关或者其他法定的公共机构或者公共团体（如国有企业、事业单位、人民团体等）组织或者安排的事务，显然，公民自发从事的公益性活动，不属公务；公务不必是权力关系的事务，因而劳务不是其对立概念，虽然公务一般表现为裁量性、判断性、决定性事务，但也不能一概将机械性、体力性的活动排斥在公务之外。[1]

二、国家工作人员的具体范围

根据现行立法、立法解释、司法解释与上述公务说标准，可以认为刑法中的“国家工作人员”包括：

（一）国家机关工作人员

这里的国家机关，根据《宪法》第3章的规定，指各级权力机关（从全国人大到乡镇人大），各级政府（从国务院到乡镇人民政府，包括行政机关的派出机关——地区行政公署、区公所和街道办事处），各级民族自治机构，各级检察机关（从最高人民检察院到区县人民检察院、军事检察院等专门人民检察院），各级审判机关（从最高人民法院到区县人民法院、军事法院等专门人民法院），国家主席，中央军事委员会。但是根据立法与司法解释，这里的“国家机关工作人员”却不仅仅限于在上述机关工作的正式工作人员，根据上述全国人大常委会《关于〈中华人民共和国刑法〉第九章渎职罪主体适用问题的解释》，在依照法律、法规规定行使国家行政管理职权的组织中从事公务的人员，或者在受国家机关委托代表国家机关行使职权的组织中从事公务的人员，或者虽未列入国家机关人员编制但在国家机关中从事公务的人员，在代表国家机关行使职权时，也属于国家机关工作人员的范围。

（二）在国有公司、企业、事业单位、人民团体中从事公务的人员

首先，就这里的国有公司、企业单位，我们同意以下观点，即：一般认为，

---

〔1〕 张明楷：《刑法学》（第3版），法律出版社2007年版，第129页。

国有独资公司、企业和国有控股公司、企业都是国有公司、企业。国有控股公司、企业，又分为绝对控股（出资比例占全部出资额的51%以上）公司、企业；相对控股（出资比例占全部出资额的30%以上50%以下）公司、企业。应该说，相对控股公司、企业不宜再称为国有公司、企业。因为在全部出资额中，非国有资本比例高于国有资本，再称“国有”，起码是不准确的。将相对控股公司、企业视为非国有性质的公司、企业，也不会使代表国有资本出资人的管理人员逃避制裁，他们仍然是国家工作人员，可以成为本罪主体。因为，根据《刑法》第93条的规定，国有公司、企业委派到非国有公司、企业从事公务的人员也是国家工作人员。[1]

其次，国有事业单位中工作人员。长期以来，国有事业单位工作人员一直被视为国家工作人员，所以其中从事公务的人员始终被视为是国家工作人员。在国有事业单位外，还有日益增多的集体事业单位，如农村卫生院、村办中小学等。但是，由集体出资或私人出资设立私营或民营（实为私有）的事业单位，如私营科研机构、民办中小学、图书馆、博物馆等，其工作人员不是国家工作人员。此外，国有事业单位中的工作人员，并不都是从事公务的人员。如报社中的记者、编辑、校对及会计、出纳、保管等是从事公务的人员，但从事劳务的工勤人员不是从事公务的人员。

最后，人民团体中的工作人员。所谓人民团体，是具有官方和半官方性质的团体，如工会（从全国总工会到区、县等地方工会）、妇联（从全国妇联到区、县等地方妇联）、共青团（从团中央到团县委等地方团委）。这是我国政治生活中的特殊现象，其中从事公务的人员一直都被视为国家工作人员。

（三）受国有单位委派人员

国家机关、国有公司、企业、事业单位委派到非国有公司、企业、事业单位、社会团体从事公务的人员，以国家工作人员论。这里的委派具有以下几个特征：一是委派主体的特定性，必须是国家机关、国有公司、企业、事业单位以单位的名义进行的委派；二是委派内容的特定性，委派的内容仅限于委托人到非国有单位代表国家从事领导、监督、管理等公务活动；三是受委派主体的广泛性，接受委派的人可以是国有单位的人员，也可以是其他单位人员或一般社会人员；四是委派程序的合法性，委派必须是委派主体在其合法的权限范围内，以书面形式对受委派人予以委派，受委派人也应以明确的方式表示接受委派。

有的观点认为，目前国有公司、企业、事业单位、人民团体中的人员和受委派到非国有单位中的人员从事的经营管理活动与非国有性质的公司、企业、其他

[1] 参见储晓辉：“试论‘国家工作人员’的外延”，载《中国检察官》2007年第5期。

单位中的工作人员从事的活动性质上别无二致。对这两种人员赋予刑法上不同的身份，是采用了“双重的评价标准”，所以不应该将受委派人员纳入国家工作人员的范围。[1] 我们认为，这一观点有待于商榷，因为接受委派的人员在非国有企业、事业单位中从事的是管理、监督国有资产等活动，这从根本上是与其他工作人员的活动不同的。

关于委派，有两个问题需要注意：一是双重身份的问题，例如被国家机关、国有公司、企业、事业单位委派到国有控股、参股公司从事公务的人员，按照《中华人民共和国公司法》和公司章程的规定，又被该公司董事会任命为总经理职务。这时候被委派人员就有了两种身份：即“国家委派人员”和“公司总经理”。二是转委派的问题，即被委派的人员在国家控股、参股公司工作以后，又被该公司“委派”到另一家非国有公司从事管理工作。在这两种情况下，是否应该认为受委派人员仍然是国家工作人员？我们认为，在这两种情况下，仍然应根据“是否从事公务”来判断，即如果行为人利用的是其受委托的管理、监督的职权实施犯罪，则应认定为国家工作人员，否则则应以非国家工作人员论处。

（四）其他依照法律从事公务的人员

“其他依照法律从事公务的人员”是一个兜底性条款，涵盖不属于上述三类国家工作人员而又依法从事公务的人员，这也是我国当前复杂的单位结构情况决定的。立法解释已经明确将下列几类人员列为国家工作人员：

1. 根据全国人大常委会2000年4月公布的《关于〈中华人民共和国刑法〉第九十三条第二款的解释》，村民委员会等村基层组织人员协助人民政府从事下列行政管理工作时，属于《刑法》第93条第2款规定的“其他依照法律从事公务的人员”：①救灾、抢险、防汛、优抚、移民、救济款物的管理；②社会捐助公益事业款物的管理；③土地的经营、管理和宅基地的管理；④土地征用补偿费用的管理和发放；⑤代征、代缴税款；⑥有关计划生育、户籍、征兵工作；⑦协助人民政府从事的其他行政管理工作。

2. 根据最高人民法院2003年公布的《全国法院审理经济犯罪案件工作座谈会纪要》第1条第1项规定，在乡镇以上的中国共产党机关、人民政协机关中从事公务的人员，在司法实践中也应当视为国家机关工作人员。

3. 根据最高人民检察院2000年的《关于镇财政所所长是否适用国家机关工作人员的批复》，对于属行政执法事业单位的镇财政所中按国家机关在编干部管理的工作人员，在履行政府行政公务活动中，滥用职权或玩忽职守构成犯罪的，

---

〔1〕 参见王思维：“‘委派型’国家工作人员再认识”，载《长春大学学报》2007年第7期。

应以国家机关工作人员论。

4. 根据最高人民检察院2000年发布的《关于合同制民警能否成为玩忽职守罪主体问题的批复》，合同制民警在依法执行公务期间，属其他依照法律从事公务的人员，应以国家机关工作人员论。对合同制民警在依法执行公务活动中的玩忽职守行为，符合《刑法》第397条规定的玩忽职守罪构成条件的，依法以玩忽职守罪追究刑事责任

5. 根据最高人民检察院2000年公布的《关于属工人编制的乡（镇）工商所所长能否依照刑法第397条的规定追究刑事责任问题的批复》，经人事部门任命，但为工人编制的乡（镇）工商所所长，依法履行工商行政管理职责时，属其他依照法律从事公务的人员，应以国家机关工作人员论。如果玩忽职守，致使公共财产、国家和人民利益遭受重大损失，可适用《刑法》第397条的规定，以玩忽职守罪追究刑事责任。

6. 根据最高人民检察院2003年公布的《关于对海事局工作人员如何适用法律问题的答复》，海事局负责行使国家水上安全监督和防止船舶污染及海上设施检验、航海保障的管理职权，是国家执法监督机构。海事局及其分支机构工作人员在从事上述公务活动中，滥用职权或者玩忽职守，致使公共财产、国家和人民利益遭受重大损失的，应当依照《刑法》第397条的规定，以滥用职权罪或者玩忽职守罪追究刑事责任。

7. 根据最高人民法院2003年公布的《关于集体性质的乡镇卫生院院长利用职务之便收受他人财物的行为如何适用法律问题的答复》，经过乡镇政府或者主管行政机关任命的乡镇卫生院院长，在依法从事本区域卫生工作的管理与业务技术指导，承担医疗预防保健服务工作等公务活动时，属于《刑法》第93条第2款规定的其他依照法律从事公务的人员。对其利用职务上的便利，索取他人财物的，或者非法收受他人财物，为他人谋取利益的，应当依照《刑法》第385、386条的规定，以受贿罪追究刑事责任。

三、国家工作人员的相关问题

（一）构成身份犯与加减身份犯

以公务员身份为构成要件或者加重、减轻处罚的情节，这种情况存在于许多国家的刑法之中，例如《日本刑法典》第156条规定的虚伪公文书作成罪与第197条规定的受贿罪，都是以公务员身份为构成要件。我国也不例外，例如同样是受贿、行贿行为，如果是国家工作人员，应根据《刑法》第385、389条的受贿罪、行贿罪处罚；如果是非国家工作人员，则根据《刑法》第163、164条规定的非国家工作人员受贿罪、对非国家工作人员行贿罪处罚。

但是，在我国这样一个“官本位思想”严重而且正处于社会转型期的国家，过多的以“国家工作人员”为构成要件可能会导致处罚的空白地，严重影响刑罚惩罚、预防功能的发挥。例如，在商业贿赂专项治理过程中，实践表明医院的执业医生等医务工作人员受贿问题严重。在1997年刑法之中，处罚受贿行为的条文有两个，一个是处罚公司以及企业工作人员的第164条，还有一个是处罚国家工作人员的第385条。但是，医院既不是国家机关，也不是企业，所以上述两个条文都不能适用于医生。医疗机关及其工作人员的违法行为，已经给医疗产业与制药产业带来了重大危害，但是司法机关却不能运用刑罚，对其予以惩罚。为此，立法机关不得不通过《刑法修正案（六)》，将《刑法》第164条的犯罪主体从“公司、企业的工作人员”扩大至“公司、企业以及其他单位的工作人员”。

所以，在目前政治体制改革尚未展开，经济体制改革也不彻底，关于许多单位的地位、性质尚且存在争议的情况下，我们建议立法机关在以后修改刑法之时，对国家工作人员，宜尽量地缩小“构成身份犯”的范围，相应地扩大“加减身份犯”的范围，以避免诸如上述的医院工作人员如何处罚的问题，保证刑法的合理规制范围。

（二）扩大解释的问题

针对上述将中国共产党机关与政协机关工作人员作为国家机关工作人员处罚的司法解释，有的观点指出，这一解释运用了类推解释或扩大解释的方式增加了国家机关工作人员的外延范围，这对解决司法实践中的具体问题具有积极意义，但是，首先，罪刑法定原则排斥扩张解释和不利于被告的类推解释。其次，其正当性合理性存有质疑。一方面，我国《宪法》第三章规定的国家机构包括权力机关、行政机关、军事机关、审判机关、检察机关，不包括中国共产党机关、人民政协机关，根据党政分设原则，这里的国家机构应当就是国家机关。可见国家机关和党的机关并不存在包容与被包容的关系，相关司法解释与宪法的规定并不一致。另一方面，该解释不符合上述人大常委会2002年立法解释的精神。因为立法解释始终以国家机关或国家行政管理权为前提，并未涉及党的机关，而《全国法院审理经济犯罪案件工作座谈会纪要》却背离了这一前提。所以，建议针对有关犯罪主体为“国家工作人员”或“国家机关工作人员”的犯罪，扩大其主体范围，增设“共产党机关、人民政协机关工作人员”的内容。[1]

对上述观点，本书的立场是：2002年的立法解释以国家机关或国家行政管

---

〔1〕 罗勇：“论渎职犯罪主体中的几个问题”，载《四川警察学院学报》2008年第5期。

理权为前提，无疑是正确的。但是，我们认为，无论是刑法还是立法解释的深层次含义都是通过将国家机关工作人员列为特殊主体，予以特殊规制，以确保国家权力行为的正当性与正确性。所以，刑法中的“国家机关工作人员”的完整表述应该是“直接影响国家权力行使的机关工作人员。”立法、行政、司法机关的工作人员直接行使国家权力，是国家工作人员无疑。此外，根据我国现在的政党制度，中国共产党的机关与全国政协机关，同样也可以直接影响甚至决定国家权力的行使。

例如，我国宪法在序言中明确规定，“中国各族人民将继续在中国共产党领导下，在马克思列宁主义、毛泽东思想、邓小平理论和“三个代表”重要思想指引下，坚持人民民主专政，坚持社会主义道路，坚持改革开放，不断完善社会主义的各项制度，发展社会主义市场经济，发展社会主义民主，健全社会主义法制，自力更生，艰苦奋斗，逐步实现工业、农业、国防和科学技术的现代化，推动物质文明、政治文明和精神文明协调发展，把我国建设成为富强、民主、文明的社会主义国家”，“中国人民政治协商会议是有广泛代表性的统一战线组织，过去发挥了重要的历史作用，今后在国家政治生活、社会生活和对外友好活动中，在进行社会主义现代化建设、维护国家的统一和团结的斗争中，将进一步发挥它的重要作用。”这表明，中国共产党的机关与政协都在国家权力行使中发挥着直接而且重要的作用，将其中的工作人员视为国家机关工作人员并无不妥之处。而且，在实践中，政协与党务机关都是通过公务员考试的途径招收工作人员的，这也证实了上述结论。

第三节　其他犯罪主体

如上所述，我国现在正处在转型期，关于许多单位与自然人主体的地位、性质尚且存在争议，所以，在实践中，就某些特殊的犯罪主体，尤其是仲裁委员、律师、裁判与教师，还存在争议，这里试作说明。

一、仲裁人员

2006年6月全国人大常委会通过的《刑法修正案（六）》第20条规定，在《刑法》第399条后增加一条，作为该条之一，即：依法承担仲裁职责的人员，在仲裁活动中故意违背事实和法律作枉法裁决，情节严重的，处3年以下有期徒刑或者拘役；情节特别严重的，处3年以上7年以下有期徒刑。有的观点认为，这表明立法已将仲裁人员纳入了渎职犯罪的主体范围。但是，根据我国《仲裁法》的有关内容并结合其他相关法律可以判断，我国的仲裁委员会应归属于事业单位法人，民间性是仲裁的本质特征，仲裁员不是国家机关工作人员，所以《刑法修正案（六）》的这一规定已经改变了刑法典对渎职犯罪主体的定位。[1]

从国外的实践来看，仲裁的本质特征的确是民间性，但是在我国略有不同。虽然根据1995年开始实施的《仲裁法》第15条的规定，中国仲裁协会是社会团体法人。仲裁委员会是中国仲裁协会的会员。但是根据该法第10条的规定，仲裁委员会可以在直辖市和省、自治区人民政府所在地的市设立，也可以根据需要在其他设区的市设立，不按行政区划层层设立。仲裁委员会由上述市的人民政府组织有关部门和商会统一组建。所以，中国的仲裁机构在本质上并不是民间组织，而是由政府组建的机构，仲裁权也被视为国家权力的一部分。由此而言，将仲裁人员在行使仲裁权的过程中实施的渎职行为作为渎职罪处罚，从本质上而言，并没有突破立法原意。

二、律师

根据2007年10月修订后的《律师法》第2条，律师，是指依法取得律师执业证书，接受委托或者指定，为当事人提供法律服务的执业人员。根据该法第15条规定，合伙律师事务所可以采用普通合伙或者特殊的普通合伙形式设立。合伙律师事务所的合伙人按照合伙形式对该律师事务所的债务依法承担责任。第20条规定，国家出资设立的律师事务所，依法自主开展律师业务，以该律师事务所的全部资产对其债务承担责任。就此，我们认为，虽然律师的性质被定位为为当事人提供法律服务的人员，但是根据律所的性质，在适用刑法方面还应有所区别。国家出资设立的律师事务所，当然应该被视为国有单位，将在国有律师事务所执业的律师视为国家工作人员，于法有据。

此外，根据国务院2003年7月公布的《法律援助条例》第6条的规定，律师应当依照律师法和本条例的规定履行法律援助义务，为受援人提供符合标准的法律服务，依法维护受援人的合法权益，接受律师协会和司法行政部门的监督。根据《刑事诉讼法》第34条的规定，犯罪嫌疑人、被告人因经济困难或者其他原因没有委托辩护人的，本人及其近亲属可以向法律援助机构提出申请。对符合法律援助条件的，法律援助机构应当指派律师为其提供辩护。犯罪嫌疑人被告人是盲、聋、哑人，或者是尚未完全丧失辨认或控制自己行为能力的精神病人而没有委托辩护人的，以及被告人可能被判处无期徒刑、死刑而没有委托辩护人的，人民法院、人民检察院和公安机关应当通知法律援助机构指派律师为其提供辩

---

〔1〕 罗勇："论渎职犯罪主体中的几个问题"，载《四川警察学院学报》2008年第5期。

护。无论是国有律师事务所还是合伙律师事务所的执业律师，在被指定提供法律援助之时，应当被视为国家工作人员。

三、裁判

因为足球黑哨的问题，学术界与实务界围绕裁判的性质曾经进行过激烈的争论。根据全国人大常委会1995年通过的《体育法》第29条规定，全国性的单项体育协会对本项目的运动员实行注册管理。经注册的运动员，可以根据国务院体育行政部门的规定，参加有关的体育竞赛和运动队之间的人员流动。第31条第1款规定，国家对体育竞赛实行分级分类管理。同条第3款规定，全国单项体育竞赛由该项运动的全国性协会负责管理。第40条规定，全国性的单项体育协会管理该项运动的普及与提高工作，代表中国参加相应的国际单项体育组织。上述法律规定表明，中国的包括中国足协在内的以体育法的规定为基础成立的体育协会，是依照法律的规定和授权在行使行业行政管理权力。对内，它协助国家体育行政主管部门管理本体育行业的事务；对外，它代表国家参加相应的国际单项体育组织。从这个意义上说，在裁判履行裁判职务的时候，行使的是管理体育竞赛的行政职能，而不是一种个人行为。所以可以将裁判视为《刑法》第93条第2款规定的“其他依照法律从事公务的人员”。

四、教师

全国人大常委会1995年3月通过的《教育法》第31条规定，学校及其他教育机构具备法人条件的，自批准设立或者登记注册之日起取得法人资格。学校及其他教育机构在民事活动中依法享有民事权利，承担民事责任。学校及其他教育机构中的国有资产属于国家所有。第53条规定，国家建立以财政拨款为主、其他多种渠道筹措教育经费为辅的体制，逐步增加对教育的投入，保证国家举办的学校教育经费的稳定来源。企业事业组织、社会团体及其他社会组织和个人依法举办的学校及其他教育机构，办学经费由举办者负责筹措，各级人民政府可以给予适当支持。此外，全国人大常委会2002年12月通过的《民办教育促进法》第2条规定，国家机构以外的社会组织或者个人，利用非国家财政性经费，面向社会举办学校及其他教育机构的活动，适用本法。本法未作规定的，依照教育法和其他有关教育法律执行。该法第3条规定，民办教育事业属于公益性事业，是社会主义教育事业的组成部分。

根据上述规定，可以认为，在公立学校从事教育事务与行政管理事务的工作人员，当然属于《刑法》第93条第2款所规定的国有单位的工作人员。但是，对于在民办学校从事同类事务的人员，在其行为触犯刑法规范之际，如实施了受贿行为，应该根据《刑法》第163条规定的非国家工作人员受贿罪处罚。

第十二章 犯罪对象的立法完善

犯罪对象是犯罪行为所侵害的人或物。目前我国正处于经济社会快速发展时期，不动产和财产性利益成为越来越重要的财产。伴随着互联网技术以及网络游戏的迅猛发展，虚拟财产已经成为财物和财产性利益之外的另一种独特的财产。同时，伴随着信息社会的到来，信息在经济社会发展中的重要性日益凸显。与此相适应，目前针对不动产、财产性利益、虚拟财产、信息的犯罪日益增多并呈现出多样化、复杂化特征。然而，与传统社会中财物是最重要的财产相适应，我国刑法，尤其是侵犯财产罪一章，主要是以财物（动产）和一些特定的财产性利益为犯罪对象建构起来的，在保护不动产、财产性利益、虚拟财产和信息上存在着严重不足，亟待立法完善。为了方便讨论，同时也为了缩小问题域，本章在讨论财物、财产性利益、虚拟财产的立法完善时，主要以侵犯财产罪一章作为问题讨论的重心。

第一节 一般财物与财产

财产包括财物和财产性利益。我国目前的财产犯罪体系是按照有体物（动产）的刑法保护需要建构起来的，对不动产和财产性利益的保护则存在着不足。刑法理论和司法实务往往将财产犯罪对象之“财物”解释为包括不动产和财产性利益，但难免存在着正当性疑问，而且其中部分罪名无论怎么解释都难以包括不动产和财产性利益。然而，伴随着侵犯不动产和财产性利益现象的增多及其法益侵害的严重性，刑法有必要将其纳入保护视野。

一、财物与财产性利益保护现状

（一）财物和财产性利益保护现状

侵犯财产罪一章的13个罪名对财产犯罪对象的规定可以分为以下几类：①明文规定为“财物”的，包括盗窃罪、抢夺罪、聚众哄抢罪、敲诈勒索罪、诈骗罪、职务侵占罪、故意毁坏财物罪等7个罪名。②除了“财物”之外，还包括其他特定财物的，为抢劫罪，其犯罪对象除了财物之外，还包括“银行或者其他金融机构”、“军用物资或者抢险、救灾、救济物资”。③明文规定为特定财物的，有3个罪名，即侵占罪规定为“代为保管的他人财物”和“他人的遗忘物或者埋藏物”，挪用资金罪规定为“资金”，挪用特定款物罪规定为“用于救灾、抢险、防汛、优抚、扶贫、移民、救济款物”。④明文规定为财物和其他财产的，为破坏生产经营罪。按照破坏生产经营罪的规定，其犯罪对象除了“机器设备、耕畜”之外，还可以包括其他财产，但前提是“以其他方法破坏生产经营”。⑤明文规定为财产性利益的，为拒不支付劳动报酬罪，其犯罪对象为“劳动者的劳动报酬”。⑥此外，刑法分则在其他条款和修正案中也规定了其他特定财产可以成为财产犯罪对象，包括：一是盗窃罪。对于盗窃罪的犯罪对象，《刑法》第196条规定了“信用卡”，第210条规定了“增值税专用发票或者可以用于骗取出口退税、抵扣税款的其他发票”，第253条规定了“邮件、电报中的财物”，第265条规定了“通信线路、电信码号或者电信设备、设施”。二是职务侵占罪。根据《刑法修正案》，“商业银行、证券交易所、期货交易所、证券公司、期货经纪公司、保险公司或者其他金融机构”的“本单位或者客户资金”可以成为职务侵占罪的犯罪对象。三是诈骗罪。根据第210条的规定，“增值税专用发票或者可以用于骗取出口退税、抵扣税款的其他发票”可以成为诈骗罪的对象。

从上述规定中，可以得出以下几个结论：

1. 我国目前的财产犯罪是按照有体物（动产）的刑法保护需要而建构的。其理由在于：首先，“资金”、“军用物资或者抢险、救灾、救济物资”、“机器设备、耕畜”是典型的动产，“款物”是“资金”和“财物”的结合，“财物”、“遗忘物或者埋藏物”等词也具有明显的动产色彩。[1] 至于“金融机构”，按照有关司法解释，抢劫罪中的“银行或者其他金融机构”是指“银行或者其他金融机构的经营资金、有价证券和客户的资金等”以及“正在使用中的银行或者其他金融机构的运钞车”，强调的虽是资金，也可以纳入动产范畴。

2. 刑法已经将一些特殊的财产性利益纳入财产犯罪的对象中，即“劳动者

---

〔1〕 夏勇、柳立子：“论加强对不动产所有权的刑法保护”，载《法商研究》2001年第3期。

的劳动报酬”、“信用卡”和“通信线路、电信码号或者电信设备、设施”。此类犯罪对象虽然可能具有一定的实物形式，但其规范意旨乃着眼于被害人的资金损失与电信资费损失。

3. 刑法将“增值税专用发票或者可以用于骗取出口退税、抵扣税款的其他发票”纳入财产犯罪对象，虽然表面上看是着眼于发票本身，但其最终的规范意旨也是为了避免国家税款损失。当然，将此种尚未造成实害的行为规定为财产犯罪，与财产犯罪处罚实害犯的一般法理不符，因此应当视为法律拟制。

（二）财物和财产性利益保护之不足

从财产和财产性利益保护现状上看，由于我国目前仅明确规定财物和特定财产性利益可以作为财产犯罪对象，因此在保护范围上存在着不足。

1. 不动产保护之不足。司法实践中，下列严重侵犯不动产的行为在刑法保护上仍存在空白：①以暴力、胁迫手段在无争议的他人宅基地上强行建筑房屋；②公然强占所有权人或使用权人的房屋、土地甚至采取暴力、胁迫、勒索手段逼其交出产权证书；③强行阻碍他人出入其住宅或干扰他人行使其不动产的各项权能；④采用隐瞒真相、虚构事实的手段骗取所有权人或使用权人的房屋、土地或产权证书；⑤盗取、抢劫、抢夺和毁灭他人不动产证书；⑥故意毁灭、损坏或污损他人享有所有权或使用权的房屋、土地等；[1] ⑦私自将他人房屋出租，收取租金。

然而，由于刑法分则基本上是按照侵犯动产的行为方式设计侵犯财产罪的罪名，因此，当一些特有的侵犯不动产的行为方式在实践中出现时，要处罚行为人，便只能通过解释的方式进行。然而，在侵犯财产罪中究竟哪些犯罪包括不动产仍存在重大分歧，在对财产犯罪对象是否包括不动产进行解释时，又存在一定的模糊性。具体而言，①因行为方式明显决定了犯罪对象必须具有移动性而可以排除犯罪对象是不动产，具体罪名有抢夺罪、聚众哄抢罪、挪用资金罪和挪用特定款物罪等；②抢劫罪和盗窃罪因行为方式是否必然引起位移存有争议而使其犯罪对象是否包括不动产仍然存在疑问；③因“财物”概念含义模糊而犯罪对象是否包括不动产尚不确定的罪名有诈骗罪、侵占罪、职务侵占罪、敲诈勒索罪和故意毁坏财物罪5个罪名；④破坏生产经营罪因“机器设备”概念含义模糊也使犯罪对象是否包括不动产不够清楚。[2]

由此可见，在刑法未明确不动产属于财产犯罪对象的情况下，不动产的刑法

---

〔1〕夏勇、柳立子：“论加强对不动产所有权的刑法保护”，载《法商研究》2001年第3期。

〔2〕夏勇、柳立子：“论加强对不动产所有权的刑法保护”，载《法商研究》2001年第3期。

保护存在着严重不足。

2. 财产性利益保护之不足。司法实践中，下列严重侵犯财产性利益的行为尚存在刑法保护空白：①侵犯债权，包括：有能力履行债务而拒不履行，如通过隐匿、转移其财产、增加负债，或者通过减少或者隐瞒其收入之全部或一部分等方式，长时间地不履行其义务，严重损害债权人利益；为损害债权人利益，而转让自己占有的动产质物或损坏、毁弃自己占有的动产或不动产质物，甚至减低其价值或致其不堪使用；债务人轻率负债或者明知自己欠缺有效履行债务的能力而承担数额较大的新的债务，致使债务不能履行等；[1] ②侵犯各种有价支付凭证、有价证券、有价票证等。

对于上述侵犯财产性利益的行为，在刑法未明确规定的情况下，刑法理论往往通过扩大解释，即认为刑法上"财物"一词有广狭之分，广义上的"财物"包括了狭义上的实物和财产性利益。[2] 刑事司法实务则通过司法解释直接将一些具有刑罚可罚性的侵犯财产性利益行为纳入财产犯罪。例如，1997 年最高人民法院《关于审理盗窃案件具体应用法律若干问题的解释》就明确将"有价支付凭证、有价证券、有价票证"规定为盗窃罪的犯罪对象，2000 年最高人民法院《关于审理扰乱电信市场管理秩序案件具体应用法律若干问题的解释》第 6、7、8 条分别规定：将"将电信卡非法充值后使用，造成电信资费损失数额较大"的行为和"盗用他人公共信息网络上网账号、密码上网，造成他人电信资费损失数额较大"的行为认定为盗窃罪，将"以虚假、冒用的身份证件办理入网手续并使用移动电话，造成电信资费损失数额较大"的行为认定为诈骗罪。

尽管可以通过扩大解释将财产性利益纳入财产犯罪对象，但在刑法未明确规定的情况下，此种解释终究存在着违反罪刑法定原则的嫌疑，这在国外刑法往往对财产性利益进行明确规定的情况下，表现得更加明显。此外，即便可以将特定财产性利益解释为财产犯罪的对象，但对于欠债不还的行为，一般也被认为是民事纠纷，而不会被认定为犯罪。[3] 由此可见，在刑法未明确财产性利益属于财产犯罪对象的情况下，财产性利益的刑法保护也存在着不足。

---

〔1〕 刘绍彬、曾利宏："民事财产关系的刑法保护"，载《兰州大学学报》2000 年第 2 期；孙明先："加大我国刑法对于债权保护力度的思考"，载《同济大学学报（社会科学版）》2001 年第 6 期。

〔2〕 参见张明楷："财产性利益是诈骗罪的对象"，载《法律科学》2005 年第 3 期；刘明祥："论侵犯财产罪的对象"，载《法律科学》1999 年第 6 期。

〔3〕 参见姚国建："论宪政背景下的公民财产权刑法保护制度"，载《新疆大学学报（哲学社会科学版）》2006 年第 2 期；刘绍彬、曾利宏："民事财产关系的刑法保护"，载《兰州大学学报》2000 年第 2 期；孙明先："加大我国刑法对于债权保护力度的思考"，载《同济大学学报》2001 年第 6 期。

二、财物和财产性利益的充分保护

（一）既有的各种观点

目前，已经有各种观点强调应当将不动产和债权等财产性利益纳入财产犯罪对象，并提出了各种解决方式。一是将不动产纳入财产犯罪对象，但应当综合考虑财产犯罪对象涵摄范围。[1] 二是增加损害债权的犯罪，包括损害债权罪；故意破产罪；过失破产罪；偏袒部分债权人罪；损害担保物权罪；拒不偿还债务罪；干扰债务履行罪等。[2] 三是为了突出侵犯有偿服务犯罪的特点，建议增设窃取有偿服务罪、骗取有偿服务罪、劫取有偿服务罪和勒索有偿服务罪。[3]

（二）国外相关立法例

1. 与不动产有关的财产犯罪立法。包括日本、法国、意大利、德国、加拿大、英国、俄罗斯、韩国、瑞士、西班牙、巴西等许多国家，都针对不动产进行了财产犯罪立法。以《意大利刑法典》为例，在第13章“侵犯财产罪”中明确区分了“动产”与“不动产”，盗窃罪和抢劫罪都只能针对动产，而专门针对不动产的犯罪有第631条侵占罪、第632条改变水道和改变地点状态罪、第633条侵入土地或建筑物罪、第634条以暴力干扰对不动产的占有罪、第636条在他人土地上引入或者遗弃动物和随意放牧罪、第637条擅自进入他人土地罪等。既可以针对动产也可以针对不动产的有第635条损坏罪，即“毁坏、损耗、破坏他人的动产或不动产的，或者使之完全或部分不可使用的”行为。[4]

纵观外国刑法典中有关不动产的规定，可以发现其特点如下：第一，无论是大陆法系，还是普通法系，普遍地体现出对不动产所有权的专门保护。第二，各国刑法中既有对动产与不动产犯罪对象的概括性区分，也有对不动产犯罪对象不同表现形式的具体指明。第三，各国刑法对不动产犯罪对象的规定见于其刑法典分则，而不是刑法典总则。第四，各国规定的侵犯不动产所有权的侵害行为有侵夺、侵占、毁损、毁坏、损坏、强占、强入、擅入、篡夺等。这些行为中既有作为，也有不作为；既可以采取秘密方式，也可以采取公然方式。第五，各国刑法规定对不动产所有权的侵害，既涉及到不动产所有权的处分权能，也涉及到不动产所有权的占有权能、使用权能和收益权能。[5]

---

〔1〕 夏勇、柳立子：“论加强对不动产所有权的刑法保护”，载《法商研究》2001年第3期。

〔2〕 孙明先：“加大我国刑法对于债权保护力度的思考”，载《同济大学学报》2001年第6期；刘华、陈乃蔚：“关于完善财产犯罪立法的构想与论证”，载《社会科学》1997年第1期。

〔3〕 谭建林：“有偿服务可以成为侵犯财产罪的犯罪对象”，载《人民司法》1994年第5期。

〔4〕 参见黄风译：《意大利刑法典》，中国政法大学出版社1998年版，第184～189页。

〔5〕 夏勇、柳立子：“论加强对不动产所有权的刑法保护”，载《法商研究》2001年第3期。

2. 与债权有关的财产犯罪立法。从20世纪90年代以来，在刑法中增加关于侵害债权犯罪的规定，加大对于债权的保护力度，从而全面保护财产权利，成为一种普遍的现象，表现出现代刑法发展的一种趋势。[1] 这在1994年1月1日起生效的法国刑法典、1996年1月1日起生效的澳门刑法典、1997年1月1日起生效的俄罗斯联邦刑法典和1996年修订的瑞士联邦刑法典中表现得尤为明显。法国1810年刑法典中没有规定侵害债权的犯罪，新的刑法典增加了侵吞财产罪一章，规定了滥用他人信任罪、隐匿出质物或扣押物罪、弄虚作假安排无支付能力罪等三个侵害债权的犯罪。[2] 原苏俄刑法典（1961年1月1日起实行）也没有规定侵害债权的犯罪，而俄罗斯联邦刑法典规定了恶意逃避清偿信贷债务、不正当破产行为、蓄意破产、虚假破产四个侵害债权的犯罪。[3] 1971年修正的瑞士刑法中已有侵占或夺取质物与留置物、诈欺性之破产、财产扣押之欺诈、轻率破产及财产毁败、庇护债权人等5个侵害债权的犯罪，[4] 但1996年修订时又增加了第164条因财产减少致债权人损失的罪名，另外将轻率破产及财产毁败的罪名改为不成功的经营，并修改罪状扩大了债务人负刑事责任的范围。我国的澳门刑法典，在分则第2编第4章侵犯财产权罪中设立了损害债权、蓄意破产、非蓄意破产、袒护债权人等4个侵害债权的犯罪。[5]

（三）本书观点

我们认为，应当将侵犯财产罪的对象确定为财产。财产包括财物和财产性利益，财物又进一步包括动产和不动产。由此，有必要根据财物和财产性利益的刑法保护要求，对我国财产犯罪体系进行重新构想。需要强调的是，在考虑财物和财产性利益的刑法保护要求时，仍应当基于刑法的谦抑性和最后手段性要求，只有确实存在刑罚干预的必要性时，才能将一种侵犯财产行为规定为犯罪。

1. 体系上的综合考虑。由于现有财产犯罪体系是按照有体物（动产）的刑法保护需要而设置，因此将不动产和财产性利益纳入财产犯罪体系时，显然难以通过简单的修修补补进行处理，而应当对财产犯罪体系进行综合考虑。需要注意：

（1）对于一些传统上只能由动产构成的犯罪，如抢夺罪，仍可以保留“财

---

〔1〕 孙明先：“加大我国刑法对于债权保护力度的思考”，载《同济大学学报》2001年第6期。

〔2〕 罗结珍译：《法国刑法典》，中国人民公安大学出版社1995年版，第114～115页。

〔3〕 黄道秀译：《俄罗斯联邦刑法典释义》，中国政法大学出版社2000年版，第478～526页。

〔4〕 徐久生译：《瑞士联邦刑法典》（1996年修订），中国法制出版社1997年版，第57～59页。

〔5〕 澳门政府法律办公室译：《澳门刑法典·澳门刑事诉讼法典》，法律出版社1997年版，第83～85页。

物”概念。

(2) 对于不动产，应针对侵犯不动产的特殊性，即主要是侵犯不动产的利用而设置相关罪名，如非法占用财物罪等。而对于其他可以由现有罪名进行涵盖的犯罪，则可以通过一些补充条款，如“以秘密方式侵犯他人不动产的，以盗窃论处”、“以暴力、胁迫方式侵犯他人不动产的，以抢劫论处”等，从而将原罪名适用范围扩大。[1]

(3) 对于可以同时适用于财物和财产性利益的犯罪，或者取消“财物”概念，代之以“财产”概念，以避免将财产性利益解释为财物时可能违反罪刑法定原则的嫌疑；或者按照财物和财产性利益进行分款处理。

2. 财产性利益的进一步说明。目前有一种倾向，即将财产性利益进行扩大化解释。例如，身份证、准考证是否属于财产性利益？在行为人抢夺他人身份证、准考证而使被害人无法参加高考时，是否构成抢夺罪？对此，我们认为，财产性利益的外延不能随意扩大。由于财产性利益是财产之下的概念，因此，财产性利益外延的界定仍应当满足财产的要求。财产应限定为被特定主体所支配的财产利益。如果某一物品，虽然具有主观价值，但不具有可衡量的客观价值，一般不能被认定为财产性利益。由此，身份证、准考证不能被解释为财产性利益，对于抢夺他人身份证、准考证的行为，不能按照财产犯罪进行处理。

3. 侵害债权犯罪说明。对债的侵犯主要有三种样态：一是行为人采取暴力或欺诈手段增加行为人自己的债权；二是行为人采取暴力或欺诈手段减少或免除行为人自身的债务；三是采取暴力或欺诈手段阻碍被害人债权的实现。根据刑法的谦抑性和最后手段性原则，对于未采取暴力或欺诈手段阻碍被害人债权实现，而仅仅是赖债不还的，不宜作为财产犯罪处理。这是因为，从本质上看，赖债不还属于信用缺失问题，应当通过建立社会信用制度进行解决，而不宜通过刑法解决。事实上，在普通的赖债不还案件中，被害人仍可以运用个人力量进行自我保护，因此，为了保存私法自治价值，刑法也不宜介入。

4. 侵害服务犯罪说明。在我国1997年刑法中，明确规定了以牟利为目的，盗接他人电信码号的行为，构成犯罪。据此，有观点认为，这种电信码号是服务，因此，应当增设侵害服务罪，包括窃取有偿服务罪、骗取有偿服务罪、劫取有偿服务罪和勒索有偿服务罪。[2] 对此，我们认为，有偿服务本质上可以归入债的范畴，因此在我国刑法明确规定财产性利益属于财产犯罪对象后，完全可以

---

〔1〕 参见夏勇、柳立子：“论加强对不动产所有权的刑法保护”，载《法商研究》2001年第3期。

〔2〕 谭建林：“有偿服务可以成为侵犯财产罪的犯罪对象”，载《人民司法》1994年第5期。

将这种情形包容进财产犯罪之中，因此，没有必要单独设立侵害服务罪。

第二节 虚拟财产

近年来，伴随着互联网技术以及网络游戏的迅猛发展，在传统的财物和财产性利益之外，催生了另一种独特的财产形式：虚拟财产。司法实务中，侵犯虚拟财产的案件日益增多。对于这些侵犯虚拟财产案件，能否运用刑法处置，如何处置，理论界和司法实务界均存在众多争议。需要对虚拟财产的性质及其刑法保护进行分析。

一、虚拟财产界定

目前学界对虚拟财产的定义，主要有以下几种：

第一种是泛义观点，把几乎所有的无形财产（如商业领域中的商号）都包括进去。如美国学者 David Nelmark 就认为："虚拟财产是指任何兼具无形性和排他性的财产利益，无形性是与传统财产（或不动产）的区别，排他性则是与知识财产的区别。"[1]

第二种是广义观点，把虚拟财产界定为一切存在于特定网络虚拟空间内的、具备现实交易价值的或不具备交易价值的、由持有人随时调用的专属性的数据资料。从目前的技术发展情况看，包括 ID、免费与收费的电子邮箱、QQ 号码、网易泡泡币（用来买免费短信）、虚拟货币、虚拟装备等。[2] 美国学者 Fairfield 也赞同此观点，认为虚拟财产包括域名、统一资源定位系统、网站、电子邮件账户和整个虚拟世界等。[3]

第三种是狭义观点，把虚拟财产界定为网络游戏中的虚拟财产，即指以网络游戏为基础，在网络游戏空间环境中，由网络游戏玩家控制的 ID 账号项下记载的该 ID 通过各种方式所拥有的"宝物"、"宠物"、"武器"、"级别"、"段位"

---

〔1〕 David Nelmark, "Virtual Property: The Challenges of Regulating Intangible, Exclusionary Property Interests Such as Domain Names", *Northwestern Journal of Technology & Intellectual Property*, Fall (2004) 3.

〔2〕 参见杨立新、王中合："论网络虚拟财产的物权属性及其基本规则"，载《国家检察官学院学报》2004 年第 6 期。

〔3〕 Joshua A. T. Fairfield, "Virtual Property", *Boston University Law Review*, 85 (2005), pp. 1049 ~ 1050.

等保存在服务器上的，由玩家随时调用、创建或者加入游戏中的数据资料和参数。[1] 美国学者 Gregory Lastowka 和 Dan Hunter 也认为："虚拟财产主要是指在网络游戏的虚拟世界中存在的，具有财产利益的财产，它与真实财产的区别微乎其微，仅仅在于它不是'真'的。"[2]

第四种是二元观点，把虚拟财产看做在两种不同意义上使用，一是在网络空间意义上使用，二是在网络游戏意义上使用，至于何谓虚拟财产需看其使用的场合如何。[3]

目前虚拟财产案件集中发生于网络游戏之中，这里为了讨论方便，将虚拟财产限定在狭义观点，即网络游戏中的虚拟财产，主要包括以下几种类型：虚拟货币、虚拟装备、虚拟角色，以及虚拟不动产（包括房子、商铺、地盘等）、虚拟动植物、账户、许可证、会员资源、地图等。

二、虚拟财产的性质

（一）虚拟财产具有财产性

对于虚拟财产是否具有财产性，目前主要有三种观点：第一种是否定说，认为网络虚拟财产是虚无的，在现实生活中并不存在，不属于财产的范畴；第二种是肯定说，认为虚拟财产具有经济价值，虚拟财产属于劳动所得，虚拟财产存在现实交易，应受法律保护，因此属于财产范畴；第三种是区别说，认为网络游戏中的虚拟财产是否属于财产，不能一概而论，而应区别对待。[4]

我们认为，刑法中财产的本质在于被特定主体所支配的财产利益，财产具有经济利益性和可支配性，在财产之上具有意志性。就此而言，虚拟财产完全具有此三个属性，因而在性质上可以归入财产。

1. 虚拟财产之上具有意志性。虚拟财产由人在电脑上进行控制，本身就体现了意志性。

2. 虚拟财产具有经济利益性。对于游戏玩家而言，虚拟财产是玩家进行网络游戏的必备物品，具有使用价值的属性。此外，虚拟财产还具有交换价值属

---

〔1〕 车红兵："论网络虚拟财产的保护"，载 http：//www. civillaw. com. cn/Article/default. asp? id = 37486.

〔2〕 F. Gregory Lastowka & Dan Hunter, "The Laws of the Virtual Worlds", *California Law Review January*, 92（2004）, pp. 29 ~ 30.

〔3〕 参见林旭霞："虚拟财产解析——以虚拟有形财产为主要研究对象"，载《东南学术》2006 年第 6 期。

〔4〕 参见于志刚主编：《网络空间中虚拟财产的刑法保护》，中国人民公安大学出版社 2009 年版，第 41 ~ 53 页。

性，不仅玩家相互之间可以以虚拟财产为标的进行交易，而且玩家和商家之间也可以交易虚拟财产。事实上，由于虚拟财产具有交换价值，虚拟财产已经逐渐突破了网络游戏空间，而和现实生活紧密联系起来。

3. 虚拟财产具有可支配性。虚拟财产可以由游戏玩家和商家进行控制。当然，这种控制具有特殊性，一方面主要由游戏玩家通过电脑终端的账号和密码进行控制，另一方面游戏商家也可以通过服务器终端进行控制。

（二）虚拟财产具有虚拟性

虚拟性又称为无形性，是网络虚拟财产最本质的特征。虚拟财产的虚拟性源于网络的虚拟性。所谓网络的虚拟性是指网络上所展示的空间、事物及其效果有着与现实环境几乎相同的特点，但实际上网络所展示的空间并非真正的现实空间，它独立于现实空间，是现实空间在特定的技术条件下的折射而已。[1] 事实上，虚拟财产本质是一组电磁数据资料或参数，必须依托于网络游戏运营商所提供的游戏网络空间才能存在。换言之，虚拟财产是一组数据信息，是保存于服务器上的“电磁记录”。[2] 基于虚拟财产的电磁数据属性，在目前的网络游戏规则下，其对于游戏玩家和商家而言意义大不一样：对于游戏玩家而言，玩家往往需要通过花费一定的时间和游戏技巧而获得虚拟财产，或者需要通过真实货币购买虚拟货币。然而，对于游戏商家而言，由于整个网络游戏由商家开发，虚拟道具和虚拟货币由商家发行，因此，商家在开发出一套网络游戏之后，即可以通过编程源源不断地设计出各种各样的虚拟道具和虚拟货币。换言之，由于虚拟财产的虚拟性，虚拟财产也具备了可复制性、可还原性。

三、虚拟财产的刑法保护

（一）虚拟财产刑法保护的必要性

对于虚拟财产刑事保护的必要性，目前主要有两种观点：一种是否定说，认为虚拟财产不应受到刑法保护。其理由主要有：一是虚拟财产没有财产的属性，不应受到保护；二是虚拟财产没有价值，不应受到保护；三是虚拟财产与真实财产的交易违背价值规律和价值交换规则；四是虚拟货币与真实货币的兑换严重扰乱金融秩序；五是虚拟财产与真实财产的交易严重违法；六是虚拟财产是游戏商赚取高额利润的一个圈套；七是保护虚拟财产会给社会带来不可估量的严重后果，如引发更多的虚拟财产盗窃案件，将导致更多的网络企业和游戏商家竞相发

---

〔1〕 汤恒俊、陈明思：“论网络虚拟财产的法律保护”，载《江西社会科学》2008年第11期。

〔2〕 于志刚主编：《网络空间中虚拟财产的刑法保护》，中国人民公安大学出版社2009年版，第24页。

行虚拟货币，将导致更多的人员和社会精英加入到玩家行列，造成人才的惊人浪费，将严重影响青少年一代的智力开发和健康等。“如果说盗窃虚拟财产也是盗窃的话，那仅仅是一个小盗，而游戏商家制造虚拟财产和用虚拟财产兑换真实财产的行为才是大盗，它盗窃了整个社会的利益。”[1]

另一种是肯定观点，认为虚拟财产应受刑法保护。其理由是：第一，虚拟财产可以作为犯罪对象。第二，侵害虚拟财产具有严重的社会危害性。其理由又有两点：一是盗取、抢劫、诈骗网络游戏账号、虚拟装备、虚拟支付币等案件频发，不仅侵扰了网络游戏良好的发展趋势，而且侵犯了相关权利人的财产利益，这种财产利益是现实的、刑法所应当保护的法益。二是侵犯虚拟财产的行为与社会主体意志的不相容性，超出了社会的容忍度以及一般公众的心理承受能力。例如，盗窃QQ币的行为很明显地超出了一般民事侵权的程度，一般社会公众在观念上也会认为它应当构成犯罪。[2] 第三，国际上先行的立法例已经出现，美国以及我国的香港、台湾地区已经使用刑法对虚拟财产进行保护。

我们认为，虚拟财产属于信息时代的一种特殊财产，具有经济利益性、意志性和可支配性。侵犯虚拟财产的行为在本质上具有法益侵害性，因此应当受到刑法保护。

（二）虚拟财产刑法保护现状

1. 境外虚拟财产刑法保护现状。鉴于网络的迅速发展和网络盗窃犯罪的大量发生，外国立法普遍将虚拟财产作为刑法保护对象。1994年生效的法国新《刑法典》第323-3条“非法输入、取消、变更资料罪”规定，采取不正当手段，将数据资料输入某自动处理系统，或者取消或变更该系统储存之资料的，处3年监禁并科30万法郎罚金。美国的《电子盗窃禁止法》也把网络游戏中玩家的账号列入可以保护范围之内，并在案例中确定了虚拟财产的保护地位；美国《法令》第18项标题第1030（a）、（b）条规定，凡明知及有欺骗意图而非法买卖可以在未获授权下取用计算机的密码或类似资料，即属犯罪。我国台湾地区2003年修订的“刑法”在第359条规定，无故取得、删除或变更他人计算机或其他相关设备之电磁纪录，以致损害于公众或他人者，处以5年以下有期徒刑、拘役或科或并科20万元以上罚金。

2. 我国虚拟财产刑法保护现状。我国在预防和打击虚拟财产的犯罪方面尚

〔1〕 侯国云：“论网络虚拟财产刑事保护的不当性——让虚拟财产永远待在虚拟世界”，载《中国人民公安大学学报（社会科学版）》2008年第3期。

〔2〕 参见牛月安：“论刑法保护虚拟财产的必要性”，载《法制与社会》2009年第2期。

处在起步阶段。《刑法》第 285 条规定了非法侵入计算机信息系统罪；非法获取计算机信息系统数据、非法控制计算机信息系统罪；提供侵入、非法控制计算机信息系统程序、工具罪，第 286 条规定了破坏计算机信息系统罪，第 287 条规定了利用计算机从事金融诈骗罪、盗窃罪、贪污罪、挪用公款罪、窃取国家秘密罪等传统犯罪的处罚。由于内容上的限制，这些法条在应对形式多样、数量众多的网络犯罪时显得比较被动。原因在于：第一，传统意义上的诈骗罪、盗窃罪、贪污罪所针对的对象都是现实中的财产，而非网络虚拟财产。该规定不能解决盗窃虚拟财产问题，也无法解决大量的新型网络犯罪的问题。第二，现行刑法所使用的"应用程序"、"破坏性程序"等概念，缺乏相应技术方面的专业性解释。网络活动的技术性决定了法律对它的界定应当是专业的、精确的，否则无法解决复杂、技术精深的案件。第三，我国刑法对虚拟财产在刑法上的地位未做明确规定。在司法实践中对大量出现的盗窃虚拟财产的行为，各地法院的判决也采取了不同的态度。[1]

（三）虚拟财产刑法保护思考

1. 虚拟财产刑法保护的前提。对虚拟财产进行刑法保护，意味着虚拟财产在法律上得到了认可而具备了合法性。问题在于，基于虚拟财产的虚拟性、可复制性，虚拟财产的法律保护对游戏玩家和游戏商家而言大不相同：对于游戏玩家而言，意味着保护了游戏玩家花费技术和大量时间辛苦得来的或者通过真实货币换取的各种游戏装备、宝物；对于游戏商家而言，则意味着其发行虚拟货币、随意复制游戏装备和宝物的行为是合法的，而这确实可能导致有学者所担忧的："假如国家正式表态保护虚拟财产，并允许虚拟财产与真实财产自由兑换，那么，必然会导致更多的企业加入这个行列，导致更多的企业竞相发行虚拟货币，从而使虚拟货币的发行泛滥成灾。不仅如此，还会由此导致一大批不劳而获者，他们仅靠编制和复制虚拟财产的网络数据，就可以毫不费力的将社会财富聚拢于他们手中，从而成为超级富豪。"[2]

由此可见，在讨论刑法介入虚拟财产的保护之前，不能只顾及网络游戏现状之下游戏玩家利益的保护，还应当考虑到刑法介入保护之后可能带来的一系列后果，并尽可能给予事先防范。防范的关键在于：合理界定虚拟财产产权，即合理

---

〔1〕参见庞云霞："网络虚拟财产的盗窃问题研究"，载《西安石油大学学报（社会科学版）》2008 年第 1 期。

〔2〕侯国云："论网络虚拟财产刑事保护的不当性——让虚拟财产永远待在虚拟世界"，载《中国人民公安大学学报（社会科学版）》2008 年第 3 期。

确定与虚拟财产有关的各个主体所拥有权利的具体形态和边界，以实现各利益主体之间的均衡，从而使虚拟财产的产生、运作、结束纳入合理的规范化、法制化轨道。在这方面，已经有学者以产权稳定自我实施作为产权界定的基本原则，提出了网络游戏虚拟财产的产权界定格局。即：虚拟财产的所有权归于游戏厂商，玩家享有有条件的使用权；厂商应当承担技术进步不足导致的风险，但应当将责任限定在一定范围内；作为权利的确认者，政府既需要取得经济增长和青少年健康成长两个目标之间的平衡，也需要有所限制地确认上述产权格局。其理由是：虚拟财产的无形性和物理不可转移性决定了虚拟财产不可能脱离游戏存在，即玩家不能对虚拟财产拥有所有权，虚拟财产的所有权只能归厂商拥有。事实上，玩家消费网络游戏只是在玩家与厂商之间建立了一种消费契约，虚拟财产只是玩家完成消费的一个媒介，是厂商提供给玩家进行体验消费的一个工具。因此玩家应当拥有虚拟财产的使用权，并且是受到限制的使用权。限制体现为：一是必须在特定游戏内使用虚拟财产，二是必须事先获得厂商的认证才能使用虚拟财产。目前网络游戏虚拟财产争端的根源在于缺乏有效的技术来确定侵权原因，即到底是玩家行为引起，还是厂商行为导致，亦或是由第三方行为造成。更重要的是，目前缺乏有效的技术来防止“黑客”的侵入和强制外挂的存在。在这种情况下，需要对因技术进步不足导致的风险进行合理分配，以推动产权的顺利自我实施。分配的基本原则在于：虚拟财产面临的侵权确定技术风险是在厂商利润追求过程中产生的风险，因此厂商要为此风险承担相应的责任，即除去那些能够确定是因为玩家自身原因而导致的虚拟财产丢失外，厂商要对虚拟财产的丢失有限地承担责任，负责为玩家免费恢复虚拟财产。〔1〕

我们认为，在探讨虚拟财产刑法保护方式之前，有必要先反思目前虚拟财产的产权如何在法律上进行界定。问题的关键在于：如果现有的产权界定本身存在着模糊或者严重的不公正性，那么刑法就不能径直在此基础上对虚拟财产提供保护，否则将使现有不合理的制度得到承认，甚至进一步加剧制度的不合理。如目前大多沿用传统侵权方式，认定盗窃虚拟财产的责任应当由玩家承担，而这种产权界定显然存在问题。事实上，如果要求厂商承担虚拟财产被窃之后的后果，并要求厂商对被窃的虚拟财产予以恢复，这不仅在技术上可行，而且更重要的是，还将进一步激励厂商减少内部管理漏洞，并提高技术或者通过必要的程序设置尽量防止虚拟财产被盗。例如，在程序上，厂商可以要求除在游戏中正常获得的虚

---

〔1〕 参见魏建、薛善国：“产权稳定自我实施与产权界定：网络游戏虚拟财产”，2006 年中国法经济学论坛会议论文。

拟财产外，通过馈赠、交易获取的虚拟财产必须在厂商设立的财产登记处进行登记。通过登记对虚拟财产进行确认和检验，部分地将黑客制造的非法财产予以剔除。同时，通过登记的虚拟财产被确认为是“合法财产”，将来丢失时给予恢复；没有登记或者没有通过登记的被认为是非法财产不给予保护和恢复。[1] 通过这种方式可以提高玩家的谨慎程度，而且可以进一步规范虚拟财产的交易。

2. 虚拟财产刑法保护的路径。

(1) 域外借鉴。目前，在全球范围内，各国应对网络犯罪的立法模式主要有以下几种：①继续沿用传统的刑事法律来惩治网络犯罪，这些国家与地区将网络犯罪归类于传统犯罪，认为网络仅是一种新的犯罪工具与犯罪方式，无须特别立法或增修法律以资适用。②将新的网络犯罪刑事法律规定在原刑法的章节之中，这其中又分为两种情况：一种是依据网络犯罪的种类与性质，将网络犯罪条文分散规定在刑法各章节中；另一种是将所有网络犯罪看成是一个整体，集中规定在刑法某一章节之中，使之形成较为完整的罪名体系。采用这种模式的国家有加拿大、德国、日本，我国台湾地区亦属于这种模式。③制定惩治网络犯罪行为的单行法律，如美国各州制定的专门的计算机犯罪法，英国也采用这种模式，该种模式比较灵活，修改起来比较方便。④在其他法律法规中设置网络犯罪条款，也就是通常所说的附属刑法，采用这种模式的国家有瑞士、法国和丹麦等。上述四种立法模式各有利弊，也并非截然分开，相互之间可能存有交叉。[2]

(2) 我国的选择。对网络犯罪刑事立法模式的选择，目前主要有两种意见，一是认为我国在目前相当长的一段时间内应该致力于制定一部单独的网络犯罪刑事法，这样有助于发挥单独立法模式的优势，而且面对网络犯罪的汹涌浪潮，对原刑法做改头换面式的修改并不能解决问题；二是认为我国的网络刑事立法模式应采用渐进的立法模式，即修订现有的法律来涵盖更多的计算机犯罪，待条件成熟后，逐步制订有关网络犯罪的特别法。[3]

我们认为，目前针对虚拟财产侵犯行为按照财产犯罪的扩大解释进行适用，仅是权益之计，将来通过制订专门的刑事立法对虚拟财产刑法问题进行规制较为妥当。理由是：

第一，侵犯虚拟财产与传统财产犯罪的行为方式存在重大差异。以盗窃虚拟

---

〔1〕 参见魏建、薛善国：“产权稳定自我实施与产权界定：网络游戏虚拟财产”，2006 年中国法经济学论坛会议论文。

〔2〕 参见杨正鸣主编：《网络犯罪研究》，上海交通大学出版社 2004 年版，第 80 ~ 83 页。

〔3〕 参见刘守芬等：《技术制衡下的网络刑事法研究》，北京大学出版社 2006 年版，第 107 ~ 108 页。

财产行为为例，盗窃虚拟财产行为有着不同于一般盗窃行为的特殊性：①行为手段虚拟化。盗窃虚拟财产的行为发生在网络空间，借助于特殊程序、病毒、网络监控等手段，通过二进制的逻辑代码形成的程序指令来进行，没有表现为一系列明显的外在动作。②行为证据的隐蔽化。盗窃行为通过程序指令进行，没有指纹、门锁等物化的证据存在，侦察机关需用技术手段获取程序指令来证明犯罪行为存在；确定虚拟主体的现实身份也需要相应的技术手段。③行为高智商化。最常见的作案方法即在电脑、特别是网吧电脑中植入“木马程式”或者利用外挂程序包装“木马程序”引诱玩家的方式，盗得他人网络游戏中的账号、密码，再窃取宝物、虚拟币等；少部分表现为熟人盗取账号后作案。④行为主体的虚化。在虚拟的网络技术环境和虚化的责任状态下，虚拟主体进行的行为与真实身份间的联系只表现为一系列物理指令。故证明行为者的真实身份需要技术手段的参与，有些情况下确定了盗窃程序指令的发出位置，亦很难确定虚拟主体的现实身份。[1] 又如，以虚拟抢劫行为为例，它就完全有别于传统的抢劫犯罪。传统的抢劫犯罪是指犯罪人以暴力、胁迫或者其他使人不能反抗、不敢反抗、不知反抗的方法，当场强行劫取他人财物的行为。而在虚拟空间中，行为人依靠自己相对高出他人的计算机技术手段，迫使他人的计算机系统或者某一程序不能使用，或者无法正常使用，进而可能在他人目瞪口呆地坐在计算机前看着却无法阻止的情况下，即在他人缺乏技术对抗或者反抗能力的情况下，强行劫取、拿走他人的虚拟财产。此时，能否定性为计算机抢劫罪呢？如果可以，则传统计算机犯罪中侵犯人身权利和财产权利双重客体的理论，将受到巨大的冲击。因为在这一虚拟空间中的抢劫犯罪行为中，被告人完全没有针对财产的所有人、看护人、使用人或者占有人等的人身进行危害，虽然劫取虚拟财产时具有一定的强行性，手段也存在强制性，但是却没有侵犯被害人的人身权利，因而不符合抢劫罪的传统理论。将这种行为认定为抢夺罪也不妥当，此时的强制手段已经不仅仅是针对财物的强制，而是具有排除占有人反抗的性质。这在刑事立法上似乎是一个应当及早应对的问题。[2]

第二，虚拟财产受侵害结果与传统财产犯罪存在重大差异。在网络空间，行为人侵害网络用户的网络虚拟财产可以造成其占有权的转移，即占有权可以从网络用户一方转移到侵害行为人一方，但此时的占有权转移具有非确定性。因为网

〔1〕 庞云霞、张有林：“论网络虚拟财产及其盗窃问题”，载《山西大同大学学报（社会科学版）》2008年第1期。

〔2〕 于志刚：“论网络游戏中虚拟财产的法律性质及其刑法保护”，载《政法论坛》2003年第6期。

络虚拟财产的载体是数据，数据具有可恢复性，在合法占有人失去对网络虚拟财产的占有时，如果能够提供相关证据向网络运营商证明自己是合法占有人，可以通过恢复原有的承载网络虚拟财产数据的形式来重新取得合法的占有，但此时侵害行为人并不因受害人恢复合法占有权而失去其本身的非法占有权，这时就出现了同一个网络虚拟财产同时被不同独立主体共同占有的情况。同理，侵害人的行为在客观上导致了受害人网络虚拟财产的毁坏，造成了客观上的经济损失，但这一经济损失同样可以在受害人提供相关证明后由网络运营商通过数据恢复的形式来弥补。因此，由于作为网络虚拟财产载体的数据具有恢复性这一物理特征，导致了网络虚拟财产占有权受侵害时的非确定性转移和被毁坏时经济价值的非确定性丧失。[1]

第三节　信　息

伴随着我国迈入信息化时代，信息对我们的生活日益发挥重要作用，与此同时，各种危害、威胁信息的行为也日益增多，我国刑法也需要面对这一新型的犯罪对象，在刑法立法上进行相应的调整，以实现对信息的保护，进而实现对人们的生活利益、经济秩序和社会公共安全以及社会管理秩序的保护。

一、刑法学视野中的信息界定

"信息"，英文表述为 Information，中文意思可译为"音讯、消息、情报"等。习惯上人们也把消息、情报、指令、代码、数据、资料和信号中所包括的知识内容统称为信息。[2] 由于研究目的不同，不同的学科对信息有着不同的界定。例如，在哲学中，信息是事物运动的存在或表达形式，是一切物质的普遍属性，实际上包括了一切物质运动的表征。在传播学中，信息是在一种情况下能够减少或消除不确定性的任何事物，它是人的精神创造物。

从宽泛的意义上说，刑法中规定的大部分犯罪，都与信息存在一定关系。但是，从缩小问题域的角度上看，需要在犯罪对象中予以研究的信息，主要是指关系到个体重要权利或者经济社会发展中的重要事项、需要由刑法加以规制的各种信息。主要有以下三种类型：

1. 公民个人信息，即公民的姓名、住址、身份证号、电话号码、银行账号、

---

〔1〕 李磊："财产犯罪对象的变迁"，武汉大学 2005 年硕士学位论文，第 42 页。
〔2〕 参见高德胜："信息犯罪研究"，吉林大学 2008 年博士学位论文，第 4 页。

银行卡号和财产状况等能够识别公民个人身份等情况的信息。公民个人信息可以进一步区分为一般性信息，如公民的姓名、电话号码、通讯地址等一般性信息；分类性信息，如车主信息、新生儿家长信息、股民信息、房主信息等具有分类性内容的信息；隐私性信息，如公民的婚姻状况、房屋状况、银行账户状况等私密性信息。

2. 特定信息系统中存储、处理、传输的信息。这里的信息系统主要是指与信息工具（技术）相关的信息系统，如计算机信息系统。特定信息系统中存储、处理、传输的信息，主要指各种数据。对于计算机信息系统而言，所谓“存储”的数据，是指在用户计算机信息系统的硬盘或其他存储介质中保存的信息，如用户计算机中存储的文件等；所谓“处理”的数据，是指计算机信息系统正在运算中的信息；所谓“传输”的数据，是指计算机信息系统中各设备、设施之间，或者与其他计算机信息系统之间正在交换、输送中的信息，如敲击键盘、移动鼠标向主机发出操作指令，就会在键盘、鼠标与计算机主机之间产生数据的传输。〔1〕 值得注意的是，伴随着信息技术的发展，除了计算机信息系统之外，还可能存在甚至发展出与计算机关系不大或没有关系的新型信息系统。例如，目前不少平板电脑或手机信息系统与计算机信息系统就存在很大差别。〔2〕

3. 特定领域中的特定信息。按领域不同，又可分为商业经济信息、政务信息、公共信息等。其中，商业经济信息包括公司、企业经营信息，金融信息，证券、期货信息等；政务信息是政务活动中反映政务工作及其相关事物的情报、情况、资料、数据、图表、文字材料和音像材料等的总称，如各地贯彻中央、国务院、省委、省政府各项方针、政策的情况等；公共信息是与公共利益相关的信息，如公共事件信息等。

二、信息的刑法规制现状及不足

（一）我国刑法对信息的规制现状

我国刑法对于信息的规制方式，主要包括两大类：一类是通过刑法予以保护的信息，如公民个人信息、计算机信息系统数据等；一类是通过刑法予以管制、防止信息的不当使用造成社会危害的信息，如公司、企业经营信息，内幕信息，虚假恐怖信息等。具体而言，我国刑法对信息的规制现状为：

---

〔1〕 参见王尚新主编：《中华人民共和国刑法解读》（第3版），中国法制出版社2011年版，第566页。

〔2〕 目前流行于国内外的不少平板电脑并非严格意义的计算机。例如，众所周知的iPad即非严格意义的计算机，虽然其确属网络终端之一并被世人简称为平板“电脑”。

1. 对于公民个人信息，《刑法修正案（七）》专门规定了出售、非法提供公民个人信息罪和非法获取公民个人信息罪两种犯罪，对公民个人信息予以保护。

2. 对于计算机信息系统中存储、处理、传输的信息，共有4个罪名，即《刑法》第285条规定的非法侵入计算机信息系统罪，非法获取计算机信息系统数据、非法控制计算机信息系统罪，提供侵入、非法控制计算机信息系统程序、工具罪，以及第286条规定的破坏计算机信息系统罪。

3. 对于特定领域中的特定信息，刑法根据社会主义市场经济秩序和社会管理秩序保护的需要，规定了相应的犯罪。如《刑法》第161条规定的违规披露、不披露重要信息罪，第177条之一规定的窃取、收买、非法提供信用卡信息罪，第180条规定的内幕交易、泄露内幕信息罪，利用未公开信息交易罪，第181条规定的编造并传播证券、期货交易虚假信息罪，第291条之一规定的编造、故意传播虚假恐怖信息罪等。

（二）关于信息的刑法规制的不足

尽管我国《刑法》对公民个人信息、计算机信息系统数据等进行了保护，对内幕信息、虚假交易信息、虚假恐怖信息等进行了规制，但还存在以下不足：

1. 信息保护的范围仍有待于进一步明确及扩大。例如，我国刑法虽然规定了针对公民个人信息的犯罪，但对于哪些信息属于公民个人信息，仍有待于厘清。又如，按照《刑法》第285、286条的规定，我国刑法只保护计算机信息系统存储、处理、传输的信息，而对于因信息工具（技术）的发展而形成的其他信息系统（如平板电脑或手机信息系统）中的信息，则未纳入刑法保护视野。

2. 侵害信息的主体范围仍有待扩张。例如刑法规定的出售、非法提供公民个人信息罪，犯罪主体是特殊主体，即肩负着公共管理职能或为大众提供公共服务职责的国家机关或者金融、电信、交通、教育、医疗等单位的工作人员。然而，随着社会发展，可以接触到并掌握大量个人信息的机构也明显增多，诸如电力、保险、旅游、新闻媒体等单位，还有各类会员制商家、猎头公司、调查公司、律师事务所、房屋中介等，都已成为掌握庞大个人信息的重要机构，如果只规定少数单位的工作人员，而没有将这些机构中的从业人员纳入本罪的主体范围，那么关于个人信息的刑法保护效果将会降低。[1]

3. 信息保护的行为方式仍有待于进一步完善。以非法获取公民个人信息为例，行为人非法获取公民个人信息大多具有手段性，往往服务于牟利的商业用途（如进行电话销售等）甚或是违法犯罪目的（如出售信息以牟利，甚至用以敲诈

〔1〕 参见张丽：“侵犯公民个人信息犯罪的刑法规制”，载《科学之友》2010年第20期。

勒索等)。为了对公民个人信息进行保护，刑法将防线提前，无论行为人非法获取公民个人信息之后用于何种目的，只要实施了非法获取公民个人信息行为就构成犯罪。然而，这可能导致处罚范围的扩大。例如，行为人非法获取公民个人信息仅用以科研目的，对法益的侵害性较低，不宜作为犯罪处理。又如，对于传播型信息犯罪，目前我国刑法仅规定了故意制作、传播计算机病毒等破坏性程序，影响计算机系统运行，后果严重的，构成犯罪，但对于在虚拟的信息空间中故意传播危害信息、垃圾信息等行为，却未规定为犯罪，也存在着不足。

三、关于信息的刑法保护之完善方向

(一) 明确受刑法保护的信息范围

首先，有必要进一步明确受刑法保护的公民个人信息范围。公民的个人信息多种多样，但是刑法并不能将所有的公民个人信息均作为保护的对象，而只能将其中重要的、即对公民个人生活具有重要利益的信息作为刑法保护的对象。因此，明确信息的范围，对于有效的保护公民个人的信息，具有重要作用。可以考虑采取定义与列举特别重要内容的方式明确“公民个人信息”的范围。一方面，通过下定义的方式对“公民个人信息”的刑法概念作出明确界定；另一方面，根据当前公民个人信息的实际情况与技术发展程度，通过列举的方式明确当前对于公民而言何为最重要的个人信息。[1]

其次，适应信息工具（技术）的发展形势，及时将需要通过刑法进行保护的数据，如平板电脑、手机信息系统中的存储、处理、传输的信息，纳入调整范围。

(二) 扩大侵犯信息的主体范围

针对非法提供、出售公民个人信息罪的犯罪主体范围较窄的问题，有必要将目前的特殊主体扩大为一般主体，也就是将律师事务所等法律服务机构、居民委员会等群众自治组织、报纸期刊等新闻媒体、房地产公司、中介机构等能够直接接触公民个人信息的单位工作人员，均纳入本罪的主体范围，从而实现刑法对公民个人信息的全面有效保护,[2] 这也符合国外的通常立法例。如美国1974年的《隐私权法》作为美国信息隐私法的基础法案，该法规定任何人明知且故意以虚假身份向某机关申请得到或得到有关个人的档案材料，应被判以轻罪并处以5000美元以下的罚金；瑞典《个人数据法》规定，故意或过失地实施违反本法关于处理个人敏感数据、违法行为信息、个人身份证号等数据的规定，处理个人数据

〔1〕 参见吴盛：“公民个人信息的刑法保护宜更为周全”，载《检察日报》2008年9月15日。

〔2〕 参见吴盛：“公民个人信息的刑法保护宜更为周全”，载《检察日报》2008年9月15日。

的行为，应当被处以6个月以下的监禁，情节严重的，处以两年以下监禁。[1]

（三）规范破坏信息的行为

1. 进一步对侵犯公民个人信息犯罪的行为进行规范。首先，进一步明确非法获取公民个人信息的罪状。司法实践中，非法获取公民个人信息后的用途主要有两种：一种是合法的商业用途，如推广汽车保险业务、代理招生、推广黄金投资代理等电话销售或者拓展公司业务行为；另一种则是违法犯罪用途，如利用非法获取的公民个人信息用于伪劣产品销售，或者用于实施短信诈骗、敲诈勒索等。为此，可以采用列举＋兜底方式，叙明非法获取公民个人信息的罪状。其次，可以考虑将部分危害严重的“人肉搜索”等行为纳入刑法调整范围。“人肉搜索”等搜集、泄露个人信息的行为，由于其危害性的日益增大和可控性的日益艰难，已经引起了当前社会的普遍关注，可以在条件较为成熟时将其纳入刑法调整范围。[2]

2. 进一步对信息犯罪行为进行规范。从信息犯罪的现状和趋势上看，信息犯罪大体上有以下表现形式：一是侵入型信息犯罪，即违反国家规定，侵入国家事务、国防建设、尖端科学技术领域的计算机信息系统、其他领域的计算机信息系统或者平板电脑、手机等其他信息系统，情节严重的行为；二是劫取型信息犯罪，即违反国家信息管理法规，利用信息传输的特点和信道的先天缺陷，采用刺探、遥感、窃听等技术，在不侵入信息系统的情况下劫取传输中的重要信息的危害行为；三是破坏型信息犯罪，即违反国家信息管理法规的规定，对信息系统或数据信息实施删除、修改、增加、干扰等破坏举动，造成信息系统功能减损或丧失、数据信息失真等后果严重的行为；四是传播型信息犯罪，即违反国家规定，在虚拟的信息空间中故意传播病毒等破坏性程序、有害信息、垃圾信息，严重破坏信息管理秩序、侵害信息法益的行为；五是假冒账号等身份标识号码的信息犯罪，即在信息空间中假冒他人身份标识号码以从事发布言论、处分权益、设定关系等严重影响被害人权利与义务的危害行为；六是窃取型信息犯罪，即在信息空间中，以非法获取信息法益为目的，利用信息技术实施窃取他人重要信息资源或大量信息服务的行为。[3] 目前我国《刑法》第285条和第286条对侵犯计算机

---

〔1〕 刘宪权：“聚焦个人信息保护之纳入刑法”，载《法制日报》2008年10月12日。

〔2〕 参见蔡军：“侵犯个人信息犯罪立法的理性分析——兼论对该罪立法的反思与展望”，载《现代法学》2010年第4期。

〔3〕 参见高德胜：“信息犯罪研究”，吉林大学2008年博士学位论文，第16～26页。

信息系统犯罪和破坏计算机信息系统犯罪做了规定，但从信息法益[1]保护的角度看尚不周延。为此，有必要在今后的刑法修订中，进一步增加信息犯罪的类型，从而构建较为系统的信息犯罪体系。

〔1〕 信息法益包含有多方面内容，一是通过新的信息犯罪形式所侵犯的传统法益，如财产法益等；二是建立在新的行为手段或“侵害对象”基础上、与传统相类似的法益，如信息文件的公信力等；三是因信息技术而催生的新法益，突出体现为信息完整与安全，以及信息隐私。参见［意］劳伦佐·彼高狄：“信息刑法语境下的法益与犯罪构成要件的建构”，吴沈括译，载赵秉志主编：《刑法论丛》（2010 年第 3 卷），法律出版社 2010 年版。

第十三章 正当化事由梳理

在宏观上，如果将犯罪主体、犯罪客体等称为犯罪成立的积极性要件，则可以将正当化事由称为消极性要件。因此，正当化事由是犯罪论中不可或缺的内容。目前，围绕正当化事由在犯罪论体系中的地位、正当化事由的理论根据，乃至正当化事由的称谓本身，都存在各种观点的分歧，本章的目的就在于对当前的重点争议问题进行梳理，为此，本章第一节对正当化事由进行了概述；第二节对现行刑法中规定的正当化事由中的缺陷进行了分析，并提出了完善意见；第三节对是否以及如何在立法中增设正当化事由问题进行了考虑；第四节就是否需要引进超法规正当化事由问题进行了初步分析。

第一节 正当化事由概述

正当防卫、紧急避险等具体制度可见诸于各国刑法，但是不同的刑法理论对这些制度的称谓却不尽相同，大陆法系刑法理论通常称之为“违法性阻却事由”，英美法系刑法理论通常称之为“正当化辩护”或“合法辩护”，在我国刑法理论中，有称之为“排除行为的犯罪性情况”者，有称之为“排除犯罪性行为”者，有称之为“排除犯罪性事由”者，有称之为“排除社会危害性的行为”者，有称之为“正当化事由”者，还有的称之为“正当化行为”者，等等。[1]从“在事由的场合存在一个原因与结果的判断过程”这一角度出发，本章使用“正当化事由”这一表述，因为正当防卫等制度就是将表面上违法的行为合法化的“原因”，而后者被合法化就是“结果”。

---

〔1〕 参见田宏杰：《刑法中的正当化行为》，中国检察出版社2004年版，第5~6页。

一、正当化事由的地位与外延

为什么正当防卫、紧急避险等在大陆法系刑法理论中被称为“违法性阻却事由”，在英美法系刑法理论中被称为“合法辩护”，[1] 而在我国刑法理论中被称为“正当化事由”呢？这是因为其与各自刑法理论中的犯罪构成体系紧密相联。在大陆法系刑法理论中，犯罪构成体系呈现构成要件该当性、违法性、有责性的递进式结构，即“作为一般概念的犯罪，是符合构成要件、违法并且有责的行为”。[2] 根据这一体系，该当构成要件的行为通常就被推定为具有违法性，而正当防卫、紧急避险等否定了符合构成要件该当性行为的违法性，因此被称为违法性阻却事由。在英美法系刑法理论中，犯罪构成体系由犯罪要件与辩护理由构成，犯罪要件是某一行为构成犯罪所必须具备的各种主客观要素，也是判断该行为是否违法的事实基础。但仅仅是违法尚不足以提出刑事责任。刑事责任还要求被告人没有有效的辩护理由。一个被告人也许触犯了某种罪名，但是，如果他能够证明自己的行为适当，就可能不构成犯罪。例如，防卫杀人就不是谋杀，[3] 因此，从英美法系的犯罪构成体系出发，“辩护理由”、“合法抗辩事由”等称谓更为合适。根据我国的刑法理论，犯罪构成体系是由犯罪主体、客体与犯罪主观、客观四个方面的要件构成，体系内的各要件相互依存而为综合评价的耦合式犯罪构成理论体系，[4] 通常认为，这一犯罪构成体系只有入罪而无出罪的功能，而正当防卫等恰是使形式上符合犯罪构成的行为出罪的事由，因此无法从犯罪构成的角度而只能从犯罪概念的角度予以界定。在理论上，犯罪是具有严重社会危害性，违反刑事法规并且应受刑事处罚的行为，[5] 相应地，正当化事由就成了最好的选择。之所以说正当化事由是最好的选择，是因为我国学者所提倡的其他一些称谓，如“排除社会危害性的事由”、“排除犯罪事由”等，虽然其实质含义与“正当化事由”相同，但是这些称谓具有误导性，从表面上看，仿佛某一行为本身含有社会危害性或者犯罪性，而特定事由能够将之排除，而作为判断对象的行为只是形式上违法，实质上并不违法，因此无所谓排除社会危害性或犯罪

---

〔1〕 与大陆法系的违法性阻却事由与责任阻却事由相对应，英美法系中的辩护理由（legal defense）分为正当化辩护（justification）与免责辩护（excuse），亦可称为正当化事由与免责事由，违法性阻却事由、正当化辩护与我国刑法中的正当化事由相类似，责任阻却事由与免责辩护相类似。

〔2〕［日］曾根威彦：《刑法学基础》，黎宏译，法律出版社 2005 年版，第 179 页。

〔3〕 参见［美］道格拉斯·N. 胡萨克：《刑法哲学》，谢望原等译，中国人民公安大学出版社 1994 年版，第 20 页。

〔4〕 参见李洁：“三大法系犯罪构成论体系性特征比较研究”，载陈兴良主编：《刑事法评论》（第 2 卷），中国政法大学出版社 1998 年版，第 440 页。

〔5〕 参见高明暄、马克昌主编：《刑法学》，高等教育出版社、北京大学出版社 2000 年版，第 42 页。

性的问题。如果某一行为形式上违法，实质上也违法，就应属于无法被正当化的犯罪行为。

上述分析表明，虽然由于犯罪构成体系的不同，各国对于正当化事由的称谓有别，但内涵是相同的，即能够使形式上构成犯罪的行为正当化的事实理由，在程序意义上，就“是定罪的反面。换言之，正当化事由是否定意义上的定罪”。[1] 然而，就正当化事由的外延看，各国的刑法规定不尽相同，例如我国刑法中明文规定的正当化事由只有两种，即正当防卫与紧急避险；《意大利刑法典》规定的正当化事由则包括权利人承诺、行使权利与履行义务、正当防卫、合法使用武器、紧急避险；[2] 《法国刑法典》规定的正当化事由包括法律的命令、当局的指挥、正当防卫、紧急避险、被害人同意；[3] 《西班牙刑法典》规定的正当化事由包括正当防卫、紧急避险、由于无法克服的恐惧所造成的损害、为履行义务、或者依法行使权利、公务或者职务的行为。[4] 而且，除法律明文规定的以外，从法秩序的精神出发，考虑到立法的有限性、抽象性与滞后性，许多国家还承认超法规正当化事由的存在，就此，下文还有详细论述。

二、正当化事由的合理根据

正当化事由的根据，即正当化事由得以存在的基础，或言特定事由能够将形式上符合构成要件的行为正当化的原因所在。关于正当化事由的根据，在我国学者的研究中，存在着一元论与多元论的对立。一元论是理论上对试图将刑法中的各种正当化行为在本质上加以统一的上位原理所提出的种种见解的统称，目前主要有法益衡量说、目的说、社会相当性说、允许的危险说等种种不同见解。与此相对应，多元论从违法现象本有多种形态的客观实情出发，认为作为违法性对立物的刑法中的正当化行为建立在完全不同的正当化要素的组合之上，因此刑法中的正当化行为虽有体系化的必要，但实际上并无统一的正当化原理可寻，所以只有依多元个别原理，才能解释种种正当化事由的本质。

因为正当化事由的具体制度所强调的侧重点不同，如紧急避险强调的是优越法益，而被害人承诺强调的则是被害人的自主权利，所以一元论的任何学说都无法涵盖所有情形，正如美国学者所言，“如果能就正当化事由确定一个统一的根据，将是非常理想的，因为这一根据可以在立法者与司法者判断特定行为是否是

---

〔1〕 陈兴良：“正当化事由研究”，载《法商研究》2000 年第 3 期。

〔2〕 参见黄风译：《意大利刑法典》，中国政法大学出版社 1998 年版，第 20～21 页。

〔3〕 参见罗结珍译：《法国新刑法典》，中国法制出版社 2003 年版，第 10～11 页。

〔4〕 参见潘灯译：《西班牙刑法典》，中国政法大学出版社 2004 年版，第 9～10 页。

正当化行为时提供指导。然而事实表明，可以被纳入正当化事由范围的情形千差万别，一元论无法完整地概括其根据。"[1] 所以，尽管一元论在理论上可能有利于阐明违法与适法的界限、划清刑法中的正当化行为与其他相近行为的界限并为刑法中的正当化行为的类型化与体系化提供指导基准，[2] 但"把所有的违法性阻却事由以一个统一的原理来说明只可能造成不明确的抽象概念，故违法性阻却事由的一般原则应当根据多元论来说明。"[3]

我们认为，以法益衡量说为主，以社会相当性说为辅作为正当化事由的多元根据是适当的，理由如下：

第一，随着权利意识的觉醒与经济的发展，我国刑法从国家本位向权利本位的转变是一种必然趋势，体现了客观主义立场与结果无价值的法益概念是这一转变的必然要求。而且，法益概念具有实践性，从生命、自由、财产、名誉等法益比较来看，"一般而言，在个人法益中，生命法益高于自由法益，自由法益高于个人的名誉和财产法益；而在超个人法益中，法益的位阶以及法益之间的价值衡量，又可依据法益保护的法律渊源效力，即通过对法益系宪法性法益还是单纯的刑法性法益、民法性法益的考量，得出一个合乎罪刑法定原则旨趣的合理结论，"因此便于司法操作，能够"使国家对每一个形式上违反刑法规范行为的惩罚权变成了不是理所当然的，而是必须予以证明的。一个行为即使形式上违反了刑法规范并具备了刑法规定的犯罪构成要件，如果不能证明它实际上侵犯了法益，或者虽然侵犯了较小的法益或者同等的法益，却保全了较大的或者另一同等的法益，它就不仅不具有实质的违法性，相反是为法秩序整体所宽容的刑法中的正当化行为。"[4]

第二，如上所述，法益衡量说并非能够对所有的具体正当化事由作出解释，因此需要其他理论的补充。基于目前我国的刑事立法与法律传统，社会相当性说无疑是最好的选择：首先，虽然我国学者对传统的关于犯罪本质的社会危害性说进行了反思，但是《刑法》第13条关于犯罪概念的规定还是以社会危害性为基础的。其次，在刑法理论中，主观主义还是在发挥着重要的作用，行为无价值论还是在支配着某些具体的结论。最明显的一个例子就是未遂犯与不可罚的不能犯的区别，如误把白糖等无毒的物品当作砒霜等毒药去杀人，我的刑法主流的理论

---

[1] Joshua Dressler, *Understanding Criminal Law*, Mathew Bender & Co., 1987, p. 181.

[2] 参见田宏杰："刑法中的正当化行为的根据"，载《河南社会科学》2004年第5期。

[3] [韩] 李在祥：《韩国刑法总论》，[韩] 韩相敦译，中国人民大学出版社2005年版，第191页。

[4] 参见田宏杰："刑法中的正当化行为的根据"，载《河南社会科学》2004年第5期。

将之视为不能犯未遂，可以比照既遂犯从轻或减轻处罚，[1] 这其实是坚持了行为无价值的观点，注重行为本身的恶性。因为根据结果无价值的观点，行为人的行为根本没有侵害法益的可能性，这种情况最多是不可罚的不能犯。因此，在法益衡量说不能作出合理解释的场合，以社会相当性说进行补充解释是可以的。关于社会相当性的标准，可以从目的与手段两个方面综合考虑：从目的的角度出发，在社会生活中，在个体间存在着各种权利冲突。行为人基于个人权利，追求本人的目的，只要这种目的符合社会生活的一般伦理秩序，即应视为正当；从手段的角度出发，实现上述目的的手段也必须是正当的，不能以不正当的手段来实现正当的目的。只有在目的正当，手段也正当的情况下，才可以说某一具体行为是符合社会一般观念，具有社会相当性。[2]

第二节 现行刑法法定的正当化事由及其立法完善

一、正当防卫

现行《刑法》第20条第1款规定，为了使国家、公共利益、本人或者他人的人身、财产和其他权利免受正在进行的不法侵害，而采取的制止不法侵害的行为，对不法侵害人造成损害的，属于正当防卫，不负刑事责任。第2款继而规定，正当防卫明显超过必要限度造成重大损害的，应当负刑事责任，但是应当减轻或者免除处罚。在上述两款规定的普通防卫之后，第3款对特殊防卫进行了规定，即对正在进行行凶、杀人、抢劫、强奸、绑架以及其他严重危及人身安全的暴力犯罪，采取防卫行为，造成不法侵害人伤亡的，不属于防卫过当，不负刑事责任。对于正当防卫的成立要件，本节不再赘述，仅围绕相关争议问题展开讨论。

（一）不法侵害

关于作为正当防卫起因条件的“不法侵害”的争论，主要集中在两点：第一，对“不法侵害”的判断，是应该采取主观说还是客观说？第二，对于“不法侵害”的范围应该如何理解，是否仅包括违法行为？

就第一个问题，主观说认为，行为是否不法，不仅仅根据行为本身来认定，

〔1〕 参见高铭暄、马克昌主编：《刑法学》，北京大学出版社、高等教育出版社2000年版，第159页。

〔2〕 参见陈兴良：“正当化事由研究”，载《法商研究》2000年第3期。

而应根据行为人的主观情况来认定，即客观上必须为危害社会的行为，主观上也必须有责任的意思，而且行为人必须具有责任能力。客观说则认为，不法是指客观上存在的危害社会而且违法的行为，不以行为人是否具备责任能力和责任意思为要件。[1] 我们认为，客观说更合理。因为，正当防卫强调的是实施防卫行为的人的权利，而实施防卫行为者在行为之际，只能根据客观的情况来判断是否以及如何防卫不法侵害，没有条件也没有时间对不法侵害施加者的主观情况进行判断。客观说也是德日刑法理论中的立场。例如，德国学者认为，作为正当防卫状况的“侵害”既不需要以蓄意，也不需要以间接故意的形式造成；一个过失甚至是完全无责的且客观上没有违法性的行为，如果他对法律所保护的利益形成正在发生的侵害状况，就可以认定是该意义上的“侵害”。[2] 日本学者同样认为，构成正当防卫中的“侵害”，不需要故意或者过失，只要能够认定行为性与在客观上能够肯定违法性即可。[3]

就第二个问题，有的观点认为，不法侵害仅指犯罪行为，有的观点则认为包括违法和犯罪行为。[4] 我们认为，不应该将“不法侵害”中的“法”理解为“刑法”，而应该将之理解为一般性的法律规范，即只要加害人的行为在客观上是违反法律规范，破坏法律秩序的即符合上述第20条之要求，无需一定是违反刑法或者治安管理处罚法的行为。首先，如果将不法侵害行为定性为犯罪行为，就意味着在侵害行为伊始，防卫人就需要判断该行为是犯罪行为还是一般侵害行为，且不说在客观上不存在容许防卫人进行这一判断的时间，就是存在，划清犯罪行为与一般侵害行为之间的界限对于专业人员而言都并非易事，对一般公民提出这种要求，过于苛刻；其次，正当防卫的立法目的在于给处于紧迫不法侵害状态下的公民提供保护的手段，如果将“不法侵害”定性为犯罪行为，无疑是给公民施加了太紧的限制，有碍于立法目的的实现。

既然这里的“不法侵害”留下了多种解释的余地，我们建议仿效日本刑法，将上述第20条中的“不法侵害”这一用语置换为“不正当侵害”。因为正当防卫存在着一定的限度要求，所以如此修改在明确立法意图的同时，不会给法律实施带来不当的负面影响，而且日本司法实践也已经证实了这一点。

---

〔1〕 参见赵秉志等：《刑法学》，北京师范大学出版社2010年版，第176页。

〔2〕 参见［德］汉斯·海因里希·耶赛克、托马斯·魏根特：《德国刑法教科书》，徐久生译，中国法制出版社2001年版，第404页。

〔3〕 ［日］山口厚：《刑法总论》（第2版），有斐阁2008年版，第115~116页。

〔4〕 参见赵秉志等：《刑法学》，北京师范大学出版社2010年版，第177页。

（二）行凶、杀人、抢劫、强奸、绑架以及其他严重危及人身安全的暴力犯罪

根据上述《刑法》第20条第3款的规定，存在行凶、杀人、抢劫、强奸、绑架以及其他严重危及人身安全的暴力犯罪，是构成特殊防卫的前提。对这一前提的解释通常是：对于非暴力犯罪以及作为一般违法行为的暴力行为，不适用上述规定；对于轻微暴力犯罪或者一般暴力犯罪，不适用上述规定。只有对严重危及人身安全的暴力犯罪进行正当防卫，才没有防卫过当的问题，其中的“行凶”指故意杀人之外的故意伤害行为，并非对于任何行凶、杀人、抢劫、强奸、绑架等暴力犯罪进行防卫都适用上述规定。只有当暴力犯罪严重危及人身安全时，才适用上述规定。例如，对于采取不会造成他人伤亡的麻醉方法进行抢劫的，以及冒充妇女的丈夫实施强奸的，就不能适用上述规定；严重危及人身安全的暴力犯罪，也并不限于刑法条文所列举的上述犯罪，还包括其他严重危及人身安全的暴力犯罪，但这里的“人身安全”虽然在广义上包括生命、健康、性、人身自由、住宅、人格等的安全，但从上述第20条第3款规定的精神而言，应该将之限定为人的生命、健康安全。[1]

对上述规定，我们认为：

第一，“行凶”一词用在这里与“杀人、抢劫、强奸、绑架”不相融洽。一方面，“杀人、抢劫、强奸、绑架”是刑法分则明确规定的罪名，或明文禁止的行为，有特定所指，而“行凶”一词作为生活中的用语，其本身尚有待于解释；另一方面，“以及其他严重危及人身安全的暴力犯罪”的表述说明，其前面的行为应该都是暴力犯罪，而“行凶”并非是法定的犯罪，就如有的学者所言，行凶是一个含义模糊而且范围宽泛的概念，在现实生活具有多种多样表现形式，很难界定清楚。[2] 既然如通常的解释所言，“行凶”是指可能造成他人重伤、死亡的故意伤害行为，[3] 我们建议将第3款的“行凶”一词代之为“伤害”，并将其置于“杀人”之后，将第20条第3款修改为：对正在实施杀人、伤害、抢劫、强奸、绑架以及其他严重危及人身安全的暴力犯罪行为，采取防卫行为，造成不法侵害人伤亡的，不属于防卫过当，不负刑事责任。应当指出的是，这里的“杀人、伤害、抢劫、强奸、绑架”不应解释为具体的罪名，而如同《刑法》第17条中规定的“故意杀人、故意伤害致人重伤或者死亡、强奸、抢劫、贩卖毒品、

---

〔1〕 例如，参见赵秉志等：《刑法学》，北京师范大学出版社2010年版，第191页。

〔2〕 参见魏东：“‘无限防卫论’质疑”，载《法学》1997年第10期。

〔3〕 参见赵秉志等：《刑法学》，北京师范大学出版社2010年版，第191页。

放火、爆炸、投毒”一样，是具体的行为，所以在诸如《刑法》第240条的规定的“以出卖为目的，使用暴力、胁迫或者麻醉方法绑架妇女、儿童”等加重情节的场合也应该适用上述特殊防卫的规定。

第二，通常的解释认为，只有在以暴力方式实施上述犯罪的场合，才能适用上述第3款特殊防卫权的规定，例如，有的观点指出，“杀人，是指故意杀人，而且在一般情况下是指使用凶器，严重危及被害人的生命安全的情形。对于那些采取隐蔽手段的杀人，例如投毒杀人等，事实上也不存在防卫的问题，更谈不上无过当防卫。”“……对于暴力抢劫、强奸，显然可以实行无过当之防卫。但对于采用胁迫或者其他方法实行的非暴力的强奸、抢劫能否实行无过当防卫，我认为是值得商榷的。在我看来，对这种非暴力的强奸、抢劫不能实行无过当的防卫。至于绑架，一般情况下是采用暴力的，因而可以实行无过当防卫。但也有个别情况是非暴力的，例如胁迫等，在这种场合，一般不允许实行无过当防卫。总之，在认定无过当防卫的对象的时候，应当以暴力犯罪来严格界定与限制刑法所列举的行凶、杀人、抢劫、强奸、绑架等犯罪。”[1]

我们认为，这种解释有商榷的余地。一方面，《刑法》第20条第3款规定的“对正在进行行凶、杀人、抢劫、强奸、绑架以及其他严重危及人身安全的暴力犯罪”中的“严重危及人身安全的暴力犯罪”是一个定性的限制，并没有对行为方式有所限制，上述解释虽然具有一定的合理性，但并非完全符合条文的逻辑解释。因为，《刑法》第20条第3款所列举的犯罪在性质上都是“暴力犯罪”，只要实施这些犯罪达到了“严重危及人身安全”的程度，即可以适用特殊防卫的规定，例如身强力壮的男性A将2岁的幼童B锁在屋子里，在屋外以B的人身安全威胁其母亲C就范，难道在这种情况下还不允许C实行特殊防卫？另一方面，在实践中如果将实施特定犯罪的方式限定为暴力方式，可能会限制特殊防卫发挥作用。例如，A在20米远处看到B正欲给熟睡中的C注射毒药，就拿起石头向B掷去，正中B的头部致B死亡。注射毒药也不算是暴力杀人的方式，如果不适用特殊防卫的规定，那么如何对A的行为进行定性呢？无论是认定其行为构成故意杀人或者伤害，或者过失致人死亡，在社会观念上都是难以接受的，而且上述解释对于被害人而言，也形成了不恰当的限制。

综上，从立法的用语逻辑而言，“对正在进行行凶、杀人、抢劫、强奸、绑架以及其他严重危及人身安全的暴力犯罪,”的合理解释应该是：一是相关犯罪是法定范围内的暴力犯罪；二是相关犯罪的实施达到了“严重危及人身安全”

---

〔1〕 陈兴良：《刑法适用总论》（第2版·上卷），中国人民大学出版社2006年版，第338～339页。

的程度，而无论实施犯罪的方式是否是暴力。

二、紧急避险

根据现行《刑法》第21条规定，为了使国家、公共利益、本人或者他人的人身、财产和其他权利免受正在发生的危险，不得已采取的紧急避险行为，造成损害的，不负刑事责任。紧急避险超过必要限度造成不应有的损害的，应当负刑事责任，但是应当减轻或者免除处罚。但上述关于避免本人危险的规定，不适用于职务上、业务上负有特定责任的人。

关于紧急避险，目前存在争论的就是衡量标准的问题，具体而言，就是牺牲的利益能否等于保护的利益？就此，通说认为，紧急避险的本质在于，紧急避险所保护的权益同避险所损害的第三者的权益，两者都是法律所保护的。只有在两利保其大、两弊取其小的场合，紧急避险才是对社会有利的合法行为。所以“紧急避险的必要限度，就是避险行为对另一合法权益所造成的损害，必须小于所要避免的损害。如果避险行为所造成的损害大于或等于所要避免的损害，则属于超过了必要限度。这意味着受损害的合法权益既不能等于、更不能大于所保护的权益。”[1]

我们认为，上述第21条中的“必要限度”宜根据所涉权益的性质做不同的理解。①如果所损害的与所保护的都是生命权益与健康权益，这里的“必要限度”就是通说的“避险行为对另一合法权益所造成的损害，必须小于所要避免的损害”，因为人的生命健康权是最大的权益而且是平等的，在我国的环境内，不应允许通过牺牲他人的生命、健康来保全自己的生命、健康；②如果所损害的与所保护的是不同性质的权益，则应该认为人身权利大于财产权利，生命权高于其他任何权利，不允许为了保护自己的生命健康而损害他人的生命健康。尤其应该指出的是，避免将国家利益、整体利益大于个人利益的公式套入紧急避险的限度判断，也即，不能认为前两者永远高于后者，当不能两全时，不能允许以牺牲他人的生命为代价，来保全国家利益、整体利益。

第三节 法定正当化事由的增设考量

如上所述，我国现行刑法仅规定了正当防卫与紧急避险两种正当化事由，随着社会转型的深入与人权保障的入宪，为了能够更好地发挥犯罪构成体系的出罪

〔1〕 赵秉志等：《刑法学》，北京师范大学出版社2010年版，第196页。

功能，许多论者都提出应该在刑法中增设其他的正当化事由。在目前讨论较多的有法令行为、执行命令的行为、正当业务行为、被害人承诺、义务冲突以及自救行为等在这几种正当化事由中，法令行为与执行命令的行为毫无疑问应该被增设进刑法之中，因为这两种行为只要是在实体与程序上都合法，当然不具有违法性。业务行为虽然没有法律法规的直接规定，但是因为在社会生活中已经被接受为正当行为，因此只要符合行业规范，将其增设到刑法之中，也几乎没有争议。因此此处仅就目前争议较大的被害人承诺、义务冲突以及自救行为展开探讨。

一、被害人承诺

被害人承诺是指基于被害人允许他人侵害自己可支配的权益的承诺而实施的阻却犯罪的损害行为，其对于行为人的刑事责任的承担具有重要意义，可以降低行为的可责性，甚至可以排除行为人行为的违法性。被害人承诺源自罗马法学家乌尔比安“对意欲者不产生侵害”的法律格言，即行为人实施某种侵害行为时，如果该行为及其产生的结果正是被害人所意欲的行为与结果，那么，对被害人就不产生侵害问题。

目前，除少数国家和地区，如意大利、韩国和我国澳门特别行政区，在立法上明确将被害人承诺规定为一种法定的正当化事由外，大多数国家的刑法中均无被害人承诺的明文规定，所以在理论上也出现了不少将其作为超法规的违法性阻却事由予以论述的观点。[1]

从各国的立法来看，被害人承诺并不是一个典型的违法性阻却事由，在不同的场合，它具有不同的意义。从被害人承诺所产生的刑法效果来看，主要有以下几种情况：第一，被害人的承诺对犯罪的成立没有影响。如猥亵儿童罪、拐卖儿童罪，即使得到了儿童的同意，也丝毫不影响该罪的成立。第二，被害人的承诺是犯罪成立的必要条件。例如，德国、日本等国刑法中规定的同意杀人罪、同意堕胎罪等，须以被害人的同意为前提，才能成立本罪。第三，被害人承诺是犯罪阻却事由。即如果存在被害人的承诺，则行为不符合犯罪构成要件、不违法，因而不成立犯罪。强奸罪、盗窃罪等即为此例。第四，被害人的承诺是刑罚轻处事由。即被害人的承诺不否定犯罪的成立，但可以作为减轻处罚的理由。例如，对他人实施“安乐死”在我国成立故意杀人罪，但由于存在被害人的承诺，在量刑上通常较普通的故意杀人罪为轻。上述德国、日本刑法中的同意杀人罪也可以视为在立法明确规定被害人承诺可以减轻处罚的立法例。

虽然我国刑法没有就被害人承诺做出明确规定，但在司法实践中，在一定程

---

〔1〕 参见郭理蓉：“被害人承诺与认识错误”，载《云南大学学报（法学版）》2003 年第 1 期。

度上是承认了被害人承诺的法律效果的。例如，对强奸罪、非法侵入住宅罪、强制猥亵、侮辱妇女罪等以违背被害人意志为成立要件的犯罪，如果被害人承诺实施该行为，行为人的行为就不构成犯罪，也不承担刑事责任。有些犯罪，如故意杀人罪、故意伤害罪，被害人的承诺虽然并不能成为阻却违法事由存在，但在特定场合可以成为减轻刑事责任的原因。那么，现在是否需要将被害人承诺写入立法呢?〔1〕

就此问题，我们认为，当前需要采取慎重的态度。因为被害人承诺关系着两个在法律以及实践中都引起激烈冲突的问题，即安乐死与尊严死。所谓安乐死，指对于死期将近而忍受肉体痛苦的患者，为了将其从痛苦中解脱出来，根据患者的意志结束其生命。安乐死又可以分为间接的安乐死与直接的安乐死。前者指通过缓解、解脱患者的痛苦，将死期提前的情况，后者指为了将患者从痛苦中解放，采取积极措施结束患者的生命。所谓尊严死，指对于没有治愈希望，临近死亡的患者，不再采取过剩的延命措施，让之迎来自然死亡。在广义上，可以将尊严死视为安乐死的一种。由于安乐死与尊严死涉及宗教、伦理、法律以及在实践中如何保证同意的自愿性等等问题，目前只有极少数的国家在立法上对之予以承认，在某些国家，如日本，虽然存在肯定二者的判例，但要件极其严格，而且在理论上尚存在争议，立法对此问题一直没有采取积极表示。〔2〕

在我国，虽然理论界对此问题有过激烈的争论，现在的通说认为，个人承诺的权益只限于财产、名誉、秘密、自由等，身体、生命等方面的权益不能承诺。因为个人是国家的成员，生命既是个人的利益，也是国家、社会的利益，个人无权放弃自己的生命权。剥夺他人的生命，即便得到被害人的承诺，也应该负刑事责任。〔3〕 虽然如上所述，在刑法分则的某些罪名中，也隐含着对被害人承诺的法律效果，但是，对于被害人承诺问题，立法与司法一直没有作出明确表示。

我们认为，在客观环境不能充分保证被害人，尤其是在安乐死与尊严死的场合，在同意具有自愿性与有效性的情况下，可以根据不同的保护法益来酌定被害人承诺问题，即：在涉及国家法益、社会法益等被害人无权处理的法益的情况下，不能承认被害人承诺的法律效果；在涉及被害人的人身健康权益的情况下，

---

〔1〕 就被害人承诺的理论基础与成立要件，国内学者已有较多论述，此处不再重复。例如，参见李希慧、姚龙兵："论我国刑法中的被害人承诺"，载《东方法学》2009 年第 1 期；王充："被害人承诺三题"，载《河南社会科学》2010 年第 6 期；肖敏："被害人承诺基本问题探析"，载《政法学刊》2007 年第 3 期。

〔2〕 参见［日］山口厚：《刑法总论》（第 2 版），有斐阁 2008 年版，第 166～167 页。

〔3〕 参见高铭暄主编：《刑法学原理》（第 2 卷），中国人民大学出版社 1993 年版，第 255 页。

可以有限地承认被害人承诺的法律效果，即仅将之视为量刑情节；在涉及被害人的财产权益等其他权益的情况下，可以认为被害人的承诺既具有定罪情节也具有量刑情节的法律地位。

二、义务冲突

在通常意义上，义务冲突指一个人被迫同时面对数个互不相容的义务，且只能履行其中一个，因而进退两难的情形。法律上也同样如此，由于法律规定的复杂、多样和庞大，往往难以避免各规定之间发生抵触；而人类生活本身极其丰富，导致了人可能同时负有多种法律义务。但是，单个人甚至人类的能力是有限的，人们在不同时候履行不同义务虽然可能，却难以在同一时间履行互不相容之义务，这就产生了义务冲突的可能性。例如，父亲见两名幼子同时溺水，在情况危急之下，其仅能救出其中之一，该父亲对于其二子负有同时救助之义务，但其履行其中之一时，势必无法同时履行另一义务。再如，在同时有两名病人需要紧急救助，但是仅有一台呼吸机的场合，医生也只能救助一人，无论救助谁，都是对另一人的救助义务不履行。在这种情况下应该允许行为人为了履行同等或者更重要的义务，而放弃履行其他义务。

我们认为，在存在数个冲突义务而行为人又只能履行其中一个的场合，无论从期待可能性还是从刑罚目的的角度出发，都应该允许行为人为了履行同等或者更重要的义务，而放弃履行其他义务。因此，应该将其增设为刑法中的正当化事由。那么，如何确定冲突的各个义务的轻重程度呢？就此，有的观点提出了两方面的标准：①考察权益的性质：是人身权益，还是财产权益。一般情况下，人身权益应重于财产权益，而在人身权益中，生命权益最重，其次是健康、自由等；财产权益的价值，以财产本身的价值或价格计算，决定高低或大小。②考察权益的主体：是属于国家的、社会的还是个人的。根据目前我国的现实国情，国家权益应置于首位，其次是社会权益，再次是个人权益。该观点同时补充认为，在人的价值愈益得到尊重的今天，“生命无价”的理念应得到无条件的遵循，生命权益与财产权益相冲突时，无论财产权益是国家、集体还是私人的，也不论其价值多么巨大，生命权益都应当得到优先保护。此外，应尽量弱化以主体差异来判断价值高低的标准，只有在相冲突的权益具有同种属性时，才应根据其主体不同，优先选择保护事关多数人的生命权益或财产权益。[1]

上述观点在认为人身权益高于财产权益等方面，无疑有着合理性的一面。但是，该观点提出的“根据目前我国的现实国情，国家权益应置于首位，其次是社

---

〔1〕 参见朱腾飞：“略论刑法中的义务冲突”，载《法制与社会》2010年第11期。

会权益，再次是个人权益”的主张值得商榷，尽管该观点同时补充认为“只有在相冲突的权益具有同种属性时，才应根据其主体不同，优先选择关系多数人的生命或财产权益予以保护。”因为“义务冲突”的理论基础在于为了履行同等或者更重要的义务而放弃另一义务的履行，而非为了履行对国家或者社会负有的义务而放弃履行对个人负有的义务。所以，在不同性质的权益的场合，毫无疑问应该认为人身权益高于其他权益；在同种性质的权益的场合，如果是财产权益，应该首先履行对价值较大的财产权益负有的义务，而无论该财产权益的主体是国家、社会还是个人，如果是价值相当的财产权益，则行为人无论履行何者的义务，其行为都应该是正当的；如果是人身权益，即使行为人并没有优先选择关系多数人的生命予以保护，对其可以进行道义上的谴责，但不宜追究其刑事责任。

三、自救行为

自救行为，或称自力救济，指“法益受到侵害的人，按照法律上正式的程序等待国家救助机关的救助时，在不可能恢复或者显著难以恢复时，用自己的力量求得其恢复的行为。它针对的是已经过去的侵害，在这一点上，区别于对紧迫的侵害的正当防卫。”[1] 各国刑法对于自救行为的态度可以分为三种，第一种是肯定自救行为的合法性，如《韩国刑法典》第23条规定：“①在不能依法定程序保全其请求权的情况下，为避免请求权不能实现或难于实现所作行为，而有相当理由者，不罚。②前项行为过当者，得依其情况，减轻或免除其刑罚。”[2] 第二种是明文否定其合法性。如根据《意大利刑法典》第392、393条规定，以行使自己所主张的权利为目的，在能够诉诸法官的情况下擅自通过对物的暴力自行其是的，或者通过对人身的暴力或威胁自行其是的，经被害人告诉，处以罚金或者有期徒刑。[3] 第三种是在立法上对自救行为保持沉默，留待法律解释回答其是否属于适法。

我国刑法并没有规定自救行为，但近年来，因为公力救济的缺位或者滞后，自救行为在现实生活中已经屡见不鲜，突出的例证如：因对民工的恶意欠薪而引起的民工通过非正常方法讨要所拖欠工资问题。因为对民工的合法权益保护不够，许多用工单位或老板在工程或者约定的劳务事项结束以后，有的不肯按照约定支付民工的工资，百般推诿，更有甚者对讨要欠薪的民工大打出手，民工被打

---

〔1〕［日］大塚仁：《刑法概说（总论）》，冯军译，中国人民公安大学出版社2003年版，第366页。

〔2〕参见［韩］李在祥：《韩国刑法总论》，［韩］韩相敦译，中国人民大学出版社2005年版，第227页。

〔3〕参见黄风译：《意大利刑法典》，中国政法大学出版社1998年版，第118～119页。

伤、打死的事情时有发生，[1] 而通过合法的途径与正常的程序追讨欠薪，成本又过于高昂。据有的学者统计，为了要回1000元工资，个人需要支出的时间成本是33天，社会的成本至少需要18天，个人的经济成本是3327元，需要直接支出的费用为1677元。[2] 因此，许多民工就不得不采取他们认为无成本或者低成本的非正常方法讨薪，其中之一就是通过将工作单位的产品、原料、部件或生产工具偷出变卖自我兑现工资。对于这种情况，有的观点认为属于自救行为，行为人至多需要承担民事责任，有的观点则认为应当以盗窃罪追究行为人的刑事责任。[3]

就上述问题，理论界形成了两种观点。第一种观点认为自救行为对自己权利的救济有迅速和代价低廉的优点，因而，无论是在法制健全、公民权利保护完善的国家，还是在法制相对落后的国家，自救行为均存在着现实基础，其在民法上为损害赔偿之问题，在刑法中则被视为阻却违法事由之问题。社会实践证明，在立法和执法过程中认可自救行为，对保护公民合法权益、预防犯罪以及维护正常的社会秩序是十分必要的。[4] 第二种观点虽然认为在理论上自救行为属正当行为，但不宜在立法中作明确规定，这种自身加以保全或恢复原状的行为，因属未经正当程序的事后自力救助，不宜提倡，如在立法上明确规定，更易出流弊。[5]

我们认为，“一切法律都是为了人的缘故而制定的。制定法律的宗旨就是为了保护人们的生存利益。保护人们的利益是法的本质特征，这一主导思想是制定法律的动力所在。”[6] 自救行为是权利人为了保护自己的合法权利而不得已的选择，有助于保障个体的合法权益，体现了法律对个体权利的确认与保护，并且能够通过弥补公力救济于时间和空间上救济能力之不足，有助于维护社会秩序的稳定，这是其价值所在也是其存在的基础，正如韩国学者所言：“在国家权力未被

---

〔1〕 如据报道，周某在湖北金堂承包了某工程的部分项目，他们都在该工地打工。但工程完工后，工程单位尚拖欠7万余元工钱。2005年3月16日，周带领彭某等4个民工到金堂讨欠款。到工地后，他们多次联系工地负责人均无果，气愤之下他们拉下了工地的电闸。但几分钟后，几十人冲进工地，手提刀棒，向讨要工钱的民工劈头盖脸打去。一阵打斗后，周等3人被打倒在地，周头部被打出一道7厘米长的口子，左手两拇指被打断，彭等两人也满身是伤。随后，受伤的民工被送往金堂医院抢救。而打人者竟然赶到医院继续追打已经受伤的民工。参见宋永坤、秦衍：“3民工讨要工钱被打进医院，遭追杀忍痛跳楼逃命”，载《楚天都市报》2005年3月19日。诸如此类的报道不胜枚举。

〔2〕 参见刘守芬、林岚：“城市何处是我家”，载《检察风云》2007年第8期。

〔3〕 参见戴瑞春：“讨不到工钱私自拿物品构成何罪”，载《新法制报》2006年10月17日。

〔4〕 游伟、孙万恒：“自救行为及其刑法评价”，载《政治与法律》1998年第1期。

〔5〕 参见赵秉志、赫兴旺等：“中国刑法修改若干问题研究”，载《法学研究》1996年第5期。

〔6〕［德］弗兰茨·冯·李斯特：《德国刑法教科书》，徐久生译，法律出版社2000年版，第3页。

确立的原始时期，权利人在其权利受到侵害时，不得不以自身实力来寻求救济，故自救行为成了权利行使的常用手段。但随着权利的确立，法律救济程序的完备，对权利侵害的救济逐步依存于公权力上。……但是无论法律救济手段如何完备，也存在无法期待事实上又由国家机关迅速而有效救济的情况。在这种无法依据法定程序来请求适时的救济，……不承认私人的自力救济，则会造成法律站在不法一边的结果，从而违反正义和公平的理念。"[1] 因此，我们不仅应该在理论上，而且应该在立法上承认自救行为。

当然，承认自救行为的同时，也必须给自救行为划定边界，否则"就有轻视国家的救助机构，导致治安紊乱之虞。而且，会由于自救行为者的实力不同，给救助造成不公平。"[2] 因此，自救行为应当符合一定的构成要件，如此方能在维护特定个体合法权益的同时，不损害其他个体或者公共的权益，并防止自救行为超越必要的限度泛滥为私刑。参考国外的立法例与刑法理论，自救行为应该符合以下三要件：

（1）行为人的权利受到了非法的侵害。因为自救行为系救助自身的行为，如果所保全之权利非自身之权利而是属于第三者的权利，则不存在实行自力救助的问题，例如为保护社会公共利益或他人合法权利的私力救济，不属于自救行为。但对某些权利有管理权的人，在其管理权限范围之内，应视同为自己权利，如原权利人之法定代理人、失踪人之财产管理人、遗产管理人、遗嘱执行人、破产管理人等。从保护权利的性质来看，它所保护的权利主要是请求权，包括债权与物权，在特定情况下，物体财产权、亲属权或者继承权也可以成为自救行为的对象。

（2）存在通过正常的公力救济途径与程序，受到侵害的权利不可能得到恢复或者显著难以得到恢复的事实，因为在法治社会，私力救济是对公力救济不得已的补充，如果通过公力救济能够公平、公正地实现保护受损权利的目的，就不应该采取自救行为。这里的"不可能得到恢复或者显著难以得到恢复"可以包括如下两种情况：第一，被害人来不及请求公力救济，或者请求了公力救济但被官方不当拒绝或迟久不予答复；第二，如果不立即依靠自己的力量进行救助，被害人的权利将不能得到实现或将陷于困境。譬如共同犯罪人在盗窃他人钱款后进行分赃时被受害人发现，此时如果受害人请求警方救助，结果很可能是不但犯罪人逃之夭夭，而且被盗窃的钱款也难以追回，如此受害人之请求权就难以实现。

---

〔1〕［韩］李在祥：《韩国刑法总论》，［韩］韩相敦译，中国人民大学出版社2005年版，第226页。
〔2〕［日］大塚仁：《刑法概说（总论）》，冯军译，中国人民公安大学出版社2003年版，第366页。

所以在此情况下受害人限制犯罪人的自由并夺回钱款的行为是符合自救行为构成要件的。[1]

（3）自救行为所损害的权利不应超过请求权所指向的权利，自救行为侵害的法益与行为人意图保护的法益相近，自救行为的手段也应该具有社会相当性。[2]

综上，就民工“自我兑现工资”的问题，如果民工确实已经向主管部门（比如劳动部门）请求救济，后者在合理长的时间内并没有采取有效的措施，或者有证据证明通过法律规定的救济程序，民工将要支出的成本等于或者大于所讨要的工资，而且为“自我兑现工资”而拿出的产品、原料、部件或生产工具的价值并非远远大于被拖欠的工资，应当认定其行为符合上述构成要件，属于自救行为，不负刑事责任。

因此，我们建议，在刑法总则中增加一条，对自救行为的成立要件与过限的自救行为的罚则做出明确规定。此处建议如下：①在不能依法定程序有效保证其权益实现的情况下，为避免权益不能实现或难于实现而实施一定行为者，如果存在相当理由者，不承担刑事责任；②实施前项行为，超过必要限度者，应根据情节，减轻或免除其刑罚。这里所谓的“相当理由”，应该从实现权益的代价、行为人当时所处的环境以及如果行为人不采取自救行为能否以及多大程度能够获得充分法律救济等多个方面进行考察。

第四节　超法规的正当化事由

所谓超法规的正当化事由，是指刑法虽无明文规定，但从法秩序的精神引申出来的正当化事由。在国外，超法规的正当化事由是实质违法性论的产物，认为在没有明文规定的正当化事由的场合，可以通过适用实质的违法性阻却原理，来肯定违法性阻却，例如日本早在1973年的判例中，就对上述思考方式予以了默认。[3] 就是否应该将超法规的正当化事由导入中国的刑法实践的问题，目前在理论界存在三种观点。

---

〔1〕 参见游伟、孙万恒：“自救行为及其刑法评价”，载《政治与法律》1998年第1期。

〔2〕 基于这一点，日本学者认为，可以考虑过剩自救行为、误想自救行为、误想自救过剩自救行为的观念，并根据过剩防卫、过剩避险、误想防卫、误想避险、误想过剩防卫、误想过剩避险来处理。参见［日］大塚仁：《刑法概说（总论）》，冯军译，中国人民公安大学出版社2003年版，第367页。

〔3〕［日］山口厚：《刑法总论》（第2版），有斐阁2008年版，第171页。

第一种观点持赞同的态度，持此观点的学者从立法理想和现实冲突，形式违法和实质违法存在着矛盾立法的角度出发，高度评述了超法规违法阻却事由有着刑法谦抑和实质公正的价值诉求。进而认为在中国虽然通说强调社会危害性和刑事违法性两者的统一，但两者的冲突也是不可避免的。移植超法规违法阻却事由，对行为进行实质评价，符合罪刑法定的本来蕴涵，与我国《刑法》第3条规定相符。更有的学者提出，应该将习惯法作为正当化行为的出罪渊源，以弥补成文法的不足。例如，对于还未上升为部门法规定的一些行为，如果符合习惯法规则，就应认为是法秩序所允许的，从而被正当化。[1]

第二种观点则持反对的态度，持此观点的学者通过否认超法规事由存在的前提，即实质违法性和形式违法性，在我国即社会危害性和刑事违法性相冲突，表明了对引入超法规违法阻却事由的否定态度，有学者更是直接指出既然是涉及违法性的判断，就不应该以法律外的理由阻却这一判断，所以超法规的违法阻却在理论上是不成立的。[2]

第三种观点则持谨慎态度，持此观点的学者一方面认为，我国刑法理论中并未明确引入超法规违法阻却概念，而是用另一个概念“排除社会危害性行为”取而代之。另一方面则强调在现有的犯罪构成模式还具有顽强的生存惯性的背景下，似乎没有引入超法规阻却违法事由的合法性空间。采用一种谨慎的办法是，对于除了正当防卫和紧急避险之外的其他排除社会危害性的行为应在刑法中加以明文规定。[3]

就此问题，我们认为，首先，超法规正当化事由并不与我国的刑法理论相矛盾。依据《刑法》第13条“一切危害国家主权、领土完整和安全，分裂国家、颠覆人民民主专政的政权和推翻社会主义制度，破坏社会秩序和经济秩序，侵犯国有财产或者劳动群众集体所有的财产，侵犯公民私人所有的财产，侵犯公民的人身权利、民主权利和其他权利，以及其他危害社会的行为，依照法律应当受刑罚处罚的，都是犯罪”之规定，通论认为，犯罪具有社会危害性、刑事违法性与应受处罚性三个特征。[4] 在这三个特性中，社会危害性是犯罪的本质属性，应受处罚性相当于可罚的违法性，社会危害性与应受处罚性相加相当于德日刑法理论中的实质违法性的内涵，而刑事违法性则相当于形式违法性，在二者之间产生

---

〔1〕 参见王骏：“超法规的正当化行为论纲”，载《河北法学》2010年第8期。

〔2〕 参见张军、彭之宇：“超法规犯罪阻却事由的价值”，载《人民检察》2006年第23期。

〔3〕 参见谢永远：“超法规违法阻却事由引入初探”，载《河南司法警官职业学院学报》2006年第2期。

〔4〕 参见赵秉志等：《刑法学》，北京师范大学出版社2010年版，第196页。

矛盾并非不可能的事情，就如同根据上述第13条的但书规定一样，即使是刑事违法性的行为，如果情节显著轻微，也可能被认为不是犯罪。

其次，超法规正当化事由也不与罪刑法定原则相矛盾。罪刑法定原则是在17、18世纪与封建社会的罪刑擅断相抗衡而产生的思想潮流的产物，所以其精神在于通过限制刑罚权保护人权，通过立法限制政府行为。例如，英国哲学家洛克提出："处在政府之下的人们的自由，应有长期有效的规则作为生活的准绳，这种规则为社会一切社会成员所共同遵守，并为社会所建立的立法机关所制定。"〔1〕明确而又全面阐述罪刑法定原则的意大利刑法学家贝卡利亚更是在对封建社会的刑罚擅断进行了猛烈抨击的基础上明确指出："只有法律才能为犯罪规定刑罚，只有代表根据社会契约而联合起来的整个社会的立法者才能拥有这一权威。任何司法官员（它是社会的一部分）都不能自命公正的对社会的另一成员科处刑罚。超越法律限度的刑罚就不再是一种正义的刑罚。因此，任何一个司法官员都不得以热忱或公共福利为借口，以增加对犯罪公民的既定刑罚。"〔2〕从上述精神出发，承认超法规的正当化事由是完全契合罪刑法定原则的实质要求的，而且，也与当前我国加强人权保障的时代声音相呼应。

2004年3月14日，"国家尊重和保障人权"9个字正式载入宪法修正案，第一次把"人权"写入中华人民共和国宪法。将"国家尊重和保障人权"写入宪法，就是将"人权"由一个政治概念提升为法律概念，将尊重和保障人权的主体由党和政府提升为"国家"，标志着尊重和保障人权由党和政府的意志上升为了人民和国家的意志，由党和政府执掌行政的政治理念和价值上升成了国家建设和发展的政治理念和价值，由党和政府文件的政策性规定上升为了国家根本大法的一项原则。现在，"国家尊重和保障人权"的理念正在越来越多地融入立法当中，从法律法规到司法解释、地方部门规章，我国正在从立法层面全面构建人权保护制度。通过承认超法规的正当化事由，在刑事法治领域更好地实现人道主义与保护权利，也是落实"国家尊重和保障人权"的宪法规定的要求。

最后，超法规的正当化事由也确有其存在的价值，一方面，就如同德国学者所言，"由于对合法化事由来源的领域不加限制，所以，若想对能够考虑到的全部合法化事由无遗漏地加以列举，这无论在法律上还是理论上均是不可能的。而且，对立法者而言，即使想将所有的合法化事由都通过立法加以规定也是根本不可能的。必须考虑到社会外部的状况和价值观的可变性，会导致新的合法化事由

〔1〕［英］洛克：《政府论》（下篇），叶启芳、瞿菊农译，商务印书馆1964年版，第16页。

〔2〕［意］贝卡里亚：《论犯罪与刑罚》，黄风译，中国大百科全书出版社1993年版，第11页。

不断产生，而过去存在的合法化事由被否定或扩大。”[1] 而且人类认识的有限性决定立法者不可能将所有的当罚行为都通过犯罪构成加以规定。同样，对于犯罪阻却事由的规定立法也是不完善的，立法不可能穷尽所有的犯罪阻却事由。另一方面，我国属于多民族、多文化的国家，一部刑法典不可能将所有民族的文化特征囊括殆尽，这也是《刑法》第90条规定“民族自治地方不能全部适用本法规定的，可以由自治区或者省的人民代表大会根据当地民族的政治、经济、文化的特点和本法规定的基本原则，制定变通或者补充的规定”的原因所在。在司法实践中，各民族的政治、经济、文化的特点同样也得到了尊重，例如在我国西南的少数民族地区，制造、买卖、携带土枪的行为很为普遍。按照刑法的规定，这显然是非法制造、买卖枪支的犯罪行为。但是，对于这类行为，司法机关并没有认定为犯罪。这显然是以超法规的犯罪阻却事由为依据的。[2]

但是，超法规的正当化事由的运用完全取决于法官，而当前中国的公众对法院与法官是怀有很大的质疑的，就连最高人民法院的负责人也不得不担忧地承认，“当前，部分群众对司法的不信任感正在逐渐泛化成普遍社会心理，这是一种极其可怕的现象。”[3] 这种现象一方面是由于制度性的原因，另一方面也与法官本身的素养与素质不无关系。因此，为了保证增设超法规的正当化事由能够实现保障人权的目的，保证其运用的公正性、公平性、民主性与透明性，应该从实体与程序两方面对之予以限制。在实体方面，要求法官在适用超法规的正当化事由之际，必须做出合理、充分的说明，以向社会证明其判决的公正性，接受社会的检验；在程序方面，在适用超法规的正当化事由的案件中，判决须经最高人民法院审核，经最高人民法院核准后的案件，可以成为指导性案例。

因此，我们建议在刑法总则中，增加如下条款，给予超法规的正当化事由合法地位：①虽无本法规定的正当化事由，如果存在特殊情节，可以据之免除被告人的处罚或者做出无罪判决。②判决应充分说明理由，向社会公开，并报最高人民法院核准。

---

〔1〕［德］汉斯·海因里希·耶赛克、托马斯·魏根特：《德国刑法教科书》，徐久生译，中国法制出版社2001年版，第393页。

〔2〕参见张军、彭之宇：“超法规犯罪阻却事由的价值”，载《人民检察》2006年第23期。

〔3〕吴兢：“追求看得见的公正”，载《人民日报》2009年8月19日，第18版。

第十四章

未完成犯罪的立法完善

目前有组织犯罪特别是跨国有组织犯罪日益猖獗，已经构成对全球未来最大的威胁之一。[1] 为了将有组织犯罪扼杀在萌芽之中，《联合国打击跨国有组织犯罪公约》（以下简称《有组织犯罪公约》）第5条和第6条吸收了英美刑法中的共谋罪概念[2]，要求缔约国分别创制"有组织犯罪共谋罪"和"洗钱罪共谋罪"。与《有组织犯罪公约》相配合的《联合国反腐败公约》（以下简称《反腐败公约》）第23条要求缔约国创设"洗钱罪共谋罪"，与未遂罪（attempt）和教唆罪（solicitation）一样，共谋罪是普通法上的三大未完成形态犯罪之一。[3] 目前，《有组织犯罪公约》和《反腐败公约》在我国均已生效。在此背景下，我国刑法面临着如何回应公约强制性规定的问题。何为共谋罪，共谋罪的处罚依据是什么，共谋罪的运用有何功能，中国刑法中存在的预备犯和阴谋犯与英美刑法共谋罪在概念和功能上是否具有同一性，值得研究。如果我国刑法不处罚共谋罪，那么我国是否有必要引入共谋罪，作为未完成形态犯罪的共谋罪及其适用规则引入到我国刑法中，会对我国的未完成形态犯罪立法产生何种影响，也值得探讨。

---

〔1〕"全球有组织犯罪年吞2万亿美元，已成全球未来最大威胁"，载 http://www.gmw.cn/content/2007-09/16/content_671444.htm.

〔2〕一般认为，传统大陆法系刑法没有"共谋罪"的概念。See Wienczyslaw J. Wagner, "Conspiracy in Civil Law Countries", *The Journal of Criminal Law, Criminology, and Police Science*, Vol. 42, No. 2. (1951), p. 171.

〔3〕See John Smith, *Criminal Law: Cases and Materials*, Butterworths, 2002, p. 375.

第一节 英美刑法共谋罪规则概述

一、共谋罪的概念

在普通法上，共谋罪一般被认为是两人以上为了实施不法行为而达成协议的行为，或者为了使用不法手段实现合法目的而达成协议的行为。[1] 例如，A 和 B 就实施盗窃达成合意，不论作为共谋目标的盗窃是否实现，二人都构成盗窃共谋罪。一般而言，共谋罪的成立需要具备如下几个条件：

1. 犯罪主体的复数性。单人的谋议不成立共谋罪。但是，行为人没有必要明知共同共谋者的身份。[2]

2. 行为人达成不法协议。共谋罪的行为要件表现为不法协议。不法协议是指所有共谋者就实施不法行为或者使用不法手段实现合法目的而达成意思表示一致。作为共谋罪核心要件的协议没有必要是正式的协议。行为人之间达成的“心照不宣的理解”即可构成协议。而“心照不宣的理解”可以从共谋者的行为中推导出来。在普通法中，共谋罪的目标没有必要一定是犯罪行为。一般的违法行为，甚至是违反公共政策或者不道德的行为都可以作为协议的对象。[3]

3. 行为人具有具体故意（specific intent）。行为人仅仅明知某个特定的犯罪目标还不够，还应当具备追求、希望实现该犯罪目标的具体故意，才构成共谋罪。例如，A 开玩笑地邀请 B 一起实施盗窃，B 严肃地同意。A 和 B 都不构成共谋罪。再者，行为人具备概括故意（general intent）也不能成立共谋罪。例如，A 对 B 说，咱们一起犯罪吧。B 本来正有此意，同意了。A 和 B 仅具有概括故意，不能成立共谋罪。此外，控方没有必要证明被告人明知共谋的所有细节，[4] 共谋的所有目标，[5] 或共谋中所有其他参与人的身份。[6]

4. 某些制定法要求外化行为（overt act）要件。目前某些制定法（例如《美国法典》）等要求共同共谋者在推进共谋的过程中至少实施了一个外化行为才能

---

〔1〕 John Smith, *Criminal Law*, Butterworths, 2002, p. 386; Michael Jefferson, *Criminal Law*, China Law Press, 2003, p. 375.

〔2〕 See United States v. Jones, 455 F. 3d 134, 147 (3d Cir. 2006).

〔3〕 Richard G. Singer, John Q. La Fond, *Criminal Law*, China Fangzheng Press, 2003, p. 288.

〔4〕 See Blumenthal v. United States, 332 U. S. 539, 557 (1947).

〔5〕 United States v. Pulido - Jacobo, 377 F. 3d 1124, 1130 (10th Cir. 2004).

〔6〕 See Rogers v. United States, 340 U. S. 367, 375 (1951).

追诉共谋罪。[1] 外化行为要件的目的在于证明：共谋正在进行，而不是一个存在于行为人思想中的单纯方案。[2] 外化行为没有必要是不法行为，[3] 也没有必要是起诉书中指控的实体犯罪。[4] 但是，普通法没有要求共谋罪的成立需要具备外化行为要件，而且并非所有的联邦共谋罪制定法要求共谋罪的成立应当具备外化行为要件。[5] 即使承认外化行为要件，普通法的基础性规则即共谋或协议或联合是共谋罪的核心和本质，依然没有动摇。[6] 在这种立法规定下，如果借用大陆法系刑法学的概念，似乎可以认为外化行为是一种客观处罚条件。

二、共谋罪的可罚性根据

目前一般认为共谋罪的可罚性根据有如下两个：

1. 共谋罪填补了严格的未遂罪（attempt）的空白[7]。行为人就犯罪或不法行为等的实施达成合意，表明共谋罪成立。可见，“共谋罪为法律在反社会后果仍然可以预防的早期阶段实施干预提供了正当性根据。”[8] 如果没有共谋罪的创设，某些危险的行为必须等待其达到未遂犯的状态才能处罚，显然刑罚权的发动过于滞后。因为未遂罪的成立尚需要行为人至少朝着向目标犯罪迈进的方向实施了强有力证明其犯意并且接近目标犯罪实行的行为。[9]

2. 集团犯罪特殊危险性原理。普通法的通常观念是：两个人联合起来实施犯罪所造成的危险远胜于单个人独立实施犯罪所造成的危险。共谋罪对社会造成的危险远胜于同样的人单独实施犯罪所造成的危险。[10] 所以，必须在行为人达成协议之时惩罚共谋罪。普通法的传统见解深深地影响了后世共谋罪规则的发展。到目前为止，不论是英国刑法还是美国刑法依然恪守传统普通法的基本见解，即只要行为人就不法行为的实施达成合意，共谋行为本身就是犯罪，共谋罪的成立并不需要行为人继续推进共谋将共谋罪的目标行为实施完毕，甚至根本不需要实施任何外化行为。即使出现了外化行为，外化行为也是作为证明共谋存在

---

[1] See 18 U. S. C. § 371 (2000).

[2] See Yates v. United States, 354 U. S. 298, 334 (1957).

[3] See Iannelli v. United States, 420 U. S. 770, 786 n. 17 (1975).

[4] See United States v. Soy, 454 F. 3d 766, 768 (7th Cir. 2006).

[5] See Whitfield v. United States, 543 U. S. 209, 214 (2005).

[6] Barton d. Day, “The Withdrawal Defense To Criminal Conspiracy: An Unconstitutional Allocation of The Burden of Proof”, 51 *Geo. Wash. L. Rev.* 1983, 421.

[7] Phillip E. Johnson, “The Unnecessary Crime of Conspiracy”, 61 *Cali. L. Rev.* 1973, p. 1137.

[8] Pinkerton, “Developments in the Law: Criminal Conspiracy”, 72 *Harv. L. Rev.* 1959, p. 922.

[9] Richard G. Singer, John Q. La Fond, *Criminal Law*, China Fangzheng Press, 2003, p. 262.

[10] Joshua Dressler, *Understanding Criminal Law*, Matthew Bander, 1987, p. 374.

的证据，共谋罪惩罚的对象并非外化行为，而是外化行为所征表的协议或联合。

三、共谋罪规则为政府追诉犯罪提供的便利条件

“基本的共谋原则在现代刑法中占据一席之地。因为在犯罪目的的背后，集中多人的力量、机会和资源比一个单一的不法者更危险，而且更难以控制。为了对付此种危险的犯罪联合，政府必须享有使定罪更容易、惩罚更严厉的特别法律原理方面的优势。”〔1〕因此，根据共谋罪规则，控方在运用共谋罪追诉被告人特别是有组织犯罪的被告人时享有诸多优势。

（一）实体法上的优势

1. 处罚的早期化。普通法的基本立场是：共谋本身具有可罚性，是一种犯罪。外化行为不是共谋罪的构成要件，但可以作为证明共谋罪的证据。外化行为没有必要是犯罪行为，没有必要是共谋的对象即目标犯罪，也没有必要是违法行为，合法行为本身都可以被视为外化行为。共谋罪的成立在客观方面其实不需要达到未遂罪所需要的行为程度，可以说离目标犯罪的完成极其遥远。所以，共谋罪的入罪门槛是很低的。这为刑罚权的提前发动提供了正当性根据。

2. 处罚的多重性。共谋罪独立于目标犯罪而具有可罚性。一旦目标犯罪得以实施，则应当对共谋罪与目标犯罪实行数罪并罚，而不能用目标犯罪吸收共谋罪。这点与英美刑法中目标犯罪完成后未遂罪和教唆罪（solicitation）被目标犯罪吸收的规则是截然不同的。〔2〕这种做法其实是将共谋罪作为目标犯罪的加重处罚情节对待，对参与共谋的共谋者科处了额外的刑罚。

3. 责任范围的宽泛性。传统普通法认为，部分共谋者实施了目标犯罪，而部分共谋者仅参与共谋，单纯参与共谋的共谋者承担共谋罪的责任，而实施目标犯罪的人同时承担共谋罪和目标犯罪的责任。不过，1946 年美国平克顿案(Pinkerton v. United States)〔3〕的出现，改变了普通法的基本立场。平克顿规则认为单纯的共谋者应当对共同共谋者为了推进共谋而实施的所有可以合理预见的实体犯罪承担替代责任（vicarious liability）。这个规则极大地扩张了共谋罪的适用范围。因此，只要参与共谋，不需要有帮助或教唆行为，都对共同共谋者实施的所有可以合理预见的犯罪承担替代责任。共谋者替代责任基本上依靠民法的代理人理论，即单纯参与共谋的共谋者授权共同共谋者代其实施目标犯罪，因此应

〔1〕 Klutewitch v. United States, 336 U. S. 440, 448 ~ 449 (1949).

〔2〕 See Glanville Williams, *Criminal Law*, Stevens & sons limited, 1961, p. 653; Joshua Dressler, *Understanding Criminal Law*, Matthew Bander, 1987, p. 367.

〔3〕 See Pinkerton v. United States, 328 U. S. 640, 646 ~ 647 (1946).

当对代理的结果承担替代责任。[1]

（二）程序法上的优势

1. 证据规则的宽松性。由于入罪门槛较低，与之配套的证据规则比较宽松。显著的表现之一是共同共谋者传闻证据例外规则得以承认，即一个共同共谋者在共谋过程中或在推进共谋的过程所作的陈述，可以用来指控一个共谋者。[2] 例如，A 与 B 曾经就贩毒共谋过。A 在共谋的过程中写下了会谈内容、时间和地点。B 被捕，控方查获了 A 在共谋过程中所写的会议记录，并用该会议记录指控 B 构成共谋罪。根据传闻证据规则，在审判或听证时作证的证人以外的人所作的陈述都是传闻证据，原则上不具有可采性。因为在证人不出庭的情况下采用传闻证据指控被告人可能剥夺被告人享有的对质权，也存在误导陪审团的风险。但是，传闻证据规则在共谋罪领域中存在例外，即共同共谋者在共谋中或推进共谋的过程中所作的陈述，不被视为传闻证据，可用于指控其他共谋者。其理由是共谋具有秘密性特征，一般人无法知悉共谋的细节，很少有其他证据可证明共谋。而且共同共谋者是共谋的参与者，是查明共谋的最有价值证据来源之一。正因为共同共谋者最知悉共谋的细节，因此其可信性较强，容易让陪审团认为“除非亲自参与共谋，否则不可能这么了解共谋的细节”。

2. 管辖的任意性。由于共谋罪独立于实体犯罪而具有可罚性，因此达成共谋协议的地点，以及为了推进共谋而实施外化行为的地点，都是犯罪地。但是，达成协议之地往往与实施外化行为之地不同。此时，控方可以根据其追诉的便利选择管辖地。[3] 例如，A、B 和 C 就贩毒在加利福尼亚州达成协议，D 为了贩毒在俄亥俄州实施了准备毒品的外化行为。控方可以根据追诉便利选择管辖地，A、B 和 C 可能在他们从来没有去过、没有在那里实施过犯罪的地方——俄亥俄州受到审判。根据美国宪法第六修正案，被告人享有由犯罪行为发生地的州或地区的公正陪审团审判的权利。因此，原则上应当禁止控方随意选择案件管辖地而剥夺被告人享有的公正陪审团审判权。但是，在共谋罪追诉中，普通法认为达成协议之地和实施外化行为之地都是犯罪地，因此控方可以根据其追诉的便利任意选择案件管辖地。

3. 追诉时效运用上的灵活性。控方可以规避实体犯罪的追诉时效而追诉整体的共谋罪。普通法认为共谋罪是一种持续进行的犯罪。当事人议定实施犯罪

---

〔1〕 See 328 U. S. 646 (1946).

〔2〕 参见《美国联邦证据规则》801 (d) (2) (E)。

〔3〕 Richard G. Singer, John Q. La Fond, *Criminal Law*, China Fangzheng Press, 2003, p. 291.

后，通常必须经过一段时间采取若干步骤后才能完成目标犯罪。追诉时效只有在共谋罪终止即目标犯罪完成或共谋者脱离共谋之后才启动。若共谋者没有完成目标犯罪或没有脱离共谋，则追诉时效尚未启动。但是，控方可以等到目标犯罪的追诉时效已经过期，但是共谋罪的追诉时效尚有效的情况下以共谋罪追诉被告人。前提是将已经超过追诉时效的目标犯罪行为视为为了推进共谋而实施的外化行为。[1] 另外，如果共谋者试图隐匿共谋罪，应当认定共谋尚处于继续进行的状态中，共谋罪的追诉时效尚未启动，这就延长了共谋罪的追诉时效。[2]

第二节 我国刑法不处罚"共谋罪"

英美刑法共谋罪本质上是处罚不法协议，即可罚行为的起点是不法协议的达成。围绕"共谋独立于目标犯罪而具有可罚性"的基础性观念，英美刑法设置了一系列相应的共谋罪配套规则。在我国，传统上预备犯一般被认为是行为的可罚性的起点。[3] 阴谋犯、预备犯与共谋罪在名称上有点近似，在内容上也存在部分类似之处。但是，阴谋犯、预备犯与共谋罪并不能划等号。

1979 年《刑法》（以下简称"旧刑法"）第 91 条规定，勾结外国，阴谋危害祖国的主权、领土完整和安全的，处……。该法第 92 条规定，阴谋颠覆政府、分裂国家的，处……。1997 年《刑法》（以下简称"新刑法"）删去了旧刑法第 91 条中的"阴谋"二字，同时将原第 92 条"阴谋颠覆政府、分裂国家的"、原第 98 条"组织、领导反革命集团的"，合并修改为两条："组织、策划、实施分裂国家、破坏国家统一的"和"组织、策划、实施颠覆国家政权、推翻社会主义制度的"，将阴谋颠覆政府罪、阴谋分裂国家罪、组织、领导反革命集团罪和积极参加反革命集团罪合并为两个罪，即分裂国家罪和颠覆国家政权罪。尽管新刑法删掉了"阴谋"二字，但是并没有取消阴谋犯的规定。新刑法使用了"策划"字眼来指代旧刑法中的"阴谋"。[4] 阴谋犯都是刑法分则规定的独立犯罪，阴谋行为都是刑法分则规定的阴谋犯的实行行为，而不是刑法总则中的预备行为。[5] 目前在我国有争议的是，行为人构成阴谋犯，是否以行为人之间达成意

---

〔1〕 Phillip E. Johnson, "The Unnecessary Crime of Conspiracy", 61 *Cali. L. Rev.* 1973, p. 1180.

〔2〕 Ibid., 1181.

〔3〕 高艳东："可罚行为的起点研究"，西南政法大学 2002 年硕士学位论文。

〔4〕 郭慧："论我国刑法中的阴谋犯"，湘潭大学 2005 年硕士学位论文，第 10～13 页。

〔5〕 参见刘树德：《行为犯研究》，中国政法大学出版社 2000 年版，第 74～75 页。

思表示一致，或达成协议为必要。肯定说认为，阴谋犯的成立除了行为人之间的谋议外，还需要具备达成合意。[1] 否定说认为，阴谋犯的成立没有必要达成合意。[2] 从目前来看，肯定说几乎成为主流观点。

根据《刑法》第22条之规定，预备犯是指为了犯罪准备工具、制造条件，但由于意志以外原因而停止的犯罪形态。对预备犯，应当比照既遂犯从轻、减轻或免除处罚。

不可否认的是，阴谋犯、预备犯与共谋罪确实存在不少相同之处。例如，入罪门槛低。"阴谋犯是以行为对法益造成的较低现实程度的危险为实质处罚根据的行为犯。"[3] 只要行为人之间就危害国家安全的行为进行策划，即告犯罪既遂。预备犯的成立并不需要实施足以达到未遂的行为。只要行为人就不法行为或犯罪行为等达成合意即告共谋罪完成。因此，阴谋犯、预备犯和共谋罪的设置都是处罚早期化的体现。尽管如此，阴谋犯、预备犯与共谋罪是不同的范畴。

一、可罚性根据不同

我国刑法设置阴谋犯着眼于特定阴谋行为对刑法所要保护的特殊重大利益（即国家安全）构成的巨大潜在威胁。"立法者基于阴谋行为本身的特殊性即其直接针对无产阶级国家政权而具有的特别严重的社会危害性，而将其直接规定为刑法分则客观构成要件行为即实行行为。"[4] 因此必须在这些阴谋行为的目标犯罪实现之前将阴谋行为扼杀于萌芽状态，提前地保护法益。阴谋犯的设置是行为无价值论在刑法中的一个重要体现。[5] 类似地，不论是单人预备犯还是双人以上预备犯，预备犯的处罚也基于防范犯罪于未然的思想。[6] 基于这种观念，阴谋犯和预备犯的处罚显然是为了弥补未遂犯留下的处罚空白，为刑罚权提前发动提供正当性根据。因此，阴谋犯和预备犯的设置并非着眼于"多人的联合比单人实施犯罪更为可怕"这种原理。尽管承认共谋罪的处罚也部分地为了填补未遂罪的空白，但是普通法的传统一直认为共谋罪的处罚依据更多地着眼于联合或协议

---

〔1〕 参见马克昌主编：《犯罪通论》，武汉大学出版社1999年版，第426页；林亚刚："犯罪预备与犯意表示、阴谋犯"，载《国家检察官学院学报》2003年第4期；郭慧："论我国刑法中的阴谋犯"，湘潭大学2005年硕士学位论文，第5页。

〔2〕 参见陈兴良：《刑法哲学》，中国政法大学出版社2000年版，第266页；何秉松主编：《犯罪构成系统论》，中国法制出版社1995年版，第334页。

〔3〕 刘树德：《行为犯研究》，中国政法大学出版社2000年版，第75页。

〔4〕 刘树德：《行为犯研究》，中国政法大学出版社2000年版，第74页。

〔5〕 参见刘树德：《行为犯研究》，中国政法大学出版社2000年版，第67页。

〔6〕 王文华："论共谋金融诈骗罪"，载 http://www.criminallawbnu.cn/criminal/info/showpage.asp?pkid=8845.

所具有的可怕特征，多人的联合比单人实施犯罪更有可能实现目标犯罪，更可能造成侦查的难度，更可能造成共谋者脱离共谋的难度。因此，惩罚共谋罪主要目的是拆散这种协议或联合，威慑后来者不要参与已经形成的共谋。这正如美国联邦最高法院所描述的："两人以上（包括两人）联合起来实施违反刑法的行为，是一种最严重的犯罪。较之于单纯实行预先策划的犯罪，共谋有时候对社会造成的危害更大。它蓄意地策划颠覆法律的行为，教导共谋者实施进一步的习惯性犯罪活动，为共谋者实施进一步的习惯性犯罪活动准备条件。而且，它具有秘密性的特征，给侦查带来困难，从而要求花费更多时间来查明共谋。一旦查明就增加了惩罚的重要性。"[1] 集团危险理论的采纳，为一系列共谋罪特殊规则提供了逻辑起点。

二、客观方面不完全相同

首先，如前所述，关于阴谋犯的成立是否以行为人达成犯罪合意为必要，学界存在肯定说和否定说之争。若坚持否定说，则阴谋犯与共谋罪在客观方面完全不同。阴谋行为或策划行为显然属于犯罪合意行为之前的行为。倘若如此，阴谋犯的处罚时点比共谋罪更为提前。若坚持肯定说，则阴谋犯与共谋罪在客观方面确实存在一致之处，即行为人就犯罪的实施达成合意。即便如此也不能由此认为阴谋犯就是共谋罪的一种类型。因为共谋罪除了核心概念即共谋罪是一种不法协议外，尚需要具备由核心概念引申出来的相应规则，例如对共谋罪与目标犯罪实行数罪并罚，对单纯共谋者科处替代责任以及其他程序法上的特别规则。而阴谋犯并没有此类配套规则，后文将对此展开详述。

其次，预备犯的客观方面不包括犯罪合意。预备犯的客观方面是行为人实施了准备工具、制造条件的预备行为。而共谋罪的客观方面是不法协议或犯罪合意。犯罪合意不属于准备工具的物理行为，这是没有疑义的。那么，犯罪合意是否可能属于"制造条件"的应有之意呢？目前我国刑法对"制造条件"要件并未进行明确的解释。学界较为主流的观点认为，制造条件是指除准备工具以外的一切为实行犯罪创造条件的预备行为。[2] 为了避免宽泛解释"制造条件"造成某些不属于预备行为的行为也作为预备行为对待，较为主流的观点用"为了实行犯罪"来限定"制造条件"。反之，"为了预备犯罪"而做准备，不属于"制造条件"。例如：二人就故意杀人达成协议，为了前往外地杀仇人而打工挣路费，二人就实施抢劫达成合意，并为了抢劫而四处拜师学武艺等。诸如"打工挣路

---

〔1〕 See Pinkerton v. United States, 328 U. S. 640, 644 (1946).

〔2〕 张明楷：《刑法学》（第3版），法律出版社2007年版，第280页。

费”、“四处拜师学武艺”等行为不宜解释为“为实行犯罪而做准备”，而应当解释为“为了预备犯罪而做准备”。因为它们都离实行犯罪极其遥远，对刑法所要保护的利益没有具体的现实的威胁。将上述行为作为预备犯处罚，可能造成某些日常生活行为被纳入刑罚制裁的范畴。从举重以明轻的角度看，超越单纯犯罪合意的打工行为、学武艺行为都不能作为预备犯对待，更何况实施这些行为之前所达成的犯罪合意。可见，二人就犯罪达成的协议，不属于为了实行犯罪而做准备的行为，而是为了实施预备犯而做准备的行为。换言之，预备犯并不包含比准备工具、制造条件的预备行为更为提前的犯罪协议行为。相反，在英美刑法中，共谋罪的惩罚对象和本质特征是不法协议的达成。普通法没有要求共谋罪的成立必须具备后续的外化行为，即使承认外化行为也是将外化行为视为证明共谋罪的证据。英国制定法对外化行为也没有要求。美国的制定法对此意见不统一。部分制定法要求具备外化行为要件，但是并没有从根本上动摇普通法的传统。

即使认为“制造条件”包含犯罪合意，也不能得出（双人以上）预备犯等同于共谋罪的结论。因为共谋罪规则，除了共谋罪的核心概念外，还包括一系列从核心概念派生出来的规则。例如，对共谋罪与目标犯罪实行数罪并罚，对单纯共谋者科处替代责任，设置独立的追诉时效，允许采纳共同共谋者所作的庭外陈述等。没有那些相配套的规则，单纯的共谋罪概念无法实现立法意图。相反，我国对预备犯并没有设置类似于共谋罪的配套规则。所以，预备犯与共谋罪在本质上存在区别。

三、目标行为不同

首先，阴谋犯和预备犯的目标或对象只能是犯罪，一般违法行为不构成我国刑法阴谋犯的对象或目标。[1]从现行刑法的规定看，阴谋犯的目标行为全部都是危害国家安全的犯罪，例如反分裂国家、颠覆国家政权、武装叛乱和武装暴乱等犯罪。反之，普通的违法行为、不道德行为或者违反公共政策的行为不构成阴谋犯的目标行为。即我国严格地限制阴谋犯的适用范围。根据《刑法》第22条之规定，预备犯的目标犯罪只能是刑法分则明文规定为犯罪的行为。相反，共谋罪的成立，其目标行为既可以是犯罪行为，也可以是一般的违法行为，乃至违反道德的行为。其目标行为极为宽泛。例如，英国刑法中的欺诈共谋罪，欺诈行为由单人实施时不构成犯罪，由多人联合实施时构成共谋罪。相反，阴谋犯和预备犯的目标行为不论由单人或双人实施，都构成犯罪。另外，在普通法上，二人为了使用不法手段实现合法目的而达成合意的行为，也构成共谋罪。但是，此种类型

---

〔1〕 参见郑飞：《行为犯论》，吉林人民出版社2004年版，第148页。

的共谋罪在我国的阴谋犯和预备犯中并无体现。

其次，预备犯（罪）包括自己预备罪和他人预备罪。自己预备罪是指行为人为了自己实施犯罪而实施预备行为。他人预备罪是指为了他人实行犯罪而实施预备行为。[1] 而共谋罪的内容不包括为了他人实行犯罪而共谋，而仅包括为了自己实行犯罪而共谋。例如：根据英国《刑事法》§1.1之规定，共谋罪的目标犯罪只能是协议的一方当事人或者一方当事人以上之人实行的犯罪。这里所谓的"实行犯罪"是要求共谋者中的一个或者数人是主犯[2]（Hollinshead案）。因为，如果两个从犯协议帮助主犯实施杀人，当主犯并非协议的当事人时，这两个从犯并不构成共谋谋杀罪（大概他们可以构成共谋教唆主犯罪）。上诉法院的判决可以概括如下：一个人不能共谋帮助谋杀。一个人必须共谋作为主犯，实行完整犯罪——谋杀罪。上诉时，上议院并没有讨论这个问题而且没有赞同或者不赞同上诉法院的判决。制定法定义有关术语的一般意义为上诉法院的法律建议提供了支持。如果正确的话，当两个当事人协议帮助一个非协议中第三人，他们不构成共谋实施第三方实施的任何犯罪。[3]

四、适用范围不同

阴谋犯被我国刑法严格地限制在危害国家安全犯罪领域的零星场合。我国刑法只是例外地提示性地处罚阴谋犯。预备犯的规定是一种原则性规定，但在司法实践中很少受到处罚。[4] 相反，共谋罪的适用范围极为宽泛，处罚也很经常。共谋罪的处罚是一种原则性的规定。而且共谋罪已经成为指控联邦犯罪的最常用手段之一。据统计，在2005年财政年度内，被控构成《美国法典》第18编规定的犯罪的被告人，其中5%面临第371节的共谋罪指控。共谋罪成为第四个常被指控的犯罪。[5]

五、处断原则不同

基于集团危险理论，共谋罪独立于实体犯罪而具有可罚性。因此一旦目标犯

---

〔1〕 张明楷：《刑法学》（第3版），法律出版社2007年版，第285页。

〔2〕 英美刑法中的主犯与从犯，与中国刑法中的主犯与从犯，划分标准不同。中国刑法采用作用分类法来划分主从犯。但是，英美刑法中的主从犯，并没有明显地采用作用分类法，而是采用了类似于中国刑法中的分工分类法。主犯被界定为：实行犯罪行为或者促成犯罪行为的人；从犯是鼓励或者帮助主犯的人。（Michael Jefferson, *Criminal Law*, China Law Press, 2003, p. 191.）所以，英美刑法中的主犯类似于中国刑法中的实行犯，从犯类似于中国刑法中的帮助犯。

〔3〕 Michael Jefferson, *Criminal Law*, China Law Press, 2003, p. 376.

〔4〕 张明楷：《刑法学》（第3版），法律出版社2007年版，第281页；王文华："论共谋金融诈骗罪"，载http://www.criminallawbnu.cn/criminal/info/showpage.asp?pkid=8845.

〔5〕 Anne Langer, Jonathan Parnes, "Federal Criminal Conspiracy", 45 *Am. Crim. L. Rev.* 2008, 512.

罪（实体犯罪）得以实现，应当对共谋罪与实体犯罪进行数罪并罚，而不能用实体犯罪来吸收共谋罪。而且，在量刑时，对两种犯罪分别判处刑罚后应当累加执行（Consecutive sentences），而非吸收执行（Concurrent sentences）。[1] 相反，阴谋犯并不适用此项处断原则。以我国《刑法》第103条规定的分裂国家罪为例。一旦两人事前就分裂国家进行策划，并达成合意，之后两人都具体地实施了分裂国家的实行行为，在定罪上，对所有阴谋者只科处一个罪，即分裂国家罪。同样地，预备犯也不适用此处断原则。在二人预备实施犯罪，而且实现了目标犯罪的情况下，原先预备实施犯罪的行为就不再受到评价，而是被目标犯罪所吸收。[2] 对所有行为人仅以目标犯罪定罪量刑，而且我国刑法并没有将共谋行为视为加重目标犯罪刑罚的一种加重情节。

六、责任范围的不同

根据美国平克顿规则，一个单纯的共谋者需要对共同共谋者为了推进共谋而实施的所有可以合理预见的实体犯罪承担替代责任。“一旦参与共谋，几乎就只能听天由命了。因为加入共谋之后，他将对其他共谋者在共谋范围内实施的所有犯罪承担责任。”[3] 相反，阴谋犯和预备犯的责任范围是较为狭窄的。首先，替代责任没有被扩张到我国刑法领域中，而仅适用于民法领域。[4] 我国在阴谋犯和预备犯领域并不能适用替代责任。其次，对于共同犯罪的实行过限问题，我国较为主流的观点认为实行犯超越共同故意而实施的犯罪不能归责于其他人。[5] 可见，单纯实施预备行为，但是对其没有故意而仅具有过失的行为不承担责任。因此，共谋罪的责任范围有可能是无限的，而阴谋犯和预备犯的责任范围是有限的。

七、程序法上的保障措施不同

为了配合对共谋罪的追诉，英美刑事诉讼法突破了若干传统。例如，允许承认共同共谋者庭外供述作为传闻证据的一种例外而具有可采性，允许控方根据需要选择案件的管辖地，允许对共谋者实行合并审判，允许规避实体犯罪的追诉时效追诉共谋罪。相反，对阴谋犯和预备犯的追诉，缺乏刑事诉讼法方面相关的保

---

〔1〕 Richard G. Singer, John Q. La Fond, *Criminal Law*, China Fangzheng Press, 2003, p. 290.

〔2〕 高铭暄主编：《刑法专论》，高等教育出版社2002年版，第419页。

〔3〕 See Neal Kumar Katyal, “Conspiracy Theory”, 112 *Yale L. J.* 2003, 1373.

〔4〕 例如：民法上雇员侵权时的雇主责任就是一种替代责任。参见童德华：“刑事代理责任理论介评”，载《法学评论》2000年第3期；毛瑞兆：“论雇主的替代责任”，载《政法论坛》2004年第3期。

〔5〕 张明楷：《刑法学》（第3版），法律出版社2007年版，第325页。

障措施。由于预备犯证明的难度大，我国司法实践中处罚预备犯的情况并不多见。[1] 阴谋罪和预备犯追诉的困难，证据规则本来应当相对宽松。但我国刑事诉讼法并没有区分犯罪的种类和性质，针对某些犯罪（例如阴谋犯和预备犯）设置相应宽松的证据规则。再者，阴谋犯的追诉时效和实体犯罪的追诉时效是相同的。阴谋犯被作为实体犯罪的一种实行行为方式加以规定，[2] 因此阴谋犯并没有独立的追诉时效。这很有可能造成实体犯罪的追诉时效经过而无法以阴谋犯追诉被告人从而放纵犯罪的后果。同样地，预备犯根本没有独立的追诉时效。我国不承认预备犯是一种独立的犯罪，而是从属于目标犯罪。例如：两人预备实施杀人，构成杀人罪的预备犯，应当以故意杀人（预备）罪处断。预备犯的追诉时效实际上指的是故意杀人（预备）罪的追诉时效。这和共谋罪的追诉时效规则是不同的。

第三节　引入共谋罪的必要性：未完成犯罪立法对风险社会的应然回应

随着风险社会的到来，风险意识加剧了社会公众的不安全感，如何为个人提供制度性安全保障开始支配公共政策的走向。面对周遭世界的不确定，不仅个人需要不断地进行风险管理，现代国家的政策也必须更多地以管理不安全性为目标。控制风险以安抚公众成为现代社会压倒性的政治需要。刑法作为最严厉的国家反应，保障和促进社会共同体安全，以和谐的共同生活为其主要的任务。在风险社会中，当行为具有高度侵害法益的风险时，刑法如果不介入，这种风险一旦实现对共同体的安全破坏将是灾难性的，为了能在风险社会中确保共同体生活的安全，刑法必须对法益进行早期化的保护，对犯罪进行提前的干预。此外，风险社会造就了“有组织的不负责任”，因此强化个体对他人行为的责任承担，突破传统刑法所倡导的责任主义，有助于维护法秩序共同体的安全。在未完成形态犯罪领域，我国刑法规定的预备犯在提前保护法益免受不法行为的侵害方面存在迟滞化的问题，也不足以强化个人对他人行为的责任，无法适应风险社会的到来对

---

〔1〕 张明楷：《刑法学》（第3版），法律出版社2007年版，第287页。

〔2〕 例如，我国《刑法》第103条第1款规定：“组织、策划、实施分裂国家、破坏国家统一的，对首要分子或者罪行重大的，处无期徒刑或者10年以上有期徒刑；对积极参加的，处3年以上10年以下有期徒刑；对其他参加的，处3年以下有期徒刑、拘役、管制或者剥夺政治权利。”

刑法提出的新要求。和我国刑法的预备犯相比，共谋罪在法益保护早期化、刑罚权发动提前化、刑事责任团体化方面满足了风险社会对刑法提出的新要求。

一、法益保护的早期化

风险社会的到来，刑法部分地从罪责刑法向安全刑法转向。罪责刑法向安全刑法转向的根本原因是传统的罪责刑法不能满足法秩序共同体在风险社会中对安全保证现实的需要。因为罪责刑法只有在应受处罚的行为造成客观侵害的时候做出反应才认为是合理的，这在风险社会中，不能适应减少、限制风险的客观需要。而安全刑法以行为的危险性为前提，只要应受处罚的行为具有威胁法秩序共同体的危险，刑法就应当在该危险变成现实之前提前介入，对具有人身危险性的行为，只要其危险性威胁到法秩序共同体的安全，刑法同样应当对其作出一定的反应，从而降低社会风险的存在。随着风险全球化的到来，作为保障安全的刑法部分地从罪责转向安全刑法。在风险社会中，安全刑法所关注的重点在于行为人所制造的风险，而且通过对这种风险的刑法禁止来降低和避免这种风险的实现，从而保证社会共同体的安全。因而，安全刑法在规范上体现为立法者将刑法的防卫线向前推移。

以风险控制为内容的刑法，在犯罪论层面上要求将犯罪成立标准前移。犯罪成立标准的提前意味着处罚尚未产生实害的行为。古典刑法处罚的是实害犯，以对法益造成现实侵害作为既遂标准。在当代，基于对威胁公众生命与健康危险的预防需要，结果被扩张解释为对法益的侵害或危险。危险犯成为重要的犯罪形式大量地出现在公害犯罪中。“在风险社会里，法秩序共同体所面临的风险主要来源于社会上的人，刑法针对这种威胁共同体安全的风险来源所做出的反应主要是通过对行为人所造成的危险予以前置性地规范、保护，从而实现共同体对安全的追求。风险社会中的刑法所关注的是行为人所造成的危险状态，因此，危险犯成了风险社会中刑法的核心。”[1] 在危险犯中，现实的法益侵害不再是构成犯罪的必备要件。具体危险犯中危险尚需司法者作具体判断，即根据具体案件的特定关系，确定行为对通过相关构成要件加以保护的客体造成现实的结果性危险。抽象危险犯中司法者甚至无需关注个案的特定情形，也无需判断具体的结果性危险存在与否。抽象危险是以一般的社会生活经验为根据，通过类型化技术构建的类型化危险；防止具体的危险与侵害只是立法的动机，并不成为构成要件的前提。通过犯罪成立标准的向前推移，刑法实现了对法益的早期化保护，实现对犯罪的早期化处罚。

---

〔1〕 赵书鸿：“风险社会的刑法保护”，载《人民检察》2008 年第 1 期。

一方面，立法者在公害犯罪中大量地创设危险犯，而不是实害犯；另一方面，立法者也大量地处罚未完成形态犯罪。本质而言，未完成形态犯罪也是一类危险犯。因为未完成形态犯罪是犯罪在既遂之前停止下来时构成的犯罪，对刑法所要保护的法益造成了威胁，而不是实害。在英美刑法中，立法者创设了共谋罪、未遂罪和教唆罪这三类未完成形态犯罪。其中，共谋罪是三类未完成形态犯罪中处罚最为提前的未完成形态犯罪。在我国刑法中，预备犯、未遂犯和中止犯是三类未完成形态犯罪，也是处罚提前化的表现。但是，预备犯的处罚最为提前，最为早期，对法益的保护也最为提前。但是，如前所述，我国刑法的预备犯与英美刑法中的共谋罪是有本质区别的。英美刑法共谋罪的处罚时点比我国刑法的预备犯的处罚时点，更为提前，对法益的保护更为早期化。换言之，在我国刑法预备犯的语境中，国家刑罚权的发动比共谋罪更为迟缓。随着风险社会的到来，风险无处不在，无时不在，而且越来越不确定，越来越不可控制，一旦风险变为实害之后，其产生的危害结果越来越巨大和不可估量。在风险社会中，刑法不能等到某种实害发生时才介入，而且刑法介入风险社会越早，对法益的保护就越提前，对风险及其危害的避免就越有效。所以，为了维系法秩序共同体的安全，现代刑法应当部分地从罪责刑法转向安全刑法，应当以管理不安全性为重要任务；应当注意不仅以客观实害为评价对象，又要以个体危险为评价对象；同时应以威慑、预防为首要任务，而不应以报应和矫治为首要任务。所以，为了配合风险社会时代背景下现代刑法的转型，我国刑法应当将处罚的时点再向前推移。具体而言，我国刑法应当将处罚的时点推移到共谋或协议这个阶段，而不仅仅局限于犯罪预备的准备工具、制造条件。毕竟，“在风险社会，为了维护共同体生活的安全，刑法在风险发生之前予以介入从而阻止风险实现或造成更大的风险。动用刑法来禁止威胁共同体安全的风险是刑法在风险社会中的主要职责。”〔1〕

二、责任范围的扩张化

风险社会的到来，国家面临着运用刑法管理风险、控制风险从而防卫社会的重大任务。为了将风险控制在萌芽阶段，将风险扼杀于摇篮之中，现代刑法在一定程度上突破了传统刑法所主张的个人责任原则，承认个人责任原则具有例外情形。在英美法系国家，替代责任突破了侵权法的桎梏侵入了刑法领域，就是其中一个例证。〔2〕 替代责任的科处，要求行为人不仅为自己的行为承担刑事责任，还为他人的行为承担刑事责任。这种立场显然无法为传统刑法的个人责任原则所

---

〔1〕 赵书鸿：“风险社会的刑法保护”，载《人民检察》2008年第1期。

〔2〕 劳东燕：“公共政策与风险社会的刑法”，载《中国社会科学》2007年第3期。

包容。在普通法上，主人对仆人的行为负责的规则是处理替代责任的重要准则。19世纪以前，主人负责规则只适用于公共妨害与刑事诽谤这两类普通法犯罪案件。20世纪以后，它大量适用于明确或暗示规定替代责任的制定法犯罪，如出售酒类，生产出售变质食品等。这一规则在20世纪60年代为美国《模范刑法典》所吸收，成为法人责任规定中适用最广泛的规则。替代责任根据两种方法加以认定：一是委托原则；二是在法律上直接将代理人的行为视为被代理人的行为。[1]

为了配合法益保护的早期化，美国联邦最高法院在1946年的平克顿案中确立了平克顿规则，规定一个共谋者应当对共同共谋者为了推进共谋而实施的所有可以合理预见的实体犯罪承担替代责任。虽然共谋者替代责任在后世的发展过程中曾经一度遭受排斥，但是目前共谋者替代责任几乎已经被法官和公诉人所采纳。对单纯的共谋者科处替代责任，突破了传统普通法的基本立场，造成一个共谋者即使无法构成帮助犯、教唆犯或实行犯，也应当因为参与共谋而对所有共谋者为了推进共谋而实施的所有可以合理预见的实体犯罪承担替代责任。这种责任对于单纯的共谋者而言是非常严厉的，以至于《模范刑法典》的制定者对平克顿规则极为反感，不愿意采纳该规则。《模范刑法典》以及许多学者对平克顿规则都进行了猛烈的抨击，认为平克顿规则是刑法中的一个怪物。[2]"如果根据平克顿规则，每个人都对上千种他们根本无法影响的犯罪承担责任，那么，法律将丧失任何比例意义。"[3]

但是，应当看到，在风险社会的语境中，平克顿规则显然是有合理性根据的。如前所述，风险社会中，经常出现"有组织的不负责任"现象。贝克指出，我们身处其中的社会充斥着组织化不负责任的态度，风险的制造者以他人作为风险牺牲品来保护自己。社会中只要有风险，就必然有一个责任问题。人们在处理这些风险的过程中总是想方设法回避责任。现代组织体系如各类公共机构就是这样安排的，即恰恰是那些必须承担责任的人员可以找到足够的理由以便摆脱责任。贝克认为，这就是风险判定中最突出的方面，也就是"有组织的不负责任"。它表现在，工业社会所提出的用以明确责任和分摊费用的各种制度安排，在全球性风险社会的情况下将会导致完全相反的结果，即在风险社会来临的时候

〔1〕［英］J.C.史密斯、B.霍根：《英国刑法》，李贵方等译，法律出版社2000年版，第198~202页。

〔2〕Neal Kumar Katyal, "Conspiracy Theory", *Yale Law Journal*, Vol. 112, No. 6. (Apr., 2003), p. 1372.

〔3〕Model *Penal Code* §2.04, Comment at 21 (Tent. Draft No. 1, 1953).

却无法有效应对，难以承担起事前预防与事后解决的责任。在此过程中，是难以查明谁该对此事真正负责的。

由“有组织的不负责任”引申而来的是，团体责任在某些情况下是正当的。因为团体经常以各种名义逃避责任，而且在风险发生之后，无法真正查明谁是责任主体，在这种情况下，为了维护法秩序共同体的安全，刑法应当在个人责任原则之外允许团体责任的存在，目的在于强化群体成员对共同体生活安全的保护。本质而言，替代责任其实是一种团体责任。一个人因为属于某一个团体的成员而承担责任，即使该成员没有真正实行过团体其他成员所实施的行为，或者帮助、教唆过其他团体成员所实施的行为，也应当对他人实施的行为承担替代责任。从这个角度看，美国刑法平克顿规则所确立的责任范围从整体上看是恰当的。平克顿责任，突破了传统普通法的个人责任原则，而承认替代责任在共谋罪领域中的适用，将所有参与共谋的共谋者彼此的命运紧密联系在一起。因为平克顿责任的存在，一个人一旦参与共谋，就真的只能听天由命，只能指望其他共谋者不要实施实体犯罪或者少实施实体犯罪。否则，该共谋者应当承担的责任将是极其严厉的。因为一个人的命运彼此地掌握在对方手上，那么，一个群体中的成员将从有利于自己责任承担的角度彼此地监视对方的一举一动，生怕对方一不小心实施犯罪而把自己拖进平克顿规则所编织的犯罪法网中而不能自拔。所以，平克顿规则有利于产生共谋者相互监视的效果，而相互监视又容易造成共谋者之间离心离德的后果，从而弱化共谋者之间因为共谋者成员身份而形成的信任关系，这将进一步造成共谋群体的瓦解。所以，从这个角度看，在风险社会的时代背景下，平克顿规则所创设的严厉责任有利于威慑、预防共谋者实施犯罪，从而维护法秩序共同体生活的安全性。相反，我国刑法的预备犯并不承认团体责任和替代责任，无法适应风险社会对刑法提出的新期待。

综上，在风险社会的语境中，共谋罪的处罚是具有正当性的。随着风险社会的来临，刑法应当着眼于管理不安全性，管理和控制风险，规避和预防风险的现实化或更大化，从而维护法秩序共同体生活的安全。为了实现这个目标，刑法应当将处罚的时点向前推移，将刑罚权的发动时点朝着风险发生的方向推移，使得刑法对法益的保护更为提前。在目前，我国刑法运用预备犯处罚犯罪的立法例，显然不能有效应对风险社会对刑法提出的挑战，不能适应风险社会时代刑法对法益保护的早期化要求。有鉴于此，我国刑法应当继续将刑罚权的发动时点向前推移，将共谋或协议纳入刑法的处罚范围。另外，为了避免有组织的不负责任，应当强化团体责任的承担，应当突破责任主义的桎梏，允许在个人责任原则之外科处替代责任。一言以概之，共谋罪规则的创设，在风险社会的语境中，具有正当性根据。

第四节　共谋罪规则的引入对未完成形态犯罪立法的影响

一旦未来我国引入共谋罪，对我国犯罪论产生的第一个冲击是共谋罪与预备犯之间的协调问题。如前所述，虽然共谋罪与预备犯都是处罚早期化的表现，但是我国刑法预备犯与英美刑法的共谋罪是两个不同的范畴。我国刑法的预备犯无法包容共谋罪的概念。共谋罪的引入将对预备犯、未遂犯和中止犯这三种未完成形态犯罪产生重大的影响。

一、共谋罪与现有未完成形态犯罪的序列

如前所述，共谋罪的处罚时点，比预备犯的处罚时点更为提前。共谋罪处罚的对象是复数行为人为了实施犯罪或不法行为而达成的协议或合意。协议或合意比我国刑法预备犯所说的"准备工具、制造条件"的行为更为提前，离刑法所要保护的法益更为遥远。协议这个无形的行为，与"准备工具、制造条件"等有形行为之间的关系，也许可以套用英美刑法共谋罪中的协议与外化行为之间的关系来描述。换言之，我国刑法预备犯中的"准备工具、制造条件"和英美刑法中的"外化行为"可以互换。如此一来，从客观方面看，我国刑法的预备犯不处罚行为人实施外化行为之前达成的协议，而是处罚行为人达成协议之后为了推进协议而实施的外化行为。即处罚为了推进共谋协议而进行的准备工具、制造条件等外化行为。因为共谋罪和预备犯都是一种未完成形态犯罪，一旦引入共谋罪，应当将共谋罪置于预备犯之前。即，刑法可以在处罚预备犯之前处罚共谋罪。相应地，在刑法中，刑法应当用专条在预备犯的规定之前规定共谋罪的罪状、处罚以及其他相应的规则。共谋罪与预备犯并列规定的立法例，似乎有点类似于大陆法系国家所规定的预备犯与阴谋犯的立法例。在目前的大陆法系国家或地区的刑法中，预备犯与阴谋犯一般在刑法分则中并列规定。例如：《日本刑法》第78条规定，预备或者阴谋内乱的，处……。第88条规定，预备或者阴谋犯第81条和第82条之罪的，处……。第93条规定，以私自对外国作战为目的进行预备或者阴谋的，处……。我国台湾地区"刑法"第101条（暴动内乱罪）规定，以暴动犯前条第一项之罪者，处……。首谋者，处死刑或无期徒刑。预备或阴谋犯前项之罪者，处……。

虽然共谋罪与预备犯可以并列规定为两种未完成形态犯罪，但是应当看到，共谋罪的引入势必挤压我国刑法预备犯的存在空间，甚至预备犯的存在是否有必

要，也将成为一个重要问题。在英美刑法中，从犯罪形态的角度看，共谋罪确实可以被称为一种预备犯，当然此种预备犯和我国刑法的预备犯并不相同。在未遂罪之前的预备犯，只有共谋罪这一种。也就是说，英美刑法在处罚共谋罪的同时并不处罚其他的预备犯。单人为了实施犯罪而实施外化行为，达到未遂罪的阶段时才由未遂罪来处罚，或者单人实施教唆行为并被他人所理解时，才由教唆罪来处罚。否则，单人实施的任何犯罪行为，不可罚。故而可以认为，英美刑法原则上不处罚预备犯，只是例外地处罚共谋罪。共谋罪的处罚，等于排除了对未遂罪和教唆罪之前的任何预备犯罪性质的行为的处罚。英美刑法之所以如此对待未遂罪和教唆罪之前的行为，主要考虑到妥当地平衡刑法的社会防卫机能和人权保障机能之间的关系。共谋罪的处罚是英美刑事立法者平衡社会防卫和人权保障两大价值目标之后的妥协产物。一方面，为了保护社会免受危险行为的侵害，国家刑罚权必须提前发动，不能等到危险行为变成实害行为才发动。另一方面，刑罚权是一柄双刃剑，用之不当则国家与个人均受其害。为此，处罚早期化必须有所节制。英美刑法将处罚早期化限定在共谋行为的犯罪化上，从而调和了人权保障与社会防卫之间的紧张关系。因为共谋行为具有特别的危险性，共谋行为有别于单一个体实施的犯罪行为，更容易造成目标犯罪的实行，也更容易造成共谋者难以脱离共谋，所以具有特别的危险性而具有独立的可罚性。将共谋行为犯罪化，为国家刑罚权在极为早期的阶段就将危及社会的危险行为扼杀在萌芽状态之中提供了正当性根据，有利于对法益进行提前的保护。另外，共谋行为有别于单人实施的犯罪行为，仅仅处罚共谋行为，而不处罚单一为了实施犯罪而实施的策划行为，有利于将犯罪圈限定在一个较小的范围内，而不至于过分地侵入国民的私生活领域。因为公权力占据的范围越大，私权利占据的范围就越小，公权力与私权利之间呈现出一种此消彼长的关系。在公权力与私权利关系问题上，国家必须平衡刑法的人权保障与社会防卫的机能，使公权力与私权利之间的比重不至于失衡，从而造成剑走偏锋的不利局面，要么造成对社会保护不利的局面，要么造成对国民人权保障不利的局面。从这个角度看，英美刑法在处罚早期化问题上仅仅处罚复数行为人实施的共谋行为，调和了刑法的社会防卫机能和人权保障机能的关系，对犯罪圈的划定具有一定合理性。

但是，在我国，刑法原则上处罚所有人实施的犯罪预备行为。根据《刑法》第 22 条之规定，为了犯罪而准备工具、制造条件的，构成犯罪预备。从该规定出发，犯罪预备行为，不论由单人实施，还是由复数行为人实施，原则上具有可罚性，应当按照其预备实施的目标犯罪的罪名来确定罪名，并比照目标犯罪的既遂犯应当科处的刑罚进行量刑。原则上应当处罚预备犯的立法模式，不仅有违当今世界各国刑法强化人权保障的时代潮流，还有过度侵犯国民自由的潜在危险，可能造成刑罚权无处不在地发动于国民生活的各个角落，无时不在地发动于国民生活的各个时段，这将极大地萎缩国民的自由。因为犯罪预备行为，离刑法所要保护的法益极为遥远。过于提前并广泛地发动刑罚权，不但难以实现保护法益的目的，相反可能造成刑罚权的滥用。因此，在现代法治国家，以人权保障为导向、兼顾社会防卫的刑法价值取向应当构成任何一个法治国家追求的目标。广泛地处罚预备犯，是对该价值追求的背离。

基于上述分析可见，虽然英美刑法对犯罪的处罚具有极为早期化的特征，但是其毕竟以处罚共谋罪为原则，基本上不处罚单人实施的预备行为。整体而言，英美刑法对预备犯的处罚范围是比较小的。而我国刑法原则上处罚预备犯，预备犯的处罚范围极为宽泛。我国刑法与英美刑法在处罚预备犯罪的立场上似乎呈现出一种两极化的态势。那么，一旦英美刑法的共谋罪引入我国刑法之后，这种两极化的立法范式该如何协调性并处？肯定一方是否意味着否定另一方？这两种立法例是否可以折衷或调和？

首先，肯定一方并不意味着否定另一方。共谋罪的处罚对象是复数行为人为了实施犯罪或不法行为而达成的合意或协议。而协议有别于为了推进协议而实施的外化行为。我国刑法关于预备犯的行为要件是“准备工具、制造条件”。而这里的“准备工具、制造条件”并不包括不法协议。共谋罪是对共同的危险行动的提前处罚，对共同危险行动的提前处罚，并不排斥对单独的危险行动的处罚。协议之外的预备行为可以为我国刑法的预备犯所调整。不法协议由共谋罪处罚，而不法协议之外的预备行为由预备犯处罚，并不矛盾。

其次，尽管肯定一方并不意味着否定另一方，但是应当看到，引入共谋罪后，如果依然保留目前处罚预备犯的立法模式，处罚的范围将极为宽泛。除了不法协议属于处罚对象外，协议之外的预备行为也属于刑法的处罚对象。可见，引入共谋罪而不改变原有预备犯的处罚范围的话，处罚的范围将比原有预备犯的处罚范围更宽泛，而且处罚的时点也比原有预备犯的处罚时点更为提前。这将进一步萎缩国民的自由，进一步强化国家对社会的控制，使公权力进一步蚕食私权利的领地，私权利将被挤压到一个非常狭小的空间。

有鉴于此，一旦引入共谋罪，可以对共谋罪和预备犯进行折衷式调和。如何折衷并调和，这关系到人权保障与社会防卫的动态平衡问题。我们认为，共谋罪的创设是对共同危险行动的提前干预和处罚，特别是在风险社会来临的时代背景下，共谋罪的处罚更加具有正当性。共谋罪的创设和处罚，将围绕管理、控制不安全性和共同风险而运作。所以唯一可以调整的就是预备犯的处罚范围。如前所述，我国刑法的预备犯并不处罚不法协议行为，预备犯的处罚时点比共谋罪更为滞后，它仅处罚协议之外的预备行为。为了弱化国家对社会的控制，强化刑法的人权保障机能，对协议之外的预备行为的犯罪化，必须持审慎的态度，必须改变我国原有预备犯处罚范围过于宽泛的局面，将协议之外的预备行为的犯罪化限定在一个较小的范围内。据此，建议将我国现行刑法上实行的处罚预备犯为原则、不处罚为例外的规定，更改为不处罚为原则，处罚为例外。具体条文设计如下：保留现行《刑法》第22条第1款的规定，将第2款修改为：对于预备犯，本法分则有特别规定时，可以比照既遂犯从轻、减轻处罚或者免除处罚。当然，与此同时，分则应对需要处罚预备犯的犯罪做出特别规定。

二、共谋罪属性的定位

一旦引入共谋罪，应当如何定位共谋罪的属性，是我们必须回答的一个问题。在我国刑法中，预备犯被视为一种未完成形态犯罪，而且是一种从属性的犯罪。易言之，我国刑法的预备犯不是一种独立的实体犯罪。我国刑法上不存在一种被称为“预备犯”的“个罪”，即预备犯没有独立的罪名；我国的立法者将预备犯视为目标犯罪的一种行为状态。因此，在认定预备犯时，是按照目标犯罪的预备形态的罪名来认定的。再者，预备犯也没有独立的罚则，对预备犯的处罚也必须依靠目标犯罪的处罚而定，否则无从确定预备犯的处罚。相反，英美刑法中的共谋罪是一种独立的实体犯罪，并配有独立的罚则。不论是一般性的共谋罪，还是特殊的共谋罪，都是独立的实体犯罪，而且有独立的刑罚配置。例如：根据《美国法典》的规定，一般性的共谋罪的法定最高刑是5年监禁刑。某些特殊的共谋罪的法定最高刑可以是20年监禁刑。在引入共谋罪的时候，将作为独立型犯罪的共谋罪与作为从属型犯罪的预备犯并列规定在一起，似乎不协调。不仅如此，我国刑法的未遂犯和中止犯同样属于从属性犯罪，均不是独立的犯罪类型，也没有独立的刑罚配置。引入共谋之后，共谋罪将与预备犯、未遂犯和中止犯等从属型犯罪并列为我国刑法的未完成形态犯罪，但其内在的逻辑一致性不强，相互之间划分子项的标准也不同，这使得它们难以为刑法所并列规制。

解决该问题的途径有二：第一，维持共谋罪作为一种独立犯罪的属性不变，将我国刑法的预备犯、未遂犯和中止犯这三种未完成形态犯罪转化为独立的犯罪，并配以独立的罚则。如此一来，从犯罪属性的角度看，共谋罪与我国的三种未完成形态犯罪内在的逻辑一致性就得到了强化，显得协调。第二，改变共谋罪的犯罪属性，将共谋罪改变为类似于我国未完成形态犯罪的从属型犯罪，那么，这几类犯罪的属性也就不存在矛盾了。

整体而言，我们认为，第一种选择是妥当的。理由是：在英美刑法中，共谋罪，独立于作为共谋目标的实体犯罪，而构成一种独立的犯罪。在引入共谋罪时，将共谋罪从独立性犯罪转化为从属性犯罪，将动摇共谋罪的基础性观念（共谋罪独立于目标犯罪而具有可罚性），也势必摒弃建立在共谋罪基础性观念基础上的一系列共谋罪规则。例如：对共谋罪和作为共谋目标的实体犯罪实行数罪并罚的规则。因为一旦将共谋罪转化成从属性犯罪时，共谋罪这种犯罪将不复存在，最后认定的罪名只有作为共谋目标的实体犯罪。所以选择第一种途径是妥当的。为了保持与共谋罪犯罪属性的一致性，我国刑法未完成形态犯罪中的预备犯、未遂犯和中止犯，也应当设置为独立的犯罪，并配以独立的罚则。

三、共谋罪的引入对未完成形态犯罪犯罪主体的影响

共谋罪的引入，产生的另一个问题是：预备犯、未遂犯和中止犯的犯罪主体要件的变化。在英美刑法中，共谋罪处罚对象是复数行为人为了实施犯罪或不法行为而达成的协议。处罚共谋罪的本质是处罚复数行为人达成的不法协议。着眼于共谋罪、未遂罪和教唆罪之间的协调，未遂罪和教唆罪的处罚对象不包括协议在内。换言之，未遂罪和教唆罪的处罚对象只能是单人实施的犯罪行为。未遂罪和教唆罪的犯罪主体只能是单一行为人。在我国刑法中，预备犯、未遂犯和中止犯的犯罪主体没有单复数的限制。单一行为人或复数行为人，均可以构成预备犯、未遂犯和中止犯的犯罪主体。在引入共谋罪之后，现有的未完成形态犯罪的犯罪主体只能由单人实施，而不能由复数行为人实施。复数行为人协议实施犯罪的，由共谋罪规制。预备犯、未遂犯和中止犯调整单人预备、未遂或中止实施犯罪的犯罪形态。如此一来，共谋罪、预备犯、未遂犯和中止犯之间才能实现内在逻辑的大致周延，不至于产生交叉重叠部分。

四、共谋罪规则的引入对阴谋犯的影响

如前所述，我国现行刑法虽然没有明确出现“阴谋犯”字眼，但是我国刑法相关犯罪已包含了对阴谋行为的惩罚。尽管1997年刑法删掉了“阴谋”二字，但是并没有取消阴谋犯的规定。新刑法使用了“策划”字眼来替代旧刑法中的“阴谋”。[1]现行刑法惩罚阴谋犯的犯罪有三个，分别是分裂国家罪、武装叛乱、暴乱罪和颠覆国家政权罪。《刑法》第103条第1款规定，组织、策划、实施分裂国家、破坏国家统一的，对首要分子或者罪行重大的，处无期徒刑或者10年以上有期徒刑；对积极参加的，处3年以上10年以下有期徒刑；对其他参加的，处3年以下有期徒刑、拘役、管制或者剥夺政治权利。《刑法》第104条第1款规定，组织、策划、实施武装叛乱或者武装暴乱的，对首要分子或者罪行重大

〔1〕 郭慧：“论我国刑法中的阴谋犯”，湘潭大学2005年硕士学位论文，第10~13页。

的，处无期徒刑或者10年以上有期徒刑；对积极参加的，处3年以上10年以下有期徒刑；对其他参加的，处3年以下有期徒刑、拘役、管制或者剥夺政治权利。《刑法》第105条第1款规定，组织、策划、实施颠覆国家政权、推翻社会主义制度的，对首要分子或者罪行重大的，处无期徒刑或者10年以上有期徒刑；对积极参加的，处3年以上10年以下有期徒刑；对其他参加的，处3年以下有期徒刑、拘役、管制或者剥夺政治权利。从目前我国刑法对阴谋犯的规定看，阴谋犯具有如下特征：

首先，阴谋犯被我国刑法严格地限制在危害国家安全犯罪领域中的零星场合。我国刑法只是例外地提示性地处罚阴谋犯。其次，当阴谋实施的目标犯罪实现时，阴谋犯并不适用数罪并罚的原则。以我国《刑法》第103条规定的分裂国家罪为例。一旦两人事前就分裂国家进行策划，并达成合意，之后两人都具体地实施了分裂国家的实行行为，在定罪上，对所有阴谋者只科处一个罪，即分裂国家罪。最后，阴谋犯被作为实体犯罪的一种实行行为方式加以规定。[1] 如前所述，我国刑法的阴谋犯与英美刑法的共谋罪在许多方面存在重大的差异，不是相同的概念。但是，至少两者有一个地方是共同的，即处罚的极其早期化，两者处罚的对象都是不法协议，只是协议的内容不尽相同。

那么，一旦引入共谋罪，我国刑法的阴谋犯是否有继续存在的必要呢？我们认为，引入共谋罪之后，我国刑法的阴谋犯没有存在的必要。而且，引入共谋罪取代阴谋犯之后，也许更有利于保护法益，更有利于严惩共谋危害国家安全的犯罪。我国刑法在预备犯之外单独处罚危害国家安全犯罪的阴谋行为，意在保护特别重要的法益——国家安全。但是，应当看到，虽然阴谋行为在危害国家安全犯罪领域中的犯罪化，是法益保护极其早期化的表现，但是我国刑法的阴谋犯对国家安全的保护似乎是不够充分的，至少和共谋罪对国家安全这种法益的保护相比是不充分的。主要表现在：

第一，处罚的严厉性不足。具体而言，当阴谋实施的目标犯罪实现的情况下，我国刑法的阴谋犯实行吸收原则，而不适用数罪并罚原则。这放纵了阴谋危害国家安全的犯罪人，对国家安全法益的保护并不充分。之所以出现这种局面，是因为我国刑法并没有充分地认识到多人共谋实施犯罪的特别危险性。如果承认群体犯罪比个体犯罪更为危险，那么就会得出单纯的共谋本身具有可罚性而构成

---

〔1〕 例如，我国《刑法》第103条规定："组织、策划、实施分裂国家、破坏国家统一的，对首要分子或者罪行重大的，处无期徒刑或者10年以上有期徒刑；对积极参加的，处3年以上10年以下有期徒刑；对其他参加的，处3年以下有期徒刑、拘役、管制或者剥夺政治权利。"

一种独立犯罪的结论。一旦共谋的目标犯罪实现之时，应当对不法协议行为和目标犯罪行为进行数罪并罚，而不是用目标犯罪吸收共谋或阴谋犯罪。一旦用目标犯罪吸收阴谋犯罪，在程序法上将产生一个重要的问题，即控方无法运用阴谋犯作为对实体犯罪追诉的替代工具。其后果将是控方无法与犯罪嫌疑人进行讨价还价，无法进行类似于英美刑事诉讼法上辩诉交易式的公诉自由裁量行为，特别是在控方证明目标犯罪难度极其大的情况下，更会恶化控方的追诉处境。这将造成控方策反危害国家安全犯罪人的能力不足。因为在目标犯罪实现的情况下，阴谋犯不再追诉。一旦控方没有办法证明目标犯罪，其结果将是阴谋者被宣告无罪。这种结果无疑是立法者不愿意见到的。再者，因为单一个体单独实施危害国家安全犯罪而应当承担的刑罚，与复数行为人将阴谋实施的目标犯罪进行到底，应当承担的刑罚是一致的。单人犯罪与多人犯罪，其结果并无差异，这显然鼓励犯罪人与他人合作共同实施犯罪，而共同行动具有特别的危险性，更容易造成犯罪得以实行，更容易造成共谋者难以脱离共谋而将犯罪进行到底，所以，无视群体犯罪的特别危险性而用目标犯罪吸收阴谋犯罪的做法，将鼓励那些潜在的犯罪人与他人共同实施犯罪，不利于犯罪的抗制和法益的保护。相反，引入共谋罪之后，共谋罪规则将能够解决阴谋犯处罚力度不够的问题。当目标犯罪实现之后，共谋罪规则允许对共谋罪和目标犯罪实行数罪并罚，允许对共同危险行动科处额外的刑罚，允许控方运用共谋罪作为对实体犯罪追诉的替代工具，与共谋者进行周旋，策反犯罪人，为抗制共谋犯罪提供有价值的反水证人和情报。共谋罪规则所具有的作用，显然是阴谋犯规则所不具有的。

第二，责任范围过于狭窄。在我国刑法阴谋犯的语境中，部分阴谋者为了推进阴谋而实施了可以合理预见的实体犯罪，其他单纯参与阴谋行为的阴谋者并不对此承担替代责任。我国刑法目前并不承认替代责任的科处。因为不能科处替代责任，对已经参与阴谋行为的人而言，无法形成强有力的威慑。他们没有必要担心自己会因为他人的行为而承担责任，无法造成相互监视的效果，无法破坏群体身份的认同，无法造成阴谋者彼此离心离德的后果。所以，在阴谋犯的场合中，对已经参与阴谋的人无法形成强有力的威慑。这种责任范围的有限性，对于打击具有特别危险性的共同危险行动是不利的。总之，共谋罪的引入所带来的平克顿替代责任，有助于弥补我国阴谋犯的责任范围过于狭窄的弊端，从而更有利于抗制阴谋犯罪。

第三，程序法保障措施不足。在我国，阴谋犯的追诉时效和实体犯罪的追诉时效是相同的。阴谋犯被作为实体犯罪的一种实行行为方式加以规定，因此阴谋犯并没有独立的追诉时效。这很有可能造成实体犯罪的追诉时效经过而无法以阴谋犯追诉被告人从而放纵犯罪的后果。相反，在共谋罪中，由于彻底地贯彻共谋行为本身独立于为了推进共谋而实施的实体犯罪这个基础性观念，共谋罪本身构成一种独立的犯罪。既然是一种独立的犯罪，当然就具有独立的追诉时效。共谋罪的追诉时效，并不依赖于目标犯罪的追诉时效。追诉时效的独立性，可以保证共谋罪的追诉具有独立性，即使共谋的目标犯罪的追诉时效已经经过，控方依然可以追诉共谋罪。所以，引入共谋罪后，由共谋罪独立性派生出来的共谋罪追诉时效独立性，将有助于弥补我国阴谋犯在追诉时效方面存在的不足。

综上，引入共谋罪后，阴谋犯本身没有存在的必要。阴谋犯所扮演的角色、发挥的作用，均可以由共谋罪所替代，而且共谋罪规则尚具有阴谋犯规则所不具有的功能。共谋罪的引入更有利于对法益的保护，特别是对国家安全法益的保护。

结束语

“随着社会生活的复杂化，科学化和高度技术化，对于个人而言，社会不可能进行主体性的控制，人们的生活主要依赖脆弱的技术手段，与此同时，个人行为所具有的潜在风险也飞跃性地增大，人们不知瞬间会发生何种灾难。由此产生了刑法处罚的早期化、宽泛化。”[1] 中国刑法并不处罚共谋罪，中国刑法的预备犯、阴谋犯等犯罪形态与共谋罪是不同的范畴。在风险社会的时代背景下，为了管理和控制不安全性，中国刑法有必要引入共谋罪，从而实现对法益保护的早期化。共谋罪的引入，势必对中国刑法未完成形态犯罪立法产生深远的影响。着眼于调和法益保护的早期化与未完成形态犯罪处罚的例外性之间的紧张关系，我国刑法应当有限地引入共谋罪，并协调好共谋罪与预备犯、阴谋犯等之间的关系。

---

〔1〕 张明楷：“日本刑法的发展及其启示”，载《当代法学》2006 年第 1 期。

第十五章

共同犯罪的立法追问

共犯既可以指共同犯罪人，也可以指共同犯罪，在前者的场合，共犯在广义上包括正犯与从犯，狭义仅指从犯（帮助犯、教唆犯）。本章中的共犯，如无特殊说明，指包括正犯与从犯的共同犯罪人。共犯规定可见诸于各国的刑事立法之中，但在共犯的性质、成立范围等方面，各国的共犯立法有着不同之处。近年来，我国学界共犯本质、共犯错误以及片面共犯等问题，展开了激烈的争论。鉴于这些争论主要是以德日的共犯理论为基础展开的，所以本章在第一节，主要以日本的立法与判例为基础，对共犯的基础理论评介；在第二节，以国外的立法为参照，论述了共犯的分类以及相关问题；在第三节，研究了共犯的相关问题。

第一节　共犯基础问题

共犯基础问题，主要涉及三个方面：一是共犯（狭义上的共犯）的处罚基础，就此存在责任共犯论、因果共犯论等观点；二是共犯（狭义上的共犯）的性质，或者说正犯与从犯的关系；三是共同正犯的本质。需要指出的是，现在我国关于共犯的争论多是以日本的共犯理论为基础展开的，但是日本的共犯理论是以日本刑事立法与判例为基础展开的，而我国的刑事立法有着许多不同之处：例如，我国刑法以处罚未遂犯为原则，而日本刑法以处罚未遂犯为例外，所以日本的共犯理论，尤其是许多具体结论，未必能够直接适用于我国司法实践。

一、共犯的处罚基础

关于共犯的处罚基础，目前主要存在如下三种观点：

第一，责任共犯论。该论认为，共犯的处罚根据在于其促使正犯实施了（符合构成要件而且违法的）有责行为，强调的是从犯让正犯堕落、陷入罪责与刑罚之处。根据该说，从犯成立，正犯必须充足构成要件该当性、违法性与有责性等犯罪成立要件。但是，现在的通说是，责任判断应该个别进行，充足责任要件并不必要。所以现在几乎没有学者支持责任共犯论。

第二，违法共犯论。该论认为，共犯的处罚根据在于其促使正犯实施了（符合构成要件的）违法行为。根据该说，从犯成立，只需要正犯行为具有构成要件该当性与违法性足矣，这一观点与关于从犯成立要件的通说是一致的（参见下文），而且符合“违法的连带性”要件，即如果正犯的行为是违法的，而且从犯本身不具有固有的违法性阻却事由，就可以认为从犯成立。所以，根据该说，在A委托B杀害自己，正犯的B没有成功的案件中，因为让B实施了委托杀人罪未遂的违法行为，A也成立委托杀人罪未遂。但是这一结论可能是难以接受的。所以，持违法共犯论的学者也认为，在上述场合在A与B之间，可以例外地承认违法的相对性，认为A不可罚。但是，认为自身理论的结论需要修正，就表明了违法共犯论缺少界限的问题所在。[1]

第三，因果共犯论。该论认为，从犯的处罚根据在于其介入正犯行为，自己惹起了法益侵害（符合构成要件的事实），所以该论也被称为惹起说。根据该论，直接引起法益侵害的是单独犯（正犯），介入正犯行为间接引起法益侵害的是从犯，正犯与从犯的差异，在于引起法益侵害的形式的不同。当然，在共同正犯的场合，共同正犯是共同惹起了法益侵害，所以才会有一部实行、全部负责的原则。从惹起说出发，在上述委托杀人的案例中，因为法律并不通过处罚A来保护A的生命法益，所以不存在构成处罚基础的法益侵害危险，所以A不成立委托杀人罪未遂的教唆犯。

在惹起说的内部，又可以区分出纯粹的惹起说与修正的惹起说（混合的惹起说）两种观点。纯粹的惹起说，将惹起说直接与从犯的成立要件连接起来，认为构成从犯的处罚基础应从对法益的侵害或者引起危险的阶段惹起，从从犯的立场看来，就是通过正犯惹起法益侵害结果，也即该当构成要件的事实。所以，从犯的成立，未必一定需要正犯具有构成要件该当性。纯粹的惹起说肯定了没有正犯的从犯。例如在身份犯的场合，具有身份者参与不具有身份者的行为，尽管非身份者不成立正犯，但是身份者可以成立“没有正犯的从犯”。

修正的惹起说则认为，从从犯的“二次责任”的特点出发，如果承担“一次责任”的正犯行为不具有构成要件该当性与违法性，就不发生刑法应该介入，进行处罚的问题。所以，从犯的成立，应该要求正犯行为具有构成要件该当性与

---

〔1〕 参见［日］山口厚：《刑法总论》（第2版），有斐阁2007年版，第296页。

违法性，这与下文所言的从属性说也是一致的。但是就共同正犯，就如有的学者所指出的，共同正犯的处罚根据是共同惹起法益侵害，与单独犯一样，承担的是“一次责任”，可见，共同正犯的成立要件与从犯的成立要件不同。[1]

如上所述，日本刑法理论中，共犯的处罚根据论是与其构成要件、违法与有责的三阶段犯罪构成理论紧密相连的，我国的刑法理论采取的是不同的犯罪客体、客观方面、主观方面、犯罪主体的平面的犯罪构成理论，所以，无法将上述的责任共犯论、因果责任论与违法责任论直接应用于我国刑法理论。但是，从许多论者的观点，例如认为教唆犯是犯罪的病源，制造了犯罪意图，并通过他人实现其犯罪意图，[2]似乎可以认为在我国从犯的处罚基础与责任共犯论比较接近。

二、共犯的性质

关于共犯的本质，在日本的刑法理论史上，曾经存在共犯独立说与共犯从属说的对立。共犯独立说是新派理论、主观主义的观点，认为可以根据正犯与从犯自身的犯罪性对之予以处罚；共犯从属说则是旧派理论、客观主义的观点，认为处罚共犯应当以正犯行为与前提。如在教唆杀人的场合，根据共犯独立说，在第一阶段就可以对教唆犯进行处罚；而根据共犯从属说，只有在存在可能导致死亡结果发生的危险的实行行为的前提下，才可以处罚教唆犯。就此而言，共犯从属说更符合结果无价值与法益侵害说的内在要求。

自20世纪50年代，随着旧派理论获得压倒性优势，共犯从属说成为了日本刑法理论中的通论，所以日本共犯论的争议重点，转向了从属的内容方面。就此，可以从实行从属性、要素从属性与罪名从属性三个角度探讨：

（1）实行从属性。实行从属性解决的是从犯成立，正犯是否需要达到可罚的阶段的问题，即认为，只有在正犯达到未遂的可罚阶段，刑法才可以介入。例如，在教唆正犯实施盗窃的案件中，从盗窃未遂阶段开始，才可以认为教唆行为是可罚的，在此之前的阶段，应为不可罚的教唆未遂。如果刑法并没有将未遂规定为处罚对象，则应该认为在正犯达到既遂阶段，才可以对教唆犯进行处罚。也即，从从犯的处罚基础是惹起法益侵害的立场出发，如果不存在法益侵害或者法益侵害的危险，刑法的介入就失去了正当的基础。

（2）要素从属性。要素从属性解决的是在从犯以正犯的存在为前提的情况下，正犯行为需要具备什么要件，才可以认为从犯成立，也即，从犯在多大程度上从属于正犯。就此，目前，主要存在四种观点：①最小从属性说。根据该说，

[1] 参见［日］山口厚：《刑法总论》（第2版），有斐阁2007年版，第300页。
[2] 参见高铭暄主编：《刑法学原理》（第2卷），中国人民大学出版社1993年版，第485页。

只要正犯行为具有了构成要件该当性，就可以认为从犯成立。②限制从属性说。根据该说，正犯行为必须具有构成要件该当性与违法性，才可以认定从犯成立。③极端从属性说。根据该说，正犯行为必须具有构成要件该当性、违法性与有责性，才可以认为从犯成立。④违法从属性说。根据该说，即使正犯的行为不符合构成要件，只要是违法行为，就可以认为从犯成立。例如，在公务员让配偶收受贿赂的案件中，配偶因为缺少身份，其行为不具有构成要件该当性，但是公务员仍然可以构成共犯。[1]

构成要件该当性与违法性所表示的是行为的客观属性，只要不能认为行为具有二者，刑法就失去了介入的正当基础。但是，即使认为行为符合构成要件，如果存在违法性阻却事由，刑法也不能介入，因为该行为的违法性被否定了。从这一点出发，可以认为最小从属性说不能作为一般的判断标准。同样的，违法从属性说也只有在认定某一违法阻却事由，例如身份，是否适用于犯罪参与人之际，例外地予以承认。在上述公务员让配偶收受贿赂的案件中，也可以认为公务员构成间接正犯。所以，违法从属性也不能成为一般的判断标准。

与此相对，责任是对实施符合构成要件的违法行为所进行的非难，而不是构成行为的内容，应该个别进行。所以从修正的惹起说出发，即使正犯因为缺乏责任，而不被认定为处罚对象，如果从犯通过介入正犯行为，导致了符合构成要件的违法事实，对于从犯，仍然应该认为是可罚的。也即，认定从犯成立，不需要正犯行为具备责任要件。所以，极端从属性说与夸张从属性说同样不能成为一般的判断标准。

基于上述论述，日本学界一般认为在要素从属性这一问题上，限制从属性说是正确的，也即通常认为“违法是连带的，责任是个别的”。但是在个别的情况下，例如存在特别的构成要件要素要求，可以例外地认为，即使正犯的行为不符合构成要件，从犯也能成立。

（3）罪名从属性。罪名从属性解决的是正犯与从犯的罪名是否必须一致的问题。例如，在正犯构成故意杀人罪的案件中，仅仅具有伤害故意的帮助犯是否构成故意杀人的帮助犯，还是构成故意伤害致死的帮助犯？相反的，在正犯构成故意伤害致死的案件中，具有杀人故意的帮助犯是构成故意伤害致死的帮助犯，还是故意杀人的帮助犯？

根据日本的判例，就帮助犯与教唆犯，罪名从属性原则上是否定的，仅仅在

---

〔1〕 参见［日］中山研一：《口述刑法总论》（补订2版），成文堂2007年版，第288～299页。

例外的场合，予以承认。[1] 原因在于，犯罪的成立，不仅仅行为需要构成要件该当性与违法性，而且必须存在责任，而故意、过失等责任要素只存在于行为人，所以责任非难即使在共犯之间，也必须个别进行。因此，即使是在客观上共同惹起违法的构成要件事实的共犯，在罪名上也未必是一致的。例如，B相信A是想要伤害C，因此将自己的厨刀借给A，而其实A是想杀害C，如果A对C造成了伤害，在这种情况下，不能认为B构成故意杀人未遂的帮助犯，而是与自己的故意内容，或者说责任相对应，成立伤害的帮助犯。

在共犯的性质这一问题上，由于犯罪构成理论与日本不同，我国学界并没有进行深入、全面的讨论，而只是就教唆犯的性质展开了争论。就此，本章第二节将予以介绍。

三、共同正犯的本质

如上所述，共同正犯之间的关系与正犯与从犯之间的关系不同，不是后者的从属关系，而是“共同引起法益侵害”、“共同实行”的关系，共同正犯承担的也是“一次责任”。就这里“共同实行”的内容，在日本的刑法理论中，存在犯罪共同说与行为共同说的分歧：

(1) 犯罪共同说。该说将共同正犯的“共同”理解为共同实施特定的犯罪(数人一罪)，认为只有在同一罪名之下，才能成立共同正犯。将犯罪共同说贯彻到底，就是所谓的完全犯罪共同说。例如，A与B分别以杀人与伤害的故意，从背后向X开枪，只有一方的子弹命中，致X死亡。在这种情况下，A与B不成立共同正犯，而是成立承担单独犯的责任。所以，如果是由具有杀人故意的A致使X死亡，则A成立杀人罪，而B成立暴行罪；如果A仅具有杀害的故意，则B成立伤害罪的共犯，如果可以肯定属于结果加重犯的共同正犯，则B成立伤害致死罪的共同正犯。但是这样的结果，非但在罪责的层面不均衡，从一般意义上也难以令人接受。所以，现在的通说是部分犯罪共同说，这也是日本判例的观点。[2]

所谓部分犯罪共同说，是指具有不同故意的行为人所实施的不同的犯罪，在重合的范围内，可以肯定共同正犯的成立。例如，在上述的例子中，在杀人罪与伤害罪的重合范围内，即伤害致死罪，可以肯定A与B成立共同正犯。但是，如此理解，就具有杀人故意的A，其过剩的罪责就成了问题。虽然可以将A的过剩罪责作为A的单独犯处理，但是为了不对死亡结果进行双重评价，仅能认为A

---

〔1〕 参见［日］山口厚：《刑法总论》(第2版)，有斐阁2007年版，第313页。

〔2〕 参见［日］前田雅英等编：《条解刑法》(第2版)，弘文堂2007年版，第206页。

成立杀人罪，所以A成立杀人罪的单独正犯，而B在伤害致死罪的限度内成立共同正犯。

(2) 行为共同说。与犯罪共同说相对，行为共同说认为，所谓共同正犯中的“共同”，指个人通过共同实施一定的行为，实现各自的犯罪。所以与共同者的故意相对应，在可以肯定的共同惹起的法益侵害的范围内，不同的犯罪之间，也可以成立共同正犯（数人数罪）。因此，在上述例子中，A成立杀人罪的共同正犯，而B成立伤害致死罪的共同正犯。应该指出的是，现在的行为共同说的“行为”，指构成要件的行为，而非前法律行为。为了与新派理论所主张的行为共同说相区别，现在的行为共同说也被称为客观主义的行为共同说。

关于共同正犯的本质，在我国当前的理论研究中，也存在着部分犯罪共同说与客观主义行为共同说的对立。支持部分犯罪共同说的观点认为：第一，可以比较合理地认定现实中的共犯现象。例如，甲要约乙为自己的盗窃行为望风，乙同意，并按照约定前往丙的住宅外望风。但甲在盗窃时，为窝藏赃物、抗拒抓捕而当场使用了暴力，乙对此一无所知。显然，甲的行为构成了抢劫罪。如果否定甲与乙构成共同犯罪，则意味着对乙的行为不能予以处罚，其不合理性在于，如果甲实施了盗窃行为，可以处罚乙；而甲实施了更加严重的抢劫行为，对乙却不能处罚，这显然难以接受。而且，因为乙没有直接实施盗窃行为，不能对之单独定罪处罚。第二，根据《刑法》第25条第1款的规定，只有二人以上共同故意实施了共同的犯罪行为，才可能成立共同犯罪。但这并不意味着只有当二人以上的故意内容与行为内容完全相同时，才能成立共同犯罪。即使二人以上分别持甲罪与乙罪的故意，共同实施犯罪，在甲罪与乙罪的重合部分属于刑法所规定的独立犯罪（可能是甲罪、乙罪，也可能是丙罪）时，他们至少就重合部分的犯罪具有共同故意与共同行为，既然如此，就应当根据共同犯罪的成立条件，认定其为共同犯罪。第三，现行刑法关于从犯处罚原则的规定，即不管对主犯、从犯、胁从犯是否适用不同的法定刑，对从犯与胁从犯都可以根据各自的法定刑从轻、减轻或者免除处罚。这意味着，部分犯罪共同所具有的立法上的根据，至少在立法上不存在矛盾与障碍。[1]

提倡客观主义行为共同说的观点则认为，只要行为人共同实施了构成要件的实行行为，就可以成立共同正犯，不必要求是同一或者特定的数罪：第一，部分犯罪共同说存在理论弱点，其逻辑论证与个人责任原则相悖，因为部分犯罪共同说的立足点在于将共同犯罪实行行为的主体认定为“犯罪团体”这种超个人的

〔1〕 参见张明楷：《刑法学》（第3版），法律出版社2007年版，第319～320页。

概念，而不是从行为人个人角度出发。并且部分犯罪共同说理论本身难以自圆其说。例如，甲以杀人的故意，乙出于伤害的故意，共同向丙开枪，结果甲的子弹射中了丙导致其死亡的场合，根据部分共同说的主张，乙尽管没有射中丙，但也必须承担故意伤害致死的责任，这是不合理的，扩大了处罚范围。第二，行为共同说贯彻了刑法中的个人责任原则。第三，行为共同说之下的共同成立范围适当，行为共同说认为共同犯罪在本质上与单独犯罪无异，二者的差别仅仅在于单独犯是自己实施全部构成要件行为，在共犯的场合，行为人使他人的行为置于自己行为的延长线上或者作为自己的行为加以利用，所以不会不当地扩大或者缩小共犯的处罚范围。第四，行为共同说的理论根据更为合理，因为用以支撑行为共同说的理论根据是因果共犯论与限制从属性说，而部分犯罪共同说在采纳因果共犯论的同时，坚持各参与人之间的共同故意，将责任的判断连带进行，因此，不可避免地落入责任共犯论的窠臼，进而与限制从属性说相矛盾。[1]

但是，数人一罪也好，数人数罪也好，都不能离开犯罪构成理论的约束，都与围绕违法性本质展开的结果无价值论与行为无价值论紧密相连的。结果无价值（因果的违法论与物的违法论），指作为责任非难的前提，必须存在导致法律所禁止的状态的事实，违法性评价与人的行为无关，只是对事态的单纯评价；行为无价值，指在违法性判断之际，应以行为本身以及行为的随附主观要件为基础。行为无价值与结果无价值的区别，简单而言就是：行为无价值重视作为行为规范的刑法规范的社会秩序维持功能与对行为者的意思决定功能，从折衷主义的立场出发，主要是展开了在违法性论领域考虑行为人主观方面的规范主义的犯罪论，是同时吸取后期旧派思想的理论与近代学派思想的产物；而结果无价值论则主要是传承了前期旧派的思想，重视刑法规范的法益保护功能，在从客观主义的立场出发，严格区分违法与责任的基础上，在违犯性论中坚持法益侵害说。[2]

结果无价值论重视的是行为与结果之间的因果性，所以从结果无价值论出发，关于共同正犯的本质，得出的结论应该是“共同正犯是通过共同实施构成要件行为，因果地引起法益侵害结果者”，即行为共同说的观点；与此相对，行为无价值论重视的是行为的类型，所以从行为无价值出发，应该采纳的是认为共同正犯基于实现特定的同一犯罪的合意，而进行犯罪分工，共同实施犯罪的犯罪共

---

〔1〕 参见阎二鹏：“共犯本质论之我见——兼议行为共同说之提倡”，载《中国刑事法杂志》2010年第1期。

〔2〕 参见［日］曾根威彦：《刑法总论》，弘文堂2006年版，第41页。

同说。[1] 关于违法性判断，我们主张从结果无价值论出发，坚持法益侵害论。所以，关于共同正犯的本质，我们倾向于采纳客观主义的行为共同说。

第二节　共犯的分类

对共犯的分类，目前主要存在两种方法，一种是根据共犯的分工，将其分为（共同）正犯、教唆犯与帮助犯，有时还包括组织犯；一种是根据共犯的作用，将其分为主犯、从犯与胁从犯。根据《刑法》第26~29条的规定，现在刑法理论的通说，将共犯分为主犯、从犯、教唆犯与胁从犯。但有的观点认为，我国刑法仅将共犯分为主犯、从犯、胁从犯三类，刑法虽然对教唆犯做了专门规定，但教唆犯并不是与主犯、从犯、胁从犯并列的共犯人。所以，这里探讨的问题集中在三个方面：第一，我国刑法中的主犯与国外刑法中的正犯的关系以及相关问题；第二，从犯与胁从犯的问题；第三，教唆犯的性质及相关问题。

一、主犯

（一）主犯与正犯

根据刑法总则第26条第1款“组织、领导犯罪集团进行犯罪活动的或者在共同犯罪中起主要作用的，是主犯”之规定，主犯包括两类，一类是组织、领导犯罪集团进行犯罪活动的犯罪人，即犯罪集团中的首要分子；另一类是在其他共同犯罪中起主要作用的犯罪分子，指除犯罪集团的首要分子之外的在共同犯罪中对共同犯罪的形成、实施与完成起到决定或者重要作用的犯罪分子。此外，根据《刑法》第97条的规定，首要分子除上述的犯罪集团中的首要分子之外，还包括在聚众犯罪中起组织、策划、指挥作用的犯罪分子。从刑法总则的规定可以看出，在犯罪集团的场合，首要分子当然都是主犯，但是主犯未必都是首要分子。但是，在聚众犯罪的场合，还需要具体分析。

第一种情形，是在根据刑法规定，一律构成共同犯罪的聚众犯罪，例如聚众斗殴罪。在这种情况中，虽然可以以刑法分则对首要分子规定了较重的法定刑为依据，认为首要分子是主犯，但是对于这种首要分子不能使用总则中关于主犯的规定。第二种情形，是是否构成共同犯罪需要视具体情况确定的聚众犯罪，如聚众扰乱公共场所秩序、交通秩序罪。在这种情形中，刑法分则规定只处罚首要分

---

〔1〕 这里限于篇幅，无法展开。详细参见［日］井田良：《刑法总论的理论构造》，成文堂2005年版，第346页。

子。所以，如果首要分子只有一人，则只有一人构成犯罪，无所谓共同犯罪；如果是二人或者以上，则需要根据个人的不同作用，认定为共同主犯或者主犯、从犯。[1]

本来，主犯与正犯是根据不同的分类标准划分出的共犯种类，但现在，德日刑法理论与判例在区分正犯与狭义的共犯之际，采纳的是具有实质意义的“行为支配说”，即认为正犯是指直接支配犯罪实行行为者（直接正犯），通过支配他人的行为实现构成要件事实者（间接正犯），或者在共同实施行为过程中处于支配地位者（共同正犯），这其实是从行为人的作用角度进行的区分。如此大致可以认为，上述集团犯罪与聚众共同犯罪中的首要分子，相当于德日刑法中的正犯。[2] 所以，下文借鉴国外的正犯理论，论述共同正犯与间接正犯的问题。

（二）共同正犯

我国现行刑法没有对共同正犯的构成进行具体规定，但是从《刑法》第25条第1款“共同犯罪是指二人以上共同故意犯罪”的规定出发，可以大致认为，构成共同正犯需要：第一，共同实行犯罪的意思，即2人以上共同实施某一特定犯罪的意思与联络。但是，此处的“意思与联络”并不意味着共同正犯之间相互知晓各自行为的全部细节，而且，意思联络可以是默示的，顺次进行的，而且不必是事前成立的，在犯罪行为的现场也可以立即成立。第二，共同实行犯罪的行为，即上述进行意思联络者中的全部或者一部分以意思联络为基础，实施构成要件行为，可以是共同实施，也可以是分担实施。关于共同正犯，有三个问题需要特别注意，一个是片面共同正犯的问题，一个是承继的共同正犯的问题，还有一个是过失共同正犯的问题。

1. 片面共同正犯。所谓片面的共同正犯，指在客观上存在共同实行的行为，但在主观上缺乏意思联络的情形。无论是根据我国的立法还是德日的立法，都应该认为片面的共同正犯不过是同时犯，不构成共犯。那么，在理论上，片面共同正犯是否有承认的必要？我们认为，答案应该是否定的。因为共同正犯规定的意义，在于“一部实行、全部负责”，如果共同正犯之间不存在共同实行，相互利用，就无法将一人的实行行为、结果归责于全部行为人。所以，无论是犯罪共同也好，行为共同也好，在主观上必须存在意思联络。这样就决定了不存在承认片面共同正犯的可能性。

2. 承继的共同正犯。所谓承继的共同正犯，指先行行为者已经完成了一部

---

〔1〕 参见张明楷：《刑法学》（第3版），法律出版社2007年版，第357页。

〔2〕 参见张明楷：《刑法学》（第3版），法律出版社2007年版，第318页。

分实行行为，后行行为者以共同实行的意思，参与共同犯罪的情形。就承继的共同正犯的责任范围，我们认为，应该根据不同的情况进行判断：在单纯一罪场合，中途参加犯罪的行为人，也应该承担全部犯罪的刑事责任，但是在犯罪既遂之后，不宜认为还可以成立承继的共同正犯；在结合犯的场合，例如日本刑法中的强盗罪，在先行者以暴力胁迫压制被害人反抗后，对于参与夺取财物者，认为成立共同正犯；在结果加重犯的场合，在结果明显是由先行行为者的行为引起的案件中，不宜认为可以将加重结果归责于后行行为者。

但需要指出的是，第一，有的观点认为，如果在结果是后行行为者参与之前还是之后的行为引起的不是十分明确的情形，可以肯定全部事实的共犯。[1] 我们认为，这种情形应该属于证据不足、无法充分证明的问题，应该根据“存疑有利于被告人”的原则，认为后行行为者对此结果不承担责任。第二，在后行行为者只是利用了先行行为的结果的场合，不能认为可以将已经产生的结果归责于后行行为者，因为后行行为与结果之间不存在因果关系。

3. 过失共同正犯。过失共同正犯，指在客观上存在共同过失行为，引起同一法益侵害的情形。根据现行刑法总则第25条第2款“二人以上共同过失犯罪，不以共同犯罪论处；应当负刑事责任的，按照他们所犯的罪分别处罚”之规定，过失共同正犯当然没有存在的余地。但是，最高人民法院在2000年公布的《关于审理交通肇事刑事案件具体应用法律若干问题的解释》第5条第2款规定，交通肇事后，单位主管人员、机动车辆所有人、承包人或者乘车人指使肇事人逃逸，致使被害人因得不到救助而死亡的，以交通肇事罪的共犯论处。这一规定在理论上引起了是否有承认过失共同正犯之必要的争论。有的观点认为，处于保持对犯罪的打击力度、正确解决各个过失行为人刑事责任以及增强危险行业的从业人员的责任意识的需要，应该承认过失共同犯罪。[2]

由于在过失犯罪的场合不存在故意，所以过失共犯其实也就是过失共同正犯的问题，就此，我们持赞同态度。第一，随着经济发展，危险行业越来越多，工业事故层出不穷，而工业事故多是由过失引起，尤其在大型事故中，有时很难具体认定危害后果究竟是由哪 个具体过失行为引起，有时一个结果是由不同的过失行为共同引起，而所有的过失行为都不是该结果的直接或者单独诱因。在这种情况下，如果不承认过失共犯，不利于发挥刑罚的威慑力。第二，根据上述“二人以上共同过失犯罪，不以共同犯罪论处；应当负刑事责任的，按照他们所犯的

---

〔1〕 参见［日］前田雅英等编：《条解刑法》（第2版），弘文堂2007年版，第213～214页。

〔2〕 参见王晓明：“以交通肇事罪之共犯为视角浅析共同过失犯罪”，载《华商》2007年第24期。

罪分别处罚”之规定，在多个过失行为造成一个危害结果的情况，如果要对每一个过失行为进行处罚，可能会出现对一个结果多次评价的现象。如此，承认过失共同正犯，可能是更为合理的选择。第三，上述《关于审理交通肇事刑事案件具体应用法律若干问题的解释》已经表明，承认过失共同正犯在实践中并不存在障碍。第四，从客观主义的行为共同说出发，过失共同行为也具有实行行为的性质。因为该说的核心是“行为”与“结果”的因果性，在过失犯的场合，强调的是实行行为对结果的产生施加了影响。所以，如果过失单独正犯不需要对结果的认识，过失共同正犯也就不需要对结果的认识及其意思联络。

过失共同正犯应该具备以下要件：第一，各过失行为人具有共同的注意义务；第二，各过失行为人的过失行为与法益侵害结果之间都存在因果关系；第三，各过失行为人在主观上都存在过失。

（三）间接正犯

间接正犯，指利用他人的行为来实现犯罪的共犯情形。就间接正犯的理论依据，目前，主要存在工具说与行为支配说。工具说认为，被利用者与手枪、棍棒等一样，不过是利用者的工具而已。工具说的主要缺陷在于，无法解释在被利用者也存在故意行为的情形。所以，相比较而言，行为支配说更为合理，即认为在间接正犯的场合，利用者支配了被利用者的行为，虽在就判断“支配”的内涵，还存在解释的余地。[1]

虽然我国立法上并没有规定间接正犯，但在理论上可以将间接正犯分为以下几种情形：①利用缺乏意思能力、是非善恶辨别能力的他人的；②压制他人意思加以利用的；③使他人产生错误认识，让其行为的；④利用不知情的他人的；⑤利用具有故意的他人的，如利用缺少作为构成要件的主观目的的故意行为；⑥利用他人的合法、正当行为的。

这里需要特别讨论的是：如果利用者与被利用者存在不同的犯罪故意，如X对不知情者Y说，“这是可以让A失明的药，给他喝下去，”其实给Y的是致命的毒药。Y让A喝下毒药后，A死亡。在这种情况下，X是构成故意伤害罪的教唆犯还是故意杀人的间接正犯呢？这里与完全不知情略有不同，因为X确实是在具有伤害的故意下实施投毒行为的。就此，我们认为，在这种情况下，X构成故意杀人罪的间接正犯，因为Y虽然知道X所给的是毒药，但并不知道是致命的毒药，所以X在实质上支配了Y的行为。而Y则构成故意伤害罪（致死）的正犯。这也符合上文所述客观主义行为共同说的主张。

---

〔1〕 参见［日］前田雅英：《刑法总论讲义》（第4版），东京大学出版会2006年版，第427页。

（四）主犯的处罚

《刑法》第26条第3款规定，对组织、领导犯罪集团的首要分子，按照集团所犯的全部罪行处罚。第4款规定，对于第3款规定以外的主犯，应当按照其所参与的或者组织、指挥的全部犯罪处罚。应该注意的是，第3款中所谓的“集团所犯的全部罪行”，指首要分子组织、指挥、策划实施的所有罪行，而非“集团成员所犯所有罪行”。集团成员超出集团的犯罪计划，独自实施的犯罪，不属于集团罪行，首要分子对此不承担责任。这里所谓的“组织、指挥、策划”，根据明确性程度，又可以划分为不同的情形：

1. 首要分子基于概括性故意进行组织、策划，例如盗窃集团的首要分子要求集团成员去盗窃，而不做进一步的指示。在这种情况下，集团成员所实施的所有盗窃行为，首要分子都应该承担责任。此外，对于一些容易转化的犯罪，如可以转化为抢劫行为的盗窃行为与抢夺行为，首要分子也应该承担转化后的行为的责任。

2. 首要分子基于确定的故意，明确了犯罪范围，但是当集团成员超越该范围实施了另外的犯罪行为，首要分子予以事后确认，在事实上对其他成员起到了肯定、鼓励作用的，首要分子应该对其后的相同行为负责。[1]

3. 首要分子基于确定的故意，明确了犯罪范围，但是集团成员在实施过程中，为了实施既定的犯罪，其手段或者工具又触犯了其他犯罪而且属于应该并罚情形的，首要分子也应该承担责任。例如，走私集团的首要分子指示集团成员进行走私，但是并没有明确在遇到缉私人员的情况下应该怎么做，在这种情况下，如果集团成员采取了暴力手段抗拒缉私，根据《刑法》第157条之规定，首要分子也应该承担妨害公务罪的刑事责任。

4. 首要分子基于确定的故意，明确了犯罪范围，集团成员实际实施的犯罪虽然超越了既定范围，但是在实质意义上仍处于既定犯罪范围或者处于合理的预见范围的，首要分子仍然需要承担责任。例如，首要分子组织集团成员去实施盗窃，但是集团成员实际盗窃的是属于国家绝密的文件，在这种情况下，首要分子仍然要为非法获取国家秘密的行为承担责任。

就上述第4款的规定，可以进一步区分出两种情形，即：对于组织、指挥共同犯罪的人，应按照其组织指挥的全部犯罪处罚；对于其他在共同犯罪中起主要作用者，应按照其参与的全部犯罪处罚。

---

〔1〕 参见张明楷：《刑法学》（第3版），法律出版社2007年版，第358页。

二、从犯

根据刑法总则第27条的规定，从犯指在共同犯罪中起次要或者辅助作用的。据此，从犯包括两种情形：其一，是在共同犯罪中起次要作用的犯罪人，即在共同犯罪的实施与完成过程中起次于主犯作用者。如果从形式的角度划分，这种情形的从犯，也有构成共同正犯的可能性。但如下所述，根据行为支配说，将其视为帮助犯也不无合理之处。其二，是在共同犯罪中提供方便、创造条件的犯罪人，主要是帮助犯。

（一）正犯与从犯

本来在德日的刑法理论中，正犯与狭义的共犯的区别标准问题，不但包括正犯与帮助犯，而且包括与教唆犯的区别标准，但是如上所述，关于教唆犯的性质在我国尚存争议，所以此处借鉴德日的正犯与狭义的共犯的区别标准的理论，介绍正犯与从犯（主要是帮助犯）的区别。

关于正犯与从犯的区别，在日本存在：①主观说，认为以正犯者的意思实施犯罪的是正犯，以加担者的意思实施犯罪的是从犯；②客观说，认为应该根据客观行为区别正犯与共犯，例如具有相当因果关系的构成正犯，否则构成从犯；③实行行为说，认为实施实行行为的是正犯，但是就这里的“实行行为”应该从实质意义上理解，即应该包括支配实行行为的情况（间接正犯）。目前，第三种观点得到了较多的支持。[1]

在德国，在学术界获得较多支持的是“行为支配说”，[2] 罗克辛教授更是提出了内涵更广的“犯罪事实支配说”。[3] 根据行为支配说，在犯罪过程中，对于共同计划的形成与实施产生实质影响，并且具有影响犯罪实际实施过程故意的，为共同正犯；仅实施了帮助他人的行为，而且只有实施帮助行为而无影响犯罪计划与实施过程的故意者，为从犯。[4] 德国联邦法院曾经一度采纳上述主观说，尤其是在冷战期间出于政治原因的需要。但是近年来，判例的观点在实质上已经非常接近行为支配说，即以“被告人对于其对犯罪所起到的客观影响与控制是否具有主观故意”为判断基础。另言之，德国联邦法院是将谁是正犯这一主观问题视为从客观证据中推论主观犯罪的问题。

---

〔1〕 参见［日］前田雅英：《刑法总论讲义》（第4版），东京大学出版会2006年版，第403～404页。

〔2〕 See Michael Bohlander, *Principles of German Criminal Law*, Portland: Hart Publishing, 2009, pp. 161～162.

〔3〕 参见张明楷：《刑法学》（第3版），法律出版社2007年版，第317～318页。

〔4〕 See Michael Bohlander, *Principles of German Criminal Law*, Portland: Hart Publishing, 2009, p. 162.

我们认为，从我国刑法关于“犯罪集团”的规定以及现状出发，将行为支配说作为区分主犯与从犯的标准，是适当的。

（二）相关问题

我国对于从犯的规定比较简单，而且我国没有判例制度，所以对于一些相关问题，在这里仍然有明确的必要：

1. 是片面帮助犯的问题。根据日本判例，帮助犯与正犯之间的意思联络未必是必要的，因为可以承认片面帮助犯。〔1〕德国的判例也认为，正犯知道帮助犯的支持不是追究后者责任的要件。〔2〕美国在1894年的泰利案（State v Tally）中，也承认可以处罚片面共犯，英国虽然无处罚片面共犯的判例，但是对于片面帮助的行为，可以根据2007年的《重罪法案》（Serious Crime Act 2007）第44条规定的“鼓励或者帮助犯罪”进行独立处罚。〔3〕

近年来，我国也有观点指出，应该承认片面共犯。〔4〕我们支持应该承认片面帮助犯的观点。而且，在实践中，片面帮助犯也已经得到了司法解释的承认。例如，最高两院2004年颁布的《关于办理侵犯知识产权刑事案件具体应用法律若干问题的解释》第16条规定，明知他人实施侵犯知识产权犯罪，而为其提供贷款、资金、账号、发票、证明、许可证件，或者提供生产、经营场所或者运输、储存、代理进出口等便利条件、帮助的，以侵犯知识产权犯罪的共犯论处。所以，我们将以通过修改立法或者通过司法解释，对片面共犯的问题，作出统一规定。

2. 是间接帮助的问题。在日本，虽然关于帮助帮助犯（间接帮助），刑法并没有特别规定，但是判例认为，间接帮助也可以构成犯罪。〔5〕在德国，通常也认为，在D1帮助D2，D2又帮助了正犯的情况下，可以认为D1直接帮助了正犯。〔6〕我们倾向于采纳德日的立场，处罚间接帮助的行为。

3. 是中性行为的问题。例如在德国，根据早期的判例，面包商将面包卷、酒商将酒送给非法经营小店的老板处，面包商可以不负责任，而酒商就要负责任，因为与面包卷相比，酒更有助于小店开展生意。而无论送面包还是送酒，都不过是日常的经营行为而已。现在的判例认为，重点应该在于D是否有意于推动

〔1〕参见［日］前田雅英等编：《条解刑法》（第2版），弘文堂2007年版，第224页。

〔2〕See Michael Bohlander, *Principles of German Criminal Law*, Portland: Hart Publishing, 2009, p. 173.

〔3〕See Andrew Ashworth, *Principles of Criminal Law*, Oxford: Oxford University Press, 2009, p. 408.

〔4〕参见陈柏新、陈柏安：“应当承认片面共犯”，载《湖北社会科学》2008年第4期。

〔5〕参见［日］前田雅英等编：《条解刑法》（第2版），弘文堂2007年版，第230页。

〔6〕See Michael Bohlander, *Principles of German Criminal Law*, Portland: Hart Publishing, 2009, p. 173.

P 实施犯罪，D 是否知道 P 的行为完全构成犯罪。例如，德国联邦法院在 1992 年的判例中，判决被告人 D 不构成偷税罪的帮助犯：虽然 D 明知 P 没有报税，仍然与之签订工作合同，但是无论是否存在税务问题，该合同都是有效的。[1]

在英国，判例对于是否处罚中性行为也存在争议。学界认为，在 P 向 D 要求归还所借物品，或者到商店向 D 购买用于犯罪的物品的场合，比较适当的处理方式是：允许 D 根据“罪恶衡平”的理由，不履行归还义务，当然在后者的场合 D 本来就没有出售的义务，或者明确表明 D 不应将所借物品归还给原主人或者出售物品，除非 D 明知 P 的犯罪意图或者暴力犯罪正在计划之中。[2]

我们认为，将中性行为者作为帮助犯处罚，必须符合以下条件：一是在客观上，存在发生法益侵害或者危险的紧迫性；二是在主观上，行为人对此紧迫性具有认识。例如，商店售货员明知某人买刀是去杀人，但是仍然将刀出售给该人，在这种情况下，应该以帮助犯处罚该售货员。但是，在处罚中性行为之际，需要特别谨慎，不应该将过多的社会义务施加给一般公民。

（二）处罚原则

对于从犯，根据我国《刑法》第 27 条第 2 款的规定，应当从轻、减轻处罚或者免除处罚。需要注意的是，对于从犯也是按照其所参与的所有犯罪处罚，只因从犯在共同犯罪中仅起到次要或辅助作用，因而立法上采取了上述必减原则。

关于从犯的处罚原则，德日通常都采取必减原则。根据《德国刑法典》第 27 条第 2 款规定，应该根据正犯的刑罚决定从犯的刑罚，但应该根据第 49 条第 1 款减轻处罚。《日本刑法典》第 63 条也规定，对于帮助犯，应该比照正犯减轻处罚，[3] 但在日本，通常认为，这里所谓的比照正犯减轻处罚，是指比照正犯的法定刑，在法律上予以减轻，确定帮助犯的处断刑。在具体的案件中，从犯的宣告刑也可能重于正犯的宣告刑。

在英美法系国家，情况有所不同。例如，在英国，有的学者指出，在通常情况下，与正犯相比，从犯的可谴责性较低，因此对其量刑应该较轻。但德国等国的法律好像没有对那些从犯可责性并不小于甚至大于正犯可责性的案件做出规定，例如掌握权势的要人命令意志薄弱的人去实施某一犯罪。规定所有程度的共犯参与的途径之一，是保留可以对正犯处以任何合法处罚的法律权利；通过制定

---

〔1〕 See Michael Bohlander, *Principles of German Criminal Law*, Portland: Hart Publishing, 2009, p. 173.

〔2〕 See Andrew Ashworth, *Principles of Criminal Law*, Oxford: Oxford University Press, 2009, p. 408.

〔3〕 但是，在日本的特别刑法与行政刑法中，存在排除本条适用的情形。如《国家公务员法》第 111 条、《地方公务员法》第 62 条、《轻犯罪法》第 3 条等规定，对于上述各法规定的具体帮助行为，处以与正犯相同的刑罚。

“对从犯的量刑不应超过正犯1/2”的一般规则，确保从犯不受重于其犯罪参与程度的处罚；允许法庭在从犯作用异常重大的案件中，超过一般限制，在从犯参与轻微的案件中，低于一般限制裁量刑罚。因为区别出了不同的法律标签，这一更规范化的量刑模式将是意义重大的一步，至少在英国立法未能反映犯罪参与的不同程度的情况下是如此。[1]

但是，德日对于如何减轻从犯的处罚，在刑法典中都有具体的限制。例如《日本刑法典》第68条的规定，具有1个或者2个以上的减轻处罚事由时，按照下列规定减轻处罚：①死刑减为无期惩役或者禁锢或者或者10年以上的惩役或者禁锢；②无期惩役或者禁锢，减为7年以上的惩役或者禁锢；③有期惩役或者禁锢减轻处罚时，将其最高刑与最低刑减去1/2。根据《德国刑法典》第27条第2款规定，对于从犯的处罚应该根据第49条第1款的规定减轻，后者也对刑期有着明确的规定，如将从犯的最高刑限制在正犯最高刑的3/4。

所以，我们支持对从犯采取必减的原则，但是从某些分则罪名（尤其是故意杀人罪）的法定刑跨度较大的情况出发，同时建议借鉴德日的做法，通过具体的刑期规定或者比例规定对于从轻、减轻进行必要的限制。

三、胁从犯

根据我国《刑法》第28条的规定，对于被胁迫参加犯罪的，应当按照他的犯罪情节减轻处罚或者免除处罚。所以，我国刑法理论通常将胁从犯作为独立的一类共犯。但是，近年来许多论者提出，胁从犯不是独立共犯人。[2] 例如，有的观点认为，“我国刑法在共同犯罪人的分类上划分出胁从犯，对于实行刑罚处罚上的区别对待虽有可取之处，但将胁从者一律纳入刑事追究的范围是不合理的。又由于胁从犯的划分根据与其他共同犯罪人种类的划分根据不同一，导致胁从犯与其他共同犯罪人种类之间的相容和界限不清。为此建议：在共同犯罪人的分类上，实行分类标准同一化，不再将胁从犯作为独立的共同犯罪人种类。”[3] 而且从刑法规定来看，刑法只是规定了“被迫参加犯罪的人（被迫犯）”，认为理论上的胁从犯特征有二：主观上被迫参加犯罪，客观上所起的作用还必须较小。但刑法对胁从犯客观特征的补充等于囊括了被迫犯之中的下述人等，即客观上起主要作用的被迫犯，进而导致理论所拟制的“胁从犯”与法律规定的“被

---

〔1〕 See Andrew Ashworth, *Principles of Criminal Law*, Oxford: Oxford University Press, 2009, p. 406.

〔2〕 例如参见赵微：“论胁从犯不是法定的独立共犯人”，载《中国刑事法杂志》2005年第2期；刘之雄：“胁从犯立法之反思”，载《湖北警官学院学报》2002年第2期。

〔3〕 刘之雄：“胁从犯立法之反思”，载《湖北警官学院学报》2002年第2期。

迫犯”并不是一一对应的关系，后者的外延明显大于前者，还包括客观上起主要作用的“胁从犯”。[1]

我们认为，将胁从犯作为独立共犯处理，有其合理之处：第一，从行为支配说出发，被胁迫参加犯罪的人可能起到正犯的作用，但不可能起到主犯的作用，因为他的行为至少在一定程度上受到胁迫者的支配，所以被胁迫参加犯罪者只能起到“从犯”的作用，当然在发生转化的情况下例外；第二，将“被胁迫参加犯罪”作为量刑情节也未尝不可，但问题是对于胁从犯的地位应该如何确定？因为对于胁从犯而言，并不是百分之百地免除刑事责任，还有减轻处罚的情形，在这种情况下应该如何处理？第三，如果认为胁从犯可以归于从犯，进而将“被胁迫参加犯罪”作为量刑情节。那么，自愿参加犯罪者与被迫参加犯罪者之间的主观区别，就被抹煞了。第四，将从犯与胁从犯分别规定，有其特定的政策含义与人道主义蕴含。

四、教唆犯

（一）教唆犯的性质

教唆犯指故意唆使他人产生犯罪决意，进而使其根据此犯罪决意实施犯罪的犯罪人。根据我国《刑法》第 29 条第 1 款的规定，教唆他人犯罪的，应当按照他在共同犯罪中所起的作用处罚。根据同条第 2 款的规定，如果被教唆的人没有犯被教唆的罪，对于教唆犯，可以从轻或者减轻处罚。

关于教唆犯的性质，在学界一度存在三种观点，即独立说、从属性说与二重性说。[2] 目前，关于独立性说的支持者几乎没有，所以学界的争论集中在从属性说与二重性说之上。二重性说的主要依据可以概括为：第一，在理论上，教唆犯的犯罪意图必须通过被教唆人的犯罪决意与犯罪行为才能实现，所以教唆犯具有从属性。同时，教唆犯给予他人以犯罪意图这一行为本身就应该认为是犯罪，所以教唆犯在共同犯罪中具有相对的独立性。第二，在立法上，上述第 29 条第 1 款“教唆他人犯罪的，应当按照他在共同犯罪中所起的作用处罚”的规定，表明教唆犯不具有独立性，而同条第 2 款“如果被教唆的人没有犯被教唆的罪，对于教唆犯，可以从轻或者减轻处罚”的规定，又表明教唆犯具有相对的独立性。也即，第 1 款规定的教唆犯，只有在被教唆人实施犯罪时才能成立，被教唆人的犯罪处于预备、未遂、既遂状态的，教唆犯的犯罪也相应属于预备、未遂、既遂

---

〔1〕 赵微：“论胁从犯不是法定的独立共犯人”，载《中国刑事法杂志》2005 年第 2 期。

〔2〕 参见杨金彪：“刑法共犯规定对共犯从属性说的贯彻”，载《法学论坛》2006 年第 4 期；张明楷：《刑法学》（第 3 版），法律出版社 2007 年版，第 337 页。

状态，这就是教唆犯的从属性。第2款规定的教唆犯，是被教唆人没有犯被教唆之罪的情况，在这种情况下，即使被教唆人没有实施被教唆之罪，仍然要处罚教唆犯，所以这里的教唆犯具有独立性。

持从属性说的论者则认为，首先，在理论上，之所以处罚教唆犯，是因为教唆犯通过正实施实行行为，参与了引起法益侵害的结果，所以，只有当被教唆犯着手实施犯罪，使法益受到具体而又紧迫的侵害时，才处罚教唆犯。这正是教唆犯从属性说的理论。其次，坚持教唆犯从属性说，就使罪刑法定主义得到坚持，构成要件的机能得以维护，教唆犯的处罚界限得以明确，避免造成刑法界限之过度泛滥。最后，上述第29条第2款的规定，是关于未遂犯的教唆犯，即可以将其中的“被教唆的人没有犯被教唆的罪”解释为“被教唆的人没有犯被教唆的既遂罪”或“被教唆的人没有犯罪既遂”。即在被教唆的人犯罪未遂或者犯罪中止的情况下，对于教唆犯可以从轻或者减轻处罚。[1]

我们认为，教唆犯从属性说更具有合理性，更符合现代刑法的功能与目的。对于上述第29条的规定，可以从两个层面理解：第一，教唆犯构成的层面，即第1款的“教唆他人犯罪的，应当按照他在共同犯罪中所起的作用处罚”。第二，是教唆犯处罚的层面，即第1款的后半段“教唆不满18周岁的人犯罪的，应当从重处罚”与第2款“如果被教唆的人没有犯被教唆的罪，对于教唆犯，可以从轻或者减轻处罚”。

就这里的“被教唆的人没有犯被教唆的罪”，我们认为，可以分为如下几种情况：第一，A教唆B实施C罪，而B实施了D罪，C与D之间没有任何实质联系，如A教唆B去盗窃，B实施了强奸，在这种情况下，从教唆犯从属性出发，应该认为A不可罚；第二，A教唆B实施C罪，而B实施了D罪，C与D之间有实质联系。如A教唆B去盗窃，B实施了抢劫，或者相反，在这种情况下，A的行为在盗窃的范围内仍具有可罚性；第三，根据刑法总则第22~24条的规定，我国是以处罚预备犯、未遂犯与中止犯为原则的，所以如果A教唆B实施C罪，B进入预备阶段但尚未达到既遂阶段，就已经符合《刑法》第29条第2款“被教唆的人没有犯被教唆的罪”的规定。

（二）各种形态

1. 片面教唆。片面教唆指教唆犯实施了教唆，但被教唆人没有认识到被教唆的情形。就片面教唆，日本的判例认为，片面教唆的成立，被教唆人没有必要

---

〔1〕 参见张明楷：《刑法学》（第3版），法律出版社2007年版，第341~342页。

认识到被教唆。[1] 德国的判例也认为，就教唆犯是否一定需要与正犯沟通，或者是否包含正犯不知道自己正在被教唆犯罪的情形，主流的观点认为，不应完全摒弃这一概念，但条件是，教唆犯的教唆行为极大地提高了正犯实施犯罪的可能性。[2]

我们认为，如果片面教唆行为在客观上导致了法益侵害或者其危险，就应该认为片面教唆犯具有可罚性。

2. 教唆未遂。在日本，有观点认为，所谓教唆未遂，指正犯未着手实施犯罪的情形，而正犯已经着手实施犯罪，但结果未发生的情况，是未遂教唆的一种。[3] 但也有的观点认为，教唆未遂仅指实施了教唆，但未能使被教唆人产生犯意，或者被教唆人产生了犯意，但未着手实行犯罪的情形。[4] 根据日本的判例，教唆未遂成立于正犯着手实行犯罪之时，在此之前的阶段，教唆未遂不可罚。[5] 但是在正犯实施了预备罪的情况下，对预备罪的教唆犯是否需要处罚，现在尚无定论。

从共犯从属性与我国处罚预备行为的规定出发，我们认为，教唆未遂成立的范围，应该是被教唆人着手准备犯罪之后，犯罪既遂之前。

3. 未遂教唆。所谓未遂的教唆，指从一开始，就是以让犯罪终于未遂的意思进行教唆的情形。关于未遂教唆是否可罚，在理论上，存在着从属性说与独立性说的对立。前者认为，教唆行为不是实行行为，是产生实行行为的行为，教唆的故意，不是像正犯一样的对结果的认识，而是对产生实行行为的认识；后者则认为，教唆本身就是一种实行行为，教唆的故意中，必须存在对基本构成要件结果的认识。所以，此处的重点，是教唆犯认识的内容。

我们认为，从《刑法》第 14 条“明知自己的行为会发生危害社会的结果，并且希望或者放任这种结果发生，因而构成犯罪的，是故意犯罪”的规定出发，教唆犯的认识内容应该是对结果的认识，所以原则上未遂的教唆犯不具有可罚性，这也是上述处罚根据论的合理结论。但是，如果被教唆人根据被教唆的方法实施犯罪不能实现犯罪，但是改变了实施方法，从而导致了法益侵害或者其危险的发生，也即既遂的情况，应该认为对教唆犯应予处罚。

4. 间接教唆。对间接教唆，《日本刑法典》第 61 条第 2 款规定，教唆教唆

---

〔1〕 参见［日］前田雅英等编：《条解刑法》（第 2 版），弘文堂 2007 年版，第 218 页。

〔2〕 See Michael Bohlander, *Principles of German Criminal Law*, Portland: Hart Publishing, 2009, p. 169.

〔3〕 参见［日］前田雅英：《刑法总论讲义》（第 4 版），东京大学出版会 2006 年版，第 457 页。

〔4〕 参见［日］中山研一：《口述刑法总论》（补订 2 版），成文堂 2007 年版，第 305 页。

〔5〕 参见［日］前田雅英等编：《条解刑法》（第 2 版），弘文堂 2007 年版，第 218 页。

犯者，与教唆犯同样处罚。在此基础上，判例认为，在教唆间接教唆的场合（再间接教唆），或者教唆再间接教唆的场合（再再间接教唆），都具有可罚性。[1]就间接教唆的问题，1997年刑法没有明确规定，理论上也少有论及。我们认为，所谓教唆犯，指让他人产生犯罪决意，实行犯罪的情形。这里的“犯意”，包含的是“法益侵害或者其危险的认识”，“实行”指对“被教唆的犯罪的实行”。在间接教唆的情形，在间接教唆犯，尤其是再间接教唆犯的情形，上述的认识与实行都是不存在的。所以，如果说出于政策的需要，处罚间接教唆犯还可理解的话，那么处罚再间接教唆犯与再再间接教唆犯，无论从罪刑法定还是从政策需要的角度而言，都已经走得太远。

5. 法律保护的对象与教唆犯、帮助犯。这里还有一个值得研讨的问题，即法律所保护的特定对象，如猥亵儿童罪中的“儿童”实施的“教唆”行为，[2]在客观上可否被视为教唆行为、帮助行为（当然未达刑事责任年龄者例外）？例如15岁的未成年人A，引诱成年人C男去猥亵未成年儿童B，A的行为能否在客观上视为“猥亵儿童罪”的教唆行为？

就此问题，我们认为英国的泰勒原则（Tyrell Principle）颇有参考价值。在1894年的泰勒案中，法院判决认为一个不满16周岁的女孩不能构成针对她实施的非法性交罪的从犯。克莱里德大法官（Coleridge CJ）指出，议会的意图不可能是“根据意在保护女孩子们通过的（法案），因为针对她们实施的犯罪而惩罚她们。”尽管法庭的说理是建立在立法解释的基础上，但是其后该判决被认为是确立了一个普遍原则：被害人，尤其是性犯罪的被害人，不能被认定构成共犯，如果该犯罪设立的目的是保护他/她们。[3]

（三）教唆犯的处罚

根据上述第29条的规定，对于教唆犯应根据如下三个原则进行处罚：第一，按照教唆犯在共同犯罪中的作用处罚。即在被教唆者实施了被教唆的犯罪，教唆犯因而成立共同犯罪的情形（既遂或者未遂），如果教唆犯起到的是主犯的作用，就以主犯论处；如果起到的是次要作用，则以从犯论处。所以，不能将教唆犯一概视为主犯或者从犯。第二，教唆不满18周岁的人犯罪的，从重处罚。第三，如果被教唆的人没有犯被教唆的罪，对于教唆犯，可以从轻或者减轻处罚。

这里需要注意的是，在以从犯论处的场合，处罚教唆犯是否以起诉、处罚主

---

〔1〕 参见［日］前田雅英等编：《条解刑法》（第2版），弘文堂2007年版，第223页。

〔2〕 根据我国1991年批准的《儿童权利公约》的规定，儿童系指不满18周岁的未成年人。

〔3〕 See Andrew Ashworth, *Principles of Criminal Law* (2009), Oxford: Oxford University Press, p. 432.

犯为前提？我们认为，在这种情况下，即使对主犯尚未归案或者被起诉，对于教唆犯也可以起诉、处罚。

第三节　共犯的相关问题

一、共犯与身份

身份指行为人所具有的影响定罪、量刑资格，包括因为自然原因而永远属于何人的资格，如性别、年龄、亲属关系，也包括暂时属于何人的资格，如公务员、法官与士兵，或所处的特殊的地位或者状态。刑法中作为某一犯罪构成要件要素规定的身份，被称为构成的身份，如贪污罪中的国家工作人员身份；作为量刑情节规定的身份，被称为加减的身份，如非法拘禁罪中的国家机关工作人员的身份。

关于共犯与身份的问题，德日刑法中都有明确规定。《日本刑法典》第 65 条第 1 款规定，对应该由犯罪人的身份构成的犯罪行为加担的，即使是不具有身份者，也构成共犯。第 2 款规定，身份特别影响刑罚轻重的，对于不具有身份者，处以通常的刑罚。《德国刑法典》第 28 条第 1 款规定，如果从犯（教唆犯或帮助犯）不具有构成正犯责任基础的特定个人要素，则应根据第 49 条第 1 款减轻对其的处罚。第 2 款规定，如果法律规定特定的身份要素可以加重、减轻或者免除处罚，则这一规定应仅适用于具有此要素的行为人（正犯或者从犯）。

1997 年刑法对于共犯与身份的问题没有做出一般性规定，但是在刑法分则与司法解释中存在零散的具体规定，例如分则第 382 条第 3 款规定，“与前两款所列人员勾结，伙同贪污的，以共犯论处”，即不具有国家工作人员身份的行为人可以构成贪污罪的共犯，最高人民法院 2000 年颁布的《关于审理贪污、职务侵占案件如何认定共同犯罪几个问题的解释》第 1 条也规定，“行为人与国家工作人员勾结，利用国家工作人员的职务便利，共同侵吞、窃取、骗取或者以其他手段非法占有公共财物的，以贪污罪共犯论处”。但是，就一些具体问题，在实践与理论中还存在争议。例如就有身份者唆使无身份者实施纯正身份犯的问题，如渎职犯罪，有的观点认为无身份者也成立正犯，有的观点认为无身份者为正犯，有身份者是教唆犯，有的观点认为无身份者是从犯，有身份者是教唆犯，还有的观点认为无身份者是从犯，有身份者是间接正犯。[1]

就共犯与身份，具体而言，主要涉及的问题是，在真正身份犯的场合非身份者与身份者共同犯罪如何处理（定罪）与在不真正身份犯的场合对非身份者如何处理（量刑）两方面的问题。对于后一方面的问题，我们认为，以身份为特定的量刑情节，表明了立法机关对具有身份者的特别谴责或者特别保护的态度，因此在有加减身份者与无加减身份者共同犯罪的案件中，刑法关于加减刑罚的规定，仅能适用于具有加减身份者。例如国家机关工作人员与非国家工作人员共同实施《刑法》第238条规定的非法拘禁罪，只能对前者从重处罚。

就前一方面的问题，我们认为首先需要确定一个标准，以普遍适用于同类案件。就此存在：主犯决定说（以主犯的性质确定罪名）、实行行为说（以身份实行犯的实行行为来定罪）、特殊主体决定说（一律以有身份者的行为性质定罪）、分别定罪说（按照有、无身份者的行为，分别定罪处罚，即使无身份者利用了有身份者的职务便利，也应分别适用相应的法律）等不同观点。[2] 我们认为，主犯决定说的确可以在司法解释中找到依据，例如上述《关于审理贪污、职务侵占案件如何认定共同犯罪几个问题的解释》第3条规定，公司、企业或者其他单位中，不具有国家工作人员身份的人与国家工作人员勾结，分别利用各自的职务便利，共同将本单位财物非法占为已有的，按照主犯的犯罪性质定罪。

但是，主犯、从犯是按照共犯所起到的作用进行的划分，而且是以确定了共同犯罪的性质为前提的，这与以主犯为标准来确定有、无身份者的犯罪性质，在逻辑上正好相反；特殊主体说与分别定罪说分别走上了两个不同的方向：前者过度强调了特殊身份者的作用，忽略了无特殊身份者的作用，后者则忽略了特殊身份者的刑法意义，割裂了有、无身份者行为之间的联系。所以，我们原则上支持实行行为说，即以实行犯（正犯）的行为确定共同犯罪的性质，但是同时从行为共同说出发，根据想象竞合犯等总则规定进行具体判断。

所以，第一，在有身份者为正犯，无身份者实施了教唆、帮助行为的案件中，就如德日刑法所规定的，按照有身份者的行为定罪量刑；第二，在有身份者教唆无身份者实施纯正的身份犯的案件中，如国家工作人员的丈夫教唆不是国家工作人员的妻子实施受贿罪，可以认为前者构成正犯（间接正犯），后者构成帮助犯；第三，在有、无身份者共同实施犯罪，处罚上罪名不相同时，原则上以有

---

〔1〕 参见魏强："关于有身份者教唆无身份者实施纯正身份犯罪问题之探讨"，载《法制与经济》2010年第1期。

〔2〕 参见顾晓敏、聂文峰："职务身份犯共犯罪名的认定"，载《法学》2008年第4期。

身份者的实行行为定罪，但是如果就无身份者而言，根据其自身的行为定罪刑罚更重的，应该根据其自身的行为定罪处罚；第四，在具有不同的身份者共同实施犯罪的案件中，如公司中的国家工作人员与非国家工作人员共同侵吞公司财产，应该区别出两种情况：一是仅利用了一方身份便利情况，应该按照被利用身份一方的身份定罪处罚，或者贪污罪或者职务侵占罪；二是利用了双方身份便利的情况，在这种情况下，根据行为共同说，一方成立贪污罪的正犯，一方成立职务侵占罪的正犯，同时互为从犯，但是根据处罚较重的罪名处罚。

我们建议立法机关参照上述思路，在总则关于共犯的规定中，增加共犯与身份的内容，以统一司法实践。

二、共犯与错误

共同犯罪中的错误，指共犯者的认识，与共犯者所实现的犯罪事实之间不一致。关于错误的理论，在德日刑法理论中，存在具体符合说、法定符合说与抽象符合说的分歧。[1] 这里我们暂且采取法定符合说，即认为只要共犯者的认识与共犯者所实现的犯罪事实在同一构成要件的范围内，就可以肯定故意的成立，并以此为基础，解决共犯中的错误问题。

1. 在错误属于同一构成要件之内的场合，自不必言，应该肯定故意的成立。如 A 教唆 B 去 C 的家中盗窃 X 物，B 实际上进入到 D 的家中盗窃了 Y 物，在这种情况下，并不妨碍 A 成立教唆犯。

2. 如果错误存在于不同的构成要件之间，应该否定共犯者的故意。但是在共犯者之间，在构成要件重合的范围内，可以肯定故意的成立，但是对于从犯而言，需要从轻论处：即在发生了超越共犯者意思内容的加重结果的场合，在重合的较轻的范围内，成立故意。例如在盗窃的案件中，A 以盗窃的故意望风，正犯 B 实施了抢劫，对 A 应该在盗窃的范围内处罚；在实际犯罪比共犯者意思更轻的场合，也是在较轻的犯罪的限度内，追究共犯者的故意责任。在日本，就 A 教唆 B 实施抢劫罪，B 实施了盗窃罪的场合，A 是成立抢劫还是抢劫未遂的问题，还存在一定的争议。[2] 但是在德国，通常认为，如果被教唆者实际实施的犯罪轻于被教唆的犯罪，如果这之间存在实质关联，则教唆犯仅承担实际犯罪的责任；如果重于被教唆的犯罪，如果二者之间存在实质关联，则在轻罪的范围内，成立共犯。例如 D 教唆 P 去盗窃，但是 P 实施了抢劫，则在盗窃的范围内成立共犯关

---

〔1〕 详细参见［日］前田雅英：《刑法总论讲义》（第 4 版），东京大学出版会 2006 年版，第 242 页。

〔2〕 参见［日］中山研一：《口述刑法总论》（补订 2 版），成文堂 2007 年版，第 318 页。

系。[1] 我们赞同德国的立场。

此外，在德国，在教唆犯的场合，虽然同样主张成立教唆犯，要求教唆者在主观上存在明知，但是明知的内容不必涵盖教唆犯罪的所有细节，只需涵盖实质的事实要素即可。根据2004年布莱斯（Bryce）案的判决，关于事实错误与法律错误的原则同样适用于教唆犯，如果D相信如果P打击V，P是在正当防卫，因为D忠实地相信V将要伤害P，因此让P攻击V，在这种情况下，D缺少正犯犯罪的主观犯意，因为事实认识错误构成了一项可接受的辩护：P的行为不是违法的，因此D也就没有教唆违法行为的故意。我们认为这里的立场同样具有参考价值。[2]

三、共犯的中止、脱离

（一）共犯的中止

共犯的中止问题，即在共同犯罪中，共犯中的一部分中止犯罪，能否适用中止犯的规定的问题。就此问题，各国的立场基本相同，即：如果不对其他共犯行为采取阻止措施，仅仅改变主意不足以构成中止犯。例如日本的判例认为，为了构成中止犯，必须采取措施阻止他人的实行行为，或者防止结果的发生。[3] 英国的判例也认为，正犯的犯罪越是趋近实施，构成有效的中止，越是要求从犯的积极干涉。例如在1975年的贝西亚与库博案（Becerra and Cooper）中，B给了C一把匕首，以在有人阻止他们实施入室盗窃时使用。当B听到某人靠近的时候，他对C说："来吧，快走，"然后跳出窗户逃走。C没有在其后逃走：他用匕首给熟识的邻居造成了致命的刺伤。B被认定为谋杀的从犯，上诉法院维持了此有罪判决，认为，在C很明显地已经或者准备向熟知的邻居使用匕首的时候，构成有效的中止要求B尝试采取实际行动阻止C。所以，"共犯中止的精髓是，共犯不仅仅必须明确表明退出的意愿，将其告知正犯，而且需要（如果犯罪近在眉睫）采取措施防止其发生"。[4]

（二）共犯的脱离

共犯的脱离问题，指共犯中的一人或者数人（包括共同正犯），将退出共同犯罪的意思，告知了其他的共犯，并尽力采取了措施，阻止共同犯罪的实行行为或者结果的发生，但是没有成功。在这种情况下，对于这一人或者数人，应该如

---

〔1〕 See Michael Bohlander, *Principles of German Criminal Law*, Portland: Hart Publishing, 2009, p. 170.

〔2〕 See Michael Bohlander, *Principles of German Criminal Law*, Portland: Hart Publishing, 2009, pp. 169~170.

〔3〕 参见［日］中山研一：《口述刑法总论》（补订2版），成文堂2007年版，第319页。

〔4〕 Andrew Ashworth, *Principles of Criminal Law*, Oxford: Oxford University Press, 2009, p. 431.

何处理？就此，日本判例的态度比较严厉，认为如果不能现实地阻止其他共犯的实行行为，或者消除其他共犯继续犯罪的可能性，就不能认为解除了共犯关系。但是在学理上，从因果关系遮断论出发，在结果发生的场合，如果认为特定的因果关系已经遮断，将这一人或者数人作为未遂犯或者中止犯处罚是可能的。[1]

我们认为，在这种情况下，首先，行为人如果不能阻止结果的发生或者实行行为的完成，不能认为共犯关系已经解除，也即行为人不构成未遂或者中止；其次，如果行为人能够完全消除其先行行为影响，并采取了所有合理、可能的措施阻止其他共犯，则对其可以处以未遂犯之刑。

〔1〕 参见［日］中山研一：《口述刑法总论》（补订2版），成文堂2007年版，第319～320页。

第十六章 非典型数罪的立法完善

第一节　想象竞合犯与结果加重犯

一、关于想象竞合犯

想象竞合犯又称观念竞合、形式的数罪，指一行为符合数个构成要件，触犯数罪名的犯罪形态。想象竞合犯是罪数论中一个古老的问题，各国刑法大都对其作出了规定，但罪数问题仍常常困扰司法部门对具体案件的处理。在想象竞合犯的理论研究方面，不同法系的研究状况不尽相同。英美法系国家的刑法理论对想象竞合犯的研究相对简单、直接。因为在其刑法理论中有着与大陆法系国家刑法理论截然相反的原则——同一行为构成两个以上犯罪的，对各罪均追究。在这一原则的指导下的司法实践中往往不存在想象竞合犯的问题。与之相反，在大陆法系各国的刑法理论中均对想象竞合犯进行了深入、系统的研究，其中德、日两国的理论最具特色。在德国，想象竞合犯是以“行为”为中心，行为单数而触犯复数规范则为想象竞合。但是在行为个数判断方面却存在争议。在想象竞合犯的处罚上，德国对于同种想象竞合与异种想象竞合以不同的原则处以刑罚。日本的罪数理论比德国的要复杂得多，通说认为想象竞合犯是科刑上的一罪。但对于科刑上的一罪应归于单纯一罪还是数罪，在日本理论界还存在争议。原因就在于日本刑法理论界对于罪数标准的争论。在想象竞合犯的处罚上日本刑法明文规定“从一重处断”，并认为“最重”是指上限和下限都为最重法定刑，有附加刑的还应采用并科原则。

《德国刑法典》第 52 条第 1 款规定，如果行为人以一个相同的行为触犯数个刑法法规或数次触犯同一刑法法规的，构成想象竞合犯。[1]《日本刑法典》第54条规定："虽一行为触犯两个以上的罪名……时，按照其重罪的刑罚处断。"[2] 韩国和瑞士等国的刑法典中也有类似规定。虽然各国关于想象竞合犯的具体规定有所差异，但是刑法学者在对想象竞合犯进行定义时达到了统一。日本刑法理论认为观念竞合是指一行为触犯两个以上罪名的场合，所谓触犯两个以上罪名，是指一行为触犯数个法条，数次接受构成要件的评价。[3] 意大利刑法理论中则称想象竞合犯为形式的犯罪竞合，指的是一个单独的作为或不作为同时触犯"不同的刑法规范"或"多次触犯同一刑法规范"[4]。由此可以看出，"在中外学术界，对于想象竞合犯的定义没有分歧，都认为是指一行为而触犯数罪名的犯罪形态"。[5]

（一）想象竞合犯的本质

1. 实质一罪说。这种观点由德国学者贝林格等人首先提出，认为想象竞合犯是实质的一罪，只是表面上具备了数个犯罪的构成要件。这一学说也是目前我国的通说。持此种观点的学者主要从两个角度进行论证：一是从行为角度，认为犯罪是一种行为，如果只有一个行为，那么不管该行为符合多少构成要件，只能产生一个犯罪，如果存在多个犯罪，必定是数个行为造成的。因此，想象竞合犯只能是一罪。如我国学者认为想象竞合犯"虽然从表面上看构成了两个罪，具备了两个罪的构成要件，但是行为毕竟是一个。所以，它不是真正的数罪，而是想象的数罪"。[6] 二是从犯意角度，认为想象竞合犯其实是单一犯意，因此是实质一罪，如旧中国的学者郁华，他主张："想象竞合犯为一罪者，咸以想象竞合之成立，以出于单一犯意者为限"。[7] 可见，实质一罪说或从行为或从犯意角度出发论证了想象竞合犯虽然形式上符合数个犯罪构成，实质上仍不能达到实质数罪的要求。

2. 实质数罪说。实质数罪说与实质一罪说相对应，该说认为想象竞合犯实质上是数个犯罪，日本和前苏联学者多持此观点。如前苏联刑法学者马尔柯夫认

---

〔1〕 陈立、陈晓明主编：《外国刑法专论》，厦门大学出版社 2004 年版，第 485 页。

〔2〕 马克昌：《比较刑法学原理》，武汉大学出版社 2002 年版，第 788 页。

〔3〕 [日] 大谷实：《刑法总论》，黎宏译，法律出版社 2003 年版，第 362 页。

〔4〕 [意] 杜里奥·帕多瓦尼：《意大利刑法学原理》，陈忠林译，法律出版社 1998 年版，第 418 页。

〔5〕 吴振兴：《罪数形态论》，中国检察出版社 1996 年版，第 54 页。

〔6〕 高铭暄：《刑法总则要义》，天津人民出版社 1988 年版，第 217 页。

〔7〕 韩国光、陈旭文："想象竞合犯的处罚原则新论"，载《华侨大学学报（哲学社会科学版）》2005 年第 1 期。

为："如果行为人预见到自己的危害社会的一个行为会引起两个以上违法的、受刑罚处罚的结果，并有意识地利用它达到自己所希望的犯罪后果时，就完全有理由认为对犯罪人应当按数罪并罚的原则处罚"。[1] 日本学者大塚仁主张："站在以构成要件的评价次数为标准的立场上来看，观念竞合就是实质上的数罪，它只不过是以一个行为作出的"[2]。日本学者小野清一郎则认为"一行为而二用未为不当"，其主张：若自社会的观念而言，一个事实在法律上作出双重评价，并非不可能，例如：一个行为在刑法上评价为犯罪行为；另一方面，在民法上评价为不法行为，任何人不认为系属怪事。就立法政策而言，虽应极力避免一个行为在刑法上作出双重评价，然若无适当的构成要件可以评价一个行为时，则依两个构成要件以评价该行为，不仅可能，而且正当，故观念竞合系真正的数罪竞合。[3]

3. 法律竞合说。法律竞合说的倡导者是德国刑法学者李斯特。李斯特在其著作《德国刑法教科书》中写道："如果犯罪单数乍一看受数个刑法规范调整，如《刑法典》第 73 条所规定的那样'一行为违反数个刑法规范'……这种情况不是数罪的竞合，而是数个被违反的刑法法规的竞合。问题是如何解决这个'竞合'？适用被违反的法律中的哪一个规范？严格地讲，该问题不属于犯罪论的内容，而是属于法规适用论的内容"。[4] 日本学者泷川幸辰也持这一观点，认为"我把想象上的竞合解释为法条竞合，所以把《刑法》第 54 条第 1 项前段一个行为触犯数罪名时，……以其最重之刑处断的规定，解释为从竞合的法条中确定可以适用的法条"。[5]

4. "一个半"罪说。"一个半"罪说也称想象数罪说，该说首先肯定了想象竞合犯中的复数构成要件被实现的特征。认为任何一个单一犯罪构成都不能全面评价行为人的犯罪行为，所以想象竞合犯必须受到数个犯罪构成的多重评价。同时该说又对"一行为"做出妥协。认为想象竞合犯虽然是触犯了数个犯罪构成，但是却只有一个行为，根据一行为一罚，禁止重复评价的理论，认为不宜对想象竞合犯实行数罪并罚。"一个半"罪说，既承认了想象竞合犯的数罪特征，又对一行为做出妥协，将想象竞合犯定义于不完整的数罪。

---

〔1〕 吴振兴：《罪数形态论》，中国检察出版社 1996 年版，第 58 页。

〔2〕［日］大塚仁：《刑法概说（总论）》，冯军译，中国人民大学出版社 2003 年版，第 422 页。

〔3〕［日］小野清一郎：《新订刑法讲义（总论）》，有斐阁 1950 年版，第 274、275 页。

〔4〕［德］弗兰茨·冯·李斯特：《德国刑法教科书》，徐久生译，法律出版社 2000 年版，第 393 页。

〔5〕 马克昌：《刑法理论探索》，法律出版社 1995 年版，第 140 页。

（二）想象竞合犯的构造

作为想象竞合犯前提之一的一个行为，也称一行为、单一行为、行为单一或同一行为事实等，是想象竞合犯乃至整个刑法理论的重要问题。就想象竞合犯而言，一行为不但是其存在的前提之一，更是其与其他竞合形态的关键区别之处。判断一个行为需要从以下几个方面入手：

1. 意思发动的单一性。作为一个行为的主观面，必须限定在一个意思发动上。这是一个行为在主观面上的必然要求。意思发动是行为人决定实施某种行动的内心决意，自然以行为人具有相对意志自由为前提。需要指出的是，这里的“意思发动”是中性、无评价色彩的，因而，不能把意思发动与犯意和故意、过失等规范评价等加以混同。在一个行为这个评价对象层面，不应当将故意、过失这样的对象评价内容前置，否则，就违背了评价对象与对象评价的关系。

2. 身体动作的统一性。作为一个行为的客观面，一行为在事实层面上必须具有相同的性质，而且这种相同的性质也必须体现和贯彻意思发动的单一性，是一个意思发动的外在表现。如果行为人在实施体现一个意思发动的行为过程中，又产生了一个意思发动，尽管基于后一个意思发动的行为在性质上与前面的行为相一致，甚至是前一个行为的继续，那么也不能是一个行为。因为在这种情况下，前一个行为被切断而不符合身体动作统一性的要求。比如，在实施非法拘禁过程中又产生了伤害的意思，并实施了致人重伤的伤害行为，就不能视为一个拘禁行为。

3. 时间与空间的密接性。作为一个行为的社会通念标准，并不否认自然意义上的一个举动即为一行为的典型形态，但当数次举动体现了意思发动的单一性并具有时空密接性时，若将其视为数个行为，显然，没有刑法意义。所以，数次举动若在时空上具有密接性并体现了意思发动的单一性，在社会通念上即被视为一个行为则是题中应有之义。比如，“大搬家”式的盗窃，如果行为人在同一时间和同一地点反复地往外搬东西，尽管可分为数个举动，社会通念上也只能视为一个盗窃行为；但如果数个搬东西的举动不是在同一时空下进行的，则不能视为一个盗窃行为。如果说自然意义上的一行为关注的是举动的次数的话，那么社会通念上的一行为则注重的是行为整体的个数。这也正是用社会通念的一行为判断标准来框定和整合自然意义一行为的理由之一。

二、关于结果加重犯

作为一种立法现象，结果加重犯早在罗马法与教会法时代即已萌芽，只是在该时期所认定的结果加重犯概念，是结果责任的体现。根据我国台湾地区学者郑玉秀教授的考证，结果加重犯的形态源于宗教法上的“自陷禁区”理论。根据该理论，合法的行为人即便造成违法的结果，也不必为该违法结果负责；反之，如果行为人的行为不被容许，则必须对一切结果负责。行为人如果实施了不被容许的行为，犹如踏入禁区一般，必须对禁区范围内所发生的一切后果负责。这个理论原是用以决定神职人员是否不合教规，而应否予以解职，被意大利刑法继受而成为刑法上的归责原则。刑法学界称之为“versari 原则”。这种以基本行为是否合法决定后续结果的归责理论，在当时普遍认为是一种判断罪责的方法。[1]“versari 原则”表达了结果责任和间接处罚的意思。按照 versari 原则，对于结果加重犯中的基本行为与加重结果的判断，并不需要检视其主观上是否有预见，完全是从客观上的因果关系加以认定。如果按照现代刑法理论检视，versati 原则以及据此原则所制定的结果加重犯本然形态的立法例，可以发现，其最大的瑕疵是忽视基本行为与加重结果之间的主客观内在联系，违反了现代刑法所坚持的责任主义原则。但在当时该原则是居于支配性地位的见解。直到十八九世纪，该原则仍旧在立法上被视为刑罚加重的事由。而且，实务界的做法与此相应，只要证明基本行为与重结果有因果关系而不问行为人是否对重结果有无预见可能性，即可以结果加重犯论处。难怪刑法学界对 19 世纪一些结果加重犯的规定斥之为“这个时代令人愤怒的污点”，德国刑法学大师宾丁更是将其视为“最不幸的理论之一”，“是让刑事实务界用来偷懒的躺椅。”[2]

随着现代刑法理论的勃兴以及依据现代刑法理论对带有明显结果责任痕迹的结果加重犯的批评，特别是“无责任则无刑罚”这个责任主义刑法原则的确立，本然意义上的结果加重犯，无论是其理论基础还是其立法规定，都受到了全面的挑战。甚至出现了否定结果加重犯的主张。但“这些批评并没有迫使人们完全放弃这种结果加重犯罪，而是仅仅前后一致地把这种犯罪限制在轻率地引起更严重的结果上。”[3] 然而，问题似乎并未得到根本解决，因为结果加重犯的刑罚依然很重。刑法学界并没有因意思责任（责任主义）在结果加重犯得到贯彻而陶醉，其过重的加重刑罚，迫使学界对结果加重犯法定刑设置的合理性问题作进一步的思考。例如日本刑法第 236 条规定的抢劫罪基本犯的法定刑为 5 年以上 15 年以下有期惩役，第 212 条仅对过失致死罪规定了罚金刑；但第 240 条规定：抢劫“致人死亡的，处死刑或者无期惩役”。这不由得让人质疑，结果加重犯的法定

---

〔1〕 参见许玉秀：《当代刑法思想》，中国民主法制出版社 2005 年版，第 695 页、696 页。

〔2〕 转引自许玉秀：《当代刑法思想》，中国民主法制出版社 2005 年版，第 696 页。

〔3〕［德］克劳斯·罗克辛：《德国刑法学（总论）》，王世洲译，法律出版社 2005 年版，第 218 页。

刑是否过重。

我们认为要解答这个问题就要弄清楚结果加重犯的本质，所谓本质就是指对结果加重犯结构的认识和加重结果刑法意义上的认识。在这一领域德日刑法学界已经形成了较成熟的理论体系，因此我们不妨借鉴域外的有益成果并结合中国的刑事立法规定，对这一问题进行探讨。

（一）结果加重犯的本质

1. 单一形态论。单一形态论是最早认识结果加重犯的本质的理论，主张该理论的学者认为结果加重犯的犯罪构成完全由基本犯罪的主观要素组成，与加重结果无关。也就是说加重结果的发生只是客观的加重处罚的条件，不需要行为人对结果具有认识和认识可能性，结果加重犯与基本犯一样，都是单纯的一罪，刑法之所以对结果加重犯加重刑罚，就是因为客观上发生了加重结果，该理论把加重结果视作一种客观的处罚条件，只要该条件发生，加重的刑罚权就发生，如果条件未出现刑罚权就不产生。

2. 复合形态论。复合形态论认为，结果加重犯的本质是两个犯罪行为复合形成的一种特殊的犯罪形态：即基本犯罪的故意犯和加重结果的过失犯，实际上是把结果加重犯看作是结合犯的一种。相较于单一形态论而言，这种理论的主要区别就在于把加重结果作为构成要件要素来认识而并不是把其当做客观的处罚条件，而且强调行为人对于加重结果必须有认识，只有对加重结果有意识方才能对其启动刑罚权。显然，复合形态论将加重结果看成是构成要件要素之一，不仅考虑了行为人主观因素而且也解释了结果加重犯的刑事责任，相较单一形态论更加合理。

3. 危险性理论。危险性理论在德国和日本是最有力的学说，最早是在 19 世纪末由德国学者克里斯（Krise）在判断相当因果关系中的“相对性”时提出的，后德国刑法学者恩格诗（Engisch）将这种理论具体化，这些学者认为，基本犯罪行为与重结果之间具有内在的“相当地引起”是必要的，因此，如果不存在这种“相当地引起”的场合，即使发生了重的结果，该行为也不能成立结果加重犯。即把基本犯看作是具有在经验上包含着发生加重结果的危险性的倾向，正是由于这种倾向的具体化从而造成了重结果，结果加重犯不是基本犯与加重结果之间简单外在关联的犯罪类型，而是由于二者之间的危险关联而使基本犯与加重结果具有内在的密切联系和特定构造的犯罪类型，这就是结果加重犯加重的依据。

我们认为危险性理论比单一形态论与复合形态论具有优势，也符合责任主义原则，它在限定结果加重犯范围和解释加重理由方面确实能说明一些问题。但危险性理论仍然存在缺陷。

（二）结果加重犯的特征

复合形态论和危险性论都从不同的角度揭示了结果加重犯的本质，复合形态论认识到了加重结果的构成要件性，危险性理论则认识到了结果加重犯中基本犯自身的危险性。我们认为应结合两者之长，不仅考虑基本犯自身的危险性，还要考虑加重结果的主观因素，即从客观和主观两个方面分析结果加重犯的本质。

1. 结果加重犯本质的客观特征。结果加重犯本质的客观特征是基本犯罪行为的危险性。刑法对结果加重犯所规定的处罚远超过基本犯，有的甚至超过了基本犯和加重结果过失犯的法定刑之和，例如，我国《刑法》第234条规定故意伤害他人身体的，处3年以下有期徒刑、拘役或者管制；致人死亡的处10年以上有期徒刑、无期徒刑或者死刑。其原因就在于，结果加重犯的基本犯罪具有内在地引起重的结果发生的危险性，立法者才将其类型化，规定了较重的法定刑予以处罚，而那些不具有这种内在危险性的犯罪就被排除在外，例如盗窃罪，刑法就没有规定其相关的结果加重犯，因为盗窃一般不具有导致人重伤或死亡的潜在可能性。由此可以得知，基本犯的危险性正是结果加重犯区别于其他犯罪而加重其刑罚的客观依据。

2. 结果加重犯本质的主观特征。由于基本犯罪行为具有内在地引起加重结果的危险性，行为人仍然故意为之，表明行为人有违反注意义务的性格，行为人具有严重的人身危险性和社会危害性，但仅凭客观的基本犯还不足以解释其加重刑罚的理由，还必须结合行为人对于基本犯所可能导致的加重结果的主观罪过，这也符合主客观相统一原则的要求。关于加重结果的主观罪过，刑法理论界存在争议，主要集中在对于加重结果是否仅以过失为必要。我们认为，结果加重犯的重结果不可能出于故意，因为对加重结果持故意时与一般的故意的结果犯没有区别且容易与结合犯混淆不清，同时也超越了一行为一罪的范围。某些学者也指出："设立结果加重犯概念是为了贯彻责任主义原则，是对结果加重犯没有过失行为的行为人不对加重结果承担刑事责任；而对加重结果持故意本身就应负刑事责任。因此设定故意的结果加重犯没有任何意义，只能承认过失的结果加重犯。"至于对加重结果持故意的主观罪过的犯罪形态，理论上可以将其视为想象竞合犯的特殊形态来看待。由上分析可知，结果加重犯的基本犯本身具有危险性，行为人仍故意实施基本行为表明行为人违反了对重结果发生的客观注意义务，即对重结果具有过失，这就是结果加重犯本质的主观特征。

三、想象竞合犯与结果加重犯的区别

在我国刑法学界，对想象竞合犯与结果加重犯两者的区别阐述得较为全面的当属吴振兴教授和李邦友博士。吴教授认为，两者的区别主要有以下四个方面：第一，结果加重犯是一行为犯一罪，其加重结果属于基本犯罪的依附部分，不能脱离基本犯罪独立存在；想象竞合犯是一行为触犯数罪名，数罪名各自独立，没有依附关系。第二，结果加重犯侵害的犯罪对象大多是同一的；想象竞合犯则与之相反，其一行为所侵害的往往是不同的犯罪对象。第三，结果加重犯是犯一罪发生加重结果，其加重结果与基本犯罪的构成结果之间往往具有重合性；想象竞合犯除了行为要素而外，其他方面大多数有数罪特征，其中当然包括数个结果，这数个结果间较少具有重合性。第四，结果加重犯本身有独立的法定刑；想象竞合犯则需比较各罪名法定刑的轻重，从一重重处断，刑罚适用上较为复杂。[1]李邦友博士也将两者区隔为四个方面，就其内容而言，与吴教授的上述区别大同小异。但其视角是想象竞合犯与结果加重犯各自的基本结构上，并将结果加重犯所独具的危险性理论作为与想象竞合犯区别的关键。[2]

对于上述两位学者的认识，很难用对与错加以评判。因为他们对结果加重犯范围和基本结构的认识不尽相同，以这种认识为基础来区别想象竞合犯与结果加重犯，自然有其内在的逻辑。由于我们将结果加重犯的应然形态界定为行为人在实施一个具有高度危险性的基本犯罪行为的过程中，对同一犯罪对象过失而直接地导致了超出基本犯罪构成的伤亡结果，刑法对该重结果规定较重刑罚的犯罪形态。因而结果加重犯的范围比现行立法的范围要窄得多。所以，我们对想象竞合犯与结果加重犯所作的区别，是一种舍弃现行立法的应然的区别。如果立足于现行立法的规定，想象竞合犯与结果加重犯之间实在没有区别的必要。因为只要行为人实施了一个基本犯罪行为，由此派生出重结果，刑法对该重结果又规定了升格法定刑，那么，只要按照刑法的规定处理就可以了。在这种情况下，研究想象竞合犯与结果加重犯之间的关系似乎毫无意义。

我们认为，要回答上述问题，首先应当解决结果加重犯的立法目的问题。结果加重犯的立法目的至少应有两点：其一，如果对蕴含高度危险性的基本行为所直接产生的重结果不规定较重的刑罚，就有轻纵犯罪人之嫌。对这种情况若按想象竞合犯处理，就会降低对基本犯罪行为的遏制之效，不利于刑法保护机能的实现；比如，对因故意实施伤害他人身体的犯罪行为直接导致被害人死亡的伤害致死案件，若以想象竞合犯的归责原则处理，只能以故意伤害罪或过失致人死亡罪中的一个罪作为确定最终刑罚的基准。这样做的后果是使犯罪人得到了不应得到

---

〔1〕 参见吴振兴：《罪数形态论》，中国检察出版社 1996 年版，第 121 页。

〔2〕 参见李邦友：《结果加重犯基本理论研究》，武汉大学出版社 2001 年版，第 187、188 页。

的利益，而且难收刑法对类似犯罪的警尤之效，导致新的罪刑失衡。其二，对应当属于结果加重犯的类型不做一罪处理，就会增加司法处理的麻烦，导致刑法适用的不经济。其次应当将前述确定结果加重犯范围的几个原则加以整体考量，以此作为结果加重犯与想象竞合犯的根本区别。之所以要对上述几个原则进行整体考量，是因为上述原则中的任何一个都难以将两者区别开来。具体如下：

第一，要想将一行为触犯数罪名的犯罪类型上升为结果加重犯这一法定犯罪类型，必须使其呈现出基本犯罪行为＋过失致人重伤或死亡的结构，并且基本犯罪行为必须蕴含着导致重结果发生的高度危险性。就此点而言，对强奸或抢劫过程中出现致人重伤或死亡的情况，就不宜认定为结果加重犯。因为就抢劫或强奸犯罪的整体而言，不具有导致被害人重伤或死亡的本然危险性，暴力手段只是抢劫或强奸犯罪的手段之一，除此之外，还有胁迫及其他违背被害人意志的手段。所以，将其视为结果加重犯，与结果加重犯所要求的基本犯罪行为必须具有整体上的本然危险性的特质不符。

我们认为，对于强奸或抢劫过程中出现致人重伤或死亡的情况，在立法没有规定以相关犯罪形态处理的情况下，以想象竞合犯处理是合适的。以结果加重犯所具有的上述特质，还不足以将想象竞合犯与结果加重犯区别开来。因为想象竞合犯中有一些情况也具备上述特质，但不能视为结果加重犯。比如，行为人准备了足以伤害甲但不足以致甲死亡的一定数量的毒药，一日，趁甲不在家时，将毒药放入甲经常用以喝水的杯子里。结果，杯子里的毒药被放学回来的甲的不满10岁的儿子乙喝下，致乙死亡。对类似案例，我国学者张明楷教授认为构成伤害罪的结果加重犯。主要理由是刑法规定故意伤害罪不只是为了保护特定人的身体健康，而是要保护一切人的身体健康，只要行为人有伤害他人的故意，实施了伤害他人的行为，结果也伤害了他人，就成立故意伤害罪，而不要求其中的“他人”完全同一。故意伤害致死也是如此。[1]

对于张明楷教授所述的理由，我们表示赞同。但对其依据该理由所得出的结论，我们并不赞同。因为类似情况虽然具备结果加重犯的上述特质，但不符合结果加重犯所具有的直接性和对象同一性这两个特质。因此，要想区别两者，还必须借助于结果加重犯所具有的直接性和对象同一性这两个特质。

第二，在一行为触犯数罪名的犯罪形态中，要想将其规定为结果加重犯，以便阻却想象竞合犯的适用，除了具备上述条件外，还必须满足直接性和对象同一性这两个条件。所谓直接性，是指只有当具有造成加重结果高度危险的基本行为

〔1〕 参见张明楷：“严格限制结果加重犯的范围与刑罚”，载《法学研究》2005年第1期。

直接造成了加重结果时，或者说，只有当基本犯与加重结果之间具有“直接关联”时，才能认定为结果加重犯。如果是后行为或者其他因素导致基本行为与加重结果之间的因果关系中断的，不能认定为结果加重犯；所谓对象同一性，是指加重结果的被害人应只限于基本犯的被害人，因为既然结果加重犯是因实施基本犯的加重结果，那么，只有对基本犯的行为对象造成了加重结果时，才能认定为结果加重犯。基本犯的行为对象与造成加重结果的对象不一致时，应属于刑法错误论中的对象错误或打击错误，适用通说主张的“法定符合说”，最后以想象竞合犯处理。根据这两个条件，类似上述案例，行为人虽然实施了具有本然危险性的基本犯罪行为，也发生了过失致人伤亡的重结果，但两者之间并不具有直接性和同一性，对行为人来说，“知”和“欲”出现了分离，所实施的基本行为与发生的重结果之间出现了偏差。在这种情况下，以结果加重犯这种犯罪类型过度谴责他，有失公允。而以想象竞合犯论处似乎更妥当一些。因为根据刑法中的错误理论，对于对象错误或打击错误，无人主张将其视为结果加重犯，而一致认为应适用想象竞合处理。按想象竞合处理，行为人仍然要接受所触犯的基本犯罪和重结果犯罪的评价，只是最后决定刑罚时按一重罪处断而已，不涉及张明楷教授所担心的违背“法定符合说”的情况。

上述关于想象竞合犯与结果加重犯的区别，仅仅是我们基于两者不同的特质所作的一种理论思考。目的是为立法者正确确定两者各自的范围提供理论依据。是否准确，我们不敢妄言。但在我们看来，上述区别，应当是两者的根本区别。在此基础上，两者的其他区别，似乎较为容易加以界定。

第二节　结合犯和惯犯

一、关于结合犯

（一）大陆法系刑法理论中的结合犯

在意大利和德国刑法理论中，罪数论体系相对简单。在意大利刑法理论中，罪数理论又被称为犯罪竞合理论，它包括实质竞合与形式竞合。所谓实质竞合是指行为人用多个行为触犯了多个刑法法规，而形式上的竞合则是指行为人因一行为而触犯了多个刑法法规。德国学者指出，如果同时违反数个法律，就会出现这样一个问题：法律后果是单独测量并在其后相加，还是适用一个较为宽松的制度？在此基础上，德国刑法理论提出了竞合的概念，包括以下三种竞合：①想象竞合，指一行为数次违反同一刑法法规或者数次触犯同一刑法法规的情形；②实质竞合，指行为人实施了数个独立的将在同一程序中受审判的犯罪情形；③法条竞合，指数个刑法法规只是表面上相竞合，但实际上是一个刑法法规排除了其他刑法法规的情形。由于意大利和德国的罪数论相对简单的特点，结合犯并没有确立自己在罪数论中的位置，而是归属于其他范畴。在日本刑法理论中，罪数论比较复杂，有多种多样的罪数论体系。通行的罪数论体系是由本来的一罪、科刑上一罪、并合罪构成。不过，结合犯属于何种一罪，有不同的看法。比如，庄子邦雄、福田平、大塚仁等主张属于包括一罪，山火正则、虫明满、川端博等主张属法条竞合，前田雅英、大谷实等主张属于单纯一罪。

我们认为，将结合犯纳入到单纯一罪中不符合单纯一罪的特征。根据大谷实教授的理解，“所谓单纯一罪，指外形上一次符合一个构成要件是明明白白的，没有必要特别给予构成要件上的评价的犯罪。”[1] 作为一种特别的构成要件类型，结合犯是由两个独立的构成要件结合而成，从形式上看它身上存有数个构成要件的痕迹，与并合罪容易混淆。因此就不好说结合犯在“外形上一次符合一个构成要件是明明白白的”，所以，我们不主张将结合犯纳入到单纯一罪之中。将结合犯视为法条竞合的一种类型的观点也是根本站不住脚的。法条竞合，是指一个行为符合了数个构成要件，但是由于各法条之间存在重合关系，故实质上只符合一个构成要件，排除适用其他构成要件的情况。由该定义，我们不难看出，法条竞合问题涉及的是规定犯罪构成要件的若干法条之间的关系。而结合犯的构成要件是由一个法条所规定，没有另外一个法条再对该结合犯的构成要件进行规定。所以，我们也不主张将结合犯纳入到法条竞合之中。

我们认为，考虑到结合犯是预定复数行为为构成要件的行为，更符合包括一罪的概念特征。“所谓包括一罪，是指某种犯罪事实在外形上看起来似乎符合数次符合构成要件，但是应当包括在一次符合构成要件评价的情况。”[2] 故而，我们赞成在日本通行的罪数理论框架下，将结合犯纳入到包括一罪之中的主张。

（二）我国刑法理论中的结合犯

在构建罪数理论体系的途径方面，我国台湾地区与德国极为相似，都是根据刑法的规定来创立罪数论体系。比如，我国台湾地区刑法学者韩忠谟紧密联系台湾地区的刑法规定，构建了由“数罪并罚”、“想象上竞合犯”、“牵连犯”、“连续犯”、“决定罪数之标准”组成的罪数理论体系。由于我国台湾地区的刑法既没有在犯罪竞合中规定结合犯，也没有将其规定在数罪并罚一章中，故而，结合

〔1〕［日］大谷实：《刑法讲义总论》，成文堂1994年版，第489页。

〔2〕［日］大谷实：《刑法总论》，黎宏译，法律出版社2003年版，第357页。

犯在罪数理论体系中并没有自己的位置，而是属于刑法各论中的研究范畴。

我国大陆刑法与外国刑法相比，在罪数论问题上存在着一个重大差别：我国刑法未对罪数形态本身作出规定，只是对数罪并罚制度作出了规定，因而我国的罪数理论在很大程度上是对刑法规定的犯罪现象的某种理论概括。例如，我国刑法第 89 条第 1 款规定："追诉期限从犯罪之日起计算；犯罪行为有连续或者继续状态的，从犯罪行为终了之日起计算。"通常人们将这里的"犯罪行为有连续状态的"称为连续犯，"犯罪行为有继续状态的"称为继续犯，但是我国刑法并没有对连续犯与继续犯的构成及其处罚原则作出明确规定，这一点不同于我国台湾地区和日本的刑法规定。

（三）结合犯在刑法理论中的思考与完善

通过对结合犯在大陆法系和我国大陆刑法理论体系之位置的考察，我们发现：结合犯是罪数论体系的有机组成部分。那么，这种体系性安排是否合理呢？我们认为，将结合犯放在罪数论中去研究并不恰当。这涉及罪数论的研究任务问题。

针对某种犯罪事实，探讨这种犯罪事实的犯罪个数以及一罪与数罪之法律效果应如何处断的知识领域，在日本通说被称为"罪数论"，在德国被称为"竞合论"。我国台湾地区的刑法理论体系的基本框架以及法律用语，在 20 世纪 80 年代以前，主要受日本的影响，因此，对前述之刑法知识领域也称为"罪数论"；但是，随着赴德留学归来人员的增多，到 90 年代后，我国台湾地区的学者通常称前述之刑法知识领域为"竞合论"。事实上，对于针对某种犯罪事实，探讨这种犯罪事实的犯罪个数，以及一罪与数罪之法律效果应如何处断的知识领域，其名称不管称为"罪数论"抑或称为"竞合论"，实质上其处理命题之范围都是相同的，都肩负着相同的研究任务。

二、关于惯犯

刑法学界普遍认为，惯犯是指以某种犯罪为常业，或者以犯罪所得为主要生活来源或腐化生活来源，或者犯罪已成习性，在较长时期内反复实施某种犯罪行为的犯罪。这是从惯犯的客观表现形式或者惯犯的分类角度而言的，不能表述惯犯的本质特征。在司法实践中，惯犯一词含义较为笼统，混淆了刑法及其理论中的其他的一些概念，如累犯、连续犯、同种数罪等概念。究其原因是由于没有从本质上把握惯犯的概念及构成惯犯所必须具备的要件。因此，研究惯犯的有关基本问题，有着重大理论和实践意义。

（一）惯犯概说

惯犯是指罪犯个体依其心理和生理特征对某种犯罪环境的适应而反复实施同

一种犯罪，进而使该种犯罪呈固定的继续状态或者有继续该种犯罪的倾向性。从概念中可以看出，反复犯罪的结果而使罪犯个体有继续犯罪的倾向性，这是惯犯的本质特征，这种特征有以下几层含义：

1. 具有犯罪的反复同一性。惯犯反复实施的犯罪是同一性质的犯罪，这一点从惯犯形成的原因中就可以分析出。

2. 具有犯罪动机的自动性。惯犯长期犯罪而产生的“愉快”体验是进一步促使犯罪的内部动力，形成了犯罪习惯，致使其犯罪习惯本身具有自动支配犯罪行为的功能，从而形成了惯犯特有的犯罪动机自动化。这一特点决定了惯犯与连续犯的不同。虽然连续犯客观方面也是实施数个性质相同的犯罪，但这些同质犯罪是基于主观上同一的或概括的故意，即实施这些犯罪时有一个预定的计划，或者预先知道实施这些犯罪的后果；而惯犯犯罪动机是自动产生的，可以随时产生，没有预定性或概括性，是无止境的。惯犯犯罪故意的自动性和无预定性是区别连续犯的标志。

3. 具有犯罪的顽固性。惯犯反复实施同种犯罪是一种恶习，作为惯犯的生活方式固定下来。作为一种恶习就是惯犯表现为屡教不改的犯罪经历和有继续犯罪的倾向性，犯罪行为成为其社会的寄生腐化、堕落生活的一种手段，所以惯犯主观恶性深，人身危险性大。

从惯犯的概念和特征以及司法实践看，我们发现，惯犯多发生在财产型（物欲型）和性欲型犯罪中，当然其他类型犯罪，只要罪犯个体适应该类型犯罪并能反复实施该种犯罪而呈现出继续犯罪的倾向，也存在惯犯。有些国家刑事立法对惯犯的罪种做了限制规定。例如日本刑法对某种特定罪或重罪，如赌博、暴力犯罪、毁坏财物、胁迫、强制会面、盗窃、强奸、强盗等罪，规定为惯犯的处罚。挪威刑法对伪造货币、重风俗犯、重伤罪、为他人堕胎、强盗等罪，规定了处罚惯犯的特别刑罚。从我国刑法理论和司法实践的角度看，对惯犯做罪种上的限定，有悖于刑法理论，对稳、准、狠打击惯犯，改造惯犯也是不利的。

我国刑法中惯犯应该包括以下两种情况：第一种是常习犯，即通过犯罪过程学习来的实施该犯罪所需要的技术（能）而反复实施犯罪的罪犯，如惯窃、惯骗犯罪；第二种是常业犯，即以某种犯罪作为自己的“职业”，以犯罪所得为自己生活或腐化生活的来源而反复实施同种犯罪的罪犯，例如，《刑法》第165、225条和第336条第1款所分别规定的非法经营同类营业罪、非法经营罪、非法行医罪便是典型的职业犯。

（二）惯犯的构成要件

1. 惯犯构成的客观要件。构成惯犯必须有反复实施同种犯罪的客观事实存在。关于实施几次同种犯罪行为才能构成惯犯的问题，世界各国刑法对此规定不一，如德国、法国刑法规定须有 2 次以上前科；英国刑法规定须有 3 次以上前科；瑞士刑法规定须有 4 次以上前科。一般来讲，犯罪次数或前科的次数越多，说明犯罪的惯性越大，但犯罪次数或前科次数多少并不一定能够全面反映惯犯的本质，所以将犯罪或前科次数作为认定惯犯的标准是有缺陷的，如罪犯 3 年内实施 6 个独立的盗窃罪，考察该罪犯时发现其没有继续犯罪的倾向性，如果按前科或犯罪次数，该犯构成惯犯，但是从本质上说，该犯不属于惯犯，其犯罪行为没有体现出惯犯的本质特征。在刑法理论上，该犯是同种数罪。因此，用犯罪或前科次数作为认定惯犯的标准容易和同种数罪的概念相混淆。认定惯犯，只有在反复实施同种犯罪的事实，结合罪犯个体的主观情况下，才能作出正确的认定。

2. 构成惯犯的主观要件。罪犯个体心理或性格存在着表现出该罪犯有继续犯罪的倾向性，在认定时，往往参照罪犯的犯罪行为、生活情况、生活态度、人格心理等因素决定。如犯罪性质、轻重、犯罪行为之间在时间上的连续关系、生活是否保障、有否厌恶劳动、是否好吃懒做、是否放纵自己的生活、意志力是否缺乏、是否诚实、对自己的良心、道德感、羞耻感、对被害人的情感态度等表现如何。

（三）惯犯的立法思考与完善

由于惯犯人身危险性和社会危害性很大，它可以存在于多种犯罪类型中，应当从重处罚。我国 1979 年刑法分则中只对几种犯罪设置了处罚惯犯的罚则，1997 年刑法对此没有明文规定。另一方面，如果在分则每一法条中都做出关于惯犯的处罚规定，一不符合立法技术的要求，同时太过繁锁。为此，这里提出立法建言如下，即：

在我国刑法总则中规定惯犯的概念及处罚原则。在刑法中规定惯犯的概念及罚则在世界许多国家有特别的刑事立法或者刑事法中有特别的规定。例如美国联邦及其各州和英国的“习惯犯人法”、比利时的“社会防卫法”、德国的“危险的习惯犯人法”等等，都是对付惯犯的特别立法。此外，英国的“刑事裁判法”、瑞典的“保安机构拘禁及隔离法”、德国刑法总则、日本刑法等有关于惯犯的特别规定。这些立法对我国刑法总则规定惯犯概念及罚则有一定的借鉴意义。

在刑法中规定惯犯罚则，应把惯犯当做一种从重处罚的情节规定在刑法总则第三章刑罚当中。一般来讲，我国刑法分则条文有两个以上刑罚幅度，惯犯的本质决定了对惯犯不可能在最低档的刑罚幅度内处刑，而只能在刑罚较重的量刑幅度内处刑并且要从重处罚，这样才能充分体现刑法对惯犯的从严惩处的精神，也符合罪责刑相适应原则和惩罚与教育相结合的原则。

第三节　牵连犯和吸收犯

一、关于牵连犯

牵连犯是我国刑法理论中罪数形态之一，也是司法实践中运用颇多的一个概念。通说认为，牵连犯属于实质数罪、科刑一罪，又称“裁量一罪”或“处断上一罪”。但牵连犯作为传统刑法理论上与数罪并罚相对应的一个形态，近年来一直受到刑法理论界一些学者质疑，而在司法实践中的运用也极不统一，认识颇不一致。特别是1997年修订的我国刑法典尽管在总则中对牵连犯的概念和处罚原则没有作明文规定，但是分则一些条文规定的内容，却充分体现了对牵连犯的不同处罚原则。理论和实践上对此问题的分歧更大，这多少给司法实际部门的操作带来一定程度的混乱。有人建议在刑法中增设牵连犯之规定；有人则认为不必发展牵连犯理论；有人主张废止牵连犯提法。

（一）牵连犯的构成要件

牵连犯是指犯一罪，其方法或结果行为触犯他罪名的犯罪。具体说，行为人的目的，仅意图犯某一罪，但实施该罪的方法行为或结果行为，又触犯了其他不同罪名，其方法行为与目的行为，或原因行为与结果行为之间具有牵连关系，这种犯罪现象，就叫牵连犯。[1] 构成牵连犯的应具备如下三个条件：

1. 须有两个以上的行为。两个以上的行为，指可以独立成罪的行为，即原因行为与结果行为，或者方法行为与目的行为，都是具有犯罪构成各自独立的可罚行为。

2. 两个以上的相对独立的犯罪行为，须触犯了刑法上的不同罪名。有牵连关系的数个行为，分别触犯不同的罪名，才能成立牵连犯，牵连犯目的行为固然触犯一罪名，而与其具有牵连关系的方法行为、结果行为必须触犯他项罪名，即牵连的目的、方法、结果等行为，必须触犯不同罪名。各行为触犯的罪名，以现行刑法的规定为依据。

3. 两个以上独立的犯罪行为之间须具有牵连关系。即在目的的犯罪行为与方法的犯罪行为，或目的的犯罪行为与结果的犯罪行为之间，具有牵连关系，才可能成立牵连犯。

---

〔1〕 马克昌主编：《犯罪通论》（修订版），武汉大学出版社1999年版，第680页。

（二）牵连犯处断原则的分析

对于牵连犯的处断原则，以往为大多数学者所赞同并在司法实践中得到普遍遵行的是“从一重论断”说，这是因为大多数学者感到，牵连犯虽然实际构成了数罪，但其数个独立成罪的行为是相互依存的有机整体，而且是在一个犯罪目的的支配下实施的，其比其他数罪的情况社会危害性较轻，行为人的主观恶性也较小。所以依照通说，对牵连犯的处罚采取“从一重论断”的原则，即比照方法行为或结果行为所触犯的罪名，及所犯本罪，从其法定刑重之罪来定罪量刑。但仔细分析却不难发现该原则其实在很多方面难以自圆其说。

1. 犯罪构成标准的背离。依照我国的犯罪论体系，犯罪构成标准是认定犯罪成立与否的唯一依据。根据犯罪构成标准说的主张，确定或区分犯罪数之单复的标准应是犯罪构成的个数，即行为人的犯罪事实具备一个犯罪构成的为一罪，行为人的犯罪事实具备数个犯罪构成的为数罪。据此，行为符合一个犯罪构成的就是一罪，符合数个犯罪构成的成立数罪，行为数次符合同一个犯罪构成的也构成数罪。但是牵连犯从一重处断原则使得原本应受独立评价的数个犯罪丧失本然的独立性，而以一罪处断，如此一来，也就从根本上违背了犯罪构成标准。

2. 刑事立法上的否定。英美法系国家和地区的刑法根本否认牵连犯的概念，对于在司法实践中出现的牵连犯现象，司法判例均科以数罪并实行并罚。〔1〕独联体（可追溯至前苏联）和东欧国家刑法不承认牵连犯，对诉讼实践中出现的牵连犯现象，前者适用数罪并罚原则，〔2〕后者则作为吸收犯处理，各国的立法实践明显地体现出否定的态度和倾向。当今各国立法潮流均渐将牵连犯依实际情形视为实质上数罪或想象竞合犯之原理处罚，不另设规定。唯有日本和我国台湾地区曾在立法中做出有关牵连犯的规定，但是日本 1940 年《日本改正刑法假案》和 1974 年制成的《改正刑法草案》对牵连犯持否定倾向。英美法系由于其本身的特点，在刑法中也无牵连犯概念和规定，而是对各个犯罪行为分别定罪而后并罚。

3. 导致自由裁量权的扩张。由于没有统一的处罚原则一般实行“从一重罪论断”，较多依赖法官之自由裁量（即法官不仅能决定量刑之轻重，还能决定定何罪名）。这样就会导致因认识不一而导致差异甚远的处断结果。这实际上很容易造成既判力的不当扩张，为行为人逃避罪责提供渠道。

我国刑法的规定也没有坚持“牵连犯从一重罪处罚”的原则，刑法典分则

---

〔1〕高铭暄主编：《刑法学原理》（第 2 卷），中国人民大学出版社 1993 年版，第 617 页。

〔2〕余亚勒：“牵连犯理论面临的挑战”，载《中外法学》1990 年第 5 期。

除对牵连犯依照从一重处断原则处罚外，对其他构成牵连犯情形采取了下列三种不同的处罚方式：一是数罪并罚，例如，《刑法》第157条第2款规定的妨害公务罪与走私罪构成的牵连犯，对其的处罚原则是数罪并罚；二是从一重从重处断，例如，《刑法》第253条第1、2款规定的私拆、隐匿、毁弃邮件、电报罪与盗窃罪构成的牵连犯，对其的处罚原则是从一重从重处断；三是规定单独的法定刑，例如《刑法》第229条第1、2款规定的中介组织人员故意提供虚假证明文件罪与受贿罪构成的牵连犯，立法上规定了单独的较重的法定刑。

（三）牵连犯的思考与完善

如前所述，既然对牵连犯从一重处断原则在世界各国中难觅法律根据而且即便在极少规定牵连犯的国家和地区，废止对牵连犯从一重处断原则的立法倾向亦日渐加。因此，我们主张，由于牵连犯的特殊性导致罪数形态理论缺乏周密性，解决这一理论难题，就应对牵连犯中数犯罪行为实行数罪并罚。

1. 犯罪构成的要求。犯罪构成是决定行为人承担刑事责任的基本根据，要追究行为人的刑事责任，必须查明行为人的行为是否符合刑法明文规定的犯罪构成，这是确定数罪一罪的标准。牵连犯是一罪还是数罪呢？我们认为无论在形式上还是实质上，牵连犯均是数罪。首先，从主观方面看，牵连犯最终追求的目的构成一个犯罪故意，这是毋庸置疑的。但是，除此最终目的以外，是否还存在其他犯罪故意呢？答案是肯定的。犯罪分子在追求最终的犯罪目的的时候往往会萌发新的犯罪目的。其次，从客观方面来看，行为人实施了不同的犯罪行为。在牵连犯中，行为人尽管最终往往均是为了某特定的犯罪目的实施了犯罪行为，但是其最终犯罪行为往往需要其他犯罪行为的辅助才能完成。正如牵连犯的概念中所言，在实施目的行为时，还派生了手段行为或结果行为。尽管本罪行为、目的行为、结果行为之间具有牵连关系，但不影响其各自具有相对独立性，因此在牵连犯中存在着两个以上犯罪行为。从主客观两方面的分析中，我们可以得出结论：牵连犯具备两个以上的犯罪构成，从而也就构成数罪。

2. 刑罚目的的实现，要求对牵连犯实行数罪并罚。刑罚目的是指国家制定刑罚，适用刑罚及执行刑罚所希望达到的结果，其具体内容表现为特殊预防和一般预防。我国刑罚目的的具体内容是通过惩罚和教育改造来实现预防犯罪的目的。为实现这一目的，在对牵连犯适用刑罚时，必须根据罪刑相适应原则的要求，采用最适当的处罚方法，做到罚当其罪。如果对牵连犯“从一重处断”或“从一重重处断”，往往会使行为人产生这样一种心理，即：在手段行为、目的行为、结果行为中，只要有一个罪较重，就可以毫无顾忌地实施其他轻罪，这实际上是放纵了犯罪分子。同时，对牵连犯处罚太轻，还会影响刑罚的普遍威慑作用，这显然不利于特殊预防和一般预防，有碍刑罚目的的最终实现，有悖于我国刑事立法和刑事司法的价值取向。

3. 司法实践所应具备之“可操作性”要求对牵连犯实行数罪并罚。传统刑法理论认为对牵连犯应“从一重处断”或“从一重重处断”，那么，确定“重处”的标准是什么？是以行为人的手段行为触犯的罪名为依据，还是以其客观危害程度大小来认定。即使确定某罪为重罪，如果按该法定刑的最高刑处罚又显得偏轻，如何适用？在重罪的法定刑中设有附加刑，而轻罪的法定刑中没有附加刑的情况下，如果“从一重处断”，附加刑的问题怎样解决？其结果可能导致不同的牵连犯罪实际上是按同一罪定罪处罚，或对相同的牵连犯罪按不同的罪名处罚，从而影响刑罚的同一性、公正性、严肃性。另外，由于牵连犯为数个犯罪，并且数个犯罪行为之间可能存在着时间上的间隔，这样就会在判决效力、追诉时效、新旧法的适用、减刑等诸问题上产生诸多不便，致使审判人员无所适从，因此，对牵连犯实行数罪并罚，是刑事诉讼经济性、及时性原则的必然反映和要求。

4. 国外的有关牵连犯处罚的立法趋势值得借鉴。如上文所说，在世界各国的刑法典中，英美法系的国家并不承认牵连犯的概念，再到在1974年的日本修正刑法草案，它明确地删除了“从一重处”的规定。这说明，对牵连犯的处罚原则已经发生了变化，世界各国刑事立法中的这一趋势，也应为我国刑事立法所借鉴。

综上所述，在我国刑法中，对牵连犯采用数罪并罚原则，既有立法上的依据，又有理论上的依据，同时也有司法实践中的例证。而摒弃传统的对牵连犯采取的不公正的处罚原则，并得以确立数罪并罚原则，是符合世界各国和地区刑法发展趋势的。同时，我们认为，对牵连犯的处罚可作为数罪并罚的特例在处罚时考虑其犯罪情节在一定的量刑档内予以从轻，这样一方面改变了目前的同种犯罪数种处罚原则并存的不合理状况，另一方面也符合牵连犯的法律特征。

二、关于吸收犯

虽然吸收犯是大陆法系刑法学说中的概念，但是德国刑法学说及判例中却未见有吸收犯的相关论述。日本刑法学说中有所谓“包括的一罪”这样一个概念，其中特地将轻罪被重罪的刑所吸收，在重罪的构成要件上概括性地评价为一罪的场合，称为吸收犯。由此可见，日本刑法理论中，吸收犯是作为包括的一罪的下位概念而存在，而且仅限于一种形式，即重罪吸收轻罪之刑。及至我国台湾地区，则以刑法中的吸收关系这一上位概念为切入点，讨论吸收犯的相关问题。我国台湾地区刑法理论将吸收关系分为刑之吸收、罪之吸收和行为之吸收三类，吸收犯属于罪之吸收的一种情形。盖吸收犯的概念肇始于日本，发展于我国台湾地区，后为学者引入我国大陆。然迄今为止，吸收犯依然是一个颇受争议的概念，甚至其存废还是一个问题。

（一）吸收犯的概念

关于吸收犯的概念，我国刑法学界有代表性的观点大致可分为以下三类：

第一，不同罪名说。如“吸收犯是指数个不同的犯罪行为，依据日常一般观念或法条内容，其中一个行为当然为他行为所吸收，只成立吸收行为的一个犯罪”。

第二，未必不同罪名说。如“吸收犯是指数个犯罪行为，其中一个犯罪行为吸收其他的犯罪行为，仅成立吸收的犯罪行为一个罪名的犯罪形态”。

第三，相同罪名说。如“吸收犯是指在一个犯罪过程中，行为人所实施的数个犯罪行为因属于同一罪质，而由高度行为吸收低度行为的犯罪形态”。

我们赞同“未必不同罪名说”。因为吸收犯的成立不在于数行为所触犯的罪名的同异，而在于数行为间形成了所谓吸收关系。如果纠缠于罪名的同异，只是抓住了问题的形式，而忽略了问题的实质。因此，无论是重行为吸收轻行为（不同罪名），还是后阶行为吸收前阶行为（相同罪名），都遵循了高度行为吸收低度行为的总的原则，都可以成立吸收犯。实际上，“不同罪名说”与“相同罪名说”各执一端，已经从另一角度说明了这个问题。我们认为，二者并非截然对立，而是可以统一的。我们采用这样一种“大吸收犯”的概念，还在于理论上的设计。我国刑法理论中并无日本刑法上所谓“包括的一罪”这样一个涵盖性很强的概念，也没有德国刑法学说中所谓“不可罚的事前、事后行为”这样一些概念，这就造成了刑法理论上的真空，对于相关实务问题，无法规范地进行理论上的解释。尤其国内司法改革的一个很重要的方面在于判决理由的阐述，如果有理论真空的存在，则无法对相关问题做出合理的解释。因此，我们有意适度扩张吸收犯的内涵，试图用吸收犯这个概念来解释相关问题，以期指导司法实践。

还有一个值得注意的问题，就是各学说大都从客观的角度对吸收犯的概念加以阐述，而对吸收犯的主观方面很少论及。显然，这不是学者们的疏忽，而是因为在通常情况下，只需从客观方面就能够界定吸收犯。但是，在特殊情况下，就必须借助于吸收犯的主观方面来认定是否成立吸收犯。比如，某甲出于好奇非法侵入他人居所，见屋内无人，临时起意，又实施了盗窃行为。这个案例与以盗窃为目的而非法侵入他人住宅显然是有区别的。后者非法侵入行为与盗窃行为的犯意是统一的，非法侵入住宅的目的很明确就是为了盗窃，所以成立吸收犯。而前例中的非法侵入行为只是出于好奇，并没有盗窃的犯意，其后的盗窃行为属于临时起意，因此，这里的非法侵入行为与盗窃行为的犯意是不统一的，二行为不能形成吸收关系，而是形成了犯罪的实质竞合，应当数罪并罚。由此可见，在特殊情况下，行为人是否基于统一的犯意实施了数个犯罪行为也是认定吸收犯成立与否的一个重要条件。

综上所述，所谓吸收犯，是指行为人基于一个概况的故意，实施了数个犯罪行为，其中一个犯罪行为（高度行为）吸收其他的犯罪行为（低度行为），仅以吸收之罪论处的犯罪形态。

（二）吸收犯的特征

1. 犯罪行为的复数性。这是吸收犯成立的前提条件。吸收犯是罪之吸收，这在国内刑法学界已经被普遍认同。既然是罪之吸收，当然前提是存在数个犯罪，否则吸收犯无从谈起。例如，有学者认为军人在军事行动地区掠夺、残害无辜居民罪，可以包含杀人、伤害、放火、抢劫、抢夺等一类的暴行，不论包含哪几个罪，被包含的不另成立罪名，这种情形属于吸收犯。我们不赞同这种观点。因为战时残害居民、掠夺居民财物罪是个选择性罪名，其客观方面表现为残害、掠夺的行为，但这里的残害和掠夺不是一种具体的犯罪行为表现，而是一个集合的犯罪行为概念，往往包括一系列的犯罪行为，而这一系列的犯罪行为都可以被战时残害居民、掠夺居民财物罪包括的评价殆尽，所以，本案属单纯一罪，不是数罪，不成立吸收犯。吸收犯之数个犯罪行为从总体上可以分成两个部分，一部分是吸收之罪，另一部分是被吸收之罪。

吸收之罪具有单一性，而被吸收之罪却可以是复数。例如，日本有这样一个判例，被告人在6月至10月期间，在东京和桦太五次试着毒死同一被害人，对此事案，大审院的判例认定为一个杀人既遂罪，即最后的杀人既遂行为吸收了之前的四个杀人未遂行为，仅以一个杀人罪（既遂）论处即可。吸收犯是数个犯罪行为之间的吸收，至于数个犯罪行为所触犯的罪名是否相同，在所不问。

2. 数行为间具有吸收关系。这是吸收犯的本质特征。吸收犯实为数罪，却仅以一罪论处，原因在于：首先，吸收犯之数个犯罪行为之间存在着十分紧密地联系，它们或者处于同一犯罪过程的不同发展阶段，或者前行为是后行为的必由之方法，后行为是前行为的当然之结果。这种联系的紧密性为吸收关系得以发生提供了可能性；其次，吸收犯之数个犯罪行为的危害程度和作用大小显然有差别，因而形成高度行为对低度行为的吸收，使低度行为包括地评价在高度行为之中，仅以高度行为一罪论处，这样既方便了诉讼，又不至于轻纵犯罪。吸收犯之数罪之间所具有的这种不均衡性，为吸收关系得以发生，吸收犯得以成立提供了必然性。而所谓高度行为吸收低度行为，是指从犯罪性质、犯罪情节、社会危害性程度和法定刑等各方面综合权衡，刑事责任大的吸收刑事责任小的。因此，这里的高度行为或者低度行为是个综合指标。

通常情况下，吸收犯的吸收关系可以基于一般经验加以事实上的判断，也可以根据法条规定加以法律上的判断。前者如先盗窃枪支后非法持有枪支，依一般经验可知，后罪为前罪之当然结果，则可以认定两个犯罪行为之间存在吸收关系。后者如故意杀人的既遂行为吸收未遂行为，根据刑法关于犯罪既遂、未遂的规定可知，处于前阶段的未遂行为可以包括地评价于后阶段的既遂行为之中，则可认定二罪之间存在吸收关系。

3. 犯意的相对统一性。这是吸收犯成立的主观要件。行为人必须基于一个相对统一的概况故意，为了实现一个具体的犯罪目的而实施了数个犯罪行为。如果行为人的最初的犯意没有贯彻始终，而是基于数个独立的犯意分别实施了数个犯罪行为，则不能成立吸收犯。犯意的统一也不同于故意的统一。如姜伟教授主张"吸收犯只能存在于一个犯罪故意所支配的数个犯罪行为中"。我们以为，既然吸收犯属罪之吸收，是数个犯罪之间的吸收，那么犯罪故意也应该是复数。"一个犯罪故意"与"数个犯罪行为"这种表述，逻辑上不通，也易于造成误解。所以，我们认为"犯意的统一"这种表述更为妥帖。当然，这种相对统一不是简单的同一，所以才谓之为概况故意。

(三) 吸收犯的形式

吸收犯的形式，即吸收关系的种类，是与吸收犯的概念、特征密切相关的问题。我们认为，吸收犯的形式包括两大类：

1. 重行为吸收轻行为。这里的轻重是根据行为的性质来区分的，以社会危害性大的行为吸收社会危害性小的行为。我们主张，将"前行为吸收后行为"、"后行为吸收前行为"统统归入"重行为吸收轻行为"。因为实务中很难区分重行为吸收轻行为，还是前行为吸收后行为或者后行为吸收前行为。例如，盗窃枪支后非法持有枪支这个案例，可以认为是重行为吸收轻行为，也可以理解为前行为吸收后行为。

2. 后阶行为吸收前阶行为。这种形式主要是指数个行为分别停止于同一犯罪的不同发展阶段，而由后面处于更高阶段之行为吸收前面处于较低阶段之行为。具体包括：①既遂犯吸收预备犯、未遂犯。犯罪既遂是犯罪的完成形态，犯罪未遂与犯罪预备均属于犯罪的未完成形态。与未完成形态相比，完成形态当然属高度行为，所以既遂犯可以吸收预备犯、未遂犯。②未遂犯吸收预备犯。预备犯的行为只能发生在着手实行犯罪之前，而未遂犯是已经着手实行犯罪，只是未能完成犯罪而已。与预备行为相比，实行行为当然是高度行为，所以由未遂犯吸收预备犯。例如，某甲第一次杀人未遂，然后准备犯罪工具意图再次犯罪，在犯罪预备阶段被抓获。此时，前一未遂行为与后一预备行为就成立吸收犯。③实行阶段的中止犯吸收预备犯。实行阶段的中止犯是行为人在可以完成犯罪的条件下自动中止犯罪或者有效防止犯罪结果发生的犯罪形态。与预备犯相比，实行阶段的中止犯是高度行为，所以可以吸收预备犯。此外，当数个行为处于犯罪的同一阶段时，如何适用吸收原则的问题。我们主张，应以行为的社会危害性来区分高度行为与低度行为，进而适用“重行为吸收轻行为”的原则。

（四）吸收犯的完善思考

吸收犯的诸多混乱主要是因其犯罪形态容易与牵连犯、连续犯等问题相纠葛。因此完善吸收犯的理论也必然应该从三者的相互关系中论及。

1. 在保留牵连犯、连续犯的前提下对吸收犯进行处理。在保留牵连犯的前提下，对于牵连犯与吸收犯生存空间的区别，在现有的理论框架范围内很难有所突破。至于牵连犯与吸收犯竞合问题之处理，正如陈兴良教授所说的，在某种意义上，牵连犯往往都是吸收犯。但是，反之则不然，吸收犯并不都是牵连犯，或许给我们有益的建议。由于牵连犯与吸收犯竞合与连续犯和吸收犯竞合问题之处理论述上的相关性和重复性，因此，我们在这里只重点论述关于连续犯与吸收犯的竞合处理问题。关于此问题，有三种思路可供分析：

（1）连续犯的数个行为必须基于同一的或概括的犯罪故意，才有可能成立连续犯。尽管行为人前6次的盗窃是一种无计划性的行为，但如果能认定行为人虽无计划性，但有实施盗窃行为的概括的故意，在这种情况下，则对行为人仍以连续犯规定处理。但问题是，司法实践中是很难证明这6次行为具有概括故意，不易司法操作，故不可取。

（2）罪数形态竞合问题，在某种意义上，实质上是指罪数形态不同时，能否实行数罪并罚的问题。行为人一年之内实施6次无计划性的盗窃和2次有计划性的盗窃，触犯的是同一罪名，根据刑法理论，属同种数罪。那么对同种数罪，能否数罪并罚呢。根据现行刑法的规定，同种数罪在法律有特别规定的情况下，也可能成为并罚数罪，例如《刑法》第70条的规定。此外，一般情况下的同种数罪，处断一罪中的牵连犯、吸收犯等，都是非并罚数罪。据此，因为连续犯与吸收犯同属处断一罪，因此除非通过立法修改，规定处断一罪可以数罪并罚，予以解决连续犯与吸收犯竞合问题之外，根据罪刑法定的要求，对于此种情况下的同种数罪，是不能数罪并罚的。况且，即使刑法规定能数罪并罚，究竟该如何并罚，也是个问题。因此，无论从现行刑法的规定、立法的技术、立法的效益等方面考虑，这种思路也不可取。

（3）此问题实际涉及到一个量刑问题。能否将两次有计划性的盗窃行为作为一种量刑情节予以考虑呢？虽然在刑法量刑过程中有定罪情节转化为量刑情节的情况，但它的前提条件是已经有充足该构成要件的定罪情节存在。而在此具体问题中，两次有计划性的盗窃并非是无足轻重的情节，它是成立连续犯的关键情节。据此，此种思路也不宜支持。

2. 在废除牵连犯、连续犯的前提下对吸收犯进行处理。废除问题，涉及到罪数形态立法价值错位和立法模式选择问题。

（1）我国刑法规定在罪数形态立法上存在价值错位。我国刑法之所以规定罪数形态，主要在于：一是追求刑事审判活动中准确定罪。要做到准确定罪，首先需要查明行为人的行为是否构成犯罪，构成何种犯罪，同时还要确定构成什么犯罪形态，其中包括需要确定是一罪还是数罪；如果本来是一罪却定为数罪，或者相反，本来是数罪却定为一罪，都会导致在定罪中的失误。二是追求刑事审判活动中准确量刑。罪数形态类型不同，其量刑原则往往有自己的特点，如有的从重处罚，有的从一重处罚，有的只作为一罪处罚。因此，正确分清罪数形态对量刑有着重要的指导作用。如甲为了勒索财物在9月8日将被害人乙绑架，直至10月25日才迫于压力将乙释放。对甲如何处罚呢？首先是一个定罪的问题。9月8日的绑架行为即构成绑架罪，其后每一天的绑架似乎都可以构成一个绑架罪，那么甲所犯是数罪还是一罪呢？这就是罪数形态规定所追求的结果。通过罪数形态能准确地定性。其次是一个量刑问题，通过定性分析，如果得出是继续犯，那就将按照继续犯的处断原则给予甲准确量刑。但问题是，我国刑法规定罪数形态后，特别是处断的一罪后，出现了牵连犯与吸收犯无法区分以及牵连犯、连续犯与吸收犯竞合等复杂问题。从而也使刑法规定处断的一罪所追求的实质合理性与形式合理性的价值目标发生错位，出现了实质合理性、公正性难于追求，而仅仅追求一种形式上、功利上是合理的价值状态。

（2）我国刑法规定在立法模式上应理性选择。基于各种理论无法厘清牵连犯、连续犯与吸收犯的生存空间，基于刑法规定处断一罪立法价值上的错位，在功利目的应让位于公正的要求下，我们必须给它重新定位。我们认为，我们的立法应是理性的立法，而这种理性来源于我们对各种错综复杂现象的谨慎厘定和审慎选择。经过厘定和选择后，当这种厘定和选择及其模式所具有的机能无法给我国刑法理论和司法实践带来动力时，当这种厘定和选择及其模式优位追求形式合理性而忽略了实质合理性追求而导致实质合理性影响形式合理性时，我们就应该放弃这种试图，转而寻求更有效的立法模式。

（3）废除牵连犯、连续犯的立法选择。一是关于牵连犯的转换。日本刑法理论在解释牵连犯时，一般是将其和观念的竞合一起作为科刑上一罪进行论述的。但在德国刑法和日本刑法修正草案中是没有牵连犯的立法规定的，尤其是我国台湾地区在刑法修正中删除了牵连犯的规定。至于牵连犯废除后，对于目前实务上以牵连犯予以处理之案例，在适用上如何处理，还是一个有待解决的问题。我国台湾地区有学者认为："可视具体情况，分别论以想象竞合犯或者数罪并罚，予以处断。"

我们认为，这种思路是有一定道理的，由于想象竞合犯和牵连犯的密切相接的关系，又由于牵连犯存在目的行为和方法行为或原因行为和结果行为的因素，因此这两种转换处断是值得肯定的。但考虑到牵连犯与吸收犯竞合时的处置，这种处断方法似不适宜。因此根据我国现行刑法规定牵连犯的三种处断原则以及牵连犯和吸收犯的特殊关系，拟提出如下建议：对我国刑法规定的"从一重处断"的牵连犯（如《刑法》第399条第3款）和按照"法定的一罪处断"的牵连犯（如《刑法》第196条第3款、第229条第2款、第253条第2款及第318、321、347条）可转化为吸收犯进行处理，因为这两种牵连犯的处置都是重行为吸收轻行为或者目的行为吸收方法行为或者结果行为吸收原因行为，进行这种转换不违背牵连和吸收的原则，而且进行转换后也可解决牵连犯与吸收犯竞合之困境。对于刑法规定按照数罪并罚进行处理的牵连犯（如第120条第2款、第157条第2款、第198条第2款、第294条第3款）则视具体情况转化为吸收犯或并合罪进行处断。二是关于连续犯的转换。连续犯规定废除后，对于部分习惯犯，例如窃盗、吸毒等犯罪，是否会因适用数罪并罚而使刑罚过重产生不合理现象，可以发展接续犯之概念，对于合乎"接续犯"或"包括的一罪"之情形，认为构成单一之犯罪，以限制数罪并罚之范围，用以解决上述问题。从此可看出，此是主张连续犯转换为接续犯或数罪并罚。我们认为，连续犯转为数罪并罚值得肯定，但连续犯似不转为接续犯为好，连续犯转为接续犯并没解决连续犯与吸收犯竞合之问题；由于吸收犯和连续犯相较而言，在某种程度上，都是实施的同质的独立的数个行为，只是主观上恶性不同，而主观恶性有无有时又很难判断，因此，在"疑罪从无"思想的指导下，连续犯似转为吸收犯为宜。三是关于吸收犯的重新规定。由于上述部分牵连犯、连续犯转为吸收犯，因此，有必要修正吸收犯的处断原则。

第十七章 刑罚种类的修改和完善

我国的刑罚制度30多年来，并没有做出重大的结构性调整。刑罚制度的主导思想仍然贯彻报应主义的刑罚理论。

第一节 死刑制度的问题和生命刑的限制适用

我国刑法分则上死刑罪名过多的问题，使得立法者面临着大幅度实质性削减死罪数量的巨大压力。

早在1979年我国《刑法》第43条就明确了限制死刑的思想：死刑只适用于罪大恶极的犯罪分子；1997年《刑法》第48条第1款第1句隐去了过去对行为人的主观方面的要求，转而对死刑立法和司法标准做了突出强调行为的客观方面的修订[1]：死刑只适用于罪行极其严重的犯罪分子。但是，表达这个思想的核心概念——“罪行极其严重”始终存在着严重的不明确性[2]。它究竟是指所有的犯罪类型中最严重程度的类型呢？还是指每一犯罪类型中具体犯罪行为的严重程度呢？或者是最严重类型中的最严重的具体犯罪行为？为防止这种不明确性给分则部分死刑罪名的膨胀和法官的恣意量刑造成便利，影响立法和司法上限制死刑的效果，就需要对这个概念做进 步的明确解释。但是，要做出明确的解释是

〔1〕 我国死刑的实证研究也发现：死刑的判处很大程度上取决于行为的严重程度和一般预防的需要（法律之外的因素——民意），而很少关注行为人的主观方面（比如，没有把谋杀者和一般杀人犯区分开来）。参见［德］阿尔布莱希特：“死刑案件辩护实证研究报告”，载陈泽宪主编：《死刑案件的辩护》，中国社会科学出版社2006年版，第83、130页。

〔2〕 关于对我国死刑适用标准的不同理解，最新的文献，参阅吴光侠：“论死刑司法适用的标准”，载陈泽宪主编：《刑事法前沿》（第5卷），中国人民公安大学出版社2010年版，第393～402页。

相当困难的，原因在于我们的刑法理论没有引入刑法立法上作为确立犯罪构成要件根据和界限的“法益”这个概念。

学术上所确定的刑法的任务应当是“补充性的法益保护”。[1] 从这个任务中推导出来的以法益为核心的实体犯罪概念，不仅能够告诉立法者，一种行为在内容上具有什么样的性质才能受到国家刑罚的处罚，而且还能够告诉立法者合法的刑罚处罚的界限究竟在哪里。法益的学理定义，按照 Roxin 教授的说法，就是：所有对于个人的自由发展、其基本权利的实现和建立在这种目标观念基础上的国家制度的功能运转所必要的现实存在或者目的设定。[2]

从这个定义看，法益是有明显的层次的，[3] 可以分为个人法益[4]和整体法益。整体法益包括国家法益和社会法益。本质上，整体法益是以个人法益为根本推导出来的，那么，在重要性的排序上由高到低就是：个人法益，社会法益和国家法益。犯罪涉及的社会法益：公共安全，公共信用，善良风俗，公共秩序，网络安全等。涉及的国家法益有，比如，国家的存立和安全等。从最高位阶的实定法来看，宪法上所保护的核心个人利益就是法益。那么，整体的利益（即国家和社会的利益）在什么范围内应该看作法益？这就要看这种整体利益是否有助于促进个人正面的生活条件。也就是说，整体利益只是在有助于促进个人的正面的生活条件（对个人生活条件有建设性影响的）前提下，才是整体法益。也就是说，这种整体法益最终又必须间接地服务于个人。个人是法益的出发点，也是归宿点。

由于法益的层次和排序，那么，就能够恰当地解决什么是“罪行极其严重”的不明确性（这个可以通过在给定罪名的定义的情况下，通过民调问卷统计来发现对罪的严重性的排序，以此确定，到底什么犯罪是最严重的犯罪），也就能够解决所有的死刑罪名中，哪些罪名不属于“罪行极其严重”范围，而应当予以废除。2011 年颁行的《刑法修正案（八）》废除了走私罪、诈骗罪、盗窃罪三类

---

〔1〕 Roxin, Strafrecht, AT^4, 2006, S. 14.

〔2〕 Roxin, Strafrecht, AT^4, 2006, S. 16.

〔3〕 我国刑法理论上“社会危害性”的概念，并没有这种层次性。因此，很难说 68 种规定了死刑的犯罪罪行，哪一个是极其严重的。如果把生命、国家安全、国家的货币制度等法益并列在一起，做个问卷，以“社会危害性”概念为实质犯罪定义的答卷者就很难排列出个次序来。

〔4〕 个人法益：分为专属一身的法益和非专属于一身的法益。前者是比较高的利益，比如生命，身体，自由和名誉，这些利益不能让与和转移；后者主要是指财产法益。而财产法益又可分为保护整体财产利益和保护个别财产利益（所有权）两种类型。前者，比如诈骗，背信；后者，比如，盗窃，抢劫，毁损等罪。

犯罪中13种死刑罪名，占死刑罪名种类总数的19.1%。值得注意的是废除这些犯罪死刑的理由，修法的《说明》中，虽然没有明确说这些犯罪所涉及的罪行不是“极其严重”，而是说，在刑事司法实务中，拟取消的这13种死刑罪名，都是在近年来较少适用或基本未适用过的经济性非暴力犯罪，[1] 那么，由此修法理由，可以推导出两个结论：其一，一方面立法者所认为的“罪行极其严重”已经被限缩在暴力犯罪的范围内，所有的经济性非暴力犯罪不属于“罪行极其严重”的犯罪；这就为以后进一步废除其他具备这种属性的犯罪的死刑，[2] 在较为具体明确的标准上做出了坚实的铺垫。[3] 其二，实务中死刑的适用数量并不会因废除这13种死刑罪名而得到实际减少。涉及死刑的诸多罪名中，实务中真正较多适用的罪名主要集中在故意杀人犯罪、强奸、抢劫等特别严重的几个罪名上。[4]

为了限制并减少故意杀人犯罪的死刑适用，在犯罪构成上对杀人罪进行层级分解，倒是可以考虑的立法技术和策略：把杀人罪群层分为：种族灭绝罪，谋杀罪（加重犯）；一般杀人罪（基本犯）；受嘱托杀人（减轻）；过失杀人；危难不救和遗弃（危险犯）。把种族灭绝罪和谋杀罪的法定刑规定为：处死刑或者无期徒刑。此外，还可以在立法上改进死刑缓期执行的宣告制度。我国《刑法》第48条第1款第2句规定，如果不是必须立即执行的，可以在判处死刑的同时宣告缓期执行。因此，立法上明确规定“不是必须立即执行的”具体标准，[5] 也可

---

〔1〕 参见全国人大常委会法制工作委员会主任李适时受委员长会议委托，2010年8月23日在第11届全国人大常委会第16次会议上所做的《关于〈中华人民共和国刑法修正案（八）（草案）〉的说明》，第2页。

〔2〕 现行我国刑法的68种死刑罪名中，经济性的非暴力犯罪的死刑罪名有40多种，占死刑罪名总数的2/3。废除13个罪名后，这2/3中的67.5%的罪名就是下一步可以考虑的废除对象。

〔3〕 修法理由明确了“罪行极其严重”的犯罪中不应当包括经济性的非暴力犯罪；进一步具体限制和缩小死刑适用的范围的实体意义，要远远大于减少13个具体死刑罪名本身的象征意义。

〔4〕 从对几个特别严重的犯罪的死刑适用率来看，法官对于“罪行极其严重”的范围和次序，基本上早已有了和“法益”概念大致类似的意识。

〔5〕 2008年最高法人民院院长肖扬的年度司法工作报告指出，最高人民法院依法复核死刑案件，确保死刑只适用于极少数罪行极其严重、性质极其恶劣、社会危害性极大的犯罪分子。参见全国人民代表大会常务委员会办公厅编：《中华人民共和国第11届全国人民代表大会第1次会议文件汇编》，人民出版社2008年版，第235页；他提出的这个死刑适用标准，一方面，强调人数必须是“极少数”，另一方面在包含刑法明确规定的“罪行极其严重”的标准的同时，还加上了“性质极其恶劣、社会危害性极大”两个标准，可以看作是核准死刑“立即执行”的统一司法标准，是符合第48条的立法精神的司法解释。但是，原本就不明确的“罪行极其严重”标准之外，又增加了两个同样不够明确的标准。无论如何，对于死刑案件核准实务的具体把握和运用来说，该标准就更加地欠缺明确性。

能会大大减少死刑的适用率。总之，相对于后面要提到的迫切需要解决的立法中的绝对死刑问题，考虑到实质性的大幅削减死刑罪名还可以利用的立法技术空间和策略，优先废除这13种所谓“经过慎重选择的”（法工委同志语）死刑罪名本身，无论如何，都没有太大的现实性和实质性意义。

尽管1997年刑法大改革之后的一个决定和七个修正案没有增加一个死刑罪名，但从1979年刑法立法以来没有减少一个死刑罪名的事实〔1〕来看，1997年以来死刑罪名数长期保持冻结不变的政策，在这次修法中出现了解冻的积极征兆。但是，无论如何不宜夸大这次减少死刑罪名本身的实质意义，因为，修法对于分则部分死刑罪名无论量大量小的任何减少，都只是分则立法向着总则第48条第1款第1句及《公民权利和政治权利国际公约》第6条第2款所确立的规范目标的积极回归，只是立法者开始考虑象征性地减少死刑的开始；尽管《刑法修正案（八）》废除了13种死刑罪名，但是，我国刑法分则中剩余的55种死刑罪名在数量上仍然很突出。

从《公民权利和政治权利国际公约》（以下简称《公约》）第6条第2款的要求来观察我国的死刑立法，突出的还有绝对死刑（强制死刑）的问题.〔2〕第48条第1款第1句“死刑只适用于罪行极其严重的犯罪分子”，意思是说，死刑必须只能适用于罪行极其严重的犯罪分子。而在55种死刑罪名中，有7个死刑罪名采取的是绝对死刑的立法模式,〔3〕也就是说，这7个死刑罪名，只规定了死刑，而且明确地表述为“……，处死刑”。《公约》第6条第2款第1句规定，在尚未废除死刑的国家，死刑只是可以适用于最为严重的犯罪。〔4〕也就是说，

---

〔1〕1997年修订刑法前后，围绕死刑的存废争论，当时的全国人大副委员长王汉斌在修法《说明》中指出：“这次修订，对现行法律规定的死刑，原则上不减少也不增加”，这可以看作是1979年后立法上不断增加死刑罪名的明确叫停；参见《关于〈中华人民共和国刑法（修订草案）〉的说明》。

〔2〕考虑到为批准《公约》所面临的迫切需要扫除的国内法上的障碍，就有必要首先考虑解决刑法上存在的绝对死刑的问题。拖延批准《公民权利和政治权利国际公约》的记录保持者是美国，签署到批准的间隔长达14年多。我国于1998年10月5日签署了该《公约》，12年过去了，至今尚未批准，正在接近这个记录。

〔3〕七种规定了绝对死刑的罪名分别是：第121条劫持航空器罪（致人重伤、死亡或者使航空器遭受严重破坏的）；第239条绑架罪（致使被绑架人死亡或者杀害被绑架人的）；第240条拐卖妇女、儿童罪（情节特别严重的）；第317条第2款暴动越狱罪以及聚众持械劫狱罪（情节特别严重的）；第382、383条贪污罪（情节特别严重的）以及第385、386条受贿罪（情节特别严重的）。

〔4〕其英文本原文是：“In countries which have not abolished the death penalty, sentence of death ***may be*** imposed only for the most serious crimes in accordance with the law in force at the time of the commission of the crime and not contrary to the provisions of the present Covenant and to the Convention on the Prevention and Punishment of the Crime of Genocide.”

对于最为严重的犯罪是否适用死刑，在刑法的量刑规定上必须是可以选择的；绝对死刑的立法，违背《公约》的要求排除了这种死刑选择适用的可能性。排除了法官的量刑，是典型的报应立法。

相对于绝对死刑立法模式，我国刑法上还规定了五种相对死刑的立法模式。〔1〕尽管这种模式符合《公民权利和政治权利国际公约》第6条第2款第1句的要求，给法官是否适用死刑提供了可选择的空间，但是，它也会导致另外一种危险。因为这种立法模式中的大部分死刑法条中同时包含有无期徒刑和有期徒刑的可选刑种，可选刑种宽泛，而刑法对于不同刑种的选择并没有规定明确的量刑指导，加之具体犯罪构成要件中存在大量特别情节要素标准模糊〔2〕的问题，法官在量刑时无法区分适用有期徒刑、无期徒刑和死刑的条件。

第二节　罚金刑制度存在的问题

现行中国刑法上罚金还不是主刑，而是作为附加刑，与自由刑并科适用的。尽管也可以单独适用，但主要适用对象是犯罪的单位主体（第31条）。〔3〕罚金刑与自由刑的并科安排，很难说与犯罪学实证研究所建议的罚金刑替代（两年以下）短期自由刑刑事政策理念相一致。并科罚金刑的必要性也值得怀疑，比如走私淫秽物品罪（第152条），属于牟利犯罪，一般处3年以上10年以下有期徒徒刑，并处罚金。通常，淫秽物品属于违禁品，通过没收就可以处理；走私淫秽物品的违法所得，通过追缴就可以处理；在给行为人处以自由刑的同时再科处针对其合法财产的罚金刑，就会造成对行为人人身权利和财产权利的双重剥夺。这是否符合国际上刑罚向轻缓方向演化的文明进程？对于被判并科罚金刑的人来说，由于侦查程序和诉讼程序连同其他效应（比如失去工作，遭遇离婚），通常情况下，其经济状况相对于行为时，已在事实上被恶化了；剥夺自由期间他没有收

---

〔1〕五种相对死刑的立法模式是：处10年以上有期徒刑、无期徒刑或者死刑；处15年以上有期徒刑、无期徒刑或者死刑；处无期徒刑或者死刑；可以判处死刑；处死刑、无期徒刑或者10年以上有期徒刑。

〔2〕我国的类型化列举式立法技术还相当不成熟，因此，很难把情节要素具体细化为可操作的明确标准。

〔3〕我国刑法把单位确定为和自然人同等地位的犯罪主体，那么，两种主体都应该有相应的主刑，但是，仅仅针对自然人适用的主刑没有办法适用于单位，因此，就有必要在主体地位同等的意义上把可以独立适用的附加刑——罚金升格为主刑；另外，单位主体没有主刑，对于单位犯罪规定的有别于自然人主体的“双罚制”中，对单位独立适用的附加刑——罚金，就丧失了“附加”的意义。

入，也不可能放弃消费或者降低正常的生活标准。加之追缴和没收已经剥夺了违法（或者非法）所得。在这种情况下，加之刑法上还存在对未成年人罪犯判处罚金的可能，仅仅根据犯罪情节并科罚金，很可能导致罚金刑实质上株连到无辜的第三人。

对于被判刑人来说，罚金刑是其“生活质量”的一种可感知的痛苦和损失，因为金钱是一种“凝固的自由”，[1] 许多活动和消费以及自由都是以金钱为前提条件的。罚金刑产生实际效果的前提是行为人具备罚金的支付能力。国际上，绝大多数国家的立法例规定，罚金刑的根据是行为的严重程度，同时要求法官在科处罚金刑时，要考虑到行为人的经济状况和支付能力。我国刑法上罚金刑采用的是必须并科制为主、选择科处制为辅的立法方式，罚金的数额仅应根据“犯罪情节”（第52条）予以确定，没有统一的上限和下限，大多数情况下采取的是无限额罚金制。在分则的具体犯罪构成中，表现“犯罪情节”根据的具体标准模糊、多元。比如，销售金额的50%以上2倍以下（第140条）；票证价额的1倍以上5倍以下（第227条）；非法转让、倒卖土地使用权价额的5%以上20%以下（第228条）；违法所得1倍以上5倍以下罚金（第225条），欠缴税款1倍以上5倍以下罚金（第203条）；2万元以上20万元以下罚金（第161条）；5万元以上50万元以下罚金（第170条）；非法募集资金金额的1%以上5%以下罚金（第160条）。票证价额，欠缴税额，等等，这些“犯罪情节”容易导致实务中罚金刑量刑的不透明而不可预测，比如销售金额、违法所得并不容易得知到底是多少。通常，刑罚的量定，应该以行为人的罪责为根据和界限。但在我国刑法上，罚金刑在有些地方完全突破了行为人的罪责的界限，比如以违法所得的倍数为标准，就会导致罪刑的不相当；量刑标准多元，导致不同经济能力的行为人有不同的刑罚感受，这导致刑罚的不公正而暴露出其无视预防的纯粹报应主义的制度特征。从罚金刑的适用实务来看，并科和选科的复合立法模式，使得单科罚金的适用率极低；[2] 确定罚金的数额不必考虑行为人支付能力，导致罚金刑执行中极低的执结率和极高的中止执行率。[3] 这不仅导致有限的刑事司法资源的极

---

〔1〕 Arzt, Weber, Hilgendorf, Strafrecht BT², 2009, S. 18 Rn. 29.

〔2〕 数据显示，2004～2008年度我国法院“单处”适用罚金刑的比例在所有的刑罚适用中基本不超过3%。参见李风林：“论我国罚金刑制度的完善”，载中国法学会刑法学研究会编：《刑法理论与实务热点聚焦》（上卷），中国人民公安大学出版社2010年版，第409页。

〔3〕 数据显示，我国罚金执结率低于1%，判决罚金刑的案件中止执行率高达90%左右。转引自欧阳本祺：“试论我国非监禁刑适用的瓶颈及出路”，载中国法学会刑法学研究会编：《刑法理论与实务热点聚焦》（上卷），中国人民公安大学出版社2010年版，第510页。

大浪费，刑事判决的有效性和严肃性也因此打了折扣。

有些刑罚种类（有时与强制措施）之间，既没有替代，也不存在互补或折算，没有形成有机的体系。比如，我国刑法上没有规定罚金刑易科替代自由刑的制度。这样，在自由刑和罚金刑并科的情况下，如果罚金刑不能执行，行为人愿意以自由刑来服刑的话，是否可以把罚金刑换算成自由刑，追加到所判自由刑中？如果可以，那么，把罚金刑按照什么标准来换算成相应长度的自由刑，由于没有采取日额罚金制和相应的换算公式，这个问题的解决就会遇到困难。还有，如果被判罚金刑之前先行羁押的，那么，在量定罚金刑的时候，是否可以折抵以及如何折抵的问题，也无法解决。刑种之间没有替代和换算的余地，刑种和强制措施之间的折抵没有根据，都是“以牙还牙、以眼还眼”的报应主义标志。

第三节 刑罚幅度和刑种设计上的突出问题

刑法分则中有些自由刑量刑幅度的设定违背罪刑法定的实质要求。罪刑法定不仅要求规定的犯罪构成要件要明确，而且要求所规定的刑罚幅度不要过宽。1997 年的刑法典规定了 15 种有期徒刑的刑罚幅度（表 1）。[1]

表 1 1997 年刑法典中的有期徒刑量刑幅度种类

a）15 年有期徒刑	i）2 年以上 7 年以下有期徒刑
b）10 年以上有期徒刑（10～15）	j）1 年以上 7 年以下有期徒刑
c）7 年以上有期徒刑（7～15）	k）2 年以上 5 年以下有期徒刑
d）5 年以上有期徒刑（5～15）	l）5 年以下有期徒刑
e）7 年以上 10 年以下有期徒刑	m）3 年以下有期徒刑
f）5 年以上 10 年以下有期徒刑	n）2 年以下有期徒刑
g）3 年以上 10 年以下有期徒刑	o）1 年以下有期徒刑
h）3 年以上 7 年以下有期徒刑	

〔1〕 本表之统计数据，均不包括 2011 年 5 月颁行的《刑法修正案（八）》的新规定。例如根据上述修正案第 22 条的规定，犯危险驾驶罪者，其最高法定刑为拘役。

从2~15年的所有刑罚幅度来看，5年以上有期徒刑，7年以上有期徒刑，3年以上10年以下有期徒刑，1年以上7年以下有期徒刑，这4种量刑幅度规定得似乎过宽，刑罚幅度的上下限之间超过了5年[1]。5年以上有期徒刑，说明对于某个犯罪行为5~15年之间的刑罚量，都是可以适用的。这样的刑罚幅度所起到的功能就仅仅是：排除了6个月到4年的有期徒刑的适用。这说明，在所处罚的犯罪行为和所规定的刑罚之间，立法者并没有建立起合理而适当的相对确定的比例关系，刑罚幅度就丧失了其相应的特别限制功能；刑罚的高度对于一个人的社会命运来说，常常比科处刑罚本身更为重要，不应该将这种几乎没有限制的幅度形式，完全保留给法官。另外，我国刑法由于没有大量采用列举规定的立法技术，对许多犯罪没有详细列举行为不同严重程度的要件特征的情况下，规定了数种可选刑罚种类。比如故意杀人的（第232条），处死刑、无期徒刑或者10年以上有期徒刑。三个可选择的刑种并列，由于在差异显著的三个并列刑种上，选择标准严重不明确。诸如此类的量刑规定，也是违反罪刑法定原则之罪刑相对确定的要求的。

表2　我国刑法分则中出现的刑罚种类的排列组合

（准）主刑种排列	并处或单处	（准）主刑种排列	并处或单处
1年以下有期徒刑或拘役	并处罚金	5年以下有期徒刑、拘役、管制或剥夺政治权利	
1年以下有期徒刑、拘役或管制		5年以下有期徒刑、拘役、管制或剥夺政治权利	可并处没收财产
2年以下有期徒刑或拘役		5年以下有期徒刑、拘役、管制或剥夺政治权利	并处罚金
2年以下有期徒刑、拘役或者管制		5年以下有期徒刑、拘役或管制	
2年以下有期徒刑、拘役或者罚金		5年以下有期徒刑、拘役或管制	并处罚金

〔1〕 有期徒刑法定刑格格点（6个月，1、2、3、5、7、10、15年）之间最大时间跨度是10年和15年之间的5年；而且，实务中和刑事统计上通常把5年和10年作为轻度、中度和重度有期徒刑的两个界点。因此，在我国刑法上可以把5年确定为刑罚幅度的最大时间跨度。另外，要特别指出的是，在数罪并罚情况下，确定总合自由刑的相对刑罚幅度，即便过宽，也不应该说是违背罪刑法定原则的。

（续表）

（准）主刑种排列	并处或单处	（准）主刑种排列	并处或单处
2年以下有期徒刑或拘役	并处或单处罚金	5年以上有期徒刑	并处罚金
2年以下有期徒刑、拘役或管制	并处或单处罚金	5年以上有期徒刑	并处罚金或没收财产
2～5年有期徒刑	并处罚金	5年以上有期徒刑	可并处没收财产
2～7年有期徒刑	并处罚金	5～10年有期徒刑	并处罚金
3年以下有期徒刑或拘役		7年以上有期徒刑	并处罚金
3年以下有期徒刑或拘役	并处或单处罚金	7年以上有期徒刑	并处罚金或没收财产
3年以下有期徒刑或拘役	并处罚金	7年以上有期徒刑或无期徒刑	并处罚金或没收财产
3年以下有期徒刑、拘役或管制		7年以上有期徒刑或无期徒刑	并处罚金
3年以下有期徒刑、拘役或罚金		10年以上有期徒刑	并处罚金
3年以下有期徒刑、拘役或剥夺政治权利		10年以上有期徒刑	并处罚金或没收财产
3年以下有期徒刑、拘役、管制或罚金		10年以上有期徒刑或无期徒刑	
3年以下有期徒刑、拘役或管制	并处罚金	10年以上有期徒刑或无期徒刑	可并处没收财产
3年以下有期徒刑、拘役或管制	并处或单处罚金	10年以上有期徒刑或无期徒刑	并处罚金或没收财产
3年以下有期徒刑、拘役、管制或剥夺政治权利		10年以上有期徒刑、无期徒刑或死刑	
3年以下有期徒刑、拘役、管制或剥夺政治权利	可并处没收财产	10年以上有期徒刑、无期徒刑或死刑	并处罚金或没收财产

（续表）

（准）主刑种排列	并处或单处	（准）主刑种排列	并处或单处
3~7年有期徒刑	并处罚金	15年有期徒刑或无期徒刑	并处罚金或没收财产
3~10年有期徒刑	并处罚金	15年有期徒刑、无期徒刑或死刑	并处没收财产
5年以下有期徒刑	并处或单处罚金	无期徒刑或死刑	
5年以下有期徒刑	并处罚金	无期徒刑或死刑	并处没收财产
5年以下有期徒刑或拘役		无期徒刑	并处没收财产
5年以下有期徒刑或拘役	可并处罚金	无期徒刑或10年以上有期徒刑	可并处没收财产
5年以下有期徒刑或拘役	并处或单处罚金	死刑、无期或10年以上有期徒刑	
5年以下有期徒刑或拘役	并处罚金	死刑	并处没收财产

注：根据《刑法》第57条第1款的规定，规定了死刑和无期徒刑刑种的，必须科处剥夺政治权利终身的附加刑。

从我国刑法上选择性刑种的56种排列组合和排序种类（表2）来看，除生命刑外，自由刑是刑罚体系中常备、首选的支柱刑种。在56种排列组合中，一个罪名所对应的可选刑罚种类达到3个以上的占到所有排列组合数的42.9%（3个以上主刑的占36%），有并处罚金或者没收财产的比例高达70%[1]，而且，绝大多数的罚金刑没有上下限的规定。这就是说，近43%的可选3种以上刑罚的宽泛规定和绝大部分没有限额规定的罚金刑，由于缺少明确的刑种选择标准，违背了罪刑法定原则关于刑罚要相对确定的要求。此外，实施了一个犯罪的行为人，在刑种配伍种类的意义上，受到一个主刑加上一个附加刑人身和财产双重打击的概率高达70%。必须并处罚金和可以并处罚金的概率，占到39种并处或者单处选择种类的77%，无限额罚金对于自然人主体有着很高的适用概率。从刑种配置的排列组合种类来看，无期徒刑的适用概率达到了25%；所有含有无期

[1] 所有的排列组合中单处罚金的比例只有14%。

徒刑配置的组合中，并列配置死刑的组合占到近43%。对于可能被判处死刑和无期徒刑的行为人，并处的附加刑，绝大多数情况下会是两种，要么是罚金和剥夺政治权利终身，要么是没收财产和剥夺政治权利终身。被判处死刑和无期徒刑的行为人，会同时受到一个主刑加两个附加刑的最为严厉的惩处。总之，无论刑种选择范围宽泛，还是刑罚配伍上的双重或多重打击，或者多个重刑威慑[1]，都是刑罚结构上重刑主义的突出问题。

第四节　中、长期自由刑的适用现状及其后果

自由刑在刑罚体系[2]中的支柱地位，在司法实务中显得特别突出。我国审判机关所判处的刑罚总数中，监禁刑占绝对多数[3]；法官判处中长期监禁刑（5年以上自由刑直到死刑宣告缓期执行）的罪犯数量占判处监禁刑罪犯总数的比例，也相当高（见表3）。

表3　我国法院适用监禁刑以及5年以上监禁刑的比例（1996、2003～2007年度）

年　份	所判罪犯总数	被判监禁刑的罪犯数	被判监禁刑的罪犯占所有所判罪犯的比例	被判5年以上监禁刑的罪犯数	被判5年以上监禁刑的罪犯占被判监禁刑的罪犯比例
1996年	719 348	614 323	85.4%	265 293	43.2%

〔1〕我国的刑制有一罪数刑的历史传统。秦代有一人之身同时施加五种刑罚的“具五刑”之制；汉法对夷三族的罪犯，规定“皆先黥、劓，斩左右趾，笞杀之，枭其首，菹其骨肉于市”，其办法与秦的具五刑差不多。北魏、北齐、北周的流刑，都加鞭笞，也就是流、笞二刑并用。唐以后的宋，流刑往往加杖、加刺字，成了一罪三刑。明、清律的徒、流均加杖，是一罪两刑。唯一例外的是隋唐刑制，没有采取一罪数刑，而是采取的是一罪一刑。这种历史上空前绝后的轻刑做法，是值得我们今天借鉴的。参见吴建璠：“唐律研究中的几个问题”，载杨一凡主编：《中国法制史考证》（乙编第1卷），中国社会科学出版社2000年版，第421页。

〔2〕刑罚体系是指刑法所规定的所有刑罚种类，按照其特性、功能和相对强度，形成确定的排列顺序（“刑罚梯度”），进而构成的刑种之间相互关联、可互补替代、完整统一的有机结构。

〔3〕最高人民法院有关负责人透露，2009年全国非监禁刑的适用率达到了30.89%［中国法学会刑法学研究会2010年学术年会《会议简报》（2010年9月11日印行）第1期第3页］。也就是说，该年度监禁刑的适用率还保持在几乎69.1%。

（续表）

年 份	所判罪犯总数	被判监禁刑的罪犯数	被判监禁刑的罪犯占所有所判罪犯的比例	被判5年以上监禁刑的罪犯数	被判5年以上监禁刑的罪犯占被判监禁刑的罪犯比例
2003 年	730 355	516 553	70.7%	158 562	30.7%
2004 年	752 241	509 249	67.7%	146 237	28.7%
2005 年	829 238	546 017	65.8%	150 878	27.6%
2006 年	889 042	563 295	63.4%	153 724	27.3%
2007 年	931 739	581 488	62.4%	151 378	26.0%

数据来源：这5年的《中国法律年鉴》公布的数据；其中的两个比率是根据基础数据计算出来的。监禁刑在这里指有期徒刑、无期徒刑和死刑缓期执行。这里的数据不包括被判处拘役的人数。如果把这部分人数纳入计算，那么，被判监禁刑的比例还会增加。

司法机关也清醒地意识到了自由刑本身存在的问题。尽管近年来在努力逐年减少监禁刑和5年以上中长期监禁刑的适用比例，但是，在改革死刑核准程序、切实完善非法证据排除规则和不断提高证明标准的背景下，死刑的适用得到明显的严格控制，大多数原本必须立即执行死刑的罪犯，如今越来越多地被长期监禁起来。刑事司法上的这种积极表现，短时期内不会明显改变我国法院在自由刑适用上的持续“重典”的突出特征。

从刑事司法实务比较的角度来看，2006年德国的刑罚制裁的总体分布结构是：罚金刑：80.6%；自由刑缓刑：13.6%；监禁刑（自由刑实刑）：5.8%。这个刑罚结构与德国1882年的情况完全相反：当时科处的无条件监禁刑占所有科处刑罚的77%，判处罚金的占22%，还有0.03%的死刑。我们目前的刑罚结构与120多年前德国的刑罚适用结构大致相当。[1]

长期用“重典”的刑事司法实务，也决定了我国监狱内的刑期结构。2002

〔1〕 近代以来欧洲大陆国家刑制结构和刑制重心发生了两次重大变革：第一次是结束于19世纪末的从死刑－肉体刑以及无期徒刑向有期徒刑的转变，这种转变的动因与文明进程中对人的尊严的积极探索有关；第二次是结束于20世纪中叶的从自由刑向控制－罚金刑的转变，这种转变的动因与文明进程中对制裁的经济性的特别关注有关。和欧洲大陆国家相比较，可以看到未来我们刑罚制度改革的方向和面临的艰巨任务。

年浙江省监狱管理局的普查数据显示，所有在押犯的37%被判处了5年以下有期徒刑，27.7%被判处了5~10年的有期徒刑，34.7%被判处了10年以上的有期徒刑，0.6%被判处了无期徒刑和死缓。而北京监狱管理局2005年底的普查显示，所有在押犯（N=14507）的15.2%被判处了5年以下有期徒刑，22.7%被判处了5~10年有期徒刑，62%被判处了10年以上自由刑。2010年2月底，对浙江省监狱的囚犯抽样数据显示，1.1万个样本中，32%的囚犯被判处10年以上有期徒刑（3528人），12%的囚犯被判处无期徒刑（1336人），7.6%的囚犯被判处了死缓（836人）。被判处5年以上有期徒刑直到死缓的囚犯（8588人）比例占到了78.1%；10年以上有期、无期徒刑和死缓的囚犯比例占到了51.8%。由此，保守估计，目前全国的在押犯中，被判处5年以上有期徒刑直至死刑缓期执行的比例，几乎占到在押囚犯的80%；超过半数的囚犯被判处了10年以上的重刑。重刑判决逐年长期累积形成的这种狱内刑期结构，不仅给监狱的收容能力造成压力，而且也是我国监禁率持续升高的原因。司法部预防犯罪研究所的一份研究报告指出，2006年实际的超容数已达到24万人；根据《中国统计年鉴》给出的数据计算，2005年底，我国的关押率（包括逮捕羁押）达到了0.175%，监禁率达到0.12%。按照2008年10月底我国监狱在押犯达到161万人[1]来计算，监禁率目前已升高到0.124%。监禁率不到3年时间增幅就达0.004%。

2006年，我的实证抽样研究发现，超过5年刑期的大城市监狱的囚犯几乎占到囚犯总数的76%。结合前面提到的普查数据和抽样数据，可以发现，我国的犯罪行为人常常容易被科处比较长的监禁刑；被判处中长刑期的囚犯在监狱中执行刑期过长（尽管大量适用了减刑），长期滞留累积，所占的比例越来越大。其中最为突出的是判处了10~15年有期徒刑和判处了无期徒刑（一般执行22年）－死缓（一般执行24年）的两组人群（参见图1）。[2] 尽管最高人民法院的有关负责人说，“1995年以来法官适用非监禁刑的比例从不足14.56%上升到了2009

〔1〕 邵雷：“司法部监狱管理局2008年工作总结和2009年工作计划”，载《中国监狱》2008年第6期；转引自吴宗宪：“监禁刑执行中的法律监督”，载陈泽宪主编：《刑事法前沿》（第5卷），中国人民公安大学出版社2010年版，第297页。

〔2〕 Fan, *Kriminelle Karrieren: Straftaten, Sanktionen und Rückfall*, 2009, S. 42f. 从图1的比较中，我们可以看到：在巴－符州（2006），5年以下短期自由刑占所有自由刑的份额总体上很高，足有85%。相应地，长期自由刑通常只占很小一部分。因此，可以反向推导出德国法官的刑罚适用规律：刑期越长的制裁，越是很少科处。数据显示，2003年，德国只有160人被判10年以上15年以下的自由刑，80人被判终身监禁。Statistisches Bundesamt: Strafverfolgung 2003, Wiesbaden 2004, S. 140.

年的30.89%，法官判处比较长的刑期的比例近年来也在逐年减少”,[1] 但是，“轻罪依法轻判、重罪依法严惩”的两极化司法政策要求，对轻罪扩大非监禁刑的适用，对严重危害社会秩序的犯罪加大重刑的适用率;[2] 而且，修法明确限制对判处死刑缓期执行的囚犯的再次减刑：2年缓刑期满，没有故意犯罪，减为无期；确有重大立功表现，减为25年有期（废除原来的15到20年的减刑幅度，提高并确定为25年）；死缓累犯和8种暴力犯罪的死缓罪犯一次减刑后，严格限制其再减。加之，修法还延长有期徒刑数罪并罚的刑期到25年。限制重罪重刑的减刑和延长有期徒刑数罪并罚刑期，如此一来，长时期内我国监狱囚犯的重刑比例特别大的刑期结构，就将不会有大的积极的改变，甚至长期监禁刑的比例还有继续加大的可能,[3] 超容关押和监禁率的持续快速升高的问题会更加突出。

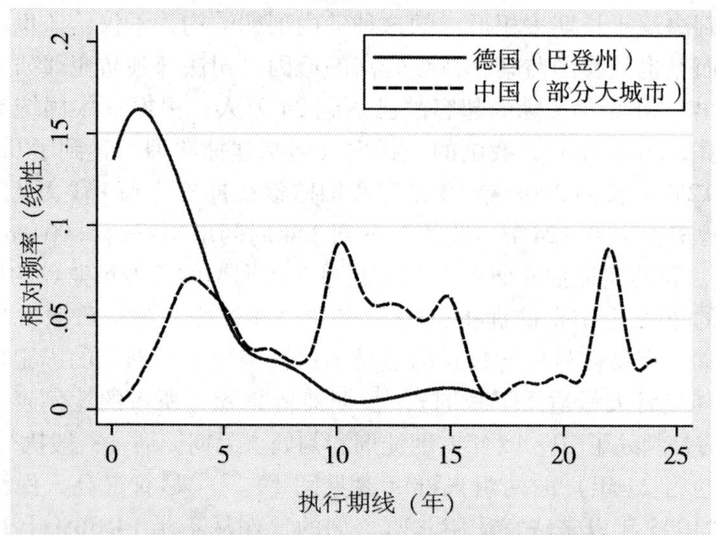

图1　2006年3月份我国部分大城市监狱囚犯的刑期结构

---

〔1〕 参见中国法学会刑法学研究会2010年学术年会《会议简报》第1期（2010年9月11日印行），第3页。

〔2〕 参见中国法学会刑法学研究会2010年学术年会《会议简报》第1期（2010年9月11日印行），第3页。

〔3〕 2007年11月23日《法制日报》报道，死刑立即执行案件核准权收归最高人民法院的第一年，判处死缓的人数，多年来首次超过了判处死刑立即执行的人数。这说明，在着力减少死刑立即执行人数的核准制度前提下，死刑案件中判处死刑立即执行不予核准而改为死缓的人数可能会越来越多，也就是说，过去原本会被执行死刑的人，如今会越来越多地被长期监禁。这部分人的不断增加，会不断增大长期监禁刑的比例。

另外，从国际层面的比较来看，也可以看到，我国刑事司法和监禁刑上表现出来的“重典”特征。以判处终身自由刑（相当于无期徒刑）为例，1983年每10万居民的终身自由刑判处率，荷兰是0，挪威是0.15，瑞典是0.2，丹麦是0.4，意大利是0.4，爱尔兰是0.5，法国是0.7，德国是1.6，希腊是1.6，奥地利是1.7，比利时是2.0，英格兰/威尔士是3.6。但是，要注意，英格兰/威尔士，终身自由刑的适用虽然比较多，但其实际平均执行刑期却在15年以下。[1]

终身监禁刑的囚犯数，在德国（每年的抽样日：31.3）从1977年的989人上升到了1991年的1177人。从1992年的1307人一直增长到2004年的1800人。[2] 2004年，每10万德国居民的终身监禁率[3]大约是2.2。日本的终身监禁的囚犯数，从1996年的34人上升到2005年的134人，[4] 2004、2005年每10万日本居民的终身监禁率大约是0.1。2002年，终身监禁刑的囚犯在监狱平均服刑的时间德国大约是16年；[5] 日本是23.4年。[6] 与此形成鲜明对比的是我国的刑事司法现状：截至2006年年底，北京市在押的原判死缓的有950人，原判无期徒刑的有1590人，占在押总数的19.3%。[7] 那么，2006年北京每10万居民的终身监禁率[8]就是21.2。2010年浙江的抽样数据显示，在押的原判死缓的有836人，原判无期徒刑的1336人，占总样本的19.7%。如果原判死缓和原判无期徒刑的人数以占在押总数19%的比例来计算，那么，2008年我国大陆每10

〔1〕 Kindhaeuser, Neumann, Paeffgen (Hrsg.), *Strafgesetzbuch*, Band 1, 2. Aufl., 2005, p. 1326. Rn. 28.

〔2〕 Statistisches Bundesamt: Rechtspflege. Fachserie 10. Strafvollzug. Wiesbaden 1997 - 2004.

〔3〕 2004年德国每10万居民的终身监禁率等于：1774/82536700。

〔4〕 2004年日本每10万居民的终身监禁率等于：115/127760000。参见Yoshida, “Problems Associated with Harsher Sanctioning Trends in Returning to More Severe Punishment in Japan,” In: Kury, H. (Hrsg.), *Fear of Crime - Punitivity: New Developments in Theory and Research*, 2008, S. 404f.

〔5〕 Kröninger, Lebenslange Freiheitsstrafe, Sicherungsverwahrung und Unterbringung in einem pszchiatrischen Krankenhaus - Dauer und Gründe der Beendigung - 2002. Kriminologische Zentralstelle: Wiesbaden 2002. 我国北京地区监狱的无期徒刑的囚犯的实际服刑时间15.5年（186个月），与德国终身监禁的囚犯平均服刑时间相当。

〔6〕 Yoshida, “Problems Associated with Harsher Sanctioning Trends in Returning to More Severe Punishment in Japan,” In: Kury, H. (Hrsg.), *Fear of Crime - Punitivity. New Developments in Theory and Research*, 2008, S. 413.

〔7〕 参见宋红伟：“对重刑犯及累犯适用减刑的实证研究”，载《犯罪与改造研究》2009年第5期。

〔8〕 根据北京市公安局、劳动和社会保障局、民政局共同编制的《2006年老年人口信息和老龄事业发展状况报告》，2006年底北京户籍总人口是1197.6万人。那么，2006年北京每10万居民的终身监禁率就等于：2540/11976000。

万居民的无期徒刑的监禁率[1]大致就是23.5。这个比率，再加上死刑的执行数是世界之最这个事实，相对于欧洲和其他工业化国家刑事司法的宽纵，就很难说我国刑事司法没有“专务深刻”之嫌。[2]

一个国家犯罪控制对刑罚的倚重程度，还可以用惩罚指数来测量。我国刑事司法是否确实“专务深刻”，可以从与几个重要国家的惩罚指数的比较中得以确定（参见表4）。近年来，我国惩罚指数的变化，由于数据获取的困难，可以通过观察监禁人数分别占批捕、起诉和判刑人数比例的变化，作这样的参照评估（表5）：总体看来，批捕、起诉、判刑、监禁的绝对人数在逐年增长；比较监禁指标与其他三个指标的比例变化，惩罚指数虽在逐年减小，但是减幅不大，惩罚指数还是突出的高，犯罪控制仍然高度倚重监禁刑罚。

表4　几个重要国家的惩罚指数[3]

国　家	监禁率[a]	犯罪率[b]	惩罚指数[c]
中国（1993）	107	140	76.4
俄国（1993）	566	1876	30.2
美国（1994）	582	5374	10.8
日本（1993）	40	1444	2.8

---

〔1〕 2008年底，我国在押囚犯共计161万；每10万居民的终身监禁率就等于：1610000 * 0.19/1300000000。当然，由于我国特有的减刑制度规定，也由于我国监狱人满为患，因而我国的无期徒刑实际执行刑期并非无期，平均长度约在十三四年左右。

〔2〕 当然了，这不能与美国的相应比率进行直接比较，因为，根据美国法，大部分科处的自由刑远远超过了人的平均寿命。有学者1986年计算过的一个比较数是45.3。2000年美国的囚犯人数异乎寻常的高达200万，大约是70年代中期以来的5倍。现在，美国各州的监禁率在每10万居民450到700个囚犯之间。相对于此，欧洲各国的监禁率在每10万居民大约65到100个囚犯之间。参见J. Q. *Whitman, Harsh Justice: Criminal Punishment and the Widening Divide between America and Europe*, 2003, S. 44. 之所以可以与欧洲国家做比较，是因为，在欧洲，刑罚个别化理论要求，刑事政策的目标不应是犯罪行为，而应是犯罪行为人，不应是人的行为，而应是人的人格。犯罪行为人在这种宽容的观点下一般都能够得到再社会化的机会。而在美国刑法中，行为人责任的主流学术观点并不关注于犯罪行为人，而是犯罪行为；不关注人格，而是人的行为（具体表现在《量刑指南》中）。人格在美国并没有象在德国、法国等欧洲国家那样具有特别重要的刑事政策意义。无论存在何种差异，所有人格的犯罪行为人都要在美国一体判处刑罚（这是一种平均主义的判决哲学）。美国《量刑指南》指导的实务之所以有刑罚严厉乃至严酷的特色，是因为在美国的民主社会，形式平等已经成为制度。

〔3〕 Kury, Ferdinand, Obergfell - Fuchs, “Does severe Punishment mean less Criminality?”, *International Criminal Justice Review*, 2003, p. 127.

（续表）

国　家	监禁率[a]	犯罪率[b]	惩罚指数[c]
法国（1993）	89	5 894	1.5
加拿大（1993）	114	9 856	1.2
德国（1993）	81	8 337	1.0
英国（1993）	90	10 845	0.8

注：a. 每10万居民人口中的囚犯数；b. 每10万居民人口中的犯罪数；c. 第一栏中的囚犯数除以第二栏中的犯罪数。

表5　惩罚指数的总体发展趋势（绝对数）和相对惩罚指数（监禁的比例）

年　度	批捕(人)	起诉(人)	判刑(人)	监禁刑	监禁/批捕	监禁/起诉	监禁/判刑
2003	748 756	793 092	730 355	516 553	69	65.1	70.7
2004	811 102	867 186	752 241	509 249	62.8	58.7	67.7
2005	860 372	950 804	829 238	546 017	63.5	57.4	65.9
2006	891 620	999 086	889 042	563 295	63.2	56.4	63.4
2007	920 766	1082 487	931 739	581 488	63.2	53.7	62.4
2008	952 583	1 143 897	1 007 304	695 369	73.0	60.8	69.0
2009	941 091	1 134 380	997 000	688 927	73.2	60.7	69.1

数据来源：最高人民检察院和最高人民法院2008～2011年年度司法报告。

第五节　长期自由刑刑期调整的必要性问题

从国际刑事司法的发展来看，18世纪末以来的200多年间，自由刑作为国家刑事制裁的经典手段，相对于罚金刑日益失去其重要性。作为打击犯罪的手段，特别是长期自由刑的效果一直以来备受怀疑。这种怀疑是有事实根据的。年龄、智力、性格特征、挫折忍耐度、受教育水平、冲突的解决能力等方面不同的个人，被剥夺了自由，被一体化地控制于监狱，丧失了行为前的社会地位，他与社会和家庭的联系受限，声誉受损，与监禁生活长期相伴随的是失去自主、性生活中断等显著的权利丧失状态。长期封闭的规训生活，使得他们产生各种极不相同的自我适应策略和防卫技术（监狱化过程），这些策略和技术伴随着他们的生存和生活哲学以及人格的变化，成为释放后适应社会生活的严重障碍。因此，如果说长期自由刑对于犯罪行为人产生了积极效应，那不是常规，而只是例外。

长期自由刑的效果，即便是在一般预防的方面，也受到了明显地怀疑。根据美国和德国的新近研究发现，长期自由刑和犯罪率的变化之间，没有关系；一个国家犯罪率的变化并不受长期自由刑的影响，而是受该国社会经济因素和社会政策因素，即公民的生存和生活条件的影响[1]。

从国际比较的视角看，有期自由刑的上限在大部分国家是 15 年或者 20 年，但是也有个别极端化的例外。比如，瑞典的有期自由刑上限只有 10 年，芬兰只有 12 年。相反，有些国家和地区法律没有规定终身自由刑，比如，巴西，西班牙，挪威，墨西哥，我国香港和澳门地区，有期自由刑的上限水平就显得特别高。总体看来，除死刑外，34 个国家和地区中的 25 个，把终身监禁规定为最为严厉的自由刑；有期自由刑的上限差异显著，有 10 年，也有无限期（美国、南非、澳大利亚），但是，大部分国家的法定上限在 15 年到 20 年之间。我国有期徒刑的上限（15 年）和数罪并罚的有期徒刑总和刑期上限（20 年），是属于上限适度的、中等水平的国家（见表 6）。

表 6　部分国家和地区自由刑的上限以及终身自由刑和死刑的制度现状（2010/2012）

国家和地区	有期自由刑的上限										终身监禁	死刑
	10	12	14	15	16	20	24	25	30	>30		
阿根廷								◆			◆	–
巴　西									◆		–	–
意大利							◆		◆[a]		◆	–
法　国									◆		◆	–
德　国				◆							◆	–
奥地利						◆					◆	–

〔1〕 Kury, Brandenstein, Yoshida, "Kriminalpräventive Wirksamkeit härterer Sanktionen – Zur neuen Punitivität im Ausland (USA, Finnland und Japan)", *ZStW* 121 (2009) *Heft* 1. p. 214.

（续表）

国家和地区	有期自由刑的上限										终身监禁	死刑
	10	12	14	15	16	20	24	25	30	>30		
西班牙						◆			◆[b]		–	–
葡萄牙								◆			–	–
希　腊						◆					◆	–
瑞　士						◆					◆	–
比利时									◆		◆	–
荷　兰				◆		◆[c]					◆	–
丹　麦					◆	◆[d]					◆	–
瑞　典	◆[e]		◆[f]								◆	–
挪　威				◆		◆[g]					–	–
芬　兰		◆		◆[h]							◆	–
爱沙尼亚						◆			◆[i]		◆	–
波　兰				◆				◆[j]			◆	–
克罗地亚				◆						20～40[k]	–	–
斯洛文尼亚				◆				◆[kl]			–	–
土耳其							◆			36[l]	◆	–
俄罗斯						◆		◆[m]	◆[n]		◆	×
中国大陆				◆		◆[o]					◆	×
中国台湾				◆		◆[p]					◆	×
中国香港						◆		◆[q]			◆	–
中国澳门								◆	◆[r]		–	–
日　本						◆			◆[s]		◆	×
韩　国									◆	50[t]	◆	×

（续表）

国家和地区	有期自由刑的上限										终身监禁	死刑
	10	12	14	15	16	20	24	25	30	>30		
墨西哥										60	–	–
加拿大			◆								◆	–
英国/威尔士			◆								◆	–
南　非										∞ [u]	◆	–
澳大利亚										∞	◆	–
美　国										∞	◆	×

注：a. 有加重情节的上限；b. 再犯加重上限；c. 再犯和数罪并罚上限；d. 再犯加重上限；e. 严重犯罪再犯加重到18年；f. – g. – h. – i. 数罪并罚上限；j. – k. 最严重的犯罪上限；k1. 谋杀或种族灭绝罪 l. 数个判决合并执行上限；m. 数罪并罚的上限是25年；n. 数个判决合并处刑不超过30年；o. 数罪并罚上限；p. 数罪并罚和再犯加重上限；q. r. 数罪并罚上限；s. 数罪并罚和再犯加重上限，死刑或终身监禁减为有期徒刑刑期；t. 加重处罚上限；u. 无限期。

日常刑事司法主要面对的是常见多发的犯罪，比如，盗窃、故意伤害、抢劫、毒品交易、强奸、诈骗、抢夺、故意杀人、寻衅滋事、绑架、贪污、贿赂等。我国刑法对这类犯罪，大多采取数额加重或者结果加重或者情节加重犯的立法模式，都规定了无期徒刑。每一种罪都会因为数额特别巨大或者情节或者结果特别严重，而可能适用无期徒刑。拿数额犯的数罪并罚来说，多次盗窃、诈骗、抢夺、贪污、受贿、毒品交易，实质上是同种数罪，但是，我国的实务中，并不实行数罪并罚，而是累计数额以一罪处罚，数额累积都可能达到判处无期徒刑的程度。无期徒刑的广泛适用可能性，对于日常刑事司法所需要的刑罚上限，已经足够了，没有必要再提高有期徒刑的上限。[1]

但是，遗憾的是最近的《刑法修正案（八）》严格限制对判处死刑缓期二年执行（以下简称“死缓”）的累犯以及八种暴力犯罪罪犯的减刑，延长其实际服

〔1〕 参见阮齐林：“中国控制死刑方略”，载中国法学会刑法学研究会编：《刑法理论与实务热点聚焦》（上卷），中国人民公安大学出版社2010年版，第752、753页。

刑刑期。被判处死缓的这类罪犯的减刑，原来没有限制。现在改为，因累犯以及因八种暴力犯罪而被判死缓的罪犯减刑一次后，限制对其再次减刑；原来规定，死缓考验期满后，如果确有重大立功表现，减为有期徒刑的幅度在15年以上20年以下。现在提高并限定为，只能减为25年有期徒刑。这部分罪犯减刑后实际执行的刑期也被提高了很多：减为无期徒刑的，实际执行不能少于25年，减为25年有期徒刑的，实际执行不能少于20年。此外，被判处无期徒刑的囚犯的假释条件也更严格了：考虑可以对其假释的实际执行刑期，从过去的10年提高到13年。因犯数罪被判有期徒刑，总和刑期超过35年的，修法把数罪并罚的宣告刑上限，从过去的20年提高到25年。

第六节　追缴措施和没收财产刑的功能重叠

通过剥夺行为人的违法财产收益或返还所得，使其财产状况回复到行为前的原状，使行为人不能从违法中受益，以便间接地防止对违法牟利行为的学习效应，这个刑事政策上的任务，罚金和没收财产是完成不了的。因为，罚金刑和没收财产刑，剥夺的只能是行为人的合法收入，在缺少罪责情况下要剥夺违法所得，罚金刑和没收财产是无能为力的；罚金和没收财产作为刑罚，需要罪责这个连接点。我国刑法上规定的追缴，不是刑罚，它是一种不关罪责的、在财产权利领域恢复原状的必要刑事措施；它还可以扩大到那些从目前追究的行为之外的其他“违法行为”中所获得的所有财物，[1] 完全可以满足刑罚力所不逮领域的功能期待。在分则部分明确适用追缴的唯一立法例是我国刑法规定的巨额财产来源不明罪，第395条对该罪只规定了有期徒刑或者拘役两种主刑，而没有附加罚金或者没收财产，但是明确规定不能说明合法来源的差额部分以非法所得论，“财产的差额部分予以追缴”。没有规定罚金，也没有规定没收财产，通过刑法上的措施完全可以达到与刑罚同样的功效。如此看来，在存在无限额罚金制和规定了追缴措施的条件下，作为附加刑的没收财产，尤其是可以比作行为人财产权利领

---

〔1〕在犯罪人处发现了财物（尤其是现金或银行帐户），鉴于其较少的合法收入，有足够的理由相信，这些财物来源于违法行为，就可以适用追缴。

域“死刑”的没收全部财产,[1] 还有什么存在的必要？或者说，没收财产还有什么和无限额罚金刑以及追缴完全不同的刑事政策目的？

---

[1] 没收全部财产是财产刑中的“死刑”，这可以从最高人民法院 2000 年 11 月 15 日《关于适用财产刑若干问题的规定》第 3 条第 2 款的规定以及 1999 年 10 月 27 日最高人民法院《全国法院维护农村稳定刑事审判工作座谈会纪要》第 4 段的内容中推导出来：被告人一人犯数罪，依法同时并处罚金和没收财产的，应合并执行；但并处没收全部财产的，只执行没收财产刑。应避免判处罚金刑的同时，判处没收全部财产，对于判处没收全部财产，同时判处罚金刑的，应决定执行没收全部财产，不再执行罚金刑。另外，就我国刑法的规定可见，可以并处或者必须并处没收财产的刑罚设置，主要是和 10 年以上有期徒刑、无期徒刑或者死刑的可选主刑种联系在一起的，因而在附加刑中，显然在立法者看来，它是最为严厉的。拥有一定的合法财产是一个人在社会上有尊严地生活的最低保障，把行为人变成一个彻底的无产者，只能是封建刑罚——“抄没充公”的目的。我国古典刑法时代的这个制度遗产，从现代刑法的观点来看，不仅是不人道的，而且是违背社会主义法治国家原则的。

第十八章 刑罚制度的修订和完善

第一节 确立禁止双重评价的量刑原则

我国的量刑规范还没有确立量刑上的禁止双重评价原则：禁止犯罪构成要件特征在量刑时作为量刑情节，进行重复评价。在我国刑法理论上，犯罪数额在犯罪论体系中的定位尽管是有争议的，但是，刑法分则的许多具体犯罪构成中，犯罪数额被规定为成立犯罪的重要条件。实务中，法官没有办法判断，数额到底是犯罪构成要件还是量刑要素，往往会把数额所反映出来的“损失严重”在量定刑罚的时候，无意识地再次去做评价；在有的受贿罪或者渎职罪的判决中，也常常会看到这样的判词：被告人身为国家工作人员，理应守法，竟然明知故犯……。该类罪的构成要件要素中已经包含了行为人的公务员身份，在申明量刑理由的时候，把已经发挥过该当犯罪构成要件效果的身份要素，重新又提了出来。值得注意的是，这种双重评价的做法，居然被最高人民法院的《人民法院量刑指导意见（试行）》第二部分第1条第1、2款确立为寻找量刑基准的根据和步骤，“量刑基准由基本犯罪构成事实在相应的法定刑幅度内确定量刑起点，然后，再根据其他影响犯罪构成的犯罪数额、犯罪次数、犯罪后果等犯罪事实，在量刑起点的基础上增加刑罚量确定量刑基准，这就形成了法定量刑情节上下调节所参照的量刑基准”〔1〕。对于数额犯和结果犯，数额和结果本身就对应了法定的量刑幅度，在确定量刑基准的时候，再次予以考虑，对行为人肯定产生会升高制裁水平

〔1〕 赞成这种做法的有白建军、肖世杰等学者。参见白建军：“裸刑均值的意义”，载《法学研究》2010年第6期，第139页并该页注13。

的不利影响。至于量刑时考虑“犯罪次数”[1]，有的构成要件行为本质上就包含了数行为的反复，比如，生产、销售伪劣商品犯罪，构成要件所要求的产值和销售额度中，已经包含了数行为的反复，还有贩卖毒品罪，拐卖妇女、儿童犯罪，非法行医罪等，在量刑的时候，再次考虑这种连续反复的行为次数，就有重复评价之嫌。

第二节 对于再犯[2]的“必须从重”处罚问题

按照我国刑法的规定，再犯必须从重处罚。问题是，再犯作为量刑事实，为什么要做必须从重处罚的评估？再犯（包括累犯）刑罚必须从重，在逻辑上可以反向推导出的结论是：再次发生犯罪的事实，说明前一次科处的刑罚对于实现特殊预防的目的，在分量上是不够的。但是，犯罪的再次发生并不是因为处刑分量不够这么简单：比如说，2006 年我的一个再犯的问卷调查发现，22.3% 的再犯者是由于囚犯朋友的影响而再次犯罪；剥夺自由恶化了被判刑人的经济条件和社会条件，加之本身低端的受教育水平，57% 的再犯者处于失业状态，而且有 49% 的再犯者认为，他们再次犯罪的动机是为了摆脱他们面临的经济危机（获得维持生活的钱）[3]。再比如，甘肃省监狱管理局对两次以上犯罪囚犯的普查研究

---

〔1〕《人民法院量刑指导意见（试行）》中，就对强奸、非法拘禁的人数（连续强奸数人、连续拘禁数人）和次数（连续强奸同一被害人数次、连续拘禁同一被害人数次），以连续犯做混同处理，是存在问题的。如果连续数行为破坏的是分属于数人的高度人格法益，是否成立连续犯，以一罪论处。我们认为，这种数行为针对分属数人一身专属性质的法益，不同于数个行为针对同一法益持有者的情形，这种被害之各法益，具有完全独立性；连续侵害这种法益，无论在行为不法、结果不法还是罪责内涵上，都不宜因行为得连续关系而集合为一，以一罪论处。而应论以实质竞合，数罪并罚。

〔2〕这里提到的再犯概念，特指我国刑法上的累犯和特殊累犯，即再犯必须从重处罚的规定是指我国《刑法》第 65、356 条的规定。

〔3〕Fan, *Kriminelle Karrieren: Straftaten, Sanktionen und Rückfall*, 2009, s. 217. 该研究还发现：73.2% 的再犯说，释放后，很难找到工作；44% 的再犯说，在再次犯罪前，没有工作；15.3% 的再犯者认为，他自己一直没有工作（长期失业）是再犯的直接动机。这就证实了犯罪学家 Sampson 和 Laub 关于监禁和社会维系因素之间关系的核心假设：监禁对行为人与传统社会的维系因素有着负面的影响；监禁使得进入职业生活变得难上加难。职业是行为人融入社会或者说再社会化的重要因素。尽管在劳动法上有在用工时不得歧视的规定，但是，受过刑事处罚，往往会实际上成为释放人员就业上的严重不利因素。奇怪的是，我国刑法第 100 条规定，受过刑事处罚的人在入伍、就业时有如实报告前科的义务。《刑法修正案（八）》非但没有废除该条，反而作了保留和补充。

发现[1]，在押再犯的总体结构特征是农民、无业人员多（91%：农民占67.3%；无业人员占24.7%），暴力财产犯罪突出（占78.3%）[2]，文化程度偏低（初中以下文化和文盲半文盲占92.1%）[3]，单身生活者居多（77.9%）[4]，团伙犯罪比例大[5]。基于上述的与再犯相关的文化的、经济的和社会生活的背景和社会结构因素，“应当从重处罚”绝不是实现特殊预防效应的逻辑结论，必须从重严惩的政策并不是最好的刑事政策[6]。如果必须从重严惩再犯，那么，行为人就必然会承担国家转嫁给他的责任[7]。另外，从个人罪责的观点来看，行为人只能因为自己当前的犯罪行为而受到处罚，而不应该因为过去已经处罚过的行为再次受到处罚。在量刑中对再犯必须从重处罚，是把一个已经评价过的犯罪事实，在一个犯罪行为人的后来的行为中做了第二次评价，这种两次评价同一事实的做法，明显违反了禁止双重评价的原则。有观点可能会认为，再犯事实说明前判决对行为人没有起到警告效果，或者行为人无视前次判决的警告，从而可以推定其具有顽固的对法律的敌视倾向，说明其个人罪责程度加深[8]。但是，要充分考虑到，顽固的敌视法律不能简单地从重新犯罪的事实中推导出来，再次实施犯罪还可能是单纯由于行为人意志薄弱，或者受到第三人鼓动去实施犯罪的影响[9]；还要考虑到，前判决和前刑罚减少了行为人在机会结构意义上的行为选择项，由

〔1〕参见甘肃省监狱管理局课题组：“甘肃省监狱系统在押罪犯中两次以上犯罪情况的分析”，载中国法学会刑法学研究会编：《刑法理论与实务热点聚焦》（上卷），中国人民公安大学出版社2010年版，第694页以下。

〔2〕经济生活不稳定，缺少社会保障。表现为收入低而且极不稳定，生活压力大；既没有失业保险，也没有医疗和养老保险。这涉及到国家的就业和社会保障制度上曾经存在过的问题。

〔3〕受教育程度是决定人在社会结构中的位置的重要指标。92%的再犯只接受了初中以下的教育，说明国家教育制度在普及义务教育和就业培训上出现过严重问题。

〔4〕大部分人生活在家庭结构之外，是国家在促进和改善婚姻家庭生活的社会工作上存在问题。不能一味地把工作重心放在计划生育上，更应关注让绝大多数人享有稳定、健全而和谐的家庭生活。

〔5〕说明犯罪亚文化的影响还在持续，出狱后得到有效帮扶的并不多。

〔6〕加大惩罚力度根本不能建设性地影响被判刑人在被剥夺自由之后复杂的生活状态，也不能改善被判刑人出狱后的生存生活条件。刑罚对被判刑人只有有限的影响，刑罚力度不够，并不是再次犯罪的根本原因，因此也不是解决再犯问题的根本和最佳途径。真正的最好的途径，德国著名刑法学家李斯特早在100多年前就说过了：最好的社会政策是最好的刑事政策。

〔7〕为国家没有充分履行教育或者社会保障义务，国家承担的充分就业的义务不力，而承担责任。

〔8〕Jescheck, Lb Strafrecht AT^4, 1988, S. 802f.

〔9〕Jescheck, Weigend, Lb Strafrecht AT^5, 1996, S. 892f.

此前判决或者前刑罚也就降低了而不是升高了行为人的罪责程度[1]。

再犯必须从重，还会产生制裁水平不断升高的负面影响。从国际上的研究看来，一致的结论是，有两个变量主导着量刑实务：行为的严重程度和再犯事实。实证的制裁生涯研究曾有下述发现：再犯事实自动导致了处罚严厉性的恒定增高，而这种增幅超过了罪行严重性的增加所引起的量刑增幅[2]。即，前科对于制裁严厉性的增高具有决定性的意义：前科成了制裁日益严厉的发展历程的内驱力；在所有相关变量中，制裁的严厉仅仅只是由于前科记录的累积而持续升高。那么，我国的量刑实务中，是否也存在像在德国发现的制裁严厉性与前科压力之间的这样一种正相关关系呢？我国学者阮齐林等人的研究[3]，在不同的犯罪部分地证实了这样的关系。盗窃的再犯行为人被科处的刑罚是盗窃初犯的两倍高；伤害和抢劫的再犯行为人被科处的刑期比初犯高出了1/3（表7）。

表7　累犯事实对量刑的影响（北京市朝阳区人民法院，1999年）

	对于再犯科处的自由刑（平均值/月）	对初犯科处的自由刑（平均值/月）	刑罚幅度（月）
盗　窃	25.7	11.5	6~36
严重盗窃	74.4	53.2	36~120
特别严重的盗窃	168.0	124.6	120~180/无期
伤　害	24.0	16.8	12~36
严重伤害	84.0	61.5	36~120
伤害致死	160.0	126.3	120~180/无期/死刑

---

〔1〕因此，对于第65条第1款的修改，只需改动两个字："应当"改为"可以"。量刑的实证研究发现，刑种和刑度取决于三个变量：犯罪的种类，具体损害程度，行为人的再犯事实。通常，罪行的严重程度和行为人的再犯事实都是没有辩护空间的，唯一可以辩护的是行为的后果，辩护人通过给行为人或者其亲属做工作，可以和被害人沟通，进行和解和赔偿，这样最终可能会影响量刑。从立法技术上来看，刻板的规则，尽管可以防止法官的恣意裁量，但是，也会限制辩护的空间。如果把再犯事实从法定义务从重情节变为酌定的选择从重情节，为对被告人最终能够确定一个正确适当的刑罚，就可以在刑罚个别化的意义上给律师开辟出新的辩护空间。

〔2〕Höfer, *Sanktionskarrieren*, 2003, S. 143, 151f.

〔3〕阮齐林等："北京市朝阳区检察院1999年度公诉案件量刑的分析研究"，载《政法论坛》2001年第1期。

（续表）

	对于再犯科处的自由刑（平均值/月）	对初犯科处的自由刑（平均值/月）	刑罚幅度（月）
抢　劫	84.7	52.0	36～120
严重抢劫	160.5	115.1	120～180/无期/死刑

数据来源：阮齐林等："北京市朝阳区检察院1999年度公诉案件量刑的分析研究"，载《政法论坛》2001年第1期，第95页以下。

从这个研究例证中，可以发现，三种所研究的犯罪的刑罚科处，再犯事实在增大刑度上确实起了很关键的作用。另外，比较初犯和再犯被科处的自由刑平均长度以及比较再犯囚犯第一次和第二次被判自由刑的平均长度，也可以观察到再犯事实在量刑的严厉性倾向上所起的作用。借助于我国监狱囚犯的抽样，分析发现，在1992年前后再犯者的第一次刑罚要比2001年前后初犯的第一次刑罚，平均要轻出许多（表8）[1]。这说明这两个时间点之间，量刑实务的发展，在总体上是贯彻了严厉化的刑事司法政策。

表8　1998～2002年度再犯事实对刑罚严厉性的影响：初犯和再犯以及再犯前后两次刑罚平均长度的比较

	初犯的刑罚			再犯的第一次刑罚			再犯的第二次刑罚		
	N	ØM.	ØTz.	N	ØM.	ØTz.	N	ØM.	ØTz.
杀人罪	37	**237±10**	1998	2	108±12	1978	6	**274±5**	2000
抢劫罪	79	**117±7**	2001	56	**50±4**	**1994**	83	**147±8**	2001
强奸罪	19	**110±16**	2001	13	**92±17**	**1990**	13	**150±20**	2000
伤害罪	72	138±9	2001	34	**35±5**	**1992**	31	131±17	1999
盗窃罪	78	116±8	2000	187	**41±2**	**1992**	86	105±9	1998
诈骗罪	84	131±8	2001	48	**52±5**	**1993**	62	128±8	2000
毒品犯罪	82	**148±9**	2000	99	32±3	1997	134	**116±7**	2002

注：因数罪被判处刑罚的罪犯样本，没有纳入计算。

** N，样本数；ØM.：平均数/月；ØTz.：行为实施的大致时间。

[1] Fan, *Kriminelle Karrieren: Straftaten, Sanktionen und Rückfall*, 2009, S. 169, 205.

比较相近或同一时期（2000 年前后）初犯和再犯在相同罪名的量刑上的差异发现，再犯事实总体上对于杀人罪、抢劫罪和强奸罪的处罚严厉性的影响特别明显。毒品犯罪再犯者的刑罚从趋势上看，反而轻了，这主要是毒品的数量对于刑罚长度来说是最有影响的因素，而再犯事实只是在毒品数量不大的情况下，才可能有特别突出的意义。此外，对于毒品再犯需特别指出的是，毒品再犯在我国刑法上没有再犯时效，行为人在缓刑或者假释期间又犯毒品犯罪的情况下，会出现全球没有先例、我国独有的对毒品再犯进行数罪并罚的现象，行为人因为再犯事实和新罪的并罚，会面临双重从重处罚的危险〔1〕。

强调必须从重处罚，会增大再犯行为人的监禁压力。监禁压力是用到调查时样本实际上被监禁的时间除以调查时的年龄，它是衡量刑罚特殊预防效果的重要指标。实际被监禁的时间长短，反映的是行为人被判处刑罚的刑度，服刑的次数及其服刑表现的好坏。2006 年我们所做的实证研究发现，再犯的平均被监禁时间是 9 年，到问卷时，平均年龄是 36 岁。那么，再犯的平均监禁压力就是 0. 25。也就是说，到问卷时再犯生命的几乎 1/4 是在监禁中度过的。如果从具备完全刑事责任能力的年龄（16 周岁）到调查时的平均年龄来算，那么，再犯从 16 周岁起平均 45% 的时间是在监狱中度过的〔2〕。这种长期的监禁对再犯行为人的生活境况并没有建设性的影响，所积累的只能是再社会化的障碍。

北京市监狱管理局的普查数据显示，2003 年在押的所有再犯中，47. 1% 被判 10 年以下有期徒刑，52. 9% 被判 10 年以上监禁刑；上海提篮桥男子监狱 2005 年再次犯罪（N = 698）的普查数据显示，被判处 10 年以上有期徒刑的占 42. 3%，被判处无期徒刑的占 20. 3%，被判处死缓的占 16. 6%。甘肃省监狱管理局的调研数据显示，2010 年全省在押被判处 10 年以上有期徒刑直到死刑缓期

〔1〕 关于毒品再犯和累犯竞合时的处理，是有争议的：一种观点认为，应仅按累犯从重处罚（参见高铭暄、马克昌主编：《刑法学》，中国法制出版社 1999 年版，第 492 页）；另一种观点认为，应按再犯和累犯的规定双重从重处罚。我们认为，与一般累犯的成立条件不同，毒品再犯强调的是行为人前后所犯的都是毒品犯罪的专业化倾向；毒品再犯是特别的累犯形式，相对于一般累犯的规定，毒品再犯的规定是特别法，根据特别法优先于一般法的规则，对于毒品再犯只能一次性适用再犯从重的规定，不应再适用一般累犯的规定。

〔2〕 Fan, *Kriminelle Karrieren: Straftaten, Sanktionen und Rückfall*, 2009, S. 207；访谈过的生涯罪犯的平均监禁压力更大，16 周岁起几乎 74% 的时间是在监狱中度过的，Fan, *Kriminelle Karrieren: Straftaten, Sanktionen und Rückfall*, 2009, S. 261.

执行的再犯比例占所有在押再犯总数（N =4358）的 69.5%[1]。再犯被判长期监禁刑的比例很大。相对于短、中期监禁刑，对于再犯行为人来说，多次和长期的监禁造成的严重自卑感和所积累的内心紧张，以及对于漫长刑期的绝望，容易导致自杀、自残倾向或者人格变态、性变态。这可以看作是检测监禁严酷性的一个重要指标。从比较的角度看，德国 2000 ~2004 年间，囚犯自杀率在 0.05% ~0.06%，普通居民该时期的自杀率是 0.014%；而我国的囚犯自杀率长期回落，几近于0，而根据世界卫生组织公布的数据，2002 ~2004 年间，我国普通居民的自杀率是 0.022%；普通居民高于囚犯自杀率与德国的情况刚好相反。原因可能在于，我国监狱拥挤和高度监控，没有自杀的机会是一个原因；自杀率影响监狱工作的考评，是第二个原因；但是，问题是，一方面，长期监禁刑的再犯比例很大，另一方面，如果根本没有自杀的机会，囚犯心理变态和监狱综合症的几率就可能会很高。甘肃省酒泉市监狱的一个数据就很能说明问题。该监狱鉴定确认的患有精神病的囚犯有 18 人，疑似精神病的有 6 个，占在押犯的 1%[2]。根据犯罪学实证研究发现，再犯的自杀或未遂自杀率比初犯要高出 6 倍[3]。此外，从在押再犯和初犯的年龄结构看，绝大部分人的年龄都在 20 ~45 岁之间，都有着对性的正常生理需求，但是，监禁尤其是长期监禁以及它所产生的负效应（遭遇离婚），使得性需求得不到正常的满足，造成的性压抑长期累积，会对囚犯的性心理、性生理和性取向上造成严重的病态问题[4]。

第三节　数罪并罚规则上的问题

数罪并罚是针对实质竞合的量刑规则，而实质竞合的前提首先是一个行为人

---

〔1〕 参见甘肃省监狱管理局课题组："甘肃省监狱系统在押罪犯中两次以上犯罪情况的分析"，载中国法学会刑法学研究会编：《刑法理论与实务热点聚焦》（上卷），中国人民公安大学出版社 2010 年版，第 695 页。

〔2〕 参见中国法学会刑法学研究会 2010 年学术年会《会议简报》第 3 期（2010 年 9 月 12 日印行），第 6 页。

〔3〕 Fan, *Kriminelle Karrieren*: *Straftaten*, *Sanktionen und Rückfall*, 2009, S. 244.

〔4〕 参见马立骥："在押犯性问题调查与教育改造对策"，载《青少年犯罪问题》2009 年第 3 期。

有数个行为，其次是这数个行为存在同时并案审理的可能性[1]。因此，数罪并罚的量刑规则不仅取决于实体法，也应取决于刑事程序法。我国《刑法》第69～71条对原罪、漏罪和新罪的数罪并罚做了实体规定，但是，在刑事程序法上并没有并案审理的前提条件的明确规范。第69条规定了原罪是数罪的情况下，除死刑和无期徒刑外，其他刑种的构成总和自由刑的，采取限制加重的并罚原则。方法上看，首先，对数罪的具体犯罪行为科处各自的具体刑罚；其次，确定具体刑罚中最重的刑罚作为起始刑，即所谓的"数刑中最高刑期"。最后是根据加重原则确定总和刑的上限。我国刑法设定了双重上限。其一是相对上限，即数刑"总和刑期以下"；其二是绝对上限，总和刑是有期徒刑的情况下，"最高不能超过20年（总和刑期在35年以上的例外，其并罚上限为25年）"。这样，总和自由刑作为一种特殊的量刑，只能在起始刑以上、绝对上限以下的刑罚幅度内确定；如果相对上限不超过绝对上限的情况下，只能在起始刑以上、相对上限以下的刑罚幅度内确定。在这个特殊的量刑幅度内，最后的总和自由刑，法律规定由法官酌定。如果确定总和自由刑时量刑的根据仍然是我国《刑法》第61条的法定量刑根据：犯罪的事实、性质、情节和对于社会的危害程度[2]，因为，这些根据在量定具体数罪的各具体刑罚时，给予了考虑，如果再次考虑的话，肯定就有对同一行为的客观方面做双重评价之嫌；如果确定总和自由刑的量刑根据不是第61条，那么，总和自由刑的量刑根据到底是什么？

《刑法》第70、71条分别对漏罪和新罪的并罚，规定了不同的并罚公式："先加后减"和"先减后加"。原判宣告生效后、执行完毕前，对于发现的在追诉时效内的漏罪，应当独立做出新的判决，如果两个判决都是有期徒刑，那么，对两个判决所判处的刑罚，就要确定最高刑期以上和总和刑期以下（或者绝对上限以下）的刑罚幅度，最终在该幅度内酌定一个执行刑期。这个总和刑期确定

〔1〕 实质竞合并案审理的前提是：①同一行为人违反两个以上的独立犯罪；②行为人必须出于数个犯意而实施了数个行为（属于行为复数）；③数行为必须是在裁判确定前违反。所犯数个行为必须能够在同一诉讼程序中并案裁判，若数行为分别涉及普通法院管辖和非普通法院管辖，自无实质竞合可言。观察我国刑法上的关于数罪并罚的规定，第71条规定的并罚，并不是典型的本该纳入一个审理程序的情形，因而，不应该是数罪并罚意义上一个程序应该解决的问题，而是一个与原来程序无关的新的程序中需要解决的新问题，这个新罪与原来的罪，不存在实质竞合而本该并案审理、在一个判决中做出量刑的问题。因而，第71条的规定，不应该是数罪并罚的问题，而应该是撤销假释，与余刑合并执行的问题。

〔2〕 立法者不是把行为人的罪责，而只是把行为的客观方面确定为法官量刑的根据或者说基础。总和自由刑大多是在不必考虑行为人人格和各具体犯罪之间的关系的综合评价下，机械或随意做出的。总和自由刑的量刑根据和前面提到的死刑的适用标准，以及一般的量刑根据，体现的是没有刑罚个别化考虑空间的报应主义刑罚本质。

后，减去已经执行了的刑期，就是漏罪的“先加后减”。先后判决都判有期徒刑的情况下，漏罪并罚后的总和刑期的实际执行，绝对不会超过数罪并罚的有期徒刑的20年绝对上限。对于新罪，法律要求对其做出新的判决，如果先后判决都是有期徒刑，就要对前罪没有执行的刑罚和后面的新罪所判处的刑罚，确定最高刑期以上和总和刑期以下的刑罚幅度，在该幅度内酌定一个重新开始起算的不超过20年的新的执行刑期。这就是新罪的“先减后加”。使用“先减后加”的并罚公式，犯罪行为人的实际服刑时间，很可能会超过有期徒刑并罚的20年绝对上限。这样，有期徒刑、无期徒刑和死刑缓期二年执行，从犯罪行为人实际服刑时间上来看，都有可能在20年以上，这三种刑罚对于犯罪行为人来说，就没有什么明显差别。法律对新罪的从严惩处，就使得有期徒刑情况下“限制加重”的并罚原则所设定的绝对上限，出现了相对化的问题。

第四节　缓刑、减刑、假释法的适用障碍

把罪犯关进监狱后扔掉监门钥匙的论调[1]，违背刑事政策的人道主义原则[2]，是值得警惕的纯报应主义的意识形态。刑罚执行的首要目标是囚犯的再社会化。再社会化这个刑罚执行的首要目标来自我国《宪法》第1条的社会主义国家的国家义务：既不能把人贬低为刑罚的客体，也不能把他看作没有希望的人而予以放弃。而应该积极培养囚犯过上负责任的生活的技能和意愿。因此，所有囚犯在宪法上都享有保障其再社会化的请求权。

为保障囚犯的再社会化权利，避免监禁刑给囚犯造成不利于其再社会化的

---

〔1〕 这种论调，表现在设想用无期徒刑替代死刑的观点和对无期徒刑进行改革的论争中，其中提到的设立（无假释可能的）绝对无期徒刑来替代死刑，无异于用对行为人的“活埋”来取代“大辟”，是违反刑事政策的人道主义原则的绝对刑罚观。最近的文献，详细参阅袁彬：“死刑替代措施的模式及其立法选择”，载中国法学会刑法学研究会编：《刑法理论与实务热点聚焦》（上卷），中国人民公安大学出版社2010年版，第766～771页；王志祥、何恒攀：“论我国终身自由刑制度的改革”，载中国法学会刑法学研究会编：《刑法理论与实务热点聚焦》（上卷），中国人民公安大学出版社2010年版，第389～397页。

〔2〕 刑事政策的人道主义原则对国家有两个方面的要求：一方面，国家要有效地防止犯罪行为对于个人法益和整体法益的重大侵害，另一方面国家还负有这样的义务：对于即便是粗暴地践踏人类共同生活诫命的人，仍然要以公民和生活于社会共同体的人类平等一员予以对待，并且要致力于使其重新回归和融入共同体。参见 Weigend, *Einführung für das Strafgesetzbuch*, 41. Aufl., 2005, S. X.

“污点效应” 和 “旋转门效应”[1]，以及从刑法经济原则出发，缓解监狱收容压力和解决高度的监禁率问题[2]，刑法对监禁刑规定了缓刑、减刑和假释三条救济出路。缓刑是法庭科处自由刑，但可不予执行而交付考验，这样就完全省略了监禁刑的执行，以避免短期自由刑之弊。减刑和假释都是刑罚监禁执行一部分后，予以减轻或者把剩余的部分刑期交付考验，这两种制度会让囚犯提前释放，以救济长期自由刑之害。但是，减刑是无条件的提前释放，而假释是有条件的提前释放。减刑包括刑罚种类的减等或者刑期的改变[3]，因而是不同于假释的刑罚修正，应当适用于不同于假释的程序[4]。按照法律规定，提前释放的形式可以是减刑，可以是假释，也可以是先减刑后假释。

在我国刑罚的执行实务中，最常见的出狱形式是刑满释放和减刑释放，1998年到2005年的8年间，北京地区的囚犯假释率，从趋势上看有小幅增长，但是幅度很低，达到3%的比例很罕见；减刑率在29%和37%之间波动，减刑平均比例大约是34%[5]。司法部1996～2001年间全国假释数和假释率的统计数据[6]显示，7年间假释平均适用率在2.1%。2006年，全国的减刑比例有最低15%和最高44%之间的省份差别，平均减刑比例大致在30%。把我国的减刑和假释的法定下限和刑罚实际执行时间之间进行比较，可以发现，没有启用的减刑和假释

---

〔1〕 犯罪学实证研究发现，犯罪行为人由于其受刑罚处罚的严厉性和多次监禁所累积的负效应，容易把罪犯角色接纳为自我形象，在犯罪生涯内驱力的作用下，积极实现自我角色，陷入一种无力自拔的价值观，而成为其以前监禁生活的人质。“犯罪——监禁——再犯” 这么一种不断循环的 “旋转门” 现象是其主要的生活方式。

〔2〕 这个问题的解决通常有两种策略：尽量扩大非监禁刑的适用，减少入监量；尽量降低平均实际服刑时间和扩大假释范围，增大出监量。

〔3〕 比如，第50条，死缓可以减为无期徒刑或者25年有期徒刑；无期徒刑可以减为有期徒刑；第78条对减刑还设定了底线：被判处有期徒刑的情况下，一次或多次减刑不得使执行时间少于最初判处刑罚的1/2。判处无期徒刑的情况下，实际执行的刑期不得少于13年。

〔4〕 假释不是刑罚变更或修正，而是执行方式的改变。执行方式或者环境的改变，一方面是属于司法行政权的管辖范围，另一方面，执行环境改变所要求的再犯预测根据是行为人的狱内服刑表现，表现如何，完全是由执行机构考察、核定的，因此，假释应由监狱长呈报司法部（局）核办，而不宜提请法院予以裁定。更何况，假释涉及到的撤销，也是收监执行和不收监执行的司法行政问题。如果假释期间犯罪而撤销假释的，则是属于涉嫌新罪的问题，涉及的不是继续执行原判之余刑，而关涉加重方向上的刑罚修正，需要启动新的刑事程序，自然不属司法行政的管辖。我国《刑法》第82条规定假释适用与减刑一样的程序，其合理性是值得怀疑的。

〔5〕 宋红伟：“宽严相济刑事政策视野下的假释适用实证研究”，载《犯罪与改造研究》2007年第4期。

〔6〕 郭洁、孙倩：“我国假释制度完善研究”，载中国法学会刑法学研究会编：《刑法理论与实务热点聚焦》（上卷），中国人民公安大学出版社2010年版，第565页。

空间还很大（表9）。实证研究发现，假释相对于减刑，对于囚犯的再社会化来说，是负效应较小而有更大再犯预防效果的补充或者替代选项[1]。因而，实务之中有扩大适用假释的必要。但是，假释的扩大适用，受制于法官的再犯预测义务的履行水平和监狱的假释意愿。

表9　2001年和2003年北京释放人员实际服刑的平均长度

原判刑期（年/月）	5/60	10/120	15/180	20/240	无期	死缓
最低服刑期（月）	36	76	108	168	148	169
最高服刑期（月）	58	118	174	222	228	272
平均服刑期（月）	52	99	146	**196**	**186**	212
实际服刑比例： 实际服刑期/原判刑期	87% 6/7	83% 4/5	81% 4/5	82% 4/5	71% 7/10	74% 7/10
法定刑罚幅度的下限[2]（月）	30	60	90	120	120	168

数据来源：根据宋红伟的"宽严相济刑事政策视野下的假释适用实证研究"（载《犯罪与改造研究》2007年第4期）一文的数据计算而来。无期徒刑一般执行最高刑期按22年计算；死刑缓期执行一般执行的最高刑期按24年计算。

缓刑和假释不同于减刑，它们不是对刑罚的修正，而是刑罚立即执行与否的选择或者执行环境的变更，涉及到对行为人在未来自由状态下的考验，因此，立法者对于减刑不要求法院进行再犯预测，而在适用缓刑和假释的规范前提上却赋予了法院再犯预测的义务。因此，提高缓刑和假释的适用率，就必定取决于三个

---

〔1〕 国际上许多研究对不同出狱方式的再犯率进行了比较分析。有研究比较假释释放和刑满释放的制裁效果发现，假释释放的比刑满释放的再犯率低了13%。有的学者分析德国和外国的大量研究，得出如下结论：假释释放的囚犯在考验期满后的5年内与刑满释放者相比，再犯的比率要小20%到40%。实证证据基础上的研究发现，假释的余刑在满足特定条件下继续收监执行的"紧箍咒效应"，通常使得假释在考验期内会发挥出比之减刑后无条件释放明显好得多的威慑-预防效果。因此，西方发达国家囚犯提前出狱的形式多是假释。20世纪60年代美国的假释率达到60%，70年代高达70%，尽管80年代下降到了50%，90年代还保持在40%。

〔2〕 根据2011年修正前的《刑法典》第78条第2款：减刑后实际执行的刑期，判处管制、拘役、有期徒刑的，不能低于原判刑期的1/2；判处无期徒刑的，不能少于10年。根据1997年11月8日起施行的最高人民法院《关于办理减刑、假释案件具体应用法律若干问题的规定》第9条和第15条，对于死刑缓期执行的，经过以此或几次减刑好，实际执行刑期不得少于14年（含死刑缓期执行的2年）。

方面的要求：预测依据的法定要素的要求、再犯预测概率上的法定要求和法官的再犯预测水平。

首先，根据刑法的规定，缓刑和假释预测所依据的要素明显是不同的。缓刑的预测根据，法律所要求的是行为人的“犯罪情节和悔罪表现”；而假释的预测根据是行为人“认真遵守监规，接受教育改造，确有悔改表现”。这里，“悔罪”不同于“悔改”。前者是对于犯下的罪行，认识到错误并表现出懊悔；而后者不仅要求有悔罪的表现，还要求在相当长时间的刑罚执行中，行为人一贯表现出改正自己行为的决意。法律要求拟假释的囚犯的“悔改表现”不是假象，通过观察和评估，要达到“确有”的程度。再者，假释是刑罚执行的变更，影响这种变更必要性的因素，实务中关键是要看行为人在刑罚执行中的悔改表现，而不应该是过去的犯罪情节。犯罪情节在过去量刑的时候，已经进行过评价；在刑罚执行阶段，由于工作的重心已从原来侧重行为罪责报应的量刑，转移到了行为人的再社会化，在执行了法定的刑期、决定假释的时候，就不应该再考虑过去的犯罪情节所表现出的行为罪责。而且，过去的犯罪情节不能决定罪犯在执行中的表现，罪犯有其严重的犯罪情节，也不意味着他在刑罚执行过程中不会有悔改表现，过去的犯罪情节不能否定罪犯在服刑中确有悔改表现[1]。而过去的犯罪情节在决定缓刑时必须加以考虑，才是合理的，因为，犯罪情节决定着刑罚执行是否必要。另外，“悔改表现”是行为人在监狱中的服刑态度，对于这种态度要谨慎评估，因为，能够很好地适应监狱生活和根本不能适应监狱生活，这两种情况所反映的行为人的社会生活能力，同样都不能充分说明行为人将来在自由状态下，必定不会继续实施犯罪，或者必定会继续实施犯罪。

其次，适用缓刑和假释的积极预测的高度上的要求应该不同。因为，前者的预测要求行为人将来极可能不继续实施犯罪行为，因而不必要收监执行刑罚；而后者的要求是，只要在执行部分刑罚后，即便有对行为人不明确的预测，即再犯和不再犯的概率各50%的情况下，也可以假释。适用缓刑的积极预测要求达到的概率高度，应该高于可以假释的积极预测的概率高度。因此，《刑法修正案（八）》之前，缓刑的“不致再危害社会”的预测要求达到“确实”的程度，而假释的预测要求并没有“确实”的预测要求。但是，《刑法修正案（八）》把对行为人适用假释和缓刑的积极预测的概率要求，提到了同样的高度，即绝对“没有再犯罪的危险”，这就明显提高了适用假释在积极预测上的门槛，自然会限制

---

〔1〕 参见李希慧：“假释制度完善若干问题之探讨”，载中国法学会刑法学研究会编：《刑事法前沿》（第5卷），中国人民公安大学出版社2010年版，第32页。

实务中假释的大量适用。

最后，假释适用率的高低，取决于法官的再犯预测水平。刑法要求法官对囚犯达到“认为其没有再犯罪的危险”，也就是说要求，法官确信拟假释的囚犯将来不会再犯罪。刑法使用了“危险”这个概念，那就说明，对于个体预测，只能期待的是概率上的预测。因为完全准确可靠的预测或者说是－否型的预测，从目前的认识论发展水平上来看，是不可能的；而危险概念并不排除概率上的高低分级。另外，犯罪学研究发现，较长时期的监禁刑后的再犯危险，并不能被完全排除，只可能或多或少地予以降低；假释前的再犯预测是犯罪学上迄今最没有把握的预测〔1〕。实证的预测水平根本达不到确定“没有再犯罪危险”的要求，因此，刑法提出的预测标准是过高了。如果对预测准确性的要求过高，假释的适用就变得几乎是不可能的。还有，预测也可能出现错误。比如，做预测时，对于有没有再犯罪危险存在疑问时，法官总会认为存在持续的犯罪风险，这样，对犯罪风险就会存在高估的可能性（即“false positive”问题）。但是，这种对再犯罪风险的高估，可能就是一个错误。不过，这种高估的危险，是否真正的错误，从来没有办法证明。当然，如果顾忌预测错误而不去冒险，虽然可能不干事，在公众眼中也就不会犯任何错误。但是，这也就可能让国家和囚犯本人多付出了数年的监禁成本〔2〕。

此外，还要考虑到，监狱方面是否愿意对囚犯提请假释。因为，作为考核监狱管理水平的重要指标之一是囚犯服刑期间再犯罪率，如果刑满释放，再次犯罪，不会是服刑期间的再次犯罪；如果假释出狱，即便是在狱外再次犯罪，由于刑罚没有执行完毕而属于服刑期间的再次犯罪。因此，如果剩余刑期不多的情况下，监狱可能会对于囚犯宁可劝其服满刑期而不愿为其提请假释。如果假释不能符合立法者的目的，成功地替代对这类囚犯的减刑，而造成“出口”不畅，那么，实务中无疑会强化其既有的重刑效应：年度平均监禁刑期的持续升高，长期刑的囚犯人数持续大幅累积。

---

〔1〕 Schöch, “Kriminalprognose”, in: Schneider, H. – J. (Hrsg.), *Internationales Handbuch der Kriminologie*, 2007, p. 389.

〔2〕 据权威人士保守估计，每个服刑人员每年需耗费国家财政拨款万元左右；江苏省对服刑人员的财政投入更是达到了每年人均2.7万元左右。参见白建军：“裸刑均值的意义”，载《法学研究》2010年第6期，第138页及该页注8。

第五节　对老年人犯罪的从宽处理

我国刑法上，责任能力的前提有两个：年龄和精神状态。年龄的责任前提是法律拟制的，而精神状态的责任前提，需要结合两个责任能力要素经过法定程序鉴定确认。

责任能力与年龄有关。与年龄相关的责任能力，是法律所拟制或推定的责任能力，这种推定的责任能力与某个个体在该年龄事实上的认知能力和控制能力没有关系。修法对审判时年满 75 周岁的老年人拟制了限制责任能力，给予了刑罚福利：对年满 75 周岁的人故意犯罪的，可以从轻或者减轻处罚，过失犯罪的，应当从轻或者减轻处罚（在第 17 条后增加 1 条，作为第 17 条之一）；除特别残忍手段致人死亡的外，审判时年满 75 周岁的人，不适用死刑；符合缓刑条件的，应当予以缓刑。

立法者是想从年龄影响责任能力的角度把已满 75 周岁的年迈事实，拟制为酌定的（故意犯）或者法定的（过失犯）从轻或者减轻处罚的量刑情节。未成年人刑事责任能力的法律拟制是大部分成文法国家的通例。而审判时年满 75 周岁老人的刑事责任能力的这种法律拟制，在犯罪学上是没有必要的，在刑法学上也是没有意义的。

从犯罪与年龄的关系上看，犯罪发生率最高的年龄段在 14～40 岁之间〔1〕，75 岁以上的人犯罪的情况，特别少见，没有犯罪学意义。之所以没有犯罪学意义，是因为，如果把年满 60 岁作为老年人的标准〔2〕，年满 75 周岁的人，就属于老人中的高龄人群。这个群体的大部分人，一方面，活动范围和行为方式受到体力、机会和智力上的限制。比如，暴力犯罪诸如抢劫、伤害等犯罪所需要的体力不够了，盗窃需要的敏捷没有了，年老体衰，笨手笨脚；这些人绝大部分早已完成了从职业生活到退休生活的角色转换，过着退休后的养老生活，已经没有实施比如贪污、受贿等犯罪的机会；智力上已经开始迟钝，难于实施诈骗犯罪，犯罪被害人学研究发现，这类人群反倒常常成为诈骗犯罪的被害人。另一方面，从老年人犯罪的角度来看，尽管不能实施严重的暴力犯罪，老年人也可能会转换犯

〔1〕 Fan, *Kriminelle Karrieren: Straftaten, Sanktionen und Rückfall*, 2009, p. 93.

〔2〕 人们 60 周岁就退出职业生活，进入退休状态。社会学问卷发现，年轻人一般认为 60 周岁到 65 周岁是人进入老年的门槛。国际上警方的刑事统计通常把 60 周岁作为老人的统计标准。

罪结构，实施较轻的犯罪。不能去抢劫和盗窃，代之以窝赃、销赃；不能去实施伤害，转而去侮辱他人，不能实施强奸，却去猥亵儿童。但是，由于老年人犯罪的这种轻罪特征，他们的犯罪行为通常又会受到人们的宽容，而较少被报案。大部分老年人犯罪常常处于黑数状态。老年人文化活动组织、家人的关照或者养老院的管理，这些非正式社会控制因素使得老年人实施犯罪的机会和诱因大大减少。

另外，各国国家的居民人均寿命的平均值是不同的。《2008 年世界卫生组织报告》显示，我国居民人均寿命 72 岁（男性 70 岁，女性是 74 岁）。我国的大部分人目前达不到 75 岁这个寿数。年满 75 周岁的这部分人群在我国总人口中，所占比例特别小，实施犯罪的人就更少。

从刑事司法实务来看，对已满 75 岁的人判处绝对监禁刑的情况，无论中国还是外国，都非常罕见。从 2006 年中德监狱囚犯的年龄分布图（抽样数据）中，就可以看到这一点（见图 2）[1]。这种监狱囚犯的年龄结构特征，还可以从其他数据得到印证：2010 年 2 月底，对浙江省监狱的囚犯抽样数据显示，1.1 万个样本中，年满 75 周岁的只有 2 个人（所占比例：0.000 182）。

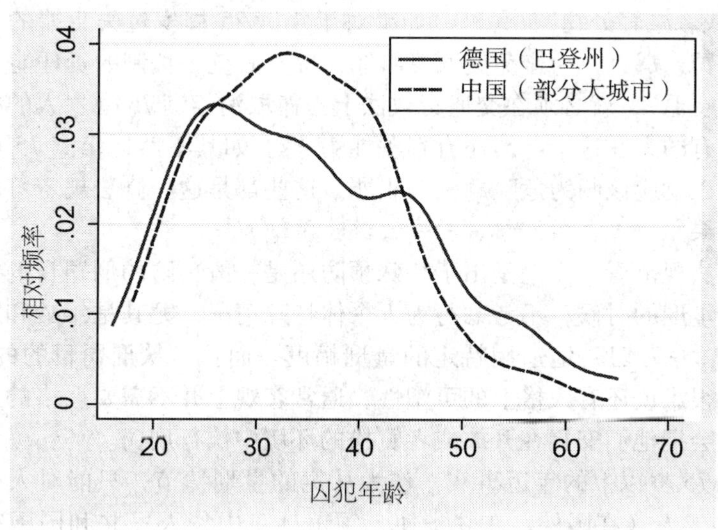

图 2　2006 年在押囚犯的年龄分布结构（中德比较）

数据来源：德国巴－符州的数据来自 2006 年 3 月 31 日该州的司法统计报告。

〔1〕 Fan, *Kriminelle Karrieren: Straftaten, Sanktionen und Rückfall*, 2009, p. 80.

从高龄个体的刑事责任能力的实际状况来看，有没有病态的精神紊乱，有没有深度的意识障碍，有没有痴呆，有没有其他的精神耗散，年满75周岁的人的实际责任能力，完全可以通过法定程序鉴定确认[1]。如果没有区别的仅仅把年满75周岁的年迈事实作为拟制的相对责任能力的要素，那么，在刑事程序法上，年满75周岁的被害人，即便是该年满75周岁的被害人事实上头脑清晰、记忆力好，因为其年迈事实，其被害人身份的证人证言的有效性和可靠性，就有可能因为其年迈而拟制推定的辨认力弱或者记忆力差而受到怀疑。另一种可能的情况是，年满75周岁的人，如果腿脚灵便、头脑清晰、思维敏捷、记忆力好，各项机能正常，作为他人案件的证人，可能会出于各种目的，大可不必负责地恣意作伪证，因为最大也不过受到刑法上的缓刑处理（第305条：伪证罪处3年以下有期或拘役）；当少数身体机能没有明显衰退的年满75周岁的老年人实施了严重的犯罪，比如，奸淫不满14周岁的幼女或者猥亵儿童的（老年人犯罪学发现，老年人的这类性犯罪比较突出），教唆不满18周岁的人犯罪的，《刑法修正案（八）》“可以从轻或者减轻”处罚的规定，相对于法定的从重情节（“应当从重”）来说，就没有了意义。组织、领导黑社会性质组织的“主犯”，反而还“可以从轻或者减轻处罚”！另外，如果对于年满75周岁过失犯罪的人必须从轻或者减轻处罚，那么，为避免交通肇事罪，鉴于其统一拟制的责任能力（认知和控制能力的衰退），就必须在交通行政法上一律取消年满75周岁人的机动车驾驶资格，尽管有的人在这个年龄还有驾驶能力[2]。如其不然，年满75周岁的人驾驶机动车的，就应该归为危险驾驶的犯罪。这些都是这一修法规定可能引起的意外的逻辑后果。

从量刑法规范看，无论是出于特殊预防还是一般预防的刑罚目的，法律都未要求法官在量刑的时候，不考虑行为人个体特殊情况，尤其是年龄和对于刑罚的主观后果，“一刀切”地适用特定的量刑幅度。而且，从刑罚目的的实现来说，高龄的人，很难说还有人格上的可塑性，通常客观上并不需要严格的再社会化规训，实务中会把他们安置在开放或者宽松的环境中执行刑罚。

如果把75岁以上的年迈事实，作为从宽的量刑情节，只能对人寿均值高于75岁的外国老人（在国外、在驻华使、领馆针对中华人民共和国国家或者公民

[1] 刑事司法实务中，通常会忽视对老年嫌疑人或者被告人的实际责任能力的鉴定。

[2] 我国交通行政法规定，申请驾驶C本的人的最高年龄是70岁；如果在该年龄以前申请的，年过70岁可以继续驾驶C本允许的车辆。而该规定并没有设定驾驶资格的上限。

犯罪，或者在中国，比如经商、旅游、参加会议或者探亲等居留期间犯罪）针对中国或者中国公民犯罪最为有利。这种情况，是否符合立法目的，是否也是立法者所乐意看到的？

最后，审判时已满75周岁的人，不适用死刑，但以特别残忍手段致人死亡的除外。这条规定对于强制死刑的个别罪名来说，就会出现法律适用上的冲突。比如，《刑法》第240条规定：拐卖妇女、儿童情节特别严重的，处死刑，并处没收财产。审判时年满75周岁的被告人在实施该犯罪时，如果没有到达“以特别残忍的手段致人死亡的程度”，是否应判处死刑？

总之，《刑法修正案（八）》对审判时年满75周岁的人从宽处罚的规定，对于刑法预防和打击犯罪目的和任务的实现，没有任何助益。这是一条既没有理论意义、也没有实务意义的、不能实质上显示宽严相济刑事政策中宽的一面的高调标语[1]。

第六节 对未成年人犯罪的从宽处理

我国刑法上的未成年人是指行为时已满14周岁不满18周岁的人。根据《刑法》第17条的规定，已满14周岁不满16周岁的人，犯8种重罪的，要负刑事责任。这8种犯罪的最低刑罚幅度通常是：10年以上有期徒刑。因此，即便是给予行为人从轻或减轻处罚，行为人通常至少要被判处10年有期徒刑。根据第80、81条，即便行为人被减刑或者假释，也必须执行了原判刑罚的1/2，这样，行为时已满14周岁的人出狱后，已经年满19岁了，如果再次实施犯罪，必定属于累犯。因此，犯罪时不满18周岁的人不是累犯的修法规定，肯定不可能包括这部分未成年人（14~16）。除这8种犯罪的有限责任人外，因不满16周岁而不予刑事处罚的这部分未成年人，由于第一次行为没有受刑事处罚（只是受到管教或者收容教养），只要不满16周岁，即便实施了N次行为，也不可能是累犯。因此，犯罪时不满18周岁的人不作为累犯的规定，对于不满16周岁的人没有任何意义。

这条修法规定可能有意义的年龄段，只能是在第一次有期徒刑以上刑罚执行完毕或者赦免后5年内，再犯应当判处有期徒刑以上刑罚之罪的已满16周岁不

〔1〕 因此，可以建议：不修改第17条，而在第18条第1款的人的范围，加上痴呆的人和有深度意识障碍的人；在第3款的人的范围内，加上精神耗弱的人。

满 18 周岁的人，即：16 岁和 17 岁的人。那么，这两个年龄的人的累犯在目前的累犯总数中，到底占到多大的比例？以至于为避免从重处罚所带来的监禁负效应，必须把这两个年龄段的人单独排除在累犯之外。2010 年 2 月底，在浙江省的监狱抽样囚犯调查数据显示，1.1 万个样本中，再犯人数 2453 人，其中 16 周岁的 1 人，17 周岁的 17 人，这两个年龄的再犯人数占所有再犯人数的比例是 0.007。这个数据说明，出于避免从重监禁的负效应，而把 16、17 周岁的人排除在累犯之外，并不能对解决再犯的总体问题提供任何助益。

显然，立法上把不满 18 周岁的人的犯罪不作为累犯，是要解决第 17 条第 3 款和第 65 条第 1 款之间在处理如下问题时立法上的矛盾：对于行为时不满 18 周岁的累犯，在量刑时是从轻还是从重。因为对于未成年人，第 17 条第 3 款要求应当从轻或者减轻处罚；对于累犯，第 65 条第 1 款要求，应当从重处罚。这样，法官在量刑时，从轻或者从重，或者既不从轻也不从重，都是违背法律适用义务的。为解脱法官的困境，修法是必要的。但问题是，是否“必须从重”处罚行为时不满 18 周岁的累犯，在再犯从重处罚的法理上，有没有扎实而充分的根据。

第七节　坦白从宽的刑事政策与法治国家原则的紧张关系

长期以来，我国刑事司法上奉行的“坦白从宽，抗拒从严”的刑事政策，是违反无罪推定原则要求的。无罪推定的原则要求，对于犯罪嫌疑人或被告人是否有罪的问题，在完成证明责任并做出生效判决之前，必须始终是一个开放性的问题；国家在程序推理的意义上不能像对待罪犯一样对待他们，而应当把他们按无罪的人来对待。但是，如果在没有做出有罪还是无罪的生效判决之前，即侦查阶段就与行为人讨论量刑上的从宽和从严的问题，实质上是侦查阶段就已认定行为人的行为构成了犯罪[1]，剩下的问题只是看其诉讼态度，来决定量刑的宽和严的问题了，这是典型的有罪推定的逻辑。最近的《刑法修正案（八）》忽视刑

---

〔1〕 诉讼结局是有罪还是无罪的骰子（色子）在程序的侦查阶段就已落下了。

事政策与法治国家原则的关系[1]，在我国刑事诉讼明确反对有罪推定的前提下[2]，仍然因循并落实“坦白从宽”的刑事政策，对虽然不具有自首情节，但如实供述自己罪行的犯罪分子，规定可以从轻处罚；因其供述，避免特大损失的，可以减轻处罚。这样，实体法就推翻了程序法关于犯罪嫌疑人和被告人诉讼主体的定位，把他们确定为“如实供述自己罪行”的有罪推定的对象，而完全变成了诉讼的客体。

坦白是行为人行为后的诉讼态度。诉讼态度不可能对行为人的行为罪责有追溯效力，而它只对评估针对行为人的特殊预防的必要性有重要意义。坦白或者抗拒，只是用来推测行为人再社会化前景的指标之一；但是，坦白的真实原因，在诉讼程序中是很难查清楚的。如果对于坦白动机的事实，存在查不明白的情况，就不能认定行为人具有再社会化前景，而轻率地予以从轻。坦白并不必然说明，行为人已经认识到自己的行为错了（认罪）。如果犯罪嫌疑人或者被告人知道，坦白可以从轻处罚，那么，出于这一动机的坦白，就很难认定为行为人是自愿认罪；坦白也可能是犯罪嫌疑人为避免面临的刑讯逼供，以备以后的翻供，或者为避重就轻[3]，而采取的一种权宜的诉讼策略。这就很难认定其具有再社会化的积极前景[4]。

量刑时对诉讼态度的考虑，还会和刑事诉讼“不强迫自证己罪”（*nemo tenetur se ipsum prodere*）的原则发生冲突。该原则要求，犯罪嫌疑人或被告人没有协助国家证明自己有罪的义务；不得强迫任何人对证明自己有罪的事情进行积极合作 。被告人愿意选择以何种方式和策略进行诉讼，是他的自由。对“合作”态度的奖赏，会削弱犯罪嫌疑人或者被告人的诉讼自主权和辩护权，因为，在诉讼

〔1〕 所有的刑事政策都不能突破法治国家这个界限，都应该受到该原则的制约。“坦白从宽、抗拒从严”的刑事政策所体现的有罪推定的司法原则，违背了我国《宪法》所确立的所有国家行为必须一体遵循的——社会主义法治国家原则（第5条），在建设法治国家的进程中应当及时予以彻底清除。

〔2〕 尽管在我国刑事诉讼法上是否确立了无罪推定原则的问题上，仍有争议，但是，反对有罪推定的立场是毫不含糊的。1996年第八届全国人民代表大会第四次会议上，原全国人大常委会法制工作委员会主任顾昂然所做的《关于〈中华人民共和国刑事诉讼法〉修改的说明》的报告明确指出：“我们坚决反对有罪推定，但也不是西方国家那种无罪推定，而是以事实为根据，以法律为准绳。”

〔3〕 是否构成坦白，取决于追诉机关对嫌疑人的罪行信息掌握得是否全面而充分。但是，坦白不排除在刑罚执行完毕之前，发现漏罪。那么，就会出现这样的问题：发现漏罪的情况下，这个漏罪事实，是否可以溯及性的否定之前认定的坦白。

〔4〕 即便有了自己的行为错了这样的认罪，还不足以做出行为人不会再实施犯罪的判断和期待，因为，是否会继续实施犯罪，决定性的因素是行为人基于这种认罪和悔罪认知，不去实施行为的意志力或毅力。

法上没有确立被嫌疑人或被告人沉默权制度的情况下，无论是保持沉默、拒不交代，还是口供不实、翻供辩解，甚至表白自己行为的正义性，都是与坦白相对应的“抗拒”，它表现出的是在证明自己犯罪的问题上顽固的或有所反复的不合作态度。行为人最终会因为选择了这种不合作的诉讼态度，增加了追诉机关证明自己有罪的工作难度而受到处罚。尽管《刑事诉讼法》第 50 条明确禁止用强制的手段获取证据，但是，第 118 条又明确规定了犯罪嫌疑人或被告人“如实回答”、“如实陈述”的义务。如果不“如实供述自己的罪行”，尽管法律并没有规定如何处理，但是，实务中通常会认定行为人认罪和悔罪态度不好，往往会造成对行为人不利的后果，从而形成对行为人的间接强制或强迫。如果积极合作的坦白可以获得宽大处理，这就意味着没有坦白的或者采取了翻供的辩解策略的或者陈述不实的甚至表明自己行为正义性的犯罪嫌疑人或者被告人，会得到相对严厉的处理。这不仅会威胁到他们的诉讼主体地位和辩护权利，也会给刑事诉讼法中将来设立沉默权和犯罪嫌疑人或被告人行使该权利造成实体障碍。

第八节　绝对刑罚理论指导下的刑罚结构

根据有绝对和相对之分的刑罚理论，国家刑罚可以分为报应和预防两种取向。报应性的刑罚虽然能够满足“自然”的公正感，但是，它不能明显地实现积极的社会目的，刑罚作为世俗社会的一种制度，很难在报应思想上取得正当性。相反，预防性的刑罚借助其建立在预防思想上的社会目的，就容易获得其正当性[1]。因此，只有相对理论才称得上刑罚的目的理论。只有对已知的犯罪原因施加影响，使其得到改变，那么，从刑罚目的理论中推导出来的刑罚，才可能减少继续实施犯罪的概率。发现并列举犯罪的原因是犯罪学理论的重要任务。因此，任何刑罚目的理论必须建立在一定的犯罪学理论之上。而绝对的刑罚理论的核心思想是：行为人受刑罚处罚的权利和义务，只能从所实施过的不法中推导出来，这样，刑罚对于犯罪必定是适当的[2]。绝对刑罚理论根本不需要考虑犯罪的原因究竟是什么。

---

〔1〕 Hassemer, *Freiheitliches Strafrecht*, 2001, p. 103; Weigend, “Sind Sanktionen zu akzeptieren, die sich am Maβder Tatschuld orientieren?” In: Frisch, von Hirsch, Albrecht (Hrsg.), *Tatproportionalität*, 2003, p. 199.

〔2〕 Hermann, *Die Kompatibilität zwischen normativen Straftheorien und Kriminalitätstheorien*, GA 1993, p. 520.

我国现行的刑罚体系和结构，体现的正是这种不考虑犯罪原因的绝对刑罚精神。死刑制度和绝对死刑规范，对于要适用的行为人来说，没有任何预防的意义可言，是纯粹的报应；但是，如果立法者仅仅希望这种刑罚能够以赎抵罪责的报应达到一般预防的目的，则这种功能化的刑罚安排，往往会让个人成为“以儆效尤”的道具，使得刑罚面临这样的危险：为了长治久安的公共福利，而牺牲对于个人的公正。因为这种报应刑的安排，从来只是片面的考虑个体对社会的危害，而不考虑社会对于个体选择犯罪行为的制度责任。罚金刑与自由刑的并科，罚金刑的适用范围没有限制在中等严重程度以下的犯罪上，根本没有做出有利于行为人的再社会化的考虑，违背了罚金刑制度的理性刑事政策目的；罚金刑的科处不考虑行为人的经济状况和支付能力，而仅仅根据“犯罪情节”，大量的采用无限额罚金制等，充分反映出我国罚金刑的报应本质。追缴与没收财产刑的功能性重叠，刑种选择范围宽泛，多个重刑刑种的威慑，主刑和附加刑的双重或多重打击，不考虑再犯发生的实际原因的“必须从重处罚”，把刑罚执行完毕前的新罪按数罪并罚来处理，使得“限制加重”的并罚绝对上限，出现了相对化的现象，在量刑原则中没有确立“禁止双重评价”的规则，所有这些，说明我国刑罚结构的设计，接受的是绝对刑罚理论的指导。

第十九章

刑事和解与社区矫正制度

关于刑事和解与社区矫正的实践效果，刑事和解对刑事责任的影响以及我国是否应该以及如何通过立法确定刑事和解与社区矫正的法律地位等问题，是近年来学术界与实务界的研究热点。虽然2011年2月全国人大常委会通过的《刑法修正案（八）》明确规定，对判处管制、宣告缓刑以及被假释的犯罪分子进行社区矫正，明确了社区矫正的刑法地位。但是，社区矫正的具体程序、监督机关等问题，在立法上尚未解决。而且，刑事和解仍然有待于立法确认。鉴于刑事和解与社区矫正在国外，都与恢复性司法紧密相连，为了深入剖析二者的理论基础，提出实践建议，本章第一节首先介绍了恢复性司法的历史发展，基础理念以及基本程序，概览了国外的适用情况；第二节概述了刑事和解在我国实施现状以及实践中出现的问题，就刑事和解的案件范围等问题进行了思考；第三节以《刑法修正案（八）》的立法规定为基础，就社区矫正的执行程序等相关问题提出了初步建议。

第一节　恢复性司法国外实施情况述评

根据2002年7月24日联合国经社理事会通过的《在刑事事项中运用恢复性司法的基本原则》，“恢复性司法方案”系指采用恢复性程序并寻求实现恢复性结果的任何方案，并非指某一具体的计划、方案或项目，而是一类方案的统称。所谓“恢复性程序”指通常在调解人帮助下，被害人和罪犯及酌情包括受犯罪影响的任何其他个人或社区成员共同积极参与解决由犯罪造成问题的程序。恢复性程序可以包括调解、调和、会商和共同确定责任；“恢复性结果”系指由于恢复性程序而达成的协议。恢复性结果可能包括旨在满足当事方的个别和共同需要和履行其责任并实现被害人和罪犯重新融入社会的补偿、归还、社区服务等对策和方案；“当事方”系指被害人、罪犯和可能参与恢复性程序的受到犯罪影响的其他任何个人或社区成员；“调解人”系指其作用为公平和公正地促进当事方参与恢复性程序的人。

一、恢复性司法的产生与发展

作为一种司法模式，恢复性司法在人类早期就已有萌芽，但作为一种系统的司法理论与司法制度，其发端于20世纪70年代的新西兰、英格兰等国家与地区。以恢复性司法发展的速度、实施的规模与影响的范围为基础，可以将其发展的历程大致划分为三个阶段：20世纪70年代初至80年代末的产生与缓慢发展阶段、20世纪90年代初至90年代末的蓬勃发展阶段及进入21世纪之后的从国家向国际层面发展阶段。

（一）产生与缓慢发展阶段

20世纪50年代以后，在西方国家逐渐深入的民权运动使被害人成为了刑事司法程序的核心关注之一，与此同时，随着对被害人利益的重视及二战后犯罪大规模的增长，传统司法模式的弊端越来越显露出来，如重刑化不但没有降低犯罪率，反而使得监狱人满为患。因此，社会公众对传统的司法模式，尤其是以监禁为中心的刑罚模式越来越质疑与不满，并希望能够有一种新的替代传统模式解决纠纷的机制或方式以实现减轻司法负担、接近正义与构建更优的程序的目的。[1] 在这样的大背景下，恢复性司法作为一种新的司法模式应运而生。

20世纪70年代，加拿大、美国、英格兰与威尔士几乎是同时开始了恢复性司法的试验计划。在1972年的英国，恢复性司法通过被害人-被告人调解（VOM）重回英格兰与威尔士。[2] 该年，布里斯托尔关心与安顿被告人协会（BACRO）开始酝酿一些措施，以使被告人更加明了他们对被害人带来的伤害，并因此意识到对于被害人所知的太少。因此在1974年，该协会开始了一项试验项目，给被害人机会表述犯罪对他们造成了何种伤害。随后，有了更多的类似项目，并于1979年最终导致了被害人支持项目全国联合会（NAVSS）的成立，现在其被称为被害人支持协会（VICTIM SUPPORT）。同样是在1974年，加拿大安大略省的基奇纳正式实施了第一个被害人—犯罪人和解计划，并获得了成功。受此案的激励，从1974年至70年代末，在加拿大出现了十余个被害人-犯罪人调

---

〔1〕 参见宋英辉、许身健：“恢复性司法程序之思考”，载《现代法学》2004年第3期。

〔2〕 See Theo Gaverielides, “Restorative Justice: Are We There Yet? Responding to the Home Office's Consultation Questions”, *Criminal Law Forum* 2003 (14), pp. 385 ~419.

解计划。此后不久，部分是受到加拿大被害人—犯罪人和解计划的影响，美国也启动了恢复性司法的改革项目。如美国设立了许多街区司法中心，其中布鲁克林纠纷解决中心是由美国司法研究所设立并受其指导。

但在当时，因为没有具体的法律依据，恢复性司法是“在法律的阴影下寻路”。〔1〕直至20世纪80年代，恢复性司法才在相关国家取得了合法地位，如1980年，美国国会通过了旨在鼓励在恢复性司法领域进行深入研究的《纠纷解决法》，1989年新西兰也以立法的形式肯定了当地土著毛利人的明显带有恢复性特征的犯罪处理方式，并要求司法机关对青少年犯罪只能在以恢复性司法不能适当处理时才可以动用正规的司法程序。总体而言，从20世纪70年代初至80年代末，恢复性司法作为一种新的司法模式开始慢慢地显现出其优越性，受到了越来越多的重视，但是因为在其时传统的国家主导型刑事司法模式还占据着无可置疑的主导地位，而且对恢复性司法还存在着许多怀疑，因此恢复性司法的发展虽然并未停顿，但是比较缓慢。

（二）蓬勃发展阶段

进入20世纪90年代以后，由于实施中取得了良好的效果，如1991年针对美国4个城市被害人－犯罪人调解程序进行的调查表明，在进行调解程序的所有1131个案件中，调解成功率达95%，1990年在英国针对成年犯进行的调查中也发现，恢复性程序处理的犯罪人的再犯率比正式司法系统处理的犯罪人的再犯率低10%，〔2〕恢复性司法受到了越来越多的国家与地区的认同，从而进入了蓬勃发展阶段，这主要体现在如下三个方面：

（1）越来越多的国家与地区开始采用恢复性司法。在20世纪90年代，西欧诸国、北美的美国和加拿大、拉美的巴西、智利、阿根廷，亚洲的新加坡，以及澳大利亚、新西兰等几十个国家都开始大量实施恢复性司法计划。至20世纪90年代末期，欧洲共出现了500多个恢复性司法计划，北美共有300多个恢复性司法计划，类似的计划在全世界的范围内超过1000个。〔3〕

（2）各国纷纷对恢复性司法进行立法，赋予其“合法”地位，以促进其实施与发展。如比利时在1994年2月对其刑事诉讼法典第216条进行修正，对刑

---

〔1〕 See Theo Gaverielides, “Restorative Justice: Are We There Yet? Responding to the Home Office's Consultation Questions”, *Criminal Law Forum* 2003(14), pp. 385 ~ 419.

〔2〕 参见张庆方：“恢复性司法——一种全新的刑事法治模式”，载陈兴良主编：《刑事法评论》（第12卷），中国政法大学出版社2003年版。

〔3〕 参见张庆方：“恢复性司法——一种全新的刑事法治模式”，载陈兴良主编：《刑事法评论》（第12卷），中国政法大学出版社2003年版。

事事务中的调解程序进行调整;[1] 在美国,在这一时期至少有14个州的少年法典规定了恢复性司法;在英格兰和威尔士,到20世纪90年代末期,恢复性司法已经进入刑事司法的主流,旨在促进恢复性司法计划实施的两部法律,即1998年的《犯罪与无秩序法》(CDA)和1999年的《青少年司法与刑事证据法》(YJ-CEA),也先后获得通过。[2]

(3)大量关于恢复性司法的组织纷纷出现。如在1994年,芬兰报告有130个登记的被害人—犯罪人调解组织(VOM),德国报告有293个,美国报告有280个。在英格兰与威尔士,至1999年6月1日仅登记的社区调解服务机构就有170余个。此外,在1999年对青少年司法制度进行改革之后,在全国已经有了154个青少年犯罪服务团体。[3] 而且许多相关组织获得了长足的发展,如上文提及的被害人支持协会,至1998年在英格兰、威尔士与北爱尔兰共有370个地方组织,12 000名受过训练的志愿者,还有4000名会员,800名工作人员。[4]

(三)从国家向国际层面发展阶段

20世纪90年代,在各国纷纷采用恢复性司法的同时,针对恢复性司法的实证研究也普遍展开,并且各项研究的结果都显示恢复性司法取得了非凡的绩效,如根据1998年C.费塞罗(C. Fercello)和M.昂布里特(M. Umbreit)报告,在美国明尼苏达州圣保罗的恢复性司法与调解中心参加这类活动的人中,93%的被害人感到满意;94%的犯罪人感到满意;98%的被害人、94%的犯罪人和99%的受供养人会向其他人建议采用协商会议的解决方式,[5] 1996年在美国的4个州、加拿大的4个省和英国的两个城市所作的跨国调查也表明,被害人对调解结果的满意率最高达90%,被告人对调解结果的满意率最高达91%。[6]

鉴于此,进入新世纪之后,欧盟与联合国都开始关注恢复性司法,并相继通过决议或其他文件,推动恢复性司法的发展,鼓励成员国采用恢复性司法。欧盟

---

〔1〕 See Ivo Aertsen and Tony Peters, "Meditation and Restorative Justice in Belgium", *European Journal on Criminal Policy and Research* 1998 (6), pp. 507 ~525.

〔2〕 参见麦高韦、[英]杰弗里·威尔逊主编:《英国刑事司法程序》,姚永吉等译,法律出版社2003年版,第480页。

〔3〕 See Theo Gaverielides, "Restorative Justice: Are We There Yet? Responding to the Home Office's Consultation Questions", *Criminal Law Forum* 2003 (14), pp. 385 ~419.

〔4〕 See Martin Wright, "Restorative Justice: From Punishment to Reconciliation—The Role of Social Workers", *European Journal of Crime, Criminal Law and Criminal Justice*, Vol. 6/3, 1998, pp. 267 ~281.

〔5〕 参见吴宗宪:"恢复性司法述评",载《江苏公安专科学校学报》2002年第3期。

〔6〕 参见张庆方:"恢复性司法——一种全新的刑事法治模式",载陈兴良主编:《刑事法评论》第12卷,中国政法大学出版社2003年版。

部长委员会在2001年3月15日作出的框架决议（2001/200/JHA）对恢复性司法作出了规定，其第10条规定，所有的国家都应该在刑事案件中寻求促进调解，第17条继而规定，各国都应该通过法律、规章及行政规定以遵守决议。同时，根据该框架决议，欧盟各成员国至2002年2月22日必须就恢复性司法的实施作出规定（允许有例外），至2004年3月22日，应该将关于通讯保障及对被害人的具体援助的第5条与第6条纳入国家立法，至2006年，必须采纳刑罚调解与恢复性司法。[1] 而且，于2000年10月2日生效的1998年人权法案，就欧盟国家法庭应用《欧洲人权公约》进行了直接规定，而负责就是否违反《欧洲人权公约》进行裁决的欧洲人权法院，由于公/私划分的打破及人权与刑法的扩张，虽然缓慢但是稳定地发展出有利于恢复性司法的判例法。[2]

2000年4月，加拿大与意大利政府向联合国犯罪预防与刑事司法委员会提交了一份决议草案，建议联合国制定国际指导原则以协助那些正在采用恢复性司法项目的国家。该决议草案同时建议将使用恢复性司法的基本原则宣言的草案内容送达成员国，要求就该文件是否会有所裨益及草案内容作出评论。2000年12月，联合国秘书长作出口头照会，邀请各国对该决议作出评论，至2001年5月，37个国家与众多的NGO及联合国的实体作出了回应。为此，联合国召开了一次由来自16个国家的18名专家组成的专家小组会议。该专家小组在对收到的回应进行评估后，提出了基本原则的草案。2002年7月24日，联合国经社理事会通过了《在刑事事项中运用恢复性司法的基本原则》（以下简称《基本原则》）。[3] 该《基本原则》从术语的使用、恢复性司法方案的使用、恢复性司法方案的运作与恢复性司法方案的继续发展等方面对恢复性司法进行了详细的规定，并鼓励各国在发展与实施恢复性司法时适用该《基本原则》。

所以，虽然恢复性司法在20世纪90年代发展迅速，但还停留在国家的层面，只是在进入21世纪之后，恢复性司法才开始超越国家的层面进入国际层面。

二、恢复性司法的理念与模式

（一）基本理念

1. 恢复性司法在犯罪观上与传统司法有所不同，传统司法认为，犯罪是对

---

〔1〕 See Theo Gaverielides, "Restorative Justice: Are We There Yet? Responding to the Home Office's Consultation Questions", *Criminal Law Forum* 2003（14）, pp. 385～419.

〔2〕 See Jonathan Doak, "The Victim and the Criminal Process: An analysis of Recent Trends in Region and International Tribunals", 23 *Legal Studies* 2003, pp. 1～33.

〔3〕 See Theo Gaverielides, "Restorative Justice: Are We There Yet? Responding to the Home Office's Consultation Questions", Criminal Law Forum 14（2003）, pp. 385～419.

国家利益的侵害，是“孤立的个人反对统治关系的斗争”，在这样的观念指导下，被害人几乎被排除在刑事诉讼程序之外，对犯罪的处理，被认为是国家的事情。但恢复性司法认为，犯罪是社区中的个人侵害社区中的个人的行为，因此，对犯罪的处理应该充分发挥被害人和犯罪人的作用。再者，由于犯罪是在社区发生的，会对社区成员的安全感、对社区的安宁和成员间的关系造成不良影响，因而社区也应在犯罪的处理过程中发挥积极的作用。

2. 恢复性司法认为，正规的刑事司法系统以沉默权、排除规则等规定“鼓励”犯罪人否认有罪指控，逃避刑事责任，有的案件本来被告人产生了悔罪情绪，愿意承认有罪，但律师却“从维护当事人的权益出发”，极力阻止他这样做，这种鼓励犯罪人逃避罪责的制度扭曲了是非善恶的道德观念，而恢复性司法则从通过犯罪人与被害人面对面的交流，使他们切实感受到自己行为给他人带来的恶劣影响，并对自己的行为产生道德上的否定，从而下决心不再犯。

3. 以监禁刑为主的刑罚不仅被证明对降低犯罪率的作用非常有限（如果不是完全无效甚至有副作用的话），而且也不符合文明社会发展的趋势，还伴随司法成本高昂等弊端，因此恢复性司法主张，在犯罪发生后，不能简单地将犯罪人一判了之，而应促成犯罪人、被害人及其双方家庭成员乃至社区成员共同探讨犯罪的原因，分清各自的过错和责任，消除误解，这样才能增加彼此的信任和尊重，创造一个更加紧密的社区关系。

4. 在恢复性司法学者看来，现行的刑事责任是一种抽象责任，犯罪人通过接受刑罚承担了抽象责任，却逃避了现实的、具体的责任，即面对被害人，了解自己行为的后果，向被害人道歉并提供赔偿，恳求社区成员的原谅并提供社区服务。这种抽象责任不但对很多犯罪人来说是无必要的痛苦（如对偶然犯、非暴力犯），而且对被害人和社区成员而言，同样无现实的意义，因为被害人与社区未能从犯罪人的责任中获得权利，他们也就不可能真正原谅犯罪人，并接受他回归到社区中来。

5. 在对犯罪原因的解释上，恢复性司法不大注重形而上的意志自由和社会决定论的争论，而是从“可以被经验证实的”角度出发，着眼于社区生活和人际交往，并认为犯罪是犯罪人的消极生活态度和不善于控制自己的情绪冲动，意志力脆弱造成的。针对这种情况，恢复性司法主张建立专门提高犯罪人的情绪控制能力和人际交往能力、帮助他们形成积极健康的生活态度的机构。

6. 现行的刑事司法模式是事后反应型模式，它只是在犯罪发生后才被动地介入，并通过对犯罪人的严厉惩罚来起到杀一儆百的作用，这种模式往往对社会上大量存在的犯罪隐患视而不见，对轻微刑事案件不予重视，它不利于消除犯罪的渊薮。与此相对应，恢复性司法对大量的轻微刑事案件乃至尚未构成犯罪的一般性邻里纠纷给予关注，尽可能在犯罪的早期阶段介入，通过化解人际关系、减少社区矛盾来预防犯罪。

7. 在恢复性司法程序中，除了将被害人和受害人置于中心位置，双方的家庭成员、亲友以及其他受到犯罪影响的人都被鼓励参加到犯罪的处理过程中来。恢复性司法理论认为，参加到这一程序中的人越多，说明犯罪人和受害人的关心者和支持者越多，也就越能保障和解协议的达成与执行。在澳大利亚，有些企业主在参加了恢复性程序后，主动表示愿意替犯罪人承担对被害人的赔偿责任，从而使被害人的损失得到迅速而充分的补偿，而犯罪人也为社区成员对自己表现出的宽容和支持深受感动，他们都表示要多为社区做有益的事情。有的犯罪人虽然表面看来冷酷无情，但当他们看到自己的母亲在程序进行中失声痛哭时，就为自己的行为深感懊悔。正如有的恢复性司法学者所指出的，一个做了错事的人在陌生人面前可能并不会意识到自己的错误，但是，当他面对自己熟悉的人、听到自己信任的人的劝告、看到自己的亲人因自己的行为痛心疾首时，他便往往能够真正感受到道德的力量，认识到自己的过错，从而激发起改恶从善的勇气和决心。而传统的刑事司法系统往往在一个人犯罪后立即将其与自己的亲人隔离开来，同时也不为犯罪人提供与被害人会面的机会，这就使得犯罪人一方面得不到来自其家庭成员的道德教育和感情支持，另一方面也没有机会了解自己行为给被害人及其家庭成员造成的影响。[1]

（二）典型模式

恢复性司法在实践中以众多不同的模式进行运作，这里仅介绍如下几种典型模式，以对恢复性司法的参与人员、运行程序作简要的说明：社区恢复委员会（Reparative Community Boards）、家庭小组会议（Family Group Conferencing）、量刑小组（Sentencing Circle）及被害人－犯罪人调解（Victim － Offender Meditation）。[2]

社区恢复委员会是指与犯罪人一起进行公开的面对面会议的一组居民。参加这种会议的犯罪人，应该得到法庭允许其参加恢复性司法活动的判决，虽然被害人也被鼓励参与会议，但是参与的程度并不相同。在社区恢复委员会与犯罪人一起参加会议期间，社区恢复委员会的成员与犯罪人一起讨论犯罪的性质、犯罪造

---

〔1〕 参见刘仁文："恢复性司法：来自异国的刑事司法新动向"，载《人民检察》2004 年第 2 期。

〔2〕 See Mark S. Unberit and Robert B. Coates, "Multicultural Implications of Restorative Juvenile Justice", *Federal Probation*, vol. 63, No. 2, 1999, pp. 44 ~ 51.

成的后果以及对被害人个人与社区进行补偿的需要。然后，社区恢复委员会的成员提出一套制裁建议，与犯罪人一起讨论，直到他们就犯罪人能够在一定的时间内采取的具体行动达成协议，并有责任监控协议是否得到遵守。社区恢复委员会也可以建议被害人与被告人参与调解，但是这种建议并不具有强制性。

家庭小组会议是由遭受犯罪影响的主要人员参加的讨论如何处理犯罪人的会议。尽管参加会议的包括被害人和犯罪人、家庭、朋友和在决定如何解决犯罪事件的过程中起重要作用的双方的关键支持者，但家庭小组会议关注的是青少年犯直面其犯罪行为所造成的后果并重新回归社会的需要，重点强调的是对犯罪人的教育。

量刑小组是与刑事司法系统合作反映各方当事人的意愿并发展适当的量刑计划的社区居民小组。量刑小组的动力来自于社区，其将相当的重心放在被害人的需要上面。在量刑小组的模式下，被害人、家庭成员、社区代表及长者共同会见犯罪人，犯罪人的家人与朋友也可以参加。被害人在小组范围内被鼓励讲出他的经历，以使犯罪人明了其行为的后果，对被害人与社区造成的侵害。与会者共同确定帮助受犯罪影响的各方恢复和预防未来犯罪所必需的措施，以在被告人、被害人及社区之间维持某种平衡，使受到侵害的关系恢复原状。

被害人 - 犯罪人调解是被害人与犯罪人在一名或多名独立的调解人的主持下，通过面对面的交流，协商确定犯罪人应该如何对犯罪行为承担责任的一种实践模式。在这一模式下，被害人只是在调解前的独立会议与涉及参与各方的准备工作完成之后才会见被告人，其重点在于让被害人与被告人分享双方的经历，并寻找出犯罪人修复给被害人与社区造成的伤害的方法。在被害人 - 青少年犯的调解程序中，父母也参与具体过程。

（三）运作阶段

恢复性司法的运作阶段指某一具体的恢复性司法方案在适用至具体的个案时，应分几个阶段进行。虽然不同的实践模式的具体适用存在着一定差异，细节也多有不同，但不同只是次要的，相同才是主要的，而且有几点对于所有的实践模式而言都是非常重要的。因此下文以适用最为广泛的被害人 - 犯罪人调解模式为例，简述恢复性司法的运作阶段。

通常认为，在被害人 - 犯罪人调解模式中存在三个重要的阶段：准备阶段、会议阶段、后续阶段。[1] ①准备阶段的主要任务是通过分别与被害人、犯罪人

---

〔1〕 See Martin Wright, "Restorative Justice: from punishment to reconciliation—The Role of Social Workers", *European Journal of Crime, Criminal Law and Criminal Justice*, Vol6/3, 1998, pp. 267 ~ 281.

沟通，以确定双方都理解调解程序的性质与作用，有着现实的期待，并能建设性地、安全地利用所给予的机会。同时，调解人要就参加调解程序的成员作出决定。②如果程序得以继续进行，就需要找到一个双方都能接受的地方举行会谈。调解人通常需要提前半小时到达会场，商谈如何具体处理该次会谈。在重要的细节方面，调解人必须接受培训，如谁先进入会场，座位如何安排，谁先发言。③这一阶段与准备阶段同样重要。在此阶段，需要对被害人进行询问，以确定调解服务组织稍后是否可以和其联系，确定其是否对调解过程满意，补偿协议是否已经完成。如果可能的话，需要进行定期的检测，以对服务组织的工作进行评估，并定期进行深度评估。同时，对犯罪人也要开展后续工作，以确定其是否真诚地对其行为感到悔恨，是否完成了补偿协议并已经回归社区。有时还需要就相关情况向负责预防犯罪的机构进行报告，以便相关机构进行相应的政策调整。

（四）责任形式

在恢复性司法模式中，犯罪人承担责任的形式主要有：①赔礼道歉，即由犯罪人为自己的行为向被害人表示真挚、诚心诚意的忏悔。在恢复性司法中，犯罪人通过承认犯罪事实，向被害人真诚的忏悔，使犯罪事实得以澄清，使被害人的精神负担得以减缓，从而真正起到将人际关系、社区关系恢复原状的作用。②恢复性补偿，即由犯罪人补偿被害人因其犯罪行为所遭受的损失。这种补偿可以用金钱、也可以返还财产原物或是返还价值相当的替代物、或者直接为被害人提供某种形式的服务、或是以任何对方同意的方式进行。③社区服务，这是一种比较常用的方式，指由犯罪人为社区、慈善机构或政府机关提供某种形式的无偿服务。由于邻里和社区遭到了犯罪行为的侵害，犯罪人就应当通过有意义的服务活动至少进行部分恢复工作，这种服务有助于他们的改善，也为犯罪人提供了一种修复自己的犯罪行为造成的损害的途径。

三、恢复性司法的现状与未来

目前，许多国家都采纳了恢复性司法，并正在以各种各样的形式将之付诸实践，据统计，截至2000年，在20余个国家，存在着1300余个为青少年犯罪人设计的恢复性司法项目。[1] 在非洲国家中，乌干达早在20世纪80年代就在儿童法典中规定，在村一级，可以通过如下方式，以非官方的途径处理儿童犯罪的案件：和解、赔偿、恢复、道歉、警告或者上限为6个月的训戒令；南非在20世纪90年代中期，开始尝试适用家庭小组会议，此后在2002年的《儿童司法法

---

〔1〕 See Gerry Johnstone and Daniel W. Van Ness eds. *Handbook of Restorative Justice*, William Publishing, 2007, p. 447.

令》中规定，可以将被指控犯罪的儿童，在审前阶段、审判中或者量刑阶段，转入恢复性司法程序；加纳也在1998年的《儿童法案》中规定，在地区或者社区层面，可以在未成年人犯罪案件中，适用被害人－被告人调解。

在亚洲国家中，孟加拉国在20世纪60年代的立法中，如1961年《穆斯林家庭法法令》以及1979年的《纠纷调解法令》中，就开始通过非政府组织解决轻微刑事案件；日本从20世纪90年代在青少年犯罪案件中开始实施恢复性司法项目；尼泊尔在2004年的《监狱法》中规定了社区矫正；菲律宾实施恢复性司法的时间更早，早在1998年，就有统计说，截至该年，已经有28万件纠纷是通过非官方组织解决，其中84%获得成功，自1998年，菲律宾更是成立了专门的组织，为社区领袖提供调解培训；新加坡的《儿童与青年法》已经将家庭小组会议规定为正式的纠纷处理途径，而且该会议有权命令损害赔偿；泰国的青少年观察与保护部也早在2003年就将家庭小组会议确定为青少年犯罪案件的正式处理方式，据统计，在每年的约35 000名青少年犯罪人中，有9000名是通过家庭小组会议处理的。此外，泰国司法部也已经开始尝试在成年人犯罪的案件中适用恢复性司法项目。在英国、法国等欧洲国家、美国、澳大利亚、新西兰等国家中，恢复性司法项目的采用更为普遍。例如在法国，有约200个被害人－犯罪人服务组织，在德国，大约有300余个，其他国家虽然较少，例如爱尔兰只有3个，意大利只有8个，[1] 但是各国都在实践恢复性司法，这是毫无疑问的。

各国目前的现状表明，虽然恢复性司法大多限制在青少年犯罪案件中，但适用范围正在慢慢地扩大；虽然就恢复性司法的适用范围、适用对象等方面各国还存在争议，但就恢复性司法在减少司法成本、促进犯罪人回归社会等方面所具有的功能，各国还是认同的。

第二节 刑事和解的适用现状与应然思考

如何更有效地利用有限的司法资源，改善刑罚执行效果，在司法实践中最大程度的实现公正，并保证犯罪人得到改造并重新回归社会，给予被害人物质补偿并促成其心理复位，促进社会的和谐、稳定，是目前我国刑事法治建设中的重要课题。所以，从在国外取得积极成效的恢复性司法模式被介绍到我国伊始，就受

---

〔1〕 See Gerry Johnstone and Daniel W. Van Ness eds., *Handbook of Restorative Justice*, William Publishing, 2007, p. 448.

到了我国理论界与实务界的认同，作为这一模式的具体制度体现，刑事和解也正在我国的司法实践中被慢慢推广开来。

一、刑事和解尝试与现状

刑事和解，指在刑事诉讼过程中，犯罪嫌疑人、被告人以具结悔过、赔礼道歉、赔偿损失等方式得到被害人的谅解，被害人要求或者同意司法机关对犯罪嫌疑人、被告人依法从宽处理的一种案件处理方式。虽然早在2004年，南京市雨花台区检察院领全国之先，整理推出了《雨花台区轻微刑事案件联合调整会议纪要》，同年，浙江省政法机关也共同制定了《关于当前办理轻伤犯罪案件适用法律若干问题的意见》，但是刑事和解正式步入公众视野，并引起全国各界关注的是在2005年发生在广东东莞的王×、赖×军、周×强抢劫杀人案被媒体报道之后。

2005年11月1日，被告人王×、赖×军、周×强抢劫并致被害人蔡×生死亡。在公诉机关提起刑事诉讼的同时，被害人的家属也依法提起了附带民事诉讼。因为该案的发生，被害人一家的生活已陷入了极端困顿的境地，蔡的女儿也因此面临失学。针对这一情况，承办法官多次组织案件的双方当事人进行细致的调解。被告人王×的家属同意先行赔偿原告5万元人民币，原告对此结果表示满意。被告人也表示要痛改前非。最后，法院根据双方真实意思表达，并依照法律，对被告人王×作出一定程度的从轻处罚，一审判处死缓。此后，据负责审判该案的东莞市法院介绍，像被告人王×一样通过补偿被害人经济损失获得刑事减刑的判例，在东莞两级法院已超过30宗。[1]

上述事实一经报道，立刻引起了社会各界的争议。有的观点直接指出，实行"赔偿减刑"有损法律正义，此先例一开，可能使"拿钱赎刑"乘虚而入，得不偿失，而且"赔钱减刑"缺少法律依据。[2] 即使是对这一做法持宽容态度者，也对如何保证实践的公正性表示出了极大的担忧。但是，社会上的反对并未能阻止实践的步伐。例如，北京市朝阳区人民法院自2005年10月，就开始将庭外和解制度适用于刑事案件，规定对进入诉讼程序、符合规定的刑事自诉案件和刑事附带民事诉讼案件，在自愿、合法的基础之上，法官积极促成当事人就争议问题通过协商达成和解方案。对已经赔偿了被害人经济损失的被告人，在量刑时酌情予以从轻处罚。

2006年，最高人民检察院公布了《关于在检察工作中贯彻宽严相济刑事司

---

〔1〕 参见《北京晨报》2007年1月31日。

〔2〕 参见李克杰："谨防'赔钱减刑'沦为'拿钱赎刑'"，载《燕赵都市报》2007年2月1日。

法政策的若干意见》，该意见第12条规定，对因人民内部矛盾引发的轻微刑事案件依法从宽处理。对因亲友、邻里及同学同事之间纠纷引发的轻微刑事案件，要本着“冤家宜解不宜结”的精神，着重从化解矛盾、解决纠纷的角度正确处理。对于轻微刑事案件中犯罪嫌疑人认罪悔过、赔礼道歉、积极赔偿损失并得到被害人谅解或者双方达成和解并切实履行，社会危害性不大的，可以依法不予逮捕或者不起诉。

继后，最高人民法院于2007年3月发布了《关于进一步发挥诉讼调解在构建社会主义和谐社会中积极作用的若干意见》，明确表示：“对刑事附带民事诉讼案件，人民法院应当按照民事调解的有关规定加大调解力度。对行政诉讼案件、刑事自诉案件及其他轻微刑事案件，人民法院可以根据案件实际情况，参照民事调解的原则和程序，尝试推动当事人和解。人民法院要通过行政诉讼案件、刑事自诉案件及其他轻微刑事案件的和解实践，不断探索有助于和谐社会建设的多种结案方式，不断创新诉讼和解的方法，及时总结经验，不断完善行政诉讼案件和刑事自诉案件及其他轻微刑事案件和解工作机制。”

在上述大的环境的影响下，各个地方积极推动刑事和解的实施。据报道，在2009年，福建省检察机关对1100件轻微刑事案件实行了刑事和解。[1] 湖南省人民检察院在2006年10月推出《关于检察机关适用刑事和解办理刑事案件的规定（试行）》以后的两年多，全省适用刑事和解办理4261件案件，涉及5401名轻微刑事犯罪人员。[2] 根据山东省高级人民法院的统计，2005年至2007年，山东省全省刑事和解案件分别占刑事案件总数的17.2%、19.5%、19.2%。[3] 一言以蔽之，在宽严相济刑事政策与治安形势与可用资源的矛盾冲突的背景下，刑事和解正在争议中快速前进。

二、刑事和解的适用程序

目前，就在司法实践中如何实现刑事和解，现有法律文件与司法解释中都没有统一的规定。此处以上述《关于检察机关适用刑事和解办理刑事案件的规定（试行）》予以说明。该规定主要从如下几个方面就刑事和解适用的原则、范围等问题进行了规定：第一，适用刑事和解应遵循如下原则：应当坚持当事人自愿和公平公正的原则，同时不得损害国家、集体和其他公民的合法权益，不得损害

〔1〕参见《检察日报》2010年3月4日。

〔2〕参见《湖南日报》2009年7月3日。

〔3〕参见王敏远、祁建建：“刑事和解若干问题研究”，载陈泽宪主编：《刑事法前沿》（第5卷），中国人民公安大学出版社2010年版，第203～240页。

社会公共利益，不得违反法律和社会公德；第二，刑事和解适用仅适用于轻微刑事案件和未成年人刑事案件；第三，经济赔偿数额和其他补救办法应当与被害人受犯罪损害而造成的实际损失及犯罪嫌疑人、被告人应当承担的责任相适应，并且应当考虑犯罪嫌疑人、被告人及其法定代理人的赔偿、补救能力；第四，和解协议具备如下条件视为生效：①当事人双方自行达成的和解；②双方近亲属、代理人、辩护人促成当事人达成的和解；③人民调解委员会或者其他基层组织主持调解达成的和解；④双方当事人所在单位派员进行调解达成的和解；⑤其他机关和单位在职权内进行调解达成的和解。

三、当前争论问题

当前，理论界与实务界围绕刑事和解的争议主要集中在适用案件的范围、适用阶段与参与主体三个方面。

（一）案件范围

就刑事和解适用的案件范围，大致可以区分出五种观点。第一种观点认为，刑事和解仅可适用于轻微刑事案件，如自诉案件、公诉案件中的轻微刑事案件及未成年人犯罪案件，[1] 不能应用于重罪案件。理由主要有：首先，在重罪案件中，被害人没有法律赋予的也不应该有处分被告人刑罚的权力。而在轻刑案件中，例如自诉案件，在这个诉讼过程中，被害人具有独立的人格与诉讼地位，可以选择起诉或不起诉被告人，具有处分刑罚的权利；其次，重罪案件中广泛适用刑事和解，容易产生司法腐败，而且法律适用过于宽松、随意，给予法官的自由裁量权过大，将会导致对司法公正性的亵渎；最后，在重罪案件中，加害人的主观恶性大，社会危害性也大，不能放纵罪犯。[2]

第二种观点认为，在重罪案件中也可以适用刑事和解制度，这"是构建和谐社会、节约司法成本的需要"，"在加害人是偶犯、冲动犯的情况下，刑事和解能够实现刑法的人文关怀，促进刑法宽和化"，而且"有利于保护被害人的权益"。但同时，也需要做出一定的限制，即在死刑案件中不宜适用刑事和解。[3]

第三种观点则认为应该区分两种思路，"一般意义上的刑事和解，主要还是应当限于轻微刑事案件，在这些案件中，刑事司法制度可以更多地承认当事人的意思自治原则。但即使对于重罪和那些带"霸"字色彩的案件、涉黑案件，也应当鼓励和解，无论如何，犯罪方愿意积极赔偿、赔礼道歉、真诚悔罪总是好

---

〔1〕 参见宋英辉、许身健："恢复性司法程序之思考"，载《现代法学》2004 年第 3 期。

〔2〕 参见陈罗兰："重罪案件刑事和解制度初探"，载《福建法学》2009 年第 2 期。

〔3〕 参见陈罗兰："重罪案件刑事和解制度初探"，载《福建法学》2009 年第 2 期。

的，但此时不宜简单地和解了事，可通过细化刑法中的量刑情节，把它作为一种有利被告人的量刑情节来加以规定，由法官综合考虑。"[1]

第四种观点则采取了不同的思路，认为应将绝对不允许使用刑事和解的案件种类排除，其他案件由司法机关根据具体案情斟酌决定是否适用刑事和解。从侵犯的法益来看，侵犯的法益为国家利益或社会公共利益的犯罪应当绝对排除在外，例如危害国家安全罪等；对于其他的犯罪，如侵犯财产、人身、民主权利等犯罪则应当根据具体案情和当事人的情况作综合判断；从主观恶性来看，故意犯罪应当根据具体情节和危害程度判断；预谋犯、累犯不适用刑事和解；从加害人角度来看，刑事和解在熟人犯罪案件（例如亲属、同事、朋友间犯罪）、未成年人犯罪中具有广泛的适用空间。[2]

第五种观点则认为，可以将刑事和解应用于"受害人为自然人的所有案件，这样能最大限度地赋予当事人刑事和解的权利"。[3]

（二）适用阶段

关于刑事和解的适用阶段，主要存在两种观点。第一种观点认为，刑事和解可以适用于从案发－到行刑的所有阶段：首先，在"案发后—立案前"阶段，规定一定的期限，在该期限内，在侦查机关的监督下，如果当事人达成了和解协议，经侦查机关确认合法，则不予立案。其次，"立案后—侦查前"阶段，立案后—侦查前的一定期限内，在侦查机关的监督下，如果当事人达成了和解协议，经侦查机关确认合法，则侦查机关撤销案件。第三，"侦查后—提起公诉前"阶段，在这一期限内，在检察机关的监督下，如果当事人双方达成了和解协议，经检察机关确认合法，则不提起公诉，撤销案件。第四，"提起公诉后—法院受理前"阶段，在审判机关的监督下，如果当事人双方达成了和解协议，经审判机关确认合法，则不予受理，撤销案件。第五，"法院受理后—法院判决前"阶段，即在法院受理后—法院判决前的任何时间，在审判机关的监督下，如果当事人双方达成了和解协议，经审判机关确认合法，则裁定终止审判，撤销案件。第六，在刑罚执行过程中，在行刑机关的监督下，如果当事人之间达成和解协议，经审判机关确认合法，则当事人之间的和解协议可以作为减刑的法律根据。[4]

第二种观点则认为，刑事和解应当在起诉阶段由人民检察院的审查起诉人员主

---

〔1〕刘仁文："追求无害甚至多赢的正义"，载《人民法院报》2010年1月7日。

〔2〕参见陈罗兰："重罪案件刑事和解制度初探"，载《福建法学》2009年第2期。

〔3〕参见关振海："论中国刑事和解制度的构建"，载《法制日报》2008年6月1日。

〔4〕参见关振海："论中国刑事和解制度的构建"，载《法制日报》2008年6月1日。

持进行，因为："人民检察院主持和解或者对和解效力的确认有法律依据"，而且"和解的条件决定了刑事和解的基本前提是案件事实清楚，证据确实充分。"[1]

（三）参与主体

刑事和解的参与主体可以划分为两个方面，主持者与其他参与人。在实践中，对刑事和解的主持者，各地采取了不同的方式，呈现出了多样化的特点。例如，在山东省的刑事和解案件中，调解和解、自行和解与委托和解并存。其中，当事人请求法官调解和解模式的适用率约为60.7%，还有的报道指出，该省28.66%的案件当事人达成自行和解，10.6%的案件是通过社会力量和解，60.7%的案件则是法官主动介入促成和解。在理论界，有的观点指出，在和解的主持者方面，存在三种主导模式，即：①检察官主导模式；②人民调解员主导，即检察官将符合和解条件的案件委托人民调解员进行调解，并负责对和解过程和结果进行监督；③混合模式，即检察官根据案件的具体情况决定 由检察官进行调解还是由人民调解员进行调解，或者由当事人进行选择。还有的观点指出，从公检法机关所承担的职能、保证当事人自愿的要求以及保证和解的公正性与透明性出发，不宜让公检法机关行使主持和解程序的权力。[2]

对刑事和解的其他参与人，从实践情况来看，不同的模式体现出了不同的情况：在加害人—被害人模式中，参加者仅有加害人与被害人；在加害人、被害人及其亲友参加的模式中，参加人有监护人、被害人及其给予支持的亲友等；在社区模式中，还有社区代表的参与。

四、若干应然思考

（一）案件范围

如上所述，关于刑事和解的适用范围在我国有多种观点。在国外，就恢复性司法的范围也存在不同的确定标准。如在新西兰，原则上除凶杀案外的所有青少年犯罪案件，都可以进入恢复性司法程序，这其实是以犯罪人为依据进行选择的；在比利时，1994～1996年被选择进入恢复性司法程序的案件中，37%是财产犯罪案件、33.5%是暴力犯罪案件、14.5%是毒品犯罪案件、3%是性犯罪案件，[3]此乃以犯罪种类为依据选择的。虽然有的观点认为没有必要对进入恢复性程序的案件的严重性进行限制，但也认为有些犯罪是如此的严重，通过恢复性司

---

〔1〕 王宏璎等："刑事和解理念的确定与检察权的配置"，载《甘肃政法学院学报》2009年第7期。

〔2〕 参见王敏远、祁建建："刑事和解若干问题研究"，载陈泽宪主编：《刑事法前沿》（第五卷），中国人民公安大学出版社2010年版，第203～240页。

〔3〕 See Ivo Aertsen and Tony Peters, "Meditation and Restorative Justice in Belgium", *European Journal on Criminal Policy and Research* 1998 (6), pp. 507～525.

法程序无法解决，只能由法官来进行裁决。[1]

从当前的实践与现实出发，我们认为，宜从如下三个角度，对刑事和解适用案件的范围进行限制：第一，可以适用刑事和解的案件，无论是财产犯罪还是暴力犯罪，都应该是存在具体被害人的案件，这里的被害人包括自然人与单位。第二，可以适用刑事和解的案件，应该是判处5年以下有期徒刑、管制、拘役以及单处罚金的案件，包括自诉案件与不需要判处刑罚的案件。如此设置主要是出于如下考虑，一方面，这些案件的性质通常不会太严重，存在和解余地；另一方面，在这些案件中，如果被告人被先行羁押，还可以折抵一部分刑期，实际上在监狱中度过的时间不会太长，这样其犯罪倾向不大可能被巩固。而且在司法实践中，近年来约60%以上的刑事案件都属于此类案件。[2]第三，可以适用刑事和解的犯罪人，应限于未成年犯、初犯、偶犯、激情犯等，应该将累犯、惯犯以及团伙作案以及涉黑犯罪人等排除在外，因为这一部分犯罪人通常主观恶性较大，客观上也难以实现刑事和解的目的。

（二）适用阶段

在国外，在一般情况下，恢复性司法可以从发现犯罪事实至刑罚执行完毕之前任一阶段介入，如根据新西兰司法部的观点，恢复性司法主要在三个阶段使用，即：定罪前阶段；定罪后、服刑前阶段；服刑后阶段。[3] 这实际上意味着，在刑事司法的各个阶段，都可以采用恢复性司法。联合国经社理事会的《基本原则》也持相同的观点，其第6条规定，在不违反本国法律的情况下，恢复性司法方案可以在刑事司法制度的任何阶段使用。

从节约司法成本，尽量减轻犯罪对犯罪人与被害人的影响的角度处罚，尽早地适用刑事和解当然最好。但是从实然而言，在我国，在审查起诉之前就适用刑事和解却存在着诸多法律障碍。因为刑事和解的前提之一，是有充分的证据指控被告人有罪，而在移送审查起诉之前，无法确定证明被告人有罪无罪的证据是否充分；从应然而言，如果在侦查阶段就允许适用刑事和解，可能导致侦查机关不是将主要精力放在查明案件事实上，而是放在采取各种方法促进被害人与嫌疑人和解上，如此，刑事诉讼法“准确、及时地查明犯罪事实，正确应用法律”的任务将成为一句空谈，并可能导致更大的不公。因此我们认为，刑事和解的适用

---

〔1〕 See Ivo Aertsen and Tony Peters, “Meditation and Restorative Justice in Belgium”, *European Journal on Criminal Policy and Research* 1998 (6), pp. 507 ~525.

〔2〕 参见黄海波：“刑事和解的正义性与适用分析”，载陈光中教授八十华诞庆贺活动筹备组编：《和谐社会构建与诉讼法学繁荣》，中国政法大学出版社2010年版，第539页。

〔3〕 参见吴宗宪：“恢复性司法述评”，载《江苏公安专科学校学报》2002年第3期。

阶段应该从审查起诉开始。那么，在刑罚执行阶段能否适用刑事和解？我们认为不可以。因为，刑事和解的前提之一，是被告人真诚悔罪，被害人自愿谅解，如果在审查起诉、一审、甚至二审阶段，双方当事人都没有自愿达成和解，要么是一方不悔罪，要么是一方不谅解，到了刑罚执行阶段再双方和解，只能是纯粹的花钱买刑，这与刑事和解的初衷背道而驰，也有损于生效判决的权威性。

所以，刑事和解的适用阶段，应该是从审查起诉阶段到判决生效。在审查起诉之前的阶段与判决生效后的阶段，都不宜适用。

（三）参与主体

如上所述，刑事和解的适用阶段，应该是从审查起诉阶段到判决生效阶段。所以，我们认为，刑事和解的主持者至少应该包括审查起诉阶段的检察机关，与提起公诉之后的审判机关。此外，如果检察机关与审判机关认为适当，当事人同意，或者当事人主动提出，也可将案件交由人民调解员或者社会力量调解，达成和解协议。

对刑事和解的其他参与人，我们认为，在刑事和解的适用过程中，至少应有三方主体参与进来，即被害人、被告人与主持和解的第三方。此外，从保证被害人的自愿性与实现公正的角度出发，我们认为应该还有第四方，即非政府组织或者社区的介入。因为如第一节所述，对于保证被害人的自愿性而言，要尽量地减少公权力对其施加的压力，而且如下文所述，刑事和解应该保证程序的公正性，非政府组织、社区甚至是新闻媒体的介入也能起到一种监督作用，有利于程序公正的实现。

（四）程序保障

具体程序的公正性是恢复性司法存在的重要基础。从理论角度而言，恢复性司法受到各国推崇并迅速发展的原因之一，就是与传统的报应性司法及矫正性司法相比较，其通过将犯罪人置于社区、减少监狱中的残酷化效应的影响、关注被害人的利益及促进被害人、犯罪人与社区之间的协作，能够在更大程度上实现正义。[1]如果恢复性司法的具体程序本身是不公正的，其存在的合法性就要受到质疑；从实践的角度而言，在恢复性司法程序的终局，被害人与被告人需要就如何修复犯罪行为所造成的伤害达成一个恢复性协议。这一协议的基础主要有两个：一是协议双方所掌握的信息，包括事实情况（如造成伤害的程度）、法律规定（行为在法律上的严重性）及其他方面的信息（如被告人的个人情况），这些信

---

〔1〕 See Andrew Woolfford and R. S. Ratner, "Nomadic Justice: Restorative Justice on the Margins of Law", *Social Justice*, Vol. 30, No. 1, 2003.

息是最后协议内容的最直接基础；二是协议双方的意愿，即被告人诚心悔悟，并自愿进行补偿，被害人真诚谅解，并接受补偿。就恢复性协议的达成与最后实施而言，这两个基础缺一不可，如果缺少双方的意愿，协议根本无法达成；如果不掌握相关的信息，对协议的内容就不会有着清楚的认识，例如，如果被害人对被告人行为在法律上的严重性或所受到的伤害的严重性不明了，就不能知道自己应该得到多少补偿才是适当的，对依据不清楚的认识达成的协议，当事人事后很可能翻悔，从而拒不执行。如此，案件必得重新进入司法程序，反而增加了司法成本。因此，恢复性司法的具体程序必须保持公正，向当事人充分公开信息，给予当事人充分的机会表达自己的意愿。否则，其有效性与效益性会大打折扣。

根据联合国经社理事会的《基本原则》，具体程序的公正性体现在三个方面：①被害人和罪犯应当有权就恢复性程序咨询法律顾问，必要时还有权得到笔译或口译服务；②在同意参加恢复性程序之前，当事方应当能够完全获知本人的权利、程序的性质和当事方的决定可能产生的后果；③不得以不公平的手段强迫或诱使被害人或罪犯参加恢复性程序或接受恢复性后果。前两个方面其实就是当事人所掌握的信息的问题，最后一个方面是当事人的意愿问题。所以，要保证恢复性司法具体程序的公正性，就必须保证当事人双方所掌握信息的全面性与对称性，并保证其在具体程序中的自愿性。

在刑事和解的适用过程中，我们认为可以从如下几个方面着手，以实现上述保证程序公正的目的：首先，是程序公开，即在适用刑事和解的案件中，除非存在涉及被害人隐私或者商业秘密以及被害人或其亲属明确表示反对的情形，所有的程序都应该向社会公开；其次，是证据公开，即向被害人、被告人以及参与到具体程序之中的其他主体全面公开案卷；最后，除上述特殊情形外，最终的决定及其理由应公开，如此，才有助于让被害人、被告人以及其他社会公众能够根据其所见所闻，判断其结果的公正性与妥当性，并有助于提高刑事和解的社会认同。

五、初步的立法建议

为了更好的发挥刑事和解的作用，需要赋予其合适的法律地位，对适用对象、适用程序、监督主体等问题做出具体的规定，这已经成为学界的共识。在上述应然性思考的基础上，我们试提出如下的立法建议。

1. 在刑法总则第四章“刑罚的具体运用”中增加一节，分 3 条单独规定刑事和解的作用、适用案件范围以及排除性规定。具体设想如下：在第 1 条中规定刑事和解的性质，即在刑事诉讼过程中，被告人、被害人依据法律规定，在自愿的基础上达成和解的，可以对被告人从轻处罚，即刑事和解只能影响被告人刑事责任的大小，而不能决定被告人刑事责任的有无；在第 2 条中规定适用刑事和解的案件必须符合的条件，包括：①存在具体的被害人；②被告人可能被判处 5 年以下有期徒刑、管制、拘役以及单处罚金；③被告人属于未成年犯、初犯、偶犯或者激情犯；在第 3 条中规定从反面列举不得适用刑事和解的案件：①被告人属于累犯或者惯犯的；②黑社会性质犯罪案件；③团伙犯罪案件；④其他检察、审判机关认为不宜适用刑事和解的案件。

2. 在刑事诉讼法第三编“审判”中增加“刑事和解”一章：第一，明确刑事和解开始适用的时间，即在移送审查起诉之后，判决生效之前；第二，具体的程序设想如下：在审查起诉阶段：如果公诉机关认为案件事实已经查清，证据确实充分，而且被告人对犯罪事实没有异议、可能被判处 5 年以下有期徒刑、管制、拘役以及单处罚金的，应该建议或者同意被告人、被害人进行和解，并向双方全面公开案卷，同时，告知被害人可以委托他人参与到和解程序。如果刑事和解取得成功，公诉机关应当将刑事和解协议以及其他案卷一并移送审判机关。

在第一审程序中：①案件被起诉到法院之后，如果在审查起诉阶段双方没有达成和解的，主审法官在对案件事实进行审核之后，可以征求双方当事人的意见，以确定其是否愿意进行和解；②如果双方当事人自愿进行和解，并愿意接受相关社区组织的援助，主审法官应将相关信息全面告知双方当事人与可能参与进来的非政府组织，如在青少年是犯罪人或被害人的案件中，可通知青少年组织或相关的社区组织，在妇女是犯罪人或被害人的案件中，可以通知妇联组织，相关社区组织可自动或应要求参与双方的和解程序，进行协调与沟通，保证双方当事人的自愿性与和解程序的公平，并见证和解协议；③在判决宣告之前，如果双方当事人自愿进行和解，主审法官可参照上述程序操作；④在和解程序的最后，由法院负责根据和解协议制定统一的刑事和解书，该和解书应该具有与刑事判决书等同的法律效力，但双方当事人在签收之前可以反悔，此时，主审法官应及时对案件进行裁决；⑤将刑事和解书送达双方当事人；⑥在刑事和解书送达之后，可由相应的非政府组织或社区组织监督执行。监督组织应该将和解书与调解书的执行情况及时向主管犯罪预防的机构反馈，以便相关国家机关有针对性地制定犯罪对策，调整刑事政策。

在一审判决之后生效之前：①如果双方当事人自愿进行和解，可以在达成和解后，将和解协议送交原审合议庭或者法官。②原审法院在收到和解协议后，不得立刻收回原判决，做出新判决，如果不存在上诉或者抗诉，应该通过审判监督程序，做出新的量刑决定；如果存在上诉或者抗诉，则应该将和解协议与其他法律文书一起，移送二审法院，由二审法院做出新的量刑。

在二审程序中：准用一审程序的刑事和解程序。

第三节　社区矫正的立法分析与后续跟进

2011 年 5 月 1 日开始实施的《刑法修正案（八）》规定，对被宣告缓刑、管制以及假释的犯罪分子进行社区矫正；2012 年 3 月全国人大修正后的新《刑事诉讼法》第 258 条规定，对被宣告缓刑、管制、假释以及监外执行的犯罪分子，进行社区矫正。社区及矫正进入立法，这无疑是刑事法理念与实践的一大突破。但是，我们也应该看到，上述刑事立法中的规定只是原则性的规定，不具有具体的可操作性。而且，最高人民法院、最高人民检察院、公安部、司法部四部门联合颁布的于 2012 年 3 月施行《社区矫正实施办法》，对于某些细节的规定，尚有所欠缺。所以，在理论与实践上，对于有关社区矫正的现行立法与后续跟进，仍然存在继续细化与深入研究的必要性。

一、社区矫正的现状

（一）社区矫正的尝试

社区矫正，亦称之为“社区矫治”，是与监禁刑相对的行刑方式，是指将符合社区矫正条件的罪犯置身于社区内，由专门的国家机关在相关社会团体和民间组织以及社会志愿者的协助下，在判决、裁定和决定确定的期限内，矫正其犯罪心理和行为恶习，并促进其顺利回归社会的非监禁刑的执行活动。它是一种不使罪犯与社会隔离并利用社区资源改造罪犯的方法，是所有在社区环境中管理教育罪犯方式的总称。

自 20 世纪 60、70 年代起，社区矫正在全球范围内迅速发展，并逐步成为许多国家替代监禁罪犯的主要形式。在加拿大和澳大利亚，在监狱外服刑罪犯人数是在监狱内服刑罪犯人数的三倍多；在法国和美国，这个比例是两倍多。如今社区矫正在加拿大、澳大利亚、新西兰、法国、英国、美国、日本、韩国等已被广泛使用。国外社区矫正的实践证明，社区矫正不仅有利于提高对罪犯的教育改造质量，促进社会治安秩序的良性循环，而且有利于合理配置行刑资源，减轻国家的行刑成本。

在我国，作为舶来品的社区矫正首先出现在学术研究中。在学术界的推动下，实务界积极跟进，将之应用于实践之中。2003 年 7 月最高人民法院、最高人民检察院、公安部、司法部联合下发《关于开展社区矫正试点工作的通知》后，北京、上海、天津、江苏、浙江、山东 6 省（市）先行试点，开始我国刑罚执行制度改革的全新探索。此后，2005 年 1 月，最高人民法院、最高人民检察院、公安部、司法部发出《关于扩大社区矫正试点范围的通知》将社区矫正的试点工作推广到更多的省份。2009 年，最高人民法院、最高人民检察院、公安部、司法部联合发布了《关于在全国试行社区矫正工作的意见》。该通知在对社区矫正进行明确界定的同时，将社区矫正的功能扩展为如下三项：教育矫正、监督管理和帮困扶助。2012 年 3 月，为进一步依法规范实施社区矫正，将社区矫正人员改造成为守法公民，最高人民法院、最高人民检察院、公安部、司法部又联合发布了《社区矫正实施办法》，成为了指导全国社区矫正工作的解释性文件。此外，2012 年 3 月 14 日第十一届全国人民代表大会第五次会议通过的新《刑事诉讼法》第 258 条也正式规定："对被判处管制、宣告缓刑、假释或者暂予监外执行的罪犯，依法实行社区矫正，由社区矫正机构负责执行。"

根据司法部的统计，自 2009 年全国全面试行社区矫正至 2011 年初，各地已经累计接管社区矫正人员 40 多万人，累计解除矫正 20 多万人，社区矫正人员在矫正期间重新犯罪的占接受矫正总人数的 0.18%，收到了良好效果。[1] 截至 2011 年 12 月，全国从事社区矫正工作的人员，已经超过 46000 人，至 2011 年 3 月，开展社区矫正工作的基层司法所，达到 27 706 个。[2] 就此而言，可以说社区矫正基本上是朝着预期的方向前进的。

（二）社区矫正的对象

根据上述《关于开展社区矫正试点工作的通知》规定，社区矫正的适用范围主要包括下列三种罪犯：被判处管制的；被宣告缓刑的；被暂予监外执行的。具体包括：有严重疾病需要保外就医的；怀孕或者正在哺乳自己婴儿的妇女；生活不能自理，适用暂予监外执行不致危害社会的；被裁定假释的；被剥夺政治权利，并在社会上服刑的。在符合上述条件的情况下，对于罪行轻微、主观恶性不大的未成年犯、老病残犯以及罪行较轻的初犯、过失犯等，应当作为重点对象，适用上述非监禁措施，实施社区矫正。

但是，如上所述，修订后的刑法与刑诉法，社区矫正的对象不包括被剥夺政治权利的犯罪分子，司法行政机关只能配合公安机关，监督其遵守刑法第 54 条的规定，并及时掌握有关信息。此外，有的学者提出，应该将被处以劳动教养的人也纳入社区矫正的范围，因为劳动教养是行政制裁，如果对犯罪人可以进行社

---

〔1〕 参见桑爱英："我国社区矫正试点工作存在的问题及其建议"，载《重庆科技学院学报（社会科学版）》2011 年第 13 期。

〔2〕 参见吴宗宪：《社区矫正导论》，中国人民大学出版社 2011 年版，第 37 页。

区矫正，而对尚不构成犯罪的劳教人员沿袭封闭的执行方式，显然有失公正，而且不利于劳教人员的再社会化过程。[1]

（三）社区矫正的程序

根据《社区矫正实施办法》，社区矫正的具体程序可以大致划分为五个阶段：

1. 调查阶段。即人民法院、人民检察院、公安机关、监狱对拟适用社区矫正的被告人、罪犯，需要调查其对所居住社区影响的，委托县级司法行政机关进行调查评估。受委托机关对被告人或者罪犯的居所情况、家庭和社会关系、一贯表现、犯罪行为的后果和影响、居住地村（居）民委员会和被害人意见、拟禁止的事项等进行调查了解，形成评估意见，并及时提交委托机关。虽然，这里用的是“需要调查其对所居住社区影响的”才委托调查，但是在实践中，基本上都会对被拟适用对象进行调查。

2. 决定阶段。即上述机关在调查报告的基础上，决定是否适用社区矫正。决定适用的，在向犯罪分子宣判时或者在其离开监所之前，书面告知其到居住地县级司法行政机关报到的时间期限以及逾期报到的后果，并通知居住地县级司法行政机关。暂予监外执行的社区矫正人员，由交付执行的监狱、看守所将其押送至居住地，与县级司法行政机关办理交接手续。

3. 开始阶段。在接收社区矫正对象后，首先，社区矫正机构应当及时向社区矫正人员宣告判决书、裁定书、决定书、执行通知书等有关法律文书的主要内容、社区矫正期限、社区矫正人员应当遵守的规定、被禁止的事项以及违反规定的法律后果、社区矫正人员依法享有的权利和被限制行使的权利、矫正小组人员组成及职责等有关事项。其次，应当为社区矫正人员制订矫正方案，在对社区矫正人员被判处的刑罚种类、犯罪情况、悔罪表现、个性特征和生活环境等情况进行综合评估的基础上，制定有针对性的监管、教育和帮助措施。再次，应当为社区矫正人员建立社区矫正执行档案，包括适用社区矫正的法律文书。以及接收、监管审批、处罚、收监执行、解除矫正等有关社区矫正执行活动的法律文书。

4. 实施阶段，这是社区矫正的核心阶段。在这一阶段，社区矫正机构，一方面，要监督社区服刑人员遵守各项法律义务，并根据社区矫正人员个人生活、工作及所处社区的实际情况，有针对性地采取实地检查、通讯联络、信息化核查等措施及时掌握社区矫正人员的活动情况。重点时段、重大活动期间或者遇有特殊情况，司法所应当及时了解、掌握社区矫正人员的有关情况，可以根据需要，

〔1〕 参见冯卫国：“社区矫正的中国实践：现状、问题与对策”，载《中国监狱学刊》2006年第2期。

要求社区矫正人员到办公场所报告、说明情况；另一方面，要根据社区矫正人员的心理状态、行为特点等具体情况，采取有针对性的措施进行个别教育和心理辅导，矫正其违法犯罪心理，提高其适应社会能力，并根据社区矫正人员的需要，协调有关部门和单位开展职业培训和就业指导，帮助落实社会保障措施。

5. 结束阶段。社区矫正人员矫正期满，司法所应当组织解除社区矫正宣告。宣告由司法所工作人员主持，按照规定程序公开进行。宣告事项应当包括：宣读对社区矫正人员的鉴定意见；宣布社区矫正期限届满，依法解除社区矫正；对判处管制的，宣布执行期满，解除管制；对宣告缓刑的，宣布缓刑考验期满，原判刑罚不再执行；对裁定假释的，宣布考验期满，原判刑罚执行完毕。暂予监外执行的社区矫正人员刑期届满的，由监狱、看守所依法为其办理刑满释放手续。当然，如果社区矫正人员死亡、被决定收监执行或者被判处监禁刑罚的，社区矫正自然终止。

二、社区矫正的立法分析

《刑法修正案（八）》中的三个条文对社区矫正进行了规定：首先，第 2 条规定，对判处管制的犯罪分子，依法实行社区矫正。其次，第 13 条规定，对宣告缓刑的犯罪分子，在缓刑考验期限内，依法实行社区矫正，如果没有《刑法》第 77 条规定的情形，缓刑考验期满，原判的刑罚就不再执行，并公开予以宣告。最后，第 17 条规定，对假释的犯罪分子，在假释考验期限内，依法实行社区矫正，如果没有《刑法》第 86 条规定的情形，假释考验期满，就认为原判刑罚已经执行完毕，并公开予以宣告。

从上述规定的内容来看，可以认为，其意义主要在于两个方面：第一，首次在立法上承认了社区矫正，自此，社区矫正具有了法律上的根据；第二，对社区矫正的适用对象进行了列举，即判处管制、宣告缓刑与假释的犯罪分子。但是，由于上述规定非常的原则性，还有许多问题有待于回答。

例如，《刑法修正案（八）》与《刑事诉讼法》仅将判处管制、被宣告缓刑、假释以及监外执行的犯罪分子列入了社区矫正的适用对象范围，但如上所述，《关于开展社区矫正试点工作的通知》列出的适用对象包括五类：被判处管制的；被宣告缓刑的；被暂予监外执行的；被裁定假释的；被剥夺政治权利，并在社会上服刑的。那么，对于被判处剥夺政治权利的犯罪分子应该如何监管？而且，如上所述，社区矫正的内容不仅仅是管理，还有帮扶。但针对剥夺政治权利的罪犯，应该如何进行帮扶？《社区矫正实施办法》规定司法机关协助公安机关开展考察，但是，从实践来看，公安机关因为承担的职能过多，监督非常不充分。再如，社区矫正的具体形式是什么，具体又应该如何操作，是准用当前实践中的做法，还是立法机关有意重新规定；等等。

三、后续立法的若干建议

从上述社区矫正试点实践的现状与立法规定出发，我们建议立法机关在如下几方面展开后续工作：

1. 完善管制刑规定。《刑法修正案（八）》已经规定，判处管制，可以根据犯罪情况，同时禁止犯罪分子在执行期间从事特定活动，进入特定区域、场所，接触特定的人，这对于社区矫正目的的实现，无疑是有益的。此外，还需要规定其他的内容，使管制刑更适合于社区矫正，如在管制刑的义务配置中引入对受害人赔偿、参加公益劳动等内容。

2. 完善缓刑、假释制度。如上所述，立法已经明确将被宣告缓刑、假释的犯罪分子列入了社区矫正的适用对象，为了保证适用的公正、透明与有效，就缓刑制度而言，需要细化缓刑的适用条件，充实缓刑犯的行为规范，便于考察机关进行监督；增设一些形式上的义务性规范，如向受害人道歉、赔偿、承担家庭抚养费用等。就假释制度而言，应进一步细化假释的实质性条件，改变刑法第81条第2款的一刀切的做法，以促进犯罪人改造的积极性。与此同时，还应该成立独立的假释决定机构，行使假释决定权，提高假释的公正与效率。[1]

3. 完善社区矫正的适用程序，明确违反社区矫正要求的法律后果等具体措施、制度。例如，规定在决定对犯罪分子进行社区矫正之际，就社区矫正的具体形式、内容，吸收社区组织等参与到具体程序之中，毕竟社区矫正能否取得预期的效果，社区组织等机构的配合还是必要要件之一。再如，就犯罪分子违反社区矫正的要求应该承担的法律后果，可以规定犯罪分子应积极参与社区矫正，如果违反相应规定，可以参照违反管制、缓刑的规定处理；等等。

4. 在现有立法及上述建议的基础上，俟条件成熟之后，制定一部《社区矫正法》或者《刑事执行法》，统一全国的社区矫正工作，就社区矫正的人员配置、经费保障、队伍建设、矫正手段以及运作机制做出详细的规定，为社区矫正的功能发挥与价值实现提供系统的制度保障。

---

〔1〕 参见冯卫国：“社区矫正的中国实践：现状、问题与对策”，载《中国监狱学刊》2006年第2期。

第二十章

我国赦免制度的完善

"现代制度不安地摇摆于严惩理论与宽宥理论之间。这种紧张关系并不新鲜。……18世纪英国的刑事司法以大批量的宽赦缓和了它血腥的法典：在王座和高等法院法官们的宽恕和恩惠下实行特赦和减刑。它因此就获得了两种极端形式都不能获得的一定的功效。……在我们的时代，宽宥甚至更为广泛。"[1] 在经过20多年的"严打"刑事政策后，中国提出并开始实施"宽严相济"的刑事政策。赦免，作为一项"以宽济严"的重大制度安排，理应受到重视。

事实也是如此，近年来，"赦免"这一在中国法学界长期被冷落的话题重新受到关注，学术界相继出版了几本这方面的专著，它们是：《大赦·特赦——中外赦免制度概观》（郭金霞、苗鸣宇著，群众出版社2003年版），《赦免制度研究》（陈东升著，中国人民公安大学出版社2004年版），《赦免制度论衡》（阴建峰著，中国人民公安大学出版社2006年版），《刑事赦免制度》（王娜著，法律出版社2008年版），《赦免及其程序问题研究》（陈春勇著，中国人民公安大学出版社2010年版）。此外，还发表了一些这方面的论文，如：谢望原的《略论赦免的刑事政策意义》（载《人民司法》2003年第9期），竹怀军的《论我国死刑赦免制度的构建》（载《湖南师范大学社会科学学报》2004年第5期），崔康锡、刘仁文的《韩国赦免制度及其改革方案》（载《亚洲法论坛》第一卷，中国人民公安大学出版社2006年版），赖早兴的《美国行政赦免制度及其对死刑执行的限制》（载《河北法学》2006年第5期），张晶、陈京春的《我国赦免制度的实践困境与对策研究》［载《云南大学学报（法学版）》2007年第2期］，闫凤娟、李莉的《新中国赦免制度的发展状况及评析》（载《法制与社会》2007年第3期），高铭暄、赵秉志、阴建峰的《新中国成立60周年之际实行特赦的时代价值

［1］［美］弗里德曼：《选择的共和国》，高鸿钧等译，清华大学出版社2005年版，第164页。

与构想》（载《法学》2009年第5期），陈云生的《大赦研究初步》（载《广西政法管理干部学院学报》2009年第6期）、《大赦经纬》（载《国家检察官学院学报》2010年第1期）、《重建大赦制度的现实基础》（载《法治研究》2010年第3期），蒋娜的《宽严相济刑事政策下的死刑赦免制度研究》（载《法学杂志》2009年第9期），李秀鹏的《完善我国特赦制度的构想》[载《人民检察》2010年第7期]，何伟龙的《我国内地与澳门地区赦免制度之比较》（载《西部法学评论》2010年第4期），等等。

与此同时，赦免话题也被推向社会，例如，2007年底，《南方周末》发表《2008，能否成为中国特赦年?》的署名文章，〔1〕呼吁国家在改革开放政策实施30周年或奥运会举办之际搞一次特赦，引起广泛讨论；〔2〕2009年，就建国60周年应否搞特赦，又引发热议。〔3〕

另外，近年的“两会”上，也出现了这方面的提案，如来自重庆的全国政协委员吴刚先后于2008、2009年两次提出《关于建国60周年大庆之际进行大赦的建议》。〔4〕来自上海复旦大学的全国政协委员葛剑雄也在2009年的“两会”上提出关于在建国60周年大庆之际实行特赦的提案。〔5〕

面对赦免话题的被激活，以及该话题被带入参政议政层面，深化对赦免制度的理论和实务研究，成为摆在法学工作者面前的一项现实任务。特别是对于中国赦免制度的完善，直接关涉赦免制度将来在中国的命运，以及实施的效果，因而尤其需要研究。

第一节 赦免制度的实体完善

现代国家为什么还会继续保留发源于专制时代的赦免制度？其原因除了赦免

---

〔1〕参见刘仁文：“2008，能否成为中国特赦年?”，载《南方周末》2007年12月13日。

〔2〕反对意见如封利强：“别把奥运与刑事司法挂钩”，载《检察日报》2008年1月2日。

〔3〕主张特赦的意见如高铭暄：“建议国庆特赦”，载《南方人物周刊》2009年第9期；赵秉志：“赦免制度 适时而行”，载《法制日报》2009年2月25日。反对意见如周光权：“不要轻率实行国庆特赦”，载《南方周末》2009年2月26日。

〔4〕参见《重庆晨报》2009年3月2日报道。

〔5〕参见《东方早报》2009年3月7日报道。

制度本身所蕴藏的刑事政策意义外,[1] 还在于赦免制度在现代被赋予了新的内涵，即经过近、现代国家统治者或主权者的承继和改造，已经被吸纳进近、现代宪法的一项规范内容，并被构建成为一项宪政制度。正如美国的霍姆斯大法官所指出的："赦免，在我们这个时代，不再是个人拥有权力发生的私人恩典，而是宪政的一部分。当实行赦免时，它是基于更好地服务于公共福利……"[2] 可见，现代意义上的赦免是法治的产物，它必须在宪法和相关法律的规定之下实施，赦免法案的主旨在于"使从前的法外行动得以依法处理，或在于使已触犯法律的责任之个人得以依法救济。"[3]

正因此，现代各国一般都在宪法中赋予赦免制度的正当性,[4] 我国也不例外。我国现行《宪法》第 67 条第 17 项规定，全国人民代表大会常务委员会可行使"决定特赦"的职权；第 80 条规定，国家主席有"发布特赦令"的权力。

不过，如上可见，我国宪法中规定的赦免制度仅限于"特赦"，这较之其他国家和地区，涵盖面太窄。从其他国家和地区关于赦免制度的规定来看，赦免制度一般包括大赦、特赦、减刑和复权四部分。[5] 在这方面，我国还需要从宪法及相关法律上补充资源，使我国的赦免制度内容更加丰富。[6]

---

〔1〕 中外学者均将刑事政策上的考量作为赦免制度的重要目的，如德国学者李斯特认为："赦免的目的在于，相对于法律的僵化的一般性，提出公平要求（但总是有利于被判刑人，决不会反过来）；它还可以纠正（事实上的或被认为的）法官的误判，或者达到刑事政策上之目的。"（参见［德］李斯特：《德国刑法教科书》，徐久生译，法律出版社 2000 年版，第 487 页。）意大利刑法学者帕多瓦尼在谈到赦免制度时，甚至指出："只有从刑事政策的角度考虑，才可能以宽大为由对这种不平等作出解释。"（参见［意］杜里奥·帕多瓦尼：《意大利刑法学原理》，陈忠林译，法律出版社 1998 年版，第 395 页。）一般认为，赦免制度的刑事政策意义主要体现在以下几方面：①化解国家祸乱，缓和国内外矛盾；②调节利益冲突，平衡社会关系；③弥补法律不足，缓和刑罚严苛；④彰显国家德政，昭示与民更始；⑤鼓励犯人自新，增强社会的凝聚力；等等。（参见高铭暄、赵秉志、阴建峰："新中国成立 60 周年之际实行特赦的时代价值与构想"，载《法学》2009 年第 5 期。）

〔2〕 Clifford Dorne, Kenneth Gewerth, "Mercy in a Climate of Retributive Justice: Interpretations from a National Survey of Executive Clemency Procedures", *New England Journal on Criminal and Civil Confinement Summer*, 1999.

〔3〕［英］戴雪：《英宪精义》，雷宾南译，中国法制出版社 2001 年版，第 127 页。

〔4〕 在宪法中为赦免谋得一席之地后，许多国家和地区都还制定了专门的《赦免法》，以作更详细的规定。

〔5〕 有的国家还不止这些，如日本还有刑罚执行的免除，美国还有罚金或没收的免除，韩国还有纪律处分或行政处罚的免除等。

〔6〕 至于如何从宪法上补充，有两条路径：一是采取修宪的方式，将大赦、减刑和复权明确规定到宪法中，与特赦一起作为我国赦免制度的内容；二是采取宪法解释的方式，因为在宪法规定的全国人民代表大会职权中，有"全国人民代表大会认为应当由它行使的其他职权"这样的"兜底条款"，据此，作为最高国家权力机关，全国人民代表大会有权决定包括大赦在内的重大事项。

一、关于大赦

我国1954年《宪法》明确规定了“大赦”：在全国人民代表大会行使的职权中，其中之一即“决定大赦”；而在“中华人民共和国主席”一节中规定：“中华人民共和国主席根据全国人民代表大会的决定和全国人民代表大会常务委员会的决定，……发布大赦令和特赦令。”1975年《宪法》既没有规定大赦，也没有规定特赦，此后1978年和1982年《宪法》都只规定了特赦而没有规定大赦。

我们认为，在宪法上增设大赦制度是有必要的，主要理由如下：

1. 当今世界许多国家和地区的宪法上都有大赦制度，如美国、法国、德国、俄罗斯等大国的宪法均有此制度。我国从清末颁布的《钦定宪法大纲》，到《中华民国临时约法》，到后来的《中华民国宪法》，也都规定了大赦制度。现在我国台湾地区的“宪法”及其“赦免法”中仍然有大赦制度。有关国际公约中也有大赦的内容，如我国已经签署的《公民权利与政治权利国际公约》，其中第6条第4项就规定：“任何被判处死刑的人均有权要求赦免或减刑。对一切判处死刑的案件，均得给予大赦、特赦或减刑的机会。”又如，我国于1983年加入的《日内瓦四公约关于保护非国际性武装冲突受难者的附加议定书（第二议定书）》第6条“刑事追诉”的第5款规定：在敌对行动结束时，当权当局对参加武装冲突的人或基于有关武装冲突的原因而被剥夺自由的人，不论被拘禁或拘留，应给予尽可能最广泛的赦免。这里的“尽可能最广泛的赦免”，理解为“大赦”比较适宜。此外，《联合国有条件判刑或有条件释放犯罪人转移监督示范条约》第12条规定：缔约国双方均可根据本国宪法或其他法律给予特赦、大赦或减刑。《关于移交外国囚犯的模式协定》第4节“执行和赦免”中也规定：判决国和执行国均应有权特赦和大赦。[1]

2. 是否实行大赦是一个政治考量和决策的问题，它需要结合一国的具体形势经过慎重决策而定。确实，随着社会的发展和法制的进步，基于频繁大赦所固有的诸多诟病，现代社会对大赦的适用呈现出越来越严格的趋势。但这并不意味着大赦就彻底丧失存在的根据。相反，作为一项制度，宪法上应当为其留下一席之地，以备需要时可用。诚如有学者所言：将“大赦”确定为今人即未来的先人处理或调节社会矛盾的一个选项，是一个不容回避和有极高价值期待的政治技术乃至政治艺术。”[2]

3. 事实证明，我国社会由于正处在转型时期，有些问题可能通过大赦来解

〔1〕 参见陈东升：《赦免制度研究》，中国人民公安大学出版社2004年版，第110页。

〔2〕 参见陈云生：“重建大赦制度的现实基础”，载《法治研究》2010年第3期。

决效果会更好。如我国1997年《刑法》取消了投机倒把罪、流氓罪，对那些过去因这类罪名被判刑而至今仍在服刑的罪犯，以及作为实施1997年《刑法》的过渡性措施，就可以采取大赦的方式。又如，针对民营企业的“原罪”问题，2004年河北省委、省政府批转该省政法委《关于政法机关为完善社会主义市场经济体制创造良好环境的决定》，其中第7条规定：对民营企业经营者创业初期的犯罪行为，在追诉期内的，要综合考虑其犯罪性质、情节、后果、悔罪表现和所在企业在当前的经营状况及发展趋势，依法减轻、免除处罚或判处缓刑。有学者就指出，该文件从形式到内容均有不妥，若能通过大赦来解决，比较理想。[1]作为一个对照，我们可以看一下俄罗斯的做法：2005年3月，时任俄罗斯总统普京在克里姆林宫会见了24名俄罗斯最富有的商人，承诺他将支持一项提议，把私有化交易的诉讼时效从10年缩短至3年，这实际上将禁止对20世纪90年代国有资产出售提出的进一步挑战，以保护所谓的寡头。普京的这一做法就是通过大赦来实现重大的政策调整。[2]

4. 有人认为，大赦存在诸多弊端，如不问犯罪人的悔过情况，只是根据政治的需要在一定时刻宣布一概消除罪与刑，会削弱法律的稳定性，降低刑罚的一般预防作用；使一部分尚有社会危害性的犯罪人回到社会，威胁社会治安，等等。[3] 关于大赦制度存在的一些弊端，其实有些也适用于包括特赦制度在内的所有赦免制度，正因为有弊端，所以自古以来，就不乏对赦免制度持批评态度的学者，但为何赦免制度从未消失呢？就因为它利弊互存，简单地取消它无法解决一定社会形势下的特殊问题。所以，多数学者认为，不能因噎废食，应当留出制度空间，将大赦制度作为一种“国家紧急避险行为”规定下来，以便在必要时适用之，以保全社会公共利益。当然，由于大赦范围广，对其适用要采取十分慎重的态度，竭力避免滥用，在这方面，许多国家和地区正是这样做的，如要求更严格的程序等。另外，需要指出的是，对于大赦制度本身，也并不是一成不变的内容，而是可以随着时代的变化和结合本国的国情，作出一些改进和完善，如有的国家出现了附条件的大赦，如法国，往往给获得大赦者附加一定的条件或义务；[4] 还有的国家在实行大赦时，越来越多地考虑犯罪的社会危害的性质和程

---

〔1〕参见阴建峰：《现代赦免制度论衡》，中国人民公安大学出版社2006年版，第279页以下，以及第391页。

〔2〕参见陈云生：“大赦经纬”，载《国家检察官学院学报》2010年第1期。

〔3〕参见陈东升：《赦免制度研究》，中国人民公安大学出版社2004年版，第265页。

〔4〕参见［法］卡斯东·斯特法尼等：《法国刑法总论精义》，罗结珍译，中国政法大学出版社1998年版，第671页。

度、所处刑种以及犯罪人的个人情况（如是否有过恶意违反服刑程序的行为等）。[1]

5. 还有人说，原本适用大赦的情况可以通过特赦来解决，而不用依赖大赦来完成。[2] 诚然，传统意义上的大赦与特赦之间的一些界限现在在有的国家或地区确实在消失，如传统认为，大赦罪刑皆免，特赦免刑而不免罪，但现在有的国家或地区的立法例规定，特赦在必要时也可以免罪，[3] 而大赦也未必就罪刑皆免。[4] 但这并不是说，大赦和特赦就是一回事了，一般而言，特赦的对象相对特定，而大赦的对象则相对不特定；特赦只针对已判刑的人，大赦则可以针对尚未判刑的人。因此，特赦并不能完全取代大赦。如果仅仅是取消大赦的名义，而将其领地让渡给特赦，则反而不如明文规定大赦制度的好，因为大赦制度由于其范围和效力不同于特赦，往往要求在程序上给予更严格的限制。

二、关于减刑

赦免性减刑不同于刑法典中的普通减刑。根据我国刑法的规定，普通减刑是指在刑罚执行过程中，对那些确有悔改表现或者有立功表现的犯罪人，依法对原判刑罚予以减轻的一种制度。也许有人会说：既然我国刑法中已有减刑制度的规定，何必还要赦免性减刑呢？这里，先不论我国刑法中的减刑制度是否合理，[5] 就以现有规定论，刑法中的减刑制度也不能替代赦免性减刑。二者主要的区别在于：

1. 刑法中的减刑是针对特定的个别犯罪人的，不能对不特定的人适用；而赦免性减刑则既可以对针对特定的个别犯罪人，也可以对不特定的全部犯罪人或者某一类或某几类犯罪人适用。

---

〔1〕 参见［俄］库兹涅佐娃、佳日科娃主编：《俄罗斯刑法教程（总论）》（下卷·刑罚论），黄道秀译，中国法制出版社2002年版，第825页。

〔2〕 参见于志刚：《刑罚消灭制度研究》，法律出版社2002年版，第468页。

〔3〕 如我国台湾地区的“赦免法”第3条规定：“受罪刑宣告之人经特赦者，免除其刑之执行；其情节特殊者，得以其罪刑之宣告为无效。”

〔4〕 如意大利《刑法》就将大赦区分为免罪性大赦和免刑性大赦；韩国《赦免法》也规定，大赦在大总统令有特别规定的情况下，可不免罪。

〔5〕 国外刑法普遍规定有假释制度，但鲜有规定减刑制度（当然在赦免法中则普遍规定有减刑制度）。我们认为，在刑法中规定减刑制度的理论正当性值得斟酌，因为宣判刑是基于审判时犯罪人的犯罪行为及其主观恶性和人身危险性而确定的，在执行阶段减轻，从刑事责任的根据、罪刑相适应的原则等角度来看都不是太合适，如果犯罪人表现好，可采“假释”这样一种变更执行方式的制度，这样既不伤害原来的判决，又避免刑罚浪费，同时也鼓励犯罪人往好的方向改造。而且由于假释给从监禁状态向自由状态过渡提供了一个缓冲期，因而更具有合理性。

2. 即使赦免性减刑可以对针对特定的个别犯罪人，也与刑法中的减刑不同，后者以犯罪人有悔改表现或者立功表现为前提，主要从犯罪人本身的状况出发，前者则主要从刑事政策出发，根据国家政治形势的需要和社会发展之情状而定。

3. 刑法中的减刑只能在犯罪人开始一段时间的服刑后才能适用，而赦免性减刑既可以在犯罪人服刑一段时间后适用，也可在其刑罚一经宣告就予以减刑。而且，刑法中的减刑有幅度上的限制，如按照我国《刑法》第78条的规定，经过一次或几次减刑后实际执行的刑期，判处管制、拘役、有期徒刑的，不能少于原判刑期的1/2；判处无期徒刑的，不能少于13年。但赦免性减刑没有这种限制，其政策灵活性更大。

赦免性减刑可分为一般减刑和特别减刑。一般减刑又称全国性减刑或普遍性减刑，是指对不特定的犯罪人实施减刑的制度。一般减刑与大赦的性质有相通之处，一般依照大赦的程序颁行。特别减刑又称个别减刑或特定减刑，是指对特定犯罪人实施减刑的制度。特别减刑与特赦的性质有相通之处，一般依照特赦的程序颁行。

赦免性减刑的内容包括同一刑种内刑度的减轻和不同刑种的变更两种，也有的国家分别对一般减刑和特别减刑规定了不同的减刑内容，如韩国《赦免法》就规定：一般减刑，法律没有特别规定的，变更刑种；特别减刑，只减轻刑的执行，有特别理由的才可变更刑种。

在我国过去的赦免实践中，往往把赦免性减刑包含在特赦中，如1959年为庆祝建国10周年，时任国家主席刘少奇根据全国人大常委会《关于特赦确实改恶从善的罪犯的决定》发布的《中华人民共和国主席特赦令》中，除了释放一批战争罪犯、反革命罪犯和普通刑事罪犯外，还对符合条件的死缓犯、无期徒刑犯作了减刑。[1]在理论上，不同的学者有不同的理解，如高铭暄教授认为，特赦包括减刑；但张文显教授对特赦的理解就不包括减刑。[2]我们认为，把赦免性减刑笼统地包含在特赦里，至少是不准确的。虽然我们过去的赦免实践是这么做

---

〔1〕 参见郭金霞、苗鸣宇：《大赦·特赦——中外赦免制度概观》，群众出版社2003年版，第196～198页。

〔2〕 参见王媛："特赦就是让百姓看到国家还是有它的'仁政'"，载《南方人物周刊》2009年第9期。

的，但是应当看到，那是法制不完备时期的产物。[1] 从世界各国和地区的通行做法看，特赦不能包含减刑，如韩国“赦免法”规定：本法规定有关赦免、减刑和复权的事项，其中赦免分为一般赦免（即大赦——作者注）和特别赦免，减刑分为一般减刑和特别减刑。我国台湾地区的“赦免法”规定：本法称赦免者，谓大赦、特赦、减刑及复权。从规范赦免的角度看，把赦免性减刑独立出来是必要的（而且赦免性减刑除了特别减刑，还有一般减刑）。

三、关于复权

赦免性复权，是指国家对因受到有罪判决而丧失或者停止某些权利或资格者，经过法定的程序恢复其权利或资格的一种制度。它也分为一般复权和特别复权两种：一般复权是指针对符合条件的不特定多数人实施的复权；特别复权是指针对特定人实施的复权。

许多国家和地区的刑法上也设置了复权制度，我国虽然刑法上没有复权制度，但也有不少学者主张增设该制度。需要指出的是，赦免性复权与刑法上的复权是不同的：后者是作为一种司法奖励机制出现的，其目的在于消除刑罚过剩，刺激犯罪人积极自我改造；前者则是作为一种具体类型的赦免制度出现的，是一种用以调节利益冲突、衡平法律关系、弥补法律不足的刑事政策手段。[2]

我国的赦免制度中虽然没有明确规定复权制度，但在过去的赦免实践中存在过类似复权的做法，如 1975 年 3 月 17 日，全国人大常委会决定，对全部在押战犯一律特赦，并予以公民权。当时，国务院副总理兼公安部部长华国锋在代表病重的周恩来总理向全国人大常委会作专题说明时指出：“遵照毛主席的指示精神，对这次特赦释放的全部在押战犯，每人都给公民权；有工作能力的，安排适当的工作；有病的，和我们干部一样治，享受公费医疗；丧失工作能力的，养起来；

---

〔1〕 法制不完备必然带来随意性，正如 1979 年之前我们没有刑法典导致定罪判刑比较随意一样。现在学界一般把 1959 年的特赦作为新中国首次特赦来论述，这也是不准确的，其实早在 1956 年，最高人民检察院根据全国人大常委会《关于处理在押日本侵略中国战争犯罪分子的决定》第 1 条第 1 项，即“对于次要的或者悔罪表现较好的日本战争犯罪分子，可以从宽处理，免予起诉”，先后分 3 次“免予起诉并立即释放”了 1017 名日本战犯。（参见郭金霞、苗鸣宇：《大赦·特赦——中外赦免制度概观》，群众出版社 2003 年版，第 186 ~ 188 页。）这一名为“免予起诉”的做法，其实就是赦免（类似特赦，但它又是针对尚未判刑的人，这也是当时赦免不规范的表现）。再举例言之，我国 1975 年的特赦，事先按照过去 6 次的特赦标准（有改恶从善表现），有一批战犯无论如何通不过，但后来经毛泽东批示，所有战犯一律“特赦”，这其实是以特赦之名行大赦之实。正如有学者所指出的：我国从 1959 年到 1975 年的 7 次特赦，虽然同时具备通常所谓大赦和特赦的某些特点，却又有所不同，是一种具有中国特色的较为特殊的形式。（参见马克昌主编：《刑罚通论》，武汉大学出版社 1999 年版，第 705 页。）

〔2〕 参见阴建峰：《现代赦免制度论衡》，中国人民公安大学出版社 2006 年版，第 259 页。

愿意回台湾的，可以回台湾，给足路费，提供方便，去了以后愿意回来的，我们欢迎。释放时，每人发给新制服装和100元零用钱，把他们集中到北京开欢送会，由党和国家领导人接见，并宴请一次，然后组织他们参观学习。"〔1〕据此，有学者认为，这里的给予公民权，即恢复他们的政治权利，实际上属于赦免性复权，只不过是它与特赦一同实施而不是单独实施罢了。〔2〕我们同意这一看法，同时也认为，有必要在我国的赦免制度中，专门把复权制度拿出来研究并加以规定。〔3〕

综上，鉴于中国现行宪法仅规定了特赦这一单一的赦免类型，而立法过于简略，赦免实践中的特赦又兼具传统大赦、特赦的双重特点，且与赦免性减刑、赦免性复权等赦免类型一同实施，为了规范赦免的具体类型，避免赦免法定类型与实践类型的脱节以及由此导致的赦免适用的随意性，同时根据各种复杂的案情对被追诉人和被判刑人适当、合理地适用不同类型的赦免，有必要在我国宪法和相关法律中将赦免类型法定化。〔4〕具体分为大赦、特赦、减刑和复权四种，其中减刑又分为一般减刑和特别减刑，复权也分为一般复权和特别复权。〔5〕在此前提下，可再分别规定其法律后果〔6〕、适用范围〔7〕、附加条件〔8〕，等等。

---

〔1〕参见郭金霞、苗鸣宇：《大赦·特赦——中外赦免制度概观》，群众出版社2003年版，第211页。

〔2〕参见高铭暄主编：《刑法学原理》（第3卷），中国人民大学出版社1994年版，第687页。

〔3〕像"公民权"这种提法其实是不严谨的，因为即使是犯人，他们也还是国家的公民，也仍然拥有某些公民权利。那么，复权中的"权"是指哪些权利呢？我国台湾地区的"赦免法"中将其界定为"所褫夺之公权"，如果以此相对应，就相当于大陆刑法中的"剥夺政治权利"。

〔4〕参见陈春勇：《赦免及其程序问题研究》，中国人民公安大学出版社2010年版，第226、227页。

〔5〕学界一般将大赦和特赦两种赦免制度称为"狭义赦免"，而广义赦免则还包括赦免性减刑和赦免性复权。

〔6〕赦免的法律后果，亦称法律效力，如规定大赦既免罪又免刑（也可规定特别情况下只免刑不免罪），特赦只免刑，必要时也可以免罪；又如，各种赦免对前科消灭、累犯成立等的影响，也都属于这一范畴。

〔7〕从总体而言，"赦免恩德，如同甘霖普化"，应可以对一切犯罪和犯罪人都可以适用，但具体而言，每次赦免时可以有一定范围的限制，如我国台湾地区从20世纪50年代以来的3次"全国性"减刑条例中，均规定对"重大犯罪"不予赦免，但在个案中，仍然可以对"重大犯罪"予以赦免，如1957年对黄百韬之子黄效先的赦免即属此例。参见阴建峰：《现代赦免制度论衡》，中国人民公安大学出版社2006年版，第271页。

〔8〕无论对一般赦免者还是特别赦免者，均可附加一定的条件，以便更好地实现刑罚目的、维护社会秩序。这些附加条件必须是法定的，但在具体适用时可以视情况而定。

第二节　赦免制度的程序完善

赦免制度本身是一把双刃剑，用得好，可以起到积极的刑事政策效果，但若被滥用，则消极效果也十分明显。古今中外，对赦免制度的批评和担心其实也集中在滥赦上。因此，建构科学完备的赦免程序，对于保证赦免制度的规范运行，具有重要意义。

中国现行立法对赦免的程序缺乏明确的规定，曾经实践的特赦程序也带有较大的随意性。[1] 为什么自1975年特赦完全部战争罪犯以来的30多年，我国没有再实行过赦免？其原因当然是多方面的，但缺乏一个具体可行的操作程序恐怕也是其中的一个重要原因。

从完善我国的赦免程序着眼，以下几个问题需要重点考虑：

一、关于赦免的启动、申请与决定

根据不同的赦免类型设置不同的赦免程序，这是世界各国的通例。在此，先不妨将大赦、一般减刑和一般复权统称为一般赦免，[2] 将特赦、特别减刑和特别复权统称为特别赦免。一般赦免特别是大赦，因其适用范围广，社会影响大，各国一般都将其交给议会等最高权力机关来自上而下启动，如韩国规定，大赦除经过国务会议（由大总统主持的一种政府会议）的审议、并以大总统令限定所适用的罪名外，还需得到国会的同意；法国的大赦须经国会审议；俄罗斯的大赦由俄罗斯国家杜马审议。因此，我国在赦免制度的设计中，可将一般赦免的启动权赋予中共中央或国务院，由其向全国人民代表大会建议一般赦免。

与一般赦免的自上而下启动模式不同，特别赦免在许多国家和地区均主要采取自下而上的启动模式，通常由当事人或其亲友、律师等申请启动，或由检察官和监狱等机关依职权提请启动。例如，日本的个别恩赦（即特赦）启动于当事人申请，或由教导所所长等依职权提请；俄罗斯特赦可由被判刑人或其亲友申请或社会团体、刑罚执行机关提请；美国特赦的启动主要源于当事人的申请。[3]

---

〔1〕 如1975年的特赦，毛泽东在看了公安部《关于第七次特赦问题的报告》和准备给全国人大常委会的说明后作出批示，“这些批示，几乎出乎所有人的预料。很长时间准备的分类处理材料全部作废，所有战犯一律特赦，待遇一律相同，复杂的事一夜之间变得异常简单。”参见郭金霞、苗鸣宇：《大赦·特赦——中外赦免制度概观》，群众出版社2003年版，第209页。

〔2〕 需要注意的是，有的国家如韩国，一般赦免即专指大赦。

〔3〕 参见陈春勇：《赦免及其程序问题研究》，中国人民公安大学出版社2010年版，第249页。

据有的学者考证，中国古代的当事人申请赦免的自下而上启动模式也比皇帝及其他官员的定期或不定期录囚制度更为常见。[1] 但新中国成立以来的七次特赦实践，都是自上而下的启动模式，即由全国人大常委会根据党中央或国务院的建议来审议决定并由国家主席颁令实行（第七次没有国家主席颁令这一环节）。当然，如前所述，这几次特赦中有的本来就带有大赦的性质，即使属于特赦性质的，也不是个别特赦，因而采取自上而下的启动模式，有其合理性。

但从完善特别赦免程序的角度来看，我国应该借鉴国外和我国古代的做法，在特别赦免中实行自上而下和自下而上相结合的启动模式，亦即在保留自上而下的启动模式的同时，[2] 增加自下而上的启动模式。具体而言，可分为以下两种情形：一是司法行政机关可以作为特别赦免提请主体，向中央赦免机构提出特别赦免建议，并负责提供相关调查材料。这一类自下而上的启动主要针对符合特别赦免条件的特定多数被判刑人，也就是说，根据国家形势的需要，觉得有必要对这些人实行特别赦免的，可以提出建议和申请，如现在的刑法已经废除了流氓罪、投机倒把罪等罪名，那么过去因这些罪而被判刑如今仍然关押在监狱中的到底还有多少人，假如把这些人统计上来后觉得有必要提请特赦的，就可以由刑罚执行机关上报司法行政机关提请特赦。二是被判刑人本身或者其近亲属或者其委托的律师，可以作为特别赦免的申请主体，在符合条件的情况下提出申请。这其中，凡是被判处死刑的，一律赋予其无条件的申请特别赦免权；至于被判处其他刑罚的，则可以在满足一定的条件下赋予其申请权（如在判决后已经服刑一定期限，赦免申请被驳回后必须经过一定的期限才可重新申请等）。

至于有学者指出："总体上看，一般赦免程序较之特别赦免程序规定相对粗略。"[3] 对此，我们的理解是：一般赦免除了宪法和赦免法或者刑法、刑事诉讼法规定的一般程序外，每次在实行一般赦免时，还要由议会等立法机关通过专门法案来施行，因此详细的一般赦免程序其实是在此类专门法案中得以体现的；而特别赦免由于在实践中施用更为频繁，且在许多国家和地区均体现为行政权，由国家元首决定和颁行（联邦制的国家在州一级还可由州长直接行使），因而需要事先加以详细规制。我国现行《宪法》规定，特赦由全国人大常委会审议决定、国家主席发布特赦令，这一规定与1954年《宪法》规定一致。看起来国家主席的特赦职权似乎是虚的，但其实在过去的特赦实践中并非如此，国家主席在根据

---

〔1〕 参见陈春勇：《赦免及其程序问题研究》，中国人民公安大学出版社2010年版，第250页。

〔2〕 如为了外交的需要，国家主动特赦某一国的间谍等罪犯。

〔3〕 参见陈春勇：《赦免及其程序问题研究》，中国人民公安大学出版社2010年版，第241页。

全国人大常委会的原则精神发布命令时，可以创造新的具体的规范，而且国家主席的赦免令具有很高的法律效力，最高人民法院和高级人民法院都必须遵照执行。[1] 从今后完善的角度考虑，宜把个案的特别赦免和多案的特别赦免分开来，[2] 后者仍然可由全国人大常委会来审议决定，但前者应当通过立法或立法解释，将特别赦免决定权由立法机关（即全国人大常委会）转移到国家元首（即中华人民共和国主席）上来，特别赦免申请经由一定程序上达国家主席后，国家主席便可咨询相关机构和人士，如决定特别赦免，就可以特别赦免令的形式颁行，这样才可以保证特别赦免制度适用上的快捷、迅速，以及时回应社会关切和犯罪人的个人情状。[3] 国家主席通过对个案进行具体审核并作出是否特别赦免的决定，还可以突出特别赦免制度的个别性、例外性，促进法律的实质正义和优化法律的社会效果，正如庞德所言："应当永远记住，正义总是存在于个别的案件中。"[4]

二、关于专门赦免机构的设立

这主要针对特别赦免而言。世界上许多国家都设有专门的赦免机构，如俄罗斯总统办公厅设有特赦局，其负责起草和准备有关特赦问题的实质性文件和材料，拟成后送交俄罗斯联邦总统特赦问题委员会，该委员会负责审议并提出解决的建议。这些建议通过总统办公厅呈报总统，最后由总统对特赦及其性质作出最终决定。[5] 美国的联邦赦免申请由司法部下属的赦免事务办公室受理和审查，而各州的赦免则由州赦免事务委员会审查。日本也专设有"中央更生保护审查会"来处理赦免事宜，为法务大臣下属机关，一般由5名委员组成，都须经国会两院同意，法务大臣任命，其主要工作之一即调查犯罪人资料并初步决定可赦之人，呈报法务大臣，还接受"监狱长"、"保护观察所所长"及"有罪判决宣告法院检察处之检察官"提出的赦免申请。其他如法国，也在司法部下设有特赦事

---

〔1〕 参见陈东升：《赦免制度研究》，中国人民公安大学出版社2004年版，第277页。

〔2〕 考虑到多案的特别赦免社会影响要大些，因而通过全国人大常委会来决定是比较妥当的。此外，国外还有这样的立法例，即对高官设置更加复杂的程序，如希腊就规定：对于部长以上的高官必须通过更复杂的程序才能获得赦免，之所以这样规定，是因为该国立法机关认为，过去针对高官有滥用赦免的种种弊端。（参见崔康锡、刘仁文："韩国赦免制度及其改革方案"，载田禾主编：《亚洲法论坛》（第1卷），中国人民公安大学出版社2006年版，第310页。）不管我们要不要借鉴这一立法例，总之，特别赦免的程序可以根据不同情况而不同，并不是说特别赦免就只能有一种程序。

〔3〕 参见陈东升：《赦免制度研究》，中国人民公安大学出版社2004年版，第278页。

〔4〕 参见［美］庞德：《普通法的精神》，唐前宏等译，法律出版社2001年版，第39页。

〔5〕 参见［俄］库兹涅佐娃、佳日科娃主编：《俄罗斯刑法教程（总论）》（下卷·刑罚论，黄道秀译，中国法制出版社2002年版，第830页。

务司。[1]

由专门的赦免机构来处理赦免的相关事宜，有助于集中专门的业务人员和力量，有针对性地解决赦免申请的受理、审查、建议、通知执行等有关赦免的各个环节的问题，提高处理赦免问题的专业性和效率，也是使赦免常态化的必要之举。我国没有这类专司赦免申请受理与审查的机构，从健全赦免制度的规范看，应当设立这样的机构。具体设想如下：

1. 在全国人大常委会下设赦免事务委员会，该委员会的组成人员应来自公安、检察、法院、律师、法学教授以及其他民意代表，[2] 可以设立办公室作为日常运转机构；

2. 委员会的主要职责是：负责大赦等一般赦免的调查、建议和咨询；负责受理特别赦免的提请和申请；负责审查特别赦免的可行性，并上报有关调查材料；起草特别赦免建议要点，等等。

3. 在审查赦免个案申请时，首先，应看是否已是最后补充救济途径，即是否已穷尽法律内的一切救济渠道；其次，应考察是否有适宜特别赦免的因素，如查明原审判决所依据的法律是否已经作出有利于被判刑人的变更，或者有无国防、外交等方面的特殊考虑，或者存在错判、误判之可能，确有必要通过特别赦免渠道来救济的；最后，特别赦免一般还应考虑以下一些因素，如被判刑人的监内改造表现、人身危险性大小，被特别赦免后的就业等情况，原处理案件的法官、检察官的意见，被害方的意见等。

4. 赦免事务委员会的意见不具有直接约束赦免权的法律后果，但实际上会对赦免决定产生影响，如国家元首等赦免权行使主体在没有特别理由的情况下仍不顾赦免事务委员会的否定性意见，执意行赦，就会面临道义和政治上的责任和压力，这在当代民主社会，显然会对制约不当赦免产生积极影响。

三、关于赦免令的颁布、执行与监督

如前所述，全国人民代表大会有权决定一般赦免，在其通过一般赦免令之后，可由国家主席颁布一般赦免令，或大赦，或一般减刑，或一般复权，也可同时包含两者或三者。过去，在中国的特赦实践中（如前所述，有的特赦其实带有大赦的性质），立法机关通过的赦免决定往往比较简单，国家主席据此发布的赦

---

〔1〕 参见陈东升：《赦免制度研究》，中国人民公安大学出版社2004年版，第152、153页。

〔2〕 其中法官应占约1/3的比例，因为赦免本质上具有变更法院所作出的判决的效果，有必要让法官来考虑与其他判决之间的平衡问题；律师、法学教授以及其他民意代表也应占约1/3的比例，以便能够比较准确地反映国民的意向。

免令则详细规定其实质内容和条件，这意味着国家主席对特赦的具体内容有实质决定权。在完善我国的赦免类型后，一般赦免令由全国人民代表大会通过后，国家主席不宜再另行发布含其他实质内容的一般赦免令，而应履行《宪法》第80条规定的根据全国人民代表大会的决定而公布法律的职能，直接颁布全国人民代表大会通过的一般赦免令。为此，就要求一般赦免令本身必须详细载明一般赦免的类型、罪种、刑期标准等内容，以及执行一般赦免法令的环节和程序，以确保依法行赦。

特别赦免决定权一分为二之后，个案的特别赦免由国家主席直接决定并颁发特别赦免令（或特赦、或特别减刑，或特别复权），多案的特别赦免则在由全国人大常委会决定后再由国家主席以特别赦免令的形式颁行，同样，后者的具体内容应由全国人大常委会来决定，国家主席的特别赦免令不应再创制新的内容。

关于赦免令的执行，目前我国也缺乏明确的规定。从过去的赦免实践看，一般是在全国人大常委会通过“特赦”决定、国家主席颁布“特赦令”后，根据特赦令中要求的特赦条件，由罪犯管理机关在罪犯进行严格审查后，经过最高人民法院批准并决定，由最高人民法院发给特赦通知书。[1]

在完善我国的赦免制度后，对于一般赦免令的执行设想如下：一般赦免令发布后，有关追诉、审判和刑罚执行机关应在第一时间告诉相关被追诉人和被判刑人，要求其协助收集相关证明材料，由其本人或委托律师或其他人员拟定一份符合此次一般赦免条件的报告，然后将该报告和相关证明材料报送管辖法院初步审查后层报最高人民法院。最高人民法院对其进行形式审查后发放一般赦免通知书，载明：根据一般赦免令，被追诉人和被判刑人哪些具体情况符合一般赦免令的哪些具体规定，从而对其产生何种具体的赦免效力。一般赦免通知书应分别送达被追诉人和被判刑人的管辖法院、被追诉人和被判刑人本人，以及对被追诉人和被判刑人进行追诉或执行刑罚的机构。[2]

就特别赦免令而言，我们要改变过去那种先颁特赦令再审查犯罪人的有关情况、并根据审查意见由最高人民法院确定特赦的具体名单的做法，而应当根据提请或申请，先出赦免事务委员会初步审查，再视情况分别报国家主席或全国人大常委会决定，特别赦免令应直接写明被赦人的姓名，并载明特别赦免的原因、具体类型、效力、附加条件等。

---

〔1〕 参见郭金霞、苗鸣宇：《大赦·特赦——中外赦免制度概观》，群众出版社2003年版，第198、199页。

〔2〕 参见陈春勇：《赦免及其程序问题研究》，中国人民公安大学出版社2010年版，第246~249页。

无论一般赦免令还是特别赦免令的执行，都需要遵循公共政策执行领域的监督原理,[1] 加强对执行过程的监督，以确保实现政策目的。特别是一般赦免令的执行，由于牵涉面广，加之一般赦免令本身常常不直接确定具体的赦免名单，因而更需要在执行中采取听证等公开、透明的措施，以免出现腐败等影响赦免声誉的现象。

第三节 死刑案件的特别赦免程序

在特别赦免中，有一类案件值得专门研究，这就是死刑案件。根据《公民权利与政治权利国际公约》第6条第4项的规定："任何被判处死刑的人应有权要求赦免或减刑。对一切判处死刑的案件，均得给予大赦、特赦或减刑的机会。"我国已经签署该公约，并正在为批准该公约做准备。鉴于我国短期内不可能废除死刑，因此需要在死刑案件中增设申请特别赦免程序，以满足公约在这方面的最低人权标准。[2]

增设申请特别赦免程序也是完善办理死刑案件刑事诉讼制度的需要。我国《刑事诉讼法》第251条规定：下级人民法院收到最高人民法院执行死刑的命令后，应当在7日内交付执行，但是发现下列情形之一的，应当停止执行，并且立即报告最高人民法院，由最高人民法院作出裁定：①在执行前发现判决可能有错误的；②在执行前罪犯揭发重大犯罪事实或者有其他重大立功表现，可能需要改判的；③罪犯正在怀孕。最高人民法院在1999年《关于对在执行死刑前发现重大情况需要改判的案件如何适用程序问题的批复》中指出：对上述需要改判的案件，由有死刑核准权的人民法院适用审判监督程序依法改判或者指令下级人民法院再审。但问题是，根据我国《刑事诉讼法》第242和243条的规定，刑事案件再审的理由是原生效判决"确有错误"，而《刑事诉讼法》第251条规定的第二种情形，即死刑犯在死刑执行前揭发重大犯罪事实或者有其他重大立功表现的，这种改判理由并不是因为原判决在认定事实和适用法律上有错误；第251条规定的第三种情形，改判理由也不一定是原判决在认定事实和适用法律上有错误，因

---

〔1〕 参见刘仁文："论刑事政策的执行"，载陈兴良主编：《刑事法评论》（第11卷），中国政法大学出版社2002年版。

〔2〕 可以说，死刑犯申请特赦或减刑已经成为一项国际公认的权利，其他如联合国《关于保护死刑犯权利的保障措施》第7条规定：任何被判死刑的人"有权寻求赦免或减刑"；《美洲人权公约》第4条规定：任何一个被处死刑者"都有权请求赦免、特赦或者减刑"。

为该妇女可能不是“审判时正在怀孕的”，而是在审判后才受孕，甚至是判决生效后才受孕，[1] 对在审判后才受孕的女死刑犯进行改判，是基于人道主义和避免株连另一无辜生命的考虑，也是《公民权利和政治权利国际公约》第6条第5项规定的“怀胎妇女被判死刑，不得执行其刑”的要求。因此，我们同意对此两种情形构建一个新的程序即死刑赦免程序的设想。[2]

或许有人会说，我国的死刑案件已经有了一套普通刑事案件所没有的复核程序，已经体现了对死刑案件的特别重视，该复核程序可充当前述特别赦免程序的功能。对此，我们的意见是否定的。首先，死刑复核程序是一套司法程序，而特别赦免程序是独立于司法机关之外的另一套程序。在死刑核准之前，死刑判决仍然是未生效的判决，但特别赦免程序则是在判决已经生效的情况下才提起。其次，死刑复核并不能代行特别赦免的功能，如对被判死刑后患精神病或绝症的罪犯，可以赦免，但复核就不一定能从法律上找到免死的依据。最后，在一审、二审和复核之外再加一套特别赦免程序，一点都不算多。许多教训表明，经过三级司法审查后仍然不能发现死刑案件的全部错误。即便像美国这样死刑案件诉讼程序近乎漫长的国家，近年来仍不断爆出无辜者被处死的消息。[3]

在死刑特别赦免程序的设计中，有以下问题需要注意：

1. 死刑特别赦免机关。有论者认为，赦免死刑的机关应是最高人民法院。[4] 这种意见值得商榷，因为在死刑核准权统一收回后，最高人民法院目前已经行使死刑核准权了，再将赦免权赋予它，在实际工作中核准权和赦免权就将由同一机构来行使，这样可能会带来机制上的不顺，导致效果不佳，例如，最高人民法院先核准死刑，再赦免死刑，即使是由不同的部门决定，也难免对最高人民法院决定的严肃性产生一定的冲击。因此，对于死刑案件的特别赦免程序，还是宜遵循前述的特别赦免程序，即个案的特别赦免由国家主席直接决定并颁发特别赦免令，多案的特别赦免则在由全国人大常委会决定后再由国家主席以特别赦免令的

---

〔1〕 有人可能会说，审判后或判决生效后犯人被关在看守所里，怎么可能怀孕呢？这种可能性是完全存在的，例如，《江南时报》2000年7月15日以“谁令死刑无法执行”为题，报道了一名“血债累累、罪大恶极”的女囚，在看守所内被看守所长等人多次强奸致其怀孕，结果本应处以死刑的她被改判无期徒刑。

〔2〕 参见竹怀军：“论我国死刑赦免制度的构建”，载《湖南师范大学社会科学学报》2004年第5期。

〔3〕 参见王菊芳：“27年全美近百人蒙冤而死 伊州死刑大赦引起强烈反响”，载《检察日报》2003年1月14日。

〔4〕 参见竹怀军：“论我国死刑赦免制度的构建”，载《湖南师范大学社会科学学报》2004年第5期。

形式颁行。[1]

2. 死刑特别赦免类型。死刑犯申请的特别赦免类型以减刑为妥，不宜特赦和复权。特赦，即免除死刑犯的刑罚，走得太远，社会公众难以接受。相应地，由于赦免性复权以刑罚执行终了或刑罚执行免除为前提，而死刑案件还没有达到这一步，所以也不存在赦免性复权。而且这里的赦免性减刑宜有所限制，即不应无限制地减刑，减刑为死刑缓期二年执行即可。因为毕竟经过了前面的一审和二审以及复核程序，所以到这一关步子不宜迈得太大。

3. 死刑特别赦免对象。主要包括：一是前面所说的《刑事诉讼法》第251条规定的有关情形，即死刑犯在死刑执行前揭发重大犯罪事实或者有其他重大立功表现的，以及死刑犯在审判后怀孕的；二是出于外交等因素考虑的，如我国2009年判处英国毒贩阿克毛死刑并随后处决，不仅在英国，甚至在欧盟都引起强烈“地震”，因为包括英国在内的欧盟早已废除死刑，但依据我国法律，似乎不判其死刑又没有法律根据，类似案件如果有特别赦免程序，则可先由法院判处其死刑，然后再借助特别赦免这一渠道，将其减刑；三是对被判死刑后患精神病或绝症的罪犯，应准予减刑；四是对于年老或刚满18周岁的罪犯，[2] 以及弱智罪犯，[3] 还有新生婴儿母亲等，如果被判处死刑，应当尽量考虑通过赦免途径来减轻其刑。

4. 关于延长死刑执行期限。与死刑特别赦免制度相关的一个问题是，按照目前我国刑事诉讼法的规定，死刑一旦核准，就将在7天内执行死刑，这一间隔早已被学界批评为太短，若从构建死刑特别赦免制度而言，也必须延长死刑执行的期限，否则可能还没来得及启动特别赦免程序，死刑就已经执行了。我们认为，把死刑执行期限由现在的7天改为6个月比较适宜，当然如果在这期间死刑犯提起特别赦免程序，则自当等该程序走完再说。

---

〔1〕 如果需要对死刑案件进行一般赦免时，则遵循一般赦免的程序。

〔2〕《刑法修正案（八）》增加规定了对审判的时候已满75周岁的人一般不适用死刑，这固然是一大进步，但它一是留了个尾巴，即“以特别残忍手段致人死亡的除外”，二是把年龄定为75周岁有过高之嫌，因此这方面仍然有视个案通过特别赦免来减刑之必要。

〔3〕 美国最高法院认为：处决弱智罪犯违反了美国《宪法》第8条规定的“不得施加残忍的和异常的惩罚”，因而不得对弱智犯执行死刑。参见刘仁文：“弱智罪犯不执行死刑之启示”，载《检察日报》2003年1月17日。

第四节　制定《中华人民共和国赦免法》的建议

从世界各国和地区的赦免立法模式看，在确立了赦免的宪法性基础的前提下，有分散型和法典化两种立法模式，前者体现为在刑法、刑事诉讼法中分别规定赦免的实体和程序性内容，后者则是制定专门的赦免法。通过上述分析，我国赦免制度除了在宪法上需要加以完善外，还需要在实体和程序上予以具体化。对此，究竟是采分散型立法还是法典化立法？综合考量，我们认为制定一部专门的《赦免法》是比较科学也比较可行的，理由如下：

第一，从1979年我国颁布《刑法》、《刑事诉讼法》以来，我国的赦免制度长期处于边缘化状态。无论是《宪法》还是《刑法》和《刑事诉讼法》，对赦免制度的规定都“过于概括和原则，内容极其单薄、疏漏，缺乏可操作性……具体规定根本达不到‘制度’的层次。”〔1〕实践中赦免制度也被长期搁置，人们对建国后几次特赦的印象也还停留在政策性强、随意性大的记忆中，仿佛赦免是与法治相对立的产物。近年来关于国家特赦甚至大赦的建议此起彼伏，但由于该领域无法可依，因此各种建议也五花八门。为了激活赦免制度并规范其运行，在完善宪法关于赦免的基本类型的前提下，制定一部专门的赦免法，实有必要。

第二，现在很多国家或地区都将赦免扩大适用到行政性处罚和纪律性制裁上来，如韩国2002年为庆祝世界杯的举办，减免违章累积积分等约481万名，其所依据的就是韩国《赦免法》第4条的规定；“关于对违反行政法规规定行为的犯则或惩罚，或者根据惩戒法规的惩戒（相当于纪律处分——作者注）或惩罚的免除，应准用赦免的规定。”由于在我国，行政处罚和行政处分的范围比较广，特别是还包括了劳动教养和治安处罚等可以剥夺人身自由的处罚，赦免更应准用于这些领域，否则就不公平。实践中，有的事例也可以为我们提供进一步的思考，如2008年汶川地震时，广州市司法局“特赦”了29名川籍劳教人员，让其回去参与救灾。虽然“按照国家的政策，我们可以有给余期3个月以下的劳教人员减期的权限”，但“因为自然灾害而为劳教人员减期，这在国内还没有人尝试过”。〔2〕这其实是一种典型的“特赦”，也说明在今后的赦免制度运行中，把劳

〔1〕参见陈东升：《赦免制度研究》，中国人民公安大学出版社2004年版，第204页。

〔2〕参见廖杰华等：“广州29名川籍劳教人员获‘特赦’赴灾区救赎”，载《广州日报》2008年6月25日。

教或废除劳教后的、被课以类似保安处分性质的《违法行为矫治法》之自由罚者考虑在内的合理性。这种准用性赦免的内容放到刑法或刑事诉讼法中都不妥，最好是明文规定在专门的赦免法中。

第三，那些对赦免持分散型立法的国家和地区，一般都是在赦免早已成为习惯、通过长期的法律发展而形成的，对于我国这样一个需要重新在法治基础上激活赦免制度的成文法国家而言，专门立法是最有效率、最能保证依法行赦、使赦免制度严格沿着法治的轨道运行的理想选择。尽管像大赦这类赦免，每次都需要立法机关单独出台法律，但那只是在大赦的具体内容上，如每次大赦的范围等。对于包括大赦在内的各种赦免，大至法律效力、一般程序，小至赦免状（减刑状、复权状）的颁发、送达，都需要详细加以规定。特别我国正处于建设社会主义法治国家的进程中，社会的规范意识还有待强化，公众对司法腐败有较多的关切，在这样一种情况下，通过专门立法，一方面可以重拾赦免这一重要的治国艺术，另一方面也能确保其有序运行。

美国学者曾经疑惑地发问：为什么现代社会在法院提供了如此精细的法律标准和诉讼程序后，还会允许赦免的存在呢？其追问的结果是：法律并不是完美的，当法律制度自身不能实现正义结果时，有赖赦免来施以正义；当法律制度在个案中过于严厉时，有赖赦免来施以仁慈。[1] 其实，赦免的功能还不止于此。作为一项重要的刑事政策，它在对内赢得民心、对外维护国家利益等多方面均具有难以替代的作用。我国赦免制度的法律规范不健全和实践中的长期搁置，不仅导致赦免的积极功能没有得到有效的发挥，而且滋长了潜规则的流行，甚至带来法治上的困惑，如我国实践中对某些特殊罪犯采取“保外就医”的做法，其实这些人并不是因为身体健康的原因，只不过借这个制度来实现别的国家目的罢了。[2] 又如，实践中对某些外国间谍判处有期徒刑，但并没有执行，就将其驱

---

〔1〕 参见［美］琳达·E. 卡特等：《美国死刑法精解》，王秀梅等译，北京大学出版社2009年版，第260页。

〔2〕 例如，曾为新疆首富的热比娅于2000年以向境外组织非法提供国家情报罪被判8年有期徒刑，2005年，在其允诺“出境后绝不参与危害中国国家安全的任何活动”后，司法部门同意其申请“保外就医”。又如，陈伯达于1980年被最高人民法院特别法庭判处有期徒刑后，1981年就获准“保外就医”。本来按照《刑事诉讼法》的规定，“保外就医”只能适用于“有严重疾病”的罪犯，但这两个例子都反映出，“保外就医”其实是“醉翁之意不在酒”，是为了实现更重要的政治目的。

逐出境，这显然有违我国相关法律，也是对法院判决的不尊重。[1] 如果对此类案件适用赦免措施，则能在维护法律权威的同时，妥善化解法律难题。

我国正处于社会和法律的转型期，恰当运用赦免制度，可以更好地实现社会正义。[2] 为此，借鉴其他国家和地区的经验，制定一部符合我国国情的《中华人民共和国赦免法》，应成为国家实现善治的重要选项。

---

〔1〕 按照我国《外国人入境出境管理法》，驱逐出境可以作为一种行政处罚方法来适用。但一旦进入刑事程序，它就只能作为一种刑罚方法来适用。按照《刑法》第35条的规定，对于犯罪的外国人，可以独立适用或者附加适用驱逐出境。附加适用要在主刑执行完毕后才能执行，那种对外国间谍判处有期徒刑后又不执行就直接适用驱逐出境的做法，是说不通的。相比而言，曾经轰动一时的美国间谍波普一案，时任俄罗斯总统的普京在法院对其定罪判刑后通过赦免来化解外交风波的做法，就显得更加名正言顺。

〔2〕 2010年12月1日，《法制晚报》报道了中国最后一流氓犯在监狱服刑的消息，使得消失已久的“流氓罪”再次进入舆论视野，引起很大的社会反响，许多人建议对其进行特赦，但至今未看到下文。

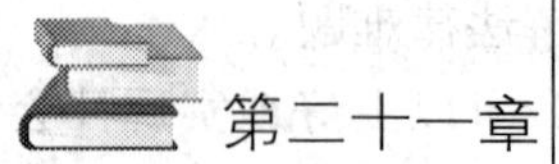

第二十一章 侵犯个人法益犯罪的立法完善

侵犯个人法益的犯罪在我国现行刑法中主要包括侵犯公民人身权利、民主权利罪和侵犯财产罪。人身权和财产权与个人法益密切相关，对于严重侵犯人身权利、民主权利和财产权利的行为，1997年《刑法》在1979年《刑法》的基础上进行了系列的修改和完善，并先后通过了8个刑法修正案，增设了一些新罪名以及修改了某些犯罪的法定刑设置。但是，由于立法者的主观认识和立法技术有限，有关个人法益犯罪的立法仍存在着诸多问题，需要进行立法反思和进一步完善，下面就有关侵犯个人法益的犯罪进行分而述之。

第一节 侵犯公民人身权利、民主权利罪的立法完善

公民的人身权利和民主权利，是我国宪法赋予公民的两类基本权利。通过刑事立法惩治有关犯罪，是有效保障这两类基本权利的重要手段。我国1979年《刑法》对侵犯公民人身权利、民主权利罪进行了规定，1997年《刑法》在1979年《刑法》的基础上进行了补充、修改和完善，之后，通过了8个刑法修正案，新增了一些新罪名，如雇用童工从事危重劳动罪、组织残疾人、儿童乞讨罪、组织未成年人进行违反治安管理活动罪以及《刑法修正案（八）》增加了组织出卖人体器官罪以及拒不支付劳动报酬罪。此外，刑法修正案对于某些罪的法定刑进行了调整，如《刑法修正案（七）》降低了绑架罪的最低法定刑的起刑点，从10年调整为为5年；《刑法修正案（八）》对于强迫劳动罪增加了加重犯的刑罚幅度，并增加了单位犯罪。可见，关于侵犯公民人身权利、民主权利的犯罪的修改体现了宽严相济的刑事政策。但由于各种因素的影响，此类犯罪从立法方式、立法技术到立法内容均存在一定的缺陷与不足。因此，对于该类犯罪应从

总体上和具体犯罪两方面进行反思，以便进一步完善我国的刑事立法，加强对侵犯公民人身权利、民主权利犯罪的惩治和防范。

一、总体反思

（一）对某些犯罪的归类不合理

1997 年刑法典在侵犯公民人身权利、民主权利罪一章中对某些犯罪的归类不合理。根据我国刑法理论，当犯罪同时侵害两个以上的客体时，应按主要客体进行归类。但这一标准在修订刑法中并未得到彻底贯彻。如诬告陷害罪既侵犯了公民人身权利，又妨害了司法机关的正常活动，两者何为主要客体呢？我们认为应当是司法机关的正常活动。因为诬告陷害罪是以意图使他人受刑事追究为目的，行为人实施诬告行为后，一般都会引起有关机关的重视，从而立案、侦查，耗费大量的人力、物力，直接妨害了司法机关的正常活动，而对于公民人身权利的侵犯则是间接的，如果司法机关认真办案，一般不会冤及无辜的，因而公民人身权利只是一种可能的客体，故本罪应归入妨害社会管理秩序罪一章中妨害司法罪的范畴。至于刑讯逼供罪、暴力取证罪和虐待被监管人员罪也主要妨害了司法机关的正常活动，其对人身权利的侵害并不要求造成实际伤害，故应与诬告陷害罪一并移入妨害司法罪中。而强迫卖淫罪在 1979 年《刑法》中归于侵犯公民人身权利、民主权利类罪中，其侵犯的也是复杂客体——他人的性自由权利和社会风尚，其中他人的性自由权利应是主要客体。但修订后的刑法却将其移入妨害社会管理秩序罪章中，这种归类是不正确的，应当予以调整，即将其重新归入侵犯公民人身权利、民主权利类罪中。

（二）侵犯公民人身权利、民主权利罪在刑法体系中的排列顺序不合理

在刑法分则体系中，侵犯公民人身权利、民主权利的犯罪在整个刑法体系中的位置反映出一国立法对人身权利和民主权利的重视程度。我国 1979 年刑法典分则中，将侵犯公民人身权利、民主权利罪置于第四章中，这与当时的立法观念和立法水平相适应，因此无可厚非。但是随着我国对于人权保障功能的日益增强，在 1997 年《刑法》修订过程中，对于侵犯公民人身权利、民主权利罪在刑法分则体系中的地位没有任何改变，不能不说是立法上的缺憾。我国《刑法》分则体系中类犯罪的排列顺序依然沿着侵害国家法益→社会法益→个人法益犯罪的顺序排列，个人的权利没有得到足够重视。我们认为，为了突出刑法的人权保障功能，实现刑法价值观的转变，可以从总体上考虑刑法体系的总体调整，按照侵犯个人法益→社会法益→国家法益犯罪的顺序排列，将个人法益的保护放在前面，以改变以往过于重视刑法的保护功能而忽视刑法的人权保障功能的状况。此种排列顺序不仅与我国宪法中将“公民的基本权利与义务”放在总纲以下的首

章的立法精神相一致，而且符合国际刑法立法的大趋势。[1]

（三）某些罪的法定刑配置过重，罪与罪之间的法定刑不协调

法定刑的轻重反映国家对犯罪人否定性评价和谴责的程度，法定刑的配置应以罪责刑相适应的原则为要。但是在侵害公民人身权利、民主权利罪一章中，有些犯罪法定刑的配置显得过重，如绑架罪和拐卖妇女、儿童罪其法定刑的下限比故意杀人罪还要严厉，其下限分别为10年和5年有期徒刑，高于故意杀人罪的下限（3年有期徒刑）；上限为绝对确定法定刑—死刑，而在故意杀人罪中死刑只是选择刑种。故意伤害罪的法定最高刑为死刑，与故意杀人罪的最高刑相同。这些罪的法定刑配置背离了罪责刑相适应的原则。

二、具体个罪的立法完善

（一）故意杀人罪的立法完善

我国《刑法》第232条规定："故意杀人的，处死刑、无期徒刑或者10年以上有期徒刑；情节较轻的，处3年以上10年以下有期徒刑。"从该条规定来看，其罪状与法定刑都比较简单，刑罚从处死刑到3年以上有期徒刑，刑种、刑期跨度很大，排列顺序从重到轻，罪状与法定刑的设置极不科学。这样的立法设置，往往导致司法人员对一些犯罪行为定性不准、量刑失当。因此，有必要对故意杀人罪的立法进行完善。

1. 从该条规定看，罪状与法定刑过于简单，刑罚幅度太大，罪刑关系有失均衡，同时，故意杀人罪的情节复杂多变，但第232条的罪状简单，只规定了两个量刑幅度，这样大幅度的自由裁量空间给司法审判带来了很大的难度，导致在具体操作中的失衡甚至混乱。因此，对于故意杀人罪的修改，应明确从轻或加重的量刑情节，限制故意杀人罪适用死刑的范围，对于义愤杀人、教唆自杀、相约自杀、帮助自杀行为及受嘱托杀人和安乐死的行为应在在故意杀人罪的罪状中有所体现，为法官提供法定的参酌标准。

2. 从该条的罪状和法定刑的排列顺序来看，罪状和法定刑的排列顺序从重到轻，这与我国刑法第2编分则的其他条文恰好相反，成为刑法分则的一个例外，原因在于，一方面由于立法者受重刑主义思想的影响，这种排列是对"杀人偿命"的一种常态的反应，而且首先考虑重刑——死刑；另一方面，也为刑事法官在司法实践中刑法关于故意杀人罪的刑罚适用首先考虑死刑提供了明确的法律依据。因此，对故意杀人罪的罪状和法定刑的修改应按照从轻到重的顺序进行排

---

〔1〕 如20世纪90年代修订和颁布的《法国刑法典》、《澳门刑法典》和《俄罗斯刑法典》均将侵犯公民人身权利的犯罪作为其分则首章和首篇。

列以避免重刑主义思维。

鉴于以上论述，对故意杀人罪宜作如下修改：

故意杀人的，处10年以上有期徒刑、无期徒刑或者死刑；有下列情形之一的，处3年以上10年以下有期徒刑：①非行为人责任，而是由于被害人的侮辱、虐待等原因导致陷入激情状态杀人的；②当场义愤杀人的；③受他人真实嘱托或者得到他人真实承诺而杀人的；④教唆或者帮助他人自杀的；⑤其他情节较轻的行为。

（二）故意伤害罪的立法完善

故意伤害罪属于司法实践中常见多发的一种侵害人身权利的犯罪。在1979年《刑法》中，故意伤害罪没有规定死刑，对于“故意伤害他人身体的，处3年以下有期徒刑或者拘役；致人重伤的，处3年以上7年以下有期徒刑；致人死亡的，处7年以上有期徒刑或者无期徒刑。”对于故意伤害罪的死刑规定首次出现在1983年因严打而发布的《关于严惩严重危害社会治安的犯罪分子的决定》中，1997年《刑法》对于故意伤害罪做出了修改，提高了致人重伤的法定刑上限，增加了致人死亡或者以特别残忍手段致人重伤造成严重残疾的可以判处死刑的规定。从故意伤害罪的变迁可以看出，该罪的刑罚呈重刑化的趋势，为了贯彻我国“少杀、慎杀”的死刑政策，应该严格限制故意伤害罪死刑的适用。因此，有必要对于故意伤害罪的立法规定进一步修改和完善。

根据现行刑法对于故意伤害罪的规定，该罪的立法规定存在着一定的缺陷：

1. 故意伤害致人死亡的起刑点过高（10年以上有期徒刑），在司法实践中难以做到罪责刑相适应。根据罪责刑相适应的原则，刑罚的轻重，应当与犯罪分子所犯罪行和承担的刑事责任相适应。从危害程度来看，故意伤害致人死亡的行为不一定比故意伤害致人重伤的行为大，因为评价一种行为的社会危害程度要结合该行为的人身危险性和社会危害性综合考虑，不能“唯结果论”之。例如出于轻伤的故意致人死亡的危害程度很可能小于基于卑鄙动机并以重伤害致人重伤的行为危害。因此，在法定刑配置上，对于因轻伤故意造成的行为所配置的法定刑不加区别地一律重于故意重伤的行为，难以做到罪责刑相适应。因此，对于故意伤害致人死亡的行为，在法定最低刑的配置上，应当低于故意伤害致人重伤的最高刑，以便法官根据具体情况对具有较轻社会危害程度的故意伤害致死行为判处与其罪刑相当的刑罚。这种法定刑的配置模式被许多国家所采纳，如德国《刑法》中对于故意伤害致死行为的法定最低刑为3年有期徒刑，情节较轻的故意伤害致死行为的法定最低刑为1年有期徒刑，而故意伤害致人重伤行为的法定最高刑为10年有期徒刑;[1]日本《刑法》对于伤害他人致死的行为,法定最低刑为2年以上有期惩役,而对于致人重伤的危险或者重伤行为的法定最高刑为10年有期惩役;[2]故意伤害致人死亡的法定最低刑低于致人重伤的法定刑的立法模式在其他国家如法国、意大利、越南、韩国等也都采用了这种立法模式。在1979刑法典中,故意伤害致人死亡的最低法定刑为7年有期徒刑,不仅实现了与过失致人死亡的法定最高刑(7年有期徒刑)之间的衔接,而且有利于实现罪责刑之间的均衡。我们认为这种立法模式对于我国故意伤害罪的修改和完善具有一定借鉴作用。

2. 对于故意伤害罪配置死刑欠缺合理性。1997年《刑法》对于"以特别残忍手段致人重伤造成严重残疾的"配置了死刑,这一规定与我国已经签署的《公民权利与政治权利国际公约》第6条第2款所规定的死刑只适用于"最严重的罪行"有一定的差距。对于以特别残忍手段致人重伤没有造成死亡的行为,虽然主观恶性较大,但是其行为尚未达到适用死刑的程度。因此,以特别残忍手段故意伤害致人重伤的行为不属于最严重的罪行,其死刑配置应予取消。此外,域外许多国家对于故意重伤中的严重情形都没有规定死刑,如德国、意大利、法国、越南、韩国等对于故意重伤行为规定的最高刑均为年限不等的有期徒刑。[3]这些国家对故意伤害罪中重伤行为的刑罚设置对于我国刑法具有一定的借鉴作用,建议《刑法》修改把"以特别残忍的手段致人重伤造成严重残疾"的情况所配置的死刑予以取消。

3. 为了严格限制死刑,对故意伤害罪的死刑配置应作出进一步的限制。建议对故意伤害罪的死刑配置采取双层次、递进式的标准。故意伤害致人死亡是死刑配置的前提条件,"手段特别残忍"和"致使多人死亡"是第二层次的条件。只有在"致人死亡"的情况下,同时具备"手段残忍"或者"致使多人死亡"者才配置死刑。[4]此种死刑配置不仅符合我国《刑法》第48条所规定的死刑只适用于"罪行极其严重的犯罪分子",而且与我国已经签署的《公民权利和政治权利公约》第6条第2款所规定的死刑适用标准限于"最严重的罪行"相呼应。

基于以上论述,这里建议将《刑法》第234条故意伤害罪的条文修改如下:

---

〔1〕 参见徐久生、庄敬华译:《德国刑法典》(2002年修订),中国方正出版社2004年版,第113页。

〔2〕 参见张明楷译:《日本刑法典》(第2版),法律出版社2006年版,第188页。

〔3〕 德国《刑法》规定10年有期徒刑、意大利为12年有期徒刑、法国为20年有期徒刑、越南为15年有期徒刑、韩国为10年有期徒刑等等。

〔4〕 参见赵秉志主编:《死刑改革研究报告》,法律出版社2007年版,第134、135页。

故意伤害他人身体的，处3年以下有期徒刑、拘役或管制。

犯前款罪，致人重伤的，处3年以上10年以下有期徒刑。以特别残忍手段致人重伤造成严重残疾的，处10年以上有期徒刑或无期徒刑。

犯第1款罪，以特别残忍手段致人死亡或者致多人死亡的，处无期徒刑或死刑。

本法另有规定的，依照规定。

（三）绑架罪的立法完善

绑架罪是一种社会危害性极其严重的犯罪，1997年《刑法》将绑架罪作为一种新罪纳入刑法分则“侵犯公民人身权利、民主权利罪”一章中并对其规定了较为严重的法定刑：“以勒索财物为目的绑架他人的，或者绑架他人作为人质的，处10年以上有期徒刑或者无期徒刑，并处罚金或者没收财产；情节较轻的，处5年以上10年以下有期徒刑，并处罚金。“犯前款罪，致使被绑架人死亡或者杀害被绑架人的，处死刑，并处没收财产。”“以勒索财物为目的偷盗婴幼儿的，依照前两款的规定处罚。”由于该罪的法定起刑点过高（10年），在司法实践中针对复杂多变的绑架行为难以做到罪责刑相适应。因此，《刑法修正案（七）》对绑架罪进行了修改，增加了减轻的犯罪构成“情节较轻的，处5年以上10年以下有期徒刑，并处罚金。”这一修正有其进步合理性的一面，体现了宽严相济的刑事政策和立法科学性的要求，但依然存在一定的缺陷，有待进一步完善。

1. 对于减轻犯罪构成的罪刑单位的起刑点与其他犯罪的刑罚不相协调。绑架罪作为一种严重侵犯人身权利的犯罪其危害性与故意杀人罪的社会危害性相当。而我国现行刑法典中故意杀人罪最轻量刑档次为“3年以上10年以下有期徒刑”，而修正后的绑架罪的最轻量刑档次为“5年以上10年以下有期徒刑，”显然，这种修正并没有完全考虑到罪与罪之间刑罚的合理协调。因此，建议对绑架罪的最低法定刑的起刑点从5年修改为3年，以保持罪与罪之间刑罚的协调。

2. 在绑架罪的加重构成中只规定了绝对确定的法定刑——死刑，这种设置有失科学性，不利于操作者实现刑罚个别化。在具体案件中，法官不能根据同一种罪的各种不同情节，对被告人判处与其罪行和应承担的刑事责任相适应的刑罚，从而影响刑罚目的的实现效果。[1]绝对确定的法定刑在世界各国已经很少见，在司法实践中暴露出了许多弊端，愈来愈多地被其他国家所摒弃，因为绝对死刑的设置一方面抹杀了法官的自由裁量权，鉴于“法有限，情无穷”，如何将有限的法律适用于形形色色的案件，需要法官综合案件的不同情节自由而合理地

---

〔1〕 参见高铭暄、马克昌主编：《刑法学》，中国法制出版社1999年版，第578页。

裁量；另一方面，对案件的情节不加任何区分地将符合该条的绑架行为一律判处死刑，不利于实现刑罚个别化，同时容易使犯罪分子铤而走险，从而降低了刑罚的威慑力。基于此，建议对绑架罪的修改应取消绝对死刑的规定，采用相对确定的法定刑，增加无期徒刑与其并列规定，即“处无期徒刑或死刑，并处没收财产”。

3. 在绑架罪加重的犯罪构成中，将“致使被绑架人死亡”或者“杀害被绑架人”并列规定了相同的法定刑，有违罪责刑相适应原则。在司法实践中，“致使被绑架人死亡”的情况极为复杂，基于不同的主观罪过造成同一后果的行为，刑法历来注意做出不同的规定,[1]而《刑法修正案（七)》没有做出区分，是本次修改的遗憾，按照通行的观点，“致使被绑架人死亡”是指在绑架过程中由于绑架行为过失造成被绑架人死亡，这是一种典型的结果加重犯的立法方式；而在“杀害被绑架人”的场合，行为人的主观罪过只能是故意，二者主观恶性截然不同，但同时出现在一个条文之中并规定了相同的、绝对的死刑显然不妥，有违罪责刑相适应原则，因此，我们建议将犯罪中一些典型情节作为量刑情节，并规定相应的量刑幅度。如绑架的人数和次数，对人质的伤害情况，绑架勒索所得的财物以及除了绑架中的暴力手段致死和杀害被绑架人外以特别残忍的手段致被绑架人重伤甚至严重残疾或在绑架过程中重伤、致死被绑架人以外的其他人造成严重后果的情节。

综上所述，为了更好地体现法律条文的科学性和逻辑性，同时为司法实践提供更好地指导，建议对绑架罪修改如下：

以勒索财物为目的绑架他人的，或者绑架他人作为人质的，处10年以上有期徒刑或者无期徒刑，并处罚金或者没收财产。有下列情形之一的，处3年以上10年以下有期徒刑，并处罚金：①绑架以后主动释放被绑架人的；②未取得赎金且未对被绑架人造成轻伤以上后果的。

犯前款罪，有下列情形之一的，处10年以上有期徒刑、无期徒刑或死刑，并处没收财产：①绑架集团中的首要分子；②多次实施绑架或绑架多人的；③绑架过程中致人伤残、死亡的；④故意杀害被绑架人的或以特别残忍的手段致人伤残、死亡的；⑤持枪绑架的；⑥奸淫被绑架妇女的。

以勒索财物为目的偷盗婴幼儿的或者偷盗婴幼儿作为人质的，依照前两款的

---

〔1〕 如刑法第238条规定的非法拘禁罪，对于“非法拘禁致人死亡的，处10年以上有期徒刑，”在此，行为人对于非法拘禁致人死亡的结果是持过失的态度，明显区别于出于故意使用暴力致被害人伤残、死亡的情形，后者就准化为故意伤害罪或故意杀人罪。

规定处罚。

（四）刑讯逼供罪的立法完善

1997 年《刑法》所规定的刑讯逼供罪是在 1979 年《刑法》的基础上修改完善的，刑讯逼供现象在司法实践中屡禁不止具有多方面的原因，其中一个重要原因在于现行立法的缺陷如犯罪主体狭窄，罪状描述含糊，转化犯的规定在司法适用中难以操作等，为了保障人权，有效地遏制刑讯逼供现象，应该对刑讯逼供罪进行修改和完善。

1. 刑讯逼供罪归属于侵犯公民人身权利、民主权利罪一章不太科学。我国刑法对于具体犯罪的归类取决于该罪所侵犯的主要客体。刑讯逼供罪侵犯的主要客体首先是司法机关的正常活动和威信，其次侵犯了公民的人身权利。而犯罪的主要客体决定了其类犯罪的归属，因此将刑讯逼供罪归入渎职罪较为科学。

2. 主体限于司法工作人员范围较为狭窄，该罪的主体限定为有侦查、检察、审判、监管职责的工作人员，其他国家工作人如纪检、监察机关的工作人员具有调查涉嫌违反党纪的党员和涉嫌违反政纪的公务员的权力，可以采取“双规”、“双指”措施限制人身自由，并对其进行讯问，在司法实践中经常出现刑讯逼供现象，但由于现行刑法规定的主体范围将纪检、监察机关的工作人员排除在外，不能单独成为刑讯逼供罪的犯罪主体，因此就不能有效地保护由刑讯逼供行为所侵犯的公民权利和社会秩序。此外，联合国《禁止酷刑和其他残忍、不人道或有辱人格的待遇或处罚公约》（以下简称《禁止酷刑公约》）是国际上关于惩治刑讯逼供犯罪的集中体现，该公约规定酷刑罪的主体应当是公职人员或以官方身份行使职权的其他人。我国 1988 年即批准了该公约，公约第 2 条第 1 款规定“每一缔约国应采取有效的立法、行政、司法或其他措施，防止在其管辖的任何领土内出现酷刑的行为”。按照“条约必信”之国际法原则，我国应当修改我国的刑事实体法关于刑讯逼供罪主体的规定，扩大刑讯逼供罪的主体范围，将司法工作人员改为“依法行使讯问职权的人”，同时将犯罪对象由犯罪嫌疑人、被告人修改为“被讯问的人”。

3. 从刑讯逼供罪的罪状来看，罪状描述过于模糊，在司法中难以认定。我国《刑法》第 247 条规定“司法工作人员对犯罪嫌疑人、被告人实行刑讯逼供的……”该罪状对刑讯逼供的行为没有具体化，通说认为刑讯逼供行为表现为使用肉刑或变相肉刑，没有包括“精神上的折磨”，“精神折磨”表现为使人感到精神上难以忍受、极其痛苦，表现形式包括不准睡眠、疲劳战、严重扰乱精神、引起剧烈忧虑等折磨方式。而联合国《禁止酷刑公约》第 1 条对酷刑的定义规定，所谓“酷刑”既包括引起他人肉体上、也包括导致他人精神上的剧烈疼痛行为。[1]

目前，世界各国对惩治刑讯逼供犯罪的法定刑设置均相当严厉，对法定刑的立法例主要有两种：一种是在区分一般情节和加重情节的基础上分别明确设置轻重不同的法定刑。且一般把“暴力”、“虐待”、“精神折磨”或“致人重伤”、“致人死亡”等后果作为加重情节。如《德国刑法典》第343条规定“公务员对他人进行虐待，使用暴力、暴力威胁或精神折磨，逼迫其在程序中为或不为一定陈述或自白的，处1年以上10年以下自由刑；情节较轻的，处6个月以上5年以下自由刑。”1997年1月施行的《俄罗斯联邦刑法典》第302条规定“侦查员或讯问人员采用威胁、敲诈或者其他非法手段逼供的处3年以下剥夺自由，使用暴力、侮辱或酷刑的，判处2年以上8年以下的剥夺自由。”第二种是在法律条文中只明确规定一般情节的法定刑，而对出现严重情况或者严重后果的，援引其他法条定罪处刑。如《日本刑法典》第195条规定：“执行或者辅助执行审判、检察或者警察职务的人员，在执行其职务之际，对被告人、犯罪嫌疑人或者其他人实行暴行、凌辱或者虐待行为的，处7年以下惩役或监禁”，第196条：“犯前两条之罪，因而致人死伤的，与伤害罪比较，依照较重的刑罚处断。”因此，建议对刑讯逼供罪的修改，可以借鉴国外的立法例，应明确刑讯逼供的行为，提高刑讯逼供罪的法定刑。

4. 刑讯逼供致人重伤、死亡的规定在理论上认识不统一导致司法操作中难以认定。刑讯逼供致人伤残或者死亡的，目前主要有四种观点：“转化犯说”、“牵连犯说”、“想象竞合犯说”和“结果加重犯说”。通常的观点认为，刑讯逼供致人伤残或者死亡的，属于转化犯，即刑讯逼供致人重伤死亡的分别转化为故意伤害罪、故意杀人罪定罪量刑，现行《刑法》采纳了这种观点。但也有的观点认为，刑讯逼供致人伤残或者死亡的，不应按转化犯而应按结果加重犯处理。因为刑讯逼供致人伤残或者死亡的，并不符合转化犯的构成要件。按转化犯的特征，必须是行为人在实施某个犯罪过程中故意内容发生了变化，才有转化的必要。而刑讯逼供过程中致人伤残或者死亡的情况，按立法原意，行为人的故意内容和逼取口供的目的并未发生变化，将其视为转化犯的主观条件并不存在。换言之，致人伤残或者死亡这个后果仍然是刑讯逼供过程中所出现的结果。另外，将

〔1〕 西方国家的立法一般将精神上的折磨包括其中，如德国、俄罗斯。随着社会的发展，以及对人权的日益重视，刑讯逼供的手段不断的翻新花样，如果将精神上的折磨排除在外，不利于打击刑讯逼供行为，以保障人权。

刑讯逼供过程中致人伤残或者死亡的情况转化为故意伤害罪或者故意杀人罪，在实际上使刑讯逼供罪形同虚设。因为在实践中，很少处理过只给犯罪嫌疑人或被告人造成轻伤的刑讯逼供犯罪人（尽管造成轻伤也构成刑讯逼供罪）。我们赞同反对者的观点，将刑讯逼供致人伤残或者死亡的按转化犯处理，从理论上看不仅不符合转化犯的特征，而且也没有超出刑讯逼供罪保护的客体范围，刑讯逼供致人伤残或者死亡的，同样既妨碍有讯问权的国家机关的正常活动，又侵犯公民的人身权利，并未侵犯新的客体。更重要的是，从司法实践看，这样做使刑讯逼供罪成为虚置条款，无法充分发挥其惩治刑讯逼供犯罪的应有作用。因此建议"将刑讯逼供致人伤残、死亡的情节视为结果加重犯进行处理，独立设置法定刑"。

基于上述对刑讯逼供罪的立法缺陷的分析，结合最高人民检察院于1999年9月16日颁布的《关于人民检察院直接受理立案侦查案件立案标准的规定（试行）》关于刑讯逼供立案标准的规定，试对《刑法》第247条做出条文完善设计如下：

行使讯问职权的人员对被讯问人以肉体折磨或者精神折磨逼取口供的处3年以下有期徒刑或者拘役；

刑讯逼供手段残忍、影响恶劣，有下列情形之一的，处3年以上7年以下有期徒刑：①以殴打、捆绑、违法使用械具等恶劣手段逼取口供的；②以较长时间冻、饿、晒、烤等手段逼取口供，严重损害被讯问人的健康的；③刑讯逼供造成被讯问人轻伤的；④刑讯逼供，情节严重，导致被讯问人自杀、自残造成重伤、死亡，或者精神失常的；⑤刑讯逼供，造成错案的；⑥刑讯逼供3人次以上的；⑦纵容、授意、指使、强迫他人刑讯逼供，具有上述情形之一的；⑧有其他严重情节的。

致人重伤的，处7年以上有期徒刑；致人死亡的，处10年以上有期徒刑、无期徒刑或死刑。

暴力逼取口供的依照本条第1款处罚，致人重伤或死亡的，依照本条第3款处罚。

（五）拐卖妇女、儿童罪的立法完善

拐卖妇女、儿童罪的立法先后经历了1979年《刑法》中的拐卖人口罪、1991年之后拐卖人口罪和拐卖妇女儿童罪并存、1997年《刑法》中的拐卖妇女、儿童罪的变迁。[1] 所包括的对象范围呈缩小的趋势。根据现行《刑法》第240条

---

〔1〕 1991年9月4日，全国人大常委会又发布了《关于严惩拐卖、绑架妇女、儿童的犯罪分子的决定》。增加了"拐卖妇女、儿童罪"、"绑架妇女、儿童罪"、"收买被拐卖、绑架的妇女儿童罪"、"聚众阻碍解救被收买的妇女、儿童罪"和"阻碍解救被拐卖、绑架的妇女、儿童罪"5个罪名。从而形成了拐卖人口罪与拐卖妇女、儿童罪并行的局面，司法实践中造成了罪名适用的冲突和混乱。1997年《刑法》将罪名修改为拐卖妇女儿童罪。

的规定，拐卖妇女、儿童罪共有三个罪刑单位：拐卖妇女、儿童的，处5年以上10年以下有期徒刑或无期徒刑，并处罚金；具有法定八种情节之一的，处10年以上有期徒刑或无期徒刑，并处罚金或没收财产；情节特别严重的，处死刑，并处没收财产。从该条规定来看，仍然存在着一定的立法缺陷，需要进一步完善。

1. 拐卖妇女、儿童罪的犯罪对象狭窄，将妇女、儿童之外的未成年男性以及成年男性和两性人排除在刑法保护之外，以至于在司法实践中对于一些拐卖男性或两性人的行为无法定罪，从而引发一系列相关犯罪的立法和司法问题。如收买成年男性做劳动力则不构成犯罪；聚众阻碍解救被收买的成年男性，负有解救职责的国家机关工作人员不解救、利用职务阻碍解救被拐卖的成年男性（包括两性人）的行为则无刑法规制。近年来，拐卖智障男性做苦力的现象有力地说明了现行《刑法》对于拐卖妇女、儿童罪立法的缺陷。2007年“山西黑砖窑事件”的出现正是对这些现实情况的反映。黑窑主衡某手下的“包身工”一部分是花钱从人贩子手上买来的，一部分是黑窑主亲自或派人从外地拐来的14~18周岁的未成年男性以及成年男性、也包括智障男性。然后采取暴力手段胁迫他们进行超强度劳动，疯狂榨取受害人的血汗，非但不给丝毫报酬，甚至未尝提供基本的生存条件。对于这种案件，国家虽可以非法拘禁、故意伤害等罪名对衡某某追究其刑事责任，但衡某贩运人口之行为本身却无法受到刑法的否定评价[1]，因为贩运的对象不是妇女、儿童而是男性（包括未成年男性以及智障男性）。近年来，在司法实践中，拐卖两性人的案例时有发生，对于现行《刑法》所规定的拐卖妇女、儿童罪也是一种冲击和挑战，[2]造成法律适用上的困境。因此，鉴于拐卖妇女、儿童罪的保护对象范围狭窄，应该将该罪名恢复到1979年《刑法》中的“拐卖人口罪”，使刑法保护的对象包括除妇女、儿童之外的所有人，以实现刑法面前人人平等。与此相适应，其他罪名应作出相应的调整：将“收买被拐卖的妇女、儿童罪”、“聚众阻碍解救被收买的妇女、儿童罪”相应变更为“拐卖人口罪”、“收买被拐卖的人口罪”、“聚众阻碍解救被收买的人口罪”。此外，将《刑法》第416条规定的“不解救被拐卖、绑架的妇女、儿童罪”和“阻碍解救被拐卖、绑架的妇女、儿童罪”一并取消，将两罪名变更为“不解救被拐卖的人口罪”、“阻碍解救被拐卖的人口罪”。使刑法中其他有关与拐卖人口罪的

---

〔1〕 参见赵军：“略论我国拐卖犯罪的立法缺陷——以山西黑砖窑事件及联合国‘The UN Trafficking Protocol’为视角”，载《法学评论》2008年第1期。

〔2〕 1999年芦山县人民法院审理的张世林拐卖两性人的案例就是典型，此案虽然已作判决，但对拐卖两性人的行为应如何定性仍然存在着争议，原因在于，立法上的缺陷导致了司法适用的困境。参见易国锋：“论拐卖人口类犯罪的立法重构”，载《孝感学院学报》2009年第5期。

相关犯罪保持立法上的前后照应和统一。

2. 降低该罪的法定刑起刑点，取消该罪绝对死刑的规定。1979 年《刑法》所规定的拐卖人口罪的法定刑较轻，一般情况处 5 年以下有期徒刑，情节严重的处 5 年以上有期徒刑；1983 年 9 月 2 日全国人大常委会的决定中提高了拐卖人口罪的法定刑（可以在《刑法》第 141 条规定的最高刑以上处刑，直至判处死刑）；1997 年《刑法》中规定了拐卖妇女、儿童罪，并且在刑法条文中取消了原有的拐卖人口罪，将法定最低刑调整为 5 年，对于情节特别严重的八种情节保留了死刑的规定，并且采取了绝对死刑的立法方式。从该罪的刑罚配置来看，法定最低刑与其他犯罪相比较高。如故意杀人罪的法定最低刑为 3 年，强奸罪的法定最低刑为 3 年，而拐卖妇女、儿童罪的法定最低刑为 5 年，这样就出现了罪与罪之间法定刑之间的不协调。与故意杀人罪、强奸罪相比，拐卖妇女、儿童罪的社会危害性程度很难说更大。因此，建议对于该罪的法定最低刑调整为 3 年比较合适，以保持和其他罪名之间在刑罚配置上的平衡。此外，对于拐卖妇女、儿童罪的绝对死刑规定应该废除。因为绝对死刑的立法模式不利于发挥法官的自由裁量权以及严格限制死刑的适用，这种立法模式在其他国家也很少适用。如日本刑法典对于出卖他人的，处 1 年以上 10 年以下惩役。在贯彻“少杀、慎杀”的死刑政策下，死刑应作为选择性的刑种而不能作为绝对刑种存在于刑法之中。

3. 拐卖妇女、儿童罪的罪数问题。在刑法第 240 条规定的八种情节之中，对于在拐卖过程中的绑架、奸淫行为、强迫被拐卖妇女卖淫行为从刑法学的法理分析，显然拐卖行为本身既不能与绑架行为构成牵连犯，也不可能吸收强奸和强迫卖淫行为。因此，不应该按照一罪处罚，而应该按照数罪并罚的原则进行并罚以做到罪责刑相适应。[1]

鉴于上述对拐卖妇女、儿童罪立法缺陷的分析，建议取消拐卖妇女、儿童罪，恢复原来的罪名即拐卖人口罪，对本法条设计如下：

拐卖人口的，处 3 年以上 10 年以下有期徒刑，并处罚金；有下列情形之一的，处 10 年以上有期徒刑、无期徒刑或死刑，并处罚金或没收财产：①拐卖人

---

〔1〕 2010 年 3 月 15 日，最高人民法院、最高人民检察院、公安部、司法部印发《关于依法惩治拐卖妇女、儿童犯罪的意见》的通知中关于该罪的一罪与数罪中指出，对于拐卖妇女、儿童，又奸淫被拐卖的妇女、儿童，或者诱骗、强迫被拐卖的妇女、儿童卖淫的，以拐卖妇女、儿童罪处罚；对于拐卖妇女、儿童，又对被拐卖的妇女、儿童实施故意杀害、伤害、猥亵、侮辱等行为，构成其他犯罪的，依照数罪并罚的规定处罚。后者的解释与现行《刑法》第 240 条的第 7 种情形相矛盾。因此，对于拐卖中所实施的不同行为采取了不同的罪数立法形式，容易造成立法上的混乱。因此，在刑法修改中，应充分发挥数罪并罚制度的作用，以实现罪责刑相适应。

口集团的首要分子；②拐卖人口 3 人以上的；③以出卖为目的，偷盗婴幼儿的；④造成被拐卖人或者其亲属重伤、死亡或者其他严重后果的；⑤将被拐卖者卖往境外的。

拐卖人口是指以出卖为目的，有拐骗、绑架、收买、贩卖、接送、中转被害人、包括儿童的行为之一的。

第二节　侵犯公民财产权利犯罪的立法完善

一、侵犯公民财产权利的犯罪概述

严格而言，侵犯公民财产权利的犯罪与现行《刑法》第 5 章的“侵犯财产罪”的外延不是完全等同的，二者具有一定的交叉关系。因为侵犯财产罪所包含的具体罪名在刑法第 263 ~ 276 条规定了抢劫罪、盗窃罪、诈骗罪、抢夺罪、聚众哄抢罪、侵占罪、职务侵占罪、挪用资金罪、挪用特定款物罪、敲诈勒索罪、故意毁坏财物罪、破坏生产经营罪和拒不支付劳动报酬罪。然而，依据现行刑法的有关规定，抢劫罪、盗窃罪、诈骗罪、抢夺罪、聚众哄抢罪、敲诈勒索罪、故意毁坏财物罪和破坏生产经营罪，既可以是侵犯公民私有财产权利的犯罪，又可以是侵犯公共财产权利的犯罪。另外，职务侵占罪、挪用资金罪和挪用特定款物罪只是侵犯公共财产权利的犯罪。还需指出的是，侵犯公民财产权利的犯罪，同时也可能侵犯社会法益或国家法益，譬如集资诈骗罪、冒充军人招摇撞骗罪。因此，侵犯公民财产权利的犯罪与现行《刑法》第五章的“侵犯财产罪”是交叉关系。但是，鉴于同时侵犯社会法益或国家法益的那些侵犯公民财产权利的犯罪，多在侵犯社会法益或侵犯国家法益的犯罪部分中研究，因此，本节仅对涉及侵犯公民财产权利犯罪的具体罪名的立法进行反思和完善。

1997 年《刑法》修订之后，先后通过了 8 个刑法修正案，其中《刑法修正案（八）》对盗窃罪和敲诈勒索罪进行了修改，取消了盗窃罪的死刑，使盗窃罪的客观方面进一步细化，增加了敲诈勒索罪的罪刑单位，提高了加重处罚情形的法定刑并增设了罚金刑。恢复了与盗窃罪、诈骗罪之间法定刑的平衡与协调。此外，为了加强对民生的保护，新增了拒不支付劳动报酬罪。从总体上看，《刑法修正案（八）》对于侵犯财产罪个罪的修改，使得刑罚趋向轻缓的同时又在一定程度上严密了刑事法网，既符合人道主义精神，又有利于打击、预防和减少犯罪，从而更有力地保障公民的财产权利不受侵害。

二、侵犯公民财产权利犯罪的立法完善

（一）抢劫罪的立法完善

抢劫罪属于侵犯人身权利和财产权利的犯罪，为常见多发的一种犯罪。由于其社会危害性较重，排在侵犯财产罪之首，并且1979年《刑法》和1997年《刑法》对于抢劫罪都配置了死刑，1997年《刑法》在1979年《刑法》的基础上细化了抢劫罪的条文规定，较1979年《刑法》更具合理性。但是，根据现行《刑法》第263条规定的抢劫罪来看，还有待进一步完善。如罪刑单位较少，基本犯的起刑点较高，加重情节分类不科学，在实践中难以做到罪责刑相适应，应在此基础上丰富抢劫罪的罪刑单位，使法定刑配置趋向合理。

1. 降低抢劫罪基本犯的最低刑。根据现行《刑法》第263条的规定，抢劫罪的罪刑单位分为两种：一种是基本犯，另一种是加重犯。基本犯的起刑点是3年有期徒刑，最高刑为10年有期徒刑，法定刑幅度跨度较大。[1]虽然抢劫罪侵害的客体是公民的人身权和财产权，但由于抢劫案件的复杂性，如果不加区别地对但凡实施抢劫的行为，无论其犯罪手段和犯罪动机如何、对犯罪对象造成的侵害程度如何，都处以最低刑为3年的有期徒刑，失之过重，难以贯彻罪责刑相适应的原则。我们建议，刑法修改应降低抢劫罪基本犯的法定最低刑，而为缩小法定刑幅度过大的弊端，应降低基本犯法定刑的上限，即把抢劫罪基本犯的法定刑改为“2年以上7年以下有期徒刑，并处罚金”。

2. 抢劫罪罪刑单位较少，8种加重情节归类不合理，有待进一步完善。

我国刑法所规定的抢劫罪罪刑单位只有两个，这种立法方式在世界上也是罕见的。如德国、日本和奥地利刑法为抢劫罪配置了6个法定刑档次，越南和瑞士刑法典配置了4个法定刑档次，挪威刑法典配置的较少，为3个法定刑档次，比较而言，都比我国为抢劫罪配置的法定刑档次多。[2]抢劫罪的社会危害性居于侵害财产罪之首，由于实践中抢劫案件的复杂性，立法上理应根据其社会危害性的大小配置与其大致相适应的法定刑档次，由于罪刑单位较少，加之法定刑幅度过大，为法官自由裁量提供了很大的空间，在实践中容易导致量刑畸轻畸重。因此，我们建议在抢劫罪基本犯与加重犯之间增加一种法定刑档次，将加重情节的罪刑单位进行分解，与基本犯的法定刑相衔接，形成合理的刑罚阶梯。具体而

---

〔1〕 抢劫罪的法定最低刑与故意杀人罪的法定最低刑相同不尽合理，显然对于情节较轻的抢劫罪的主观恶性和社会危害程度要低于情节较轻的故意杀人罪。立法中出现二者的法定最低刑相同，使罪与罪之间的法定刑不协调，此种立法有悖于罪责刑相适应的原则。

〔2〕 参见赵秉志主编：《死刑改革研究报告》，法律出版社2007年版，第144页。

言，分为“7年以上有期徒刑，并处罚金或没收财产”和“无期徒刑或死刑，并处罚金或没收财产”两个法定刑档次，从而使抢劫罪的罪刑单位从2个变为3个，使刑罚阶梯更加合理。

从《刑法》第263条对抢劫罪规定的八种加重情节来看，其中的归类较为混乱。如加重情节中的“入户抢劫”和“在公共交通工具上抢劫”表明了抢劫的地点，并不能说明抢劫的危害程度如受害人的人身和财产损失状况，并对之配置死刑，难以做到罪责刑相适应。同样，对于抢劫银行或金融机构的社会危害性程度固然比一般抢劫严重，但是也应考虑抢劫行为对银行或金融机构造成的损失大小；而多次抢劫行为反映了行为人的人身危险性较大，不能反映其社会危害程度也较大，因此，对其配置死刑不能彰显罪刑之间比例适当。此外，对于“冒充军警人员抢劫”和“持枪抢劫”只表明了其抢劫的方式，与一般的抢劫相比，容易给受害人造成更大的恐惧心理，但如果所抢劫的数额不是特别巨大或者没有造成受害人伤亡的，不足以配置死刑。另外，对于仅仅抢劫军用物资或者抢险、救灾、救济物资的行为也不足以配置死刑，只有达到数额特别巨大时才足以配置死刑，以使刑事立法贯彻罪责刑相适应原则。

因此，从抢劫罪加重情节所存在的法定刑配置缺陷来看，需要对加重情节进行分类、完善和修改，丰富抢劫罪的罪刑单位，使法定刑的设置更加合理，考虑抢劫罪与其他犯罪如故意杀人罪、拐卖妇女儿童罪以及在借鉴国外对于抢劫罪的立法例的基础上，对于抢劫罪的法条设计如下：

以暴力、胁迫或者其他方法抢劫公私财物的，处2年以上7年以下有期徒刑，并处罚金。

犯前款罪，有下列情形之一的，处7年以上有期徒刑，并处罚金或没收财产：①致人重伤的；②抢劫数额巨大的；③有其他严重情节的。

犯第1款罪，有下列情形之一的，处无期徒刑或者死刑，并处没收财产：[1]①抢劫致人重伤造成严重残疾的；②抢劫致人死亡或杀害被害人的；③持枪抢劫或冒充军警人员抢劫，数额特别巨大的；④抢劫银行或其他金融机构，数额数额特别巨大的；⑤抢劫军用物资或者抢险、救灾、救济物资，数额特别巨大的。

（二）转化型抢劫罪的立法完善

根据《刑法》第267条第2款的规定以及第269条的规定，转化型抢劫罪分为两类：第一类是携带凶器抢夺转化而成的，第二类是犯盗窃、诈骗、抢夺罪后

〔1〕域外保留死刑的国家大多把抢劫致人死亡作为抢劫罪的加重量刑情节并配置死刑，如韩国、日本、越南、泰国等；我国的台湾地区“刑法”亦是如此规定。

出于某种目的继续实施特定行为转化而成的。在这两类转化型抢劫罪中，第一类是基于前提行为“携带凶器”而转化，第二类是基于后续行为“使用暴力或者以暴力相威胁”而转化。从两法条的规定以及司法实践来看，法条本身存在着一定的立法缺陷，有待进一步完善。

1.《刑法》第267条第2款规定“携带凶器抢夺的，依照本法第263条的规定定罪处罚”，对此观点学界争议很大，认为此一规定存在诸多缺陷，有学者指出，“携带凶器抢夺的以抢劫罪论处”是绝无仅有的，这一规定的不科学性引起了诸多不必要的理论纷争及司法实践中的困惑和不公。而改变目前这一局面的根本办法是把“携带凶器抢夺的”作为抢夺罪的情节加重犯来规定，以回归“携带凶器抢夺的”不影响定罪只影响量刑这一本来状态。[1]还有学者认为，应将该条款修改为“携带并明示或暗示凶器抢夺的，依照本法第263条的规定处罚”,[2]

我们认为，对于携带凶器抢夺而转化成的抢劫罪之争议源于立法的简略和模糊，以至于造成立法中认识上的歧义以及司法适用中的不统一。根据现行刑法规定，只要行为人在抢夺过程中携带凶器的，即依照抢劫罪定罪处罚。显然，此规定过于严厉。典型抢劫罪的犯罪构成，在客观方面要求行为人当场使用暴力、胁迫或其他人身强制方法，转化型抢劫罪也应符合这一特征。对于携带凶器抢夺之行为中“携带”一词根据《现代汉语词典》的注解，是“随身带着”之意，它至少包含了两层含意，一是明示地持有，二是暗藏着（未显露明示或暗示，亦未使用），在实践中确实存在着这两种情况：一是明示持有并实施抢夺行为；二是暗中持有但实施抢夺时并未向受害人宣示或暗示，受害人也没有因此受到精神上的恐惧；对于第一种情况根据刑法规定依照抢劫罪定罪处罚是恰当的；对于第二种情况，在受害人没有感知的情况下，这种行为符合抢夺罪的特征，而刑法将其转化为抢劫罪缺乏理论依据，且混淆了抢夺罪和抢劫罪的实质区别，加重了行为人的刑事责任，刑罚有失过重，有违罪责刑相适应原则。因此，为了避免立法的缺憾，对于第267条第2款的规定应该做出修改：“将携带凶器抢夺的，依照本法第263条的规定定罪处罚”修改为“携带并显示凶器进行抢夺的，依照本法第263条的规定定罪处罚”。

2. 对于《刑法》第269条规定的转化型抢劫罪，司法中亦存在着争议：一

---

〔1〕 参见王联合：“转化型抢劫罪的法律适用及立法完善”，载《经济与社会发展》2006年第7期。

〔2〕 参见傅本希：“试论对抢劫罪中转化型抢劫罪的若干问题研究”，载 http：//fjfy. chinacourt. org/public/detail. php？ id =7433，最后访问时间：2011年4月2日。

种观点认为，转化型抢劫罪的前提是行为人首先实施了盗窃、诈骗、抢夺罪即达到了犯罪的程度，这也是法条本身所表达的字面含义。但是，2005 年最高人民法院《关于审理抢劫、抢夺刑事案件适用法律若干问题的意见》中却对此作了侵犯立法权的司法解释，即行为人实施盗窃、诈骗、抢夺行为，未达到“数额较大”，为窝藏赃物、抗拒抓捕或者毁灭罪证当场使用暴力或者以暴力相威胁，且有下列情节之一的，可依照抢劫罪定罪处罚：①盗窃、诈骗、抢夺接近“数额较大”标准的；②入户或在公共交通工具上盗窃、诈骗、抢夺后在户外或交通工具外实施上述行为的；③使用暴力致人轻微伤以上后果的；④使用凶器或以凶器相威胁的；⑤具有其他严重情节的。可见，在犯罪数额没有达到数额较大（盗窃行为又无其他法定严重情节）的情况下就依据上述情节来认定，已经突破了“犯盗窃、诈骗、抢夺罪”之界限。对此应当由立法加以完善。另一种观点认为，行为人只要实施了盗窃、诈骗、抢夺行为，当场使用暴力或以暴力相威胁他人的，就构成转化型抢劫罪。

我们认为，第一种观点将转化型抢劫罪的前提限定为首先实施盗窃罪、诈骗罪和抢夺罪，在实践中就会造成对于抢劫罪适用过窄，打击不力的状况。因为，对于实施盗窃、诈骗、抢夺行为，虽未达到数额较大，但是当场使用暴力或以暴力相威胁受害人同样符合抢劫罪的特征，如果对实施上述行为但对受害人未造成轻伤后果而不追求其刑事责任就会放纵犯罪分子。因此，2005 年最高人民法院《关于审理抢劫、抢夺刑事案件适用法律若干问题的意见》中对此做出司法解释，因此，刑法再修改时，宜对这种情况由立法加以规定，以防司法权侵入立法权。第二种观点也具有一定的合理性，但需要进一步完善。有学者建议将第 269 条为：“实施盗窃、诈骗、抢夺行为，在实际占有财物的情况下，为窝藏赃物、抗拒抓捕、毁灭罪证而当场使用暴力或暴力威胁的，依照本法第 263 条的规定定罪处罚。”认为如此重构后，将有益于在转化型抢劫罪的诸多争论问题上形成统一认识。[1] 这种观点具有一定的合理性，将转化型抢劫罪的前提从实施盗窃、诈骗、抢夺罪修改为“实施盗窃、诈骗、抢夺行为”，避免了上述立法的弊端。但是，仅限于实施盗窃、诈骗、抢夺行为在实际占有财物的情况下为了一定的目的才转化成抢劫罪仍然具有一定的缺陷，如对于实施盗窃、诈骗、抢夺行为，虽未实际占有财物，但是为了抗拒抓捕而当场使用暴力或暴力威胁致他人造成轻微伤以上后果的被排除在抢劫罪之外，在实践中容易放纵犯罪分子。

---

〔1〕 参见熊劲松：“转化型抢劫罪的立法重构”，载《河海大学学报（哲学社会科学版）》2007 年第 1 期。

基于以上论述，我们建议将第 269 条修改为：“实施盗窃、诈骗、抢夺行为后，为窝藏赃物、抗拒抓捕、毁灭罪证而当场使用暴力或暴力威胁，情节严重的，依照本法第 263 条的规定定罪处罚。”如此重构可以避免刑法对于转化型抢劫罪刑罚规定过宽的弊端，做到不枉不纵，有效防范此类案件发生。

(三) 盗窃罪的立法完善

盗窃罪属于常见多发的一种犯罪，对于盗窃罪的有力打击关涉到公民财产权的保护。我国对于盗窃罪的立法先后经历了 1979 年《刑法》、1997 年《刑法》以及 2011 年《刑法修正案（八）》之修改，从保留死刑到有限制地保留死刑以及取消盗窃罪的死刑之立法趋势可以看出本罪的立法呈轻缓化的趋势，但是盗窃罪的刑法规制仍然存在进一步完善的空间。如《刑法修正案（八）》将扒窃行为纳入盗窃罪的客观方面有待进一步商榷，盗窃罪与其他罪如贪污罪之间存在罪刑失衡的问题；虚拟财产的刑法规制没有被涉及等。

1.《刑法修正案（八）》将“扒窃行为”入罪欠缺合理性。根据《刑法修正案（八）》第 39 条的规定：“将《刑法》第 264 条修改为‘盗窃公私财物，数额较大的，或者多次盗窃、入户盗窃、携带凶器盗窃、扒窃的，处 3 年以下有期徒刑、拘役或者管制，并处或者单处罚金；数额巨大或者有其他严重情节的，处 3 年以上 10 年以下有期徒刑，并处罚金；数额特别巨大或者有其他特别严重情节的，处 10 年以上有期徒刑或者无期徒刑，并处罚金或者没收财产。’”从《刑法修正案（八）》对盗窃罪的修改来看，修正后的盗窃罪在刑罚方面贯彻了从宽精神，在入罪方面则贯彻了从严精神。但是，修正刑法将“扒窃”行为作为盗窃罪的一种罪状，容易造成司法适用中的歧义。自 2011 年 5 月 1 日《刑法修正案（八）》实施之后，在成都首先出现了扒窃一案，颜某在公交车上扒窃现金 906 元，被民警当场抓获，成为成都第一例因扒窃被刑拘的犯罪嫌疑人。对颜某是否能因扒窃行为入罪，警方、律师和法律专家仁者见仁、智者见智。警方认为，“扒窃与盗窃公私财物数额较大、多次盗窃、入户盗窃、携带凶器盗窃是相互并列的行为，五种行为相互不包含，不修饰，都属于盗窃，定罪时以盗窃罪论处。无论扒窃金额大小、是否携带凶器，只要被抓获，证据确凿，都要被刑拘。”部分律师和法律专家则认为，在顿号分隔后，扒窃是处于“携带凶器”的定语范围内的，而扒窃又是盗窃行为的一种，因此如果要入罪，也应有条件限制。有学者认为“扒窃要达到入罪标准，应该符合以下三个条件之一：其一，携带凶器扒窃；其二，数额较大；其三，多次（3 次及以上）扒窃。”有律师认为，如果扒窃不论金额大小和其他情况，都要入罪判刑，那么实践中会造成刑罚滥用的情况。[1]

从《刑法修正案（八）》实施后对于盗窃罪中“扒窃行为”的不同理解可以看出将“扒窃行为”入罪的弊端。我们认为，如果对于扒窃行为不计数额、不计次数地一概构成盗窃罪，无疑会因为入罪门槛的降低而导致盗窃类刑事案件的大幅增长，从而造成刑法介入财产权保护范围的极大膨胀，同时使司法机关和执法机关对于盗窃案件耗费过多的司法资源，若是迁就于司法资源和监禁能力等而置法律规定于不顾，则不仅是对罪刑法定原则的挑战，也会使刑法修改的意义大打折扣，如梁根林教授指出的，“法律虚置的结果即是法律权威性的逐渐丧失”。

此外，《刑法修止案（八）》实施之后与之前最高法的司法解释引起了司法适用上的冲突。《刑法修正案（八）》颁布之前最高人民法院于1998年3月17日公布并施行的《关于审理盗窃案件具体应用法律若干问题的解释》（“《解释》”）第4条规定：“对于1年内入户盗窃或者在公共场所扒窃3次以上的，应当认定为‘多次盗窃’，以盗窃罪定罪处罚。”该《解释》除了在盗窃次数上作了明确以外，还对盗窃时间、场所作了限制。盗窃次数必须是3次及以上，3次盗窃必须发生在1年之内；盗窃场所必须是入户或者公共场所。从整体上看，《解释》对刑法中的“多次盗窃”显然作了限制性的解释。这个《解释》在《刑法修正案（八）》前，没有什么问题，但《刑法修正案（八）》后，冲突就表现出来了。《刑法修正案（八）》前，根据《解释》，对在1年之内3次入户盗窃的行为才会作为犯罪处理；《刑法修正案（八）》后，对一次入户盗窃的行为也可以作为犯罪处理。造成这种冲突的根本原由在《刑法修正案（八）》对于盗窃罪的修改。解决这个冲突有两个办法，一是由最高人民法院尽快将《解释》与《刑法修正案（八）》相抵触的内容予以修改，二是在最高人民法院没有修改以前，对《解释》中有抵触的内容，以上位法优于下位法为由，拒绝适用有冲突的部分。基于这种冲突，我们认为，《刑法修正案（八）》把扒窃列入盗窃罪中，显然多余，且易生歧义，徒增司法混乱，建议下次修订刑法时予以删除。

2. 盗窃罪的刑罚设置与其他罪如贪污罪相比存在罪刑失衡的问题。根据1997年刑法典第382条的规定，贪污罪是国家工作人员利用职务便利，侵吞、窃取、骗取或以其他手段，非法占有数额较大的公共财物的行为。据此，盗窃罪、诈骗罪与贪污罪在行为目的和行为方式上有极大的相似性。因而，它们之间罪刑

---

〔1〕“一个顿号引发争议 扒窃刑拘第一人能否入罪?”载 http://www.sina.com.cn，最后访问时间：2011年5月6日。

尺度应当协调与平衡。由于我国刑法对于盗窃罪的规定既定性又定量，在司法实践中，为避免“唯数额论”，最高人民法院也不得不在解释“数额较大”的含义时，指出“盗窃公私财物接近‘数额较大’的起点，具有下列情形之一的，可以追究刑事责任：①以破坏性手段盗窃造成公私财产损失的；②盗窃残疾人、孤寡老人或者丧失劳动能力人的财物的；③造成严重后果或者具有其他恶劣情节的。盗窃公私财物虽已达到‘数额较大’的起点，但情节轻微，并具有下列情形之一的，可不作为犯罪处理：①已满16周岁不满18周岁的未成年人作案的；②全部退赃、退赔的；③主动投案的；④被胁迫参加盗窃活动，没有分赃或者获赃较少的；⑤其他情节轻微、危害不大的”。然而，要把握这些情节并不容易。况且，“数额较大”的标准会随着经济的发展而变化，这也会给司法带来许多难题。因此，以“定性+定量”模式来规定盗窃罪，颇有值得商讨之处。

依据现行刑法典第264条以及有关司法解释，个人盗窃1000～5000元的，在有的地区可以判处犯罪人3年以下有期徒刑、拘役或管制，并处或单处罚金等刑罚。而对于贪污罪，1997年刑法第383条除了调整了《关于惩治贪污罪贿赂罪的补充规定》中个人贪污数额外，基本上保留了其刑罚的相关规定。依据司法解释，情节严重的盗窃未遂应定罪处罚，而现行刑法典第383条中关于“个人贪污数额不满5千元，情节较重的，处2年以下有期徒刑或拘役”的规定，并非等于情节严重的贪污未遂之规定；而且，其中贪污“情节较轻的，由……给予行政处分”，即不作犯罪处理。而且在司法实践中贪污罪立案数额远远高于5000元。可见盗窃罪与贪污罪在司法适用中起刑点的不同源于立法中对于普通人员与国家工作人员立法上的不平等。因此，将来在刑法修改中应该协调盗窃罪与贪污罪的罪刑关系，防止立法和司法上的不平等，以培养公民对法律的信仰。

3. 虚拟财产的刑法保护应予重视。近年来，日益增多的网络盗窃案不断出现，对于传统的财产保护提出了挑战，“虚拟财产”的保护已经成了不容忽视的问题。那么盗窃网络虚拟财产是否构成犯罪，是否应受刑法的保护，学界存在两种观点：[1]一种认为，网络虚拟财产不过是存储在网络服务器中的各种数据和资料，而且完全是无形的，这种虚拟的所谓财产，不能算是法律意义上的财产。既然不是个人的合法财产，那当然不构成犯罪。另一种观点认为，虚拟财产存在着其固有价值，因为网络游戏玩家积累的“头盔”、“战甲”等的武器装备，是游戏玩家花了时间、金钱、精力所取得的，在某种程度上，它应该算是一种劳动所得。这种虚拟财产，既可以从游戏开发商处直接购买，也可以从虚拟的货币交易

〔1〕 参见邹成勇：“网络虚拟财产的刑法保护探讨”，载《商场现代化》2010年第33期。

市场上获得，既有价值也有使用价值，可以进行转让，接近于知识产权，因而这种虚拟财产已经具有了一般商品的属性，应该属于私人财产的范围，这些财产被盗窃，应当受到刑法保护，以盗窃罪追究盗号人的刑事责任。我们同意第二种观点。就盗窃罪的完善而言，没有单独设置盗窃虚拟财产罪罪名之必要，只要完善相应的司法解释就行了。譬如，QQ 号码和 Q 币都是能够为人所控制的，且有价值，符合刑法中“财物”的两大要素。实践中有男子偷老板五千个“Q 币”被判半年有期徒刑的案例，[1]深圳“天价 QQ 号 98888 被盗案”主犯也被判犯有侵犯通信自由罪入狱 1 年。[2]不过，在后一案例中，一种观点认为秘密窃取其他用户的 QQ 号码，并予以销赃，数额巨大，应以盗窃罪追究其刑事责任；而另一种观点认为 QQ 号码是用户与朋友联络、沟通的一种通讯工具，用户的 QQ 号码一旦被盗，会对用户的正常通信造成阻断，应当纳入侵犯通信自由罪所保护的范围。[3]我们认为，后一案例应当是一个想象竞合犯的案件。只是如何确定其 QQ 号码的合理价值的问题。依据现行《宪法》第 13 条第 1 款的规定，“公民的合法的私有财产不受侵犯。”因此，当虚拟财产具备价值和使用价值时，就具备了传统财产的特征，理应受到保护。

（四）侵占罪的立法完善

侵占罪是 1997 年《刑法》首次规定的罪名，是我国刑事立法的进步。现行《刑法》第 270 条针对侵占罪分 3 款进行了规定：第 1 款“将代为保管的他人财物非法占为己有，数额较大，拒不退还的，处 2 年以下的有期徒刑，拘役或者罚金；数额巨大或者有其他严重情节的，处 2 年以上 5 年以下有期徒刑，并处罚金。”第 2 款“将他人的遗忘物或者埋藏物非法占为已有，数额较大，拒不交出的，依照前款的规定处罚。”第 3 款“本条罪，告诉的才处理。”从该规定看，对于保护个人的财产权利提供了强有力的法律依据，但其中尚存在着一些缺陷，需要进一步完善。

1. 罪种划分不科学，需重构侵占犯罪罪名体系。我国《刑法》第 270 条规定的侵占罪中实际上包括了侵占脱离他人持有物的行为、侵占因受他人委托而持有的他人财物的行为和侵占因从事业务而持有的他人财物的行为，而这三种行为

---

〔1〕 参见沈义等：“男子偷老板五千个‘Q 币’被判半年 创重庆首例”，载 http：//news. jcrb. com/jxsw/201009/t20100915_ 444951. html，最后访问日期：2011 年 3 月 25 日。

〔2〕 参见王纳等：“深圳‘天价 QQ 号 98888 被盗案’主犯被判入狱 1 年”，载《广州日报》2010 年 8 月 16 日，第 A10 版。

〔3〕 参见王纳等：“深圳‘天价 QQ 号 98888 被盗案’主犯被判入狱 1 年”，载《广州日报》2010 年 8 月 16 日，第 A10 版。

的性质和危害社会严重程度各不相同，将其合并规定为同一种犯罪显然不科学。我们可以参考借鉴其他国家和地区的刑法，如《日本刑法典》第38章分4个条文详细规定了侵占犯罪，即侵占业务持有物罪、侵占委托持有物罪、侵占脱离持有物罪。[1]我国台湾地区刑法典对于侵占罪的客观方面划分为侵占自己持有他人之物、业务侵占之物（包括公务）以及侵占他人脱离物的行为并处以不同的刑罚。我国可以此为借鉴，重构侵占犯罪的立法体系，将侵占罪分为侵占脱离持有物罪、侵占委托持有物罪、业务侵占罪。我国《刑法》第271条所规定的职务侵占罪属业务犯罪的一部分，单独规定该罪，淡化了其与其他业务侵占行为的共通性质，也欠妥当。[2] 此外，如此重构后的侵占罪立法体系，可以避免1997年《刑法》规定一般侵占罪犯罪对象狭窄的立法弊端，将遗忘物、遗失物、漂流物、埋藏物、逃逸动物等脱离物统统纳入犯罪对象中，既扩大了对他人财产权的刑法保护，又能体现对财产所有权保护的一致性、均衡性和平等性，有助于树立刑法公正形象。[3]

2. 法定刑设置有待进一步完善。我国现行刑法对于侵占罪法定刑的配置主要参考盗窃罪的刑罚设置。主要以犯罪数额作为侵占罪定罪量刑的标准，这过于绝对，此外对于侵占罪的定罪量刑还要考虑其他影响定罪量刑的情节，在立法中应有所体现。除了《刑法》第270条在侵占罪法定刑的第二量刑幅度，将其他严重情节与数额巨大并列规定为量刑的标准外，对侵占罪和职务侵占罪的定罪标准或其他量刑标准均规定为数额标准，在实践中容易给人造成误解，认为犯罪数额是唯一定罪量刑的依据。此外，职务侵占罪的法定最高刑与贪污罪相比刑期较低，前者最高刑为15年，而后者为死刑。二者的客观表现及社会危害程度基本相当，只不过前者亵渎的是私职，后者亵渎的是公职，但在对财物所有权的危害上，应当说两者的危害程度是相同的，但法定刑的配置相差甚远，一生一死，相差悬殊！这种状况应该引起重视。另外，职务侵占罪与盗窃罪、诈骗罪的法定刑同样相差甚远，后者法定最高刑为无期徒刑，而前者法定最高刑为15年。由于职务侵占罪与盗窃罪和诈骗罪在犯罪的方法上基本一致，而且前者是行为人利用

---

〔1〕《日本刑法典》第252条规定："侵占自己占有的他人的财物的，处5年以下惩役。虽然是自己的财物，但在经公务机关命令其保管的情形下侵占该财物的，与前项同。"第253条规定："侵占在业务上由自己占有的他人财物的，处10年以下惩役。"第254条规定："侵占遗失物、漂流物或者其他脱离占有的他人的财物的，处1年以下惩役或者10万元以下罚金或者科料。"参见张明楷译：《日本刑法典》（第2版），法律出版社2006年版，第93页。

〔2〕参见赵秉志、刘志伟："论侵占犯罪立法的完善"载《法学》2000年第12期。

〔3〕参见于世忠："侵占罪立法比较与借鉴"，载《当代法学》2002年第2期。

职务上的便利而实施的犯罪，又具有渎职的性质，因此，从整体上看，其与后两者的危害社会程度即使说不上相当，至少也非常接近，那么根据罪责刑相适应原则的要求，职务侵占罪与盗窃罪、诈骗罪的法定刑配置不能差别太大。值得指出的是，对于情节较轻的侵占罪，应该充分发挥财产刑的作用，充分发挥罚金刑在贪利性犯罪中的作用。对犯罪情节轻微不宜判处有期徒刑和拘役的侵占罪应一律规定单处罚金。

基于此，我们认为，对于重构后的侵占犯罪之间应注意法定刑轻重的协调。侵占业务持有物罪、侵占委托持有物罪、侵占脱离他人持有物罪三者的社会危害性依次减弱，因为侵占业务持有物的行为不仅违背个人与个人之间的信任关系，更违背个人对社会的信任关系；侵占委托持有物行为仅违背个人与个人之间的信任关系；侵占脱离他人持有物的行为则一般不具有违背他人信任的性质。因此，对于不同的侵占行为应配置不同的法定刑以在立法上实现罪责刑相适应，同时有效实现惩治和防范犯罪的刑罚目的。

根据上述思路，并参考、借鉴其他国家和地区的成熟的立法例，将现行《刑法》第 270、271 条进行合并，建议对除贪污罪外的其他侵占犯罪的法律条款作如下设计:〔1〕

第 1 条“侵占脱离持有物罪”：将他人的遗失物、埋藏物、漂流物、因错误而交付的财物或者其他脱离他人持有的财物非法占为己有，拒不交出，数额较大或者有其他严重情节的，处罚金；数额巨大或者有其他特别严重情节的，处 2 年以下有期徒刑、拘役，并处或者单处罚金。

第 2 条“侵占委托持有物罪”：将他人委托保管的财物非法占为己有，拒不退还，数额较大或者有其他严重情节的，处 5 年以下有期徒刑、拘役，并处或者单处罚金；数额巨大或者有其他特别严重情节的，处 5 年以上 10 年以下有期徒刑，并处罚金。

第 3 条“业务侵占罪”：对于业务上所持有之物意图占位为己有，数额较大或者有其他严重情节的，处 5 年以下有期徒刑、拘役，并处或者单处罚金；数额巨大或者有其他特别严重情节的，处 5 年以上 10 年以下有期徒刑，并处罚金。

公司、企业或者其他单位的工作人员将自己业务上持有的本单位财物非法占为己有，数额特别巨大并有其他特别严重情节的，处 10 年以上有期徒刑或者无期徒刑，可以并处没收财产。

国有公司、企业或者其他单位中从事公务人员和国有公司、企业或者其他单

---

〔1〕 参见赵秉志、刘志伟：“论侵占犯罪立法的完善”载《法学》2000 年第 12 期。

位委派到非国有公司、企业以及其他单位从事公务的人员，有前两款行为的，依照本法第 382、383 条定罪处罚。

（五）增设侵害股权罪

近年来，随着我国经济建设的发展，公民或法人参与投资创办企业者越来越多，随之而来的股权纠纷也大幅增加，数额较大的非法侵害股权行为时有发生。而这些侵害股权行为产生的纠纷，一般被作为民事纠纷诉诸人民法院进行审理或者以行政处罚的方式解决，但是这样的救济途径对股权保护及对侵害行为惩罚的力度明显不足。前不久，有人大代表建议增设侵害股权的犯罪，因为一万元钱财被盗或被侵占，可得到刑法的保护，而价值几十亿的股权被非法侵占，却得不到刑法的有效保护，这与法律宗旨相悖。据调查发现，侵犯股权主要表现为三种方式：一是大股东利用管理公司的机会，出具虚假手续，将小股东的股权据为己有或非法转让；二是公民或法人派往目标公司的代表利用职务上的便利，通过伪造签名或签章等手段，将目标公司股权占为己有；三是目标公司的管理人员，通过虚假股权转让合同、虚设债权冲抵债务、诉讼欺诈或洗钱等手段，将股权据为己有或非法转让。[1]我们认为，依据《刑法》第 92 条，公民私人所有的财产包括“依法归个人所有的股份、股票、债券和其他财产”等内容，因此，现行刑法分则“侵犯财产罪”中的“财产”应当包括“股权”（股份、股票的所有权）。那么，针对前述侵犯股权的三种方式，若将单位或他人的股权占为己有，则可以职务侵占罪或盗窃罪等予以追究。但问题是，对于并无非法占有目的的非法转让他人股权且后果极其严重或情节极其恶劣的侵害行为而言，仅以民事责任或行政处罚的救济途径来处理，则对股权保护及对侵害行为惩罚的力度明显不足。这种行为又不符合“侵犯财产罪”中的各个具体罪名。据此，应当将这种行为纳入刑法予以规制。鉴于这种无非法占有目的的非法转让他人股权所导致的危害，其主观恶性和社会危害性总体上不及于盗窃罪，因此不妨将其设置为两个罪刑单位，把法定刑设置为“处 3 年以下有期徒刑、拘役或者管制，并处或者单处罚金”和“处 3 年以上 10 年以下有期徒刑，并处罚金”。

---

〔1〕 参见王飞等：“偷万元现金判刑 窃百亿股权无罪?”，载《广州日报》2011 年 3 月 12 日，第 A9 版。

第三节 侵犯公民其他权利犯罪的立法完善

本节中公民的其他权利，是指在公民权利中除了上述人身权利、民主权利和财产权利之外的其他权利。根据现行《宪法》第二章“公民的基本权利和义务”的相关规定，公民的其他权利大致涉及现行《宪法》第33条第2款规定的“公民在法律面前一律平等”的权利、第44条关于退休人员的生活受保障的权利、第45条关于公民获得物质帮助的权利、第46条关于公民受教育的权利、第48条关于妇女享有同男子平等的权利、第50条关于华侨、归侨和侨眷的权益受保护的权利等；甚至还涉及《公民权利和政治权利国际公约》中第24条关于儿童不受歧视、应予登记和获得名字及国籍的权利，第27条关于少数民族团体的文化权利、宗教信仰自由和语言文字的使用权利等。

当然，根据刑法的谦抑性原则，对上述权利的保护需要的是刑法的最后保护并主要是由相关罪名来间接保护。例如关于公民受教育的权利，关于华侨、归侨和侨眷的权益受保护的权利，关于退休人员的生活受保障的权利，关于儿童不受歧视、应予登记和获得名字及国籍的权利，关于妇女享有同男子平等的权利等，它们先应当通过行政法和民事法的手段来保护，最后可以通过刑法中已有的许多罪名诸如故意杀人罪、故意伤害罪、虐待罪、遗弃罪、拐骗儿童罪、组织儿童乞讨罪、报复陷害罪、滥用职权罪、玩忽职守罪以及保护妇女的强奸罪、强制猥亵或侮辱妇女罪、拐卖妇女儿童罪、收买被拐卖的妇女罪和聚众阻碍解救被收买的妇女罪等组成的法网来加以保护。又如，关于少数民族团体的文化权利、宗教信仰自由和语言文字的使用权利的保护，可以通过《刑法》第249条（煽动民族仇恨、民族歧视罪）、第250条（出版歧视、侮辱少数民族作品罪）和第251条（非法剥夺公民宗教信仰自由罪、侵犯少数民族风俗习惯罪）等组成的法网来保护。

值得指出的是，现行宪法中“公民在法律面前一律平等”的权利，在现行刑法中的体现尚不够，因为现行《刑法》第4条规定的是“适用刑法平等”的基本原则。它只限于法律适用上的平等。据此，对公民在刑法立法上的平等权利的保护仍然有待进一步完善。或许未来可以把该条改为“对任何人犯罪，在法律上一律平等。不允许任何人有超越法律的特权。”

此外，现行《宪法》第45条关于公民在年老、疾病或者丧失劳动能力的情况下，有从社会保险、社会救济和医疗卫生事业方面获得物质帮助的权利，但是当前它在现行刑法中的保护不力，因为仅靠《刑法》第273条（挪用特定款物罪）和第397条（滥用职权罪、玩忽职守罪）是不够的。后者需要致使公共财产、国家和人民利益遭受重大损失才能构成犯罪，而人民利益遭受重大损失，意味着几个人的重大损失不一定使行为人受到刑事追究。建议增设社会保险、社会救济渎职罪。譬如规定："国家机关工作人员在社会保险、社会救济工作中滥用职权或者玩忽职守，情节严重或者造成严重后果的，处3年以下有期徒刑或者拘役；情节特别严重或者造成特别严重后果的，处3年以上7年以下有期徒刑。有徇私舞弊情节的，从重处罚。"

第二十二章

侵害社会法益犯罪的立法完善

第一节 对危害公共安全类犯罪的立法完善

一、危害公共安全类犯罪的概述

根据我国《刑法》分则第二章的规定，故意或者过失危害公共安全类犯罪共包含在30个条文之中，其中包括1997年刑法典第114～139条共26个条文以及刑法修正案增加的第120条之一（资助恐怖活动罪）、第133条之一（危险驾驶罪）、第135条之一（大型群众性活动重大安全事故罪）和第139条之一（不报、谎报安全事故罪），涉及47个罪名，涵盖了行为犯、举动犯、结果犯、结果加重犯、情节犯和危险犯等犯罪形式。本章犯罪具体可以划分为五种类型：

第一，以危险方法危害公共安全的犯罪，包括放火罪，失火罪，决水罪，过失决水罪，爆炸罪，过失爆炸罪，投放危险物质罪，过失投放危险物质罪，以其他危险方法危害公共安全罪和过失以其他危险方法危害公共安全罪。

第二，以破坏公用工具和设施危害公共安全的犯罪，包括破坏交通工具罪，过失损害交通工具罪，破坏交通设施罪，过失损坏交通设施罪，破坏电力设备罪，过失损害电力设备罪，破坏易燃易爆设备罪，过失损坏易燃易爆设备罪，破坏广播电视设施、公用电信设施罪，过失损坏广播电视设施、公用电信设施罪。

第三，以实施恐怖、危险活动危害公共安全的犯罪，包括组织、领导、参加恐怖组织罪，资助恐怖活动罪，劫持航空器罪，劫持船只、汽车罪，暴力危及飞行安全罪。

第四，违反有关枪支、弹药、爆炸物以及危险物品管理规定危害公共安全的犯罪，包括非法制造、买卖、运输、邮寄、储存枪支、弹药、爆炸物罪，非法制造、买卖、运输、储存危险物质罪，违规制造、销售枪支罪，盗窃、抢夺枪支、弹药、爆炸物、危险物质罪，抢劫枪支、弹药、爆炸物、危险物质罪，非法持有、私藏枪支、弹药罪，非法出租、出借枪支罪，丢失枪支不报罪，非法携带枪支、弹药、管制刀具、危险物品危及公共安全罪。

第五，因重大责任事故危害公共安全的犯罪，包括：重大飞行事故罪，铁路运营安全事故罪，交通肇事罪，危险驾驶罪，重大责任事故罪，重大劳动安全事故罪，大型群众性活动重大安全事故罪，危险物品肇事罪，工程重大安全事故罪，教育设施重大安全事故罪，消防责任事故罪，不报、谎报安全事故罪。

危害公共安全类犯罪的构成特征表现为：

本类犯罪的主体既有一般主体，又有特殊主体。既包括自然人，也包括单位，如违规制造、销售枪支罪。同时，根据我国《刑法》第17条的规定，已满14周岁不满16周岁的未成年人，对本类罪中的放火、爆炸、投放危险物质罪，应当负刑事责任。

本类犯罪的主观方面既可以是故意，也可以是过失。前者如放火罪、爆炸罪、投放危险物质罪、破坏交通工具罪、破坏交通设施罪等；后者如失火罪、过失爆炸罪、过失投放危险物质罪、交通肇事罪、危险物品肇事罪等。

本类犯罪的客观方面表现为行为人实施了危害公共安全或足以危及公共安全的严重后果的行为。这类行为，既包括作为，也包括不作为；既包括造成实际损害的行为，也包括尚未造成实际损害的危险行为。对于过失危害公共安全的犯罪，法律规定造成严重后果是构成犯罪的必要要件。

本类犯罪所侵犯的客体是公共安全，这体现了该类犯罪具有极大的客观危害性和危险性。

从刑事责任来看，危害公共安全类犯罪的法定最高刑是死刑，共有5个条文规定了15个死刑罪名，其他罪名规定了无期徒刑、有期徒刑、拘役、管制，以及罚金和没收财产。

二、危害公共安全类犯罪存在的问题及立法完善

危害公共安全罪具有极其严重的社会危害性，完善相关立法十分重要，本章拟对其中较为重要的或当前讨论较多的几个问题进行探讨。

（一）危害公共安全罪中的“公共安全”界定问题

对“公共安全”范围的界定，理论界大致有以下几种观点：一是公共安全指不特定多数人的生命健康、重大公私财产以及公共生产、生活的安全。这是刑

法理论界的通说。[1] 二是公共安全指特定或不特定多数人的生命、身体或者财产安全。当对多数人的生命、身体或者财产造成威胁时，就构成危害公共安全方面的犯罪。[2] 三是公共安全指不特定或多数人的生命、身体或者财产的安全。[3]

由于立法中没有对“公共安全”进行界定，以至于在理论上对此概念的理解产生了一定的分歧。分歧的焦点集中体现在危害公共安全罪危害的是“不特定多数人”、“特定或不特定多数人”还是“不特定或多数人”的生命、身体或者财产安全。

如果根据第一种观点将“公共安全”界定为“不特定多数人”的生命、身体或者财产安全，那么，“特定的多数人”的生命、身体或者财产安全就排除在外。而“特定”一词本身的含义并不“特定”，甚至可以无限扩大，例如，可以“特定”为“某个团体”、“某个民族”甚至“中国人”等等，所以，我们认为，界定“公共安全”概念时使用“不特定多数人”一词并不准确。

如果根据第二种观点将“公共安全”界定为“特定或不特定多数人”的生命、身体或者财产安全，那么，“不特定少数人”的生命、身体或者财产安全就排除在外。我国《刑法》第 133 条规定：“违反交通运输管理法规，因而发生重大事故，致人重伤、死亡或者使公私财产遭受重大损失的，处 3 年以下有期徒刑或者拘役；交通运输肇事后逃逸或者有其他特别恶劣情节的，处 3 年以上 7 年以下有期徒刑；因逃逸致人死亡的，处 7 年以上有期徒刑。”该条规定的交通肇事罪也属于危害公共安全犯罪，根据该立法规定和司法实践，构成交通肇事罪并不需要至少造成两个或两个以上人员的伤亡。这里的受害人显然包括“不特定的少数人”。因而，我们认为，第二种观点也并不准确。

第三种观点在“不特定”和“多数人”之间加了一个“或”字，其内涵不仅包括“不特定多数人”、“特定多数人”还包括“不特定少数人”。日本刑法学家大塚仁也持此种观点，他认为，公共危险罪是威胁到不特定或者多数人的生命、身体乃至重要财产的安全。[4] 我们认为，这一观点与前两种观点相比更为全面，更加符合我国现行刑法的立法精神。

---

〔1〕 高铭暄：《中国刑法学》，中国人民大学出版社 1989 年版，第 369 页；屈学武主编：《刑法各论》，社会科学文献出版社 2005 年版，第 37 页；赵秉志主编：《当代刑法学》，中国政法大学出版社 2009 年版，第 444 页。

〔2〕 张明楷：《刑法学》，法律出版社 1997 年版，第 556 页。

〔3〕 齐文远：《刑法学》，法律出版社 1999 年版，第 403 页；刘海梅：“对危害公共安全罪中‘公共安全’的界定”，载《法制与社会》2010 年第 31 期。

〔4〕 ［日］大塚仁：《刑法概说（各论）》，冯军译，中国人民大学出版社 2003 年版，第 345 页。

由于“公共安全”的范围对于正确理解和适用《刑法》中“危害公共安全罪”来说至关重要，为了解决理论和实践中的认识分歧，我们认为，该定义应该在立法中予以明确。

（二）关于交通肇事罪、危险驾驶罪和醉酒驾车罪的立法完善

我国《刑法》第133条规定了交通肇事罪，该条规定：违反交通运输管理法规，因而发生重大事故，致人重伤、死亡或者使公私财产遭受重大损失的，处3年以下有期徒刑或者拘役；交通运输肇事后逃逸或者有其他特别恶劣情节的，处3年以上7年以下有期徒刑；因逃逸致人死亡的，处7年以上有期徒刑。

《刑法修正案（八）》第22条规定：在刑法第133条后增加一条，作为第133条之一：“在道路上驾驶机动车追逐竞驶，情节恶劣的，或者在道路上醉酒驾驶机动车的，处拘役，并处罚金。”“有前款行为，同时构成其他犯罪的，依照处罚较重的规定定罪处罚。”该条增设了危险驾驶罪。

从上述规定的内容来看，交通肇事罪是结果犯，即不仅要实施具体犯罪构成客观要件的行为，而且必须发生法定的犯罪结果。危险驾驶罪属于行为犯，即只要行为人实施了法律规定的行为，就构成了犯罪既遂，无需像结果犯那样造成物质性的和有形的犯罪结果，也无需像危险犯那样要“足以”发生特定的“危险”状态。其中，对于在道路上驾驶机动车追逐竞驶只有情节恶劣的行为才构成犯罪，而对于在道路上醉酒驾驶机动车的，没有规定任何限制性条件，只要醉酒并驾驶，就构成该罪。

从立法上看，《刑法》中将醉酒驾驶入罪突破了传统的立法模式。我国《刑法》第18条第4款规定：“醉酒的人犯罪，应当负刑事责任。”该条款是作为刑事责任能力在总则中加以规定的，原来的分则条文中并没有将“醉酒”作为犯罪构成要件之一，醉酒后杀人构成杀人罪、醉酒后抢劫构成抢劫罪，“杀人”、“抢劫”本身是犯罪行为，不因是否“醉酒”而改变，非犯罪行为（醉酒）+犯罪行为（杀人、抢劫等）=犯罪行为（故意杀人罪、抢劫罪）。而在醉酒驾驶罪中，“醉酒”和“驾驶”本身都不是犯罪行为，只要在“醉酒”后“驾驶”，就构成犯罪，即非犯罪行为（醉酒）+非犯罪行为（驾驶）=犯罪行为（醉酒驾驶罪）。从立法基础来看，《刑法修正案（八）》增设醉酒驾驶罪是将“原因中的自由行为”中的“原因行为”直接规定为犯罪。原因中的自由行为，是行为人应当预见到或已经预见到自己在责任能力丧失或降低的情况下可能实施危害社会的行为，而故意或过失通过醉酒、吸毒、药物、疲劳等方式使自己陷入该种责任能力丧失或降低的状态，从而实施了危害社会的行为。“原因中的自由行为”解决了刑法规定醉酒的人犯罪应当负刑事责任的主观方面问题，即虽然行为人实施

犯罪时主观上是不清醒的，但行为人对导致其不清醒的原因行为却是有罪过的。鉴于在我国醉酒驾车犯罪呈多发、高发态势，严重危害了广大人民群众的生命安全，《刑法修正案（八）》突破了传统的立法模式，直接将原因行为规定为犯罪，从而有利于充分发挥刑罚惩治和预防犯罪的作用，严厉打击醉酒驾车行为，使我国的刑事法网更加严密和严厉。

当然，如何使追逐竞驶罪和醉酒驾驶罪的立法更加科学、醉酒驾驶罪中是否应该包含其他方式的醉态如吸毒等仍然是我们需要继续探讨的问题。

（三）关于恐怖犯罪的立法完善问题

从立法沿革上看，中国的立法机关对有关恐怖犯罪行为的刑事立法在不断予以完善。1979 年刑法典虽然没有明确规定恐怖犯罪，但是可以根据故意杀人罪、故意伤害罪等罪名惩治有关的恐怖行为。1997 年《刑法》除了第 120 条专门规定了组织、领导、参加恐怖组织罪外，还规定了劫持航空器罪、放火罪、决水罪、爆炸罪、投毒罪、破坏交通工具罪、暴力危及飞行安全罪、故意杀人罪、故意伤害罪、绑架罪等可适用于恐怖犯罪的普通犯罪。

在美国 2001 年的“9·11”事件 3 个月后，中国全国人大常委会即于 2001 年 12 月 29 日通过了《刑法修正案（三）》，对刑法典中的恐怖活动犯罪进行修订补充。此后，在 2011 年 5 月 1 日施行的《刑法修正案（八）》中，也对恐怖犯罪的刑事立法进行了修改和完善。

《刑法修正案（三）》增设了资助恐怖活动罪、投放虚假危险物质罪和编造、故意传播虚假恐怖信息罪，加重了有关恐怖活动犯罪的刑罚，并在洗钱罪的上游犯罪中增加了恐怖活动犯罪；《刑法修正案（八）》对《刑法》第 66 条进行了修改，规定恐怖活动犯罪分子在刑罚执行完毕或者赦免以后，在任何时候再犯危害国家安全犯罪、恐怖活动犯罪、黑社会性质的组织犯罪的任一类罪的，都以累犯论处。

我国刑法典及修正案的规定使得我国打击恐怖犯罪的刑事法网更加严密和严厉。但是，现行规定比较凌乱甚至概念不清，这给司法实践带来很多困难。因此，我们认为：首先，应该对“恐怖活动犯罪”的概念和特征予以界定。不仅在刑法典中专门规定恐怖活动罪，而且有必要在条文中像《刑法修正案（八）》界定黑社会性质组织的特征一样界定恐怖活动犯罪的基本特征。这样才有助于将恐怖犯罪中的犯罪行为如杀人与普通的刑事犯罪区别开来，从而使犯罪的社会危害性和刑罚的严厉性更好地结合起来，有利于预防和打击恐怖活动犯罪。其次，恐怖活动是一种多元社会现象，它包括政治、法律、历史、技术等多方面的因素，恐怖犯罪活动日益猖獗，严重危及到人类社会的生存与发展，2011 年 5 月 2

日，美国军队在巴基斯坦击毙基地组织头目本·拉登，这一事件得到世界上大多数国家的支持并被联合国秘书长潘基文认为这是全球反恐斗争的转折点。[1] 可见，打击恐怖犯罪不再是一个国家内部的事情，已经成为全球关注的焦点。加强国际合作以有效打击和防范恐怖主义犯罪，已经无法回避地摆在了国际社会面前。所以，国际公约中有关恐怖活动犯罪的内容在我国刑法典中应该予以规定。

第二节 对网络犯罪的立法完善

网络犯罪，是指行为人运用计算机技术，借助于网络，入侵他人的计算机系统或窃取他人计算机系统数据，或者破坏他人计算机系统，或者利用计算机将网络作为工具或手段实施其他犯罪行为的总称。我国刑法典规定了非法侵入计算机信息系统罪（第285条）、破坏计算机信息系统罪（第286条），第287条还规定了利用计算机实施金融诈骗、盗窃、贪污、挪用公款、窃取国家秘密或者其他犯罪的情况，这里的“其他犯罪”具体包括网络诈骗、网络走私、网络非法交易、虚假广告、网络洗钱、网络盗窃、网络毁损商誉、网络侮辱毁谤、网络侵犯商业秘密、网络间谍等犯罪。

应该说，针对网络犯罪的行为在我国已经形成了较为全面的刑法规范。但是，现实情况怎样呢？我们来看一组数据：“近年来，我国接入互联网的计算机被植入病毒木马程序的计算机达到了90%以上，被植入了三种以上木马程序的达到50%以上，其中90%以上是以网络盗窃或远程控制计算机为目的的木马程序。我国境内网站，特别是各级政府网站频繁被境外黑客入侵，平均每月有2000个左右。境外存在大量的假冒我国银行网站实施网上钓鱼诈骗，使我国网民蒙受了巨大的经济损失。”[2] 可见，现阶段我国的网络犯罪十分猖獗。

相对全面的刑法规范和十分猖獗的网络犯罪现实形成了鲜明的对比。网络犯罪手段具有极强的技术性、专业性，且由于网络的开放性、不确定性、虚拟性和超越时空性等特点，使得网络犯罪的主体身份和行为都具有极高的隐蔽性，在地域上具有广阔的空间性，网络犯罪行为可以在很短的时间内造成很大的损失，这些都使网络犯罪的侦破工作难以顺利进行，因此，网络犯罪具有非常严重的社会危害性。如何发挥刑法的惩罚与预防功能是摆在我们面前的一个重要课题。

---

〔1〕 2011年5月2日联合国新闻。

〔2〕 王勇：“网络黑客犯罪与刑法的应对”，第八届中韩刑法国际学术会议论文。

我们认为，我国的网络犯罪立法起步较晚，有关的规范尚处于初级阶段，法网也欠严密。有学者认为，应该规定单位可以构成网络犯罪的主体，因为黑客文化已经渗透到市场经济领域，有些单位为了获取不法利益或者维护自身的市场利益，不惜使用黑客手段，给国家、社会和他人造成严重的危害。[1] 也有人认为，根据《网络犯罪国际公约》，纯正网络犯罪包括非法侵入计算机系统罪、非法拦截计算机资料罪、非法干扰计算机数据罪、非法干扰计算机系统罪、滥用计算机设备罪，我国只规定了非法侵入计算机系统罪、破坏计算机信息系统罪，与非法拦截计算机资料罪相关的罪名是破坏公用电信设施罪和侵犯通信自由罪，缺乏与滥用计算机设备罪相关的罪名界定，所以，应拓宽打击面，增加具体罪名。[2] 我们同意上述观点，同时，我们认为，应该对有关网络犯罪的刑罚予以调整。除了以网络作为犯罪手段实施了其他犯罪的情况，纯正的网络犯罪由刑法所规定的刑罚方法只有有期徒刑一种，而且，非法侵入计算机系统罪的最高刑是3年，侵入并获取数据等情节特别严重的，最高刑为7年，相对于其严重的社会危害后果来说，这样的量刑太轻，不足以威慑犯罪，对这种犯罪可以规定刑期的下限，而最高刑则为有期徒刑的最高刑，这样能够使得司法机关更好地把握刑罚与社会危害结果的相当性。鉴于网络犯罪多是利益性的，因此，在刑罚方法上，可以增设罚金刑和没收财产刑，从而剥夺犯罪分子通过犯罪所获得的经济上的好处。

第三节　对破坏环境犯罪的立法完善

环境包括大气、水、海洋、土地、矿藏、森林、草原等，与人类的生产、生活息息相关，环境资源是人类生存的基础。然而，随着人类的发展，对环境造成的污染和破坏的情况日益严重，空气污染、水污染、放射性污染如日本的核泄露造成的污染等直接威胁到人类的生存和发展。目前，破坏环境资源的违法犯罪活动已引起世界各国的高度重视，各国都在致力于加强对破坏环境资源犯罪的预防和打击。

在我国也存在此类严峻的生态环境恶化的情况。水资源短缺、土地荒漠化发展、有害气体排放增加、生物多样性减少、城市的垃圾公害和食品污染等，危害着很多人最基本的生存条件。随着我国加工工业特别是重化工业的快速发展，一

〔1〕 参见王勇："网络黑客犯罪与刑法的应对"，第八届中韩刑法国际学术会议论文。

〔2〕 参见彭宇："我国关于网络犯罪的立法缺陷及其完善策略"，载《计算机安全》2007年第4期。

些地区的环境污染和生态破坏状况令人触目惊心，破坏环境资源的案件也屡屡发生，有法不依、执法不严、违法不究的现象仍然大量存在。

为了保护环境资源，我国也相继制定了《环境保护法》、《森林法》等许多相关法律、法规，在《刑法》第六章妨害社会管理秩序罪第六节中规定了破坏环境资源保护罪，刑法修正案（二）、（四）、（八）都对破坏环境的犯罪予以立法完善。我国现行刑法典及其修正案规定的破坏环境犯罪包括15种具体犯罪：即重大环境污染事故罪，非法处置进口的固体废物罪，擅自进口固体废物罪，非法捕捞水产品罪，非法猎捕、杀害珍贵、濒危野生动物罪，非法收购、运输、出售珍贵、濒危野生动物、珍贵、濒危野生动物制品罪，非法狩猎罪，非法占用农用地罪，非法采矿罪，破坏性采矿罪，非法采伐、毁坏国家重点保护植物罪，非法收购、运输、加工、出售国家重点保护植物、国家重点保护植物制品罪，盗伐林木罪，滥伐林木罪，非法收购、运输盗伐、滥伐的林木罪等。除此之外，与破坏环境有关的犯罪还有走私核材料罪，走私废物罪，走私珍贵动物、珍贵动物制品罪，走私珍稀植物、珍稀植物制品罪，环境监管失职罪，动植物检疫失职罪，违法发放林木采伐许可证罪，非法批准征用、占用土地罪以及非法低价出让国有土地使用权罪，动植物检疫徇私舞弊罪。可见，我国立法机关对于破坏环境犯罪非常重视。

然而，破坏环境犯罪的定罪量刑中还存在着很多问题。首先，犯罪主体难以确定。例如，太湖、滇池的水污染问题，由于沿岸有不少企业都在往湖中排放废水，加上居民的生活废水，使得破坏环境的主体责任很难分清。其次，法条规定的内容弹性很大，实践中难以操作。在刑法典"破坏环境资源保护罪"一节中的很多条文都规定了"致使公私财产遭受重大损失或者严重危害人体健康的"，如何认定"重大损失"和"严重危害"，标准很难统一，而且，有的财产性损失和健康伤害不是马上就显露出来的，有可能需要几年，还有可能需要几十年。《刑法》第338条规定的重大环境污染事故罪，要求"造成重大环境污染事故，致使公私财产遭受重大损失或者人身伤亡的严重后果"，这就直接造成了对该类犯罪的打击不力，很多犯罪行为无法得到追究。为了改变这一现象，《刑法修正案（八）》将"造成重大环境污染事故，致使公私财产遭受重大损失或者人身伤亡的严重后果"修改为"严重污染环境"，这样，只要造成"严重污染"，就可以构成犯罪，而不需要财产损失和人员伤亡作为犯罪要件，加强了对环境的刑法保护。

我们认为，应该从如下几方面完善我国关于破坏环境犯罪的立法规定：首先，应该扩大刑法对生态环境的保护范围，将与人类生存有关的环境因素都纳入到刑法保护的范围。我国《自然保护区条例》第 40 条规定，“造成自然保护区重大污染或者破坏事故，导致公私财产重大损失或者人身伤亡的严重后果，构成犯罪的，依法追究刑事责任”。但我国刑法并没有关于污染或破坏自然保护区的相关规定，使得刑法与行政法规难以衔接。有论者认为应该在我国刑法中增设破坏草原罪、破坏土地资源罪、破坏野生植物罪、破坏湿地保护罪、噪音污染罪。[1] 其次，应该完善破坏环境罪的主观方面。有论者提出应该完善破坏环境犯罪的主观方面，在环境犯罪中采用严格责任，实行过错推定原则。[2] 最后，应该完善破坏环境罪的刑罚制度。有论著提出，惩罚环境犯罪的目的是防止污染和破坏，能够有效地阻止破坏的扩大和挽回损失。监禁刑的成本高且打击的效果也不是很明显。为发挥资格刑在防治危害生态犯罪中的作用，在以后的刑事立法中我们应当移植国外生态环境刑事法律的相关经验，考虑增设禁止从事特定职业或活动、禁止犯罪法人从事特定业务、勒令歇业、暂时或永久地剥夺从事某种职业的权利、解散犯罪法人、剥夺荣誉称号等处罚措施。[3] 我们同意在破坏环境罪中除了使用资格刑的建议，同时，我们认为，对该类犯罪除了适用有期徒刑、拘役、管制、罚金、没收财产之外，对于造成严重环境污染的行为如类似 2011 年日本福岛的东京电站核泄露事件的情况，应该增设无期徒刑。

第四节　对破坏金融秩序类犯罪的立法完善

我国刑法关于破坏金融秩序类的犯罪主要包含在《刑法》分则第三章“破坏社会主义市场经济秩序罪”的第四节“破坏金融管理秩序罪”和第五节“金融诈骗罪”之中。

这类犯罪的特点是内容广、变化大、罪名多。首先，从内容上看，涉及到金融的各个领域如货币、外汇、保险、证券、期货等。其次，从变化上看，1997 年《刑法》颁布后，1998 年全国人大常委会发布的《关于惩治骗购外汇、逃汇和非法买卖外汇犯罪的决定》、1999 年的《刑法修正案》、2001 年的《刑法修正案（三）》、2005 年的《刑法修正案（五）》、2006 年的《刑法修正案（六）》、2009 年的《刑法修正案（七）》和 2011 年的《刑法修正案（八）》对该类犯罪

---

〔1〕 参见韦玉成：“论我国环境刑事立法的不足与完善”，载《法制与社会》2009 年第 8 期。

〔2〕 参见陈红霞：“论我国环境犯罪构成理论的完善”，载《法制与社会》2010 年第 1 期。

〔3〕 参见杨春洗、刘生荣等：《危害环境罪的理论与实务》，北京高等教育出版社 1999 年版。

都做了较大的修改。最后，从罪名来看，破坏金融管理秩序罪共有30个罪名，金融诈骗罪共有8个罪名，具体是伪造货币罪（第170条）、出售、购买、运输假币罪（第171条第1款）、金融工作人员购买假币、以假币换取货币罪（第171条第2款）、持有、使用假币罪（第172条）、变造货币罪（第173条）、擅自设立金融机构罪（第174条第1款）、伪造、变造、转让金融机构经营许可证、批准文件罪（第174条第2款《刑法修正案》第3条）、高利转贷罪（第175条）、骗取贷款、票据承兑、金融票证罪［第175条之一《刑法修正案（六）》第10条］、非法吸收公众存款罪（第176条）、伪造、变造金融票证罪（第177条）、妨害信用卡管理罪［第177条之一第1款《刑法修正案（五）》第1条第1款］、窃取、收买、非法提供信用卡信息罪［第177条第2款《刑法修正案（五）》第1条第2款］、伪造、变造国家有价证券罪（第178条第1款）、伪造、变造股票、公司、企业债券罪（第178条第2款）、擅自发行股票、公司、企业债券罪（第179条）、内幕交易、泄露内幕信息罪（第180条）、利用未公开信息交易罪［第180条第4款《刑法修正案（七）》第2条第2款］、编造并传播证券、期货交易虚假信息罪［第181条第1款（《刑法修正案》第5条第1款）］、诱骗投资者买卖证券、期货合约罪（第181条第2款、《刑法修正案》第5条第2款）、操纵证券、期货市场罪［第182条《刑法修正案（六）》第11条］、骗购外汇罪（《关于惩治骗购外汇、逃汇和非法买卖外汇犯罪的决定》第1条）、背信运用受托财产罪［第185条之一第1款（《刑法修正案（六）》第12条第1款）］、违法运用资金罪［第185条之一第2款（《刑法修正案（六）》第12条第2款）］、违法发放贷款罪［第186条《刑法修正案（六）》第13条］、吸收客户资金不入账罪［第187条《刑法修正案（六）》第14条］、违规出具金融票证罪［第188条《刑法修正案（六）》第15条］、对违法票据承兑、付款、保证罪（第189条）、逃汇罪（第190条）、洗钱罪（第191条）、集资诈骗罪（第192条）、贷款诈骗罪（第193条）、票据诈骗罪（第194条第1款）、金融凭证诈骗罪（第194条第2款）、信用证诈骗罪（第195条）、信用卡诈骗罪（第196条）、有价证券诈骗罪（第197条）、保险诈骗罪（第198条），取消了操纵证券、期货交易价格罪、违法向关系人发放贷款罪、用账外客户资金非法拆借、发放贷款罪、非法出具金融票证罪等罪名，废除了票据诈骗罪和金融凭证诈骗罪的死刑。

除了上述犯罪外，破坏金融秩序类犯罪还包括走私假币罪、骗购外汇罪、欺诈发行股票、证券罪等直接侵害金融秩序的犯罪，金融机构工作人员在履行职务过程中的贪污、受贿、挪用等渎职犯罪，以及金融机构工作人员非法从事外汇买卖、非法经营证券、期货、保险等业务的犯罪。

可见，随着刑法及修正案的颁布实施，我国有关破坏金融秩序类犯罪的立法也日趋严密。我国多数学者对这些立法的变化持肯定态度，认为这些金融刑事立法通过弹性构成要件、刑罚处罚前置化、增补新罪、降低入罪门槛等方法，实现了严密刑事法网的目标；此外，这些新立法还体现了金融刑法的国际化特征。但也有学者认为，近年来我国金融犯罪立法存在以下问题：一是缺乏前瞻性、频繁修改刑法；二是在金融领域的方方面面都用刑法加以惩治是重刑思想的表现；三是存在情绪化立罪，在立罪根据上只考虑行为的社会危害性，对应罚性缺乏必要的考量；四是面对实践中出现的严重违法问题主要通过立罪来解决，不注意通过对已有罪名的解释来寻求出路。[1] 也有学者认为，我国金融犯罪刑事立法政策基本合理，主要表现为：犯罪圈扩大，合理的非犯罪化或从轻化，保持经济、行政法规的衔接与协调，入罪标准科学化，但也存在一定局限，主要表现为：刑罚处罚趋向加重，缺乏超前和预见性，部分罪名修改缺乏一体性考虑。[2] 对于破坏金融秩序犯罪的刑事责任，也有学者提出，个人金融犯罪的资格刑不完善，对金融犯罪单位的罚金刑规定不完善，对金融犯罪单位的处罚单一等问题[3]。

关于破坏金融秩序类犯罪的立法完善问题，我们认为，在定罪方面，一是应该接受上述学者们提出的“立法要具有前瞻性”的观点，充分考虑到我国刑法中尚不具有的但外国刑法以及国际公约中已经规定的罪名和罪状，以避免刑法修改的频繁和滞后；二是应该充分利用附属刑法的规定，以避免有关的金融法规中有“构成犯罪的，依法追究其刑事责任”的规定，而刑法典中则没有对应的规定。在量刑方面，在现有规定的基础上，增加对自然人和单位的资格刑，禁止或限制其从事相关的职业；现行刑法对单位犯罪的刑事责任规定的过轻，以非法吸收公众存款罪为例，刑法规定“非法吸收公众存款或者变相吸收公众存款，扰乱金融秩序的，处 3 年以下有期徒刑或者拘役，并处或者单处 2 万元以上 20 万元以下罚金；数额巨大或者有其他严重情节的，处 3 年以上 10 年以下有期徒刑，并处 5 万元以上 50 万元以下罚金。单位犯前款罪的，对单位判处罚金，并对其直接负责的主管人员和其他直接责任人员，依照前款的规定处罚。”该条没有

〔1〕 参见李运平、王金贵：“全球化背景下的金融犯罪问题国际学术研讨会综述”，载《人民检察》2007 年第 19 期。

〔2〕 卢勤忠：“论我国金融犯罪的刑事立法政策——以刑法修正案为视角”，载《上海公安高等专科学校学报》2009 年第 1 期。

〔3〕 参加胡启忠：“论金融犯罪的刑罚设置”，载《西南民族学院学报（哲学社会科学版）》2002 年第 3 期。

“没收财产”刑的规定。我们认为，对于这类犯罪单位，不仅应该处以罚金，还应该没收其全部财产。有论者建议在刑法中增设“解散单位”刑，以彻底剥夺单位的再犯罪能力，有效地惩罚和预防单位金融犯罪。[1] 而我们认为，只要没收了该单位的全部财产，也能彻底剥夺单位的再犯罪能力，而无需在刑罚种类上作出重大调整。所以，在有关破坏金融秩序犯罪中，大部分罪行都应该规定没收财产刑，没收犯罪个人或单位的全部或部分财产。

第五节　对侵犯知识产权犯罪的立法完善

我国《刑法》关于侵犯知识产权的犯罪主要规定于《刑法》分则第三章“破坏社会主义市场经济秩序罪”的第七节“侵犯知识产权罪”中，共涉及7个罪名，具体可分为4类犯罪：一是侵犯商标权犯罪，包括假冒注册商标罪（第213条）、销售假冒注册商标的商品罪（第214条）和非法制造、销售非法制造的注册商标标识罪（第215条）三个罪名；二是侵犯专利权犯罪，仅有一个罪名，即假冒专利罪（第216条）；三是侵犯著作权类犯罪，包括侵犯著作权罪（第217条）与销售侵权复制品罪（第218条）两个罪名；四是侵犯商业秘密犯罪，也仅有一个罪名，即侵犯商业秘密罪（第219条）。

《刑法》自1997年颁行以来，十多年间陆续颁布了8个修正案，通过新增与修订罪名等方式对分则的不少内容做了重大完善，但是，本节规定的侵犯知识产权犯罪却一直未经过任何修订。而在1997年刑法典颁行后，我国的《著作权法》与《商标法》有了较大幅度的修改。因此，完善刑法对侵犯知识产权犯罪的打击，以使刑法与《著作权法》等法律相协调，更好地保护知识产权显得尤为必要。刑法现有规定与有关知识产权的其他法律法规之间存在严重脱节需要完善的情况主要表现在以下几个方面：

1.《刑法》第213条规定假冒注册商标罪的行为方式为未经注册商标所有人许可，在同一种商品上使用与其注册商标相同的商标。2004年12月8日“两高”发布的《关于办理侵犯知识产权刑事案件具体应用法律若干问题的解释》第8条将“相同的商标”解释为与被假冒的注册商标完全相同，或者与被假冒的注册商标在视觉上基本无差别、足以对公众产生误导的商标。实质上将与注册商

---

〔1〕 参加胡启忠：“论金融犯罪的刑罚设置”，载《西南民族学院学报（哲学社会科学版）》2002年第3期。

标相似的商标解释为相同商标，对此，有学者认为是扩大解释。[1] 我们认为，“相同”在语义上只能是指称没有区别与变化，而“相似”已超出了“相同”的可能语义范围，因此，有违反罪刑法定原则之嫌。撇开此解释是否可能冲击罪刑法定原则，即使是未经注册商标所有权人的许可，在同一种商品上使用与注册商标相同或相似的商标情节严重的构成犯罪，也与我国《商标法》规定的商标侵权行为相差很大。由此，造成作为第一次法律保护（民法、行政法等）商标侵权行为与作为第二次法律保护（刑法）的侵犯商标权犯罪不能实现很好的衔接以致脱节。《商标法》第52条规定了4种商标侵权行为：包括在相同商品使用相同商标、在相同商品使用相似商标、在近似商品使用相同商标、在近似商品使用相似商标。根据《刑法》以及司法解释的规定，最多只能规制前两种严重侵犯商标权的行为，而对后两种行为却束手无策。因此，再次修改《刑法》时有必要明示例举严重侵犯商标权的四种行为，将其修改为“在同一种商品或者相似商品上使用与其注册商标相同或者相似的商标”，这样也可避免将“相似”解释为“相同”是否有违罪刑法定原则的争论。

2. 我国《刑法》仅保护注册商标，而对于侵犯未注册的驰名商标的行为并未予以刑法规制。我们认为，实践中大量存在利用假冒驰名商标取暴利的行为，严重危害了驰名商标所有权人以及消费者的合法权益，有损商品流通秩序。“假冒驰名商标毫无疑问比假冒普通商标更容易带来不法收益，而我国刑法对两者的几乎同等保护更为犯罪分子提供了可乘之机，可以说，刑法的相关规定在一定程度上纵容了假冒驰名商标犯罪，是导致我国假冒驰名商标犯罪如此猖獗的原因之一。”[2] 由此，未来修法时有必要将未注册的驰名商标纳入刑法的保护范围，并与普通商标犯罪的法定刑拉开适当距离。

3. 《刑法》只保护商品商标，而对服务商标未予以规定。根据《TRIPS协议》第16条的规定，应当予以商品商标与服务商标同等的保护。此外，对于反向假冒商标的行为也应予以规制。根据《商标法》第52条的规定，反向假冒商标是指“未经商标注册人同意，更换其注册商标并将该更换商标的商品又投入市场”。“反向假冒行为表现形式虽然与一般的假冒行为不同，但在行为性质上并无实质差别，同样损害了他人的商标专用权，影响了商标功能的正常发挥，损害了消费者的利益，造成商品流通秩序的混乱。因此，对于情节严重的反向假冒行

〔1〕 参见杨延超：“我国侵犯知识产权犯罪的立法完善”，载《政法论坛》2007年第5期。

〔2〕 肖中华、涂龙科：“论我国驰名商标刑法保护制度的完善”，载《犯罪研究》2006年第1期。

为完全且有必要运用刑事手段予以制裁。"[1]

4.《著作权法》第48条规定了8种著作权违法行为，包括：①未经著作权人许可，复制、发行、表演、放映、广播、汇编、通过信息网络向公众传播其作品的；②出版他人享有专有出版权的图书的；③未经表演者许可，复制、发行录有其表演的录音录像制品，或者通过信息网络向公众传播其表演的；④未经录音录像制作者许可，复制、发行、通过信息网络向公众传播其制作的录音录像制品的；⑤未经许可，播放或者复制广播、电视的；⑥未经著作权人或者与著作权有关的权利人许可，故意避开或者破坏权利人为其作品、录音录像制品等采取的保护著作权或者与著作权有关的权利的技术措施的；⑦未经著作权人或者与著作权有关的权利人许可，故意删除或者改变作品、录音录像制品等的权利管理电子信息的；⑧制作、出售假冒他人署名的作品的。同时规定此8种行为情节严重构成犯罪的，依法追究刑事责任。但是，《刑法》第217规定的4种侵犯著作权罪的行为方式无法完全涵盖上述《著作权法》的相关规定。因此，《刑法》再修订时，有必要比照《著作权法》第47条的规定修改侵犯著作权的行为方式，以严密刑事法网、严格刑事责任，这也是统一法秩序的要求，防止作为第一次法规定的"情节严重构成犯罪的，依法追究刑事责任"在作为制裁法的第二次法即刑法中却找不到相关条文。

5. 有论者认为，刑法关于侵犯著作权的犯罪必须以营利为目的这一限制条件过于苛刻，将实践中出现的大量非营利性质的侵犯著作权行为排除在刑法调整范围之外。[2] 增加构成要件要素必然缩小构成要件的规制范围，而实践中非以营利为目的的严重侵犯著作权的行为确实存在，因此，取消侵犯著作权类犯罪的目的构成要素是合适的，但是，应当将基于科研、教学等非以营利为目的的"侵犯"著作权行为排除在刑法规制范围之外。

6. 关于侵犯商业秘密罪，有学者认为，我国《刑法》第219条第2款规定的"明知或者应知前款所列行为，获取、使用或者披露他人的商业秘密的，以侵犯商业秘密论。"所谓"应知"，是指应当知道但是由于疏忽大意而不知道，从而无疑是一种疏忽大意的过失心理。该论者进而指出，"在我国，即使是过失侵犯商业秘密的行为，同样应当作为犯罪承担刑事责任。"[3] 因此，提出在修改《刑法》时应当删除商业秘密犯罪的过失罪过形式。另外，上述学者并认为侵犯

---

〔1〕 肖中华、涂龙科："论我国驰名商标刑法保护制度的完善"，载《犯罪研究》2006年第1期。

〔2〕 参见赵秉志等：《侵犯知识产权犯罪比较研究》，法律出版社2004年版，第267、268页。

〔3〕 参见杨延超："我国侵犯知识产权犯罪的立法完善"，载《政法论坛》2007年第5期。

商业秘密罪规定的罪状过于简单，因为侵犯商业秘密的不同手段形式具有不同的构成要件与危害性，法定刑也应有所区别，进而建议分别增设抢劫商业秘密罪、刺探商业秘密罪、泄漏商业秘密罪、恶意获取、使用、披露商业秘密罪等。[1] 对此，我们认为，《刑法》第219条规定的“应知”是一种立法推定，即推定行为人已经知道是商业秘密，而非应当知道而不知道是商业秘密。因此，现行《刑法》规定的侵犯商业秘密罪的主观罪过形式应是故意，解释论上应当不存在问题，修法时毋须再予修改。而对于以行为手段与危害结果为标准另立增设若干侵犯商业秘密的具体罪名的观点，我们认为不甚妥当。首先，增设数个侵犯商业秘密罪的具体罪名不利于分则罪名体系简明而科学。其次，根据全国人大法工委的立法理由说明，“其他不正当手段”包括以高薪聘请挖人才、以重金收买知悉商业秘密的人等。[2] 因此，“其他不正当手段”应是指与盗窃、利诱、胁迫危害程度相当的行为方式，而如果行为人是以暴力抢劫或抢夺商业秘密的，那么，直接定抢劫罪或者抢夺罪即可，无需另行设立抢劫商业秘密罪。[3]

另外，《刑法》对于侵犯动植物新品种、计算机软件著作权、集成电路布图设计权以及地理标志等类知识产权的规制也付之阙如，刑法修订时有必要增设上述类型的知识产权犯罪。

从以上论述不难看出，目前我国刑法关于知识产权犯罪的刑事法网不够严密，刻下需要做的是对大量严重侵犯知识产权行为的“犯罪化”作业，这也符合国际上现代知识产权侵权领域的“犯罪化”趋势。[4] 但是，我们对有论者提出的加重知识产权犯罪的刑罚，提高法定最高刑至有期徒刑15年持保留态度。[5] 应当说，加重刑罚对于我国刑法的重刑结构无疑是雪上加霜，不符合“严而不厉”刑事政策思想发展的基本趋势。[6] 而关于增设知识产权犯罪的资格刑设置建议，[7] 我们认为是可行的，设定一定年限或永久性的禁止从事涉及知

---

〔1〕 参见杨延超：“我国侵犯知识产权犯罪的立法完善”，载《政法论坛》2007年第5期。

〔2〕 参见全国人大常委会法制工作委员会刑法室编：《中华人民共和国刑法条文说明、立法理由及相关规定》，北京大学出版社2009年版，第441页。

〔3〕 张明楷教授认为抢夺商业秘密的，也包含在“以其他不正当手段”规定中。参见张明楷：《刑法学》（第3版），法律出版社2007年版，第623页。

〔4〕 参见杨延超：“我国侵犯知识产权犯罪的立法完善”，载《政法论坛》2007年第5期。

〔5〕 参见张丽平：“侵犯知识产权犯罪的立法完善”，载《昆明理工大学学报（社科·法学版）》2007年第3期。

〔6〕 严而不厉的刑事政策思想最早由我国著名刑法学家储槐植教授提出，参见储槐植：《刑事一体化》，法律出版社2004年版，第197~213页。

〔7〕 参见杨延超：“我国侵犯知识产权犯罪的立法完善”，载《政法论坛》2007年第5期。

识产权相关行业的资格刑，借以隔离行为人于特定行业之外，有利于防止犯罪行为的发生。"通过对知识产权犯罪人依法剥夺或者限制其从事与知识产品的生产、流通等相关的业务资格，不仅可以消除犯罪人再次实施知识产权侵权犯罪行为的机会，以达到特殊预防的目的，而且可以对其他相关从业人员、单位起到警戒作用，促使他们珍惜自己从事知识产品相关业务的资格，从而达到一般预防的目的。"[1]

第六节 对妨害公司管理秩序罪的立法完善

我国《刑法》关于妨害公司管理秩序类犯罪主要规定于《刑法》分则第三章"破坏社会主义市场经济秩序罪"第三节"妨害对公司、企业的管理秩序罪"中。本类犯罪均为法定犯罪，变动较大，自刑法典颁布后，刑法修正案陆续对本节做了修订。本节共涉及12个条文，16个罪名。大体可分为4类：一是妨害公司、企业设立管理制度的犯罪，包括虚报注册资本罪（第158条），虚假出资、抽逃出资罪（第159条）；二是妨害公司融资管理制度的犯罪，包括欺诈发行股票、债券罪（第160条），违规披露、不披露重要信息罪（第161条）；三是妨害公司清算、破产管理制度类犯罪，包括妨害清算罪（第162条），隐匿、故意销毁会计凭证、会计账簿、财物会计报告罪（第162条之一），虚假破产罪（第162条之二）；四是公司、企业人员的职务犯罪，包括非国家工作人员受贿罪（第163条），对非国家工作人员行贿罪（第164条），非法经营同类营业罪（第165条），为亲友非法牟利罪（第166条），签订、履行合同失职被骗罪（第167条），国有公司、企业、事业单位人员失职罪（第168条），国有公司、企业、事业单位人员滥用职权罪（第168条），徇私舞弊低价折股、出售国有资产罪（第169条），背信损害上市公司利益罪（第169条之一）。

我们认为，刑法典规定的本类犯罪面临的最大质疑与合宪性危机在于区别对待与保护公有制经济与非公有制经济。本节规定的第165条非法经营同类营业罪，第166条规定的为亲友非法牟利罪，第167条的签订、履行合同失职被骗罪，第168条国有公司、企业、事业单位人员失职罪，国有公司、企业、事业单位人员滥用职权罪，第169条徇私舞弊低价折股、出售国有资产罪等6个罪名的犯罪主体仅仅限于国有公司、企事业单位的工作人员或者其特定主管人员，对于

〔1〕 舒洪水、贾宇："全球化时代的知识产权犯罪及其防治"，载《法学家》2009年第1期。

非公有制的公司、企业如发生类似上述罪名的行为则不予规制。而我国《宪法》第11条第2款明文规定，“国家保护个体经济、私营经济等非公有制经济的合法的权利和利益。国家鼓励、支持和引导非公有制经济的发展，并对非公有制经济依法实行监督和管理。”由此表明，非国有制经济作为社会主义市场经济的重要组成部分的地位，已经得到我国宪法的确认。在对非国有制经济的法律保护中，刑法保护无疑是至关重要的。同时，平等保护公有制经济与非公有制经济也是社会主义市场经济发展的要求。〔1〕

哈耶克曾形象地指出，“宪法与常规法律间的根本区别，类似于一般性法律与法院将它们适用于某个具体案件之间的区别：一如在审理具体案件时法官要受制于一般性规则那般，立法机构在制定具体法律时也必须受制于更为一般性的宪法诸原则……正如我们要防止法官出于某个特定理由而侵犯法律那般，我们也要防止立法机构出于即时的或临时的目的而侵损某些一般性原则。”〔2〕宪法作为国家的根本大法，是下位法律、法规的正当性的源泉与合法性判断的标准，必须得到立法机关在制定法律、法规时的尊重与遵守，否则，建设法治与宪政国家只不过是一句响亮而无任何建设性意义的政治口号。从而，刑法在制定与修改时也就必须符合宪法规定的精神与原则，这是实现刑事法治的必然要求。因为“刑事法治是对国家刑罚权的规范和制约，不仅体现为对显性的具体的国家刑事司法权（求刑权、量刑权和行刑权）的规范与制约，而且表现为对隐性的抽象的国家刑事立法权的规范与制约。”〔3〕

因此，我们认为，修订刑法时有必要删除上述6个罪名的特殊主体规定，给予公有制经济与非公有制经济以平等保护。如果一时无法做到这一点，也应该考虑将第167、168条以及第169条规定的徇私舞弊低价折股、出售国有资产罪删除，同时将第397条的犯罪主体由“国家机关工作人员”修改为“国家工作人员”，由此就足以规制国有公司、企事业单位等管理人员在管理单位时发生的滥用职权、玩忽职守给国家财产与利益造成损失的行为。全国人大法工委刑法室在立法理由中指出，国家机关工作人员在行使国家权力时玩忽职守、滥用职权给国家和人民利益造成重大损失的行为与企业领导人在行使企业管理权时出现的这类行为在性质上是不同的，因此对国家机关工作人员的渎职行为与企业人员在企业

---

〔1〕参见黄芳：“非公有制经济的刑法规制问题研究”，载陈泽宪主编：《刑事法前沿》（第5卷），中国人民公安大学出版社2010年版，第20页。

〔2〕［英］弗里德里希·冯·哈耶克：《自由秩序原理》（上），邓正来译，生活·读书·新知三联书店1997年版，第224、225页。

〔3〕梁根林：《刑事政策：立场与范畴》，法律出版社2005年版，第181页。

管理活动中的渎职行为分别作了具体规定。[1] 事实上，我们认为，根据《刑法》总则第93条第2款的规定："国有公司、企业、事业单位、人民团体中从事公务的人员和国家机关、国有公司、企业、事业单位委派到非国有公司、企业、事业单位、社会团体从事公务的人员，以及其他依照法律从事公务的人员，以国家工作人员论。"不论是国家机关工作人员还是国有公司、企事业单位等从事公务的人员均属国家工作人员，因此，国家机关工作人员在行使国家权力时玩忽职守、滥用职权给国家和人民利益造成重大损失的行为与国有企事业等单位领导人在行使企事业管理权时出现的这类行为在性质上并无根本不同，这是由国家工作人员的身份性质决定的。同时，我们看到，现行《刑法》第167～169条的法定刑设置与第397条第1款的法定刑设置几乎一样，这也间接说明了国家机关工作人员在行使国家权力时玩忽职守、滥用职权给国家和人民利益造成重大损失的行为与国有企事业等单位领导人在行使管理权时出现类似行为的法益侵害程度并无重大差异。因此，在删除第167、168条以及第169条规定的徇私舞弊低价折股、出售国有资产罪的同时修改第397条的犯罪主体规定，并不违反总则的相关规定，同时也有利于简化分则的罪名体系。由此，不难看出，在制定本节罪刑规范时，立法机关的理论准备不足，没有考虑到在严密分则罪名体系的同时也应尽量简化，这是立法技术不高的表现。

此外，本节规定的相关犯罪的罚金额度与《公司法》等规范公司管理秩序的第一次法关于违反公司管理制度的罚款额度不相协调，作为制裁法的刑法罚金刑制裁力度明显小于第一次法的相关处罚规定。以虚报注册资本行为为例：《刑法》第158条第1款规定虚报注册资本数额巨大、后果严重或者有其他严重情节的，处3年以下有期徒刑或者拘役，并处或者单处虚报注册资本金额1%以上5%以下罚金。而根据《公司法》第199条的规定，对虚报注册资本的公司，处以虚报注册资本金额5%以上15%以下的罚款。再如，《刑法》第159条规定对于虚假出资、抽逃出资罪应并处或单处虚假出资金额或者抽逃出资金额2%以上10%以下罚金，而《公司法》第200、201条规定公司的发起人与股东虚假出资和抽逃出资的处虚假出资金额或者抽逃出资金额的5%以上15%以下的罚款。又如，依据《刑法》第161条，依法负有信息披露义务的公司、企业违规披露、不披露重要信息的，对其直接负责的主管人员和其他直接责任人员处3年以下有期徒刑或者拘役，并处或者单处2万元以上20万元以下罚金。而《金融违法行为

---

〔1〕 参见全国人大常委会法制工作委员会刑法室编：《中华人民共和国刑法条文说明、立法理由及相关规定》，北京大学出版社2009年版，第290页。

处罚办法》第12条第2款则规定，金融机构提供虚假的或者隐瞒重要事实的财务会计报告、统计报告的，给予警告，并处10万元以上50万元以下的罚款。

《公司法》以及《金融违法行为处罚办法》等规定的行政处罚严厉性远远超过刑罚的处罚力度，这不符合刑法作为第一次法的制裁法与保障法的地位。因此，我们建议《刑法》再修订时对于本节规定罚金刑的设置应当比照相应的《公司法》等第一次法规范的相关规定适当予以提高惩罚力度，以加强行政处罚与刑事制裁的衔接。如可以考虑将第158条的罚金刑提高至虚报注册资本金额的10%以上30%以下罚金，使得罚金刑的处罚上下限正好是行政罚的两倍。

第七节　对涉税、发票类犯罪的立法完善

我国《刑法》关于涉税、发票类犯罪主要规定于分则第三章第六节中。本节规定为法定犯（行政犯），因此，历次刑法修正案对本节内容多有修订。2011年发布的《刑法修正案（八）》对本节内容作了较大幅度的修订，新增两个罪名（第205条之一的虚开发票罪和第210条之一的持有伪造的发票罪），并且废除两个罪名的死刑（虚开增值税专用发票、用于骗取出口退税、抵扣税款发票罪和伪造、出售伪造的增值税专用发票罪）。根据修订后的危害税收征管罪，本节共有14个罪名，分别是：逃税罪（第201条）、抗税罪（第202条）、逃避追缴欠税罪（第203条）、骗取出口退税罪（第204条）、虚开增值税专用发票、用于骗取出口退税、抵扣税款发票罪（第205条）、虚开发票罪（第205条之一）、伪造、出售伪造的增值税专用发票罪（第206条）、非法出售增值税专用发票罪（第207条）、非法购买增值税专用发票、购买伪造的增值税专用发票罪（第208条）、非法制造、出售非法制造的用于骗取出口退税、抵扣税款发票罪（第209条第1款）、非法制造、出售非法制造的发票罪（第209条第2款）、非法出售用于骗取出口退税、抵扣税款发票罪（第209条第3款）、非法出售发票罪（第209条第4款）、持有伪造的发票罪（第210条之一）。

《刑法修正案（八）》废除了虚开增值税专用发票、用于骗取出口退税、抵扣税款发票罪和伪造、出售伪造的增值税专用发票罪两个罪名的死刑，连同其他章节有关罪名死刑的废除，本次修正案一共废除了13种经济犯罪的死刑，一定程度上改善了我国死刑罪名过多、刑罚过重的结构性弊端，更好地贯彻了宽严相济刑事政策的精神。尽管两个罪名死刑的废除对于本节规定的犯罪刑罚偏重的结构状况有所改观，但是，我们认为，本节的刑罚结构仍有修正的必要与趋轻修改

的余地，目前的刑罚结构仍然偏重。具体表现为：骗取出口退税罪，虚开增值税专用发票、用于骗取出口退税、抵扣税款发票罪，伪造、出售伪造的增值税专用发票罪、非法出售增值税专用发票罪4个罪名的法定最高刑为无期徒刑，占本节所有罪名的约29%。

同时，我们认为，本节罪名的法定最高刑相差悬殊，有违背罪刑均衡与刑罚正义之嫌疑。4个罪名适用无期徒刑的法定条件分别是“数额特别巨大或者有其他特别严重情节的”、“数量巨大或者有其他特别严重情节”以及“数量巨大”，由此不难看出，无期徒刑科刑的一个重要标准或者普遍标准是犯罪的数额或者给国家造成的税收损失。以第204条骗取出口退税罪为例，根据2002年9月17日最高人民法院《关于审理骗取出口退税刑事案件具体应用法律若干问题的解释》第3条的规定，“数额特别巨大”是指骗取国家出口退税款250万元以上，而“其他特别严重情节”包括造成国家税收损失150万元以上并且在第一审判决宣告前无法追回的，以及因骗取国家出口退税行为受过行政处罚，2年内又骗取国家出口退税款数额在150万元以上等情形。这样行为人骗取国家出口退税达到250万元以上即可被判处无期徒刑，而如果行为人采取转移或者隐匿财产的方式逃避追缴欠税250万元，最高只能判处7年有期徒刑。在给国家造成同等数额的税收损失的情况下，行为人却可能面临天壤之别的刑罚，这样的刑罚结构配置难言公允。尽管给国家造成税收损失数额并非量刑的唯一标准，但是，在没有对行为的法益侵害与行为本身以及人身危险性相对更好、更精确的测量标准时，本节犯罪中规定的犯罪数额与税收损失额即为重要的标准。《刑法修正案（八）》新增两个罪名的法定最高刑与除法定最高刑为无期徒刑的4个罪名外的其余8个罪名的法定刑配置基本一样，因此，我们认为，有必要改变目前涉税、发票类犯罪刑罚结构偏重与刑罚配置不公正的状况，将法定最高刑从无期徒刑降为有期徒刑，以统一本节罪名的法定刑配置。这不仅是基于法定刑配置形式统一的考虑，而且更重要的是基于刑罚配置公正与刑罚正义的考量。同时，可以考虑增设本节犯罪的资格刑，通过剥夺行为人已然取得或者将来可能取得的进入某特定行业的资格来达到一般预防与特殊预防之刑罚目的。

关于第201条第4款的存废问题。根据《刑法》第201条第4款规定，即使行为人的行为符合第201条规定的逃税罪的构成要件，但是只要满足以下三个条件即可不作为犯罪处理：①经税务机关依法下达追缴通知后补缴了应纳税款；②缴纳滞纳金；③已受行政处罚的。但是，5年内因逃避缴纳税款受过刑事处罚或者被税务机关给予二次以上行政处罚的一经发现，即构成逃税罪。大多数论者对《刑法修正案（七）》新增的这一规定持肯定态度，认为是更好地贯彻宽严相济刑事政策的体现。[1] 我们认为，这一规定的合理性值得商榷。根据我国传统犯罪构成理论，行为符合犯罪构成是刑事责任的根据，是认定犯罪的唯一标准，[2] 既然行为符合逃税罪的犯罪构成，那么，为何仅仅因为其在事后补缴了应纳税款和滞纳金并经行政处罚就不作为犯罪处理？对于初犯者来说，如果其被税务机关发现有逃税行为并经催告后仍不补缴相应的税款与滞纳金并接受行政处罚，即可能被移送公安机关处理，如此，大体上只有想进监狱的人才可能犯此罪。正如全国人大内务司法委员会委员鲍绍坤提出的，"这是以事后的客观表现来决定是否追究刑事责任，与刑法基本原则要求的定罪必须要主客观相一致不符。按照这个规定，可能会产生事先有逃税行为，但到后来由于确实无力缴纳而治罪；或者事先逃税，但事后通过补交税款、滞纳金来逃避刑事处罚的情形。"[3] 事实上，将行为人在符合逃税罪的犯罪构成后补缴应纳税款和滞纳金的行为作为从轻量刑情节在量刑阶段予以考虑，更为合理。

关于单位是否应成为抗税罪的主体问题。《刑法》第 30 条规定，"法律规定为单位犯罪的，应当负刑事责任"，因此，根据《刑法》第 205 条、第 205 条之一、第 206 条、第 210 条之一以及第 211 条的规定，除第 202 条之外，单位均具有本节犯罪的主体资格。因此，从解释论来看，单位不能成为抗税罪的犯罪主体是无疑的。但是，实践中确实出现了单位领导人决策、为了本单位的利益，指挥单位工作人员通过暴力阻挠税务工作人员依法征税的案例。[4] 按照现行《刑法》的规定，只能追究个人妨害公务罪的刑事责任。依据全国人大法工委刑法室的立法说明，抗税罪"是指负有缴纳税款义务的纳税义务人，以暴力、威胁方法拒不缴纳税款的行为"，[5] 因此，抗税罪是身份犯。而在单位集体决定、为了单位利益而由个人实施的暴力抗缴税款的情况下，具体实施暴力行为的并非是负有缴纳税款义务的承担人，因此，个人无法成立抗税罪，而只能以妨害公务罪论处。但是，妨害公务罪的法定最高刑仅为 3 年有期徒刑，与抗税罪的法定最高刑相差悬殊。故而，我们建议《刑法》再修改时，应当肯定单位犯抗税罪的主体资格，

---

〔1〕 参见刘亚娜、高尚、肖茜莹："中德刑法逃税罪比较研究"，载《吉林工商学院学报》2010 年第 1 期；沈玉忠："理性与宽容：逃税罪罪状的新设计"，载《四川警察学院学报》2010 年第 4 期。

〔2〕 参见马克昌主编：《犯罪通论》，武汉大学出版社 1999 年版，第 84 页。

〔3〕 转引自刘亚娜、高尚、肖茜莹："中德刑法逃税罪比较研究"，载《吉林工商学院学报》2010 年第 1 期。

〔4〕 案例请参见饶光辉："对单位能否成为抗税罪主体的探讨"，载《上海市政法管理干部学院学报》1999 年第 6 期。

〔5〕 全国人大常委会法制工作委员会刑法室编：《中华人民共和国刑法条文说明、立法理由及相关规定》，北京大学出版社 2009 年版，第 404 页。

以更好地打击单位集体决定并实施的暴力抗税行为。根据1992年3月16日最高人民法院与最高人民检察院联合发布的《关于办理偷税抗税刑事案件具体应用法律的若干问题的解释》第3条的规定："负有代征代缴税款义务的单位和个人（简称代征人），负有代扣代缴、代收代缴税款义务的单位和个人（简称扣缴义务人），有上述第1、2条所列行为之一的，以偷税罪、抗税罪追究刑事责任。"因此，司法上其实曾经肯定过单位的抗税罪刑事责任主体资格。

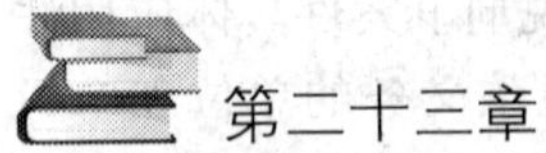

第二十三章

侵害国家法益犯罪的立法完善

第一节 对危害国家安全犯罪的立法完善

一、危害国家安全犯罪概述

危害国家安全犯罪是指故意危害中华人民共和国国家主权、领土完整与安全以及国家政权与社会主义制度的行为，主要规定于我国《刑法》分则第一章之中，共涉及12个条文和12个罪名，具体可分为3类犯罪，一是背叛国家、颠覆政权类犯罪，具体包括：背叛国家罪（第102条）、分裂国家罪（第103条第1款）、煽动分裂国家罪（第103条第2款）、武装叛乱、暴乱罪（第104条）、颠覆国家政权罪（第105条第1款）、煽动颠覆国家政权罪（第105条第2款）、资助危害国家安全犯罪活动罪（第107条）；二是叛变与叛逃类犯罪，包括投敌叛变罪（第108条）、叛逃罪（第109条）；三是间谍与资敌类犯罪，包括间谍罪（第110条）、为境外窃取、刺探、收买、非法提供国家秘密、情报罪（第111条）、资敌罪（第112条）。

本章罪名由1979年《刑法》规定的反革命罪修改而来，《刑法修正案（八）》对本章资助危害国家安全犯罪活动罪与叛逃罪的罪状作了修改。

本章犯罪客观构成要件表现为以各种形式实施危害国家主权、领土完整与安全以及国家政权与社会主义制度等的行为，既包括作为，也包括不作为。因此，本章犯罪均为行为犯与危险犯（包括具体危险犯与抽象危险犯），即只要实施了《刑法》第102~112条所规定的行为，无论其是否造成实害后果，均构成犯罪既遂。

关于本类犯罪的主观方面，有观点认为，本章犯罪只能由直接故意构成，间接故意不构成本罪。[1] 我们认为，本类犯罪的主观方面表现为明知自己的行为会发生危害中华人民共和国国家安全的结果，仍然希望或放任结果的发生。因此，主观方面应当既包括直接故意，也包括间接故意。

鉴于危害国家安全类犯罪的严重法益侵害性，其起点刑较高，其中7个罪名的法定最高刑为死刑，分别是背叛国家罪，分裂国家罪，武装叛乱、暴乱罪，投敌叛变罪，间谍罪，为境外窃取、刺探、收买、非法提供国家秘密、情报罪以及资敌罪。针对本章犯罪适用死刑案例极其罕见的情况，有学者建议参照各国刑法通例，对这些备而不用的死刑罪名，只保留背叛国家罪与分裂国家罪的死刑，背叛国家罪相当于外患罪，分裂国家罪相当于内乱罪，其余5个罪名的死刑均予以废止。[2] 也有学者认为，投敌叛变罪与为境外窃取、刺探、收买、非法提供国家秘密、情报罪与资敌罪，不具有直接危及国家存续的现实可能性与故意致人死亡的因素，因而应予废除。[3]

事实上，司法实践中已经出现了对危害国家安全犯罪判处死刑的案例。2008年底经最高人民法院核准，对犯间谍罪的沃维汉、犯为境外非法提供国家秘密罪的郭万钧执行死刑。因此，危害国家安全犯罪有关罪名规定的死刑并非“备而不用”，而是“备而少用”。而根据日本《刑法》第77条的规定，内乱罪是指破坏国家的统治机构，或者在其领土之内排除国家主权、行使权力，或者处于瓦解其他宪法所规定的基本统治秩序的目的而实施暴动的行为。[4] 由此可见，内乱罪的内涵其实是很宽泛的，联系我国《刑法》规定来看，分裂国家罪、武装暴乱罪均属于内乱罪。由于国家及其政权的存在是刑法适用的前提，因此，针对内乱罪与外患罪各国刑法均规定了严厉的刑罚，在保留死刑的国家中，内乱与外患犯罪是很多国家刑法死刑留置的最后角落。我们认为，危害国家安全犯罪死刑的设置应该兼顾对国家政权存续与领土完整存在现实性的威胁以及可能以武力、暴力造成重大人员伤亡两个标准，因而，本章罪名可予保留死刑的罪名为背叛国家罪，分裂国家罪，武装叛乱、暴乱罪，其余的4个罪名的死刑可予以废除。

有观点认为，“‘组织、策划、实施颠覆国家政权、推翻社会主义制度’从

---

〔1〕 参见苏惠渔主编：《刑法学》，中国政法大学出版社1997年版，第400页；屈学武主编：《刑法各论》，社会科学文献出版社2005年版，第15页。

〔2〕 参见陈兴良、周光权：《刑法学的现代展开》，中国人民大学出版社2005年版，第412页。

〔3〕 参见聂立泽：“我国死刑立法控制构想”，载赵秉志主编：《刑事法治发展研究报告》（2004年卷），中国人民公安大学出版社2005年版，第45页。

〔4〕 参见黎宏：《日本刑法精义》，法律出版社2008年版，第517页。

性质上与分裂国家罪同样严重，应当配之以死刑。”[1] 对此观点，我们持保留态度。因为，颠覆国家政权罪中的颠覆国家政权、推翻社会主义制度应当是以除武装暴动外的手段推翻现政权与社会制度，否则，本罪和武装暴乱罪将无法区分。这一点，从相关的司法解释中也可以看出。根据最高人民法院、最高人民检察院《关于办理组织和利用邪教组织犯罪案件具体应用法律若干问题的解释》第 7 条的规定，组织和利用邪教组织，组织、策划、实施颠覆国家政权、推翻社会主义制度的，成立颠覆国家政权罪。因此，颠覆国家政权罪不具有前述的配置死刑必须具备可能以武力、暴力造成重大人员伤亡的标准，因而不宜设置死刑。对于以武力暴动的形式颠覆国家政权和推翻社会主义制度的行为，以武装暴乱罪定罪即可。

二、关于武装叛乱、暴乱罪与《刑法》第 106 条的关系

有学者认为，叛乱是一种投敌叛变行为，往往要和境外敌对势力相勾结。所以武装叛乱是一种与境外势力相勾结的武装对抗行为，《刑法》第 104 条已经明确规定了法定刑，而《刑法》第 106 条却又规定勾结境外机构、组织与个人犯武装叛乱、暴乱罪的要从重处罚。因而，两者既是重复规定，又互相矛盾。[2] 因而，不存在 106 条规定的合理性与必要性，可以删除。我们认为，从解释论上看，第 104 条的规定与第 106 条规定可能并不存在矛盾与问题。根据全国人大法工委刑法室的立法说明，“武装叛乱，是指采取武装对抗的形式，以投靠境外组织或境外敌对势力为背景，或者意图投靠境外组织或境外敌对势力，而反叛国家和政府的行为。武装暴乱，是指采取武装的形式，与国家和政府进行对抗的行为。”“武装叛乱行为与武装暴乱行为的主要区别，就是在于行为人是否有境外组织或者境外敌对势力为背景。如果行为人的目的是投靠境外组织或境外敌对势力，而与国家和政府进行武装对抗的，就是武装叛乱；如果行为人没有上述意图和目的，只是直接与国家和政府武装对抗的，则是武装暴乱。”[3] 所以，武装叛乱罪是目的犯，事实上与境外组织或者境外敌对势力相勾结并非本罪的构成要件要素，只需要行为人具有相关的意图或者目的即可。从客观表现来看，实施本罪往往与境外组织或境外敌对势力相勾结，但是，“往往”并不等于必定如此。所以，认为“武装叛乱是一种与境外势力相勾结的武装对抗行为”值得商榷，武

---

[1] 王东明：“论危害国家安全犯罪的立法完善”，载《江南社会学院学报》2009 年第 1 期。

[2] 参加江维龙：“危害国家安全罪若干问题探讨”，载《法学》1999 年第 8 期。

[3] 全国人大常委会法制工作委员会刑法室编：《中华人民共和国刑法条文说明、立法理由及相关规定》，北京大学出版社 2009 年版，第 143 页。

装叛乱罪与第106条规定并不矛盾。

但是，目的与意图在诉讼证明上的确很困难，而且也无必要区分武装叛乱罪与武装暴乱罪。根据第106条的规定，无论是武装叛乱罪还是武装暴乱罪，只要勾结境外机构、组织或个人都要从重处罚。武装叛乱与武装暴乱都是以武装和严重暴力的形式危害国家安全的行为，而在两罪的法定刑又一致的情况下，不法内涵与罪责的可谴责程度几无差别。因而，我们建议，《刑法》修改时可以考虑将两罪合一，以武装叛乱罪或者武装暴乱罪为本条的罪名，这样不仅有利于司法实践中对本罪的认定，也可以避免因刻意区分两罪而造成的人们理解与适用上的混乱。

三、关于叛逃罪

《刑法修正案（八）》将第109条第1款修改为："国家机关工作人员在履行公务期间，擅离岗位，叛逃境外或者在境外叛逃的，处5年以下有期徒刑、拘役、管制或者剥夺政治权利；情节严重的，处5年以上10年以下有期徒刑。"第二款规定，"掌握国家秘密的国家工作人员叛逃境外或者在境外叛逃的，依照前款的规定从重处罚。"删除了原条文规定的"危害中华人民共和国国家安全的"这一构成要件要素，将叛逃罪由具体危险犯修改为抽象危险犯，只要行为人具有国家机关工作人员身份或掌握国家秘密的国家工作人员叛逃境外或者在境外叛逃，立法即推定对国家安全构成危险，不允许行为人以反证推翻立法推定，使得刑事法网更为严密。"在相当程度上，抽象危险犯是一种罗织，透显立法者的霸气，是把刑罚的防卫线向前与向外扩张。正因如此，立法上设计抽象危险犯，司法上解释抽象危险犯，都须谨慎。"〔1〕 国家机关工作人员与掌握国家秘密的国家工作人员由于其特殊身份，负有较一般国民对国家更多与更高的忠实义务，而一旦这些人员叛逃，即刻会对国家经济、国防、科技安全构成现实威胁，因而，对叛逃罪犯罪构成设计为抽象危险犯更有利于保护国家安全法益，在这一点上，应当说《刑法修正案（八）》的修改值得肯定。

但是，修正后的叛逃罪条文仍然存在值得探讨的问题。

首先，关于"履行公务期间"与"擅离岗位"两个构成要件要素的解释仍是聚讼纷纭，本次修正案并没有解决理论与实务上的争议。对于"履行公务期间"，理论界存在两种主要观点：一是认为国家机关工作人员或者掌握国家秘密的国家工作人员从经法定程序任用时起，至经法定程序解职的整个担任公职期间

〔1〕 林东茂：《刑法综览》，中国人民大学出版社2009年版，第51页。

都为“履行公务期间”;〔1〕二是认为履行公务期间是指在国家机关工作人员履行其职责，从事公务活动期内。〔2〕根据全国人大法工委刑法室的立法说明，“‘履行公务期间’，主要是指在职的国家机关工作人员在执行公务期间，如国家机关出访代表团、我国驻外使领馆的外交人员以及国家派驻国外进行公务活动或执行某项工作任务的人员等。对于那些国家机关工作人员离职到境外学习的，则不属于‘履行公务期间’。”〔3〕显然，第二种观点与立法说明更接近，但是，如此理解很容易造成处罚漏洞。如果国家机关工作人员或者掌握国家秘密的国家工作人员在节假日或者下班后叛逃的，对国家安全构成的威胁并不比其在上班期间叛逃的更少。再如，国家机关工作人员或者掌握国家秘密的国家工作人员离职到境外学习期间叛逃的，根据第二种观点就不构成叛逃罪，而根据第一种观点能够予以规制。但是，认同第一种观点的学者又认为将“在履行公务期间”理解为国家机关工作人员“具有国家机关工作人员之身份”期间，是一种类推解释。〔4〕然而，将“履行公务期间”解释为担任公职期间与将其解释为具有国家机关工作人员身份期间两者又有多少实质性的差别是值得怀疑的，或许只是五十步与百步的区别，类推解释与扩大解释并非泾渭分明。事实上，我们认为，将“履行公务期间”理解为担任公职期间实际上就等于将其解释为具有国家机关工作人员身份或者掌握国家秘密的国家工作人员身份期间，“履行公务期间”这一构成要件要素实际上已被虚置。因而，最好的解决方法就是立法机关在修改刑法时取消“履行公务期间”这一构成要件要素。如此，既不会造成处罚间隙，也不会扩张刑罚的适用范围。对于“擅离岗位”，是指违反规定私自离开岗位的行为。事实上，既然是叛逃，必定是没有经过主管部门的批准或者是通过骗取的手段获得的批准，因而必然离开自己的工作岗位。正如张明楷教授指出的，“没有离开自己工作岗位的，不可能成为叛逃行为”。〔5〕从立法论来看，“擅离岗位”的构成要件要素也属多余，可予以删除。

《刑法修正案（八）》修改后的第109条第2款规定：“掌握国家秘密的国家工作人员叛逃境外或者在境外叛逃的，依照前款的规定从重处罚。”该款修改了原来的“……犯前款罪的”的罪状，这实际上肯认了“履行公务期间”与“擅

---

〔1〕参见于志刚主编：《危害国家安全罪》，中国人民公安大学出版社1999年版，第297页。

〔2〕参见高铭暄主编：《新编中国刑法学》，中国人民大学出版社1998年版，第503页。

〔3〕全国人大常委会法制工作委员会刑法室编：《中华人民共和国刑法条文说明、立法理由及相关规定》，北京大学出版社2009年版，第149页。

〔4〕参见翟中东：“对叛逃罪若干问题的探讨”，载《云南法学》2001年第1期。

〔5〕张明楷：《刑法学》（第3版），法律出版社2007年版，第511页。

离岗位”两个构成要件要素之不必要的地位，既然国家机关工作人员以外的掌握国家机密的国家工作人员都不必符合“履行公务期间”与“擅离岗位”两个条件，何况对国家负忠实义务更高的国家机关工作人员？立法机关想通过“履行公务期间”与“擅离岗位”两个构成要件要素限制处罚范围，但是事实上并没有收到应有的预期效果，并造成解释论的混乱与上下条款之间的体系性矛盾（如后所述）。而果真达到立法者预期的效果，又对严密刑事法网不利，因而，“履行公务期间”与“擅离岗位”处于一种类似于食之无味、弃之可惜的鸡肋似的尴尬地位。所以，我们认为，应该删除“履行公务期间”与“擅离岗位”。

另外，针对修改前的本条第2款，有学者指出，从重处罚应该是以不从重的普通刑罚为基础的，根据第109条的规定，国家机关工作人员以外的以国家工作人员论的人员，不掌握国家秘密时不能成为该罪第1款规定的主体，却能成为第2款规定的主体，而一旦成为叛逃罪的主体就要从重处罚，而没有一般处罚的可能性，违背罪责刑相适应的原则。[1]《刑法修正案（八）》仍然没有解决上述问题，将第1款规定的“国家机关工作人员”修改为“国家工作人员”是解决上述矛盾可能的较好途径。由此造成的问题是随第109条第1款的犯罪主体范围的扩大而造成的刑罚处罚范围的扩大，我们认为，不管是国家机关工作人员，抑或是以国家工作人员论的人员，他们较一般的普通公民对国家负有更高的忠实义务，他们的叛逃对国家经济、科技与国防安全的威胁显然存在，因而，将第1款的犯罪主体范围扩大是合适的。

第二节 对贪污贿赂犯罪的立法完善

一、贪污贿赂犯罪概述

廉洁的公务员队伍对于营建公平有序的市场竞争秩序至关重要，同时也是政府威信的根基。鉴于贪腐犯罪严重危害公务员队伍在普通民众中的公信力，我国《刑法》分则第八章专门规定了贪污贿赂罪，共涉及15个条文、13个罪名，分别是：贪污罪（第382条）、挪用公款罪（第384条）、受贿罪（第385条）、单位受贿罪（第387条）、利用影响力受贿罪（第388条之一）、行贿罪（第389条）、对单位行贿罪（第391条）、介绍贿赂罪（第392条）、单位行贿罪（第393条）、巨额财产来源不明罪（第395条第1款）、隐瞒境外存款罪（第395条

〔1〕 参见李洁：“叛逃罪法条解释与评析”，载《江苏警官学院学报》2003年第6期。

第2款)、私分国有资产罪（第396条第1款)、私分罚没财物罪（第396条第2款)。其中，贪污罪与贿赂罪的法定最高刑为死刑。

我国1979年《刑法》将贪污罪规定于侵犯财产罪中，而受贿罪则属于渎职罪。由于贪污罪侵犯的是公有财产，所以规定了死刑，受贿罪侵犯的则是私有财产，最高刑仅为15年有期徒刑。旧刑法对因财产所有制性质的不同而采取的差异性保护由此可见一斑。1997年《刑法》将两罪统一在贪污贿赂罪一章名下，二者的法定最高刑也都为死刑，具有一定的进步意义。同时，针对刑法对贿赂犯罪的主体资格规定过于狭窄的弊端，《刑法修正案（七)》新增了利用影响力受贿罪，并提高了巨额财产来源不明罪的法定刑。

贪污贿赂犯罪客观上表现为利用担任一定的国家公职之便，实施侵犯职务行为的廉洁性与不可收买性的行为。本章犯罪大多以作为形式实施，但也有表现为不作为的犯罪，如隐瞒境外存款罪。主观方面表现为故意，过失不构成本章的犯罪。

二、关于贪污罪、贿赂罪的死刑废除问题

有论者认为，贪污贿赂犯罪的发生机理在于行为人对不当利益的贪婪追求和对国家、社会公共利益的极端漠视，同时也与相关的政策漏洞、经济管理混乱以及社会监督机制的缺乏等有关。而死刑对于贪污贿赂犯罪的威慑力与防治作用有限，过于强调死刑的作用容易忽视制度设计和监督管理中的疏漏和失误这一导致贪污贿赂犯罪发生的根本原因，致使这些犯罪屡禁不止，甚至愈演愈烈。因此，对贪污贿赂犯罪适用死刑既不公正也不功利，因而建议废除贪污贿赂犯罪的死刑。[1] 但是也有司法实务部门的同志针对腐败犯罪的高发性态势认为，“在我国刑罚设置中死刑尚未废除的前提下，不宜对贪污贿赂犯罪单独取消死刑”。[2]

死刑的威慑作用到底有多大，人类已争论了数百年，迄今仍无定论。而死刑能够满足人类原始的自然正义与恶报观念是无可置疑的。在对贪腐犯罪废除死刑的条件尚不成熟需继续保留死刑时，仍然可以通过加强社会舆论监督、制定与完善各种制度性的管理政策等预防贪污贿赂腐败犯罪的发生。

根据《公民权利与政治权利国际公约》（ICCPR）第6条第2款的规定，在未废除死刑的国家，判处死刑只能是作为对最严重的罪行的惩罚。但是何为“最严重的罪行”，却没有明确的标准。我们认为，必须语境化地理解ICCPR中的

---

〔1〕 参见魏昕、魏建文、曾殷志：“《联合国反腐败公约》框架下我国贪污贿赂犯罪的立法完善”，载《邵阳学院学报（社会科学版)》2009年第2期。

〔2〕 田铮：“完善我国贪污贿赂犯罪刑法规定的思考”，载《法制与社会》2008年第33期。

“最严重的罪行”，没有普世性的标准。在宗教主导社会生活的国家，通奸即很可能被认为是突破社会生活底线秩序的行为而被归类为“最严重的罪行”，因而适用死刑，这在西方发达国家看来却可能是荒唐与极不人道的。就目前的我国社会来看，官商勾结愈演愈烈，引起了民众的极大不满，冲击着社会生活的底线秩序。在此背景下提出废除贪腐犯罪死刑的结论，[1] 可能是非常危险的。

大谷实教授曾指出：“为维护社会秩序，满足社会的报复情感，维持国民对法律的信赖便显得即为重要。国民的一般法律信念中，只要对于一定的穷凶极恶的犯人应当科处死刑的观念还存在，在刑事政策上便必须对其予以重视。现代死刑的刑事政策上的意义，恰好就在于此，因为，有关死刑存废的问题，应根据该社会中的国民的一般感觉或法律信念来论。”“当死刑冲击一般人的情感，使其感到残忍时，便应当废除死刑。”[2] 我们不反对对严重的暴力犯罪适用死刑，更不反对支持废除经济类犯罪的死刑，同时，对于职务犯罪的死刑设置，我们也倾向于在条件成熟时予以废除。这里的条件就是绝大多数中国民众对以死刑严惩并儆戒贪污贿赂犯罪不再迷信，不再认为废除贪腐犯罪的死刑是对贪官污吏的庇护与法律本身的不公。这也就是大谷实教授所说的“当死刑冲击一般人的情感，使其感到残忍时，便应当废除死刑”。

三、关于受贿罪与行贿罪

根据《刑法》规定，受贿罪是指国家工作人员利用职务上的便利，索取他人财物的，或者非法收受他人财物，为他人谋取利益的行为。行贿罪是指为谋取不正当利益，给与国家工作人员以财物的行为。

对于受贿罪与行贿罪，主要存在以下问题：

（一）应该如何理解“财物”的内涵

对“财物”的解释不当扩大或者缩小都会影响受贿罪的规制范围。目前理论界通说认为“财物”包括具有价值的金钱、物品以及财产性利益。[3] 但是，也有学者认为凡是可以满足人的物质和精神需求的一切利益，都是这里所说的“财物”，因而，贿赂的范围也就包括非财产性利益，包括安排子女就业，解决招工指标、提职晋级，乃至提供色情服务，等等。[4] 我们认为，根据现行刑法

---

〔1〕 聂立泽：“我国死刑立法控制构想”，载赵秉志主编：《刑事法治发展报告》（2004年卷），中国人民公安大学出版社2005年版，第43页。

〔2〕 ［日］大谷实：《刑事政策学》，黎宏译，法律出版社2000年版，第113页。

〔3〕 参见张明楷：《刑法学》（第3版），法律出版社2007年版，第875页；陈兴良：《规范刑法学》（第2版·下册），中国人民大学出版社2008年版，第1007页。

〔4〕 参见魏平雄、王然翼：《贪污贿赂罪的认定与对策》，群众出版社1992年版，第50页。

的规定，从解释论的立场看，如果说，将财产性利益解释为“财物”还可勉强算是一种扩大解释，那么，将非财产性利益解释成“财物”已经超出了“财物”一词含义可能的最大边界，属于类推解释，有违罪刑法定原则。

但是，合法并不等于合理。在司法实践中，行为人以各种形式（包括行为人自身、行为人的亲朋或其他与其有共同利益关系之人、行为人雇佣的妓女等）通过向国家工作人员提供性服务来换取国家工作人员利用职权之便为其谋取合法或者不合法利益的情形司空见惯。我们认为，国家工作人员获取的任何与其职务行为相关的不正当利益都应该属于贿赂的范围，受贿罪的本质是公职人员的廉洁性与不可收买性。根据《联合国反腐败公约》第15、16条的规定，贿赂本国公职人员与贿赂外国公职人员或者国际公共组织官员中的“贿赂”，均是指“不正当好处”。这一规定大大拓宽了我们认为的贿赂只是实体性财物的传统认识，将财产性利益以及非财产性利益均包含于其中，因而，性贿赂自然属于贿赂的一种，具有极大的合理性。

目前，反对性贿赂犯罪化的第一种观点的理由是：“性”不像财产或财产性利益可以金钱衡量与量化，不具有司法与技术上的可行性；第二种观点的理由是：性贿赂是国家工作人员的道德品质问题，属于道德范畴，不应用法律来规范道德层面的事情。[1]

对于第一种观点，我们认为，需要急切改变目前我国立法与司法实践对受贿罪“计赃论罪”的规定与做法，“既然受贿罪在形式上表现为公共权力与一己私利之间的非法交换，其本质在于亵渎公务行为的廉洁性，受贿财物数额的大小以及贿赂对象的种类，就不可能反映受贿行为社会危害性的全貌，甚至也不能反映受贿行为社会危害性的主要方面。”[2] 因此，只要满足行为人以性行为作为利用公权力谋取利益的条件，就足以成立受贿罪。至于实践中的证明问题，需要综合考虑案件的本身，如性关系发生的时间、地点以及行为人与国家工作人员的关系，等等。

对于第二种观点，我们认为，性行为本属道德领域调整，但是，当性行为侵害了公共利益时，便应当由国家法律出面干涉。当性行为成为类似一种商品而与国家工作人员的公职权进行交换时，性行为就已经溢出道德调整的范畴而进入刑法规制的视野。无视现阶段性贿赂严重腐蚀公共权力的合法与正当行使的现状下，“一个性贿赂几成惯例而不治罪的世界，在当代中国，肯定是没有多少人向

---

〔1〕 参见刘宪权、阮传胜：“‘性贿赂’行为犯罪化不足取”，载《法治论丛》2003年第2期。

〔2〕 梁根林：《刑事法网：扩张与限缩》，法律出版社2005年版，第215页。

往的。"〔1〕所以，我们认为，有必要将现行《刑法》规定的贿赂范围从"财产"，扩展至财物、财产性利益以及非财产性利益。

(二) 应该如何理解受贿罪的"为他人谋取利益"以及行贿罪的"为谋取不正当利益"

对于"为他人谋取利益"到底是主观构成要件要素还是客观构成要件要素，刑法学界有争论。如果认为是主观构成要件要素，则只有当行为人主观上确实具有为他人谋取利益的意图，才构成受贿罪，这明显不当缩小了受贿罪的规制范围。张明楷教授认为"为他人谋取利益"是客观构成要件要素，其最低要求是许诺为他人谋取利益。许诺包括明示与暗示两种方式，当他人主动行贿并提出为其谋取利益的要求后，行为人既未承诺、也未拒绝而收受贿赂的，就是暗示的许诺。〔2〕问题在于，当行贿一方并未明确提出要国家工作人员为其谋取利益而给予国家工作人员以财物等情况，该如何处理？如行贿方利用过节、婚礼等给予国家工作人员财物的所谓"感情投资"的情况下，因为很难认定行贿方有要求国家工作人员为其谋取利益的意图，进而也将无法认定国家工作人员收受财物的行为是一种暗示的许诺。"受贿罪行为的本质不在于为他人谋取利益，而是索取或者收受贿赂以作为其在执行公务时作为或者不作为的条件"，〔3〕因此，"为他人谋取利益"并不是受贿罪的构成要件要素，而是量刑情节。

针对行贿罪的"为谋取不正当利益"，有学者指出，"从行贿案件的具体情况来看，谋取不正当利益与谋取正当利益是相对的，区分颇为困难。特别是时下我国正处于新旧体制转轨的社会转型时期，这使许多领域，尤其是经济领域的一些'利益'正当与否更难区分"，并以《联合国反腐败公约》的相关规定为参照，主张废除这一构成要件要素。〔4〕对此，我们表示赞同。行为人只要无任何正当理由而给予国家工作人员以贿赂的，均构成行贿罪。

(三) 行贿人因行贿而得到的"好处"应该如何处理

在司法实践中，对于行贿人因行贿而得到的各种"好处"并没有全面追缴。联合国反腐败公约规定，对于贪腐类案件，应该追缴其所获得的全部利益，包括直接和间接利益，这样行贿人在行贿时也要考虑犯罪成本和犯罪代价。

我国《刑法》第390条第2款"行贿人在被追诉前主动交待行贿行为的，可

---

〔1〕冯象："性贿赂为什么不算贿赂"，载《读书》2001年第11期。

〔2〕参见张明楷：《刑法学》(第3版)，法律出版社2007年版，第878页。

〔3〕赵秉志："中国反腐败刑事法治国际化论纲"，载《江海学刊》2009年第1期。

〔4〕参见王作富、但未丽："《联合国反腐败公约》与我国贿赂犯罪之立法完善"，载《法学杂志》2005年第4期；赵秉志："中国反腐败刑事法治国际化论纲"，载《江海学刊》2009年第1期。

以减轻处罚或者免除处罚”的规定可能会让行贿人行贿所得的好处因缺乏司法救济途径而无法予以追缴。而在实践中，因行贿而得到的好处往往是非常大的经济利益。根据我国《刑法》第64条的规定：“犯罪分子违法所得的一切财物，应当予以追缴或者责令退赔；对被害人的合法财产，应当及时返还；违禁品和供犯罪所用的本人财物，应当予以没收。没收的财物和罚金，一律上缴国库，不得挪用和自行处理。”从立法的角度来看，追缴行贿所得到的好处是没有法律障碍的，但在行贿人被免除处罚的情况下，如何追缴其非法所得也就成为一个问题。因此，我们建议，有必要将第390条第2款的内容修改为“行贿人在被追诉前主动交待行贿行为的，可以减轻处罚或者免除处罚，但因行贿所得到的利益应该予以全部追缴。”一旦受贿罪成立，就可以确定行贿所得的利益，即将行贿人的非法所得与受贿人的犯罪成立联系起来。

四、关于介绍贿赂罪的存废

介绍贿赂罪，是指行为人在行贿人与受贿人之间进行联系、沟通、撮合等，促使贿赂得以实现，情节严重的行为。介绍贿赂罪的法定最高刑仅为3年有期徒刑。

我国刑法理论通说认为，“介绍贿赂通常表现为以下两种形式：其一，受行贿人之托，为其物色行贿对象，疏通行贿渠道，引荐受贿人，转达行贿的信息，为行贿人转交贿赂物，向受贿人传达行贿人的要求。其二，按照受贿人的意图，为其寻找索贿对象，转告索贿人的要求等。”〔1〕但是，上述两种行为方式按照我国刑法总论关于共同犯罪的规定，明显分别成立行贿罪的共犯与受贿罪的共犯。以前一行为为例，行为人在接收行贿人的委托之时，必然明知行贿人有请托意图，而其所实施的物色行贿对象与转交贿赂的行为帮助了行贿行为的顺利实现，成立行贿罪的帮助犯，理应按照行贿罪处罚。因此，有学者批驳了实践中区分行贿、受贿的帮助行为与介绍贿赂的各种标准后，针对介绍贿赂罪与受贿罪、行贿罪的共犯界限无法准确划清，以及相关的司法解释一般将介绍行为定性为帮助犯的一种形式为由，主张取消介绍贿赂罪。〔2〕对此，我们完全认同。对于通说中的两种介绍贿赂的行为以行贿与受贿的帮助犯处罚也有助于罪刑均衡与罪责刑相适应原则的贯彻。从法定刑设置来看，受贿罪的法定最高刑为死刑，行贿罪的法定最高刑为无期徒刑，而介绍贿赂罪法定最高刑仅为3年有期徒刑。考虑到很多

---

〔1〕高铭暄主编：《新编中国刑法学》，中国人民大学出版社1998年版，第996页。

〔2〕关于区分的具体标准请参见赖早兴、张杰：“介绍贿赂罪取消论”，载《湖南社会科学》2004年第5期；张明楷：“受贿罪的共犯”，载《法学研究》2002年第1期。

贿赂犯罪都由介绍者在其中牵线搭桥，促成权钱交易、权利交易以及权色交易，有些甚至是这些交易的始作俑者，更应对介绍者以相应的行贿或受贿罪的共犯论处，否则，介绍贿赂罪将成为这些行贿、受贿罪共犯避重就轻的避难所。

有司法实践部门的同志认为，“介绍贿赂罪只有在行贿、受贿人行为都不构成犯罪的情况下才发挥作用。从此意义出发，介绍贿赂罪起到了一种补漏的作用”，担心行贿罪、受贿罪的正犯不构成犯罪，从而无法追究介绍贿赂的行为人的刑事责任，造成处罚间隙，因而主张介绍贿赂罪只有在行贿、受贿人行为都不构成犯罪的情况下才成立。〔1〕对此，正如我们前面提到的，应当迅速、彻底、坚决地改变目前我国立法与司法实践中“计赃论罪”的规定与做法，如果不再按受贿、行贿的数额来衡量受贿与行贿罪的法益侵害性，一旦正犯构成相应的受贿罪与行贿罪，按照共犯从属性说，作为帮助犯的介绍贿赂的行为人也必定构成犯罪；而当正犯不构成犯罪时，作为法益侵害性与罪责的可谴责程度低于正犯的帮助犯，介绍贿赂的行为人更不应当追究刑事责任。

刑法只是惩治贪腐犯罪的一环，而对贪腐犯罪到底在何程度上、有多大的预防作用，仍然不无疑问，“前腐后继”现象的大量存在就是一个明显的例证。反腐败的关键在于完善各种制度，“因为，一些看似约束力很小的制度能够有效发挥作用，其实是建立在一些更基础的制度之上的，这些更基础的制度实际上也就是社会秩序更深厚的基石。”〔2〕例如，目前我国的官员财产申报制度迄今尚未由正式的法律予以规定，而仅仅是由政策性文件加以规定，并且申报主体限定在县处级以上干部，而已经发案的科级干部贪污受贿的数额在千万元以上的也不在少数。由此可见，公务员及其家庭成员财产申报制度的立法刻不容缓。

第三节　对渎职犯罪的立法完善

一、渎职犯罪概述

渎职犯罪是指国家机关工作人员不当行使职权，在公务活动中滥用职权、玩忽职守，妨害国家机关的正常管理秩序，致使国家与人民利益遭受重大损失的行为。对于国家机关工作人员以外的国有公司、企业、事业单位等国家工作人员在

〔1〕参见朱铁军：“介绍贿赂罪与行贿、受贿共犯界限之分析——由浙江腐败‘名托’被判刑所引发的思考”，载《中国刑事法杂志》2003年第1期。

〔2〕孙立平：《守卫底线——转型社会生活的基础秩序》，社会科学文献出版社2007年版，第11页。

工作中不尽职守等渎职行为，根据行为的不同性质与危害程度，分别规定在《刑法》分则的各有关章节。而关于国家机关工作人员的渎职犯罪主要集中规定于《刑法》第9章，共涉及23个条文37个罪名，《刑法修正案（八）》新增了食品监管渎职罪。

根据主观罪过是故意还是过失，渎职犯罪基本可分为滥用职权型渎职罪与玩忽职守型渎职罪；根据行为主体的不同，渎职犯罪可分为一般国家机关工作人员的渎职犯罪与特定机关工作人员的渎职犯罪。一般国家机关工作人员的渎职犯罪包括：滥用职权罪、玩忽职守罪（第397条）、故意泄露国家秘密罪、过失泄漏国家秘密罪（第398条）、国家机关工作人员签订、履行合同失职被骗罪（第406条）、违法批准征用、占用土地罪、非法低价出让国有土地使用权罪（第410条）、招收公务员、学生徇私舞弊罪（第418条）、失职造成珍贵文物损毁、流失罪（第419条）。除此以外的罪名均为特定机关工作人员的渎职犯罪。

渎职犯罪客观方面表现为国家机关工作人员不当行使职权，在公务活动中利用职务上的便利滥用职权、玩忽职守，致使公共财产、国家和人民利益遭受重大损失的行为。渎职型犯罪既可以表现为作为的方式实施，也可以表现为以不作为的方式实施；主观方面既可以是故意犯罪，也可以是过失犯罪。

关于刑事犯罪与能否担任公职的问题，2005年4月27日，第十届全国人民代表大会常务委员会第十五次会议通过的《中华人民共和国公务员法》第24条规定，曾因犯罪受过刑事处罚的人员不得录用为公务员；2007年4月4日国务院第173次常务会议通过的《行政机关公务员处分条例》第17条第2款规定："行政机关公务员依法被判处刑罚的，给予开除处分。"根据该规定，被判处刑罚宣告缓刑的行政机关公务员将一律给予开除处分，而此前，被判缓刑的公务员有的仍可保留公职。为了避免开除公职，在现实的司法实践中，不少该类案件都作了免诉处理。

二、关于渎职犯罪的刑罚设置

《刑法》第九章所规定的渎职犯罪的刑罚均为有期徒刑或者拘役，没有设置资格刑、罚金刑和没收财产刑。对此，有不少学者认为，本章犯罪的刑罚应当设置资格刑，借以剥夺行为人的再犯能力，"职务犯罪之所以产生，正是由于职务、职权，特定的职务以及由此而来的特定的职权是该类犯罪的前提和基础。在司法实践中，大量该类案件都作了免诉处理，这些人如不适用资格刑，就可能再次担任公职甚至是领导职务，这既会引起群众的不满，也破坏了法律的严肃性和权威性，更不利于打击和预防该类犯罪。因此，刑法中对其应当附加资格刑，以剥夺其一定时间的担任公职及其他领导职务的资格。”[1]

关于对渎职罪是否适用资格刑，我们认为，剥夺渎职犯罪的公职人员一定期限或者永久性的担任公职的资格是必要的，但是，有必要重新规定资格刑的种类与具体适用方法。目前，我国刑罚体系中的资格刑仅有剥夺政治权利一种。根据《刑法》第54条的规定，剥夺政治权利是剥夺以下4类权利：一是选举权与被选举权；二是言论、出版、集会、结社、游行、示威自由的权利；三是担任国家机关职务的权利；四是担任国有公司、企业、事业单位和人民团体领导职务的权利。剥夺政治权利作为附加刑一般与主刑并处或单处，而一旦法院宣布剥夺政治权利，即同时剥夺上述四类权利。正如有学者指出的，“根据我国现行刑法的规定，剥夺政治权利一经适用，即要对犯罪分子所享有的四项政治权利全部予以剥夺，而不是根据犯罪人犯罪时所利用的具体权利有针对性的剥夺其一种或者几种权利，对犯罪人来讲，过于严苛和不公，易造成刑罚适用的过剩，不利于刑罚预防犯罪目的的实现。”[2] 同时剥夺四类权利确实过于严厉，容易造成刑罚量过剩。另外，从宪政的角度看，剥夺选举权与被选举权以及言论、出版、集会、结社、游行、示威自由的权利到底是否有违宪的可能与嫌疑仍然值得宪法学与刑法学者深入探讨与研究。根据《宪法》第34、35条的规定，选举权与被选举权以及言论、出版、集会、结社、游行、示威自由的权利是公民的基本权利，第33条也规定了国家要尊重与保护人权，而作为下位法的《刑法》却剥夺了宪法规定的基本权利，难免被质疑。对于渎职犯罪而言，只需剥夺公职人员担任国家机关等职位的资格即可，因而有必要相应修改总则对资格刑的分别设置，以便分则能够根据具体罪名所侵犯的法益剥夺相应的资格刑。

对于一些情节轻微、危害不大的渎职型犯罪，可以考虑设置罚金刑。公职人员的人身危险性一般不大，从预防的角度毋须监禁，适用罚金刑也可以避免自由刑的一系列弊端，同时对于所谓的有“徇私舞弊”贪利动机的公职人员适用罚金刑也具有一定的惩罚效果。

渎职罪一章刑罚配置的另一个重要缺陷就是相对应的故意、过失犯罪之间的刑罚量没有拉开适当距离，如故意泄漏国家秘密罪与过失泄漏国家秘密罪的处刑竟然完全一致，让人费解。刑法以处罚故意为原则，处罚过失为例外。“过失犯罪，法律有规定的才负刑事责任。” 正因为过失犯罪的法益侵害程度与罪责的可

---

〔1〕 方泉：“国家公务人员渎职型犯罪法律问题分析”，载《上海市政法管理干部学院学报》1999年第4期。

〔2〕 谢治东：“渎职罪立法完善宏观研究”，载《前沿》2010年第11期。

谴责性以及预防的必要性都较故意犯罪轻，因此，过失犯罪的刑罚应比故意犯罪轻，否则，将严重违反罪责刑相适应的刑法基本原则。再如，滥用职权罪与玩忽职守罪的法定刑也无区别。首先，这导致了刑法理论关于两罪罪过形式与区分标准的解释论上的混乱。目前一般认为应当以责任形式区分滥用职权罪与玩忽职守罪，故意实施违背职责的行为是滥用职权罪，过失实施违背职责的行为是玩忽职守罪。[1] 应当说，如此解释两罪的罪过形式比较合理。但是，由于刑法对两罪规定了相同的法定刑，因此，以责任形式区分滥用职权罪与玩忽职守罪也存在疑问。对此，有两种可行修法方式，一是升高滥用职权罪的法定刑，二是降低玩忽职守罪的法定刑。有人认为，“无论从渎职罪日益严重的社会危害性看，还是从渎职罪从严打击的角度看，都应该提高滥用职权犯罪的法定刑。”并建议将滥用职权罪的法定刑提高至无期徒刑。[2] 对于这个观点，我们持保留意见。刑罚结构整体趋重已经成为我国刑法的弊病之一，尤其是死刑与无期徒刑的较多配置，在此背景下，对滥用职权罪增设无期徒刑无疑是对重刑结构的雪上加霜。考虑到目前行政人员行政不作为及不正确履行职责给国家与人民利益造成损失的情况比较普遍，且玩忽职守罪第一个档次的法定刑是“3 年以下有期徒刑或拘役”，第二个档次是 3 年至 7 年有期徒刑，因而可以将滥用职权罪的法定起点刑调整为 3 年有期徒刑，第一个档次相应调整为 3 年以上 7 年以下徒刑，情节特别严重的处 7 年以上 10 年以下有期徒刑。

与此相类似的问题也发生在了新近通过的《刑法修正案（八）》第 49 条规定的食品监管渎职罪上。作为《刑法》第 408 条之一的食品监管渎职罪规定，“负有食品安全监督管理职责的国家机关工作人员，滥用职权或者玩忽职守，导致发生重大食品安全事故或者造成其他严重后果的，处 5 年以下有期徒刑或者拘役；造成特别严重后果的，处 5 年以上 10 年以下有期徒刑。”滥用职权造成严重食品安全事故的可谴责性明显比玩忽职守要高的多，可依上述条文，法定刑竟然没有任何区别。这不利于发挥刑法对于规范对象的儆戒作用，即一般预防作用的发挥。因而，将来修法时必须将本条文分立规定两个罪名，同时拉开滥用职权型食品监管渎职罪与玩忽职守型食品监管渎职罪的法定刑差距。

相似犯罪之间的法定刑配置不均衡还有帮助犯罪分子逃避处罚罪。帮助犯罪分子逃避处罚罪，是指对犯罪活动有查禁职责的国家机关工作人员，向犯罪分子通风报信、提供便利，帮助犯罪分子逃避处罚的行为。根据最高人民检察院《关

---

〔1〕 参见张明楷：《刑法学》（第 3 版），法律出版社 2007 年版，第 900 页。

〔2〕 参见谢治东：“渎职罪立法完善宏观研究”，载《前沿》2010 年第 11 期。

于渎职侵权案件立案标准的规定》：涉嫌帮助犯罪分子逃避处罚应予立案的情形包括：①向犯罪分子泄漏有关部门查禁犯罪活动的部署、人员、措施、时间、地点等情况的；②向犯罪分子提供钱物、交通工具、通讯设备、隐藏处所等便利条件的；③向犯罪分子泄漏案情的；④帮助、示意犯罪分子隐匿、毁灭、伪造证据，或者串供、翻供的；⑤其他帮助犯罪分子逃避处罚应予追究刑事责任的情形。实际上，上述帮助犯罪分子逃避处罚的行为方式基本都可以为窝藏、包庇罪的罪状——“帮助其逃匿或者作假证明包庇”所涵括，可以认为，规定帮助犯罪分子逃避处罚罪的设置仅仅是因为本罪的主体是国家机关工作人员。因而，帮助犯罪分子逃避处罚罪的法定刑应当比窝藏、包庇罪的法定刑重，但事实上两罪的法定刑几乎没有差别。

三、关于作为构成要件要素的“徇私舞弊”

渎职罪一章总共14处使用“徇私舞弊”一词，其中第397条第2款和第408条之一第2款为法定刑升格情节，不属于构成要件要素。其余12处“徇私舞弊”均作为基本罪状的内容予以描述，因而是相应犯罪的构成要件要素。而根据一般人的理解，徇私舞弊是指行为人的动机。而以动机作为构成要件要素，首先面临的就是司法实践中的证明难题。其次，无论渎职罪保护的法益是国家机关的正常管理活动，还是国家机关工作人员职务行为的公正性与合法性，行为人主观上“徇私舞弊”与否都不会在客观上加重国家机关的正常管理活动或者公职行为的公正性与合法性受侵害的程度。最后，添加“徇私舞弊”这一构成要件要素必然缩小相应犯罪的规制范围，导致处罚范围不当缩小，有放纵渎职犯罪之嫌。事实上，徇私舞弊表征国家机关工作人员的主观可责难性程度较高，可以作为量刑情节从重处罚，而不宜作为构成要件要素。“犯罪动机不作为犯罪构成要件，是现代刑事立法一直遵循的原则。”[1] 与“徇私舞弊”类似的还有第399条使用的“徇私”、“徇情”。

刑法规范在作为行为规范指引人们行为的同时，并为法官裁判依据的裁判规范，因而制定出来的法律规范必须明确可行，这是罪刑法定原则的基本要求。因此，我们认为，有关“徇私舞弊”、“徇私”、“徇情”等这类内涵模糊的词语不宜用来描述犯罪的构成要件。

四、关于本章犯罪主体问题

本章规定的渎职犯罪实际上是以滥用职权罪与玩忽职守罪为一般条款，结合实践中特殊主体滥用职权与玩忽职守犯罪的多发情况以及法益侵害程度所设计的

---

〔1〕 参见谢治东：“渎职罪立法完善宏观研究”，载《前沿》2010年第11期。

特殊条款。因此，滥用职权罪与玩忽职守罪发挥着堵截型犯罪构成的作用，类似于渎职犯罪的“口袋罪”。“这样规定的优点在于，当国家机关工作人员触犯特别规定时，就按照该特别规定定罪处罚，当其渎职行为没有特别规定时，则可按照一般规定定罪量刑。这样既不违背罪刑法定原则，又可对特别规定以外的渎职犯罪及时地进行处罚，能更有效地防止该类犯罪的滋生蔓延。”〔1〕

但是，正如上文指出的，特殊法条的设计必须考虑特定主体犯罪的常发性、法益侵害程度以及实践操作的可行性，否则，势必会造成刑法条文的臃肿与个别条文的虚置。例如，《刑法》第419条规定，国家机关工作人员严重不负责任，造成珍贵文物损毁或者流失，后果严重的构成失职造成珍贵文物损毁、流失罪。根据2006年7月26日最高人民检察院《关于渎职侵权犯罪案件立案标准的规定》，失职造成珍贵文物损毁、流失罪是指文物行政部门、公安机关、工商行政管理部门、海关、城乡建设规划部门等国家机关工作人员严重不负责任，造成珍贵文物毁损或者流失，情节严重的行为。但是现实中发生文物被盗案件的主体一般均为博物院、展览馆等事业单位，而他们均不属于国家机关，无论如何，事业单位的主管与直接负责人不可能被解释为国家机关工作人员，因而也就无法追究他们的刑事责任。最近发生的故宫博物院文物被盗案震惊国人，举世哗然。故宫博物院保存着中国最重要的珍贵古文物，安保措施却形同儿戏，发现盗窃嫌疑人却没抓住。〔2〕故宫博物院作为事业单位，主管领导与直接责任人明显存在渎职嫌疑，应当追究其刑事责任。因此，有必要重新规定失职造成文物毁损、流失罪的犯罪主体资格，以填补处罚间隙，严密刑事法网。也避免立法规定与司法实践脱节，出现罪名虚置的尴尬。类似的还有传染病防治失职罪、滥用管理公司、证券职权罪等罪名。

第四节 对危害国防利益、军人违反职责罪的立法完善

一、危害国防利益、军人违反职责罪概述

危害国防利益罪和军人违反职责罪是1997年《刑法》新增设的两章，分别规定于分则第七章与第十章。此后，《刑法修正案（五）》新增过失损坏武器装备、军事设施、军事通信罪（第369条第2款），《刑法修正案（七）》将原《刑

〔1〕陈谞、聂立泽：“试论渎职罪的立法缺陷”，载《法学评论》2001年第5期。

〔2〕参见《京华时报》2011年5月12日。

法》第375条第2款非法生产、买卖武装部队制式服装、车辆牌号等专用标志罪改为非法生产、买卖武装部队制式服装罪，同时增设了伪造、盗窃、买卖、非法提供、非法使用武装部队专用标志罪（第375条第3款）。

危害国防利益罪一章共14个条文23个罪名，军人违反职责罪共涉及31个条文31个罪名。危害国防利益罪和军人违反职责罪的犯罪特征表现为：

危害国防利益罪所侵犯的法益是国防利益，军人违反职责罪所侵犯的法益为国家的军事利益。

危害国防利益罪的客观方面表现为实施违反有关保护国防利益法规，侵害我国国防利益的行为；军人违反职责罪的客观方面表现为实施违反军人职责，侵害军事利益的行为。行为方式既有作为，也有不作为。

危害国防利益罪的犯罪主体是普通公民，包括中国公民、外国公民、无国籍人士等，也包括现役军人；军人违反职责罪的犯罪主体是特殊主体，包括中国人民解放军的现役军官、文职干部、士兵及具有军籍的学员和中国人民武装警察部队的现役警官、文职干部、士兵及具有军籍学员，以及执行军事任务的预备役人员和其他人员。

无论是危害国防利益罪还是军人违反职责罪，犯罪主观方面多为故意，少数罪名表现为过失。

二、危害国防利益罪、军人违反职责罪存在的问题及立法完善

危害国防利益罪、军人违反职责罪两章自1997年《刑法》制定后，除去《刑法修正案（五）》和《刑法修正案（七）》增加、修改过个别条文外，无大规模的内容改动。因应社会的发展，危害国防利益罪、军人违反职责罪有许多不合时宜而需要修改的地方。其中，既有体系方面的不足，也有具体内容方面的缺陷。

（一）关于危害国防利益、军人违反职责罪的体系性问题

1. 危害国防利益罪、军人违反职责罪在分则中的体系性位置。刑法分则的体系，世界各国广泛流行的是以保护法益的标准进行分类。对于保护泆益，一般采用三分法，即国家利益、社会利益和个人利益。尽管对于这三个法益的顺序安排学界并未达成一致，但主流观点是以国家利益、社会利益、个人利益的顺序排列分则体系。二次世界大战后，受人权观念发展的影响，一些国家（如奥地利和瑞士）对刑法分则体系作了大幅度调整，将侵害个人法益的犯罪置于分则体系的首位，以体现对个人法益的着重保护与尊重人权的思想倾向。我国刑法典基本上仍旧采取国家、社会与个人法益的顺序排列。但是，正如有学者指出的，国防利益属于国家利益中的一种，既然我国《刑法》分则体系总体上采取的是国家、

社会、个人这样一种安排，那么，把危害国防利益罪和军人违反职责罪分别置于第七、第十章的位置显得有点不伦不类。[1] 逻辑顺序应是把第七、八章置于第一章之后，当然其他章，比如，第六章妨害社会管理秩序罪、第八章贪污贿赂罪、第九章渎职罪三章的位置也需要相应变动，严格按照国家法益、社会法益与个人法益的逻辑顺序排列分则各章，这也是刑法结构合理的必然要求。

2. 关于危害国防利益罪和军人违反职责罪的关系问题。关于危害国防利益罪与军人违反职责罪两章的关系，目前主要争论点在于是否应将两章在刑法修订时合二为一。

大多数学者认为，危害国防利益罪和军人违反职责罪在内容上具有关联性，两者除犯罪主体不同外，在犯罪客体、客观方面及主观方面都是相同的，因此应该合并为一章，在“危害国防利益罪”之章名下规定。[2] 考虑到我国《刑法》分章标准是按侵害法益的不同，而危害国防利益罪和军人违反职责罪侵害的法益完全相同——均为国家的军事利益，没有必要把危害国防利益罪和军人违反职责分为两章来规定。相反，把危害国防利益罪和军人违反职责罪割裂开来，造成了人们对我国刑法章节设置和划分标准的质疑，有悖于我国刑法分则按照犯罪同类客体及危害程度排列的原则。[3] 但也有反对者认为，危害国防利益罪和军人违反国防利益罪除了在犯罪主体方面不同外，在其他方面也有不同，例如，在犯罪客体方面，前者侵害的是国防利益，后者侵害的是军事利益。显然国防利益和军事利益尽管有密切关联性，但两者还是截然不同的两种利益类型，军事利益属于国防利益的一种。因此，没有充分的理由把两者合并为一章。

我们认为，可以将危害国防利益罪和军人违反职责罪合并为一章，统一命名为危害国防利益罪，在危害国防利益罪之下设节，军人违反职责罪属于章下之一节。正如反对将两章罪名合并的学者所说，军事利益属于国防利益的一种，也就是说侵害军事利益的也必定是侵害了我国的国防利益，他们之间是包含与被包含的关系，的确不是完全等同的关系。但这恰好说明了两者之间存在着较多一致性，如果说将具有交叉关系的客体安排为一章略显不适宜的话，同类客体中具有包摄关系则应另当别论。分则中第三章破坏社会主义市场经济罪一章之下分为许多节，节与章之间的犯罪客体实质上就是包含与被包含的关系，如此体系安排，

---

[1] 参见聂立泽、苑民丽：“略论我国军职犯罪的立法得失”，载《河北法学》2001 年第 1 期。

[2] 参见冯军：“新刑法颁布十周年与刑法理论建设”，载《河北大学学报》2007 年第 6 期。

[3] 参见张建田：“军人违反职责罪的立法完善”，载《法学杂志》2008 年第 4 期；另参见赵秉志：“当代中国刑法体系的形成与完善”，载《河南大学学报（社会科学版）》2010 年第 6 期。

使得社会主义市场经济类犯罪全而不乱，一目了然。

最后，可以仿照分则第二章与第六章，分节规定危害国防利益罪一章。一方面，有助于刑法分则体系更加具有条理性与清晰性，方便查阅与适用；另一方面，国防利益关乎国之安危，其重要性不言而喻，危害国防利益罪之下具体设节，这种体例安排有助于危害国防利益罪的完善，使我国国防利益得到更加全面的保护。

3. 关于“军事犯罪”概念及“军事犯罪”是否应独立的问题。我国立法上首次也是唯一一次出现“军事犯罪”概念是在2000年公布的《引渡法》，其第8条第5项规定：根据中华人民共和国或者请求国法律，引渡请求所指的犯罪纯属军事犯罪的。就此，理论界对于军事犯罪的概念、范围、体系等均未达成一致意见。

目前，我国关于“军事犯罪”的概念与范围有以下三种观点：“一种是最广义说，认为军事犯罪是指军职人员犯罪和其他公民危害国家军事利益、依法应受刑罚处罚的行为。第二种是广义说，认为军事犯罪是危害国防利益和军事利益，依法应受刑罚处罚的行为。第三种观点是狭义说，认为军事犯罪就是军人违反职责罪”。[1] 根据最广义说，军事犯罪不仅包括我国目前《刑法》中所规定军人违反职责罪和普通公民危害国防利益罪，还包括军人实施非违反职责但也侵害了军事利益的犯罪行为。广义说认为的军事犯罪与我国目前立法意见一致。“军事犯主义”是最广义说的理论根基；“军人犯主义”是狭义说的理论根基；“并重主义”是广义说的理论根基。[2]

关于军事犯主义与军人犯主义，有学者认为两大主义对立的焦点在于非军人是否应承担军事罪责。在采取军事犯主义的国家，该国的国防利益、军事利益得到了极大的保护，但却加重了普通公民的罪责，这与当前人权保障的观念难求一致；在采取军人犯主义的国家，仅军人违反职责构成军事犯罪，人权得到充分的保障，但对国防利益的保护难免不够充分。由此看来，军事犯主义与军人犯主义处于保护国防利益和人权两个方面的极端，都有不可克服的缺点。当前，将两者整合是主流观点。 种是“相对军人犯主义”，即军人犯主义是军事犯罪概念的基础与核心，军事犯主义是例外；另外一种，就是“并重主义”，即军事犯主义与军人犯主义并重。并认为，我国当前采用的并重主义并不能充分保护公民的权

---

〔1〕 柳华颖：“我国军事犯罪问题研究”，吉林大学2009年博士学位论文，第35页。

〔2〕 参见柳华颖：“我国军事犯罪问题研究”，吉林大学2009年博士学位论文，第39～42页。

利与自由，建议我国立法采取相对军人犯主义。[1] 我们认为，军事犯罪应仅指军人违反职责罪，不应包括非军人犯罪。实际上，非军人侵犯国防利益的应划属于危害国防利益罪一章之其他节应规定的内容。

有学者主张我国制定一部独立的军事刑法。[2] 我们认为，考虑到刑法适用与执行的统一性，同时，我国对军事刑法研究的理论仍然不是很成熟，因此对制定独立的军事刑法持保留态度。

（二）危害国防利益罪、军人违反职责罪内容上的不足与完善

1. 罪名种类不健全。危害国防利益罪和军人违反职责罪自 1997 年《刑法》颁布以来，除去两次刑法修正案的修改外，无大规模改动。针对当前社会的新情况，实有变动、增加新罪名的需要。和平时期经济类犯罪相比较其他类犯罪确实更明显。但由于国防利益相比较其他利益属于特殊利益，若从经济上侵犯我国国防与安全利益，有必要在危害国防利益罪这一章中另行规定。[3]

有学者认为，针对近年来部队管理的现实需要，需增加逾假不归罪、拒不服从命令罪、违纪经商罪、败坏军人声誉罪等；针对我国近年来不断加入的涉及战争方面的国际条约与协定的情况，有必要在危害国防利益罪一章中增设一些违反国际法、战争法的相关罪名，从而与国际接轨，提高我国的国际形象。[4] 对于大规模的犯罪化作业需要谨慎，在经过“道德——第一次法——第二次法”的犯罪化作业过滤机制小心论证后，得出有必要予以犯罪化的才能予以刑法规制。[5] 我们同意这一主张，对于逾假不归等行为，完全可以通过严厉的军队内部纪律与党纪制裁等来规范，毋须刑法调整。

2. 刑罚体系的立法完善。军人违反职责罪一章中，《刑法》没有规定任何附加刑。但在 1997 年《刑法》之前的《惩治军人违反职责罪暂行条例》中曾规定了将剥夺勋章、奖章和荣誉称号作为军职犯罪的附加刑。在《中国人民解放军军官军衔条例》、《中国人民解放军现役士兵服役条例》等均有有关附加刑的规定。正如有学者指出的，荣辱之心，人皆有之。把剥夺勋章等资格刑纳入军人违反职责罪之中，有时会收到自由刑、死刑等刑罚不能实现的效果，对军事利益的保护

---

〔1〕 参见田友芳：“军事刑法若干问题的理论探讨”，载《当代法学》2004 年第 5 期。

〔2〕 参见黄尚杰：“对军事犯罪若干问题的思考”，载《山西省政法管理干部学院学报》2010 年第 1 期。

〔3〕 参见陈书浩：“军人违反职责罪若干问题探讨”，载《南方论刊》2008 年第 1 期。

〔4〕 参见章建田：“论军人违反职责罪的立法完善”，载《法学杂志》2008 年第 4 期。

〔5〕 关于犯罪化作业的过滤机制的论述，请参见梁根林：《刑事法网：扩张与限缩》，法律出版社 2005 年版，第 33 页。

也将更加全面。[1] 因而，修改总则部分的资格刑设置，以为分则相应的资格刑配置提供依据显得刻不容缓，单一的剥夺政治权利资格刑已然无法满足刑法理论发展与司法实践的迫切需求。

同时，危害国防利益罪与军人违反职责罪中的大多数条款与刑法的其他章节条款具有竞合关系。例如，第 368 条与第 277 条，第 372 条与第 279 条，第 375 条与第 280 条等等。应当说，这两章规定的罪名与其他罪名构成的大多为特别法条与普通法条的竞合关系，在发生竞合的情况下，应当适用特殊法条。而适用特殊法条的法理即在于一般而言，特殊法条的法定刑较普通法条为重。但是，现行《刑法》规定的很多情况并非如此。以冒充军人招摇撞骗罪与招摇撞骗罪为例，二者的法定刑几乎完全相同，不符合一般法条与特殊法条设置的基本原理。因此，《刑法》再修改时有必要适当提高冒充军人招摇撞骗罪的法定刑。

另外，相对应的故意、过失犯罪之间的刑罚量配置没有拉开适当距离。如《刑法》第 432 条规定的故意泄漏军事秘密罪与过失泄漏军事秘密罪的处刑竟然完全一致，没有任何区分度，让人费解。刑法以处罚故意为原则，处罚过失为例外。"过失犯罪，法律有规定的才负刑事责任。"正因为过失犯罪的法益侵害程度与罪责的可谴责性以及预防的必要性都较故意犯罪轻，因此，过失犯罪的刑罚应当比相应的故意犯罪轻，否则，将严重违反罪责刑相适应的刑法基本原则。此类罪行规范设置明显违背刑法基本理论与立法原则，是立法理论准备不足的后果。

---

〔1〕 参见陈书浩："军人违反职责罪若干问题探讨"，载《南方论刊》2008 年第 1 期。